Séries Vision

NEIL LANDAU

Séries Vision

LA BIBLE POUR INVENTER LA SÉRIE DE DEMAIN

Direction d'ouvrage
Ollivier Pourriol

Traduit de l'anglais (États-Unis) par Enola Byrde

Michel LAFON

Titre original :
The TV Showrunner's Roadmap: Creating Great Television in an On Demand World 2nd EDITION

Traduction autorisée de l'édition en langue anglaise publiée par Routledge, une filiale de Taylor & Francis Group LLC.

118, avenue Achille-Peretti – CS 70024
92521 Neuilly-sur-Seine Cedex
www.michel-lafon.com

Pour Trent

Avant-propos

Ces dernières années, le paysage de la télévision a changé de manière radicale. Ce livre a pour but d'en établir les lois, de dégager les règles du jeu pour les auteurs, les créateurs, les producteurs, les responsables, les showrunners, mais aussi de faire place aux nouvelles voix émergentes. C'est pourquoi j'ai pris soin d'y inclure le meilleur des séries internationales actuellement disponibles sur les plateformes.

J'ose espérer, à force de voyager, d'enseigner et de me passionner pour les séries d'où qu'elles viennent, être devenu un citoyen du monde, capable d'offrir une perspective qui ne se limite pas à un point de vue purement américain. Quoi qu'il en soit, le paysage télé change à la vitesse d'une balle, ce qui rend difficile d'en prendre une photographie précise. N'oublions pas que la révolution digitale globale de la télévision évolue à un rythme différent partout, et dépend des désirs du public et des sensibilités créatives propres à chaque pays. Il n'y a pas de taille unique. Quand il est question de biais ou de particularité, nous sommes tous concernés.

Cependant, ce livre souligne le fait que certaines des règles pour les showrunners/créateurs n'ont plus cours, et celles qui subsistent ne sont là que pour être brisées.

Non aux formules prévisibles, oui à l'innovation, aux programmes disruptifs qui se distinguent du bruit ambiant et de la surabondance de contenus.

Non aux programmes homogènes, oui à la représentativité et à l'authenticité.

Non aux séries télé à épisodes sur le format cas de la semaine à fin bouclée, oui à l'approche à la demande des plateformes de streaming : le cas de la saison à combustion lente. Bien sûr il y a des exceptions, comme les épisodes individuels de *The Mandalorian* sur Disney+. La franchise durable du showrunner Dick Wolf, *Law & Order*[1], prouve sans aucun doute que beaucoup de spectateurs dans le monde entier préfèrent encore une expérience à fin bouclée qui peut être regardée dans n'importe quel ordre et réclame moins d'engagement qu'une histoire continue feuilletonnante.

Non aux durées fixes de 30 ou 60 minutes par épisode. Aujourd'hui la longueur des programmes est variable sur les plateformes de streaming, et ne dépend plus de créneaux rigides.

Non aux genres figés, oui à l'hybridation.

Non à la prépondérance des sitcoms en multi-caméras avec rires enregistrés, oui à la dramédie nuancée à une seule caméra, sans rires enregistrés[2].

Non à l'écriture formatée par l'interruption régulière de publicité, oui à la diffusion par abonnement, sans publicité. Certaines plateformes de streaming offrent une option moins chère avec des publicités. Les mots-clés d'aujourd'hui sont l'hybridation et le choix.

Non au cliffhanger obligatoire avant l'interruption publicitaire (« *schmuck bait* » ou « piège à cons »), oui au « tournant » ou au « moment décisif » plus nuancé, plus organique, fondé sur les personnages, plutôt qu'un rebondissement artificiel imposé aux personnages par les auteurs.

Non aux mesures d'audience instantanées et aux annulations hâtives (parfois après seulement un épisode), oui à la patience, pour donner le temps

---

1. *Law & Order : Organized Crime (New York : Crime organisé),* un spin-off de *Law & Order Special Victim Unit (New York : Unité spéciale)* a commencé à être diffusé sur NBC en 2021 et met en scène un arc qui dure toute la saison, au lieu d'un crime par épisodes ; la série a été renouvelée pour 2022. Elle est centrée (2020-2021) sur une histoire (infiltrer une organisation criminelle) pour toute la saison.

2. Exceptions innovantes notables : *WandaVision* et *Kevin Can F**k Himself.* Le magnat des médias Tyler Perry est un autre showrunner révolutionnaire dont les sitcoms d'une demi-heure en multi-caméras (y compris *House of Payne*, *Sistas*, *Bruh*) restent populaires auprès de ses fans très nombreux et ont tendance à offrir des intrigues feuilletonnantes par opposition à des épisodes à fin bouclée.

à une nouvelle série de trouver son public. Cela dit, comme les plateformes de streaming se font une guerre sans merci et rivalisent sur le marché de l'attention, Netflix a commencé à annuler des séries plus vite (après une saison) en fonction de ses mesures internes et de ses algorithmes opaques.

Non au binaire du « bien » et du « mal », oui aux zones morales grises et complexes.

Non au simplisme des clichés du « bon flic »/« mauvais flic », oui à la remise en question des statu quo et du racisme systémique.

Non à l'exportation dominatrice des « valeurs occidentales » et de leurs perspectives dans le reste du monde, oui à la création d'empathie via une programmation locale présentée dans sa culture locale et dans sa langue d'origine. Lors d'une récente conversation Zoom pour un colloque sur la télé organisé par *Variety*[3], voici ce que Bela Bajaria, directrice Global TV chez Netflix, avait à dire :

« Exporter ces séries du monde entier dans différentes langues et leur trouver un public global est vraiment excitant et gratifiant. »

Bajaria remarquait que les abonnés américains de Netflix ont regardé 67 % de plus de programmes dans une langue autre que l'anglais entre 2019 et 2021. Netflix s'est aussi réjoui de voir apparaître dans ses meilleurs classements régionaux des séries venant de territoires variés. Bajaria :

« Elles viennent de toutes sortes de pays différents, et présentent toutes sortes d'histoires racontées de toutes sortes de manières. Ce que je trouve personnellement gratifiant est la représentativité. On peut voir tellement d'histoires différentes, et les gens peuvent se voir eux-mêmes à l'écran, ce qui n'existe pas à l'échelle globale. »

Après nombre de bouleversements culturels et politiques depuis 2014 (et particulièrement ces dernières années), les plus grands changements dans le paysage télé restent la globalisation et l'innovation. Et, tandis que les chaînes

3. Modéré par Elaine Low, auteure en chef de la section Business de *Variety*, le 8 juin 2021.

traditionnelles ont évité les programmes susceptibles de controverse et ont cherché à viser le plus large possible, les plateformes digitales de streaming ont prouvé que la programmation de niche est l'avenir – que la niche réside dans la provocation, l'évasion, ou un peu des deux.

De manière troublante, le patriarcat blanc continue de tenir les rênes à la tête de la plupart des studios, chaînes, writers rooms, et compagnies tech, mais nous sommes au milieu d'une révolution sociale vers plus d'équité dans la création – femmes, personnes de couleur, LGBTQ+ – et c'est maintenant que ça se passe. Nos habitudes digitales (y compris nos habitudes de consommateurs et nos préférences de spectateurs) révèlent un public massivement polarisé, influencé par – entre autres – les réseaux sociaux, la religion, le genre, la race, la sexualité, l'intersectionnalité, et la propagande pour le contrôle du storytelling. Nous votons pour nos séries télé préférées (également appelées franchises) en les regardant, et nos préférences reflètent nos guerres culturelles, entretenues par nos luttes politiques identitaires. C'est pourquoi nous voulons que les séries télé reflètent le monde dans lequel nous vivons, un monde inclusif et divers. Voici ce que Larry Tanz, Vice-Président de Netflix Global Television, avait à dire sur l'expansion de leur réseau d'inclusivité[4] :

« La manière dont nous pouvons être le plus efficaces, c'est en étant sur le terrain, en favorisant et en construisant des relations avec les producteurs. C'est intéressant parce qu'en Europe, au Moyen-Orient et en Afrique, c'est une approche différente des États-Unis pour la fabrication de contenus. Nous prenons vraiment les producteurs comme partenaires sur le plan créatif et nous ne fabriquons pas ces séries nous-mêmes. Nous les fabriquons vraiment avec d'excellents producteurs locaux. C'est une relation très différente par rapport au modèle hollywoodien traditionnel du studio, où on fait tout soi-même. Ici, c'est plutôt le contraire. Nous travaillons entièrement avec des producteurs locaux, donc on compte sur eux aussi bien pour la partie exécutive que pour nous aider dans la recherche et le développement de bonnes idées créatives. »

---

4. « Deadline : How Larry Tanz, Netflix's VP of Original Series for EMEA, Is Radically Expanding the Streamer's Web of Inclusivity. »

À quoi il faut ajouter les réalités de ce qui, j'espère, deviendra un monde post-COVID-19. Que signifie « normalité » aujourd'hui, sinon une dissonance cognitive ? Reverra-t-on une année record du box-office comme 2019, avec en tête *Avengers : Endgame* ? Nos manières de regarder les médias ont changé, peut-être de manière irrévocable. Netflix compte plus de 200 millions d'abonnés et des bureaux dans le monde entier. Ils produisent aussi des films originaux plus vite que leurs concurrents.

Pendant ce temps, Warner[5], Disney, et Universal Pictures ont déjà commencé ou prévoient de sortir leurs nouveaux films sur leurs services de streaming respectifs (HBO Max, Disney+, Peacock) le même jour que leur sortie en salles. Ils devraient bientôt être suivis par Paramount Pictures, avec son service de streaming Paramount+. Mais qui sait si cela tiendra ? Même si je suis un cinéphile de longue date, c'est déjà peut-être une conclusion entendue que les plateformes digitales de streaming vont continuer à dominer le marché de l'entertainment, avec des modèles de distribution hybrides, à la fois en salle et en ligne – en facturant plus cher la première diffusion.

Pour remettre les choses dans leur contexte, la raison pour laquelle le paysage de la télé a changé fondamentalement, c'est parce que *nous*, le public, avons nous aussi subi des changements spectaculaires. Notre monde en constante évolution nous oblige également à faire évoluer la manière dont nous créons, pitchons, vendons, distribuons et regardons nos séries. Le « point idéal » de la plupart des séries télé en 2021 est une exploration – par le pouvoir de l'histoire et de l'empathie – des zones morales grises de la vie, une exploration qui est d'autant plus complexe et nuancée qu'elle traverse et combine tous les genres. Les plateformes digitales de streaming ont créé une télévision ubiquitaire, un palais des glaces global, qui reflète et réfléchit qui nous sommes maintenant et vers quoi nous nous dirigeons. Restez connectés.

5. Depuis, Warner Media a fusionné avec Discovery Networks et s'appelle désormais Warner Bros. Discovery.

Comment circuler dans ce livre

Ce livre est constitué pour une part d'une synthèse de mes perspectives sur l'état actuel du marché de la télé, et pour une autre part d'un guide pratique destiné aux créateurs de contenus pour la télé et aux spectateurs passionnés. Vous êtes libre de choisir ce qui vous intéresse le plus. Vous pouvez lire les chapitres dans n'importe quel ordre. J'ai essayé de couvrir plusieurs strates du paysage toujours en évolution de la télé, où les frontières entre cinéma et télé ont disparu, et où les genres et les tons se sont (heureusement) mélangés. Avec plus de 500 séries sur les diverses plateformes, j'ai créé l'expression « darwinisme digital » en 2015 pour décrire ce nouveau paysage. Ce livre vous propose le meilleur du meilleur des séries diffusées aujourd'hui en streaming – et explore les raisons qui les rendent exceptionnelles.

Il y a une dizaine d'années, le mot « showrunner » avait encore quelque chose d'ésotérique. Aujourd'hui, le terme est devenu habituel, et il existe un intérêt sincère pour les writers rooms quand les budgets le permettent, et les grands showrunners (comme Shonda Rhimes, J.J. Abrams, Greg Berlanti, Ava DuVernay, et Ryan Murphy) sont devenus aussi connus que les séries qu'ils écrivent, créent, et produisent.

Ce livre est un guide pour les auteurs de tous niveaux, de débutant à professionnel – avec comme dénominateur commun la passion de raconter des histoires de manière nouvelle et excitante. Dites-vous que c'est comme un GPS créatif sur la route qui mène à la destination ultime : devenir un showrunner.

Les sujets des chapitres ont été choisis en fonction des questions que l'on me pose le plus souvent à propos de ce qu'est la télé aujourd'hui et de ce que je pense qu'elle va devenir, à partir de mes nombreuses années d'expérience professionnelle, d'une recherche approfondie, et d'une centaine d'interviews.

Si vous ne devez retenir que trois choses de ce livre, les voici :

1. Quasiment toutes les séries étudiées dans ce livre explorent sous une forme ou sous une autre le thème de la perte.

2. Un pilote au ton unique, nouveau, audacieux – que vous seul pouvez écrire –, voilà la meilleure manière d'attirer l'attention et de gagner en crédibilité comme auteur de télé et éventuellement comme producteur et showrunner.

3. Si on met de côté le népotisme, il n'y a pas de raccourcis. Bien sûr, pour faire sa place, il faut du talent. Mais quel que soit votre talent, vous n'y arriverez jamais dans ce métier sans un travail acharné, sans être tenace, prolifique, et sans esprit d'équipe. La meilleure définition de la chance, c'est l'opportunité plus la préparation. Ce livre a pour but de vous préparer au succès.

Alerte spoiler !

Évidemment, ce livre est plein de spoilers, comme il se doit lorsqu'on plonge dans une analyse approfondie des séries télé et qu'on interviewe les plus grands showrunners du moment. Vous trouverez des interviews complémentaires en anglais à l'adresse suivante : http://www.routledge.com/9780367484606

Vous trouverez un glossaire en fin d'ouvrage pour les termes techniques.

INTRODUCTION

Qu'est-ce qu'un showrunner ?

Au cinéma, le réalisateur est roi. Pour la série télé, c'est le showrunner qui décide de tout. Un showrunner est presque toujours l'auteur principal et le producteur exécutif (EP) d'une série télé. Très souvent, mais pas toujours, le showrunner est aussi le créateur de la série. Dans bien des cas, une chaîne va acheter un pitch de série ou un pilote complet déjà écrit (on dit « on spec », c'est-à-dire spéculativement, sans commande ni contrat) par un scénariste avec peu ou pas d'expérience. Dans ce cas, le studio et la chaîne vont travailler ensemble pour assigner au projet un showrunner expérimenté pour superviser l'écriture (et, parfois, la réalisation) de la série, et ce producteur exécutif aura également le mot de la fin sur toutes les décisions de production, y compris le casting, les lieux de tournage, la direction artistique, le recrutement de réalisateurs pour chaque épisode, et le final cut pour la post-production de la série. Tous les producteurs exécutifs ne sont pas showrunners, mais tous les showrunners sont crédités comme producteurs exécutifs.

Le terme de producteur exécutif, quand il ne s'agit pas du showrunner, peut aussi bien désigner un réalisateur-producteur (« directing producer »), un agent (« impresario ») de la société de production de la série, que le producteur qui a monté le package du pilote en découvrant l'auteur, ou en développant le projet depuis sa conception. Les scénaristes de blockbusters qui passent à l'écriture et à la production de séries télé (ce qui est devenu de plus en plus courant ces dernières années) se verront souvent attribuer un crédit de producteur exécutif en même temps que le titre de showrunner. Les producteurs exécutifs peuvent aussi recevoir leur titre d'une série née dans un autre format (du cinéma vers la télé) ou d'une série ayant eu du succès dans un autre pays (on parle d'« incubation ») avant d'être exportée aux États-Unis.

Les showrunners peuvent être soit la personne qui dirige, soit des partenaires d'écriture qui ont grimpé les échelons d'une série télé. Bien qu'il y ait des exceptions, la plupart des showrunners atteignent cette position après de nombreuses années à faire leurs preuves, à remonter la hiérarchie. Sur une série télé, tous les auteurs de haut niveau reçoivent le titre de producteur avec un préfixe correspondant à leur position relative dans la hiérarchie (et que la plupart des auteurs/producteurs de haut niveau prennent très au sérieux). En plus de construire les histoires et d'écrire les scénarios, la plupart des auteurs/producteurs de haut niveau participent aux décisions de pré-production (casting, lieux de tournage, supervision du tournage) en collaboration respectueuse avec le réalisateur, ainsi qu'aux sessions de post-production et d'analyse des notes de la chaîne. Selon le showrunner, certains auteurs de l'équipe sont susceptibles de participer à des responsabilités supplémentaires de production. Si vous avez la chance d'être inclus dans l'ensemble du processus, sautez sur l'occasion ! C'est une expérience qui n'a pas de prix. Mais prenez garde à rester dans une position d'observateur discret, et n'offrez votre opinion que si on vous la demande.

Inutile de préciser que le showrunner peut gagner des millions par saison et, si la série a du succès, récolter la gloire et les louanges. Revers de la médaille, si la série est annulée après ses premières diffusions (ou sa première saison pour les plateformes de streaming), le showrunner s'en verra attribuer l'échec. Chaque membre d'une série télé (acteurs, réalisateurs, producteurs, équipes de tournage) travaille sous les auspices du showrunner, qui est responsable auprès du studio et de la chaîne.

La check-list du parfait showrunner[6]

Voici les qualités et les compétences essentielles pour bien manager une série télé de fiction :

- **Respecter les délais et le budget** : Selon le showrunner vétéran Jeff Melvoin (*Designated Survivor, Alias, Army Wives* ; producteur exécutif de *Killing Eve*), et cofondateur/directeur du Programme de Formation des Showrunners de la Writers Guild of America, la responsabilité numéro un d'un showrunner est : *des scénarios de qualité, rendus à l'heure.* Le temps, c'est de l'argent. Faire en sorte qu'une série respecte les délais et le budget – du scénario à la post-production – est essentiel pour tous les showrunners.

- **Prévoir** : La capacité à anticiper les besoins futurs de l'histoire et les problèmes de production.

Selon le showrunner Kevin Williamson (*Following, Tell Me a Story, The Vampire Diaries*) : « Vous pouvez planifier autant que vous voudrez, quand vous trouvez quelque chose de meilleur, vous vous retrouvez à tout changer. » Pour cette raison, beaucoup de showrunners préfèrent ne pas planifier l'histoire sur plus de cinq épisodes à la fois, se réservant ainsi la possibilité d'en corriger le cours. Pour Alex Gansa, le créateur/showrunner de *Homeland* :

« Nous ne savions même pas au début de l'année que Carrie et Brody passeraient autant de temps ensemble. Dans l'épisode 3 ou 4 de la première saison, c'est en voyant les rushes du jour que le mot « chimie » s'est mis à clignoter sur l'écran… et nous avons dû revenir en arrière et revoir des scénarios que nous avions déjà écrits pour trouver une nouvelle manière de raconter l'histoire. »

Matthew Weiner, le showrunner de *Mad Men*, avoue : « Je ne savais pas que Don [Draper] et Roger [Sterling] étaient amis avant l'épisode 9. »

6. Les citations sont extraites de tables rondes consacrées aux showrunners, organisées avec *Variety* et *Hollywood Reporter*, 2013.

• **Vision et vue d'ensemble** : Les showrunners sont impliqués dans chaque aspect de la série, ils prennent des décisions en matière de casting, de lieux de tournage, de lumière, de musique, de décors, et de tout le reste. L'atmosphère générale, le ton sont des décisions vitales qu'il appartient au showrunner de prendre dès le début. Selon Joel Fields, co-showrunner de *The Americans* (sur FX), « le standard pour les séries télé est très élevé de nos jours. Les spectateurs d'aujourd'hui attendent une expérience cinématographique ». Selon Williamson : « Nous sommes des créateurs. Nous sommes des peintres. »

Un changement récent – introduit par le streaming – a consisté à redéfinir le rôle du showrunner unique, tout-puissant, sur des productions télé de très grande dimension à l'ambition cinématographique. Beaucoup de séries de Disney+ comme *WandaVision*, *Falcon et le Soldat de l'hiver*, et *The Mandalorian* ont toutes eu, au lieu d'un showrunner supervisant tout, un auteur en chef chargé des scénarios, et un producteur exécutif (qui peut aussi être le réalisateur) qui supervise tout ce qui concerne la production. Sur les séries Marvel, Kevin Feige, qui est chargé du MCU (Marvel Cinematic Universe), a le mot de la fin sur tout, de l'écriture aux aspects de production, un rôle plus traditionnellement occupé par le showrunner.

Les séries de Marvel et de Lucasfilm ont des mondes d'une telle dimension que les équipes ont tendance à les tourner en cross boardé[7], comme des films. Ce qui a donné lieu à la naissance d'un modèle hybride entre télé (où l'auteur est roi) et cinéma (où c'est plutôt le réalisateur), et a donné lieu à beaucoup de controverses avec la Writers Guild of America, qui œuvre à protéger le rôle traditionnel du showrunner tel qu'il a existé depuis de nombreuses années[8].

• **Développement et adaptation** : Beaucoup de séries actuelles et récentes sont adaptées ou inspirées de séries venant d'autres pays (*Euphoria, Your Honor, Good Doctor, Shameless*), de livres (*The Flight Attendant,*

---

7. Procédé consistant à tourner toutes les scènes situées dans le même lieu en même temps, même si elles appartiennent à différents épisodes, dans le but d'optimiser les plannings de production et d'économiser du temps et de l'argent.

8. *Variety*, « Marvel Studios' Disney Plus Shows Don't Use Showrunners, and That Has Some TV Writers Worried ».

Normal People, Le Jeu de la dame, La Chronique des Bridgerton), et même de classiques du cinéma (*Fargo, The Mandalorian, WandaVision, The Mosquito Coast, Le Seigneur des anneaux, Mr. & Mrs. Smith*). Lors du développement d'une adaptation, le showrunner doit évaluer quoi garder et quoi changer de l'original. Quand il a adapté *Sherlock* à partir de la série de la BBC, tout en rendant hommage aux films plus récents de Sherlock Holmes avec Robert Downey Jr. (pour CBS), et au canon établi par les nombreux romans de Sir Arthur Conan Doyle, Rob Doherty, le showrunner d'*Elementary*, avait pour vision « Sherlock Holmes en réparation. L'homme qui avait toujours dix temps d'avance sur tout le monde n'en a plus maintenant, et c'est un secret, que deux tout au plus ». L'intention de Doherty était/est de rester fidèle à l'esprit de l'original sans lui être soumis.

• **Un talent magique d'écriture (et de réécriture, et encore de réécriture)** : Aaron Sorkin reconnaît qu'il a beaucoup plus de jours d'écriture « sans » que de jours « avec », où il est complètement « dans la zone ». Et pourtant, une série télé est comme un monstre qui dévore constamment de nouvelles intrigues, de nouveaux scénarios… si bien qu'il vous faut toujours écrire pour respecter les délais, quoi qu'il en coûte. Maintenir un muscle d'écriture bien calibré et avoir la discipline de produire du nouveau contenu et de mettre au niveau des scénarios qui ont besoin d'être revus est une compétence décisive pour n'importe quel auteur et/ou producteur appartenant à l'équipe. Je dis toujours à mes étudiants en écriture télé que la meilleure manière de réussir quand on appartient à une équipe d'écriture est la capacité de rendre *des premières versions solides* qui ne demandent que des révisions minimales. Kevin Williamson, qui se reconnaît lui-même comme un « control freak », accepte toutes vos excentricités du moment que vous êtes capable de livrer un excellent scénario à chaque fois que c'est à vous de jouer – ce qui est extrêmement difficile à accomplir et une ressource rare dans le monde de la série télé (*Lost, Bates Motel*).

• **La patience** : Une nouvelle série peut avoir besoin de temps, à la fois pour trouver ce qui la rend unique et le lien avec un public. Pour Carlton Cuse, « la première saison est exploratoire, c'est comme devoir éteindre un incendie dans votre appartement avec un tuyau d'arrosage. » Rien n'est plus important que de parvenir à faire que le public s'investisse émotionnellement dans les personnages. Ou, comme Kevin Williamson le dit : « Toutes les histoires doivent être émotionnelles ou personne n'en aura rien à foutre. »

• **Savoir déléguer et collaborer** : Tous les showrunners doivent porter plusieurs casquettes et savoir être multitâches, mais pour diriger une série il faut s'appuyer sur les autres. Le showrunner David E. Kelley (*Big Little Lies, The Undoing, Goliath*), s'entoure de producteurs capables de prendre en charge tous les aspects de production, ce qui lui permet de rester à son bureau et d'écrire quasiment tous les épisodes – à la main – avant que son assistant les tape et les distribue. Déléguer n'est possible que lorsque les showrunners disposent d'une équipe fiable, capable d'aller au bout des choses. J'ai récemment entendu un grand patron (qui se trouve être une grande patronne) dire : « Dès que vous en avez les moyens, recrutez en fonction de vos faiblesses. »

• **Faire preuve de diplomatie** : Elle consiste essentiellement à « manager les egos » des acteurs, des auteurs, des responsables du studio et de la chaîne, et de l'équipe de production. Selon la showrunneuse Mindy Kaling (*The Mindy Project, Mes premières fois*) : si l'on veut que l'équipe d'écriture garde le moral, « il faut être capable de trouver du bon dans chaque version du scénario ». Les showrunners reçoivent des notes de multiples sources. Plus la série est nouvelle, moins le showrunner est expérimenté, plus les audiences sont basses, plus le volume de notes sera important. Les showrunners accomplis savent filtrer la pléthore de notes avant qu'elles ne parviennent à leur équipe, afin d'en tirer le meilleur. Une note brutale, sans pincettes, ne peut servir qu'à déprimer un auteur – quand le showrunner, dans l'idéal, cherche plutôt à l'inspirer en lui donnant confiance. Parfois cela ne peut être accompli qu'en lui tenant un peu la main. Dans certains cas (en fonction des particularités et de l'expérience de chaque auteur), inutile de mettre des gants. De toute façon, les notes de la chaîne ou des responsables du studio devront toujours être transmises – mais pas mot pour mot.

Les auteurs parlent le langage des auteurs et ont l'habitude de déterminer « la note sous la note », afin de tenir compte au mieux de la critique. Bien sûr, il n'y a pas *toujours* besoin de tenir compte d'une note de la chaîne ou du studio. Souvent, une simple clarification suffit. Cependant, il arrive que la chaîne ou le studio « dégage » un séquencier ou un scénario entier. C'est dévastateur pour la machine de production, mais ça arrive. Quelles que soient les réactions de la chaîne ou des responsables du studio, un showrunner solide reprendra et questionnera les notes qu'il jugera discutables avant de les transmettre à l'auteur. Il ressort de ma propre expérience des équipes d'écriture, qu'un petit compliment peut beaucoup accomplir. Même si vous gagnez bien votre vie, ça ne réduit pas complètement l'angoisse des critiques brutales et des notes ÉCRITES EN MAJUSCULES (comme s'ils vous CRIAIENT dessus).

Les showrunners doivent montrer l'exemple au reste de l'équipe – et doivent avoir une carapace à toute épreuve pour affronter les critiques des responsables, de l'équipe de production, et des détracteurs. C'est en créant dans la writers room un environnement respectueux, favorable, équitable, que les showrunners obtiendront le meilleur de leur équipe. Heureusement, c'en est fini de l'époque où les showrunners pouvaient se permettre de se comporter de manière autoritaire et abusive. Dans le passé, les pires étaient ironiquement les showrunners qui établissaient dans la writers room comme sur le plateau une « interdiction d'être un enfoiré », ce qui signifiait en réalité qu'ils s'en réservaient le privilège – en toute impunité. Aujourd'hui, il y a des conséquences. Même en cas de pression extraordinaire, restez sympa.

Autre changement considérable dans le monde de la télé ces dernières années : le rôle des réseaux sociaux, depuis les forums et les sites de fans jusqu'à TikTok et Twitter. Quasiment tous les showrunners que j'ai interviewés suivent ces réseaux – et beaucoup reconnaissent être influencés par les fortes réactions (virales) aux rebondissements de leur série. Dans le passé, les showrunners et leurs équipes d'écriture travaillaient dans le vide et leur seul baromètre pour évaluer les réactions du public était les audiences. Même si les chaînes et les annonceurs continuent de mesurer les audiences pour déterminer le nombre de spectateurs et le tarif des espaces publicitaires, les audiences aujourd'hui ne sont plus qu'une partie du tableau, pas l'alpha et l'oméga. Un showrunner doit faire confiance à son instinct et ne pas être déstabilisé par les audiences et les réactions immédiates des fans. Pour les plateformes de streaming qui mettent en ligne une saison entière d'un seul coup (Netflix, Amazon Prime), il s'agit de toute façon d'un débat stérile. Ce qui est fait est fait.

• **Capacités d'organisation** : Certains créatifs ne se sentent bien que dans le chaos, mais les équipes d'écriture et de production ont besoin de clarté dans les plannings, les deadlines et les attentes. Construire l'intrigue d'une série feuilletonnante, et la déployer, la suivre avec précision sur le temps long est monstrueusement difficile. Beaucoup de showrunners et d'auteurs principaux utilisent des fiches bristol de couleur sur des tableaux avec des numéros d'épisodes, des dates, et des moments clés/arcs clairement établis pour chaque personnage pour la saison (ce qui a déjà été fait, ce qui reste à faire). Il est extrêmement précieux aussi pour l'auteur d'avoir des assistants qui prennent des notes, comme un coordinateur d'écriture qui suit de près les histoires, les origines et l'évolution des personnages. Pour que tout roule dans une série, il faut qu'elle soit dirigée par un diplomate organisé, doué d'un sens exceptionnel de la communication et d'une bonne mémoire.

• **Force morale et endurance** : Être le showrunner d'une série télé est comme courir un marathon. Ce n'est pas un sprint, alors mieux vaut ne pas foncer. Il s'agit d'une tâche colossale, écrasante, monumentale. Être capable de livrer encore et encore et encore des scénarios brillants est un effort sisyphéen. Ou, comme le dit le showrunner Jenji Kohan (*Weeds, Orange Is the New Black*) : « C'est comme gagner un concours du plus gros mangeur, avec comme prix un repas encore plus gros. »

• **Faire ses devoirs** : De manière remarquable, dans leur « temps libre », les showrunners ont tendance à regarder les séries de leurs collègues – avec un mélange de respect, d'esprit de compétition, et d'admiration. Et la plupart des showrunners travaillent la nuit et les week-ends pour ne pas prendre de retard. Ou, comme le dit si justement Glen Mazzara, l'ancien showrunner de *The Walking Dead* : « Un showrunner ne dort pas. »

Êtes-vous à la hauteur de la tâche ? Est-ce que vous avez les épaules ? Perspicacité professionnelle nécessaire. Talent exigé.

Tous les pilotes de série exceptionnels ne donnent pas lieu à des séries exceptionnelles durables. Même avec une idée super cool, apparemment viable, même quand vous avez atteint le sommet de la hiérarchie en devenant showrunner, le caractère imprévisible du public, la politique des chaînes et des studios, le moment, et la chance jouent toujours des rôles clés dans notre marché sursaturé de la télé. Le mieux que nous puissions faire est de créer une série dont nous puissions être fiers, en espérant qu'elle entre en résonance avec un public fidèle. Chaque chapitre de ce livre a pour but de vous inspirer et de vous engager à creuser toujours plus profond vos personnages iconiques, pour mettre au jour des rebondissements et des retournements aussi élaborés qu'imprévisibles, et à explorer des thèmes évocateurs/provocants avec originalité et verve.

1

DU CONCEPT AU SCÉNARIO DU PILOTE

Vous avez une idée pour une série télé qui ne ressemble à rien de ce qui existe déjà. Formidable. La confiance, c'est important dans ce métier. Toutefois, avant de consacrer les prochains mois et les prochaines années nécessaires au développement d'une série de fiction, je vous recommande de commencer par vous poser ces trois questions essentielles :

Pourquoi cette idée ?
Pourquoi vous pour écrire/créer/produire cette série ?
Pourquoi maintenant ?

Creusons ces trois questions :

1. **Pourquoi cette idée ?** Comment vous est-elle venue ? Quel a été le catalyseur ? En quoi est-elle complètement originale, ou une version nouvelle d'une idée familière ? Pourquoi croyez-vous qu'elle pourrait toucher un public ?

2. **Pourquoi vous pour écrire/créer/produire cette série ?** En quoi êtes-vous la personne la plus qualifiée et pourquoi est-ce à vous d'écrire

ce pilote et/ou de développer cette série ? En quoi cette idée vous attire-t-elle ? En quoi vous touche-t-elle personnellement – sans pour autant être autobiographique ? Je ne crois pas dans le soi-disant axiome de l'auteur (ou plutôt le cliché) : écrivez sur ce que vous connaissez. Écrire sur ce que vous connaissez vous permettra sûrement de le faire mieux que n'importe qui d'autre, mais nous les auteurs sommes des créatures curieuses qui aiment enquêter. Ce qu'on ne connaît pas, on peut l'apprendre, y consacrer des recherches ! Allez sur le terrain, interrogez les gens. Voyagez, allez sur les lieux de votre histoire et explorez. Si c'est une série historique, lisez et absorbez les biographies, les fictions historiques, les pièces, la culture, la mode, la musique, la cuisine, l'art et l'architecture, les mœurs. Si vous n'êtes pas encore un expert sur un monde que vous comptez créer et peupler, devenez-en un autant que possible. Ce que vous ignorez peut nuire à votre pilote, à votre pitch, ou à votre « bible ». Bien sûr, personne n'attend 100 % de précision historique ou procédurale. La vraisemblance ou un « air de vérité » sont parfaitement suffisants pour une œuvre de fiction. En conclusion : plaidez votre cause en démontrant que vous êtes l'auteur idéal pour ce projet. Soyez personnel. Une présentation de pitch tient toujours de la performance publique, un vrai paradoxe pour les auteurs, qui préfèrent souvent la solitude.

3. **Pourquoi maintenant ?** Tout est dans le timing. Regardez le monde autour de vous, de près et de loin. Qu'est-ce qui vous scandalise ? Quelles histoires ne sont pas racontées, ou pas bien racontées ? Comment votre projet va-t-il combler un vide d'histoires dans tel monde singulier ou pour tel groupe ou telle communauté ? Ne cherchez pas à savoir ce que recherchent actuellement les chaînes et les studios. Quand vous aurez fini de mettre au point votre pilote ou votre bible, les attentes auront changé. Faites plutôt en sorte de chercher à être profond et personnel. Cette spécificité, cette personnalisation sont les meilleurs moyens de garantir que votre idée n'est ni banale, ni générique, ni dérivée. Chacun de nous est unique. Chaque pilote, chaque pitch de série devrait l'être aussi, tout en étant compréhensible de tous. Ma citation favorite du super showrunner Ryan Murphy (*Glee, American Horror Story*) est toujours vraie aujourd'hui :

Plus vous rendez quelque chose spécifique, plus ça devient universel. Oui, je sais, c'est contre-intuitif, mais il se trouve aussi que c'est vrai.

Bon. Vos réponses vous conviennent ? Vous pensez qu'elles conviendront aussi à une salle pleine de responsables de chaînes ou de studios blasés ? Alors mettons cette histoire sur le chemin qui en fera une série.

Le pilote comme preuve de faisabilité

Les auteurs écrivent. Beaucoup d'entre nous ne sont pas à l'aise pour vendre ou pitcher leurs idées. Aussi, plutôt que d'essayer d'expliquer à un responsable ou un producteur comment et pourquoi votre idée de série est géniale, pourquoi ne pas plutôt écrire le pilote et s'épargner les incertitudes ? Comme ça au moins, c'est noir sur blanc. Vous aurez fait le plus dur. S'ils aiment ce que vous avez écrit, vous aurez mis dans le mille. Même s'ils ne tombent pas amoureux du concept de votre série, vous pourrez au moins les impressionner par votre talent d'écriture.

Pour moi, la preuve de faisabilité dépend directement d'un pilote bien travaillé, écrit de manière exceptionnelle, accompagné d'une bible qui prévoit ce qui va se passer dans l'épisode 2 et au-delà. Pour arriver à un tel résultat, il vous faudra passer par de nombreuses versions et révisions, à partir de retours constructifs d'autres auteurs, de vos mentors, et de conseillers de confiance.

Chaque scénario que vous écrivez a le potentiel de vous ouvrir des portes. Un pitch verbal, même accompagné d'un super document visuel (pitch deck ou mood board), ne permettra pas de montrer votre talent d'écriture quand il s'agit d'entrer dans les nuances du personnage, du dialogue, du ton, du sous-texte, de la construction d'un univers, etc.

Évidemment, si vous êtes déjà reconnu comme auteur/producteur/showrunner ou réalisateur, félicitations ! Vos succès précédents peuvent suffire à faire naître de l'intérêt. Mais rien n'est jamais gagné d'avance. Charge reste à l'auteur/créateur de faire la preuve de la viabilité d'une nouvelle série à des acheteurs potentiels. Même si les succès passés font beaucoup pour gagner la confiance d'une chaîne ou de responsables de studios, ils ne garantissent pas le succès futur. Tous les créateurs de séries doivent continuer à faire leurs preuves dans un paysage télé en évolution perpétuelle, aussi dynamique qu'excitante.

Avant, on considérait un pilote comme le prototype des épisodes suivants en termes de format, de ton, de style, de point de vue, de rythme, etc. Le paysage télé d'aujourd'hui refuse les formules, et les épisodes suivants pourront être innovants et/ou hors norme, afin d'échapper à une formule trop prévisible.

Il reste deux vestiges des chaînes télé traditionnelles : les durées des programmes de 30 ou 60 minutes, correspondant à des créneaux permettant des pauses publicitaires. En réalité, un épisode de 30 minutes en fait plutôt 22, et un épisode de 60 minutes est plus proche de 42. Au contraire, les séries diffusées en streaming sont moins rigides en termes de durée, un « drame d'une heure » sur Netflix peut durer 52 minutes aussi bien que 72. Sans les espaces publicitaires, la durée réelle est moins figée et permet de transcender le format et les formules de la télé telle qu'on la connaissait.

Autre changement de taille aujourd'hui : le nombre d'épisodes par saison. Quand j'ai commencé à travailler dans des writers rooms il y a bien longtemps, quasiment toutes les saisons de séries télé comptaient 22 épisodes. Ces commandes considérables avaient plus pour but de mettre en boîte suffisamment d'épisodes pour obtenir de bons accords de rediffusion, que de créer, semaine après semaine, la meilleure série possible. Dans une saison de 22 épisodes, tous les épisodes ne pourront pas être des bijoux. Certains finiront par ne servir qu'à préparer les meilleurs épisodes de la saison. Dans le marché d'aujourd'hui, une saison peut comporter aussi bien 4 épisodes (*Unorthodox*) que 5 (*Chernobyl*) ou 24 (*Grey's Anatomy*), même si je crois que ces commandes plus conséquentes diminueront à l'avenir.

Il n'y a plus de standard absolu dans l'industrie en ce qui concerne le nombre d'épisodes par saison.

Le nombre d'épisodes dépend du budget, de la taille et de l'étendue d'une série, de la disponibilité des stars de cinéma ou de télé. Si vous envisagez une nouvelle série feuilletonnante, je conseille d'habitude aux créateurs d'utiliser une base de 10 épisodes par saison, susceptible d'être déployée ou contractée, en fonction de l'acheteur.

Peu importe le nombre d'épisodes par saison, voici le mantra que je répète toujours à mes étudiants :

La fin de votre pilote est le début de votre série.

À la fin d'un bon pilote, l'auteur laissera souvent le lecteur avec une myriade de questions et de défis personnels concernant les personnages principaux, afin de donner le sentiment qu'il nous faut absolument lire les prochains épisodes pour obtenir des réponses sur le cours de la (ou des) saison(s). Si vous en êtes encore à ne parler que de l'intrigue, vous êtes déjà à côté de la plaque.

Quand on écrit ou qu'on parle de savoir où va la série, on parle du développement et de l'évolution des personnages (« arcs des personnages »), pas des rebondissements de l'intrigue. Je préfère l'expression « trajectoires des personnages ». L'intrigue doit toujours se plier aux personnages ; sinon, nous ne faisons qu'assister à des déplacements arbitraires dans le temps et dans l'espace de parfaits inconnus. Bien sûr, une bonne intrigue est vitale, mais seulement en relation avec les personnages, leurs relations, leurs désirs, leurs besoins, leurs vulnérabilités, leur pouvoir (ou leur manque de pouvoir).

L'intrigue porte sur qui, quoi, quand, où, et comment.

L'histoire repose sur les personnages et porte aussi sur « le *pourquoi* ? »

Pour qu'un pilote soit captivant, il doit faire ressentir de l'*empathie* pour au moins un des personnages principaux. Il faut qu'on s'inquiète pour eux. Il faut qu'on prenne leur parti – même si leurs buts sont illicites. Il faut qu'on se sente concerné.

Si vous parvenez à créer de l'empathie dans votre pilote, vous allez faire naître une réponse émotionnelle chez votre public et acheteur potentiel. L'empathie est ce qui fait résonner un scénario. Tout comme Albert Einstein affirmait que « L'imagination est plus importante que la connaissance », j'aimerais affirmer que l'empathie est plus importante qu'une intrigue sophistiquée et des effets spéciaux spectaculaires. S'il n'y a pas de connexion avec des personnages doués de véritables forces et faiblesses (c'est-à-dire des vulnérabilités), alors aucun acheteur, aucun public ne sera intéressé.

Les chapitres 2 à 13 proposent d'approfondir chaque point essentiel, et le chapitre 14 passera en revue ces points essentiels pour vous recommander la meilleure manière d'utiliser chacun d'eux quand vous élaborez un document pour présenter votre série aux acteurs du marché. Vous pouvez utiliser les points essentiels suivants pour élaborer une bible ou « mini-bible » de votre série, comme une preuve de faisabilité supplémentaire dans l'optique de montrer que votre série peut se déployer sur de nombreux épisodes ou saisons.

Voici les points essentiels que je vous encourage à suivre lorsque vous créez votre pilote – mais pas nécessairement dans cet ordre.

Titre provisoire : Choisissez quelque chose de mémorable et de provocant. Vous pouvez ne pas aimer, mais *Bienvenue à Schitt's Creek* est un titre qui ne s'oublie pas[9].

Passion personnelle : Pourquoi cette idée ? Pourquoi vous ? Pourquoi maintenant ?

Genre : Vous pouvez chercher sur Google les genres habituels. Mais de nos jours, le genre peut aussi être hybride – par exemple, drame + comédie = dramédie.
Les drames familiaux sombres avec une touche de thriller psychologique s'appellent désormais « *family noir* ».

Tons comparables : Il peut s'agir d'autres séries ou films emblématiques du ton, du rythme, et du style que vous envisagez pour votre série.

Accroche : Articulée sous forme d'un « Et si ? » Par exemple, *Ted Lasso* : Et si un coach de football américain était recruté pour entraîner une équipe de football *(soccer)* en Angleterre ? Ou *Le Jeu de la dame* :

9. NdT : Le jeu de mots fonctionne en anglais, où *Schitt* s'entend comme « shit » (merde).

Et si une jeune prodige des échecs battait tous ses rivaux pour devenir championne du monde ?

Logline : Doit contenir le mot « mais ». Exemples : *Ted Lasso*. Un coach de football américain très sociable, originaire de Whichita (Texas), est recruté pour entraîner une équipe de football *(soccer)* en Angleterre, *mais* n'a aucune expérience de ce sport. *Le Jeu de la dame* : Élevée dans un orphelinat depuis le plus jeune âge, une jeune prodige des échecs l'emporte sur ses rivaux dans un monde des échecs sous domination masculine, *mais* elle doit lutter contre ses démons intérieurs, parmi lesquels un trauma d'enfance et des addictions.

Format : Drame d'une heure ? Dramédie de 30 minutes mono caméra ? Sitcom multi-caméras ? Série sur plusieurs saisons ou mini-série ? Série d'anthologie ? Combien d'épisodes prévus ? Si vous n'en avez aucune idée, prenez une base de 10 par saison. Combien de saisons ? Pour info, il est plus difficile de vendre une mini-série, car les chaînes et les studios préfèrent une franchise durable. Si la série est un succès, naturellement ils voudront d'autres saisons. Exemples de « mini-séries » qui se sont étendues en saisons supplémentaires pour satisfaire l'appétit du public : *La Servante écarlate, Big Little Lies*, et la deuxième saison de *The Flight Attendant.*

Dans ces exemples, les œuvres d'origine concluaient à la fin de la saison 1, et les saisons suivantes ont été totalement inventées, en partant des cliffhangers à la fin de la saison 1. Des mini-séries acclamées, comme *Chernobyl* (5 épisodes, HBO) ou *Unorthodox* (4 épisodes, Netflix) sont considérées comme des productions « de prestige », capables de récolter des récompenses, mais pas, en général, de faire gagner de l'argent à leurs diffuseurs, du fait de leur nombre limité d'épisodes. Bien sûr, il y a des exceptions, comme le phénomène mondial *Le Jeu de la dame*. En tout cas, je vous recommande de choisir le format et le nombre d'épisodes qui conviennent le mieux à l'histoire que vous racontez – même si c'est seulement 4 épisodes.

Arène : Époque et lieux principaux.

Teaser/Cold Open (Ouverture chaude/froide) : Tout le monde aime entendre une histoire bien racontée, alors commencez fort. Si vous écrivez une série comique, commencez « froid » avec une ouverture drôle, intelligente, et/ou ironique. Si vous écrivez une série dramatique, commencez « chaud » avec un teaser provocant[10].

Mythologie de la série : Quelle est la mythologie fondamentale et/ou l'histoire des origines de la série ? On parle aujourd'hui de *construction d'un univers*. Voir chapitre 3.

Moteurs narratifs : Qu'est-ce qui va conduire la série d'un épisode à l'autre ? Voir chapitre 14. Les épreuves et les tribulations des personnages alimentent les moteurs narratifs. Résoudre un problème de manière *proactive* implique d'habitude une « micro-mission » – qui « alimente » chaque moteur narratif.

Personnages principaux : Pour qui prenons-nous parti (et pourquoi), aussi bien que contre qui et contre quoi (et pourquoi) luttent-ils ? En quoi leurs imperfections les rendent uniques et attachants ? Quelles sont leurs forces et faiblesses principales ?

Point de vue : De quel point de vue principal voyons-nous la série ? Point de vue unique ? (*Unorthodox, The Flight Attendant, Barry, Fleabag, Le Jeu de la dame, Lupin*). Collectif ? (*Ted Lasso, Bienvenue à Schitt's Creek, Ozark, Pose, Atlanta, Succession, Stranger Things, Gomorra, Le Bureau des légendes, Babylon Berlin*). Double ? (*Dead to Me, Insecure, PEN15, WandaVision, Outlander, Vida*).

Thème(s) à explorer : Il y a l'histoire, et puis il y a ce dont l'histoire parle *vraiment* sur le plan humain et universel : c'est le *thème. House of*

10. NdT : Une ouverture « froide » signifie qu'on commence *in medias res*, au milieu d'une situation déjà existante ; une ouverture « chaude » signifie qu'on commence par l'événement qui déclenche une situation.

Cards n'est pas qu'une série parlant de politique – elle parle de pouvoir. *Bienvenue à Schitt's Creek* ne parle pas seulement d'une famille dans une situation de poisson-hors-de-l'eau – mais de la perte. *Le Jeu de la dame* parle d'abandon, de solitude, et du prix du génie.

Question centrale : Concerne le futur. Où va la série ? Que va-t-il arriver à ces personnages qui va les mettre en difficulté et les sortir de leur zone de confort ? Quels grands problèmes vont-ils devoir affronter/résoudre sur le cours d'une saison et de la série ?

Mystère central : Concerne le passé. Qu'est-ce qui s'est passé avant ? Comment et pourquoi les personnages se comportent-ils de manière unique et spécifique ? Les réponses sont dans leur passé (leur *backstory*). Est-ce un mystère ouvert ou fermé ?

Les arcs/trajectoires des personnages : À quel point vos personnages principaux changent-ils ou évoluent-ils au cours de la (ou des) saison(s) ? Et oui, ils doivent changer, même de manière très subtile. C'est lorsque des personnages sont obligés d'affronter des situations où ils doivent se montrer proactifs et montrer ce dont ils sont capables *sous pression*, que les spectateurs sont le plus investis. La tension dramatique vient des trois choses que nous ne pouvons pas contrôler dans la vie : (1) l'environnement (le temps qu'il fait, les catastrophes naturelles, le temps qui passe, la mortalité, et de plus en plus la technologie) ; (2) nos propres émotions ; et (3) les autres. Balancez les trois sur la route de vos personnages.

Originalité : Votre idée de série originale ferait mieux de ne pas ressembler à quelque chose qui a déjà été produit. Qu'est-ce qui rend la vôtre complètement unique ?

Durabilité/Franchise : En quoi votre série est-elle installée sur un terrain fertile ? Comment va-t-elle toucher un public et le captiver sur le long cours ? Combien de saisons peut durer votre série, à condition que ce ne soit pas une mini-série ? Deux ? Ou (rarement, mais ça arrive encore) cinq, ou dix ? Au bout du compte : « Une bonne série télé, ça montre des gens cool qui *font* des trucs cool. » (Citation de Glen Mazzara, ancien showrunner de *The Walking Dead*). Dès que vous avez terminé une version solide de votre pilote, commencez à élaborer la bible de votre série (de 10 à 85 pages) ou votre mini-bible (environ 5 pages) comme preuve de faisabilité. Une bible est un bon moyen de prouver que votre série a du potentiel et peut tenir la distance, par opposition à un film, qui offre une expérience plus limitée dans le temps. Une critique habituelle qu'on adresse à la plupart des bonnes idées : « Super idée, mais ça ressemble plus à un film qu'à une série. » Pensez à cette réaction toujours possible et donnez à vos personnages la place pour évoluer dans le temps ; c'est la condition d'une série à épisodes.

Structure, rythme et relation au temps : Le temps est le contenant de votre série. Sur combien de temps dans la vie de vos personnages se déroule la saison 1 ? 24 heures (*24*) ? Plusieurs semaines ou plusieurs mois (*Euphoria, Succesion, PEN15*) ? Une année (*Deutschland 83/86/89*) ? Plusieurs années (*L'Amie prodigieuse, Babylon Berlin, Watchmen, Lupin, La Fabuleuse Madame Maisel*) ? Y a-t-il plus qu'une ligne temporelle (*Outlander, Loki, This Is Us*) ?

Outils narratifs : Comptez-vous incorporer une voix off (*La Servante écarlate, Mr. Robot, Euphoria, La Casa de Papel*) ? Des flash-back (*Le Jeu de la dame, Ozark, WandaVision, The Flight Attendant, Unorthodox, Lupin*) ? L'adresse directe au spectateur (*Fleabag, Bigger, Modern Family, The Office*) ? Jouer avec le temps (*Poupée russe, Maniac, Dark*) ? Un narrateur douteux ou partial (*Mr. Robot, Euphoria, WandaVision*) ? Avec une voix off, le moins est toujours le mieux. Il convient de s'en servir avec parcimonie, délicatesse, ironie ou humour – sinon ce n'est qu'une béquille narrative. Pour moi, la voix off dans le pilote d'*Outlander* a eu pour premier effet de me perdre. J'apprécie le mystère et préfère qu'on ne me dise pas tout dès le début. C'est un paradoxe, mais les spectateurs sont bien plus attirés par ce qu'ils ne savent pas que par ce qu'ils savent. C'est pour ça que nous continuons à regarder.

Métaphores et motifs visuels : La carrière de comédienne de stand-up de Madame Maisel est une métaphore pour le féminisme de la fin des années 50 et des années 60. L'humour provocateur de Midge Maisel représente une forme de libération. Les motifs peuvent prendre différentes formes et ajouter une dimension puissante à votre monde quand vous en usez de manière subtile et efficace. Exemples : le petit soldat dans *Ted Lasso*, le bourdon dans *La Chronique des Bridgerton*, les lapins dans *The Flight Attendant*.

Maintenant que j'ai, je l'espère, nourri votre imagination, et que vous avez planifié votre première approche créative, mettons-nous en route – avec l'empathie comme boussole. Une carte peut vous aider à ne pas vous perdre, mais je vous encourage à rester ouvert aux détours inévitables et aux découvertes que vous ferez en chemin.

INTERVIEW : Alon Aranya, *Your Honor* (Showtime) et *Téhéran* (AppleTV+), sur les acquisitions, le développement, le pitch et la vente

Cette interview a eu lieu le 27 mai 2020 (Your Honor) et le 20 août 2020 (Téhéran).

Neil : Mon dernier livre est sorti en 2014, et depuis le paysage de la télé a été complètement bouleversé. J'appelle ça la révolution digitale de la télévision. Au cours des années, j'ai fini par m'apercevoir que vous aviez un don surnaturel pour pronostiquer l'avenir. Puisque vous êtes, pour ainsi dire, dans les tranchées, comme auteur et comme producteur, de votre point de vue quels sont les plus grands changements qui sont advenus, et comment vous êtes-vous adaptés au marché ?

Alon : Le marché de la télé passe maintenant au monde du streaming global, comme Netflix, comme Apple, comme Disney+, HBO Max, etc. sont en train de le faire – tous ces acteurs fonctionnent de manière globale et sur abonnement. Ce qui signifie que votre abonnement sera le même, que vous soyez au Brésil, en Inde, en Israël ou en Roumanie. Il n'y a plus de clients privilégiés dans un tel environnement.

Neil : Qu'est-ce qui a provoqué ce bouleversement ?

Alon : Il y a 7 milliards de personnes sur cette planète et seulement 1,5 milliard qui parlent ou comprennent l'anglais. C'est à des années-lumière du monde dans lequel nous avons grandi, et où on nous disait que 50 % des gens parlaient anglais. C'est tout simplement faux. C'est plus proche de 20 ou 25 %. En fait, seulement 350 millions de personnes ont vraiment l'anglais comme langue maternelle. C'est juste une fraction de la population mondiale. Vous pouvez avoir une série comme *Fauda* ou *La Casa de Papel* qui sort sur Netflix et qui va avoir plus de spectateurs que la plupart des séries américaines. Tout en coûtant beaucoup moins cher. Ça va changer le business de manière spectaculaire. Pour citer un responsable de Netflix : « Ce n'est pas très difficile pour une série européenne bonne ou moyenne d'avoir plus de spectateurs qu'une série américaine, parce qu'elle peut compter sur l'Europe. Ce qui fait beaucoup plus de spectateurs que ce que les États-Unis peuvent offrir. » Et même aux États-Unis, les gens seraient surpris du nombre de personnes qui regardent des séries européennes, mais ce n'est pas tellement surprenant, parce qu'ils ont l'infrastructure pour ça.

Maintenant regardez Netflix. Ils approchent des 200 millions d'abonnements pour le monde entier. Et 91 ou 92 % de leurs nouveaux abonnements sont hors États-Unis… 91 ou 92 % ! Imaginez ce que ce sera dans 2 ou 3 ans. Ils en seront à 98 % de croissance hors des États-Unis. Si vous étudiez le modèle Netflix, ça vous dit qu'aujourd'hui l'argent n'est plus aux États-Unis. Même pour la télé américaine, ils se développent grâce à l'argent qui vient de l'extérieur. Je veux dire, vous ne pouvez pas travailler juste pour une licence américaine. Le déficit qu'un studio américain accepte au départ repose sur le fait qu'il va sortir du territoire et faire des ventes internationales.

Si Netflix ou d'autres plateformes de streaming lancent des séries sur ces marchés et obtiennent beaucoup de spectateurs, où pensez-vous que l'afflux d'argent va commencer à aller en termes de développement ? Ça va sortir des États-Unis parce que quelqu'un va dire : « Attendez une minute, si je peux faire cette série pour, disons, un demi-million de dollars par épisode et que ça va être un succès global, pourquoi continuer à faire des séries à 8 ou 10 millions de dollars l'épisode que personne ne regarde ? » On n'y est pas encore, mais c'est là qu'on va.

Neil : Est-ce qu'il y a un surplus de programmes ?

Alon : On doit bien avoir plus de 500 séries diffusées aux États-Unis, on n'a pas ce genre de saturation en Europe ou ailleurs ; ce sont toujours des marchés émergents, en croissance, qui n'ont pas encore inondé leurs spectateurs avec un si grand nombre de séries qu'on ne s'y retrouve plus. Certains pays sont encore en train d'apprendre comment fabriquer ces séries. C'est encore relativement neuf pour eux. C'est un marché en croissance. Et c'est pourquoi Paper Plane, ma société de production, est allée sur ces marchés. En réfléchissant au futur, on s'est dit : « L'Amérique, c'était l'endroit idéal pour développer 24 épisodes pour une chaîne. Mais ce n'est plus le cas. On n'a plus 24 épisodes ; on est descendu à quelque part entre 8 et 13 épisodes. Et ce n'est pas comme si nos droits augmentaient. »

À moins d'être un producteur trois-étoiles, les droits qu'on touche commencent à être comparables aux montants européens, et à ce qu'on peut gagner comme producteur en Europe. En fait, on peut même gagner plus en Europe parce qu'il y a plus d'équité dans ces séries sans studios américains. Donc, en résumé, on commence à regarder s'il y a du business hors des États-Unis et c'est évident qu'il y en a. Avant c'était tout petit. Très local. Ces séries ne sortaient jamais de leurs pays d'origine. Et maintenant les gens, dans ces pays, travaillent avec des gens comme moi, on les fait ensemble et ils apprennent comment rayonner au-delà de leur marché d'origine. Donc on arrive à faire ces séries avec un plus gros budget, ensemble et de manière profitable.

Neil : Qu'est-ce qui vous attire dans un projet ? Des personnages complexes, avec des défauts uniques ? L'originalité du concept ? Une immersion dans un monde nouveau ? Le suspense ? Un peu tout ça ?

Alon : C'est la première question qu'on me pose tout le temps. Les vendeurs, les distributeurs, tous ceux qui m'appellent me demandent : « Qu'est-ce que tu cherches ? » Et pas seulement pour des remakes, mais qu'est-ce que tu cherches à produire ? Et je les déçois toujours, parce que je suis incapable de dire : « On cherche ce genre de truc, on veut exactement ceci ou cela. » Ce n'est pas comme ça que je travaille. C'est plus instinctif que ça, plus spirituel, un peu plus personnel, au sens où je tombe amoureux des histoires. Et la raison pour laquelle je vais suivre une histoire, c'est à cause de la manière dont elle m'attrape, mais aussi parce que j'arrive à voir où elle va. J'arrive à voir si elle a la dimension suffisante pour devenir une série. N'oubliez pas que je reçois beaucoup de ces idées quand elles ne sont encore que des bibles.

Sans surprise, ce que j'enseigne à l'AFI (American Film Institute à Los Angeles), c'est à faire des bibles. Ce qui est plus surprenant, c'est le manque de connaissance et de savoir-faire, évidemment chez les étudiants mais aussi chez des auteurs en activité, sur la manière la plus efficace d'élaborer ce truc qu'on appelle une bible. Des documents très mal faits me parviennent depuis le marché international. Pour tout vous dire, parfois ils ne contiennent même pas d'histoire. Il y a plein d'images, un deck, tout ça. Il y a ce monde-ci, et puis ce monde-là... et je me dis : « O.K., mais c'est quoi, la série ? »

Je vais sur des marchés en Europe et les gens achètent des séries, tout est déjà signé, financé, on parle de vendre en France, en Allemagne... J'arrive et je demande « Bon, c'est quoi ce que vous financez ? » Et là ils me disent « Euh... On... on fait ce truc sur le Groenland. Un truc environnemental. » Moi : « Oh, et c'est quoi le pitch ? » Eux : « Mais c'est le pitch. » Et là je me dis : « Et vous en êtes déjà à financer ? »

N'oubliez pas deux choses à propos de moi. Mon métier, ce n'est pas responsable de studio. Je ne suis pas un acheteur. Je ne travaille pas pour Netflix. Je suis un producteur qui comprend ce qu'est raconter une histoire. En tant que producteur, la seule chose que j'ai besoin de voir, c'est si je peux aider à en faire quelque chose. Ne vous inquiétez pas de savoir dans quel état c'est pour l'instant. Si c'est intéressant, je trouverai un moyen pour l'amener à l'endroit où ce sera viable pour le marché. Et ça, c'est quelque chose que vous n'aurez pas avec les autres acteurs du métier. Qui a le temps de nourrir votre projet jusqu'à ce qu'il fonctionne ? Ce n'est pas leur boulot. C'est un boulot de producteur. Donc pour résumer, si j'adore à ce point le marché international, c'est parce que nous les producteurs, et nous les auteurs, nous pouvons faire la différence en travaillant avec les deux côtés et en faisant en sorte que ces contenus fonctionnent dans un nouvel environnement. C'est absolument fantastique.

Neil : À quel point compte l'extrait de scénario ? Je dis toujours à mes étudiants et aux auteurs débutants que tout le monde a des idées, mais que vous ne serez jamais invités à pitcher devant un studio ou une chaîne à moins qu'ils vous aient lu et qu'ils sachent que vous êtes capables d'incarner une idée avec une voix et une sensibilité uniques.

Alon : En effet. Je partage ce point de vue, mais je crois qu'il faut voir plus large d'une certaine manière. Et c'est pourquoi je suis aussi obsessionnel sur la question des bibles. Évidemment je suis aussi obsessionnel sur les scénarios. Mais dans l'environnement où on me propose des séries et où moi-même je pitche des séries en tant que producteur, au moins pour les séries américaines, je n'ai besoin que d'une bible. Je ne dis pas que s'il y a un scénario génial, c'est mal. C'est formidable. Mais le marché est complètement saturé de scénarios « *on spec*[11] ». Il y a un embouteillage. Donc, quand les gens disent « Oh, mieux vaut avoir un scénario fini », moi je cite mon mentor de NYU qui disait toujours : « N'oubliez pas qu'un scénario, c'est aussi 60 pages de raisons de dire non. »

Neil : *Your Honor* a été un succès en Israël, mais quand CBS l'a acheté, vous ne leur avez rien montré, et ils n'avaient pas encore lu le scénario. C'est vrai ?

Alon : Oui. Je l'ai pitché à l'oral, et puis j'ai rédigé 3 pages, juste pour avoir un document de référence. Mais c'est tout. J'ai fait traduire le scénario israélien de l'hébreu à l'anglais et je leur ai donné ça. Peut-être que le pitch prometteur que je leur ai fait était beaucoup plus convaincant que tout ce qu'ils auraient pu lire, mon intuition me disait que le pitch était suffisamment excitant, et qu'il suffisait de laisser leur imagination faire le reste. Ça a payé.

Neil : Pour les auteurs, c'est une approche très différente d'il y a 5 ou 6 ans, vous êtes d'accord ?

Alon : Oui et non. Pour les auteurs, rien de mieux que de bons extraits de scénario. Ce que je dis, c'est en tant que producteur qui

---

11. NdT : spontanés, ne répondant pas à une commande.

cherche à sortir des séries, et cette conversation, on l'a à chaque fois qu'on met au point une série. La question est toujours : « Est-ce qu'on a besoin d'un scénario pour ça, oui ou non ? » Et je vous dis que le plus souvent, on n'a pas besoin d'un scénario. Un scénario ne peut que nous gêner. De toute ma vie, j'ai présenté deux fois un package qui avait été développé en interne, et les deux fois ça n'a pas marché. Et c'était des bons scénarios. Donc, il n'y a pas qu'une manière de faire.

Neil : *Your Honor* avait un pitch exceptionnellement excitant. Mais pitch mis à part, les décideurs auxquels vous aviez à faire voulaient faire quelque chose à la Peter Moffat [Criminal Justice] et à la Robert et Michelle King [*The Good Wife, The Good Fight*]. Il y avait des précédents.

Alon : C'est vrai. Peter Moffat n'a pas eu besoin d'écrire un scénario. Il a fait un pitch de 45 minutes. Pas comme le mien, qui a duré 5 ou 7 minutes. Le sien durait 45. Évidemment, après ces 45 minutes, la dernière chose que vous demandez est un scénario, parce qu'il vient de le jouer devant vous. J'ai eu la chance de faire l'expérience des deux côtés, à la fois comme spectateur et comme « acteur » devant d'autres personnes, du pouvoir du pitch, du pouvoir du récit, du conteur, où vous n'avez besoin de rien d'autre, où il ne faut surtout pas amener quelque chose d'écrit, si on ne veut pas gâcher le moment.

Neil : Les « mood board » et les « pitch decks » me fatiguent tellement, ils cherchent juste à vous épater avec des images. Qu'en pensez-vous ? Faut-il ajouter des éléments visuels au pitch ?

Alon : Personnellement, je ne le fais pas. Je suis un peu vieux jeu sur ce point. J'ai grandi à une époque où les gens vous disaient de ne pas rajouter une couverture fantaisie quand vous soumettiez un scénario de film, car ça pouvait donner le sentiment de chercher à compenser une faiblesse. Ça a influencé ma manière de pitcher. Et ma manière de réagir à tous ces documents de présentation pleins d'images et sans histoire, c'est de faire les miens avec 98 % de texte. Voilà ma réponse à cette absurdité. Honnêtement, ça montre juste que les gens ne savent vraiment pas comment construire un pitch. Ici je dois faire une distinction que je fais toujours dans mes classes, et que je crois vraiment importante. Ce que je vois souvent dans les pitchs hors des États-Unis, c'est qu'ils vendent encore des univers. Ils ne vendent pas un pitch. C'est une erreur. Ils ne font plus la distinction. Ils croient pouvoir se contenter de décrire l'univers de la série. Ça ne suffit pas.

Alors que l'auteur américain, quand il arrive pour faire son pitch, il a bien préparé, il a fait ses devoirs. Il est prêt. Il a construit l'histoire. Il a pensé à la saison. Il a bien réfléchi au pilote. Pourquoi ? Parce que si ça marche pour lui lors de cette présentation, il y a à la clé pour lui un joli chèque de minimum garanti par la WGA, et probablement bien plus si ça marche bien ensuite. Je travaille tout le temps avec des auteurs en Europe et ils ne sont pas très enthousiastes quand on leur demande de modifier leurs bibles en tenant compte de notes. Je suis obligé de leur expliquer : « Écoute, fais-en un peu plus en amont, et tu n'auras pas perdu ton temps. » Et c'est vraiment là que nos cultures se croisent et deviennent complémentaires en faisant ce genre de séries.

Neil : Est-ce que vous procédez différemment pour chaque pitch, ou est-ce que vous essayez généralement de commencer par une séquence très forte, par un gros teaser ?

Alon : Oui, absolument. Chez Warner ils ont un modèle pour les pitchs. Ça fait un moment qu'ils l'utilisent. Mais pour moi, c'est dur de faire comme ça parce que les séries feuilletonnantes, c'est un peu différent des séries procédurales bouclées, où vous pouvez pitcher un teaser, puis parler des personnages, et finalement pitcher l'épisode. Avec la série feuilletonnante, l'histoire, c'est l'histoire des personnages, et ça ne s'arrête jamais. Alors pour moi, c'est dur de pitcher un teaser pour une série feuilletonnante, puis de m'arrêter pour parler des personnages, et de reprendre. À mon sens, ça gâche le rythme naturel du pitch parce que moi, je pitche mes personnages en même temps que l'histoire. Je ne sépare pas les deux. Ils sont entrelacés.

Dans mes pitchs, j'essaye de définir la puissance propre à chaque histoire. Avec *Your Honor*, il était clair pour moi que dès que le père, le juge respectable [joué par Bryan Cranston] décide qu'il doit mentir pour couvrir le crime de son fils [Hunter Doohan], on peut s'arrêter là. C'est le pitch.

Bien sûr, il y a des séries où je devrais en faire beaucoup plus pour communiquer en quoi elles sont uniques. Dans les deux cas, ça peut devenir d'excellentes séries, ce sont juste des histoires de type différent, qui réclament plus de temps pour être mises en place. Alors, non, je ne crois pas à la taille unique, au prêt-à-porter, quand il s'agit de pitch. D'ailleurs, tous les projets ne se prêtent pas au pitch.

Neil : C'est vrai, certaines histoires doivent être écrites, c'est la seule manière de donner une preuve de faisabilité aux acheteurs, et de leur en faire comprendre la puissance.

Alon : Je crois qu'il faut découvrir sur quel point votre histoire est la plus forte, mettre l'accent sur cette puissance, et trouver le moyen de la faire sienne pour la faire sentir aux autres. Pour moi, c'est ça qui fait un bon pitch.

Neil : Quels conseils donneriez-vous aux créateurs de contenus d'aujourd'hui ? Est-ce qu'il faut, dès le début, que la série ait quelque chose d'international dans son concept ? Ou peut-on se passer de réfléchir d'emblée au marché global ?

Alon : Aujourd'hui, la manière dont les séries américaines se font dépend beaucoup des ventes internationales. Avant il y avait le marché du DVD, et d'autres sources de revenus secondaires, mais c'est fini. Alors oui, ça a eu un effet sur le genre de films que produit l'Amérique depuis une vingtaine d'années. Et je vois que ça a aussi un effet sur la télévision et que ça va continuer à avoir un effet sur le genre de séries que nous produisons pour la télé. Il y a de plus en plus cette culture cinéma qui arrive maintenant, ce mélange de l'industrie et de la culture du cinéma avec la télévision, et il faut vraiment présenter pour votre série un package avec de grands noms, des réalisateurs connus, des gens qui ont eu des Oscars, etc. En 2014, je pouvais encore aller voir des patrons de chaîne moi-même, et leur pitcher une série exactement comme je suis venu pitcher *Your Honor* devant vos étudiants dans votre classe, et ils étaient capables d'acheter sans qu'aucun auteur ne soit présent, juste eux et moi. Et on savait dès cet instant qu'on trouverait un auteur parce qu'on tenait quelque chose de bon. Ça fonctionnait comme ça, la télévision, il y a encore 5 minutes. C'est fini. Maintenant, si j'allais pitcher *Your Honor* sans d'autres éléments, sans Peter Moffat, sans Robert et Michelle King, on ne m'écouterait pas, ça ne passerait pas. C'est juste la réalité.

Les créateurs doivent faire l'effort conscient de rendre leur série intéressante pour l'international. Que vous travailliez pour une plateforme de streaming qui cherche à séduire des spectateurs dans le plus de territoires possible, ou de manière plus traditionnelle pour un studio qui a besoin de vendre territoire par territoire, vous devez compter de plus en plus sur la dynamique du marché international.

Neil : Vous avez eu beaucoup de succès en découvrant et en achetant les droits de contenus israéliens. D'après vous, pourquoi autant de séries de grande qualité viennent-elles d'Israël ? Et ce n'est pas juste que vous les avez trouvées, c'est aussi qu'il y en a tellement qui sont nées là-bas.

Alon : Israël a sauté à bord du train de la série feuilletonnante avant la plupart de ses voisins et de ses partenaires européens. Et parce que nous avions la même manière de travailler même avant la vague de la série feuilletonnante ; nous faisions beaucoup de drames quotidiens, qui est un genre feuilletonnant comme les *soaps* aux États-Unis. C'est comme ça qu'est née *In Treatment* (*En thérapie*) : 50 épisodes par saison, que vous pouvez programmer 5 jours par semaine à la même heure. Avec le temps, Israël a de plus en plus d'expérience, de plus en plus de personnes qui travaillent sur des coproductions, et de gens qui savent comment développer et produire là-bas. Et ce qui est en train d'arriver maintenant, et qui est formidable, ce sont les coopérations – avec des gens comme moi.

2

Propriété intellectuelle et adaptation

La propriété intellectuelle (IP) concerne un contenu qui (le plus souvent) n'a pas été créé par le scénariste. Dans le paysage télé d'aujourd'hui, la majorité des séries repose sur de la propriété intellectuelle. Parmi les séries adaptées, on compte : *La Chronique des Bridgerton, Ted Lasso, Le Jeu de la dame, Watchmen, Euphoria, The Flight Attendant, Normal People, Babylon Berlin,* et *WandaVision. Game of Thrones* est l'adaptation qui a remporté le plus grand succès de tous les temps. Alors, comment obtenir des droits ? À la vérité, la plupart des auteurs débutants n'ont pas les moyens d'obtenir les droits d'un contenu qui a déjà eu du succès. Ils sont plutôt dépendants des studios et des chaînes qui en ont les moyens, et qui cherchent ensuite à recruter des auteurs. Dans ce genre de cas, vous n'avez pas d'autre choix que de proposer votre pitch en espérant obtenir le boulot.

Ne perdez pas votre temps à adapter une œuvre dont vous n'avez pas les droits ou sur laquelle vous n'avez pas le contrôle (même pour un temps limité, c'est-à-dire sous la forme d'une option). Pour éviter de vous perdre dans les problèmes légaux d'obtention des droits, j'encourage plutôt les auteurs débutants à : (1) créer leur série originale sans avoir à se préoccuper de droits ; (2) créer d'abord leur propre propriété intellectuelle (roman, récit, bande dessinée, jeu vidéo, podcast, court-métrage, nouvelle, documentaire, biographie, web-série, vidéo YouTube, et même TikTok) puis de l'adapter ; (3) adapter des œuvres appartenant au domaine public.

Avant de nous plonger dans la manière d'adapter une œuvre reposant sur de la propriété intellectuelle, voyons ce que vous avez le droit d'adapter ou pas selon le droit de la propriété intellectuelle. Attention, je ne suis pas avocat.

S'assurer des droits

Aux États-Unis, vous devez posséder les droits ou les contrôler avant de pouvoir adapter en toute légalité toute œuvre ou contenu n'appartenant pas au domaine public ou ne reposant pas sur des faits disponibles publiquement (articles de journaux, transcriptions courtes, documents relevant du droit à l'information).

Sachez aussi que ce qui est considéré comme appartenant au « domaine public » dans un pays relève peut-être d'une autre règle dans un autre pays. Par exemple, la durée requise avant de tomber dans le domaine public peut varier – aux États-Unis, c'est actuellement 70 ans après la mort de l'auteur, mais dans certains pays, ça peut aller jusqu'à 95 ans. La musique et les chansons sont protégées d'une manière entièrement différente, et impliquent une « licence ». Acquérir les droits concernant la vie de quelqu'un peut aussi être compliqué, surtout si la personne était célèbre, et s'il existe des héritiers ou une fondation susceptibles de s'opposer à tout projet qui serait jugé diffamatoire ou portant atteinte à la vie privée. Ayez bien en tête ces trois mots très importants « **Chaîne des Droits** » (*Chain of Title*). Peu importe la qualité du scénario, si vous n'êtes pas capable d'établir clairement la chaîne légale des droits, vous ne pourrez jamais faire démarrer une production.

En général, les idées ne peuvent pas être protégées légalement, à moins d'être hyper-spécifiques en termes d'*expression* ou d'*exécution*, avec cependant deux exceptions :

1. **La structure ne peut pas être protégée légalement.** Eh oui ! – les scénaristes de *Rashomon, Memento, The Affair* (Showtime), *Un jour sans fin, Poupée russe* (Netflix) et *Palm Springs* (Hulu) n'ont aucun compte à rendre en termes de violation de propriété intellectuelle en ce qui concerne les éléments structurels qu'ils ont « empruntés ».

2. **Les « scènes obligatoires » (ou « scènes à faire »), c'est-à-dire les scènes obligatoires dans tel ou tel genre, que ce soit pour un livre, un film ou une série, ne sont pas concernées.** C'est-à-dire que même si vous avez la conviction que quelqu'un a eu la possibilité de « voler » votre idée, c'est au plaignant de repérer les aspects uniques et spécifiques que les deux œuvres ont en commun – *au-delà* des scènes obligatoires du genre. Par exemple, l'histoire d'une créature marine mythologique tombant amoureuse d'un être humain peut être *Splash* ou *La Forme de l'eau*, mais dans le premier cas on a une comédie romantique avec un « poisson-hors-de-l'eau[12] », dans le second un thriller surnaturel avec une conspiration située pendant la guerre froide et des éléments romantiques et magiques. En conclusion : charge au plaignant de faire la preuve, ce qui est à la fois très coûteux et rarement couronné de succès. C'est pourquoi, à moins d'être recruté pour adapter une œuvre par l'entité qui en possède ou contrôle les droits pour un certain temps, je vous recommande de vous *inspirer* de ceci ou de cela, et de n'écrire que des histoires originales, qui vous soient parfaitement propres et uniques.

Dans les interviews de ce livre, une bonne moitié des showrunners de premier plan, à la tête de séries d'exception du monde entier, travaillent sur des séries qui sont des adaptations. Dans un paysage télé encombré, l'adaptation d'une œuvre connue peut aider à se détacher du bruit ambiant, et aider un projet à sortir du lot.

En partant du principe que vous ou votre employeur possédez les droits de l'œuvre originale concernée, la question essentielle suivante n'est plus si vous *pouvez* adapter, mais ce que vous *devriez* adapter.

Est-ce adaptable ?

Voilà peut-être la question la plus cruciale à se poser avant de se lancer tête baissée dans une adaptation de l'écrit à l'écran. Le paysage

12. NdT : « fish-out-of-water » désigne une histoire avec un personnage hors de son milieu habituel.

cinématographique est littéralement jonché de romans populaires et d'œuvres littéraires qui ont été adaptés de manière décevante (ou carrément mauvaise). Bien sûr, il y a des exceptions, et certains films ont égalé ou même surpassé leurs modèles : *Ne tirez pas sur l'oiseau moqueur, Vol au-dessus d'un nid de coucou, Le Parrain, Les Dents de la mer,* et *Forrest Gump*, par exemple.

Le classique de 1994, *Les Évadés*, adapté par Frank Darabont à partir du court roman de Stephen King, *Rita Hayworth and Shawshank. Redemption*, est souvent la référence quand il s'agit de voir comment faire plus avec moins. Les romans épiques ou trop vastes ne donnent généralement pas des films satisfaisants. Mais la télévision à la demande et en streaming est le médium idéal pour raconter de longues sagas qui peuvent s'étaler sur des décennies, avec un casting innombrable. Voyez les adaptations mastodontes : *Game of Thrones*, *L'Amie prodigieuse* et *La Chronique des Bridgerton*. La littérature russe est idéale pour le format télé de la série sur plusieurs saisons.

Ces dernières années, les adaptations de best-sellers en mini-séries ont eu tellement de succès que les chaînes ont commandé des saisons supplémentaires totalement inventées. La première saison de *La Servante écarlate* couvrait l'intégralité du roman dystopique de 1985 de Margaret Atwood. Les saisons suivantes ont fait naître des développements complètement nouveaux de l'intrigue, qui devraient probablement se raccorder à la fin avec la suite écrite par Atwood, *The Testaments. Big Little Lies*, une série adaptée du best-seller de 2004 de Liane Moriarty, ne devait être qu'une mini-série, mais elle a eu tellement de succès que HBO, au moment où j'écris ce livre, envisage une troisième saison.

Il y a aussi des séries exceptionnelles adaptées du MCU (Marvel Cinematic Universe), comme *WandaVision* et *Falcon et le Soldat de l'hiver*. La mini-série de Damon Lindelof adaptée des BD et des romans graphiques d'Alan Moore, *Watchmen*, a transcendé toutes les adaptations précédentes pour le cinéma en transposant le racisme systémique dans une Amérique alternative, en déplaçant l'accent de ce qui était à l'origine un affrontement lié à la guerre froide. *The Walking Dead* est une autre série développée sur plusieurs saisons et hautement durable, adaptée des romans graphiques de Robert Kirkman. Notons au passage que les œuvres de Charles Dickens étaient publiées par livraisons hebdomadaires ou mensuelles à l'ère victorienne, c'était tout à fait précurseur de la série télé à épisodes feuilletonnants. Ça l'était hier. Ça l'est aujourd'hui.

Tout est dans le timing

Lorsque vous faites une adaptation, considérez l'époque où l'œuvre originale a été écrite, le moment où elle a été ou va être adaptée à l'écran, et à quel point certains sujets tabous supportent d'être traités à l'écrit, mais pas d'être transposés à l'écran. On ne compte plus les romans qui décrivent sans problème en mots des situations incendiaires qui, lorsqu'elles sont mises en scène à l'écran, peuvent être dérangeantes au point de ne pas être regardables et/ou d'être inadaptables. *Room*, le best-seller génial d'Emma Donoghue, raconté du point de vue d'un jeune garçon né en captivité et prisonnier du violeur et kidnappeur de sa mère, donnait le sentiment de transcender l'horreur par une sorte d'innocence enfantine et même de fantaisie. J'ai trouvé le film de 2015, fidèlement adapté par l'auteur et habilement réalisé par Lenny Abrahamson, impossible à regarder tellement c'était sordide.

L'adaptation de *Lolita*, de Vladimir Nabokov, a représenté un véritable défi pour les différents réalisateurs qui s'y sont essayés : à quel point être fidèle à l'œuvre originale ? Que porter à l'écran ou pas ? Le roman contient des scènes de pédophilie et de détournement de mineure manifeste. Dans la version de 1962 de Stanley Kubrick, la romance illicite (entre le professeur Humbert, plus qu'adulte, et la pré-adolescente Dolores « Lolita » Haze) se passe hors-champ et de manière plutôt chaste ; la scène la plus sensuelle, dans cette version, nous montre Humbert en train de peindre les ongles des orteils de Lolita. Mais dans la version de 1997 d'Adrian Lyne, Humbert et Lolita se « roulent une pelle » à l'écran, après que la jeune Lo a enlevé son appareil dentaire… C'est plus qu'embarrassant. De nos jours, je serais surpris que qui que ce soit essaye même de s'attaquer à un sujet aussi provocateur et dérangeant. Pour ce qui est du ton, la version de Kubrick relevait, comme Nabokov, de l'ironie, de la satire. Celle de Lyne relevait plus du drame psychologique sombre.

Barry Jenkins, le scénariste/réalisateur multi-récompensé (*Moonlight, Si Beale Street pouvait parler*) a dû affronter des défis comparables en termes de traitement du racisme quand il a adapté *The Underground Railroad*, le roman historique de Colson Whitehead lauréat du prix Pulitzer. La mini-série pour Amazon Prime reste fidèle à la narration de Whitehead, racontée à la troisième personne et portant principalement sur Cora Randall, une esclave fugitive échappée d'une plantation de Géorgie, mais la série de Jenkins élargit le point de vue de manière à inclure les perspectives d'autres personnages (noirs et blancs). La série comme le roman usent de réalisme magique pour imaginer que le « chemin de fer souterrain » métaphorique est bien réel, avec un train souterrain transportant les fugitifs noirs depuis l'esclavage institué dans le Sud d'avant-guerre jusqu'à l'asile des États du Nord et du Midwest, (plus) libres, et au-delà de la frontière, jusqu'au Canada. Jenkins et sa brillante équipe créent un tableau à la fois inoubliable et cinématographique. Néanmoins, du pilote jusqu'à l'épisode 10, les reconstitutions historiquement fidèles mais atroces de torture brutale et de violence sont quasiment impossibles à supporter à l'écran – scènes explicites de fouet et de lynchage, ou encore pire, un fugitif brûlé vif après avoir été capturé, sous le regard indifférent des habitants privilégiés de la plantation, tous blancs et sûrs de leur bon droit.

À l'écrit, on peut sans problème décrire de telles abjections et user librement du mot « nègre » ou « négro » pour rapporter les propos des suprémacistes blancs, mais à l'écran, ça tord les tripes. Au moment où plusieurs séries majeures, dirigées par des voix noires, s'attaquent à l'histoire de la violence raciale aux États-Unis (cf. aussi *Them*, créée par Little Marvin et produite par Lena Waithe ; et *Lovecraft Country*[13], adaptée du roman d'horreur/dark fantasy de Matt Ruff par la showrunneuse Misha Green), certains spectateurs noirs seraient en droit de considérer le trauma littéral mis en scène dans la série comme, potentiellement, un nouveau trauma, produit par le spectacle lui-même. Si bien que des questions sont apparues à propos de la mise en scène de scènes explicites : ne s'agirait-il pas davantage d'une exploitation de cette

13. HBO a annulé la série après la première saison.

violence plutôt qu'une contribution à l'histoire et à la dénonciation du racisme ? Est-ce que ces représentations, aussi violentes soient-elles, font le poids face aux atrocités inhumaines qu'ont subies les esclaves ? Voilà deux questions gênantes parmi beaucoup d'autres que tout spectateur devrait se poser. Toutes les séries ne sont pas faites pour plaire à tout le monde. Des réactions passionnées et un débat intense peuvent faire du buzz pour une série. Sociologiquement, une histoire controversée peut faire naître des discussions nécessaires à propos des sujets les plus complexes d'aujourd'hui, dans un monde toujours plus polarisé.

Voyons les défis de l'adaptation d'une œuvre originale, et comment y répondre efficacement en la portant à l'écran

Il n'y a pas de formule pour une bonne adaptation. L'époque des narrations linéaires, se déroulant dans l'ordre chronologique, est quasiment révolue. Il n'y a plus besoin qu'un épisode offre une structure prévisible, il peut user du flash-back ou du flash-forward à son aise, offrant ainsi de nouvelles strates d'empathie et de compréhension des personnages. Exemple : *Watchmen*. La meilleure approche pour une adaptation, c'est le sur-mesure.

Structure et rythme : Est-ce que vous essayez de raconter une histoire qui se déroule sur plusieurs années, ou est-ce que la chronologie est plus ramassée ? Pour les romans épiques, vous pouvez structurer l'adaptation autour d'une période particulière dans chaque saison, pour garder le contrôle sur les défis de logistique et de casting. Mais alors que nombre d'adaptations d'épopées au cinéma ont échoué, pour avoir voulu embrasser une trop grande quantité d'intrigues en trop peu de temps, le format de la série télé feuilletonnante se prête parfaitement à un rythme plus lent, et à l'approfondissement.

Thème : Vous pouvez choisir un thème global, qui couvre toute une saison, avec l'apparition d'un nouveau thème lors du pivot entre deux saisons. Quels nouveaux territoires explorer dans chaque saison pour éviter la répétition ? Voyez *The Wire*, vous aurez un brillant exemple du pivot entre saisons, avec à chaque fois un point de vue et un thème différents, mais toujours en relation avec le trafic de drogue et la corruption politique à Baltimore.

Cliffhangers de fin de saison : Dans une série qui se poursuit sur plusieurs saisons, chaque saison, idéalement, doit se finir avec une grosse révélation, précédant un défi encore plus grand dans la saison à venir. La première saison de *Big Little Lies* ne se focalisait pas sur l'identité de l'assassin, mais sur celle de la victime – sur le comment et le pourquoi. À la fin de la saison 1, nous le découvrons : c'est Perry (Alexander Skarsgård), le mari violent de Celeste Wright (Nicole Kidman) qui est mort, et c'est Bonnie Carlson (Zoë Kravitz) qui l'a poussé dans les escaliers. Mais pour protéger Bonnie, ses amies mentent à la police, et se retrouvent à partager un secret, qui sera exploré dans la saison 2. Dans une mini-série, qui a un début, un milieu et une fin, comme *Watchmen*, la fin est aussi le point final. Même chose pour *Le Jeu de la dame* et la saison 2 dc *Fleabag*.

Trajectoires (ou arcs) des personnages : Ceci touche à la structure, puisque les personnages évoluent au cours du temps, ce qui peut nécessiter de caster plusieurs acteurs pour jouer le même rôle quand le personnage grandit ou vieillit (cf. *The Crown*). À chaque nouvelle saison, les spectateurs espèrent explorer un nouveau territoire émotionnel, de nouveaux défis, et de nouvelles manières pour nous de voir comment des personnages que nous aimons vont se comporter sous pression.

Recaster/recombiner des personnages, des époques, des lieux : Comme vous pourrez le lire dans mon interview avec l'adaptateur/showrunner Sam Levinson au chapitre 7, *Euphoria* (HBO) est adapté d'une série télé israélienne (créée par Ron Leshem et Daphna Levin), mais Levinson a quasiment tout changé du format d'origine tout en en conservant l'essence : des adolescents téméraires, hédonistes, psychologiquement abîmés. Pour commencer, Rue Bennett (Zendaya), l'ado métisse toxico, n'existait pas dans la distribution d'origine, principalement masculine. Dans la série israélienne, le personnage trans de Jules (Hunter Schafer) n'existait pas non plus. Dans *Unorthodox*, la situation de départ était fidèle à l'autobiographie de Deborah Feldman (*Unorthodox : The Scandalous Rejection of My Hasidic Roots*), mais toute la partie de l'intrigue concernant les retrouvailles, la renaissance, la réunion d'Esther « Esty » Shapiro (Shira Haas) avec sa mère biologique à Berlin est fictive. Les nouveaux amis d'Esty à l'académie de musique de Berlin ont, eux aussi, été inventés de toutes pièces, afin de préserver la vie privée de l'auteur de l'œuvre originale. On en parle dans l'interview d'Anna Winger, la showrunneuse qui a adapté l'histoire, également dans le chapitre 7.

Respecter l'esprit et le ton de l'œuvre originale : Les ultra fans de n'importe quelle œuvre seront sûrement toujours déçus par n'importe quelle adaptation de leur roman préféré. Mais on peut à la fois apprécier un auteur ou un roman et comprendre la nécessité de réduire le nombre de personnages pour une adaptation, même s'il faut pour cela créer un personnage composite, ou supprimer complètement un personnage ou une sous-intrigue. Quand on passe de l'écrit à l'écran, l'image l'emporte sur les mots. Il y a toujours un moment lors du processus d'adaptation où la licence dramatique prend le pas sur le texte original, et ne peut plus lui rester aussi fidèle que s'il était sacré. Pour certains, changer ou adapter un classique qu'on aime est en soi sacrilège. On ne peut pas plaire à tout le monde, mais respecter l'esprit et le ton de l'œuvre originale est un bon point de départ.

Par où commencer ? *Le Jeu de la dame*, le roman de Walter Tevis, publié pour la première fois en 1983, commence avec Beth Harmon, petite fille de huit ans, futur prodige des échecs, vivant déjà à l'orphelinat. Elle n'était pas dans la voiture quand sa mère est morte dans un accident, et a appris la tragédie dans un journal local. Dans la mini-série Netflix, nous commençons avec une Beth Harmon adulte (Anya Taylor-Joy) qui se réveille avec une énorme gueule de bois, dans une baignoire, dans une suite d'un hôtel parisien chic. Pourquoi Scott Frank, l'astucieux adaptateur/showrunner, a-t-il fait ce choix ? D'après moi, il y a plusieurs raisons : (a) C'est bien plus dynamique, et ça fournit une introduction captivante de Beth adulte. (b) Cette ouverture établit le lien, *a priori* intenable, entre la fragilité psychique de la jeune femme et son statut de célébrité et de championne internationale d'échecs. (c) Dès que Beth est parvenue, à grand-peine, à se ressaisir pour faire face aux paparazzi et à la presse, puis à prendre place pour jouer contre son adversaire, un Russe impressionnant et taciturne, nous sommes immédiatement embarqués dans l'histoire grâce à cette disconnexion : comment a-t-elle pu parvenir jusqu'ici ? Ce qui justifie le premier flash-back vers son enfance brisée. Et dans ce flash-back, le scénariste a l'habileté d'inclure Beth jeune dans la scène où sa mère trouve la mort. Pourquoi ? Je crois que c'est bien plus traumatique, et ça aide à renforcer notre empathie dès le début pour Beth, aussi suicidaire soit-elle.

Trouver le centre (émotionnel) : Même si vous avez plusieurs saisons pour raconter une histoire aussi romanesque que tentaculaire, vous voudrez probablement éviter une approche trop kaléidoscopique ou dispersée. Les spectateurs d'aujourd'hui sont plutôt sophistiqués et aptes à connecter et suivre plusieurs personnages en même temps. Mais ne mettez pas à l'épreuve la bonne volonté de vos spectateurs avec trop de personnages et trop d'intrigues. Sans émotion, une série donnera toujours un sentiment de vide. Il ne s'agit pas simplement de savoir qui fait quoi quand, mais qui sait quoi quand et les retombées émotionnelles correspondantes, les répercussions dans l'intrigue. Même des personnages coupés de leurs émotions peuvent susciter notre empathie. Des sentiments réprimés sont toujours des sentiments et ont tendance à conduire à une *catharsis* (comme disait Aristote), l'élément vital de toute histoire valant la peine d'être racontée.

Une fois que vous avez repéré le « point idéal » de votre série, creusez et consacrez le plus de temps d'écran possible à vos personnages les plus excitants. Il n'y a pas besoin, et c'est virtuellement impossible, de consacrer un temps égal à chaque personnage dans chaque épisode. Je n'aime pas trop l'admettre, mais après l'épisode « Les pluies de Castamere » (saison 3, épisode 9) de *Game of Thrones*, malgré le carnage, j'étais en quelque sorte soulagé de ne plus avoir à suivre autant de personnages. Si vous avez un doute, simplifiez.

Extérioriser la psychologie interne : Les romans bénéficient de l'omniscience et/ou du point de vue – ils ont à leur disposition le monologue intérieur pour informer le lecteur des pensées, espoirs, soucis et peurs des personnages. Dans une adaptation pour une série télé, un point de vue unique peut devenir plusieurs points de vue, ou un seul narrateur mystérieux. *Fleabag*, adapté par Phoebe Waller-Bridge à partir de son propre one-woman-show, ne se contente pas de faire tomber le « quatrième mur », mais s'aventure en territoire métaphysique. Les apartés ironiques et les regards en coin de Fleabag (Waller-Bridge) nous donnent le sentiment qu'elle est notre nouvelle meilleure amie. Nous comptons sur elle pour nous apprendre ce qu'elle pense et ressent vraiment, mais elle est également une narratrice douteuse, accablée de chagrin et de culpabilité depuis la perte de sa meilleure amie, Boo (Jenny Rainsford). Puis, dans la saison 2, Fleabag découvre que le « prêtre sexy » (Andrew Scott) peut voir et entendre ce qu'elle nous dit, à nous, ses plus proches confidents. Est-ce parce qu'ils sont en train de tomber amoureux ? Est-ce parce que c'est un homme de Dieu et que Fleabag, elle, est athée ? Ou était-ce le plan de Waller-Bridge pour finir la série sur un coup de théâtre ?

Dans *La Chronique des Bridgerton* de Shonda Rhimes sur Netflix (adapté par Chris Van Dusen, à partir des romans de Julia Quinn), les événements sont racontés par une femme anonyme du nom de Lady Whistledown (avec la voix de Julie Andrews), et l'une des sous-intrigues a pour but de déterminer l'identité de cette narratrice. Dans la série télé, son identité est révélée à la fin de la saison 1. Dans les romans, la véritable identité de Lady Whistledown n'est pas révélée avant le quatrième livre. Pourquoi Rhimes et Van Dusen ont-ils décidé d'accélérer cette révélation ? Quelles répercussions cela va-t-il créer dans les saisons suivantes ? À mon avis, garder ce mystère trop longtemps, dans une communauté aussi restreinte, aurait été tiré par les cheveux. Avec une série au rythme aussi rapide que *La Chronique des Bridgerton*, il paraît à la fois surprenant et inévitable de nous offrir cette découverte plus tôt que prévu. De plus, ces livres sont devenus tellement populaires qu'il serait virtuellement impossible d'éviter les spoilers, alors pourquoi ne pas tout simplement prendre en charge la narration et cracher le morceau ?

Dans *The Flight Attendant*, adapté par Steve Yockey à partir du roman du même titre de Chris Bohjalian, la protagoniste Cassandra « Cassie » Bowden (Kaley Cuoco) cherche à tourner le dos à un trauma d'enfance depuis des années. Son métier est à entendre à la fois au sens littéral et figuré. Sa psychologie interne se dévoile au cours de séances surnaturelles « extériorisées » de quasi-thérapie avec le cadavre vivant d'Alex Sokolov (Michiel Huisman), l'homme qu'elle a peut-être assassiné après une rencontre d'un soir. Ici encore, nous avons une narratrice douteuse, une alcoolique semi-fonctionnelle susceptible de black-out, et dans le déni complet de sa condition. Grâce à des flash-back et à une foule de lapins fouinant autour d'elle, chaque épisode nous donne l'occasion de retrouver une pièce de ce puzzle mystérieux. Ou, pour reprendre les mots du grand auteur de romans policiers devenu scénariste et producteur télé Walter Mosley : « L'intrigue, c'est de la révélation. » Dérouler progressivement une intrigue ressemble à peler un oignon, et une série télé feuilletonnante est le médium visuel qui se prête le mieux à cette manière de faire.

La télévision cinématographique n'est pas un oxymore : Quand vous vous attaquez à une adaptation, demandez-vous aussi si raconter cette histoire visuellement va améliorer ou au contraire mettre en péril le ton et l'intention de l'œuvre originale. Maintenant que la frontière entre télé et cinéma s'est effacée jusqu'à l'absurde, un autre bon critère pour décider si une histoire peut ou devrait être adaptée en série télé, c'est de se demander si elle est cinématographique en soi, on en parle dans les interviews à la fin de ce chapitre avec trois showrunners visionnaires.

Interviews

Saverio Costanzo, *L'Amie prodigieuse* (HBO)

Noah Hawley, *Fargo* (FX)

Peter Gould, *Better Call Saul* (AMC), le préquel de *Breaking Bad* : de Jimmy McGill à Saul Goodman

INTERVIEW : Saverio Costanzo, *L'Amie prodigieuse* (HBO) sur comment rendre une série cinématographique

Cette interview a eu lieu le 19 mai 2020.

Neil : Il y a une pureté dans votre série pour la simple raison qu'il n'y a pas l'artifice de prendre des stars mondiales du cinéma ou de la télé. Les spectateurs peuvent donc rentrer complètement en contact avec chaque personnage comme si on faisait vraiment partie de leurs familles. On a l'impression d'être à table avec eux ; on ressent la douleur de la violence contre eux. Il y a aussi le choix de commencer par rencontrer Elena « Lenù » Greco (Elisa de Genio) et Rafaella « Lila » Cerullo (Ludovica Nasti) quand elles sont jeunes filles, ce qui nous permet de faire l'expérience de leur passage à l'âge adulte, et augmente ainsi notre empathie en tant que spectateurs ; elles sont innocentes et pures avant d'être corrompues par toutes les influences autour d'elles.

En même temps, dans chaque personnage, il y a des forces opposées : le passé contre le présent, la relation amour-haine d'Elena avec Naples, sa relation amour-haine avec Lila, sa relation amour-haine avec elle-même. D'un côté, elle recherche l'approbation, la connaissance, et le succès, et de l'autre elle cherche à croire davantage dans la foi et la tradition. Emily Nussbaum, journaliste télé pour *The New Yorker*, a écrit de votre série : « *L'Amie prodigieuse* est souvent à son meilleur quand la série évoque le problème même de la connaissance, quand on grandit là où tout le monde connaît vos secrets mais où personne n'est prêt à reconnaître la vérité. Ça parle de la sortie de secours qu'empruntent les filles intelligentes, par le seul fait de refuser d'oublier. » C'est un résumé si précis de la série. Comment faites-vous pour conserver le caractère feuilletonnant de votre série, tout en jonglant avec autant de balles ?

Saverio : J'écris en fonction du sujet de chaque épisode. Je pars du livre et je rédige une sorte de résumé du sujet : quatre pages pour dire de quoi parle l'épisode. Je fais juste une sorte de carte pour chaque épisode. Ensuite je donne ça à l'auteur et l'auteur travaille à partir de ces pages. Donc ce n'est pas vraiment une writing room. C'est plutôt que je donne aux auteurs la structure de chaque épisode, et qu'ensuite ils l'écrivent.

Après, on l'envoie à Elena Ferrante, qui écrit elle-même. Je veux dire, elle fait partie de l'équipe d'écriture. Elle donne ses notes, qui améliorent considérablement chaque épisode. Elle a un savoir-faire et une vision cinématographique du travail de scénariste, ce qui nous a beaucoup aidés. Ferrante nous aide aussi à découvrir des secrets qui sont cachés dans le livre. Elle ne peut pas être avec nous dans une writing room parce qu'elle est comme un fantôme, un mystère – même pour moi. Donc, nous travaillons à distance. Je donne les premières notes, le rythme que je veux. Ensuite elle fait quelques ajustements, mais très peu parce qu'elle est aussi très ouverte à l'adaptation. Elle est très ouverte à tous les changements que nous proposons.

Neil : Dans les 8 premiers épisodes de la saison 1, vous consacrez du temps dans l'histoire à certains moments ultra-détaillés. Et puis à d'autres endroits, il vous arrive de passer certaines périodes, puis d'y revenir un peu plus tard. De manière évidente, les poupées sont très symboliques. Les chapitres de la série diffèrent des chapitres du livre. Comment avez-vous décidé de structurer l'histoire, et de commencer et finir chaque épisode où vous l'avez fait ?

Saverio : Je ne suis pas un showrunner. Je me vois comme un auteur-réalisateur. Je serais incapable de diriger un groupe d'auteurs en donnant les scénarios à différents réalisateurs. Donc dès le début je me suis comporté comme si j'écrivais un film, avec le même genre de liberté. Je n'ai même pas réfléchi, vous voyez, à ce qu'est une série télé, parce que ce n'est pas vraiment, précisément mon métier. Je suis réalisateur de cinéma. Elena Ferrante m'a demandé de faire l'adaptation. Je n'y avais pas pensé avant, parce que je ne pensais qu'au cinéma. J'y suis juste allé à l'instinct. Je veux dire, c'était juste de l'écriture. Par exemple, la voix off, qui est une sorte de protagoniste de la série, est quelque chose à quoi je n'ai pas pensé. Je veux dire, quand j'écrivais les deux premiers chapitres des deux filles, je suivais juste mon instinct le plus profond, simplement parce que je recevais tellement du livre. Et ce que je ressentais comme lecteur était très clair dans mon âme, dans mon cerveau. Je veux dire, il y avait une sorte de sentiment inconscient, mais aussi quelque chose de très rationnel. Quelque chose que je pouvais aussi toucher. C'était presque réel. Donc, j'ai commencé à écrire comme d'habitude, sans même faire attention au livre. Et quand j'ai terminé la première version, j'ai réalisé « Oh, mon Dieu, j'ai mis une voix off ».

Neil : Vous pensiez que vous en aviez besoin pour respecter l'histoire de l'auteur ?

Saverio : C'était quelque chose dont j'avais besoin pour passer d'une grande scène à une autre grande scène. Si vous regardez de plus près, vous verrez que chaque épisode de *L'Amie prodigieuse* fait en gros 10 à 15 scènes, au maximum, quand d'habitude un scénario de série télé a des scènes d'une page ou une page et demie. Mais j'aime faire de grandes scènes parce que, une fois que vous avez une grande structure, la même structure, dans une grande scène, alors vous pouvez travailler comme au cinéma. Vous pouvez avoir un regard. Vous pouvez travailler sur de petits détails, et c'est là que j'ai trouvé la densité du livre. En fait, je travaille de manière très classique parce que je viens d'une école d'écriture classique.

Chaque épisode comprend trois actes, plus le prologue et l'épilogue. Et chaque scène est en trois actes, plus le prologue et l'épilogue. Ce qui vous donne le sentiment de pouvoir apprécier en premier lieu la densité du livre… et en second lieu, le talent des acteurs.

Quand vous avez dit, Neil, que vous aviez l'impression de faire partie de cette famille, de vivre leurs émotions, leurs sentiments, je crois que c'est possible parce que vous avez du temps – vous êtes dans une scène qui dure dix minutes. Donc beaucoup de choses se passent, et comme votre point de vue est le point de vue du personnage principal, vous vivez tout à travers ses yeux. C'est comme être dans un rêve. Vos yeux sont ceux d'Elena. C'est elle qui voit tout. Elle est toujours dans la scène. D'une certaine manière, notre approche est très rigoureuse. Si vous voyez quelque chose qu'Elena ne voit pas, c'est parce que quelqu'un le raconte à Elena dans une sorte de flash-back. Sinon, elle est toujours là. Dès que vous entrez dans la série, vous êtes captifs, et je crois, c'est du moins mon opinion, que vous pouvez expérimenter exactement la même chose qu'elle.

Je vois que j'ai suivi le livre parce que la linéarité du livre fonctionne vraiment bien, selon moi ; c'est comme si elle écrivait un journal. Comme un monologue intérieur. Et comment faire pour traduire le même sentiment d'urgence qu'Elena Ferrante donnait dans son livre ?

Comment faire ? C'était ma question principale. Comment recréer le même genre de densité que dans le livre ? Ce qui vous fait peur… vous êtes comme sur un grand 8 qui vous emmène dans tous les sens.

Neil : Oui, c'est ce que j'ai ressenti comme spectateur, cette excitation, cette peur.

Saverio : Je me mets simplement à la place du personnage. J'ai suivi les intrigues du livre, mais à certains moments nous avons changé la structure du livre. Une scène qui arrivait page 80, nous l'avons mélangée avec quelque chose qui arrivait beaucoup plus tôt. Tout en respectant la psychologie des personnages. De la même manière, avec peut-être trois scènes différentes de Ferrante, nous faisons une seule grande scène. Nous suivons juste la psychologie du personnage. Je veux dire, du moment que ça nous amène au point que nous voulons atteindre.

Bien sûr, nous cherchons un titre d'épisode qui aide, aussi bien nous que le spectateur, à nous orienter. Une fois qu'on a le titre, on peut construire la structure de l'épisode à partir de ce titre. Dans ce cas, je veux dire, vous pouvez vous permettre de prendre quelque chose d'unique dans le livre, même si c'est beaucoup plus loin dans l'histoire, vous le prenez là où c'est et vous le mettez là où vous en avez besoin.

Neil : Quand vous cherchez un titre qui permette de définir l'enjeu principal de l'épisode, est-ce que vous appelleriez ça le « thème » de l'épisode, pour créer de la cohérence ?

Saverio : En gros, oui. Parfois. C'est bizarre parce que ce n'est pas toujours comme ça. Parfois on trouve le titre une fois que l'épisode est déjà écrit. Par exemple, dans l'épisode 7 de la saison 2, Elena est à Pise à l'Université, toute seule, et sa mère lui rend visite. Elena a la fièvre. Au début, l'épisode s'appelait « Le carnet secret ». Mais après l'avoir regardé, ça donnait plus l'impression qu'elle vivait avec des fantômes, donc on a décidé de changer le titre et de l'appeler « Les fantômes ». J'ai trouvé l'épisode pendant que je l'écrivais, pendant que je le tournais. C'est vraiment quelque chose de vivant. En commençant avec les filles si jeunes, en fait c'est comme si elles grandissaient devant vous. Vous voyez quelque chose de spécial à chaque fois. Je veux dire, tout ce qu'elles vous donnent, elles n'en ont elles-mêmes aucune idée. Elles n'y font pas attention, bien sûr, et c'est pour ça que ça prend vie.

Pour moi, le plus beau compliment que vous pouvez faire à une œuvre, c'est qu'elle est vivante. Qu'elle est réelle. Que son cœur bat. Que ça arrive pour de vrai. C'est pour ça qu'on cherche toujours un accident. On cherche quelque chose qui rende tout ce qu'on a prévu ou écrit presque obsolète parce que ce qui arrive là devant vous est bien plus profond. C'est formidable parce que c'est inattendu. C'est comme ça que je travaille sur un film.

Neil : Comment ça s'est passé avec HBO ? C'est leur première série italienne avec des sous-titres anglais. En fait, je crois que c'est la première fois qu'ils font une série dans une autre langue que l'anglais. Par chance, l'expérience a marché.

Saverio : Mon approche, la première fois que j'ai parlé à HBO, a été d'expliquer que j'allais réaliser toute la série ; ça les a juste fait rire, ils m'ont dit : « Vous êtes dingue ? Même Cary Fukunaga n'a pas fait *True Detective* tout seul. Vous avez besoin d'aide. » Mais je voulais tout faire moi-même, comme réalisateur, parce que je ne crois pas aux fragments. Quand vous avez quatre réalisateurs pour huit épisodes, ça veut dire que chaque épisode doit ressembler aux autres. Ça veut dire que vous mettez toute votre confiance uniquement dans l'écriture. En faisant ça, impossible de laisser vivre le plateau, les acteurs, tel ou tel moment. Tout est déjà mort. Parce qu'un réalisateur qui n'est pas l'auteur responsable de la série n'a pas la liberté de laisser place à l'imprévu.

Neil : Ce n'est pas la manière américaine, mais sur le plan artistique on en comprend l'intérêt pour une mini-série.

Saverio : Voilà, c'est ce que je voulais dire. Bien sûr, les Américains sont tellement forts en écriture, quand il s'agit de faire des séries en utilisant des writers rooms. Mais pourquoi voudraient-ils regarder notre série si elle n'a pas quelque chose de différent, qui nous soit spécifique ? Et quand je dis que nous l'avons tournée comme un film, c'est vrai, il m'arrivait de réécrire les scénarios chaque jour. Je rentrais à la maison après toute une journée de tournage et je réécrivais des scènes pour le lendemain. C'est un processus fluide mais, bien sûr, je respectais le scénario original. Ensuite je m'imaginais dans la scène en la regardant de différents angles avec la caméra. Il m'arrivait de dire « Oh, mon Dieu !

il me faut un chat, j'ai besoin qu'un chat passe. » « Oh, mon Dieu ! j'ai besoin de ceci ou de cela pour qu'elle le regarde », je mettais ça dans un document Word et je l'envoyais à mon équipe. Et ils trouvaient le chat. Mais ça, ça arrivait 24 heures avant. Je crois que pour créer de la complexité dans une scène, vous avez besoin de ces petits détails. Vous savez, ce petit détail, c'est quelque chose qui me vient à l'esprit après dix heures de tournage. C'est parce que j'en fais partie. Mon corps fait partie du film. Nous respirons ensemble, nous vivons la même expérience. Et tout ce qui m'est arrivé à moi est arrivé aussi à la scène.

Neil : C'est beau. L'un de mes moments favoris – c'est juste un tout petit moment, visuellement très spécifique –, c'est quand Elena [jouée par Margherita Mazzucco] et Nino [Francesco Serpico] sont dans le hall de l'immeuble. Elle aimerait qu'il l'embrasse. Il y a leur ombre contre le mur, et leurs ombres s'embrassent, mais dans la réalité leur baiser n'a pas lieu. C'est comme son petit fantasme à elle. Et ça n'existe pas dans le livre, n'est-ce pas ?

Saverio : En effet. Vous avez mis le doigt sur quelque chose de très représentatif de ce que je dis. Ce n'était pas dans le scénario. Les acteurs s'embrassaient, il y avait leurs ombres, et ils s'embrassaient juste parce qu'on faisait les lumières. Ils étaient l'un en face de l'autre. Les ombres avaient leur vie à elles et s'amusaient entre elles. Personne n'y faisait attention. J'ai juste remarqué les ombres et j'ai dit : « Allons-y. » Ce n'était pas dans le livre, ni dans le scénario, ni dans le travail de la nuit précédente. Mais c'était là. Et ça fait partie de la psychologie d'Elena. Je veux dire, c'est cohérent avec la psychologie d'Elena parce que, à ce moment, elle meurt d'envie d'embrasser Nino. C'est ce que je veux dire quand je dis qu'il faut laisser respirer le plateau. Laisser la vie du plateau venir à vous parce qu'elle vous parle fort. Tout ce qui arrive sur le plateau fait la différence.

Neil : La spontanéité fait partie, je crois, de ce qui m'absorbe et m'attire – parce que tout peut arriver. J'aime beaucoup cette citation de Kierkegaard : « La vie ne peut être comprise qu'en se retournant vers le passé, mais doit être vécue en regardant vers l'avenir. » Dans votre série, on voit l'action se dérouler sur deux lignes temporelles : (1) la voix-off d'Elena, depuis sa perspective dans le futur où elle regarde en arrière et commente le passé avec une compréhension supérieure à celle qu'elle avait à l'époque ; et (2) depuis la perspective limitée et un peu naïve d'Elena plus jeune. Voilà la relation entre ces deux lignes temporelles. Y a-t-il certains endroits où vous avez amené la voix off pour nous aider à supporter le désespoir et la vulnérabilité d'Elena à ce moment ? Parce que, quand Elena a 16, 17,18 ans, chacun de ses moments de désespoir donne le sentiment que son âme est détruite. Et pourtant, quand la voix off intervient, c'est rassurant, réconfortant, ça nous redonne de l'équilibre pour pouvoir poursuivre.

Saverio : Oui. C'est comme lire un journal intime, à mon avis. C'est comme écrire votre journal intime depuis le futur. Si vous lisez un journal intime que vous avez écrit quand vous aviez 15 ans, vous allez le trouver stupide. C'est le journal de quelqu'un de jeune qui essaye de comprendre ce qui arrive autour de lui. Mais le sentiment que j'ai eu en lisant *L'Amie prodigieuse* la première fois, c'est qu'elle écrivait son journal 50 ans plus tard.

Et c'était fou parce que le rythme et le thème tout à fait uniques du livre vous donnent le sentiment de lire quelque chose qui est écrit sur le moment. C'est ça que nous avions la responsabilité de porter à l'écran. C'était vraiment difficile, parce que quand vous lisez quelque chose qui a l'air si réel, c'est comme si une femme écrivait pendant que vous lisez. Et c'est pourquoi mon instinct m'a dicté d'utiliser une voix off parce que j'avais besoin que quelqu'un, à certains moments, m'explique : « Regarde ce qui arrive », parce que je peux le voir dans la scène, mais pour rendre ça plus riche, j'ai besoin du point de vue du futur.

Neil : Oui. Le futur devient un autre personnage.

Saverio : C'est vraiment comme un monologue intérieur. Parfois ça me rappelle quelque chose de complètement différent, ça me rappelle *Taxi Driver*, un des meilleurs films avec un monologue intérieur.

Neil : Bien d'accord !

Saverio : Quand vous avez un monologue qui vient du plus profond de vous-même, quelque chose dont vous n'avez même pas conscience. Dans *Taxi Driver*, vous avez le sentiment que la voix qui vous raconte l'histoire est dangereuse. Dans *Taxi Driver* comme dans *L'Amie prodigieuse*, il me semble que la voix off venant du futur n'enlève pas la tension, mais l'*augmente* parce que le monologue intérieur vient des profondeurs du personnage ; il vient de leur moi futur qui essaye de comprendre le passé. On sait qu'ils ne vont pas mourir, et pourtant, la manière dont ils s'en sont sortis, dont ils ont survécu, a encore plus d'impact.

Neil : Oui. La mort est définitive ; nous connaîtrions déjà la fin, tandis que l'endurance est une lutte sans fin. La résolution a une fin ouverte, mais demeure incertaine, précaire, et même dangereuse, comme vous l'avez dit. Dans l'épisode 4 de la saison 1 « La délimitation », Lila dit quelque chose de formidable : « Nous avons peur de ce que nous ne connaissons pas. Plus nous connaissons, moins nous avons peur. » Et donc, pour Ferrante (ou quel que soit le vrai nom de l'auteur sous pseudonyme, pour cette Elena qui se penche sur le passé), elle incarne l'axiome selon lequel l'information, c'est le pouvoir. C'est elle qui a toutes les cartes métaphoriques en main, c'est elle qui a tout le pouvoir sur nous, parce qu'elle nous explique ce qu'elle ressentait à ce moment. Et pourtant nous savons qu'elle a plus d'informations. C'est elle la guide dont nous dépendons complètement pour nous en dire davantage parce que c'est elle qui dispose d'une perspective future en se retournant sur le passé. Et c'est elle qui a la clé du mystère principal de l'histoire, c'est-à-dire Lila.

Saverio : Oui, Lila est le mystère de toute l'histoire.

Neil : De la perspective d'Elena, tout ce que fait Lila [incarnée jeune par Gaia Girace] est impulsif et irréfléchi, sauf à certains moments où elle va rembobiner et changer d'avis juste par nécessité, pour survivre. Elena, elle, est capable d'apprendre de ses erreurs et d'évoluer.

Saverio : La raison pour laquelle l'auteur Elena écrit le livre, c'est Lila. Et vous n'êtes jamais vraiment avec Lila sans Elena. On ne sait rien de Lila. On ne sait que ce qu'Elena nous dit. Dans l'épisode 8 de la saison 2, on n'a pas Lila. Elena était seule à Pise. Donc j'avais très peur. Nous n'avons qu'Elena. Et apparemment Elena est un personnage beaucoup moins intéressant que Lila. C'est Lila que nous regardons. Ma petite voix intérieure cynique me disait : « Fais une scène avec Lila. Passe juste d'une vie à l'autre. », et ma petite voix rigoureuse répondait : « Tu ne peux pas. Tu ne peux pas casser le mystère de Lila. » On ne peut rien dire de Lila sans Elena. Donc il faut faire avec le personnage d'Elena toute seule. Dans cet épisode, on ne voit jamais Lila jusqu'au moment où Elena va lui rendre visite dans l'usine. Même si Lila vous a manqué dans la première partie de l'épisode, vous retrouvez tout à l'instant où vous la revoyez. Et si cet instant est si fort, c'est parce que Lila n'était pas là avant. C'est une écriture très rigoureuse.

Neil : C'était l'épisode à propos de *La Fée bleue*, le livre écrit par Lila, qui a poussé Elena à suivre sa piste jusqu'à l'usine. C'est aussi là que nous apprenons qu'Elena donne une grande valeur au passé, parce qu'elle en apprend quelque chose, et qu'elle écrit sur ce passé depuis la perspective du présent, tandis que Lila se contente de brûler *La Fée bleue*. Le passé ne lui importe pas, précisément parce qu'il est passé.

Saverio : Oui, le passé, pour elle, c'est fini. Elle est totalement devenue quelqu'un d'autre.

Neil : Oui. Elle se réinvente en permanence pour survivre. C'est un caméléon.

J'aimerais que vous nous parliez d'une autre séquence spécifique de l'épisode 4 de la saison 1. C'est la scène avec le feu d'artifice pour la nouvelle année. C'est l'une des scènes les plus prodigieuses que j'aie vue depuis longtemps. Ça commence comme une célébration, avec de la lumière et de la légèreté, puis ça devient très sombre. Il y a même la voix off qui nous dit que la fumée et le ciel étaient comme des nuages noirs d'orage. Pouvez-vous nous raconter comment vous avez conçu cette scène ? C'est tellement frappant visuellement, et ça exprime tous les thèmes.

Saverio : C'est quelque chose qui venait du livre. Ferrante essayait d'expliquer au lecteur ce que ça fait quand les frontières disparaissent. Le but est de vous faire comprendre qu'il n'y a plus de repères. C'est comme, vous savez, des murs qui s'effondrent, et vous ressentez le chagrin. À cet instant, c'est comme si votre cœur explosait, et vous vous retrouvez noyé dans la souffrance des autres.

C'est quelque chose de très spécifique. Je cherchais une manière de rendre ça visuel parce que je n'aime pas les effets, je n'aime pas ce qui n'est pas artisanal – il faut faire du cinéma avec ce qu'on a sous la main. Avec ce que vous pouvez construire. Comment je peux faire ? C'est ce que je me suis demandé chaque jour depuis le début du tournage jusqu'à ce moment. Le jour avant de tourner cette scène, je n'avais toujours pas la réponse. Je me disais « Comment je vais faire ? » Et puis j'ai décidé : « Je vais faire le truc le plus facile que le cinéma peut faire. » Un fondu-enchaîné. Une image qui se fond dans une autre. Comme dans le cinéma russe. Comme dans le cinéma expérimental des années 1900 ou 1930. L'image était parfois faite de différentes images, mais vous n'en aviez qu'une. Lila est là, et fait partie de ça. Et puis bien sûr il y a la musique de Max Richter, qui fait que tout ça tient ensemble. Et beaucoup de chance. Dès qu'on voit la fumée, j'ai eu le sentiment, dans la salle de montage, que la scène fonctionnait parce qu'à la fin il n'y a plus personne sur la terrasse. Tout le monde s'est enfui. Il ne reste plus que la fumée. Et ce nuage de fumée, vous pourriez rester là pendant des heures à le regarder se dissoudre. J'ai eu le sentiment à ce moment-là que par chance nous avions fait du cinéma.

Neil : Vous avez fait du cinéma épique dans une ville très spécifique, à Naples. Pourtant, vous avez construit une réplique de cette ville de Naples à Caserta, à plus de 30 kilomètres. Était-ce dû, au moins partiellement, au fait que vous n'aviez pas recours à des réalisateurs invités, et que vous ne faisiez pas de *« cross boarding »* ? Était-ce une manière pour vous de ne pas vous tuer à la tâche en devant tout réaliser vous-même – en vous permettant d'avoir le contrôle ?

Saverio : Oui, d'une certaine manière. Dans mes films aussi j'ai l'habitude de travailler dans un espace contraint… dans un appartement, parfois une maison, un monastère. J'ai fait *In Treatment* dans une seule maison. J'aime travailler comme au cinéma. Je veux dire, le cinéma italien des années 60 a été fait par Fellini, par tous ces grands réalisateurs qui tournaient en Tunisie. Mais la raison pour laquelle nous avons construit le décor est que Naples a tellement changé – *vraiment* tellement changé – depuis les années 50. Il nous était impossible de rester aussi longtemps dans le coin, dans le sud de l'Italie où il y a tellement de mafia. Il fallait qu'on évite que la mafia nous fasse du chantage et nous oblige à payer des pots-de-vin pour obtenir leur permission de tourner à Naples. C'est pour ça qu'on a dû tout reconstruire ailleurs selon nos besoins précis.

J'aime aussi le fait que, par exemple, la première saison, pour moi, a été inspirée par le néoréalisme. Les grands néoréalistes italiens. Il y avait une sorte de routine pour moi, il y avait une sorte de distance respectueuse que j'ai essayé de réduire dans la saison 2 parce que les années 60 approchent, et tout est en train de changer. C'était un vrai miracle d'avoir l'argent pour construire notre propre quartier… parce que le néoréalisme s'est fait en sortant dans la rue. Les réalisateurs néoréalistes italiens, Rossellini, De Sica, ils ne tournaient pas en studio, ils sortaient dans la rue avec leur caméra, et ils suivaient leurs personnages pour de vrai. Donc je me suis dit, mon approche va être néoréaliste. Ces personnages sont de vraies personnes. Ce ne sont pas des acteurs très connus. On les a tous trouvés dans la rue, dans la vie normale. Ce ne sont pas des professionnels.

Neil : Comme Agnès Varda…

Saverio : Exactement. Oui, la plupart d'entre eux. C'est un autre miracle, à mon avis, c'est comme une expérience. Je voulais voir ce que ça donne d'avoir une sorte d'approche néoréaliste dans un décor qui est totalement artificiel. En Italie, on n'a pas l'argent pour faire un bon film dans des grands studios. Donc tout ça était complètement nouveau pour nous aussi. On ne savait pas si ça allait marcher. C'est sûr que c'était, que c'est un grand risque. Mais en fait, j'avais la certitude que nous aurions de la chance. On a construit 18 immeubles, de quatre étages chacun. Une église. Une école. Juste pour voir deux petites filles jouer avec des poupées.

Neil : Et votre histoire de mafia est traitée avec un minimum de coups de feu. Très peu de morts. Vous faites vraiment attention au nombre de personnes tuées à l'écran, et ne glorifiez jamais la violence. En fait, ça rend d'autant plus choquantes les crises de rage violente de Stefano [Giovanni Amura], le mari de Lila, parce que nous ne sommes pas habitués à une telle violence. Ça hurle, c'est brutal, c'est terrifiant… mais ça se passe, la plupart du temps, en off, et ce n'est que plus tard que l'on voit les traces des coups. (Lila guérira, extérieurement du moins, comme elle le fait après que son père, pour la convaincre de renoncer d'aller à l'école, la jette par la fenêtre et lui casse le bras.) Il y a bien des incidents isolés. Mais en général ce n'est pas de la violence explicite ou une histoire de mafia. C'est une histoire d'amitié entre deux femmes complexes vues à travers le prisme de l'histoire. C'est aussi un mélange de styles cinématographiques au fur et à mesure de l'évolution des personnages.

Saverio : Quand nous avons tourné la saison 2, nous avons pensé à Godard, Truffaut, au cinéma des années 60, parce que nous voulions briser les habitudes prises dans la saison 1. La saison 2 se passe pendant le boom économique. Tout le monde achetait des voitures, et on a beaucoup réduit la distance entre la caméra et les acteurs. Et il y avait plus de liberté pour jouer, par exemple, avec la musique. On voulait rompre avec la tradition qu'on avait créée.

Je vous dis ça parce que pour la saison 3, où je ne serai peut-être pas le seul réalisateur, le concept vient du nouvel Hollywood. Je crois que la meilleure manière de parler des années 70, c'est par des références à Brian De Palma, Martin Scorsese, Francis Ford Coppola, Peter Bogdanovich, parce qu'ils ont vraiment saisi l'essence de ces années-là. Et j'ai l'impression que tout commence avec *Taxi Driver*, parce que c'est très claustrophobe, même s'il va partout. On a tout le temps le sentiment que dehors c'est très dangereux.

En Italie, on avait le terrorisme dans les années 70. Les gens tiraient vraiment dans les rues pour des raisons politiques à cette époque. Puis la maison devient notre scène. Avant ça, la scène c'était le quartier, grandir, aller à l'école, quitter Naples. Quand on va à Florence (dans la saison 3), la scène où tout se passe, c'est l'appartement. C'est le salon de votre maison. Mais c'est une épopée, bien sûr. Et si vous pensez aux films de tous ces réalisateurs du Nouvel Hollywood, la plupart d'entre eux étaient très claustrophobes, même *Apocalypse Now*, qui se passe dans un bateau. Je veux dire, c'est un film qui va dans la jungle, c'est un film de guerre, mais en fait, c'est tourné 90 % du temps dans un bateau. Donc ça donne cette sorte de sentiment claustrophobe.

Neil : Un des articles que j'ai lus à propos de votre série parlait d'« épopée intime », ce que j'ai trouvé plutôt juste. Vous avez créé un microcosme où n'importe qui, vivant aujourd'hui, peut se reconnaître.

Saverio : Ça, c'est Ferrante. Elle est vraiment forte pour rendre une histoire intime. En fond, vous avez l'histoire de l'Italie, mais on n'a jamais l'impression qu'une scène ou qu'un dialogue a pour but de vous parler de la grande histoire. Tout est vraiment au niveau du personnage. Complètement.

Nous nous servons d'une optique anamorphique qui vient du tournage d'*Apocalypse Now*. On ne peut pas utiliser le panoramique anamorphique parce que le format télé doit être en 16:9, donc on doit s'adapter à cette taille. Cette optique vous amène très près du personnage, tout en laissant l'arrière-plan très présent. Ce sont des optiques à large ouverture, donc on peut avoir un gros plan d'un enfant, et un arrière-plan où on voit tout ce qui se passe. Et donc on doit aussi écrire ce qui se passe derrière. On sait que ce type, là-bas, ne marche pas juste comme le ferait une silhouette. Ce type a un nom, il va quelque part, peut-être pour déjeuner avec sa mère ou pour payer une facture. Tout le monde a un nom, une famille. Nous avons essayé d'être fidèles à ce miracle que Ferrante a accompli, de ne jamais rendre la grande histoire trop présente et oppressante.

Neil : Le pilote commence par le coup de fil à la Elena plus âgée qui nous informe que Lila a disparu. C'est le « set up ». Normalement, dans une série télé américaine, à la fin du pilote, on aurait l'autre moitié, l'autre côté de l'histoire, ou au moins on reviendrait à cette question centrale de la disparition de Lila. Mais vous avez choisi de ne pas revenir à ce prologue du premier épisode.

Saverio : Il n'y aura pas le « pay off » de ce « set up » avant le dernier épisode de la dernière saison[14].

Neil : C'est très romanesque, et cependant fidèle à votre vision de réalisateur de cinéma.

Saverio : Je ne connais pas d'autre manière de travailler. Je suis content que ça fonctionne pour vous, pour le spectateur.

Neil : Oui, ça marche – de manière prodigieuse.

14. NdT : la préparation ou « set up » a pour pendant le « pay off », le paiement ou la chute, comme dans une blague.

INTERVIEW : Noah Hawley, *Fargo* (FX), sur comment réinventer un classique

Cette interview a eu lieu le 15 janvier 2021.

Neil : Hier soir j'ai regardé le classique des frères Coen, *Fargo* [1996]. Dès le début, le film vous attrape et ne vous lâche plus pendant l'intégralité de sa durée, 138 minutes, tandis que votre adaptation pour la télé couvre plusieurs meurtres mystérieux sur une saison de 10 épisodes[15]. Est-ce que votre expérience de romancier vous a préparé pour ce style de récit feuilletonnant à combustion lente ?

Noah : Je crois, oui. Le défi, quand on raconte une histoire sous une forme longue, est toujours que chaque épisode ait un début, un milieu et une fin, qui doivent s'intégrer plus largement dans une saison qui a elle-même un début, un milieu et une fin, donc il y a des défis structurels tout du long. Vous avez vu le film ; vous vous êtes sûrement dit : « Waouh, je ne me rappelais pas vraiment à quel point il y a de la comédie dans ce film », parce qu'il y a un tel sérieux à la fin, une telle horreur, une telle tragédie, que c'est ça qui s'imprime vraiment dans votre cerveau. J'ai compris très tôt que si le ton de la série reprenait tel quel celui du film, tout le monde penserait que je me suis planté.

La différence entre une histoire qui dure dix heures et une histoire qui n'en dure que deux, c'est aussi qu'il faut arriver à maintenir la tension pendant tout ce temps. Il faut sentir qu'il y a un crime dans la première heure, et que tout le reste du temps a pour seul but de résoudre ce crime. Il faut qu'un sentiment de danger plane tout au long de la série. On s'est mis à l'appeler « No Country for Old Fargo » (référence à *No Country for Old Men*, également des frères Coen). Il faut qu'on ressente le même genre de chose, pour que la série puisse continuer à vous emmener avec elle.

Neil : Parmi les choses que vous avez ajoutées dans la série et qui ne sont pas dans le film, il y a l'usage de devinettes et de paraboles. On dirait que c'est votre touche personnelle, votre signature à vous dans l'univers

15. La saison 4 avait 11 épisodes.

de *Fargo*. C'est à la fois littéraire et philosophique. Vous pouvez nous en dire plus sur l'ajout de cette dimension ?

Noah : Oui, il y en avait beaucoup dans la première saison, et les titres des épisodes reflétaient ces paradoxes moraux ou philosophiques. Dans la saison 2, il y a partout un certain sens de l'absurde. J'ai commencé à réfléchir à cette période, en 1979 – où les hippies étaient devenus les « Yippies » [Youth International Party] – et Abbie Hoffman et *Volez ce livre* [publié en 1971]. Il y avait ce type qui allait souvent à la télé en se présentant comme un représentant de la « majorité morale » et qui voulait qu'on habille les animaux. Il y avait tout un mouvement, qui aujourd'hui, je crois, serait considéré comme du trolling de droite, avec ce sens de l'absurde. Alors, pour la saison 2, on a choisi des titres comme « Rhinocéros » [épisode 6], en référence à la pièce d'Eugène Ionesco[16].

Ce que j'aime chez les frères Coen, c'est qu'ils sont à la fois capables de faire un film comme *No Country for Old Men* ou un film comme *A Serious Man*, qui est peut-être leur film que j'ai le plus vu et revu. C'est un mélange parfait d'idées, de cinéma, de comédie et de drame, et c'est absurde sans être pour autant une comédie.

Neil : J'avais oublié à quel point Carl Showalter, le moulin à paroles incarné par Steve Buscemi, est hilarant, surtout par contraste avec son partenaire de crime, l'ultra-stoïque Gaear Grimsrud [Peter Stormare].

Noah : S'il y a une chose que j'ai en commun avec Joel et Ethan Coen, c'est une certaine sensibilité. Je sais qu'ils se permettent beaucoup de choses qu'ils trouvent à hurler de rire, et qui ne sont pas supposées être drôles à l'écran. Par exemple, la coupe de cheveux d'Anton Chigurh [Javier Bardem] est totalement absurde, mais dans le contexte du film, c'est juste un détail très spécifique et dérangeant.

Neil : Comment un New-Yorkais pur jus comme vous, sorti de l'Université d'Arts Libéraux de Sarah Lawrence, a-t-il fait pour saisir de manière si juste l'esprit du Midwest ?

Noah : Oh, impossible de vous dire, vraiment. Vous savez, j'ai grandi dans le West Village, et ma femme, qui vient du Texas, plaisante à ce sujet, parce que nous sommes rarement sortis de ce Village. Quand on

16. NdT : le titre français de l'épisode est « Le boucher ».

allait au nord de Manhattan et qu'on revenait en taxi, je savais qu'on approchait de la maison parce qu'il y a un restau de viande avec une grande vache devant. Ma femme se foutait de moi, en disant que j'avais grandi dans un « village » près d'une « rivière avec une vache », comme si je n'avais pas grandi à New York.

Pour moi, la normalité, la « common decency », a quelque chose de très romantique, j'aime beaucoup l'idée de gens normaux, juste moralement normaux, qui se retrouvent dans des situations folles, et c'est ça l'héroïsme. Maintenant on est tombés dans cet univers Marvel où tous les héros sont « super », ou regardez, entre 1995 et 2005, nos héros sont tous devenus des chasseurs de démons eux-mêmes bien torturés ; les Vic Mackey [Michael Chiklis dans *The Shield*], ces personnages masculins qui ont tout sacrifié pour nous permettre de bien dormir la nuit. Ça m'a épuisé, tout ça. En plus, je n'arrive pas à m'inquiéter pour eux. Je m'inquiète plutôt pour des gens comme la shérif Molly Solverson, le personnage d'Allison Tolman [dans la saison 1], où vous vous dites : « Je ne sais pas si elle a les épaules pour ça ; elle pense juste, mais je ne crois pas qu'elle ait les épaules pour ça. » C'est ça, pour moi, du bon drame.

Neil : C'est aussi intéressant de rapprocher ça du film, où Marge Gunderson [Frances McDormand], qui dirige la police locale, dès qu'elle arrive sur la scène de crime sur cette autoroute déserte du Minnesota couverte de neige, elle décrit exactement ce qui s'est passé. C'est de la pure intuition, mais Marge a tout compris du premier coup.

Noah : Oui, et à ce propos, c'est l'autre truc où je me suis dit que j'avais le droit d'ajouter quelque chose au film – elle a tout compris mais en même temps, elle n'est jamais allée plus loin que la plaque d'immatriculation. Elle n'a pas du tout résolu l'affaire. Elle roulait là par hasard, elle a reçu l'appel, et elle a vu la Ford Sierra ocre garée devant le chalet.

Neil : Très juste. Plutôt un coup de chance que du Miss Marple ou du Sherlock Holmes.

Noah : Il n'y avait aucune obligation que cette série soit une série policière, une série d'enquêtes, ou « procédurale », et je n'ai pas ressenti non plus l'obligation pour le personnage d'être une héroïne à part, qui comprend toujours tout, etc.

Neil : Oui. Marge n'apparaît même pas dans le film dans les 20 premières minutes.

Noah : C'est vrai. Je suis un conteur choral, et parfois j'ai l'impression, dans mes relations avec la chaîne ou les autres studios avec lesquels je travaille, qu'il faut en permanence leur expliquer que c'est O.K. d'être un conteur choral (« ensemble storyteller ») – que si vous mettez une pièce du puzzle ici et une autre pièce du puzzle là, à la fin le puzzle sera complet, vous voyez ce que je veux dire ? On n'a pas besoin que Tom Cruise passe 90 % du film à assembler ce puzzle devant nous.

Neil : Complètement d'accord. Je crois que votre manière de travailler consiste précisément à ne pas suivre une formule. Il n'y a pas de réponse facile à la question : « Bon, c'est l'histoire de qui ? » Pas non plus dans le film *Fargo*. C'est l'histoire de beaucoup de monde. C'est ce que j'aime.

Noah : Une partie de la réponse est que nous savons qu'il y aura de la violence dans *Fargo*. Et je tiens à ce que la violence ne soit jamais distrayante. Vous avez parlé de l'élément comique chez Steve Buscemi – il y a ce moment dans le film où ils se font arrêter par un policier et il essaye de le baratiner pour s'en sortir, et Peter Stormare se contente de se pencher pour attraper le mec par sa cravate et il le flingue, il y a du sang partout. C'est un tel choc, et à ce moment Steve Buscemi n'en revient tout simplement pas, on voit qu'il hallucine complètement.

Ce qu'on veut, c'est que le public ressente la même chose. Je ne veux pas que ça leur fasse plaisir. Mais pour arriver à ça, il faut d'abord s'investir dans les personnages. On n'a pas le droit de créer un moment où il va y avoir de la violence si on ne ressent rien pour la personne qui va se faire tuer. Prenez l'exemple de Kirsten Dunst et Jesse Plemons [Peggy et Ed Blumquist] contre la famille criminelle Gerhardt dans la saison 2. Vous vous dites : « Moi je suis pour les Blumquist », et puis le gamin avec la paralysie cérébrale arrive pour prouver qu'il est un homme, et là vous vous dites : « Non mais attends, je ne veux pas non plus qu'on lui fasse du mal. »

Il ne faut jamais rendre la tâche trop facile au public. Je me souviens de Glenn Howerton qui jouait Don Chumph dans la saison 1 – c'était juste un pauvre naze qui était nul en chantage, et Billy Bob Thornton orchestrait cette mort spectaculaire pour lui, et vraiment, c'était trop tordu [épisode 6 « L'âne de Buridan »]. J'ai vu Glenn après, et il m'a dit : « Tu as fait pleurer ma femme quand elle a regardé ça, c'est trop horrible. Ce qui était horrible, c'était d'imaginer une mort aussi opératique pour un personnage secondaire. » C'était gratuit, à un certain niveau, mais bon, au début, on se dit : « Oh ! Billy est tellement cool, il a ce truc, ce fil de déclenchement, et il tire un ou deux coups, et c'est très malin, et donc pendant environ la moitié de la séquence, vous appréciez la séquence, et puis à un moment, quand ils commencent l'assaut, qu'ils balancent une grenade assourdissante par la fenêtre et que le scotch qu'il a sur la bouche se détache et qu'il va dire : « Attendez… », et là vous vous dites : « Non – là je veux que ça s'arrête. Je n'aime plus ça du tout. »

Neil : C'est difficile de trouver un équilibre. Comme je dis à mes étudiants : « Ne tuez pas les gens pour rien » (*« make the body count count »*), parce que c'est un être humain qu'on voit mourir à l'écran, quelqu'un qui est le parent ou l'enfant, ou le meilleur ami, ou l'époux d'un autre être humain.

Noah : C'était le problème avec la saison 4. En gros on a deux gangs, 11 heures, et on sait qu'il va y avoir des morts. Il va forcément y avoir des morts. Pour que ces morts comptent, on doit avoir des personnages pour lesquels on a de l'empathie.

C'est sûr qu'il y a eu beaucoup de conversations avec la chaîne où ils disaient : « Sérieusement, vous ne pouvez pas avoir 24 personnages récurrents dans la série. » Je répondais : « J'en ai besoin, parce que pour la famille Fadda, on doit avoir des gens qu'on reconnaît, et qui dans les 10 prochaines heures vont soit tuer, soit être tués, même chose du côté des Cannon, et même chose avec les flics, vous comprenez ? On a besoin de toutes ces pièces qui bougent en même temps. » Est-ce que j'avais vraiment besoin du duo d'évadées, Zelmare Roulette [Karen Aldridge] et son amante [dans l'épisode 2 de la saison 4, « Le royaume des voleurs et des tueurs »] ? Moi, je pensais que oui. Ce sont deux de mes personnages préférés dans l'absolu, alors oui, il faut juste faire confiance à son instinct.

Neil : Vous avez aussi pris comme règle que *tout peut arriver* n'importe quand, ce qui est très différent de ce que la télévision avait l'habitude de faire, où les choses se contentaient de suivre un modèle prévisible. Dans la saison 1, n'importe qui peut mourir n'importe comment. Aux deux tiers de la saison, vous faites un saut en avant de presque neuf mois, ce qu'on ne voit presque jamais. On découvre soudain que Lorne Malvo [Billy Bob Thornton] est dentiste, ce qui conduit à cet épisode hors norme situé à Las Vegas – et à cette scène terrifiante mais spectaculaire d'exécution dans un ascenseur. Qu'est-ce qui vous donne suffisamment d'assurance pour faire des choix aussi audacieux – et qui, au passage, fonctionnent magnifiquement ?

Noah : Vous savez quoi, j'en sais rien, je me souviens que dans la saison 2, des responsables de MGM sont venus me chercher dans la writers room pour m'inviter à déjeuner. Ils m'ont demandé : « Que pouvez-vous nous dire de la saison 2 ? » J'ai répondu : « Eh bien, on va faire deux faux films de Ronald Reagan, et il y aura une soucoupe volante. » Il y a eu un silence, et puis ils ont dit : « Non, vraiment, qu'est-ce que vous pouvez nous dire de la saison 2 ? » Je ne sais pas, pour moi ça suffisait. Dans la vraie vie, la plupart des affaires ne sont jamais élucidées. Qu'est-ce qu'il leur fallait de plus ?

Dans la saison 1, les flics avaient déjà tout donné : Lester Nygaard [Martin Freeman] avait piégé son frère [épisode 7 de la saison 1, « Qui rase le barbier ? »], donc cette partie de l'histoire était terminée.

Refermer la boucle du premier crime nous a permis de faire un saut en avant de presque un an, et d'avoir Molly enceinte, donc là les gens se disent : « Oh ! attends, ça, c'est le film », ça crée un écho, un peu comme une rime, avec le film, on met en place quelque chose pour que le public puisse se dire, dans la dernière heure, qu'il sait ce qui va se passer. Molly est dans le chalet, enceinte de huit mois, elle sort, et le public se dit sûrement : « Ouais, là je sais ce qui va se passer. » Et quand ça *ne se passe pas*, en même temps que vous regardez quelque chose de nouveau, vous vous souvenez de quelque chose d'ancien. Je trouve cette tension très intéressante.

Neil : Les trois premières saisons sont complètement uniques. On m'a dit qu'elles n'étaient pas adaptées d'histoires vraies, qu'elles étaient complètement fictives.

Noah : C'est vrai.

Neil : Mais le préambule de chaque épisode nous dit : « Ceci est une histoire vraie » – on commence direct par un mensonge – comme pour le film. Si ces affaires ne sont pas adaptées de faits réels, d'où tirez-vous des trucs pareils, en particulier dans la saison 4 avec l'échange des enfants ?

Noah : Chaque saison a commencé avec un moment. La saison 1, c'était deux hommes qui se rencontrent aux urgences, l'un d'eux est très civilisé, l'autre est tout le contraire, et vous vous dites : « Tiens, c'est intéressant. C'est qui, l'autre mec et qu'est-ce qui arrive après ? » La saison 2, c'était une femme qui rentre chez elle en voiture, avec un type sur le pare-brise, qui prépare le dîner pour son mari, et on se demande : « Mais c'est qui le type sur le pare-brise ? » La saison 3, c'était deux frères jumeaux [Ewan McGregor x 2], qui perdent leur père, lequel leur laisse en héritage à l'un une voiture, et à l'autre une collection de timbres, ce qui fait naître ce ressentiment infini, et pousse l'un des frères à tromper son jumeau pour le convaincre de prendre la voiture plutôt que les timbres.

Pour la saison 4, c'était cette idée, cette image dans ma tête, de syndicats du crime qui décident d'échanger leurs fils cadets – le plus jeune fils du chef. Je ne me demande pas vraiment d'où ça vient, ça sonne vrai. C'est suffisamment crédible. En fait, il paraît que c'est vraiment arrivé, et je suis sûr que quelque part sur cette terre, à un moment donné, c'est arrivé. C'est cette prémisse intrigante qui oblige votre cerveau à se demander : « Mais qui sont ces gens, et qu'est-ce qui arrive après, et qu'est-ce qui s'est passé avant pour nous amener jusque-là ? »

Neil : Est-ce que créer Loy Cannon [Chris Rock], Cannon Limited, et commencer par la voix off d'Ethelrida Pearl Smutny [E'myri Crutchfield] pour nous donner le contexte historique – est-ce que votre intention était d'introduire plus de diversité et de raconter l'histoire de l'expérience des Noirs à cette époque dans le Midwest ?

Noah : Ce qui m'a d'abord frappé dans la genèse de cette histoire – qui n'est pas née en passant des semaines assis dans une pièce à y réfléchir, mais avec une idée par-ci, et quelques semaines plus tard une idée par là, qui avait l'air de pouvoir être associée à cette première idée. C'était par exemple : « D'où sort le personnage de Mike Milligan [Bokeem Woodbine] dans la saison 2 ? » Il était tellement iconoclaste pour 1979. D'où pouvait-il bien venir ? Et donc l'idée : « Oh ! il été échangé par sa famille avec cette famille italienne, puis élevé, pas par ces Italiens, mais par un Irlandais qui a lui-même d'abord été échangé avec les Juifs, puis avec les Italiens », ça ressemble à l'Amérique pour moi, non ? Voilà, on est là-dedans tous ensemble, on se mélange et on essaye de voir ce que ça peut donner.

Et donc oui, après, quand on remonte aux commencements naturels de cette histoire, on réalise : « Oh ! c'est une histoire sur les outsiders des années 50. C'est une histoire sur l'expérience des Noirs et des immigrés. » Et quand je parle de Zelmare et de Swanee Capps [Kelsey Asbille], c'est l'expérience des hors-la-loi, à la fois au sens criminel et au sens du genre de vie, ces deux lesbiennes dans la société des années 50, et là on se dit : « Bon, O.K., si c'est ça, la référence morale centrale de la série ne peut plus être encore un flic blanc, comme dans les trois saisons précédentes, parce que ce ne serait pas authentique sur le plan, toujours, de l'expérience de l'immigration ou de la communauté afro-américaine. »

Ce dilemme m'a conduit à Ethelrida et à un genre de détective pas officiel, vous voyez, qui voit des trucs par la fenêtre, comme la duplicité de l'infirmière meurtrière Oraetta Mayflower [Jessie Buckley] de l'autre côté de la rue, etc., mais en termes de structure, avec cette ouverture, il y a toujours un moment où on se dit : « Il faut que je revienne au texte. Il faut que je revienne à l'original des frères Coen. Est-ce qu'ils ont déjà résolu le problème de cette manière avant ? » Et on se demande : « Est-ce qu'ils ont déjà eu à livrer au spectateur autant d'information aussi vite dès le début, tout en faisant en sorte que ça reste distrayant ? » Oui, au début d'*Arizona Junior*, qui est en soi un chef-d'œuvre comique, le début et tout le film.

Neil : Oui. C'est un prologue génial, avec une exposition ultra-rapide.

Noah : Donc je me suis dit : « O.K., voyons comment faire avec l'exposé historique que doit faire Ethelrida, où elle présente à la fois son histoire personnelle et l'histoire criminelle de Kansas City », qui introduit ensuite tous les personnages principaux, et à la fin, quand vous découvrez que Loy a prêté de l'argent à ses parents, vous vous dites : « Oh ! elle est au milieu de l'histoire », ce que vous ne saviez pas au tout début. J'aime ce processus : résoudre un problème, créer un problème, le résoudre, et puis un jour, il n'y a plus de problèmes, et la série est finie.

Neil : J'espère pas avant un certain temps, parce que j'y suis toujours accro. La citation de Bertrand Russell – « La vie n'est rien d'autre qu'une compétition pour être un criminel plutôt qu'une victime – les gens ont l'air bons tant qu'ils sont opprimés, mais tout ce qu'ils souhaitent, c'est de devenir des oppresseurs à leur tour. » –, c'était votre inspiration d'origine pour créer Zelma et Swanee ? Quelle influence a la recherche historique sur votre manière de raconter une histoire ?

Noah : J'ai beaucoup lu, et j'emploie un chercheur à plein temps à qui je pose tout le temps des questions, mais d'un côté il y a les détails, les faits historiques, et de l'autre il y a la compréhension du passé, et c'est ça, ce qui compte vraiment. Il y a quelques endroits dans la série qui, j'espère, donnent des éléments de contexte, comme l'épisode 5 [« Le berceau de la civilisation »] quand Josto Fadda [Jason Schwartzmann] dit : « Pourquoi l'Amérique aime les histoires de crimes ? Parce que l'Amérique est une histoire de crime. » Ou dans l'épisode 4 [« Faire semblant »] : « Être américain, c'est faire semblant. Vous faites semblant d'être ceci, alors qu'en réalité vous êtes autre chose. » Ou ce que dit Loy à propos des poupées qu'il collectionne dans sa chambre dans l'épisode 6 [« Camp Élégance »] : « Imaginez si ces poupées se levaient d'un coup pour devenir des citoyennes de cet appartement… vous vous diriez : "Que ces poupées aillent se faire foutre, je vais les réduire en morceaux." »

Tout ça, c'est une manière de ne pas se contenter de jeter un œil à l'expérience de ces personnages, mais – je crois – c'est facile pour ceux qui ne vivent pas dans des situations de handicap ou d'oppression de traverser l'existence sans se poser trop de questions. C'est beaucoup plus dur quand vous êtes pris à la gorge de prétendre que tout va bien. Vous savez, les analyses les plus pertinentes de notre société viennent la plupart du temps de ceux qui en ont subi l'oppression, parce que c'est eux qui sont obligés d'essayer de comprendre : « Mais pourquoi ça m'arrive à moi ? »

Neil : Vous avez inclus des épisodes « hors norme » dans chaque saison, mais celui qui sort vraiment du lot selon moi est l'épisode 9 de la saison 4, « Est-Ouest ». Il se passe au « Barton Arms » [Une allusion à *Barton Fink* des frères Coen, mais cet hôtel constitue aussi, il me semble, un microcosme de l'Amérique]. L'épisode met aussi en scène un panneau d'affichage progressivement mis en place ; d'abord, on ne voit que les mots « The future », et quand le panneau est terminé, on peut lire le slogan complet « The future is now. » Est-ce que ce panneau vous a servi à exprimer que rien n'a changé ; que nous en sommes toujours au même point ?

Noah : Je crois que ce qui est vraiment rageant avec ce panneau, c'est qu'il est si vide de sens, vous voyez ce que je veux dire ? C'est tellement ouvert à l'interprétation que ça peut vouloir dire une chose pour moi – c'est sûr que pour le jeune Satchel [Rodney L. Jones III], quand il sort, c'est la vérité. Son futur commence maintenant, mais pour quelqu'un comme Patrick « Rabbi » Milligan [Ben Whishaw], c'est rageant parce qu'il ne sait pas ce que ça veut dire. En 1950, vous êtes au seuil de la modernité. Cet épisode a toujours été conçu pour fonctionner seul. J'aime ces épisodes. C'est souvent mes préférés, et on essaye d'en avoir, que ce soit Ed et Peggy dans le chalet [épisode 8 de la saison 1, « L'accumulation »], ou Gloria Burgle [Carrie Coon] qui va à Los Angeles [épisode 3 de la saison 3, « La loi de l'absurde »].

Neil : Pourquoi aimez-vous à ce point les épisodes « hors norme » ?

Noah : Quand vous avez un groupe choral, en général il y a une force gravitationnelle qui vous tire vers, par exemple, ce qui est arrivé à Peggy Blumquist, et vous pouvez inscrire ça dans l'histoire globale, de manière à ne jamais perdre de vue l'action principale. Il y a aussi une tension qui se crée quand on s'éloigne de cette action principale. Il y a de la tension dans la manière dont cet épisode se termine, et après il faut attendre une semaine pour voir ce qui se passe du côté de Loy et Josto, et des autres personnages. Lee Edward Colston, avec qui j'ai écrit « Est-Ouest », est un auteur de théâtre, et pour moi, ça a toujours été comme une pièce.

À mon sens, l'Amérique est toujours en tension entre le passé et le futur, entre l'Est et l'Ouest, entre le passé puritain et le futur shamanique du New Age californien. C'est pour ça que l'employé noir à la réception du Barton Arms pose à Milligan toutes ces questions au moment du check-in : « McCarthy ou Eisenhower ? » McCarthy, c'est le futur. Eisenhower le passé. C'est comme un test révélateur pour déterminer de quel côté ils sont. Soit vous avez le prêcheur et sa femme, soit vous avez le vendeur qui lit Dale Carnegie, et celui qui dit : « Je vais devenir riche, à moi le fric, à moi le pétrole ! »

Neil : Est-ce que vous avez décidé tout de suite : « On va rendre hommage au Magicien d'Oz en faisant du noir et blanc et puis de la couleur, avec le chien et les deux sœurs pour faire les sorcières, et puis le cyclone ? » Je n'ai pas vu tout de suite l'hommage, pas avant peut-être les deux tiers de l'épisode, même s'il y avait des indices dès le début. Et puis, après tout, on est au Kansas.

Noah : On ne se retrouve pas par hasard dans *Le Magicien d'Oz*. On a mis des indices dans toute la saison. Je ne sais plus si on a gardé ça au montage, mais dans le premier épisode on voit un employé qui nettoie ou qui enlève quelque chose sur un mur – et c'était une tornade.

Il y a aussi le moment avec Glynn Turman [Docteur Sénateur] et Chris Rock. Sénateur dit : « C'est de l'hubris de croire qu'on peut contrôler les choses. C'est pour ça que Dieu a créé les tornades. »

Neil : Je n'avais pas saisi la première fois que je l'ai vu. J'adore ce genre d'Easter eggs[17].

Noah : On ne veut pas non plus que le spectateur soit trop en avance sur nous, sinon, c'est décevant quand ça finit enfin par arriver. Dans l'épisode en noir et blanc, il pourrait se dire : « Attends, ils ne vont quand même pas finir ça avec une tornade, et en passant à la couleur, hein ? »

Neil : Non, jamais de la vie je ne me serais attendu à ça, même chose avec la soucoupe volante dans la saison 2.

Noah : C'est sûr. C'est pas souvent que les personnages principaux meurent à cause de la météo en plein milieu de l'histoire. Mais bon, quand vous essayez de raconter une histoire qui donne un sentiment de réalité, vous dites : « Voilà, c'est juste ce qui s'est passé. » Je sais que ça a l'air absurde sur le plan de la dramaturgie, parce que ce n'est pas les bons contre les méchants qui s'affrontent en duel sur la place publique, mais ça a commencé comme ça, et puis il y a eu la tornade. Qu'est-ce que vous pouvez trouver de mieux ? Il faut aller là où il y a un peu de folie.

---

17. NdT : Les « Easter eggs » sont des détails signifiants cachés à dessein comme des œufs de Pâques.

INTERVIEW : Peter Gould, *Better Call Saul* (AMC), sur le préquel de *Breaking Bad* : de Jimmy McGill à Saul Goodman

Cette interview a eu lieu le 4 août 2020.

Neil : Pour moi, un épisode « hors norme » est soit : (1) un épisode « bouteille » qui se passe essentiellement ou intégralement dans un lieu unique, intérieur (comme le laboratoire de meth dans le célèbre épisode « La mouche » de *Breaking Bad*) ou extérieur, comme l'épisode « Transporteur » dans la saison 5 de *Better Call Saul*, où on passe presque tout l'épisode perdu dans le désert avec Jimmy McGill [Bob Odendirk] et Mike Ehrmantraut [Jonathan Banks], mais dans le présent de la narration ; ou (2) un épisode qui se déroule (presque) entièrement en flash-back, et qui donne un éclairage sur le passé d'un personnage (comme l'épisode 6 de la saison 1 de *Better Call Saul*, « Histoire de flics ») où l'on comprend comment et pourquoi le fils de Mike, un ancien flic de Philadelphie, a été tué – et la culpabilité terrible qui en résulte et continue à ronger Mike. En tant que showrunner, à quel moment ressentez-vous la nécessité de ralentir le rythme ou d'avoir recours au flash-back pour compléter l'exposition ou préciser un personnage resté flou, comme Mike Ehrmantraut ?

Peter : En général, tout vient de la nécessité de résoudre un problème. Et la plupart du temps le problème qu'on a du mal à résoudre est : « Qu'est-ce qui se passe avec tel personnage ? » À quoi il pense ? Qu'est-ce qu'il ressent ? Qu'est-ce qu'il veut faire après ? Qu'est-ce qui se passe sous la surface ? Mieux on comprend les personnages, plus on a de chances de trouver la réponse à la question : « Et après ? » Parfois la meilleure réponse à « Et après ? » est de retourner dans le passé.

Il y a un autre aspect du boulot, qui je crois s'applique à ces épisodes « hors norme ». On a souvent des idées ou des images qui nous viennent et qui nous restent, mais qu'on ne sait pas où mettre dans l'histoire. Comme de très jolies pièces de puzzle qui n'iraient nulle part. Certains des moments les plus satisfaisants dans la writers room concernent ces pièces de puzzle, quand on trouve enfin l'occasion de s'en servir – quand soudain on trouve le moment parfait dans notre histoire pour telle scène, telle situation, telle image qu'on espère placer depuis longtemps.

Par exemple, quasiment dès qu'on a décidé que Jonathan Banks serait dans la série, une image nous est venue à l'esprit : Jimmy et Mike à pied, perdus dans le désert du Nouveau-Mexique, loin de tout, menottés ensemble. Pendant des années on a parlé de cette idée, et plaisanté sur ce qu'ils devraient faire pour survivre. J'avais envie de voir ça, à tout prix ! Mais les personnages n'étaient juste pas prêts pour cette situation. On aurait pu les forcer, mais il n'y a rien de pire. Ça nous a pris 48 épisodes pour y arriver, enfin, dans « Transporteur ».

Je cherche toujours des situations physiques qui expriment ce qui se passe pour nos personnages. Bob est un acteur physique génial. La vérité, c'est que Bob n'est jamais aussi à l'aise comme acteur que lorsque son personnage souffre. J'ai compris ça tout de suite quand on a commencé à travailler ensemble sur *Breaking Bad*. Bob était à genoux dans le désert, les yeux bandés avec des flingues pointés sur la tête – et on tournait dans une tempête de sable. Une vraie tempête de sable. Toute l'équipe portait des lunettes de protection, le réalisateur et moi on était réfugiés dans la caravane de Walt, et Bob était là, dehors, en train de jouer son rôle avec du sable qui lui rentrait dans le nez, et il était *génial*. Plus tard, il m'a avoué à quel point il avait adoré ça.

Donc, dès qu'il y a une occasion de mettre Saul dans une situation physique dure, on la saisit – que ce soit de passer des coups de fil professionnels dans une benne à ordures, de se faire rouer de coups par des ados, ou de tituber dans le désert. On sait qu'on aura toujours droit à quelque chose d'unique. On n'abuse pas non plus de ce genre de plaisirs. Si ça n'a aucun sens pour le personnage, on ne le fait pas. C'est le point de discipline le plus important.

Quand on parle d'épisodes « hors norme », ça suppose qu'il y a des épisodes « normaux ». Ce qui est vraiment agréable quand on travaille sur *Breaking Bad* ou *Better Call Saul*, c'est qu'on a très peu d'obligations structurelles. À part pour le découpage en actes et la durée, on est libres d'expérimenter avec le format autant qu'on veut. Par exemple, ça veut dire qu'on n'a pas besoin de faire apparaître nos acteurs principaux dans chaque épisode.

C'est très libérateur. On a eu des épisodes où Mike n'apparaît pas, des épisodes sans Kim, sans Nacho… Pour l'instant, on n'a pas fait d'épisode sans Jimmy, mais ce n'est pas inconcevable. On s'en est beaucoup approché dans « Histoire de flics » – c'est l'épisode centré sur l'histoire de Mike. On élaborait l'histoire avec en tête l'idée de ne pas voir Jimmy du tout, et puis, assez tard dans l'écriture, on a eu l'idée que Mike pouvait utiliser Jimmy pour obtenir les notes du détective en charge de l'enquête.

Mais traditionnellement, si vous avez des acteurs qui sont des personnages récurrents, vous voulez les voir à chaque épisode. Ça donne souvent une structure d'épisode en forme de ronde ou de tourniquet, où chaque personnage a son tour. On monte en parallèle l'histoire A, l'histoire B, l'histoire C, et ainsi de suite. Que ce soit sur *Breaking Bad* ou *Better Call Saul*, on aime penser la série comme une seule histoire. Et si on monte en parallèle différents personnages en train de faire leurs trucs, c'est parce que ces trucs prennent sens quand on les juxtapose ensemble, et qu'à un moment ou un autre, leurs actions vont toutes se rencontrer.

Une fois qu'on a dit ça, si un personnage disparaît pendant quelques épisodes, je décroche quand même mon téléphone pour parler à l'acteur et lui expliquer qu'on l'aime toujours, qu'on adore son personnage et qu'on va le retrouver bientôt. Sinon, parfois, quand les gens manquent d'information, ils remplissent le vide avec leurs peurs et leurs doutes. Ce genre de communication fait partie du boulot de showrunner. On en entend rarement parler, mais c'est essentiel.

Neil : Avant de poursuivre sur les épisodes hors norme de *Better Call Saul*, j'aimerais en savoir plus à propos de l'épisode « La mouche » de *Breaking Bad* [épisode 10, saison 3, réalisé par Rian Johnson]. Il est très largement considéré comme l'épisode le plus clivant. Personnellement, je suis un fan de cet épisode, parce qu'il met la lumière sur la culpabilité de Walt de ne pas avoir sauvé la petite amie de Jesse, Jane [Krysten Ritter] de son overdose fatale. Un commentaire ?

Peter : « La mouche » est né parce qu'on avait dépassé de très très loin le budget prévu pour la saison 3. La saison précédente, on avait essayé de faire un épisode bouteille, « Seuls au monde », qui a donné un très bon résultat, mais qui, au bout du compte, n'a pas fait économiser beaucoup d'argent. On est partis d'une logique très simple : on n'avait pas beaucoup vu Jesse et Walt ensemble dans cette saison. Ces deux-là sont vraiment le cœur de la série, on ne se lasse jamais de les voir. Donc on savait que ce serait un truc à deux Walt/Jesse. Et c'était quoi, notre décor préféré ? Le superlab de Gus Fring, évidemment. Ce n'est pas comme ça qu'on travaille d'habitude. En général, on parle d'abord des personnages et on laisse les questions de production en découler. Mais je crois que pour « La mouche », ça a très bien marché ! C'est l'un de mes épisodes préférés. Je suis encore jaloux que Sam Catlin et Moira Walley-Beckett aient eu la chance de l'écrire et de travailler avec l'incroyable Rian Johnson.

On peut considérer l'épisode « Retour aux affaires » [saison 3, épisode 5] de Gordon Smith pour *Better Call Saul* au moins à moitié comme un épisode bouteille.

Neil : Il se passe presque entièrement dans une salle de tribunal. Comme un épisode de Perry Mason.

Peter : Oui. Ça nous excitait vraiment. Je dirais que parfois, les gens croient que tout ça se passe de manière mécanique, qu'on se dit : « Bon. Pour l'épisode 5, on va faire un épisode de tribunal. » À de rares exceptions, on ne fonctionne pas du tout comme ça. C'est plutôt une question d'instinct que de suivi méthodique d'un plan préétabli.

Neil : Dans le paysage télé d'aujourd'hui, où les spectateurs ont la possibilité de binge-watcher une saison entière, tout donne le sentiment d'être inévitable et de faire partie d'un plan. Je crois que le public est plus adapté qu'avant à la continuité. Par exemple, Lydia Rodarte-Quayle [Laura Fraser] est un de mes personnages secondaires préférés dans *Breaking Bad*. Et on dirait qu'à la seconde où elle apparaît dans l'épisode 2 de la saison 5, et demande de la stevia – un édulcorant naturel – dans le coffee-shop, c'était écrit d'avance qu'elle allait mourir empoisonnée par de la stevia.

Peter : [Rire.] C'est le parfait exemple ! Vince a écrit l'épisode qui introduisait Lydia. La stevia était juste un petit détail qu'il a ajouté pour montrer à quel point elle était maniaque. L'astuce, s'il y en a une, est de constamment se retourner sur ce qu'on a déjà vu, pour examiner ce qui a déjà été établi et chercher les petits détails qui pourraient avoir plus de signification qu'on ne le croirait. Comme la stevia, parfois ces petits détails peuvent prendre une importance cruciale. Vous savez ce qu'on dit : « Des petits glands naissent les grands chênes. »

Neil : Vous jouez aussi beaucoup avec le temps, au point de le rendre anormal. « Histoire de flics » donne le sentiment que vous nous désorientez à dessein, on ne sait plus où on est, entre le présent et le passé. Ça reflète bien la réalité de Mike, hanté par le passé. Je crois que c'est le seul épisode où on voit Mike pleurer.

Peter : Ouais, et je pense que c'était la première et dernière fois.

Neil : Comparé à Mike, je n'ai pas l'impression d'être un homme, un vrai.

Peter : [Rire.] On est tous dans ce cas. Parfois, en effet, la désorientation est délibérée.

Il ne faut pas tromper le spectateur. Parfois c'est bien quand un cigare est juste un cigare, quand les indices mènent exactement là où on s'y attend. Par exemple, Saul Goodman dit : « Si j'ai de la chance, dans un mois pile, scénario idéal, je dirige un restaurant à Omaha. » Et c'est ce qui se passe.

Souvent, c'est vrai, ce que recherchent les gens quand ils se distraient, c'est la surprise – mais ce n'est pas l'essentiel. Parfois, en recherchant la surprise à tout prix, je crois qu'on se prive de beaucoup d'émotion et de richesse dramatique. Souvent, dans la writers room, on se dit qu'on va cacher quelque chose – quelque chose de crucial pour le spectateur. Et parfois c'est une bonne idée.

Je repense toujours à l'un des premiers livres sur le cinéma que j'aie lus, les entretiens de Truffaut avec Hitchcock. Et Hitchcock explique que, le plus souvent possible, il vaut mieux choisir le suspense que la surprise. Personnellement, si je devais choisir un camp, je pencherais aussi pour l'anticipation et le suspense plutôt que pour la surprise. Je préfère qu'un spectateur se demande : « Comment c'est arrivé ? » plutôt que : « Oh ! mon Dieu, ce personnage, finalement, n'est pas du tout celui que je croyais, ceux qui ont écrit ça m'ont trompé. » Le choc que vous ressentez quand vous comprenez qu'on s'est moqué de vous ne dure qu'un bref instant ; le souci qu'on ressent pour le destin d'un personnage peut être prolongé bien plus longtemps. Il me semble que vous aurez plus de facilité à vous engager émotionnellement dans l'histoire si vous n'êtes pas en permanence en train de chercher le « truc ».

Neil : La série est géniale, donc il est clair que ça marche.

Peter : Merci beaucoup. Mais c'est un combat permanent. Je ne pars jamais du principe que parce que quelque chose a marché dans le passé, ça va marcher à nouveau. Quand je travaille sur la série, je suis toujours névrotique, inquiet et rongé par le doute. Ça a l'air d'être ma manière de travailler, que ça me plaise ou pas.

Vince est revenu dans la writers room cette saison, et j'ai l'impression qu'on a échangé nos rôles, au moins un petit peu. Pendant *Breaking Bad*, j'ai toujours eu une totale foi en lui et en la série. J'étais absolument sûr que ça allait marcher. Et, quand j'y repense, peut-être que cette certitude venait en partie du fait que je n'étais pas en situation de responsabilité. Maintenant, c'est Vince qui dit : « Oh ! ne t'inquiète pas pour ça. On va trouver. » Il n'aurait jamais dit ça quand on travaillait ensemble sur *Breaking Bad*.

Neil : Les épisodes hors norme peuvent aussi jouer avec le temps. Je pense à un autre épisode formidable de *Breaking Bad*, écrit et réalisé par vous, « L'origine du mal », qui fait un saut de huit mois à l'intérieur même de l'épisode.

Peter : Il ne restait plus que deux épisodes dans la série et nous savions, d'après ce que nous avions déjà mis en place, que l'histoire devait durer au moins huit mois. Comment montrer huit mois en un seul épisode ? C'est quelque chose qu'on n'a quasiment jamais fait dans *Breaking Bad*. On avait plutôt tendance à étirer le temps, pas à le comprimer ! De temps en temps, on avait recours à un « montage[18] », mais cette fois, ça n'avait pas l'air d'être la bonne solution. Dans la version finale, on termine sur un monde flou, avec une silhouette qui marche vers la caméra, qui finalement devient nette : c'est Walter White, maintenant avec une vraie barbe. On a donc comprimé les huit mois en un seul plan. Ça passe bien grâce au jeu de Bryan, on sent que Walt a pris dix ans pendant ces mois de solitude.

Une chose que j'ai apprise de Vince sur *Breaking Bad*, c'est de se méfier des ellipses. Quand on écrivait, on avait l'impression que chaque ellipse lui coûtait 500 balles. Pour le dire autrement, il n'y avait pas recours de gaieté de cœur. C'est un choix stylistique.

---

18. NdT : Terme typiquement américain n'ayant pas d'équivalent en français. Il s'agit d'une succession de plan courts, de vignettes, décrivant une action longue en un temps ramassé et généralement montés avec de la musique. Procédé typiquement utilisé dans les « films sportifs » où l'on voit le héros s'entrainer pour devenir un champion.

Le temps continu ou temps réel aide à donner de l'élan à l'histoire. Ça change le rythme de la narration et permet souvent des scènes plus longues, plus complexes.

Neil : On pense tout de suite au premier meurtre de Walt, celui de Krazy-8, dans la saison 1 de *Breakind Bad.* Il y a de longues scènes avec eux deux en bas dans le sous-sol en train de négocier. Et puis Walt découvre le tesson de verre manquant que Krazy-8 comptait utiliser comme couteau. C'est peut-être mon épisode préféré. Une vraie masterclass sur ce qu'est le sous-texte.

Peter : C'est sûr.

Neil : Il y a deux genres de séries maintenant, celles qui font ce que j'appelle la livraison totale d'épisodes comme sur Netflix, sans fins d'actes, et puis il y a la structure linéaire traditionnelle. Mais les séries qui livrent tous les épisodes d'un coup n'ont pas à rendre quoi que ce soit à la chaîne ou à la plateforme de streaming avant que tous les épisodes soient finalisés. Donc ils peuvent continuer à refaire le montage jusqu'au bout. Est-ce qu'il vous arrive de souhaiter travailler sur une série où vous n'auriez pas à penser aux fins d'actes, ou croyez-vous que de toute façon vous continueriez naturellement à écrire en fonction de la fin des actes ? Et si vous pouviez livrer les dix épisodes d'un coup, et continuer jusqu'au dernier moment à remonter et faire des modifications, est-ce que ce serait préférable ?

Peter : Ma mère, une artiste peintre, disait quelque chose que je n'ai jamais oublié, c'est que le plus difficile, pour un peintre, c'est de savoir quand le tableau est fini. Ça, je peux vous dire que je le comprends. Je veux profiter de chaque seconde dont je dispose dans la salle de montage, mais à un certain point, ça devient infini. Notre calendrier est ainsi fait que de toute façon on ne livre jamais la version finale d'aucun épisode avant d'avoir fini de tourner toute la saison. Ça nous permet de nous consacrer entièrement à l'écriture et au tournage sans avoir à partager notre temps avec la post-production.

Évidemment, nos monteurs et nos réalisateurs bossent à fond tout le temps, donc on a des versions montées par les monteurs et par les réalisateurs bien avant d'avoir fini la production. Mais ce n'est pas quand la production est terminée et qu'il est trop tard que je commence à intervenir. Une fois que la version du producteur est finie et qu'on a tenu compte des notes du studio ou de la chaîne, j'essaye de ne plus revenir en arrière. S'il arrive, mais c'est rare, que quelque chose me dérange après, alors on procède au changement, mais arrive un moment où il faut passer à autre chose. Garder son élan pour aller de l'avant est très, très important.

J'ai aussi la chance de collaborer avec la productrice Diane Mercer, qui est géniale en post-production. Son boulot dépend beaucoup de la logistique et de la technologie, mais c'est sa compréhension de la psychologie et de la créativité qui fait d'elle la meilleure dans son domaine. Elle comprend mon angoisse, ma manière bizarre de travailler, et elle comprend le processus créatif de tous ceux qui travaillent en post-production. Il y a beaucoup de technologie en jeu dans tout ce que nous faisons, mais tout le monde, que ce soit pour le montage, l'étalonnage, la composition de la musique, le son – nous utilisons tous nos outils respectifs pour raconter l'histoire. Diane comprend comment obtenir le meilleur de chacun (ce qui, finalement, est la meilleure définition du travail de production) et elle a une vision créative aussi claire qu'affirmée.

Neil : Est-ce que vous élaborez l'histoire en fonction de vos fins d'actes ? Historiquement, on utilise une expression très méprisante pour les fins d'actes (*act breaks*) à la télé, on parle de « schmuck bait », autrement dit de « piège à cons ».

Peter : On parle de « schmuck bait » tout le temps. Ma manière de voir ça, un « schmuck bait », c'est quand vous faites croire au spectateur que quelque chose s'est passé juste pour qu'il continue à regarder après la pause publicitaire, mais dès que la pub est finie, vous revenez à zéro, et ça ne s'est pas passé. « On dirait bien que Jimmy est mort !... Ah non, en fait non. » Ou : « Il a perdu un bras !... Oh, non, non ! au temps pour moi, il était juste caché sous le sable. » Je disais qu'il ne fallait pas tricher avec le public, le « schmuck bait » est un autre exemple de triche.

Pour ce qui est des « act breaks », on peut devenir dingue si on y pense trop, mais une bonne histoire repose toujours plus ou moins sur quelque chose qui nous tient à cœur et nous inquiète. Et s'il y a quelque chose qui inquiète les spectateurs, et que vous passez à autre chose – ça les oblige à continuer à regarder. Ils veulent savoir comment ça finit, que leurs questions, que leurs inquiétudes soient résolues. Et ce pourquoi ils s'inquiètent peut être très physique, très viscéral : comment Jimmy va-t-il faire pour ne pas se prendre une balle dans la tête ? Ou l'inquiétude peut être plus subtile et existentielle : comment Kim va-t-elle réagir au fait qu'elle méprise le comportement de son client ?

Les fins d'actes peuvent être utiles comme principes d'organisation. Je crois que ça dépend de chaque série. Mais, en termes de construction, j'aime penser que *Breaking Bad* et *Better Call Saul* sont fondamentalement des cas d'école, de vrais récits à l'ancienne. Et après, qu'est-ce qui se passe ? Comment c'est arrivé ? Comment c'est possible ? Je m'inquiète à propos de quelque chose, et puis c'est résolu, mais maintenant, voilà qu'il y a cet autre problème, plus gros, plus profond ou plus gênant, et qui m'inquiète beaucoup plus. Il y a d'autres manières de raconter des histoires, bien sûr. Mais cette approche a l'air de fonctionner pour notre monde particulier.

Neil : Parce que vous êtes sur AMC plutôt que sur Netflix en particulier, vous n'avez pas des durées fixes d'épisodes. Certains sont plus longs, d'autres plus courts. Quand j'ai revu « Histoire de flics », par exemple, ça finit pile au bon endroit. Quand vous reprenez l'épisode suivant, au début vous fermez la boucle de l'épisode « Histoire de flics » avec les deux enquêteurs de Philadelphie. Ils sont clairement corrompus, ils s'en vont, et vous reprenez une autre histoire, ça donne le sentiment que vous avez refermé la boucle sur l'épisode hors norme et que maintenant vous revenez à un autre épisode, comme si vous reveniez à une progression plus linéaire. Est-ce que vous avez fait ça parce que l'histoire de « Histoire de flics » était trop longue, et que vous avez dû la finir au début de l'épisode suivant, ou est-ce que c'était fait exprès ?

Peter : Je ne me rappelle plus vraiment, mais une partie de l'art de raconter une histoire en épisodes est de ne pas tout résoudre à la fin d'un épisode. Vous voulez que ça reste ouvert. En fait, ça aide beaucoup dans la writers room de pouvoir dire : « O.K., bon, on sait que cette scène ne rentre pas dans cet épisode, ou donnerait une fin en queue de poisson, donc on va s'en servir pour commencer l'épisode suivant. »

Vous n'imaginez pas le temps qu'on passe à discuter de questions de structure. Dans l'épisode 410, que j'ai écrit avec Tom Schnauz, on alternait entre l'histoire de Jimmy, où il se prépare à passer devant l'Association du Barreau pour récupérer sa licence d'avocat, et l'histoire de Mike, où il poursuit Werner Ziegler [Rainer Bock], qui s'est enfui de l'organisation Fring.

Un jour je suis arrivé dans la writers room en disant : « Mon Dieu, on a un énorme problème. L'histoire de Mike doit se passer sur un jour, en même temps que Jimmy essaie toutes sortes de stratégies pour faire changer son image dans son milieu professionnel. Il se rend sur la tombe de son frère ; il donne de l'argent pour financer une bibliothèque au nom de son frère. Il se passe beaucoup de choses, et c'est impossible que ça tienne en 24 heures ! » On était déjà bien avancés sur cet épisode et je craignais qu'on doive repenser tout le final de la saison.

Et donc on a abouti à cette structure très élaborée, qui avait déjà servi sur *Breaking Bad*, où à chaque fois qu'on retournait à l'histoire de Mike, on retournait un peu en arrière pour faire comprendre au spectateur que ça n'arrivait pas exactement en même temps que l'histoire de Jimmy. C'était parfaitement logique, ça marchait vraiment très bien. L'épisode a été élaboré, développé, écrit, et tourné de cette manière. Et puis, quand on l'a regardé, on s'est aperçus que ces retours en arrière étaient parfaitement inutiles.

On a fini par déplacer une seule scène, pour éviter les allers-retours jour/nuit/jour. On a juste fait comme si de rien n'était, sans attirer l'attention sur le fait que les deux histoires n'avaient pas la même durée. L'épisode a été diffusé comme ça, et personne ne nous en a jamais parlé. Parfois, on se pose des questions plus intelligentes que nécessaire.

Neil : Vous avez introduit deux nouveaux éléments dans le préquel, Chuck McGill [Michael McKean] et Kim Wexler [Rhea Seehorn]. Chuck était un personnage génial, mais il n'est plus là. Kim est encore là. Mais à chaque épisode, je me demande si c'est là que Kim va disparaître ou mourir ? Je n'ai pas envie de savoir parce que je veux le voir moi-même, mais est-ce que vous connaissez déjà son destin ?

Peter : Au début on n'avait aucune idée de l'importance que Kim Wexler allait prendre. Aucune. On se disait juste, voilà une présence féminine dans la vie de Jimmy. Et dans le pilote, elle apparaissait juste dans deux scènes très courtes et disait trois mots. Je crois qu'on n'a pas compris à quel point elle comptait avant le début de la saison 2. On savait qu'on adorait Rhea Seehorn, je précise. Non seulement c'est cool de bosser avec Rhea, mais c'est une actrice démente.

Comme Kim est devenue centrale pour la série, on n'arrête pas de se demander ce qui va lui arriver, où elle peut bien être passée au moment des événements de *Breaking Bad*. Et bien sûr, l'autre question a toujours été : comment Jimmy devient Saul Goodman ? On adore Jimmy McGill ; il a bon cœur et, malgré tous ses stratagèmes, il y a quelque chose de profondément décent et honnête en lui. Comment devient-il Saul Goodman, le salaud sans cœur qui ne pense qu'à sa gueule et rien d'autre ? C'était une gigantesque énigme.

Et puis dans la saison 5, le brouillard s'est un peu dissipé et on a commencé à voir où tout ça pouvait aller. C'est sûr, Kim risque de se faire tuer, mais il y a aussi d'autres dangers plus subtils pour elle. Quand on arrive à la fin de la saison 5, on s'inquiète tout autant au sujet de ce qu'elle risque de *devenir* qu'au sujet de sa simple survie.

En ce moment, on élabore la saison 6, on est à l'épisode 6 sur 13, et je crois qu'on a une idée assez claire de là où on va. Je dis ça, mais on est toujours ouverts à une meilleure idée. Si les personnages ne veulent pas faire ce qu'on croit qu'ils devraient faire, il faut changer de direction. C'est la règle numéro un. Mais je crois – *je crois* – qu'on a les réponses aux grandes questions.

Neil : J'ai été particulièrement intrigué par le bref flash-back qui nous montre Kim en jeune adolescente avec sa mère apparemment irresponsable. Ça aurait pu être en soi un épisode hors norme.

Peter : À ce moment de l'histoire, on a déjà vu Jimmy enfant, Chuck jeune homme, on a vu le moment où Jimmy a décidé de devenir avocat, on a vu un peu l'histoire de Mike. Donc on n'a pas arrêté de se demander : et Kim ? Est-ce qu'on devrait voir quelque chose de son passé ? Mais pour que le public ne perde pas son temps, il faut que ça ait du sens. Tous ces autres flash-back étaient là pour une bonne raison.

Ce n'étaient pas des notes de bas de page de l'histoire. Pour nous, ces flash-back étaient des réponses à des questions que la série posait déjà.

Je suis allergique au genre de flash-back qui vous explique, comme dit le proverbe, que « l'enfant est le père de l'homme ». Je ne veux pas juste voir une version miniature de nos personnages. Ça peut être sympa, mignon, mais selon moi c'est une erreur. Si nous nous donnons la peine de retourner dans le temps juste pour voir que cette personne était exactement la même dans le passé, vous leur avez enlevé leur libre-arbitre. Ce que vous dites, c'est que leurs choix importent peu ; que leurs vies sont sur des rails ; que le destin a toujours condamné votre personnage à être ceci ou cela.

Et donc on tournait en rond dans ces discussions : on aime Kim Wexler, on aimerait voir un flash-back de Kim – mais pour quoi faire ? Que pouvons-nous apprendre que nous ne savons pas déjà ? Alors, après des mois de réflexion, cette image nous est venue, qui reposait sur des expériences d'enfance partagées par certains d'entre nous dans la writers room : il fait nuit, une jeune fille avec un violoncelle sur le dos attend devant l'école, elle attend sa mère, qui est très en retard. Plusieurs d'entre nous avaient connu quelque chose comme ça, alors cette image résonnait pour nous. En tirant ce fil, de l'image est sortie l'histoire d'une fille avec une mère sur laquelle on ne peut pas compter, une fille qui a dû jouer le rôle de l'adulte dans leur relation. Ça avait du sens pour nous. C'était peut-être pour ça que sa relation avec Jimmy lui semblait familière… mais on ne savait toujours pas où placer cette petite scène. En elle-même, c'était juste un fragment intéressant. Et puis, en avançant dans la saison, on est arrivés à l'épisode 506, où le choix le plus raisonnable pour Kim est de quitter Jimmy, de rompre avec ce mec qui n'a cessé de prouver qu'il n'était pas la bonne personne pour elle. Au lieu de quoi elle lui dit : « Soit on arrête… soit, peut-être… on se marie. »

Dès qu'on a su qu'on organisait tout pour arriver à cette décision charnière, on a compris que la scène du violoncelle appartenait à cet épisode. Je ne sais pas si je pourrais le démontrer rationnellement, mais ça semblait juste. Il n'y a pas une ligne droite qui mène d'une scène à l'autre, mais d'une certaine manière un moment enrichit l'autre, ils se répondent. Voir Kim jeune avec sa mère nous aidait à comprendre pourquoi, pour elle, c'est « le mariage ou rien ».

Neil : Une dernière question. Walt est mort. Je sais qu'il est mort. Mais il y a une spéculation chez les fans d'après laquelle Walt allait revenir dans *Better Call Saul*. Quand vous entendez ça, en tant que showrunner, ça vous amuse ? Ou est-ce que vous vous dites : « Mais pourquoi les gens n'arrivent-ils pas à croire qu'il est vraiment mort ? »

Peter : Au début ça m'inquiétait beaucoup. Je me demandais si la seule raison pour laquelle les gens regardaient la nouvelle série n'était pas pour revoir Bryan Cranston et Aaron Paul. Vince et moi, on s'est mis d'accord pour ne pas faire apparaître Walt et Jesse dans *Better Call Saul* pendant les deux premières saisons – on trouvait que ça aurait été tiré par les cheveux. On voulait installer la série de manière indépendante, pour elle-même.

Comme je n'arrête pas de le dire : « Il faut mériter ses plaisirs. » Ces cross-overs doivent être mérités. Si nous devons faire revenir un personnage qu'on adore parce qu'on a passé tellement de temps avec lui, il vaudrait mieux qu'il soit là pour une bonne raison ; son apparition se doit d'éclairer d'une manière ou d'une autre l'histoire que nous sommes en train de raconter. Et c'est une des raisons pour lesquelles j'étais heureux de ramener Dean Norris en tant que Hank Schrader. Je sentais que Hank était plus riche que ce qu'on avait vu de lui dans *Breaking Bad*. Le Hank Schrader qu'on rencontrait dans le pilote de *Breaking Bad* était drôle et de bonne humeur – un bon vivant en paix avec lui-même. En y repensant, ça ne durait pas très longtemps, et je sentais qu'il y avait autre chose à dire de l'homme que Hank était avant que son beau-frère ne lui gâche la vie.

Personnellement, j'adorerais retrouver Bryan et Aaron. Bryan est l'une des personnes les plus talentueuses, intelligentes et amusantes que j'aie rencontrées. Au-delà de son talent d'acteur, j'aimerais bien lui faire réaliser un épisode. Et Aaron est plus que génial. C'est peut-être l'être humain le plus ouvert, le plus rayonnant de joie que j'aie jamais fréquenté. J'adorerais les retrouver tous les deux.

Peut-être que je me trompe, mais je me dis que Vince a libéré une part de la pression en réalisant le film *El Camino*. On y passe tellement de temps avec Jesse Pinkman, on y voit ce qui lui est arrivé après *Breaking Bad*. Et cette scène magnifique avec Walt et Jesse dans le *diner* est peut-être la meilleure sortie possible pour Walter White. Je vais vous dire, on a pris l'avion avec ma famille juste pour voir le tournage de cette scène à Albuquerque, parce que je pensais que c'était la dernière fois qu'on pourrait voir Bryan jouer Walter White et Aaron jouer Jesse Pinkman ensemble. C'était très spécial de pouvoir assister à cette scène-là. Pour moi, c'était très important. Cela dit, on a bien une idée pour les ramener tous les deux dans *Better Call Saul*. Si ça marche, leur apparition donnerait un éclairage complètement nouveau sur les deux séries. On verra.

Ce que je trouve fascinant, entre autres, dans *Better Call Saul*, c'est que ce n'est pas seulement un préquel de *Breaking Bad* – c'est aussi une suite. La série est devenue un cadre qui embrasse *Breaking Bad* et *El Camino*. Il nous arrive de plaisanter en disant qu'un jour quelqu'un finira par faire le montage « *Le Parrain* » des trois projets. Vous savez, après avoir tourné *Le Parrain* et *Le Parrain II*, Coppola a fait un montage spécial où il a pris toutes les scènes des deux films et les a mises dans l'ordre chronologique. Parfois on discute de ça, à quoi ressemblerait notre montage « *Le Parrain* ». Pour le moment, la première scène serait sûrement Jimmy et Chuck, jeunes, en train de camper dans le jardin de leur famille, mais quelle serait la dernière scène ? Très probablement une scène dont on n'a pas encore idée. C'est un exercice fascinant.

Neil : L'émergence de Kim Wexler comme l'un des personnages centraux est à mettre en parallèle avec Jesse Pinkman. Quand j'ai interviewé Vince Gilligan il y a six ans, il m'a confié ne pas avoir eu l'intention de faire de Jesse un personnage récurrent. S'il n'y avait pas eu la grève de la Writers Guild, peut-être que Jesse Pinkman n'aurait pas survécu à la saison 1 de *Breaking Bad*.

Peter : J'ai un souvenir un peu différent. Ce dont je me souviens, c'est que dès que Vince a vu Aaron et Bryan ensemble dans le pilote, c'était évident qu'il était prêt à tout pour pouvoir garder Jesse. J'étais dans la writers room le premier jour de la saison 1, après le tournage du pilote et la mise en route de la série, et Vince était très clair sur le fait qu'il ne comptait pas se débarrasser de Jesse de sitôt. Une des choses que je préfère quand on travaille sur une série, c'est qu'on regarde la série au fur et à mesure qu'elle progresse, et qu'on prend des décisions en fonction de ce qui a été tourné, plutôt qu'en fonction de ce qu'on pensait voir. Une grande partie du travail consiste à observer les acteurs et à repérer ce qui marche. Jesse et Walt ? Ça marchait entre eux. Dès la première image.

Un jour, en plein milieu du tournage de la saison 1 de *Breaking Bad*, on était avec Vince et d'autres auteurs dans la tente du catering. Aaron est passé avec son plateau. Vince l'a appelé et lui a dit : « Il faut que tu saches que le plan était de tuer Jesse à la fin de la saison. » Et on a vu le visage d'Aaron se défaire complètement. C'est une des choses qui fait d'Aaron un acteur aussi incroyable, chaque émotion qu'il ressent monte directement à la surface – il avait juste l'air *dévasté*. Vince ne voulait pas être cruel, il a vu ce que ça lui faisait, et il a aussitôt ajouté : « Mais ne t'inquiète pas. On t'aime tellement, on te trouve génial. On va te garder sur la série. La bonne nouvelle, c'est qu'on ne va pas te tuer. » J'aimerais pouvoir décrire le visage d'Aaron à ce moment-là ; il était soulagé – évidemment –, mais comme quelqu'un qui vient d'éviter une balle et qui ne sait pas si une autre arrive. C'était un moment tellement parfait, j'en ai déduit qu'ils avaient dû répéter ça ensemble. Je n'en reviens pas de ne pas avoir compris que je voyais quelque chose de vraiment spontané. Bref, vous pouvez penser avoir tout prévu, mais il faut regarder ce que font les acteurs ; il faut regarder la série que vous êtes vraiment en train de faire et vous régler là-dessus, pas juste sur les grandes idées que vous aviez avant que les caméras commencent à tourner.

3

Construire un univers, choisir un lieu spécifique, et revisiter l'histoire

Une grande série télé nous offre un aperçu d'un monde inconnu, ou d'un monde que nous *croyons* connaître - jusqu'au moment où nous le découvrons de la perspective de quelqu'un qui en fait partie.

L'« arène » de votre série est sa localisation, mais désigne aussi son époque, sa géographie, son climat, ses coutumes, son langage, son style, la manière de s'y déplacer, ses valeurs, ses mœurs, et ses influences culturelles, politiques et religieuses. En d'autres mots, toutes les séries télé sont des microcosmes du monde au sens large.

Les exemples et les études de cas qui suivent montrent la nécessité de rendre votre lieu spécifique quand vous créez et/ou introduisez vos spectateurs dans un nouveau monde.

Le conflit économique à DelCo, Pennsylvanie : *Mare of Easttown* (HBO)

Easttown est une petite ville située au sud de Philadelphie en Pennsylvanie, à peine à six minutes en voiture de l'endroit où a grandi Brad Ingelsby, le créateur et showrunner de la série.

Pour recréer avec précision la spécificité de ce monde, les acteurs et l'équipe ont travaillé dur pour que chaque petit détail sonne parfaitement vrai, à commencer par l'accent : les acteurs ont étudié des enregistrements de voix du coin et travaillé leur accent avec des coachs. Antonia Blyth raconte dans son article pour *Deadline* comment dans un épisode :

« On voit Mare à table vaporiser du fromage en aérosol sur des frites. Dans un autre, elle parle tout en engloutissant son steak au fromage de Philadelphie. Quand elle va au boulot, elle conduit avec son sandwich du petit déjeuner à la main, et en met partout. Et on la voit rarement sans une bouteille de bière locale Rolling Rock à la main. »

Dans Easttown, les personnages appartiennent à la classe ouvrière, ce sont des cols bleus dont la vie est gâchée par l'épidémie d'opioïdes, la pauvreté (et le manque d'accès aux soins qui en résulte), la violence domestique et le crime. Chaque événement de leur histoire personnelle est cousu dans le tissu de la communauté. Un endroit où tout le monde se connaît, où le personnel et le professionnel sont inextricables, et où des secrets sombres sont tus, soit par pudeur, soir par chantage.

Romance royale et harmonie raciale lors de la Régence à Londres : *La Chronique des Bridgerton* (Netflix)

Les Productions Shondaland sont réputées pour leur distribution multiraciale, et le méga-succès *La Chronique des Bridgerton* fait de même. Cependant, au lieu d'employer des acteurs de couleur, le créateur et showrunner de la série Chris Van Dusen extrapole un point obscur de l'histoire : la reine Charlotte de Mecklembourg-Strelitz est considérée comme la première personne métisse à avoir rejoint l'élite anglaise. Le casting de choix de la série répond à la question : « Et si la haute société de Londres avait accepté que des personnes d'ascendance africaine rejoignent ses rangs ? » S'éloignant des romans de Julia Quinn que la série adapte, le monde alternatif de *La Chronique des Bridgerton* nous montre la lignée africaine de la reine Charlotte faisant partie de l'aristocratie londonienne à l'époque de la Régence (autour de 1813) – une époque typiquement définie par l'hégémonie raciale blanche.

Les dysfonctionnements des privilégiés et les panoramas côtiers de Monterey, Californie : *Big Little Lies* (HBO)

Adaptée par David E. Kelley du roman best-seller de Liane Moriarty, la série nous montre un Monterey (Californie) idéalisé, mais pourri jusqu'à l'os par le poison des secrets et des mensonges. Le groupe est composé de mamans privilégiées, arrogantes, riches et propriétaires en bord de mer – à l'exception de la nouvelle venue Jane Chapman (Shailene Woodley), mère célibataire, et de Bonnie Carlson (Zoë Kravitz), jeune mariée, épouse de Nathan Carlson (James Tupper). Bonnie est également le seul personnage noir de l'histoire et n'appartient pas à la clique des mamans de Monterey. Tout en étant la plupart du temps au-dessus de la mêlée des bizarreries de Monterey, ce qu'elles ont finalement en commun avec le reste de ce groupe choral, c'est l'art de la dissimulation. Cette série du genre enquête policière (« murder mystery ») ose mettre au jour et traiter la question des violences qui se déchaînent sous un vernis de perfection.

Braquer la Monnaie Royale d'Espagne dans la saison 1 de *La Casa de Papel* (Netflix)

La Casa De Papel se situe principalement à l'intérieur de la Monnaie Royale d'Espagne à Madrid. On suit un groupe choral de voleurs qui ont pris pour pseudos des noms de villes afin de maintenir l'anonymat pendant la préparation et l'exécution d'un braquage. Une fois que leurs divers plans ont échoué, avec la police sur le point de les capturer, la Monnaie elle-même, de cible excitante de braquage, se métamorphose en prison labyrinthique dont il faut s'échapper. Le spectateur est emporté dans une chevauchée sauvage à travers l'immense bâtiment, une véritable course d'obstacles qui viennent contrecarrer les efforts des cambrioleurs pour s'enfuir avec leur butin. À l'intérieur de ces limites, les épisodes explorent la détérioration des relations de cette micro-société de circonstance formée par les preneurs d'otages et leurs otages. Cf. Mon interview avec le créateur/showrunner Álex Pina au chapitre 10.

Prypiat, District de Tchernobyl, République Socialiste Soviétique d'Ukraine, URSS : *Chernobyl* (HBO)

Fiction adaptée de la catastrophe nucléaire de 1986 et de la fusion du réacteur de la centrale de Tchernobyl, la série *Chernobyl* met au jour les mensonges, les abus de pouvoir et la corruption à tous les niveaux de gouvernance. La question qui guide cette mini-série lugubre et réaliste est celle de la vérité. Non seulement ce qu'on fait de la vérité, mais la possibilité même de son existence au milieu des campagnes de désinformation créées par les dirigeants soviétiques. Pour un gouvernement incapable d'admettre ses erreurs ou sa responsabilité, un événement aussi cataclysmique que la fusion d'un réacteur nucléaire ne peut être ni reconnu ni traité à temps et de manière adéquate. L'aveuglement volontaire s'est fait au détriment des travailleurs de Tchernobyl et de leurs familles installées à Prypiat – à seulement trois kilomètres de la centrale. Une fois la vérité révélée, près de 49 000 habitants furent finalement évacués de ce qu'on appela la « zone d'exclusion » radioactive. D'après les prévisions, la zone restera inhabitable pour les humains pour au moins 24 000 ans. La série en révèle les causes et les responsabilités.

Considérez le lieu et l'époque principale comme un personnage à part entière de votre série. Mais comment ?

Collez à la réalité.

Je ne saurais trop vous encourager à faire des recherches, à creuser, à dégager les spécificités de l'arène que vous envisagez. Non seulement ça vous fournira du contexte pour donner à vos personnages des traits étonnants ou uniques, et des idées d'histoires possibles, mais ça fera aussi de vous un expert en la matière au moment de pitcher. Quand vous aurez fini votre pitch, et que les responsables vous bombarderont de questions à propos de l'univers de votre série, vous le connaîtrez dans ses moindres détails. S'ils lisent votre pilote et sont captivés par l'idée de l'arène de votre série, ils peuvent très bien vous signer pour continuer à explorer le sujet.

Trouvez un fondement de réalité « crédible », même dans un monde imaginaire ou fantastique, en vous demandant : Et si ça arrivait *vraiment* ?

Le lieu joue aussi un rôle important dans des séries entièrement fantastiques. *Game of Thrones*, adapté de la série de romans de fantasy de George R.R. Martin, est situé sur les continents fictifs d'Essos et Westeros à la fin d'un été de dix ans. La série entremêle plusieurs intrigues, et trois arènes : la guerre civile pour le Trône de Fer des Sept Royaumes, la menace de l'hiver qui approche, accompagné par les créatures mythiques du Nord, et le plan fou d'une princesse exilée pour reconquérir le trône grâce à des dragons. Chaque royaume offre sa géographie propre, ses lois, ses structures de pouvoir – et en même temps démontre comment tous leurs destins sont liés. C'est fantastique et médiéval, mais cette série nous offre également des êtres humains, trop humains, avec des défauts singuliers qui nous les rendent proches et compréhensibles, même ceux qui ont des dragons pour animaux de compagnie.

Si vous incarnez des royaumes surnaturels et magiques, faites en sorte que les règles de chacun de ces mondes soient simples, clairement définies, et cohérentes.

La série culte *Lost* a été mise en difficulté – et d'après certains, compromise – par le nombre indéfini et toujours croissant de ses règles. Il y avait des flash-back dans la saison 1, puis dans les saisons suivantes des flash-forwards et des flash-sideways. Pour les fans de la série (y compris l'auteur de ce livre), le caractère imprévisible de la narration était justement ce qui était excitant, mais pour ses détracteurs, *Lost* était allé trop loin, et aurait mérité de devenir un de ces autocollants à l'arrière des voitures : « Ne me suivez pas, moi aussi je suis *lost* (perdu) ! »

Ce qui était révolutionnaire dans la série *Battlestar Galactica*, c'était la manière dont son showrunner Ronald D. Moore résistait à la mythologie classique de la science-fiction. Dans son manifeste « La science-fiction naturaliste, ou comment enlever l'opéra du Space Opera », Moore fait une déclaration provocatrice :

« Notre but est rien de moins que de réinventer la série télé de science-fiction… et de se débarrasser des personnages clichés, du jargon techno, des aliens à grosses têtes, du jeu histrionique, et de l'héroïsme stérile. Nous voulons que les spectateurs entrent en relation avec les personnages de *Galactica* en tant que personnes. Nos personnages ne sont pas des super-héros. Ce n'est pas une élite. Ce sont des gens normaux pris dans un énorme cataclysme et qui essayent d'y survivre du mieux qu'ils peuvent. C'est vous et moi. »

Plutôt qu'adhérer strictement aux clichés du genre science-fiction ou même aux lois de l'espace-temps, Moore et son équipe d'auteurs avaient pour but conscient que les spectateurs se connectent vraiment aux personnes – pas à la mythologie ou à la technologie.

Établissez la mythologie de votre série.

Toute série contient sa propre mythologie. Au minimum, ce seront les backstories des personnages principaux – qui peuvent être plus ou moins véridiques. Puisque ce livre parle des séries télé de fiction, tous les personnages et les intrigues sont fictifs, et la fiction est toujours ouverte à l'interprétation. En d'autres mots, chaque personnage a son propre biais et sa perspective sur le passé. « Si ma mémoire est bonne… » est une expression douteuse, même pour les plus honnêtes d'entre nous. Les personnages présentent la version d'eux-mêmes qu'ils aimeraient que les autres voient plutôt que la pleine vérité. Une série est interactive dans la mesure où si les spectateurs regardent, c'est pour découvrir et en apprendre plus sur ce qui fait vibrer ces personnages, et comment d'incessants défis extérieurs vont les obliger à accepter le changement, à l'ignorer (déni), ou à y résister activement.

Tandis qu'un mystère central concerne quelque chose qui a été perdu ou oublié dans le passé, qu'une question centrale concerne la résolution future des problèmes, *la mythologie d'une série concerne les règles du jeu.*

Créez une réalité alternative crédible.

Dans la science-fiction, on nous présente un monde qui a *une certaine* ressemblance avec le nôtre. Mais en quoi ce monde de SF diffère-t-il du nôtre ? Voici quelques questions de base dont vous devez tenir compte pour développer la mythologie de votre série :

Sommes-nous dans le présent, dans le passé ou le futur, distant ou proche ?

Est-ce un monde postapocalyptique, dystopique ?
Est-ce une colonie de l'espace ?
Est-ce un monde surpeuplé, ou avec très peu de survivants ?
Est-ce que l'environnement est viable ?
Est-ce que l'air est toxique ?
Est-ce que la Terre est en feu ou noyée ou aride et arctique ?
Est-ce que des animaux et/ou d'autres créatures anormales vivent parmi nous ?
Est-ce que les humains sont l'espèce dominante ?
Y a-t-il abondance de nourriture et de ressources, ou est-ce la pauvreté et la famine ?
Est-ce que votre version de ce monde alternatif (ou multivers) est optimiste ou sombre – ou les deux ?
Qui gouverne ?
Quel genre d'ordre règne, quel genre de lois ?
Est-ce un État autoritaire ? L'anarchie ? Quelque part entre les deux ?
Qui fait respecter la loi ?
Quels genres d'armes existent ?
Quel genre unique de compétences ont les policiers et les citoyens ?
A-t-on affaire à un système de classes ou de castes, ou à l'égalité ?
Est-ce que l'intelligence artificielle existe ?
Est-ce que le monde est au seuil de la théorie de la Singularité ?

Sur une série surnaturelle, la mythologie concerne les règles de la magie.

Voici quelques questions de base à vous poser quand vous créez votre monde :

Qui a des pouvoirs spéciaux ?
Comment fonctionnent-ils ?
Quelles en sont les limites ?
Comment on les active ?
Peuvent-ils être neutralisés ou inversés ?
A-t-on besoin d'un totem ou d'un livre, de formules, d'amulettes, ou d'un objet pour invoquer la magie ?

Utilisez la licence dramatique.

Faites vos recherches, évitez les anachronismes, et visez la *vraisemblance*. Tant que l'époque et le lieu *font* vrai, les spectateurs se laisseront emporter par l'action dramatique. Évidemment, il y aura toujours des spécialistes ou des historiens pour pousser des hauts cris, mais on ne peut pas plaire à tout le monde.

Quand vous établissez les règles d'un monde différent, surnaturel ou autre, introduisez un étranger dans ce monde pour aider les spectateurs à se mettre à niveau.

Dans *Ted Lasso* (AppleTV+), le rôle-titre de la série, un natif de Whichita (Texas) joué par Jason Sudeikis, fait son entrée dans une nouvelle arène professionnelle dans un nouveau pays. Ted et son assistant, Coach Beard (Brendan Hunt), quittent le monde du football américain universitaire pour diriger l'AFC Richmond, une équipe de foot de la *Premier League* anglaise en plein marasme. Le premier problème majeur que Ted affronte en reprenant le club est qu'il ne connaît quasiment rien à ce sport. Le football anglais (soccer) n'a rien à voir avec le football américain. Et tandis que les joueurs de l'AFC Richmond sont désarmés par l'attitude positive et enthousiaste typique du Midwest américain, Rebecca Welton (Hannah Waddingham), la propriétaire du club, qui joue initialement double jeu, espère que l'ignorance de Ted détruira toute chance de succès pour l'AFC Richmond, dans le seul but de se venger de son ex-mari et propriétaire précédent du club, le cruel Rupert Mannion (Anthony Head).

Le scénario « poisson-hors-de-l'eau » du showrunner Bill Lawrence permet au public d'apprendre les règles du monde de l'AFC Richmond, à la fois sur le plan professionnel et sur le plan des fans de cette équipe locale, en même temps que Ted qui découvre sa nouvelle vie. Est-ce une prémisse réaliste ? Pas vraiment. Mais son humour, sa vraisemblance et son honnêteté nous installent dans un univers qui se définit par la possibilité d'une deuxième chance, et la gentillesse.

Étude de cas sur la construction d'un univers : *The Mandalorian* (Disney+)

Comment réintroduire l'une des références culturelles les plus connues, et les plus intergénérationnelles de tous les temps – *Star Wars* – et réussir à étendre son univers d'une manière qui semble à la fois familière et nouvelle ? *The Mandalorian* (Disney+), la première série *Star Wars* de l'histoire de LucasFilm (qui ne soit pas une série d'animation), y parvient en creusant profond dans la légende de l'un de ses peuples les plus mystérieux et en donnant à son héros, le « Mandalorien » (Pablo Pascal) qui donne son titre à la série, une trajectoire propre, qui requiert une connaissance minime de la franchise dans laquelle elle s'inscrit.

« C'est un tout nouveau personnage, qui n'a jamais été introduit avant. Honnêtement, je ne crois pas qu'on ait jamais vu de Mandaloriens dans aucun des films », nous dit George Huang, professeur d'écriture de scénario à UCLA, qui se décrit lui-même comme un aficionado de *Star Wars*. « George Lucas, c'est connu, a beaucoup emprunté à la mythologie d'Akira Kurosawa pour créer *Star Wars*. Le Mandalorien est l'homme sans nom, sans allégeance à l'Empire ou à la Rébellion. »

La saison 1 voile son héros de mystère dès le début. Pendant les neuf premiers épisodes, on ne voit jamais le visage de Pascal, on ne nous donne pas même son vrai nom, Din Djarin, avant le dernier épisode (« Chapitre 8 : Rédemption », réalisé par Taika Waititi). À la place, on nous engage à rassembler les pièces de l'étrange puzzle des traditions quasi-monastiques de son peuple, auxquelles il obéit de manière stricte sans se poser de questions – du moins, au début.

Le Code du Mandalore sert de « règlement » pour le protagoniste :

Seuls les vrais Mandaloriens sont autorisés à utiliser des armes ou à porter une armure forgée en *bezoar*, un métal rare et précieux qu'on ne trouve que sur la planète Mandalore (dont on pense qu'elle a été détruite par l'Empire). Toute offense doit se régler lors d'un duel.

Un Mandalorien ne doit jamais montrer son visage à une créature vivante. (Dans « Rédemption », on voit que Din préfère mourir de ses blessures plutôt qu'enlever son casque pour permettre à un droïde de le soigner – jusqu'au moment où le droïde lui rappelle qu'il n'est pas un être vivant).

L'honneur d'un Mandalore est lié à sa parole. Il doit respecter ses promesses, quelles qu'elles soient, ou risquer le déshonneur (et c'est pourquoi le fait que Din rompe son serment pour sauver Grogu, alias « Baby Yoda » est aussi remarquable, dans le « Chapitre 3 : Le péché »).

Les Mandaloriens sont tribaux ; la loyauté au clan surpasse tout (comme on le voit quand le clan de Din vient à son secours, bien qu'il ait rompu son serment).

Les disputes sont réglées honorablement au moyen d'un duel judiciaire.

L'adhésion au code est toujours signifiée dans la conversation par le mantra mandalorien universel : « This is the Way. »

Dès que nous croyons tout savoir, la saison 2 remet en question certaines règles. Ce qui nous permet de ressentir le même choc et la même confusion que Din quand il rencontre pour la première fois des Mandaloriens qui enlèvent librement leurs casques (« Chapitre 11 : L'héritière »), provoquant une mini-crise de foi et créant un précédent à sa décision, dans le final de la saison, de se démasquer devant Grogu (« Chapitre 16 : Le sauvetage »).

Dans la saison 2, le showrunner Jon Favreau et le producteur exécutif Dave Filoni commencent également à étendre le spectre de la série en dévoilant progressivement ses liens à l'histoire globale de *Star Wars*.

Bien sûr, comme dans tout monde de SF/fantasy de cette dimension, ce sont parfois les plus petits Easter eggs qui font le mieux la démonstration du soin minutieux des créateurs et de leur attention au détail et à la continuité, depuis les modèles de pad-racers jusqu'aux uniformes de Stormtroopers en passant par des espèces aliens rarement vues. Même si le fan de base ne remarque rien, ça ajoute à la richesse et à l'authenticité de l'univers *Star Wars*.

Si la construction d'un univers suppose d'imaginer un monde différent et de construire sa mythologie, ça peut s'appliquer aussi au mouvement inverse : la *déconstruction*.

Ennuis au paradis : *The White Lotus* (HBO)

The White Lotus est une série HBO, une comédie noire du créateur/auteur/réalisateur/showrunner Mike White (*Enlightened : illuminée*). Situé dans un hôtel de bord de mer ultra-luxueux à Hawaï, l'univers de la série apparaît d'abord idyllique, mais son vernis commence à craquer presque immédiatement. White, qui a étudié les théories déconstructionnistes, établit une façade de tranquillité zen et de beauté paradisiaque, puis fait éclater les éléments superficiels de cette bulle de privilège (blanc) pour révéler une réalité inéquitable, toxique et invivable. Les occupants de l'hôtel (joués par un casting incroyable) vont de l'aveuglement volontaire à la prétention grotesque ; le jeune marié, fils à maman, Shane (Jake Lacy) est particulièrement odieux.

Le staff de travailleurs opprimés de l'hôtel gagne dès le départ notre sympathie, en particulier Armond (Murray Bartlett), le directeur pointilleux et très vite surmené, qui ne touche plus à la drogue ni à l'alcool depuis des années. Enfin, jusqu'au deuxième épisode. Quand un sac à dos bourré de narcotiques atterrit aux objets trouvés, il succombe à la pression. C'est un commentaire acerbe de la dissonance cognitive : comment pourrait-on finir autrement que prisonnier du soi-disant paradis ? Il suffit de dire oui.

Tandis que les occupants de l'hôtel choisissent d'ignorer les problèmes les plus pressants de notre monde, les inégalités de richesse extrêmes, la famine, les pandémies et le changement climatique en cours, les personnages de la Génération Z jettent des regards d'indignation muette à leurs parents et leurs pareils, cette espèce qui a dévasté le monde et condamné leur futur. Les vérités qui dérangent ne sont pas les bienvenues dans ce paradis de carte postale. Grâce à son microcosme de relations dysfonctionnelles, la série métaphorise l'impérialisme colonial, et ce n'est pas beau à voir. La série a été renouvelée pour une deuxième saison, avec un nouveau groupe de personnages et une autre destination *White Lotus*.

WandaVision (Disney+): transcender la télévision

Imaginez que vous êtes Wanda Maximoff, une mutante qui a reçu des superpouvoirs en touchant la Pierre de l'Esprit (l'une des six Pierres d'Infinité, au centre de la mythologie MCU), et que vous ayez usé de vos superpouvoirs pour ramener à la vie votre mari bien-aimé. Maintenant, comprenez que ceci n'est possible qu'à trois conditions essentielles : (1) votre mari est un androïde créé en laboratoire, également doué de superpouvoirs ; (2) la seule manière de vous trouver réunis est de prendre les commandes d'une banlieue du New Jersey pour créer une « bulle magique » – une distorsion temporelle nostalgique et idéalisée qui reproduit une sitcom classique des années 50 (un mélange de *The Dick Van Dyke Show* et de *I Love Lucy*) ; (3) prendre les rênes de cette banlieue nécessite que vous, Wanda, preniez le contrôle des esprits de tous les habitants pour vous assurer qu'ils obéissent bien au scénario que vous avez programmé magiquement dans leurs esprits. À votre avis, qu'est-ce qui pourrait ne pas se passer comme prévu ?

Pour commencer, l'agence de contre-terrorisme et de renseignement, le S.W.O.R.D., découvre le plan tordu de Wanda. Évidemment, comment serait-il possible de faire disparaître une ville entière du New Jersey, et de la rendre impénétrable au reste du monde ? Wanda est déjà au courant de leur découverte, mais ses superpouvoirs lui donnent l'illusion de la sécurité, et elle s'attend vraiment à ce que sa nouvelle vie virtuelle avec Vision se poursuive indéfiniment et de manière heureuse.

Malheureusement, ce que Wanda ignore, c'est que sa nouvelle voisine à Westview, Geraldine (jouée par Teyonah Parris) est en réalité Captain Marvel (alias Monica Rambeau alias Spectrum) qui possède également des superpouvoirs. Mais les superpouvoirs de Monica ont été neutralisés par les pouvoirs supérieurs de contrôle mental de Wanda, reléguant Monica au rôle qui lui a été prescrit (Geraldine) dans l'existence de sitcom scénarisée par Wanda. La loi de Murphy l'emporte sur les superpouvoirs, et Wanda ne comprend pas qu'elle ne saurait avoir le contrôle absolu de « New Westview ».

Hélas ! Il y a quelque chose qui cloche. L'univers de sitcom soigneusement planifié par Wanda commence à avoir des bugs – la vraie réalité contamine la réalité de sitcom, affaiblissant les pouvoirs de Wanda. Le premier bug d'importance se produit quand Wanda repère l'hélicoptère rouge dans l'épisode 2. Autre bug majeur : quand Geraldine commence à se souvenir de fragments de sa vraie personnalité dans le MCU : Monica Rambeau. Dans l'épisode 4, comme Monica retrouve la mémoire, Wanda est obligée littéralement de l'expulser de New Westview, ce qui la ramène dans le monde réel où elle est secourue par des agents du S.W.O.R.D. – qui ont à présent un tableau plus complet des activités de Wanda et sont plus que jamais déterminés à y mettre un terme.

Tandis que la mythologie s'étend, Wanda doit adapter son monde de sitcom pour continuer à le protéger de l'extérieur et garder le contrôle de sa vie de famille idéalisée. Elle est dans un déni complet de la « mort » de Vision, son mari androïde adoré (qui en réalité a été désactivé et désassemblé par le S.W.O.R.D.). Chaque étape du deuil de Wanda est incarnée par une sitcom différente d'une décennie différente : d'abord des épisodes en noir et blanc typiques des années 50 et du début des années 60 (y compris les deux premières saisons de *Ma sorcière bien-aimée*), puis des sitcoms en couleurs : *The Brady Bunch, Malcolm, Full House* (*La Fête à la maison*), et pour finir, la sitcom au style documentaire, *Modern Family*.

Si vous vous demandez pourquoi ce sont ces séries en particulier qui ont été choisies, vous voyez bien qu'elles parlent toutes de familles idéalisées, ce qui est, après tout, ce que Wanda souhaite par-dessus tout. Wanda n'a jamais voulu autre chose que trouver refuge dans la vie de famille après la mort de ses parents, à laquelle elle et son frère jumeau, Pietro, ont assisté enfants, et la destruction de leur vie de famille « heureuse » en URSS pendant la guerre froide.

Ne pas avoir été capable d'empêcher la mort de ses parents et de son frère jumeau a créé dans la vie de Wanda un immense vide affectif. Cette première expérience du deuil a eu lieu bien longtemps avant qu'elle entre en contact avec les Pierres d'Infinité. Si seulement elle avait pu faire usage de ses superpouvoirs dans le passé, dans les années 80, elle aurait pu sauver la vie de ses parents. Dans l'épisode 8, « Précédemment dans… », on apprend que la vie de famille de Wanda sous le régime communiste n'était que pauvreté et angoisse quotidienne du déclenchement de la guerre. Pour les enfants qu'étaient alors Wanda et Pietro, face à la dure réalité de la vraie vie, le seul répit consistait à s'évader dans la fiction des familles de sitcoms idéalisées, accessibles grâce aux cassettes VHS que leur procurait leur père.

Dans « Précédemment dans… », que l'équipe de WandaVision a surnommé « l'épisode Scrooge », on découvre qu'Agnès (Kathryn Hahn), la voisine intrusive de Wanda, est en réalité une sorcière (de 1693 à Salem) du nom d'Agatha Harkness. Agatha affronte son ennemie jurée Wanda, et lui jette un sort qui annule temporairement ses superpouvoirs – un énorme rebondissement qui a captivé tout le monde. Au point de faire naître une chanson qui a cartonné sur YouTube et iTunes, « It Was Agatha All Along » (« C'était bien Agatha tout du long »). Agatha oblige Wanda à revisiter son passé, révélant ainsi l'histoire de ses origines – un aspect souvent essentiel de la construction d'un univers, et la raison pour laquelle elle a créé sa propre réalité temporelle au moyen de sitcoms, reconstituées et resituées par l'action de sa magie à New Westview.

Quand vous faites naître un nouvel univers, trouvez en quoi vous avez un lien personnel avec lui. Pour Matt Shakman, réalisateur et producteur exécutif de *WandaVision*, « la série était une lettre d'amour géante à la télévision[19] », ce qui paraît adapté pour la première série télé en prise de vues réelles dans le MCU.

Revisiter l'histoire

La majorité des adaptations en séries télé viennent de romans, d'essais, d'autobiographies, d'articles de journaux, et/ou sont inspirées de films, de remakes, de bandes dessinées, de séries d'autres pays, et de jeux vidéo. Nous sommes également fascinés par la vie des célébrités, comme la Famille Royale dans *The Crown* (Netflix), qui repose sur des événements historiques réels, avec un travail de recherche approfondi, et une licence dramatique (vraisemblablement) minimale pour obtenir l'effet dramatique maximum. Beaucoup de séries reposant sur des figures

19. Variety's Streaming Room, 27 mai 2021.

historiques ont eu du succès, que ce soit la Florence de la Renaissance du xve siècle dans *Les Médicis : Maîtres de Florence*, ou plus près de nous, les années 70 de *Mrs. America* (avec Cate Blanchett, adapté librement de la vie de l'activiste conservatrice « anti-féministe » Phyllis Schlafly), et bien d'autres drames historiques qui situent des personnages de fiction dans un contexte historique, de *Babylon Berlin* à *Downton Abbey* ou *Chernobyl*.

Située dans les années 1950 et 1960, pour se conclure en novembre 1970, la série *Mad Men* nous montre les mouvements des Droits Civiques et de la Libération des Femmes à travers le prisme d'une agence de publicité new-yorkaise. Si la famille sert de microcosme à quasiment toutes les séries qui ont du succès, alors on peut se servir du lieu et de l'époque pour métaphoriser des problèmes globaux et universels. « L'histoire ne se répète pas, mais souvent, elle rime » (citation attribuée à Mark Twain). À la télé, l'histoire est plutôt comme un écho.

Tandis que notre monde est devenu de plus en plus surréaliste et dystopique, nous assistons à la multiplication d'histoires qui proposent de nous évader, que ce soit à travers des portails temporels, des multivers, et des histoires alternatives.

L'histoire est une forme de récit.

Ou, comme l'a dit Winston Churchill : « L'histoire est écrite par les vainqueurs. » Affirmation aussi juste que dérangeante mais qui, peut-être, aurait besoin d'être nuancée.

Dans son essai « Stranger in the Village[20] », James Baldwin, écrivain activiste noir et homosexuel, offrait cette perspective :

« Les gens sont prisonniers de l'histoire, et l'histoire est prisonnière d'eux. Mais il est aussi vrai que les petites pièces de l'histoire se déplacent autour de nous à une vitesse prodigieuse, qu'elles s'assemblent avec une logique qui n'est pas toujours si claire, et qu'elles le font rarement pour longtemps. »

---

20. Publié à l'origine dans *Harper's Magazine*, octobre 1953.

La réalité alternative/le multivers dans *Le Maître du Haut Château* (Amazon Prime)

Et si les Alliés avaient perdu la Seconde Guerre Mondiale ? C'est ce qu'imagine l'auteur iconique Philip K. Dick dans son roman de 1962 proposant une histoire alternative, *Le Maître du Haut Château.* Le livre comme la série combinent les genres de l'histoire alternative et de la science-fiction, et explorent la philosophie, la sociologie et la métaphysique (y compris le Yi King, qui joue un rôle important dans la série), domaines qui ont toujours été chers à Philip K. Dick. Son œuvre, fortement influencée par les théories de Carl Jung, est pleine d'histoires montrant la fragilité de notre réalité et la construction de l'identité personnelle, avec une tendance à devenir surréalistes quand les personnages découvrent que leur existence quotidienne est en réalité une illusion construite par de puissantes entités extérieures, de vastes conspirations politiques, ou simplement par la versatilité d'un narrateur douteux.

« Toute son œuvre repose sur le principe de départ qu'il ne peut pas y avoir une seule réalité objective. Tout est une question de perception. Le sol peut disparaître sous vos pieds. Un protagoniste peut découvrir qu'il vit le rêve de quelqu'un d'autre, ou il peut se retrouver dans un état d'hallucination provoqué par une drogue qui lui paraît plus vrai que le monde réel, ou il peut passer dans un univers complètement différent[21]. »

Située en 1962, 15 ans après la fin d'une Seconde Guerre Mondiale fictive, l'histoire suit les machinations entre les « Puissances de l'Axe » (l'empire du Japon et l'Allemagne nazie) qui règnent sur ce qui fut les États-Unis. Le générique d'ouverture, inoubliable, nous montre un panorama de la carte alternative des États-Unis : la côte Est est devenue une extension du Grand Reich Nazi ; tout ce qui est à l'ouest des Rocheuses constitue à présent les États Pacifiques du Japon ; et au milieu, la « zone neutre », un vaste territoire du Midwest clairement vierge de toute loi.

21. Charles Platt, *Dream Makers : The Uncommon People Who Write Science Fiction.* Berkley Publishing, 1980.

On survole également des images de la Statue de la Liberté et du Mont Rushmore – accompagnées par une berceuse chantée par une voix de petite fille à l'accent allemand, « Edelweiss », de la comédie musicale de Rodgers et Hammerstein, *The Sound of Music*. Le générique se termine par une version amendée du drapeau américain, avec toujours ses rayures rouges et blanches, mais une grande croix gammée à la place des étoiles.

Après le générique, on tombe dans une version alternative de Times Square à New York, dominée par les Nazis, autour de 1962. Tandis que nos yeux s'adaptent à ce tableau cauchemardesque, on aperçoit, sur une télé noir et blanc, le journal qui nous montre un Adolf Hitler certes âgé, mais toujours bien vivant. New York est devenue une ville totalitaire et dystopique. De l'autre côté, on a, dans les États Pacifiques du Japon, une version alternative de San Francisco, également totalitaire, mais moins dystopique, avec un rayon de soleil et de zen ; ses citoyens pratiquent les arts martiaux et boivent du thé.

L'histoire alternative dans *The Plot Against America* (HBO)

La mini-série *The Plot Against America*, adaptée par David Simon et Ed Burns (*The Wire*) du roman best-seller de Philip Roth (2004), explore ce qui aurait pu arriver si un président extrémiste avait été élu dans les années 40. Le roman a pour narrateur le jeune Philip et nous est essentiellement présenté à travers son regard. La mini-série élargit le point de vue et adopte une approche plus kaléidoscopique. La diffusion de la série a commencé sur HBO le 16 mars 2020, pendant une période où la politique américaine était marquée par les attaques au vitriol venues du sommet de l'État. Les thèmes du racisme, de la xénophobie et de l'antisémitisme résonnent avec les angoisses du zeitgeist contemporain et ajoutent de la vraisemblance à la série.

The Plot Against America s'intéresse à la manière dont une famille juive d'ouvriers de Newark (New Jersey) – Herman et Elizabeth « Bess » Levin (Morgan Spector et Zoe Kazan) et Philip, leur fils de 10 ans (Azhy Robertson) – se débrouille dans les années 40 pour faire face à la montée du fascisme après que l'aviateur populiste Charles Lindbergh (Ben Cole), un sympathisant nazi, a battu FDR (Roosevelt) et a été élu Président des États-Unis. Le tableau s'élargit pour inclure Evelyn Finkel (Winona Ryder), la grande sœur célibataire de Bess, qui tombe amoureuse du rabbin Lionel Bengelsdorf (John Turturro), qui soutient ardemment les efforts anti-guerre de Lindbergh, et se trompe lourdement. Finalement, Lindbergh disparaît, ce que certains prennent pour une conspiration montée par les Allemands et attribuée par la propagande aux Juifs. Lors d'une élection organisée en urgence, sous la loi martiale imposée par le Président provisoire, le gouvernement américain prive Roosevelt de ses droits, et la série s'achève avant que les résultats des élections aient été validés. Le roman termine, lui, sur une note bien plus optimiste : FDR est réélu et emmène les États-Unis et ses alliés vers la victoire dans la Seconde Guerre Mondiale.

Le cauchemar dystopique de *La Servante écarlate* (AMC)

Dans *La Servante écarlate* (Hulu), la République de Gilead, située dans un futur proche, s'installe par un coup d'État qui tue le Président des États-Unis et presque tout le Congrès. Un mouvement fondamentaliste biblique (connu comme les « Fils de Jacob ») prend le pouvoir en Amérique en organisant une révolution et donne naissance à de nouvelles lois autoritaires/théocratiques qui prennent le pas sur la Constitution américaine (sous le prétexte de maintenir l'ordre et la loi). Les femmes perdent tout ce qu'elles possèdent et tous leurs droits les plus élémentaires, les hommes, eux, récupèrent toutes les responsabilités. On interdit aux femmes de s'adresser directement aux hommes, de lire, et de parler librement/franchement à leurs supérieurs masculins et féminins. À Gilead, aucune femme n'est libre, pas même les épouses des officiers supérieurs. Mais on découvre également que, hors de Gilead, il y a encore des femmes en haut de la hiérarchie, y compris une femme ambassadrice, et relativement libres – mais pas pour longtemps.

Ce monde répressif est peuplé d'hommes exerçant leur pouvoir sur les femmes. Et puis il y a Tante Lydia (Ann Dowd), l'ennemie jurée de la protagoniste, June, née Offred (Elizabeth Moss). Tante Lydia est aussi sournoise que sadique, c'est une directrice qui feint la bienveillance avec les filles obéissantes, et tient les filles rebelles en respect avec un aiguillon à bétail.

Les règles de Gilead sont clairement établies dans le pilote, lorsque June essaye de prendre ses repères, en même temps qu'elle cède à l'angoisse : les servantes n'ont pas le droit de sortir en public seules (un système bien misogyne). On assigne à chacune une autre servante comme accompagnatrice – et on les entraîne à signaler toute pensée indécente à leur hiérarchie. Si on les reconnaît coupables, ces femmes risquent des châtiments brutaux et éventuellement l'exil dans un camp de travail encore pire, une décharge de déchets radioactifs qu'on appelle Les Colonies. À la saison 4, la série finit par sortir du schéma habituel de tortures et de violences incessantes pour aborder un territoire nouveau. À la mi-saison, la situation est aussi sombre que possible. Tout paraît perdu. Et puis, à l'épisode 6, June devient une anti-héroïne « bad ass ». L'espoir renaît. La saison 5 promet une révolte en bonne et due forme. Le parallèle avec les événements actuels du monde réel – du mouvement #MeToo à la menace qui pèse sur le droit à l'avortement des femmes, remis en cause par des juges conservateurs – ajoute une dimension prémonitoire au monde fictif de Gilead.

Décadence divine et catastrophe prochaine : *Babylon Berlin* (Netflix)

Babylon Berlin, la série allemande très applaudie (et très chère) prend une approche similaire à celle du film musical *Cabaret* (situé à Berlin en 1931), un classique réalisé par Bob Fosse en 1972. *Babylon Berlin* commence en 1929, dans un Berlin hédoniste post-Weimar, plein de sexe, de drogue, de jazz, de corruption, d'intrigue politique, et de meurtre. C'est une enquête policière (« crime story ») menée tambour battant, une histoire d'amour « à combustion lente », un mystère à l'intrigue bien construite, une histoire de pré-féminisme courageux – tout ça au premier plan – avec la révélation progressive de l'occupation nazie en arrière-plan. Dans le Berlin de 1929, la démocratie s'affaiblit, et un dictateur plein d'avenir, Adolf Hitler, attend dans les coulisses. C'est l'une des fonctions du point de vue de nous offrir à nous, les spectateurs, une vue parfaite quand il s'agit de regarder le passé ; les personnages peuvent croire que le gouvernement n'est pas une cause complètement perdue, mais nous savons ce qui va arriver.

En fait, il n'est pas fait mention d'Hitler dans les premiers épisodes (et ça n'arrive qu'une fois au cours des deux premières saisons). Comme dans *Cabaret*, on ne fait pas apparaître nettement la croix gammée tant qu'on n'est pas bien entrés dans la vie des personnages. *Babylon Berlin* nous offre des numéros musicaux à la *Cabaret*, et de l'humour, mais c'est plus proche du genre *noir* que le monde de Fosse. Dans *Babylon Berlin*, quasiment tout le monde est corrompu.

Le casting choral tentaculaire (du même niveau que *The Wire*) inclut nos deux protagonistes principaux : l'inspecteur Gereon Rath (Volker Bruch), un inspecteur de la police de Cologne en mission à Berlin, et Charlotte « Lotte » Ritter (Liv Lisa Fries), une garçonne à la Sally Bowles, prostituée, sténo, et force de la nature qui travaille comme assistante de Rath. Élevée dans la pauvreté, Lotte connaît bien la rue et serait l'égale de Rath, si seulement elle était un homme. Elle aimerait devenir la première inspectrice en charge des homicides dans toute l'histoire de l'Allemagne. Rath a des pouvoirs officiels, d'autres officieux (il est en mission secrète dans la saison 1). Lotte a de l'ambition et de l'audace. Tous les deux sont à la fois des victimes moralement compromises et les complices d'un système en train de s'effondrer.

Même si elle repose sur des recherches historiques méticuleuses, *Babylon Berlin* n'est pas adaptée d'une histoire vraie et montre à la fois des personnages fictifs et d'autres ayant existé. L'équipe d'écriture et de production de la série, qui comprend le cinéaste Tom Tykwer (*Cours, Lola, cours*), suit fidèlement la série des romans policiers de Volker Kutscher qui mettent en scène Gereon Rath. Kutscher a dit qu'il s'était inspiré de la série culte de David Chase *Les Soprano*, ainsi que du film de Sam Mendes *Les Sentiers de la perdition*, et de *M* de Fritz Lang[22].

22. *The Cinemaholic*, Mirza Aaqib Beg, 2 mars 2021.

Même sans se référer à l'œuvre originale, *Babylon Berlin* peut s'appuyer sur des événements historiques réels. Plus Gereon et Lott s'approchent de la vérité de la catastrophe à venir, moins ils sont capables de le prévoir. Dans leurs vies de 1929, ce n'est pas tant qu'ils porteraient des œillères, mais plutôt que les horreurs à venir étaient inimaginables.

Le Maître du Haut Château, Le Complot contre l'Amérique, La Servante écarlate, Babylon Berlin et *Watchmen*, toutes ces séries nous présentent leur histoire alternative comme sombre et menaçante, plus réelle que surréaliste, et terrifiante. (Cf. mon interview avec Damon Lindelof, le showrunner de *Watchmen*, à la fin de ce chapitre)

On pense aussi à *Underground Railroad* (Amazon Prime), où le système conçu pour aider les esclaves à s'enfuir est littéralement un chemin de fer souterrain imaginaire et magique.

L'histoire revisitée (et occasionnellement vraie) de *The Great* (Hulu)

On peut compter sur le scénariste Tony McNamara (*La Favorite*, réalisé par Yorgos Lanthimos en 2018) pour créer une histoire alternative adaptée de la vie de Catherine la Grande (Catherine II) – mais à l'inverse de la mini-série fidèle produite par HBO sur le même sujet avec Helen Mirren en 2019, *The Great* est une pure satire.

Grossièretés anachroniques, scènes de sexe gratuites, vannes graveleuses, vulgarité, *The Great* (réalisé par Matt Shakman, *WandaVision*) nous sert tout ça à la louche, sans parler de l'inclination sexuelle légendaire de Catherine pour un cheval. De l'annonce faite en exergue qu'il s'agit d'une « histoire occasionnellement vraie » à son casting improbable, qui tient moins compte de l'histoire que de la vision privilégiée par le créateur/showrunner d'une histoire fourre-tout, *The Great* est tout simplement une farce délurée et délicieusement perverse, qui met en scène le couple incompatible et explosif de Catherine et Pierre (Elle Fanning et Nicolas Hoult).

C'est sûr, Catherine II est l'Impératrice de Russie qui a connu le plus long règne (1762-1796), et a connu autant d'accomplissements (vaccinations, protection des arts et de l'architecture, accès à l'éducation, et première bibliothèque de l'État) qu'elle a eu d'amants. Et tout cela, en dépit du désastre de ses réformes socio-économiques et de son incapacité à améliorer la condition atroce des serfs. Née en 1729 sous le nom de Sophie von Anhalt-Zerbst, la fille aînée d'un Prince russe ruiné, Catherine se considérait comme une despote éclairée, une vraie contradiction sur pattes, idéale pour la satire et la parodie. Elle apparaît comme une femme intelligente et déterminée, mais son idéalisme est teinté de naïveté, au moins dans la saison 1.

The Great n'a pas été conçu comme une leçon d'histoire, mais comme un divertissement provocateur. Le charme de la série repose sur un mélange de précision historique et d'absurdité. Mais ne vivons-nous pas des temps absurdes ? Et le rire n'est-il pas un répit bienvenu face aux excès de la réalité ?

En voyant le premier épisode diffusé le 15 mai 2020, on aurait pu croire que la version de McNamara de l'Empereur Pierre III était inspirée directement de la vanité du Président Donald J. Trump. Mais *The Great* a d'abord été écrit en 2008 pour le théâtre, huit ans avant l'élection de 2016. Le talon d'Achille de Pierre III est qu'il a le sentiment d'être un imposteur incapable de vraie grandeur, condamné à vivre dans l'ombre de son père, un grand homme d'après son fils (notons au passage que Pierre le Grand était en réalité le grand-père de Pierre III, pas son père). Et voici Catherine, aussi belle que brillante, et meneuse-née. Tout ce que fait Catherine est perçu comme une menace par son mari dangereusement fragile et rancunier. On pourrait être tenté d'établir des parallèles avec des dirigeants politiques du XXe ou du XXIe siècle, mais ce serait une erreur. Tony McNamara a créé une *post-histoire*. Ce n'est pas tant qu'il refuse qu'on catégorise son travail ; c'est juste qu'il s'amuse. Comme je lui fais remarquer dans l'interview à la fin de ce chapitre, il dépeint davantage le Palais d'Hiver de Saint-Pétersbourg comme une fraternité de fac que comme une résidence royale. L'hédonisme, l'humour et le spectacle sont la règle. Et pour finir, le crime de Catherine échappe au châtiment.

Interviews

Damon Lindelof, *Watchmen* (HBO), sur comment évoquer le racisme dans une Amérique alternative.

Justin Hillian, *The Chi* (Showtime), sur l'authenticité et les quartiers Sud de Chicago

Tony McNamara, *The Great* (Hulu), sur l'histoire revisitée comme satire sans limites

INTERVIEW : Damon Lindelof, *Watchmen* (HBO), sur comment évoquer le racisme dans une Amérique alternative.

Cette interview a eu lieu le 18 juin 2020.

Neil : La diffusion de *Watchmen* a commencé le 20 octobre 2019 sur HBO. Qu'espériez-vous comme impact social en 2019 par rapport à aujourd'hui, la veille de Juneteenth (le 19 juin, jour de l'émancipation, fête nationale américaine qui célèbre l'émancipation des esclaves afro-américains) ? Vous devez bien reconnaître que votre série était étrangement prémonitoire.

Damon : Il y avait aussi l'angoisse liée à l'idée même d'adapter *Watchmen*, on se disait : « Comment va-t-on faire pour être à la hauteur de ce chef-d'œuvre ? » C'est vraiment comme ça que je le considère. Il n'y a pas de mots pour décrire l'impact que les douze volumes d'Alan Moore et Dave Gibbons (les auteurs de la bande dessinée originale) ont eu sur moi. J'ai déjà travaillé sur d'autres œuvres originales, comme *Star Trek* ou *Prometheus*. J'étais un grand fan de *Star Trek* et des films *Alien*, mais c'était différent. Et donc, j'ai consacré énormément de temps et d'énergie à me demander : « Qu'est-ce qui m'autorise à faire ça ? Pourquoi moi et maintenant ? Ce n'est pas parce qu'on me le propose que ça m'autorise à le faire. » J'ai dû me poser la question : « Comment faire pour créer une structure qui me permette d'appeler ça *Watchmen* ? » Et c'était un énorme défi, parce que ça allait à l'encontre des souhaits du créateur de l'œuvre originale (Alan Moore).

La réponse à cette question, finalement, est devenue que, bien sûr, *Watchmen* est unique dans le domaine de la bande dessinée, mais qu'il est en fait capable de nous éclairer sur le monde réel. *Watchmen* est politique et contemporain. Ce n'est pas réel au sens où il y aurait vraiment un type au rayonnement bleu avec une perception quantique du temps, mais si vous faites la comparaison avec les personnages Marvel ou, surtout, les personnages DC, qui ne vivent pas dans des villes qui existent, que ce soit Metropolis ou Gotham City… *Watchmen* s'est toujours situé dans notre monde. Et même si c'était une histoire alternative, il y avait quand même la guerre du Vietnam…

Neil : … que, grâce à Dr. Manhattan, les États-Unis ont réussi à gagner, faisant ainsi du Vietnam le 51ᵉ État, et obligeant à créer un nouveau drapeau américain pour inclure l'étoile supplémentaire. C'est un petit détail qui montre bien comment on construit un univers. De petits détails écrits gros.

Damon : Oui, et il y avait aussi l'assassinat de John F. Kennedy. Il y avait toujours Richard Nixon. Et donc l'idée finalement de dire que c'était une œuvre capable d'offrir une dimension contemporaine et une allégorie des temps que nous vivons – et c'est pour ça qu'on peut l'appeler *Watchmen*. On ne peut pas ignorer ces choses-là. On ne sait même pas qui est président dans le monde de Batman, mais ce n'est pas grave. Bane a juste occupé Gotham City, et on ne sait même pas qui était le Président des États-Unis.

Nous savions que nous nous attaquions à un morceau qui allait être un commentaire direct de l'élection de Donald Trump en 2016. En fait, quand on a commencé en janvier 2017 à se demander avec Jeff Jensen si je devais ou pas faire *Watchmen*, Trump allait être investi. Je ne savais pas à quoi *Watchmen* pourrait ressembler à l'époque de Trump. Comment l'aurais-je pu alors qu'il n'avait pas encore été Président ? Mais je trouvais intéressant de raconter ce qui aurait pu se passer si Robert Redford avait été Président pendant 30 ans, si Redford avait été élu au début des années 90, parce que le fantasme de la gauche libéral, c'est : « Oh, eh bien ! alors, il n'y aurait plus de racisme aujourd'hui. » Et c'est devenu un test vraiment intéressant, parce que, évidemment, il y en aurait encore.

Ça pourrait même être encore plus au vitriol, virulent et effrayant, parce qu'avec une législation mise en place par Redford avec les meilleures intentions… on commencerait à voir le genre d'anticorps créés par les suprémacistes blancs en guise de contre-mesures, non ? C'est là qu'on s'est dit : « Et si le Président Redford avait fait passer une législation sur les réparations des injustices raciales ? » C'est devenu l'idée centrale, le socle de la série.

Neil : Avez-vous eu peur de cette approche ?

Damon : Oui. Nous avions pleinement conscience que ce que nous faisions était dangereux – et pas dangereux cool, mais radioactif. J'ai eu la trouille chaque jour en travaillant sur cette série. J'ai essayé de ne pas trop penser à ce qui pouvait arriver quand d'autres personnes verraient la série, parce que quand je commençais à y penser, je ne pouvais plus écrire. J'étais submergé par la crainte de ne pas être compris. C'est devenu une obligation de raconter l'histoire de la manière la plus juste possible, c'était très intimidant.

Neil : Qu'est-ce qui a provoqué ce sentiment d'obligation ?

Damon : J'avais lu le récit de Ta-Nehisi Coates écrit en 2015 comme une lettre à son fils adolescent, intitulé *Between the World and Me* (« Une colère noire »), et aussi son papier brillant dans *The Atlantic*, « The Case for Reparations », qui a servi de socle aux Redfordations pour la série *Watchmen* mais m'a aussi fait découvrir le massacre de Tulsa de 1921. J'avais honte de reconnaître que je n'en avais jamais entendu parler. C'est là que j'ai ressenti le besoin, l'obligation de commencer à dire à tout le monde que je savais ce qui s'était passé à Tulsa en 1921. Et quand j'en parlais à des Blancs, on aurait dit que leurs yeux se voilaient. À quoi j'ai réagi en me disant : « Oh ! les Blancs ne peuvent pas supporter cette histoire de Tulsa, c'est peut-être pour ça que ça a été caché. »

Neil : Ou blanchi. L'histoire a vraiment tendance à être écrite par les « vainqueurs ».

Damon : C'est vrai, donc peut-être que la meilleure manière de la fixer, de la verrouiller, c'est de l'incorporer dans une œuvre de culture populaire ? Parce que malheureusement, très peu de Blancs vont choisir de regarder un documentaire sur le massacre de Tulsa ; pour beaucoup, ce serait comme prendre un médicament ou manger des légumes. Il fallait que je trouve un moyen d'y arriver.

Neil : Ironiquement, tout cet effort de construction d'un univers vient du désir d'un créateur de raconter une histoire provocatrice avec la distance de l'allégorie ou de la science-fiction. Mais *Watchmen* est une allégorie devenue par trop réelle.

Damon : Je savais que nous allions nous attaquer au racisme à un moment explosif, mais je ne savais pas ou ne pouvais pas savoir à quel point.

Neil : Et que nous vivons à présent une situation sans précédents, dans des eaux inconnues ?

Damon : Ma rééducation était bien tardive, mais il se trouve qu'elle a coïncidé avec l'offre de HBO de refaire *Watchmen*. Ils me donnaient littéralement carte blanche – sans jeu de mots, ou peut-être avec jeu de mots –, pour faire ce que je voulais avec *Watchmen*. Je me suis dit : « Et si je faisais de Tulsa… Krypton ? Et si c'était littéralement le début de l'histoire des origines du super-héros ? Est-ce que je peux trouver un moyen de faire ça ? » Et on est partis là-dessus. Mais c'est facile de voir ça avec le recul, en 2020. Pendant tout le processus, chaque jour, c'était moitié audace, moitié terreur. Il n'y a pas eu un seul jour où j'aie eu le sentiment d'en avoir le contrôle.

Neil : Je vous félicite d'avoir enlevé votre masque de honte, non pas en essayant de faire du « whitesplaining[23] » à votre writers room si diverse, mais en reconnaissant vos points aveugles. Je pense que l'empathie et l'humilité vont de pair. Il y a une ligne de dialogue particulièrement percutante dans *Watchmen* : « Il faut exposer les blessures à l'air libre si on veut qu'elles guérissent », ce que je trouve très vrai. Mais en même temps, il y a un paradoxe dans votre monde : il faut enlever son masque si on veut guérir, mais ce n'est pas prudent d'enlever son masque dans le monde qui est le nôtre. Quand je regarde votre œuvre, en particulier à la télévision, vous avez toujours raconté des histoires de survivants, qui doivent recommencer à zéro et reconstruire une nouvelle civilisation (après un crash aérien dans *Lost*, après la disparition dans *The Leftovers*). Qu'est-ce qui vous attire à ce point dans les histoires de survivants qui ont une chance de tout recommencer ? C'est un idéal utopique ?

Damon : C'est une observation très intéressante, et je n'y avais jamais pensé comme ça. Et c'est sûr, ça me correspond. C'est sûr, je suis juif, c'est mon identité culturelle. Je ne suis qu'à deux générations de la tentative d'extermination de masse du peuple juif. Et le mot « survivant » est un mot que j'ai beaucoup entendu durant mon enfance. Et j'ai toujours été attiré par la bande dessinée, ses histoires parlent de ceux qui ne se contentent pas de regarder passer les trains. Soit il faut y aller et changer le monde,

23. NdT : lorsqu'un Blanc explique à des Noirs le sens de leur condition.

soit échapper à l'éradication. C'était le genre d'histoires qui m'attirait. Je n'aime pas les histoires qui mettent en scène des gens qui ont renoncé.

Neil : On dirait presque que vous êtes coincé entre être un « Guilty Remnant » (« Survivant Coupable », membre d'une secte dans *The Leftovers*) et être né dans le privilège blanc. Dans d'autres interviews, vous parlez de l'idée de trauma génétique, selon laquelle on hérite de la souffrance de nos ancêtres. C'est inscrit dans notre ADN. J'ai grandi, moi aussi, en écoutant les membres de ma famille raconter les atrocités de l'Holocauste, aussi bien que des histoires de survivants. Peut-être que ce qui informe votre travail est une forme de culpabilité du survivant ?

Damon : Oui, c'est sûr. La culpabilité fait indéniablement partie de l'expérience juive. [Rire de Neil.] Que vous soyez juif ou que vous soyez une personne de couleur en Amérique, une partie de votre cerveau doit se demander : « Si l'antisémitisme et le racisme existent, et qu'on me considère comme "autre", alors peut-être qu'il y a quelque chose qui ne va pas chez moi, sinon pourquoi tous ces gens à travers l'histoire me détesteraient-ils ? » Je pense que ça peut devenir de la culpabilité. Et c'est ainsi que peuvent se perpétuer ces formes systémiques de suprématie blanche, parce qu'il y a une part de complicité chez ceux-là mêmes qui sont opprimés.

Neil : Et c'est là que les masques font leur entrée dans la narration. Quand il n'est pas prudent de montrer sa véritable identité, il faut se cacher pour se sentir en sécurité. Sur ce point, *Watchmen* en 2019 était/est complètement prémonitoire. Pillages, incendies, armes à feu, émeutes, policiers masqués, tout ce qui se voulait allégorique dans votre « univers alternatif » est devenu réel – dans un monde de fake news où nous avons perdu le sens des faits et l'idée de vérité objective. Même la vidéo promotionnelle de campagne « Come back to New York », avec Michael Imperioli des *Soprano* est tellement prémonitoire. Vous êtes voyant ou quoi ?

Damon : Pas du tout. C'est juste que le futur est le plus souvent une réitération du passé.

Neil : J'imagine que c'est la raison pour laquelle vous avez décidé de tous ces anachronismes dans votre Amérique alternative : voitures électriques, mais pas de téléphones portables. La technologie futuriste de Lady Triệu, en contraste avec les machines à écrire et les anciens mécanismes de montres. L'ancien château et les catapultes médiévales d'Adrian Veidt pour l'aider à s'enfuir de l'une des lunes de Jupiter. C'est une combinaison de l'ancien et du nouveau qui a presque l'air d'être laissée au hasard.

Damon : Si vous regardez l'Ancien Testament – c'est comme ça que j'appelle la série originelle des BD *Watchmen* –, une des séquences dans l'un des flash-back pendant l'enterrement du Comédien montre cette grève de la police qui a eu lieu dans les années 70. La police est en grève à cause du Keene Act, en protestation contre l'idée que ces justiciers font le boulot *à leur place*. C'était un autre point de repère pour nous. Nous écrivions à propos du passé qui venait de l' « Ancien Testament », mais pour finir par une réflexion sur le futur, ou comme dit le Dr. Manhattan, le passé, le présent et le futur se déroulent tous en même temps.

Quand on a commencé à parler de l'administration Redford, 30 ans aux manettes avec une Cour Suprême inversée, on s'est dit qu'il y aurait forcément une législation sur les armes à feu ; ils ne pourraient pas abolir le Deuxième Amendement, mais ils pourraient rendre ça très difficile pour le citoyen moyen d'acquérir des armes. Ça demanderait au moins autant d'efforts que pour avoir son permis de conduire, et ça deviendrait vraiment très difficile. Les policiers n'auraient plus vraiment de justification pour approcher de votre véhicule avec une arme, et avec une Cour Suprême libérale, les policiers devraient finalement répondre à pas mal de questions pour avoir accès à leurs armes. Mais si vous êtes un policier, votre argument c'est : « Je mets ma vie en jeu. » On voulait montrer que tout ce que je viens de dire *ne marcherait pas*. Et après, qu'est-ce qui allait se passer ?

Dans le pilote, on montre un homme en danger, qui se sentirait bien plus en sécurité s'il pouvait accéder à son arme. C'est un policier noir. Dans le camion, il y a un mec blanc. On a juste inversé, retourné les choses. À la fin de cette séquence de six minutes, vous comprenez les règles de cet univers, et que le résultat final serait exactement le même qu'aujourd'hui. À part que cette fois, le Noir qui est mort porte un uniforme de policier. Mais c'est toujours la même chose. Vous voyez, l'homme blanc tue l'homme noir. Ils portent juste des costumes différents.

Neil : Il y a une citation célèbre de Mark Twain : « Le passé ne se répète pas, mais on peut dire qu'il rime. » Donc il faut que je vous interroge sur les pilules de nostalgie, qui n'étaient pas dans la série BD originale des *Watchmen*.

Damon : Oui, ça c'est nous. Je veux dire, Adrian Veidt (alias le justicier Ozymandias) a un parfum, une essence nommée Nostalgie qui est très importante dans l'original. Toute sa campagne de publicité tourne autour de l'idée de : « Vous vous rappelez comme c'était mieux avant ? »

Neil : MAGA (Make America Great Again, slogan trumpien, « Rendons l'Amérique grande à nouveau »). *Great again*, (« Grande à nouveau ») mais pour qui ?

Damon : Exactement. En même temps, on essayait de trouver un moyen de raconter l'histoire des origines du Juge Masqué/Will Reeves (Louis Gossett Jr.) sans recourir au flash-back. On voulait faire ça de manière à ce qu'Angela Abar (Regina King) ne se fasse pas juste raconter cette histoire par ce grand-père qu'elle ne connaissait pas, Will Reeves, mais qu'elle puisse partager l'expérience de ses origines.

On voulait une sorte d'échange de corps pour avoir l'impact maximum, notre version de *Freaky Friday* (« Dans la peau de ma mère », film de 2003).

Quelle serait la vraie raison de fabriquer une drogue pareille ? On s'est dit que ce serait pour les gens qui souffrent d'Alzheimer et de démence sénile, ils pourraient sauvegarder leurs souvenirs les plus chers et y accéder grâce à un médicament. Mais après, comme le dit l'agent du FBI Laurie Blake (Jean Smart) à Angela au début de l'épisode, les gens ont commencé à devenir accros parce qu'ils préféraient vivre dans le passé plutôt que dans le présent, ce qui, je crois, est le cœur de la nostalgie, ce qui la rend toxique pour les laissés-pour-compte. Ça ne veut pas dire que les choses étaient plus simples avant. « Make America Great Again » n'est qu'un nom de code pour dire « Revenons avant le moment où les gens de couleur ont commencé à demander l'égalité des droits. »

Neil : Absolument. Lady Triệu (Hong Chau) raconte comment les pilules de Nostalgie ont été interdites parce qu'on pensait qu'elles provoquaient une psychose, ce qui pourrait aussi être un nom de code pour évoquer la raison pour laquelle vous ne saviez rien du massacre de Tulsa en 1921 – parce que ça a été effacé de l'histoire. L'épisode 6 (« Cet être extraordinaire »), centré sur l'overdose qu'Angela fait des pilules de

Nostalgie de son grand-père, est mon préféré parce qu'il a tellement de strates. La manière dont vous avez interchangé les perspectives d'Angela et de son grand-père, les allers-retours dans le temps, à la fois en noir et blanc et en couleurs... Je veux dire, ça présente visuellement ce pouvoir qu'est l'empathie. Angela est littéralement dans la peau de Will et partage son expérience du Ku Klux Klan dans les années 30.

Damon : Presque tout le crédit doit en revenir à Stephen Williams, qui a réalisé l'épisode. Et alors que nous l'avons tourné dans les mêmes conditions de temps que les autres épisodes, pour celui-là on a eu beaucoup plus de préparation. En fait, on a dû faire une petite pause avant de tourner les épisodes 5 à 9 parce que c'était, à beaucoup de points de vue, un nouveau pilote. On a dû refaire tout le casting pour l'épisode 6. C'était un vrai film d'époque. À part le tout début de l'épisode, avec Angela dans sa cellule de prison, et la toute fin, quand Angela se réveille, et la résidence de Lady Triệu, tout le reste, on le faisait pour la première fois.

Stephen et le directeur de la photo, Greg Middleton, ont tourné tout l'épisode en animatique (story-board filmé) avec leur iPhone, pour montrer à l'équipe le plan de départ, et après ils ont dû s'arracher pour la préparation. Presque toute la séquence est tournée en une seule prise, très méticuleusement chorégraphiée. C'est comme un de ces engins de Rube Goldberg sur YouTube.

Neil : Dans un épisode déjà extrêmement complexe, vous avez aussi amené l'angle queer, en faisant du Juge Masqué et de Captain Metropolis (Jake McDorman) des amants. Pourquoi aller par là ? Je veux dire, j'aime ce que vous en avez fait, mais c'est ajouter de la controverse à la controverse. Will Reeves cachait donc deux identités. Le placard à l'intérieur du placard.

Damon : D'abord, je suis très heureux que vous utilisiez spécifiquement le mot « queer », parce que l'un de nos sujets de débat portait sur la manière dont nous allions définir la sexualité à la fin des années 30, alors que le mot « gay » n'existait pas pour décrire les préférences sexuelles. Will était probablement bisexuel. Il est attiré par June (Danielle Deadwyler). Il a un fils avec elle. Il est aussi attiré par les hommes. Et ça le désoriente beaucoup. Il n'y a pas de conduite préétablie pour ça. Il n'y a pas d'espace dédié, pas d'Internet où se rassurer en trouvant une communauté d'autres personnes comme lui. Il est vraiment livré à lui-même.

La raison pour laquelle nous avons développé cette histoire, c'est qu'elle était dans l'original des *Watchmen*. Il y a plusieurs références dans la BD d'origine et dans l'Ancien Testament qui indiquent que le Juge Masqué et Captain Metropolis entretenaient une relation sexuelle.

En même temps, leur relation avait été décrite par des personnes qui les connaissent, comme Hollis Mason, le Night Owl originel, qui était homophobe. Il décrivait leur relation comme déviante en ajoutant qu'elle devait comporter un certain degré de pédophilie. C'est un mensonge pernicieux, et on voulait aussi mettre au jour une autre forme de discrimination et de persécution comme faisant partie de notre monde, mais également comme quelque chose que le Juge Masqué pouvait affronter et vaincre.

Neil : Un autre masque.

Damon : Oui, et ça nous donnait aussi l'occasion de montrer la forme la plus insidieuse de suprématie blanche quand Captain Metropolis vient voir Will pour le convaincre de rejoindre les Minutemen. Il le chosifie sexuellement, et devient complice en convainquant le Juge Masqué de garder le secret sur sa race. Au fond, ce que dit Captain Metropolis, c'est : « J'ai trouvé l'antre du Cyclope. Ces types tuent les Noirs avec leurs caméras qui contrôlent l'esprit. C'est à ça que servent les Minutemen. Allons-y. » Mais ce que Metropolis dit, c'est aussi : « Je t'aime, mec. Je suis de ton côté. Mais personne ne doit savoir que tu es noir. » On avait juste l'impression que c'était un élément essentiel de l'histoire.

Neil : Dans le podcast de votre super interview avec Craig Mazin, vous disiez à quel point vous étiez obsédé par les histoires des origines. Structurellement, si on regarde la construction de cet univers, vous commencez par l'origine : Tulsa, 1921. Puis vous faites un saut en avant vers votre Amérique alternative, puis dans les épisodes suivants, vous revenez à nouveau en arrière. Je mets de côté pour l'instant Adrian Veidt en exil sur Europa (je sais que vous avez tourné ça en premier et que ça paraît exister de manière séparée jusqu'au moment, évidemment, où tout se rejoint magnifiquement). Y a-t-il quelque chose dans votre nature de conteur qui vous dit : « Là il faut que je fasse une pause et que je revienne en arrière pour donner du contexte » ? On dirait que c'est ça qui justifie cette structure en zigzags temporels.

Damon : Il fallait qu'on détermine qui étaient les personnages principaux, toute l'histoire des origines du Juge Masqué, et surtout, on devait savoir pourquoi Will Reeves assassinait le policier Judd Crawford (Don Johnson). On devait aussi savoir pourquoi Will revenait à Tulsa. Lady Triệu n'apparaît pas avant l'épisode 4. On avait déjà une idée assez précise de qui elle allait être et de ce qu'elle faisait dans la série.

On savait que Dr. Manhattan se cachait au grand jour et qu'il était probablement Calvin « Cal » Abar (Yahya Abdul-Mateen II). Et je dis « probablement » parce que c'est l'espace créatif où je me sens le mieux. Parce que c'est la série qui se met à accepter ces idées, ou à les rejeter. La construction d'un univers, ça marche comme ça.

Et puis vous regardez le pilote, et maintenant que les acteurs, au fond, habitent leurs rôles, vous commencez à vous en inspirer. Je peux vous dire par exemple que même si on était absolument certains que c'était un monde où un calamar géant était bien tombé sur Manhattan, on n'était pas certains de la manière dont on allait montrer le calamar. Mais quand on a regardé le pilote, il y avait quelque chose de tellement marquant dans la manière dont Tim Blake Nelson interprétait Miroir ; on aurait dit que son masque était sa couverture de survie. Il ne l'enlève jamais. Même quand il le remonte sur son crâne, il le garde sur sa tête.

Neil : Oui, même sa casquette de baseball est couverte d'aluminium.

Damon : Voilà, et on s'est demandé : « Pourquoi est-ce qu'il ferait ça ? Oh ! peut-être qu'il a une parano, qu'il craint une autre attaque de calamar. » On n'a pas pitché cette idée avant de commencer à parler du premier ou du deuxième épisode. Tout ça pour dire que la série se met à inspirer l'écriture, je parle d'une boucle positive de feedback, et qu'il faut laisser de l'espace pour la découverte.

Mais comment ajouter de l'épaisseur à l'histoire de Miroir ? Y a-t-il un moyen de la connecter à un autre personnage et qu'elle prenne sens dans le cadre de ce qui arrive à Tulsa ? Parce que le calamar est tombé sur New York 30 ans plus tôt. Et d'un coup on s'est dit que ça l'avait traumatisé. On sait qu'il était dans un palais des glaces quand ça lui est arrivé, donc on a situé ça dans cette fête foraine avec des manèges dans le New Jersey, avec

Wade Tillman jeune (alias Miroir) qui vient prêcher le gospel avec d'autres jeunes missionnaires innocents et idéalistes. Et on aimait l'idée qu'il y avait une sorte de honte sexuelle. Et là, attends, attends – et si ça arrivait le jour où le calamar est tombé ? Tout a commencé à s'accumuler. Comme dans la saison 2 de *The Leftovers*, on devait résoudre un mystère : où avaient disparu les trois filles ? Et vers le milieu de la saison, un des auteurs/producteurs a dit : « Et si elles avaient rejoint la secte des GR (Guilty Remnants) ? » On s'est dit : « Mon Dieu. *Évidemment, c'est ce qu'elles ont fait* ! »

Tom Perrotta (auteur de *The Leftovers*) dit toujours de la série télé qu'elle consiste à « se laisser des indices à soi-même pour plus tard. »

Neil : C'est bien trouvé. Et tellement vrai.

Damon : C'est un exercice de confiance et de subconscient. Quand les gens demandent : « Est-ce que vous avez tout inventé au fur et à mesure, ou est-ce qu'il y avait un plan concret ? », la réponse, au moins pour moi, c'est qu'un plan vous donne de l'espace pour l'improvisation, ce que vous ne pourriez pas faire s'il n'y avait pas de scénario. Donc il faut un peu des deux. Ça marche par essais et erreurs, et bien sûr, ça suppose de la confiance.

Neil : On ne fait pas d'omelettes sans casser quelques œufs, hein ?

Damon : Exactement.

Neil : On pourrait dire « œufs-xactement ». Pardon. J'adore les jeux de mots… Les titres de vos épisodes sont en soi une forme de construction d'univers : « A God Walks into Abar[24] » est hors-compétition. Vous avez créé une série qui défie la catégorisation. C'est une épopée pour notre époque. C'est l'équivalent en série télé de *Bohemian Rhapsody*.

Damon : J'adore cette chanson.

Neil : Je m'en voudrais de ne pas vous dire que mon autre épisode préféré est le troisième, où l'agent spécial Laurie Blake appelle Mars depuis une cabine téléphonique intergalactique pour raconter une blague à son ex, le Dr. Manhattan (qui, en fait, n'est pas du tout sur Mars). La « blague » en quatre parties raconte différentes versions d'une parabole sur pécher et aller en enfer. La première partie de la blague parle du barbecue « parfait »

24. NdT : « Un dieu rentre dans Abar », en anglais le jeu de mots laisse entendre qu'un dieu rentre à la fois dans « un bar » et dans Angela « Abar ».

et de la brique en trop, de la brique orpheline. La chute parle de justice existentielle. Ou peut-être que tous les mortels sont la chute. Ou peut-être que Dieu ne peut pas nous envoyer en Enfer parce que, comme Laurie le dit dans sa blague, nous y sommes déjà.

Dernière question à propos de la construction de cet univers. La bande originale de *Watchmen* est aussi entraînante et épique. Est-ce que vous avez certaines musiques en tête quand vous écrivez, ou est-ce que tout se décide en post-production ?

Damon : Un peu des deux. En fait, c'était plutôt atypique, notre manière de faire, parce que Trent (Reznor) et Atticus (Ross) ont enregistré la musique juste en lisant le scénario, et puis ils nous l'ont donnée. Pendant le tournage du pilote, je l'écoutais dans mon casque. Nicole Kassell, qui a réalisé le pilote, l'a beaucoup écoutée, pour le rythme. Parfois, les morceaux sont déjà dans le scénario.

Parfois on a une idée du morceau qu'on va utiliser. Mais la plupart du temps on le découvre au montage, « Là on dirait qu'il faudrait une chanson country », et Liza Richardson (qui supervise la musique), le monteur et moi, on sort nos trois ou quatre morceaux préférés, et on les essaye tous pour voir lequel convient le mieux. On savait que le choix des morceaux et des moments musicaux compterait beaucoup pour *Watchmen* parce que même si c'est une bande dessinée, Alan Moore a pour ainsi dire sa bande originale. Il y a des références à Elvis Costello et à Bob Dylan dans l'Ancien Testament.

Neil : Merci, Damon, pour ce nouveau chef-d'œuvre provocateur qui une fois de plus, et de manière presque impossible, réussit son atterrissage. Si la toute-puissance de Dr. Manhattan pouvait être transférée à quelqu'un d'autre, est-ce qu'on préférerait que ce soit à un mercenaire égoïste comme Adrian Veidt, à une idéaliste perdue comme Lady Triệu, à un raciste malveillant comme le sénateur républicain Joe Keene, ou plutôt à Angela Abar, avec sa capacité infinie d'empathie ?

Damon : Exactement.

Neil : Pour moi, la réponse est dans le dernier morceau, quand le pied nu d'Angela est au-dessus de la piscine dans le jardin des Abar, et qu'on entend « I Am the Walrus » des Beatles, avec ces paroles de John Lennon et Paul McCartney :

I am he and you are he as you are me
And we are all together

(Je suis lui et tu es lui comme tu es moi
Et nous sommes tous ensemble)

On ne peut pas faire beaucoup mieux que ça.

INTERVIEW : Justin Hillian, *The Chi* (Showtime), sur l'authenticité et les quartiers Sud de Chicago

Cette interview a eu lieu le 17 juillet 2020.

Neil : J'aimerais qu'on parle des quartiers Sud de Chicago comme personnages de la série, mais d'abord j'aimerais vous complimenter, vous et Lena [Waithe], pour la saison 3, qui est si captivante. Vous avez lancé votre troisième saison avec un moteur narratif puissant qui ne peut être alimenté que par un grand mystère. La disparition de Kiesha Williams [Birgundi Baker] à l'arrêt de bus nous prend aux tripes dès le début et nous offre une approche kaléidoscopique du lieu de l'histoire, puisque l'absence de Kiesha impacte quasiment tous les personnages. Cette histoire vous permet également d'explorer un nouveau territoire en ce qui concerne vos personnages féminins BIPOC (Black Indigenous People of Color).

Justin : Dans la première saison, on s'est focalisés sur les effets qu'un acte de violence peut avoir sur toute une communauté. Au centre de cette histoire il y avait quatre hommes, chacun représentant un stade différent de la masculinité. C'est vraiment important pour Lena d'humaniser ce que beaucoup se contentaient de regarder comme des statistiques ; chacun de ces meurtres ou de ces morts, c'est le père, le frère, ou le fils de quelqu'un ; comment un acte de violence a des répercussions dans une communauté. Mais il est impossible de raconter une histoire, et certainement pas l'histoire d'une ville, sans parler des personnages féminins, et il y a une épidémie de disparitions de femmes dont personne ne parle. Nous voulions mettre ce sujet de société en avant et le placer au cœur de cette saison.

Neil : C'est relié aussi aux histoires de tellement d'autres personnages. Vous venez du Maryland, près de Washington. Pour quelqu'un qui n'est pas né, n'a pas grandi, ou vécu à Chicago, sans parler des quartiers Sud, comment vous êtes-vous mis à la page ? Comment faites-vous vos recherches pour être sûr d'atteindre l'authenticité et la spécificité ?

Justin : Je sais ce que je ne sais pas. Je fais mon possible pour apprendre le plus possible à propos de la ville, mais la meilleure solution, c'est de recruter des auteurs de Chicago et de mettre en valeur leur expertise. Par exemple, quand nous avions besoin d'un lieu pour le mariage de Nina [Tyla Abercrumbie] et Dre [Miriam A. Hyman], une église aurait été le choix évident. Mais l'un de nos auteurs, Ricardo Gamboa, qui est né et a grandi dans les quartiers Sud, a suggéré Promontory Point. Je n'y aurais jamais pensé. Nous sommes allés repérer l'endroit et il était clair pour tout le monde que c'était le décor parfait pour ouvrir la saison. On voulait commencer avec quelque chose d'idyllique, parce qu'on savait à quel point la saison allait s'assombrir.

Neil : Et dans le même épisode, vous juxtaposez la beauté de ce décor de bord de mer en extérieur avec l'enterrement de Brandon [Jason Mitchell] de l'autre côté de la ville dans une église. Au mariage, les invités sont habillés en blanc et en couleurs claires, tandis qu'à l'église, tout est en noir funèbre et en couleurs sombres pour souligner la dureté des réalités que doivent affronter presque tous les habitants des quartiers Sud. Laverne [la mère de Brandon, jouée par Sonja Sohn] dit à un moment : « Cette ville n'aime personne… cet endroit prend autant de vies que le cancer. » Tous les membres de la congrégation approuvent de la tête. Ils sont d'accord. Tout est si brutal. Et en même temps, les quartiers Sud, c'est quand même chez eux, même si c'est une zone de guerre. En contrepoint, l'une des mariées (Dre) offre à Kiesha et Kevin [Alex Hibbert], ses nouveaux beaux-enfants, des bracelets en or où sont gravées la latitude et la longitude de leur maison… « Comme ça, où que vous soyez dans le monde, vous pourrez toujours rentrer à la maison. » C'est un sentiment adorable, mais qui m'a aussi fait me demander naïvement : pourquoi les gens ne s'en vont pas ? D'accord, c'est chez eux, mais c'est aussi très certainement dangereux.

Justin : On voulait introduire les bracelets parce qu'on savait que le voyage de Kiesha pour la saison consisterait à essayer de rentrer chez elle. On voulait aussi qu'elle ait à se battre pour aller à la fac, et qu'elle doive affronter la peur de l'inconnu plutôt que de se contenter d'un choix plus sûr. Et on voulait faire ça sans porter de jugement, parce qu'il n'y a pas de bonne réponse. Je me suis aperçu que ce n'était jamais facile pour personne de partir de chez soi. Même pour poursuivre un rêve. Ça ne l'a certainement pas été pour moi.

Neil : C'est à la fois familier et familial.

Justin : Je connais plein de gens qui ont eu l'occasion de faire autre chose, mais quand la peur du changement – c'est la nature humaine – se manifeste, ils préfèrent ce qu'ils connaissent déjà. Tous les gens qui m'aiment vivent ici ; c'est pour ça que je m'y sens bien. Et ça me suffit. Et puis il y a ceux qui veulent découvrir autre chose, mais qui ne savent pas forcément comment faire. Même quand vous êtes sur la « bonne » voie, il peut y avoir tellement de choses qui vous retiennent. Cette ville a tellement de tentacules, donc c'était génial de voir Kiesha surmonter sa peur et décider d'aller à Pepperdine [Université de Malibu, Californie] pour commencer un tout nouveau chapitre de sa vie. Malheureusement, ce n'est pas exactement ce qui s'est passé.

Neil : Kiesha semble représenter à la fois le rêve et le cauchemar, et la saison 3 se déroule à une époque sans précédent en Amérique : le COVID-19, le mouvement Black Lives Matter, la pression pour contrôler la police urbaine, et l'agression quotidienne du trumpisme. *The Chi* raconte l'histoire de cette révolution à travers le microcosme des quartiers Sud. Puis à l'intérieur de ce microcosme, vous creusez jusqu'à des sous-microcosmes : l'église, l'école, le restaurant, les coins de rue des dealers, les gangs, et bien sûr, la vie de famille – qui dans *The Chi* se passe essentiellement dans la classe moyenne, ou moyenne-supérieure. Et puis vous avez trois générations qui offrent autant de points de vue différents. Comment, en tant que showrunner, équilibrez-vous le ton pour qu'il ne soit pas systématiquement sombre et sinistre ?

Justin : Vous n'avez presque pas besoin d'équilibrer le ton si vous vous contentez de raconter l'histoire authentique de l'expérience noire en Amérique.

Lena Waithe dit : « La joie noire est éphémère. » Un jour vous êtes heureux, et puis boum ! quelque chose arrive. Vous apprenez juste à faire avec. Et un peu plus tard, vous vous retrouvez à rire précisément de ce qui sur le moment n'était pas drôle. C'est comme ça que vous vous adaptez.

Je me souviens d'avoir raconté à des collègues auteurs de mon premier boulot [*Superstore* pour NBC] la fois où mon oncle m'a mis dans un séchoir quand j'avais sept ans. Il m'a collé dedans avec quelques vêtements et l'a mis en marche, et j'ai fait quelques tours avant qu'un autre membre de la famille arrête la machine. L'un des auteurs m'a regardé et m'a dit : « Tu devrais raconter ça à ton thérapeute, pas à tes collègues. » [Rire.] Sur mon second boulot [*I'm Dying Up Here* pour Showtime], je travaillais avec des gens qui avaient en commun une expérience plus urbaine, et quand j'ai raconté cette histoire, ils m'ont dit : « Génial. On va s'en servir ! » Et donc, le premier épisode de télévision que j'aie jamais écrit commence avec un gamin dans un séchoir. C'est quelque chose qui aurait pu vraiment mal tourner, mais ma famille et moi, on en rigole à chaque fois qu'on se voit.

Neil : J'ai remarqué que dans la saison 3, il y a plus d'humour, en particulier entre les garçons : Emmet (Jacob Latimore), Ronnie (Ntare Guma Mbaho Mwine) et Kevin. J'y reconnais votre voix et votre sensibilité uniques. Mais les personnages féminins aussi donnent le sentiment de partager beaucoup plus d'humour et paraissent plus fidèlement rendus de manière générale. Un commentaire sur le ton ?

Justin : J'ai trouvé qu'il y avait plus d'occasions pour l'humour. Tiff (Hannaha Hall), la petite amie d'Emmett, en est un parfait exemple. La première fois qu'on la voit dans la saison 1, dès qu'elle est entrée dans le magasin de chaussures, on a tout de suite vu que c'était une star. Mais avec son personnage, on jouait sur une seule note. On savait qu'elle était capable de beaucoup plus. On était ravis de pouvoir donner à ce personnage plus de profondeur et de la voir devenir une véritable entrepreneuse. Même chose avec les garçons ; c'est tellement génial de les voir grandir et évoluer et trouver leurs voies. Et pour ce qui est de leur permettre d'exprimer leur sens de l'humour, je crois qu'il est impossible de faire de la bonne comédie sans drame ou du bon drame sans comédie. Pour que l'un ou l'autre fasse son effet, ait l'air réel, vous avez besoin des deux. Regardez *Cheers*, une de mes sitcoms préférées. Dans le pilote, on rencontre cet ancien alcoolique qui tient un bar parce qu'il ne pourra plus jamais jouer au base-ball en professionnel, une femme entre dans le bar avec son fiancé, finit par se faire larguer, et devient serveuse. Super comédie, prémisse triste.

Neil : Comme vous l'avez dit, équilibrer la comédie et la tristesse fait tellement partie dc l'expérience du récit noir. Et je pense, j'espère, que 2020 marquera le commencement d'un bouleversement en ce qui concerne la programmation de séries télé noires. Actuellement, on n'en diffuse tout simplement pas assez. Ressentez-vous beaucoup de pression pour réparer ce tort et partager autant de perspectives noires que possible ?

Justin : Je ne parlerais pas de pression, parce que le poids du manque de représentation, on a juste grandi avec. C'est une responsabilité que j'accepte. Le truc délicat avec cette série, et en particulier pour trouver le bon recrutement pour la writers room, c'est que toutes les personnes impliquées doivent comprendre ça. Maintenant, je ne crois pas qu'il faut essayer de plaire à tout le monde, mais il faut faire des choix responsables, savoir exactement pourquoi on les fait, et être capables de les défendre. On a fait certains choix dans cette dernière saison dont nous savions qu'ils ne plairaient pas à certaines personnes.

Neil : Ou des choix qui sortent de la zone de confort de certains spectateurs. Il y a un personnage trans. Vous commencez direct par un mariage gay. Pour moi, comme auteur et comme spectateur, si je ne me sens pas à l'aise, c'est une bonne chose.

Justin : Je suis d'accord. Vous savez, j'ai pris pas mal de galons d'un coup en acceptant ce boulot, il y avait beaucoup de gens très nerveux. Mais moi, je me suis dit que c'était peut-être ma seule chance. Donc si je n'ai qu'une chance, je vais faire en sorte d'avoir vraiment quelque chose à dire. Si on me sort, je sortirai à ma manière, pas en essayant de satisfaire les gens, ou de respecter leur confort, et Lena pense comme moi. C'est une des raisons pour lesquelles on fait une bonne équipe.

Neil : Votre approche frontale se fait sentir dès l'épisode 1 de la saison 3 : elle est clairement anti-Trump et méfiante envers la police. Quand Kiesha disparaît, si vous êtes blanc, votre premier réflexe serait d'appeler la police et de signaler sa disparition. Mais pas dans *The Chi*. Tous vos personnages savent d'instinct que la police ne les aidera pas. Et en 2020, avec le meurtre insupportablement tragique de George Floyd, entre beaucoup d'autres, et un mouvement national pour réformer la police ou ne plus la financer, on dirait que de plus en plus d'Américains de toutes les couleurs sont sur la même longueur d'onde. Est-ce que ça a impacté la manière dont vous aviez prévu de raconter cette histoire ? Ou est-ce que pour vous, c'est simplement et tristement la manière dont ça a toujours été ?

Justin : C'est intéressant parce que nous étions aussi frustrés, en particulier Lena, par la présence policière dans les épisodes précédents. Ça montrait la série à travers la mauvaise optique. C'est devenu davantage une série sur la manière dont la communauté était perçue à l'extérieur par des gens qui n'y appartenaient pas, alors que la série avait toujours été supposée montrer le regard des gens à l'intérieur de la communauté, les uns sur les autres et sur eux-mêmes. Quand Lena et moi on a commencé à parler, elle a été très claire sur le fait que dans la nouvelle saison elle ne voulait aucune présence policière. Donc ça paraissait naturel de raconter l'histoire d'une jeune fille noire qui a disparu, puisqu'il y en a tellement qui disparaissent effectivement et la plupart du temps personne ne les recherche. À l'avenir, on va juste continuer comme ça, parce que la série, en soi, parle de ce que la communauté a perdu et de *comment la communauté répond à ça* ; c'est le sujet de chaque saison, et la police n'a pas forcément quelque chose à y faire.

Neil : Oui, c'est une série qui parle vraiment de survie. Je crois que la série partage beaucoup de similarités de structure et de ton avec *The Wire*, à la différence que c'est un regard extérieur sur le microcosme de Baltimore qui [dans la saison 1] se focalise sur la drogue et sur les gangs via l'affrontement entre les inspecteurs noirs et blancs et les dealers BIPOC (entre autres), D'Angelo Barksdale [Larry Gilliard Jr.] et le baron de la drogue Russell « Stringer » Bell [Idris Elba]. En ce qui concerne les gangs dans *The Chi*, est-ce que vous avez quelqu'un dans l'équipe qui a été membre d'un gang, ou est-ce que vous échangez avec les gangs pour faire en sorte que ce soit fidèle ?

Justin : On a un consultant. Chicago a une culture de gangs très sophistiquée. Les gens n'en ont vraiment aucune idée. Je crois que c'est pour ça que le personnage d'Otis « Douda » Perry [Curtiss Cook] est aussi important pour moi, parce qu'il y a des chefs de gangs réels dans le passé de

Chicago qui ont accompli infiniment plus que n'importe quel personnage de *The Wire* en termes de pouvoir politique. Jeff Fort, le cofondateur de la Black P. Stone Nation, a reçu en récompense une bourse gouvernementale de près d'un million de dollars pour un programme de retour à l'emploi afin de sortir des gangs les jeunes du coin. Il a même été invité à la cérémonie d'investiture de Richard Nixon.

Neil : Qu'avez-vous appris d'autre quand vous avez vraiment compris la ville ? Certaines des histoires de la série pourraient arriver dans n'importe quelle grande ville américaine avec une forte population BIPOC. Qu'est-ce qui rend *The Chi* spécifique des quartiers Sud de Chicago ?

Justin : Je crois que ce qui m'a le plus surpris à propos de Chicago, c'est à quel point la ségrégation y règne. Je n'avais pas réalisé que la ville, en gros, est un tiers noire, un tiers blanche, et un tiers latino. Elle est diverse, mais en général les communautés sont très séparées. Ce sont des mondes différents. Quelqu'un peut passer toute sa vie dans son quartier et ne jamais mettre le pied dans ces autres mondes. Et il y a une telle disparité entre les quartiers eux-mêmes, ça va de l'abondance à la pauvreté. On voit ça avec Jemma, la petite amie de Kevin [Judae'a Brown]. Cette disparité est un thème commun dans l'expérience afro-américaine.

Neil : En effet, j'aime aussi comment vous avez exploré ces différences d'expérience à travers la nourriture.

Justin : Ouais, on a même recruté un historien du barbecue. [Rire.] C'est un auteur, mais aussi un historien du barbecue. Il a écrit un livre dessus. Donc on essayait de voir ce qu'on pouvait faire en termes de cuisine, avec Emmett. Et il nous dit : « Vous savez, on a un barbecue aquarium à l'arrière du restaurant chez Sonny » – qui a joué un rôle clé dans l'invention du barbecue style Chicago. Alors oui, la meilleure réponse pour moi et la plus courte est toujours de recruter les gens qui savent et de les écouter.

Neil : En ce qui concerne l'authenticité des décors et des lieux, je sais que la première saison de *The Chi* a presque entièrement été tournée dans les quartiers Ouest, ce qui a provoqué quelques problèmes.

Justin : Lena a tout de suite reconnu le problème dans la saison 1, et savait qu'on devrait à l'avenir tourner dans les quartiers Sud. Maintenant, c'est là qu'on tourne le plus souvent possible. C'est un défi, dans un endroit qui n'a pas vraiment l'habitude d'accueillir des productions.

Neil : Comment avez-vous relevé ce défi ?

Justin : On a pris contact en amont avec la communauté pour ne pas arriver comme des cheveux sur la soupe. Il faut être humbles et comprendre que vous êtes des invités. Des invités bruyants qui se couchent tard. Il faut appeler avant de débarquer chez les gens. Parfois il y a d'autres défis. On a eu un incident avec des coups de feu pas loin de nous pendant un tournage de nuit, ce qui a mis mal à l'aise une bonne partie de l'équipe, donc on a dû faire quelques ajustements. Maintenant on écrit beaucoup plus de scènes de jour qui se passent dans les quartiers Sud, et des scènes de nuit qu'on peut tourner ailleurs. Pour chaque épisode, d'habitude on tourne cinq, six jours sur place en extérieur, et deux, trois jours en studio. Ça dépend. Il faut respecter les réalités du terrain et comprendre que nous sommes des visiteurs dans une ville qui est un organisme vivant, qui respire et qui répond. Et qui a des opinions bien tranchées. Il ne faut pas l'oublier.

Neil : Lena vient des quartiers Sud, je suis certain que c'est un atout qui n'a pas de prix, que ce soit pour l'écriture, pour la production exécutive, ou pour son jeu d'actrice. À quel point intervient-elle quand il est question de votre liberté de raconter les histoires que vous voulez ?

Justin : On a beaucoup de liberté. Lena est quelqu'un de très occupé, elle a beaucoup de choses à suivre, mais cette série est comme son bébé. Elle me dit ce qu'elle aime et ce qu'elle n'aime pas, et ce qui compte pour elle. Par exemple : l'intrigue de la petite amie de Trig, Imani [Jasmine Davis] était très importante pour Lena, et elle avait une vision claire pour ce personnage. Donc elle me dit ce qu'elle veut. Je prends ces ingrédients et j'y mélange des choses importantes pour moi. Je lui pitche, et on fait des allers-retours avec les auteurs comme ça. On fait des points avec elle pour ne jamais trop s'éloigner de sa vision. Maintenant, des gens qui sont dans le métier depuis un certain temps peuvent avoir des problèmes avec ça. Ils peuvent dire : « C'est toi le showrunner. » Oui, mais ce n'est pas moi qui ai créé la série, et je ne viens pas de *The Chi*. Pourquoi ne pas respecter et considérer son apport dans le processus créatif ? Ça ne fait que rendre la série meilleure. Je crois que Lena apprécie aussi qu'on fonctionne comme ça. Nous sommes amis et avons un accord : c'est sa série, et je la dirige.

Neil : Je crois que ça passe très bien ; un mélange de vos deux sensibilités. C'est évident que vous collaborez bien ensemble.

Justin : Pour ce qui est de la collaboration, je dois ajouter que les gens de Showtime et de Fox21 sont aussi des supers collaborateurs et de vrais soutiens. Les auteurs se plaignent tout le temps des responsables des chaînes, mais eux nous ont fait des notes vraiment excellentes, qui ont amélioré le matériau d'origine. Ils ont été super.

Neil : En ce qui concerne les personnages et comment ils mènent l'histoire, quand vous procédez à l'organisation des épisodes pour une nouvelle saison, est-ce que vous pensez à un thème que vous aimeriez examiner ? Comment savez-vous quand vous avez trouvé une histoire qui va explorer un territoire nouveau et permettre aux personnages de faire l'expérience d'émotions différentes de celles qu'on a vues dans les saisons précédentes ?

Justin : On commence par définir ce qui est important pour nous, ce qu'on veut dire, et comment le dire de manière organique avec nos personnages. Après on regarde la saison comme un tout, on planifie le début, le milieu, et la fin presque comme trois actes : avec le premier épisode qui sert un peu de pilote, les épisodes 2, 3, 4 comme premier acte, les épisodes 5, 6, 7, comme deuxième acte, et les épisodes 8, 9, 10 comme troisième acte. J'aime avoir tout l'arc de 10 épisodes pour raconter une histoire.

Neil : Est-ce que vous abordez chaque saison avec un thème à l'esprit ? Est-ce important pour vous quand vous avez des histoires A, B, et C, qu'elles soient liées thématiquement ?

Justin : Oui, c'est très important pour moi – et c'est vous qui m'avez appris l'unité thématique ! Je ne commence pas nécessairement chaque épisode avec un thème en tête, mais une fois que les histoires sont fixées, on revient en arrière et on cherche des moyens de les fondre dans le thème global de la saison. Pour la saison 3, le thème est le combat pour préserver la famille noire. On a tellement de versions différentes de familles, et elles se battent toutes pour rester entières et pour rester ensemble et être reconnues comme familles.

Neil : Et j'aime l'exploration de la famille définie dans un sens moins traditionnel. L'intrigue d'Imani, par exemple. J'ai lu quelque part que l'acteur qui joue Victor « Trig » Taylor [Luke James] aurait eu quelques réticences à jouer le petit ami d'une femme trans ?

Justin : Non, Luke n'a jamais eu de réticences. Luke est phénoménal et a plongé à pieds joints dans le rôle. Lui et Jasmine Davis ont une super connexion à l'écran comme dans la vie. Pour ce qui est des réticences quand on joue un rôle pareil, je crois que les gens peuvent devenir nerveux s'ils doivent faire semblant de connaître quelque chose qu'ils ne comprennent pas forcément. J'ai moi-même eu besoin d'être éduqué en ce qui concerne la communauté trans, donc on a recruté un coordinateur trans qui est venu parler à l'équipe, pour régler le malaise qui accompagne souvent l'ignorance. Le coordinateur a commencé en disant : « Les femmes trans, ce sont des femmes, vous savez ? » Ça a tout de suite tout rendu clair pour tout le monde.

Neil : On dirait presque que la troisième saison a changé de formule. Ça tourne davantage autour des femmes, c'est plus coloré, plus léger, plus optimiste. Et carrément plus sexy.

Justin : C'est vrai. Je veux dire, on est sur Showtime, non ? Il faut faire du show !

Neil : On comprend vos personnages parce qu'ils luttent tous pour élever leurs enfants, pour leur transmettre de bonnes valeurs, pour construire des relations amoureuses durables, et pour retrouver soit leur famille véritable, soit leur famille d'adoption. Et quand Kiesha disparaît, la communauté se serre les coudes comme une grande famille. Il y a tellement de chaleur et de réconfort. Sa vie est plus importante que quiconque ne s'en était aperçu… avant qu'elle ne disparaisse. J'espère qu'elle est encore vivante. J'espère qu'elle va rentrer à la maison. Je suis concerné par la série, je suis plus engagé que jamais.

Justin : Merci, c'est super d'entendre ça.

Neil : Dernière question : comment avez-vous prévu de négocier avec l'Hiver comme nouveau personnage ? Jusqu'ici, vous n'avez jamais tourné pendant l'hiver. Pas en extérieur en tout cas. Un commentaire sur les hivers de Chicago, *Windy City* (« la ville du vent ») ?

Justin : En fait, la production de cette saison a duré jusqu'en décembre. Il a fait tellement froid un jour qu'on n'a pas pu tourner un plan de grue parce que la grue a gelé. Un jour, même nos chauffages portables ont gelé. Mais oui, bien sûr, on va tourner dehors cet hiver.

Neil : Ah ah, alors *Winter Is Coming* ? (« L'hiver approche », référence à *Game of Thrones*.)

Justin : Oui. On sera dehors dans le froid de Chicago… quand et si on pourra reprendre la production après la pandémie. Les grues vont geler. Et alors ? C'est *The Chi*. On fait face.

INTERVIEW : Tony McNamara, *The Great* (Hulu), sur l'histoire revisitée comme satire sans limites

Cette interview a eu lieu le 17 août 2020.

Neil : *La Favorite* et *The Great* se situent tous les deux au XVIIIe siècle, l'un en Angleterre, l'autre en Russie. Pourquoi cette période ? Est-ce que vous êtes un fan d'histoire ?

Tony : Non, pas vraiment, à part pour l'histoire contemporaine et la politique. Non, d'une certaine manière ça m'est tombé dessus. J'ai longtemps écrit pour le théâtre, et beaucoup de mes pièces ont été produites par la Sydney Theater Company. Robyn Nevin, qui dirigeait la compagnie, était une légende dans notre domaine et a été pour moi un vrai mentor. Elle était aussi une grande actrice et m'a demandé de lui écrire une pièce. J'avais déjà fait cinq pièces contemporaines et je voulais faire quelque chose d'autre. Et je suis tombé sur un documentaire ou un article, je ne sais plus, sur Catherine la Grande, et quelque chose a éveillé mon intérêt. En me documentant sur elle, je me suis dit qu'elle avait l'air d'être un personnage cool. Pour moi, *The Great* était une expérience parce que je n'aime pas les trucs d'époque. Ce n'est pas complètement vrai, j'aime *Les Liaisons dangereuses* et *Barry Lyndon*, mais c'est rare. Je me suis dit : « Comment faire pour que ça me plaise ? » C'est là que j'ai eu l'idée du style de la série… ce qui m'a conduit à cette époque-là. Yórgos (Lánthimos) a lu ma pièce pour *The Great* et un autre scénario que j'avais écrit et s'est dit : « Je veux faire quelque chose dans ce genre. » Ce qui m'a conduit à *La Favorite*, et après je me suis dit que peut-être *The Great* ferait une série cool.

Neil : Vous faites clairement exprès de dévier de l'exactitude historique. Qu'est-ce qui vous a conduit à ce choix créatif ?

Tony : L'un des problèmes que je perçois dans le genre du drame historique, c'est que, comme on sait, l'histoire est écrite par les vainqueurs.

Donc il n'y a pas vraiment de « vraie histoire ». L'autre aspect, c'est que si vous plongez dans les détails et les « faits », vous vous retrouvez pris dans une structure qui vous oblige à faire des choix dramaturgiques que vous n'avez pas envie de faire. Tout ça ne m'intéresse pas. Ce qui m'intéresse, c'est l'essence de cette femme.

Neil : Y a-t-il certains événements que vous vous êtes senti obligé d'inclure ?

Tony : Oui. Je savais que je voulais montrer la variolisation. Même si ce n'était pas chronologiquement exact, c'est quelque chose que je voulais traiter parce que c'était très important pour faire comprendre qui était Catherine (jouée par Elle Fanning). J'ai aussi changé le personnage de son mari, Pierre (Nicholas Hoult), parce que j'avais besoin d'un meilleur antagoniste. Je me suis dit : « Qu'est-ce qui m'intéresse ? » Eh bien ! je m'intéresse à la sorte d'hommes à qui on confie le pouvoir et qui se demandent pourquoi ils l'ont reçu ; c'est un mélange de fiction, librement inspirée de l'empereur Pierre III (un amalgame de Pierre II). J'ai l'impression d'être en dialogue permanent avec l'histoire, j'écris ma version, qui se heurte en permanence à la vérité historique. Donc il y a beaucoup de choses factuelles dans la série, mais je ne vais sûrement pas prétendre que c'est une leçon d'histoire. C'est une fiction.

Neil : Certaines séries médicales ou judiciaires font appel à des experts pour rectifier des inexactitudes, même si les auteurs s'autorisent toujours une licence dramatique. À quel point avez-vous prêté attention à l'exactitude historique une fois que vous vous êtes lancé ?

Tony : Pour la pièce et le pilote, je n'ai tenu compte que de ce que moi je voulais faire. Une fois que la série a reçu le feu vert, on a fait venir des auteurs particulièrement doués pour les recherches ; ils apportaient énormément de matière dans la writers room, on avait un tableau avec les faits, qui nous servait de référence si besoin quand on élaborait une histoire. Par exemple : « Comment était la contraception à l'époque ? » On a trouvé le truc des citrons (utilisés comme une sorte de douche contraceptive) pour empêcher Catherine de tomber enceinte de Pierre. Notre writers room est très imprégnée des faits, mais tout le monde sait que ça ne me dérange pas du tout, et que j'encourage même qu'on s'éloigne des faits pour privilégier les personnages, l'histoire, l'humour et l'ironie. Mais nous avons les faits à portée de main, ce qui nous permet de faire des choix conscients plutôt que des erreurs.

Neil : Vous inventez complètement certains personnages, comme Marial (jouée par Phoebe Fox). C'est une création géniale. Licence dramatique accordée !

Tony : Oui, il y a beaucoup de personnages purement fictifs. Et puis il y a des personnages, comme Tante Elizabeth (Belinda Bromilow) ; c'est un personnage réel que j'ai enrichi à partir de certains de ses attributs. Je voulais qu'elle fonctionne d'une certaine manière dans la série. J'ai en quelque sorte arrangé ce rôle.

Neil : Et vous avez l'avez attribué à votre femme. Elle est formidable, au passage.

Tony : Bien d'accord. C'est un rôle délicat parce qu'elle est à la fois excentrique et vraiment dangereuse, mais elle s'en sort très bien.

Neil : Vous habitez à Sydney. Comment un dramaturge australien s'est-il retrouvé à cartonner avec une série sur Hulu ?

Tony : J'avais fait beaucoup de pièces en Australie et j'avais commencé à écrire et à diriger des séries là-bas, et je voulais passer au niveau international. Les années précédentes j'avais écrit *La Favorite*. Et j'avais écrit des films avec des acteurs connus, j'avais écrit des pilotes pour Showtime, NBC et ABC. Je ne suis jamais rentré dans une équipe parce que j'ai une fille et je ne voulais pas être séparé de ma famille en Australie. Mais après *La Favorite*, ma fille avait fini le lycée, je me suis dit que j'allais tenter ma chance. J'ai écrit le pilote de *The Great*. Je l'avais écrit sous forme de film quelques années plus tôt, mais quand j'ai rencontré Nick (Nicholas Hoult) sur *La Favorite*, ça a relancé mon intérêt pour *The Great*.

Je l'ai montré à Nick, puis à Elle, et ils ont tous les deux vraiment aimé. En même temps qu'ils lisaient, ma chère femme m'a dit : « Tu devrais en faire une série télé. Tu adores la télé. Et c'est une histoire si vaste, tu te plains toujours de ne pas avoir assez de place dans tes scénarios de cinéma. » Elle avait raison. J'ai juste appelé Nicholas et Elle et je leur ai dit : « Et si c'était une série télé ? » Et ça les a, de manière étrange, encore plus excités parce qu'ils avaient déjà fait de la télé et étaient excités par l'immense nouveauté que ce serait.

J'ai écrit le pilote tout seul et l'ai envoyé sans être engagé avec un studio ou qui que ce soit. On l'a juste envoyé aux chaînes, et peut-être cinq ou six ont aimé. Je suis allé pitcher avec Elle, qui est aussi productrice exécutive. Et on a rencontré un intérêt certain. On a même fini par avoir le choix. Quand je me suis décidé pour Hulu, j'ai eu besoin d'un studio, mon agent m'a recommandé MRC (Media Rights Capital). Je les ai rencontrés et les ai vraiment aimés. Ils avaient l'air à la fois petits et agiles, et avaient déjà fait *House of Cards* et *Ozark* sur Netflix. Ce n'était pas une infrastructure énorme ; on n'avait affaire qu'à quelques personnes. Donc je leur ai vendu et on est partis de là.

Neil : Avez-vous pitché ce que vous pensiez que la première saison serait ? Connaissiez-vous la fin de la saison ?

Tony : Je n'avais pas tout en détail, mais le pitch organisait juste la saison en trois parties pour expliquer comment chaque tiers allait fonctionner. J'ai pitché comment je pensais qu'on allait finir, mais je n'étais pas sûr qu'on finirait comme ça. J'ai aussi pitché ce à quoi la deuxième saison pouvait ressembler. Leur plus grande interrogation portait sur le ton. Ils en avaient une idée d'après le scénario, mais ils se demandaient comment ça pouvait être exécuté. Après avoir lu le scénario, on pouvait se dire : « Oh ! on pourrait y aller franchement à la Monty Python, ou est-ce qu'on y va de manière plus dramatique ? Où est-ce qu'on met le curseur ? » J'ai fait de mon mieux pour répondre à ces questions. Je pense que c'est pour ça qu'on a commencé par tourner un pilote plutôt que s'engager tout de suite pour une série. Hulu voulait juste qu'on leur montre ce que c'était. Je pouvais leur parler du ton, mais ils avaient besoin de le voir.

Neil : Il y a des anachronismes clairement intentionnels. Dès le départ, il y a du vocabulaire anachronique avec du jargon moderne, et puis l'artifice d'avoir des personnages russes qui parlent anglais avec l'accent anglais, pas russe. Ça demande au spectateur de bien vouloir suspendre immédiatement son incrédulité. Et Marial parle et se comporte tout à fait comme une femme du XXIe siècle. Vous pouvez nous en parler ?

Tony : Quand j'ai écrit la pièce, j'ai juste expérimenté pendant un moment les premières versions, et la série aussi. On a opté pour une RP (*Received Pronunciation*, prononciation reçue par les spectateurs) anglaise ; le langage est si anachronique, je me suis dit que tout le monde devait parler pareil, pour qu'on sente qu'il s'agit d'un monde à part. Je voulais que ça sonne un peu formel, mais je voulais aussi que la langue soit suffisamment contemporaine pour vous accueillir dans la série, tout en gardant quelque chose de suffisamment formel pour qu'on comprenne que c'est une autre époque.

Neil : Le personnage de Leo Voronsky (Sebastian de Souza) est aussi fictif. Son nom est un mélange du Comte Vronsky et de Léon Tolstoï (l'auteur d'*Anna Karénine*). Le nom du père de Catherine était Samuel Skavronsky. Vous rendez aussi hommage à Anton Tchekhov avec votre Dr. Tchekhov (Jamie Demetriou). En ajoutant Leo Voronsky, vous avez créé votre triangle amoureux qui amène au climax de la saison 1. Mais c'est un triangle amoureux fictif, inventé de toutes pièces, c'est bien ça ?

Tony : Vous avez tout bon. C'est-à-dire, ça avait l'air d'être une bonne idée que Pierre donne à Catherine un amant et les complications que ça provoquerait.

Neil : Comment avez-vous présenté votre pitch, comme une fiction librement adaptée d'événements historiques ?

Tony : Tout s'est réduit vraiment au personnage de Catherine. C'était presque comme pitcher une série contemporaine. « C'est comme si une femme de Chicago se réveillait et découvrait qu'elle était mariée à la mauvaise personne. C'est un connard et elle ne sait pas s'il faut le tuer ou juste le quitter. » Je voulais quelqu'un qui me comprenne autant qu'il est possible sans être dans ma tête. On espère toujours une chaîne qui capte ce qu'est votre série. Donc, je voulais avant tout quelqu'un qui comprenne vraiment ce que j'essayais de faire. Après, qui pouvait avoir suffisamment foi en moi pour me croire capable de mener le projet à bien et me laisse le mener à bien à ma manière en me faisant confiance ? Il y a toujours un moment où les acheteurs doivent sauter dans le vide ; ils doivent faire un pari, et *La Favorite* n'était pas encore sorti ; c'était seulement en tournage à l'époque. Personne ne savait si ça allait être bien reçu. Je ne crois pas que Hulu avait un intérêt particulier pour les séries d'époque à ce moment-là. Ils aimaient bien le côté inhabituel de celle-ci. Eux et MRC sont montés à bord de la série et sont devenus des partenaires géniaux et des soutiens enthousiastes. Je n'aurais pas pu espérer mieux.

Neil : Quand avez-vous écrit la nouvelle pièce ? Et quand, approximativement, avez-vous écrit le pilote ?

Tony : Je suis quasiment sûr que la pièce, c'était en 2008. Cate Blanchett et son mari Andrew (Upton) dirigeaient la Sydney Theater Company. Et j'ai écrit le pilote au début de 2018.

Neil : Quand je regarde votre portrait de Pierre III, je ne peux pas m'empêcher de penser à Donald Trump. Vous faites la satire parfaite de tout ce que je trouve répugnant chez lui. Est-ce que la montée du trumpisme en Amérique a influencé la manière dont vous avez développé Pierre dans la série ?

Tony : Beaucoup de monde fait cette analogie, évidemment. Mais le personnage de Pierre est plus ou moins ce qu'il était déjà dans la pièce. Il y a des scènes que j'ai reprises telles quelles de la pièce et que j'ai juste mises dans le pilote. Je pense qu'il y a beaucoup de dirigeants comme Trump dans le monde entier. J'adore la politique et c'est juste un archétype, qui va d'Idi Amin Dada à Kadhafi. C'est juste ça qui m'intéressait. Et puis la série m'a donné un peu plus de latitude pour l'emmener où je voulais.

Neil : J'ai vraiment apprécié votre manière d'ajouter de l'épaisseur au personnage de Pierre, afin qu'il ne soit pas toujours un simple crétin. Il évolue presque vers une sorte d'honnêteté. Presque.

Tony : Je m'intéresse toujours à ce qui pousse des personnages à faire de mauvaises actions. C'est comme regarder Walt dans *Breaking Bad*. Est-ce qu'il fait ça pour sa famille, ou est-ce juste un monstre sans âme ? Et ils arrivent à rester sur cette ligne de crête apparemment pour toujours. Et je crois qu'on saisit ce qui le pousse, c'est ce qui rend certaines choses pardonnables ou compréhensibles, et c'est la même chose pour Pierre. Cette série était vraiment comme peler un oignon ; il avait d'autres facettes. Il n'était pas vraiment malveillant. Il était plutôt stupide et ne comprenait pas ses propres désirs.

Neil : Il y a aussi des similarités entre *The Great* et une autre série dont on parle dans ce livre, *Succession* sur HBO. Le puissant patriarche Logan Roy (Brian Cox) est toujours vivant, et l'héritier supposé Kendall Roy (Jeremy Strong) vit dans son ombre. C'est la même chose pour le père de Pierre. Il y a cette statue géante de Papa dans le Palais d'Hiver qui le surplombe toujours, un rappel constant des insuffisances et des échecs du plus jeune Pierre. Il est vain ; c'est Pierre le Vide. Est-ce que ça faisait partie de votre pitch ? Que Pierre allait se confronter à sa propre identité et à son héritage ?

Tony : Oui. Mon pitch a toujours été que Catherine catalysait le changement, y compris celui de Pierre. Et ça continue dans la saison 2. Il a des problèmes qu'il ne comprend pas, hérités de ses parents. Il ne vit qu'en fonction des attentes des autres. Et il n'a aucune idée de ce que pourraient bien être ses propres attentes. Il a tout ce pouvoir, mais aucune vision. L'avantage, c'est qu'il était très ouvert parce qu'il voulait juste être approuvé et aimé.

Neil : Un autre parallèle avec Trump. Est-ce que « Huzzah ! » était votre idée ?

Tony : Oui. Je crois que c'était dans la pièce. Il m'a semblé que c'était un bon mot pour nous permettre d'exprimer beaucoup de choses différentes.

Neil : C'est comme une grosse fête dans une fraternité de fac.

Tony : C'est en partie le modèle qu'on a suivi pour le Palais. C'est comme une coloc géante où tout le monde est bourré, avec rien d'autre à faire que de baiser les uns avec les autres ou d'être violent. Oui, c'est bien comme une fraternité. Mais Francesca Di Mottola, notre directrice artistique, en a fait quelque chose de vraiment stupéfiant.

Neil : Votre distribution est d'une diversité complètement anachronique, et c'était évidemment un choix conscient. Vous pouvez m'en dire plus ?

Tony : C'est juste parce que le monde est comme ça, vous savez.

Certains de mes auteurs sont des activistes contemporains à bien des égards, et l'un d'eux parle de « post-histoire » pour *The Great.* Nous ne voulons pas voir une série qui se demande si être gay est bien ou mal. Je veux juste un monde où chacun soit libre de coucher avec qui y consent, un monde où les gens sont de races différentes – et où tout le monde s'en fout. C'est comme ça que je veux que mes enfants voient le monde où ils grandissent. Il y a beaucoup de séries qui mettent en scène ce genre de discussions qui sont absolument nécessaires. Mais *The Great* n'est pas ce genre de série.

Je ne veux pas faire une série d'époque remplie de Blancs, et qu'une large partie de mon public se dise en la regardant : « Je n'y suis pas. » Dans l'industrie (de l'entertainment) vous pouvez ressentir beaucoup de frustration, surtout si vous venez du théâtre ; vous vous retrouvez avec des gens qui sont de grands acteurs, comme Sacha Dhawan (d'origine indienne), qui joue Orlo ; il m'a dit qu'en tant que personne de couleur, il n'y avait aucune chance que pour une série d'époque comme celle-ci, on lui propose d'être l'un des personnages principaux. Quand vous venez du théâtre et que vous voyez des gens ne pas avoir le droit de démontrer leur immense talent, je crois que vous devenez amer. Donc, quand vous avez la possibilité de faire ces choix vous-même, vous voulez juste faire ce que vous pensez juste.

Neil : Eh bien ! j'en suis très heureux. Après avoir produit le pilote et recruté votre writers room, avez-vous commencé par établir les arcs de vos personnages ? Comment avez-vous abordé la saison dans son intégralité avant de vous attaquer à l'élaboration des épisodes individuels ?

Tony : J'avais écrit deux épisodes. J'avais tourné le pilote, et j'avais écrit un autre épisode, qui faisait partie de ce que Hulu avait demandé avant de donner son feu vert. J'ai exposé aux auteurs ce que je pensais en gros que la saison serait, et ils sont partis faire tout un tas de recherches. Ensuite on a passé sept semaines à élaborer les épisodes. J'en ai laissé deux à faire pendant le tournage, parce que je n'étais pas certain de ce qui fonctionnerait une fois tourné et monté. J'ai écrit les deux derniers épisodes pendant qu'on tournait les épisodes 7 et 8 dans un tourbillon, parce que je voulais voir trois ou quatre épisodes montés ensemble et je voulais avoir une idée de ce qu'il fallait peut-être changer.

Neil : Qu'est-ce qui a été particulièrement magique pour vous dans ce que vous avez vu, et qui vous a influencé pour finir ces deux derniers épisodes ?

Tony : Juste les relations, vraiment. Je trouve que Nick et Elle ont une telle chimie entre eux, au départ c'était juste une intuition. Leur relation est devenue de plus en plus intéressante à écrire, et être avec eux sur le plateau… Nous nous soutenons beaucoup les uns les autres sur cette série. Et le truc Marial/« Archie » (l'archevêque joué par Adam Godley) a pris des proportions, la relation entre Elizabeth et Catherine a bien pris aussi, tout ça a culminé dans cette scène finale où elle pisse dans le blé (pour déterminer si Catherine est enceinte).

Neil : C'est vrai, ou vous l'avez inventé ?

Tony : Non, c'est vrai. En fait, une université américaine a fait une étude dans les années 90 pour voir si c'était vrai, et c'était exact à 92 %.

Neil : Quand vous approchiez des épisodes de la fin, est-ce que vous saviez que ce serait en même temps l'anniversaire de Catherine, le jour prévu pour l'assassinat de Pierre (si Catherine allait au bout de son projet), et en plus le moment où elle découvrait qu'elle était enceinte ? Un vrai tiercé dramatique.

Tony : Beaucoup de ces décisions ont été prises très tard. J'ai toujours su ce qui se passerait pour Leo. Mais j'ai planché sur les détails du final avec James Wood et Gretel Vella (auteurs), puis avec Marian Macgowan qui est ma productrice exécutive, elle n'écrit pas mais connaît tout de la série par cœur, et on en a beaucoup parlé aussi. Je savais où je voulais terminer la saison ; je le savais depuis longtemps. Mais les choix de cette nature se font assez tard parce que je regarde, j'écoute et je passe pas mal de temps à y penser.

Neil : Vous avez tourné en Angleterre et en Italie ?

Tony : Oui.

Neil : Et c'était pour des raisons budgétaires ou juste parce que les acteurs vivaient là, ou… ?

Tony : C'était un mélange. Je voulais tourner en Angleterre. Pour une série qui peut se poursuivre, c'est bien d'avoir ce super casting en Angleterre ; il y a aussi des équipes techniques géniales. Et personnellement, j'avais des enfants qui devaient aller à l'école. Voilà, donc un peu de tout ça. Nick a une maison là-bas. Elle Fanning y passe aussi beaucoup de temps. Ils étaient très heureux d'y aller. On a fait des repérages ailleurs en Europe, mais on n'arrivait pas à trouver vraiment un endroit où on avait envie de tourner. Le monde que je créais était si spécifique. Ce n'était pas baroque. C'était notre propre version, donc on savait qu'il fallait tout construire. Ce qu'on a tourné en Italie, c'était surtout les extérieurs et quelques couloirs, des escaliers. Mais un endroit génial pour l'équipe, et la nourriture !

Neil : Votre série est hautement osée et provocatrice. Avez-vous rencontré des problèmes de censure ? Est-ce qu'on vous a dit à certains moments : « Non, pas possible, ça va trop loin » ?

Tony : Peut-être une fois ou deux, il y a eu des interrogations sur un ou deux trucs. Il y a un cas où ils avaient complètement raison. Mais en gros, ils ont compris le ton de la série, et en général ils étaient plutôt à dire : « Allez-y à fond ! » Je pense qu'ils étaient aussi désireux que moi de mettre toute la gomme.

Neil : Vous pouvez nous parler de la question du thème et de la métaphore, pour autant que vous pensiez à ce genre de choses quand vous écrivez ?

Tony : Je n'écris pas vraiment comme ça. Tout ce qui m'intéresse, c'est les personnages. Un peu le thème, mais pas tant que ça. Je ne réfléchis pas à la métaphore. Je ne pense vraiment qu'à ce que fait le personnage. Et c'est tout. Le thème, tout ça, on en parle pendant quelques semaines au début de la writers room. Ou je m'isole quelques semaines en bord de mer et j'ai ces conversations avec moi-même, pour trouver où je pense vouloir aller, et le dire ensuite aux auteurs, après quoi on n'en parle plus, et je vérifie juste de temps en temps. Une fois que je suis en mode écriture du scénario, c'est très focalisé, très dépouillé.

Neil : D'où viennent les intrigues les plus excentriques, comme le chien avec le parachute ?

Tony : C'est vrai, dans les writers rooms, on a parfois des idées vraiment idiotes qui sont si ridicules qu'on devrait immédiatement les écarter comme des blagues. Je crois que c'est Amelia qui a eu l'idée du chien avec un parachute, mais on ne savait pas quoi en faire ; c'était comme un truc marrant qu'on dit le matin comme ça, mais en construisant l'histoire, on a vu un endroit où le placer. Et soudain ça s'est enclenché de manière très organique, ou on a fait en sorte que ça le devienne parce que c'était marrant.

Neil : Est-ce que vous faites des suggestions pour les musiques de fin d'épisode dès le scénario, ou est-ce que ça se décide plus tard en post-prod ?

Tony : Non, tout est décidé plus tard. On a un super compositeur, et une « music supervisor » géniale, Maggie (Philipps). Et donc, entre Nate (Nathan Barr, compositeur) et Maggie… J'ai juste toujours voulu qu'il y ait un morceau contemporain à la fin, parce que pendant les épisodes, à cause du ton de la série, c'était impossible. Et Maggie est tout simplement un génie, même si tout le monde donne son avis. En général ça se termine avec Maggie qui nous sort un truc brillant. Je crois que c'est Marian qui a eu l'idée d'utiliser « Everybody Wants to Rule the World », la version de Patti Smith, à la fin du pilote. C'est la partie sympa. Et Maggie est parfaite pour ça.

Neil : Je considère *The Great* comme une satire historique basée sur une histoire réinventée. C'est aussi une comédie très noire, à mourir de rire. Il y a aussi des moments tragiques, atroces, et puis soudain, on repasse à quelque chose de drôle. Comment trouvez-vous le bon équilibre ?

Tony : Deux choses, je pense. Je n'écris que ce que je pense juste pour les personnages, et je choisis des acteurs qui ont toujours une source de vérité en eux, que cette vérité soit comique ou dramatique. Parfois, au scénario, je me dis que je suis allé trop loin dans la blague. Ça arrive de moins en moins, maintenant qu'on a trouvé le ton de la série. Je pense que c'est comme *M*A*S*H*. Vous voyez, Hawkeye (Alan Alda) qui blague en buvant des martinis et puis ils vont opérer un soldat blessé, qui meurt pour de vrai. Et c'est comme si vous y étiez. Pour moi, c'est une série de référence parce qu'elle a montré à quel point on pouvait aller dans le drôle et la farce si on avait bien construit son monde. Et qu'on pouvait être tragique aussi. Je pense que c'est ce genre de modèle. C'est pour cette raison qu'on a construit notre propre monde. Et c'est pour ça qu'on a été aussi attentifs au détail de notre monde. Parce qu'on a besoin d'un monde incroyablement solide et bien installé si on veut faire passer des trucs comme des chiens en parachute ou des douches au citron.

4

Comment alimenter vos moteurs narratifs

Questions centrales et mystères centraux

Un pilote est comme une promesse faite aux spectateurs – on peut parler de contrat – qui leur explique tacitement à quoi s'attendre s'ils s'engagent à regarder votre série chaque semaine (ou à la « binge-watcher »). Vous ne leur promettez *pas* que tout y sera horriblement prévisible et répétitif. Vous leur *promettez* de rester fidèle à ce que vous avez établi dans votre épisode pilote. Dans le jargon télé, c'est ce qu'on appelle *servir sa franchise*.

Bien servir la franchise de votre série signifie que vous allez montrer à votre public fidèle une série qui reste fondamentalement la même d'un épisode à l'autre – tout en sachant être toujours différente. La prémisse et la situation de base du genre de votre série resteront globalement inchangées, mais le détail des histoires ne cessera, on l'espère, de changer et de surprendre le public à chaque épisode. Dans beaucoup de séries, les personnages principaux (alias les « récurrents » de la série) resteront aussi les mêmes d'un épisode à l'autre, mais dans d'autres séries, les personnages vont évoluer d'un épisode à l'autre et d'une saison à l'autre.

Quand un responsable de chaîne ou un producteur vous demande : « C'est quoi, la franchise ? » de votre projet de série, ce qu'ils vous demandent vraiment, c'est : Qu'est-ce que vos personnages principaux vont *faire* chaque semaine ? Quels *moteurs narratifs* vont faire avancer vos intrigues ? Ces moteurs ont besoin de carburant, et ce carburant, c'est le conflit sous forme de problèmes à résoudre et d'obstacles internes comme externes à surmonter.

Dans le business de la télé, le prototype originel pour une série télé est appelé « pilote ». Chaque épisode qui suit ce premier épisode est une extension et une exploration progressive des circonstances de départ, des personnages et des thèmes mis en place dans le pilote. Les véritables « histoires des origines » peuvent apparaître dans le pilote, ou être parsemées au cours de(s) la saison(s) sous la forme de flash-back. Un pilote efficace installe un univers et nous invite à y plonger et à nous lier à ses habitants pour une longue période. En général, la différence principale entre un film et un pilote télé est que le film doit avoir un début, un milieu et une fin ; il est fait pour être achevé. Un pilote télé, au contraire, est conçu et construit comme un seuil et un passage vers les épisodes suivants.

Quand on conçoit un pilote, le processus créatif initial peut être très similaire à l'écriture d'un scénario de long-métrage : prémisse, lieu, développement des personnages – mais le truc délicat, c'est de comprendre que vous n'écrivez pas dans le but d'une résolution finale et d'un climax. Ce que vous voulez, c'est plutôt accoutumer le public à l'« arène » (le lieu, la logistique, les personnages, les strates de « backstory ») de votre série – et installer la scène où votre histoire va se déployer d'un épisode à l'autre et/ou d'une semaine à l'autre. On peut dire que la fin de votre pilote est le début de votre série.

Questions centrales

Une question centrale concerne le futur.

Qu'est-ce qui va se passer après ? Toute série télé feuilletonnante a besoin d'*élan narratif* pour garder son public. Une bonne question centrale aiguillonne la curiosité du public et son besoin d'en savoir plus. Comment ce problème va-t-il être résolu ? Qu'est-ce qui va se passer après ? L'élan narratif vient du but, de la Vérité qui est le point d'arrivée. Pour le dire simplement, on a besoin d'une *question centrale* bien définie, à laquelle il faut une réponse au climax de la saison 1 – et les grandes séries télé reposent sur la réussite de cet atterrissage. On continue à regarder parce qu'on attend les réponses à la *question centrale* et/ou au *mystère central.* La question centrale concerne le présent et le futur des personnages : ce *qui va* leur arriver au cours de la saison ou de la série. Ce qui manque est ce qui crée de l'intrigue.

Si la narration est vraiment innovante et forte, les attentes du public seront dépassées, transcendées et ses suppositions seront toujours fausses.

Tenir une série sur le long terme n'est pas facile et demande beaucoup de recherche, de brainstorming, et d'organiser l'écriture en fonction de la fin, tout en restant toujours ouvert à La Meilleure Idée quand, et si elle vient. Même si ça suppose de devoir défaire toute l'intrigue de la saison, ça vaut le coup. Une série feuilletonnante ne peut conserver notre intérêt que si elle parvient à nous faire investir les personnages. Il faut qu'on s'inquiète pour eux. Il faut qu'on les accompagne dans les découvertes qu'ils parviennent à faire. Il faut qu'on se sente concernés.

Toutes les grandes séries télé nous présentent des questions centrales fortes.

Dans *Ozark*, on se demande combien de temps les Byrde vont survivre face à des dangers toujours plus grands. Dans *Insecure*, la question centrale est de savoir si Issa Dee (Issa Rae) et sa meilleure amie Molly Carter (Yvonne Orji) trouveront un jour l'amour véritable et la sécurité, ou pas. Dans *Les Shtisel*, la question centrale est : est-ce que Akiva (Michael Aloni) tombera amoureux dans les saisons 1 et 2, et est-il capable de tomber à nouveau amoureux dans la saison 3 ? Il y a beaucoup de triangles amoureux, même dans la communauté juive hassidique.

Mystères centraux

Un mystère central concerne le passé.

Qu'est-il arrivé à nos personnages dans le passé pour avoir fait d'eux ce qu'ils sont ? Comment, quand, où, et pourquoi – et quel sera l'impact sur le présent et le futur de nos héros récurrents ? La saison 1 de *Big Little Lies* (HBO) était une enquête policière à fin bouclée. On sait que quelqu'un a été tué, mais on ne sait pas qui ni pourquoi avant la fin de la première saison. C'est une histoire du genre *noir* qui se déploie de manière oblique.

Dans *This Is Us*, le mystère central dans les premières saisons est : qu'est-il arrivé à Jack (qui n'est pas présent dans l'histoire présente) ? Dans *Your Honor*, le mystère a plusieurs facettes : que faisait Adam (Hunter Doohan) dans le quartier du Lower 9th Ward de la Nouvelle-Orléans la nuit de son délit de fuite ? Qu'est-il arrivé à la mère d'Adam ? Son père, le juge Michael Desiato (Bryan Cranston) s'est-il déjà conduit de manière aussi bizarre dans le passé ?

Le mystère central de *I May Destroy You* (HBO) est : pourquoi Arabella (Michaela Coel) cherche-t-elle à se détruire ? Qui l'a agressée sexuellement ? Qui connaît la vérité ? Sera-t-elle jamais capable de retrouver ce souvenir réprimé (elle a été droguée et violée dans des toilettes) ? Peut-elle surmonter ce trauma ? Va-t-elle vivre ou mourir ? Les mêmes questions se posent pour Rue Bennett (Zendaya) dans *Euphoria* (HBO), mais au lieu d'une agression sexuelle, Rue doit faire face à l'addiction, aggravée par le chagrin d'avoir perdu son père. Durant son combat contre le cancer, les narcotiques prescrits à son père ont fourni à Rue un moyen d'auto-médication et une manière de se sentir plus proche de lui. Si Rue continue à se droguer, c'est que ça lui permet de se souvenir de son père et de la proximité qu'ils ont partagée à la fin de sa vie.

Dans *The Sinner* (USA Network), un thriller policier procédural/psychologique tordu (la saison 1 était inspirée d'un roman du même titre[25] et adaptée par le créateur/showrunner Derek Simonds), le mystère central est : pourquoi des individus qui paraissent innocents, non violents et parfaitement sains d'esprit deviennent des meurtriers pour des raisons inexplicables au premier abord ? Dans cette mini-série d'anthologie, c'est le même personnage, avec son propre passé compliqué, qui enquête sur chaque affaire de la saison, l'inspecteur Harry Ambrose (Bill Pullman). *The Outsider* (HBO), une mini-série drame policier, adaptée du roman du

25. *The Sinner (Die Sünderin)*, par l'auteure allemande de romans policiers Petra Hammesfahr (Actes Sud, 2022). Hammesfahr est surnommée « la Patricia Highsmith allemande ».

même titre de Stephen King par Richard Price, met également en scène des gens apparemment innocents qui commettent des crimes atroces. Dans le pilote, Terry Maitland (Jason Bateman), citoyen, mari/père exemplaire, et coach de baseball pour la Ligue des enfants, est arrêté pour le meurtre d'un jeune garçon ; mais Maitland a un alibi en béton armé grâce à de la vidéo-surveillance, ce qui nous offre une énigme excitante. Le mystère central est : comment la même personne pourrait-elle se trouver en même temps à deux endroits différents ?

La différence significative entre ces deux séries aux prémisses similaires est que les mystères centraux dans les trois premières saisons de *The Sinner* sont tous ancrés dans le réalisme, et les meurtres doivent être résolus en utilisant les moyens habituels du travail de détective. Alors que dans *The Outsider*, on s'aperçoit assez vite que l'origine des crimes est surnaturelle (possession démoniaque). Dans le premier cas, le showrunner Derek Simonds et son équipe d'auteurs doivent suivre chaque crime en rassemblant des preuves et des témoignages crédibles (micro-missions menant à la résolution de l'affaire). Dans *The Outsider*, le mystère central correspond à l'occulte, et *tout* peut littéralement arriver selon la logique interne de la mythologie de la série. La possibilité ou au contraire l'absurdité de l'explication paranormale des meurtres ajoute à *The Outsider* une tension supplémentaire entre croyants et sceptiques (à la Mulder et Scully dans *X-Files*), avec l'inspecteur Ralph Anderson (Ben Mendelsohn) et la détective privée Holly Gibney (Cynthia Erivo), douée d'une mémoire à la *Rain Man* et de perception extrasensorielle.

Lost nous offrait la question centrale de comment les survivants du crash aérien allaient survivre, mais très vite la série nous a aussi confrontés à des aberrations de la nature, à de l'activité paranormale, et aux mystères toujours renouvelés de l'île elle-même. La question centrale était peut-être au début : comment allons-nous nous échapper de cette île ? Mais elle s'est bientôt transformée en mystères existentiels plus vastes, comme : mais c'est quoi cet endroit ? Pourquoi on est là ? Qui *d'autre* est là ? Et même si on peut trouver une source durable de subsistance, pourrons-nous jamais réparer nos fautes passées ? Et même si nous y parvenons, le temps existe-t-il vraiment ? Sommes-nous toujours vivants ? *Stranger Things* (Netflix) fonctionne sur une fréquence similaire.

Moteurs narratifs par type de franchise

Pour déterminer la franchise spécifique de votre série, concentrez-vous sur les *verbes*.

Que *font* vos personnages chaque semaine ? Ça peut être enquêter, découvrir, dévoiler, diagnostiquer, guérir, défendre en justice, combattre, rivaliser, débattre, sauver, attaquer en justice, affronter, piéger, voler, arrêter, accuser, venger, tuer, etc. Les verbes expriment les buts des personnages dans chaque épisode sous la forme de *micro-missions*, comme moyens vers une fin.

Le but premier d'un showrunner est de satisfaire – ou de dépasser – les attentes, les espérances de son public, en fonction du type d'intrigues et du ton général de sa série. Les nouvelles intrigues doivent être inattendues et même révolutionnaires – mais à l'intérieur du cadre habituel de la série. En d'autres mots, une série peut être révolutionnaire en matière d'intrigue sans révolutionner ni briser le cadre de la série elle-même. Si les spectateurs se branchent sur leur programme favori, c'est pour y retrouver le niveau de confort habituel que la série leur offre.

Séries procédurales

Cas de la semaine

La franchise vraiment la plus basique, c'est le genre *cas de la semaine*, ce qui explique pourquoi il y a tellement de séries avec des médecins, des avocats, des policiers (y compris les détectives privés, le FBI, la CIA, le MI5, etc.). Dans une série médicale, ce sont les cas médicaux avec chaque nouveau patient. Dans une série judiciaire, ce sont les affaires des plaignants ou de la défense. Dans une série criminelle, ce sont les affaires policières. Les franchises dans les séries télé traditionnelles à formule cas-de-la-semaine sont en soi procédurales. À chaque épisode, on va avoir un nouveau client, patient, coupable, et à la fin de l'épisode, notre équipe dévouée de spécialistes aura surmonté les forces antagonistes externes et les conflits internes (les biais individuels implicites et explicites) pour résoudre le cas.

Ces épisodes, aux résolutions rapides et dignes de confiance (diagnostic/médicament, preuve/verdict, arrestation/jugement), sont appelés épisodes à fin bouclée.

Toutes les séries procédurales mettent en scène des mystères qui doivent être résolus, et l'urgence des mystères médicaux pousse à accélérer le rythme pour soulager la souffrance du patient et l'inquiétude du public. Ce n'est pas pour rien que *Grey's Anatomy* marche toujours aussi bien après 18 saisons. Le soin, la vérité et la justice sont l'élément vital de toutes les séries télé procédurales. Quand vous allumez la télé pour regarder *Good Doctor*, vous savez déjà que la maladie du nouveau patient va être un mystère médical qui défie tout traitement. Mais ce que vous *ne savez pas*, c'est *comment* le Dr. Shaun Murphy (Freddie Highmore), un jeune chirurgien autistique, et son équipe vont le résoudre. La question centrale de toutes les séries procédurales repose sur la résolution (ou pas) du cas.

Séries procédurales à combustion lente

À l'heure du streaming à la demande, la narration « à combustion lente » est appréciée par le public, car on y creuse davantage les personnages, on donne plus de place au réalisme et à la vraisemblance. Au lieu d'un cas par semaine, on a plutôt un cas examiné et finalement résolu sur toute une saison. Parmi les précurseurs de cette tendance, on compte : *Murder One* (1995-1997, un seul procès pour meurtre par saison) ; *24* (2001-2010, un thriller d'espionnage international où chaque épisode dure une heure de la même journée de 24 heures), et *The Killing* (2011-2014, une enquête criminelle où chaque épisode couvre un seul jour dans une enquête qui dure toute la saison et multiplie les points de vue).

Séries criminelles

Quand vous regardez une série procédurale policière flippante/glauque à la télé, comme *Law & Order : Special Victims Unit (New York : Unité spéciale)*, vous savez à quoi vous attendre : des crimes durs, pervers, sombres. Vous savez aussi que la violence et les scènes de sexe ne franchiront pas le seuil, de l'explicite ou du pornographique. Vous êtes sur NBC, pas sur HBO.

Dans le passé, la « justice » du petit écran était imprégnée d'un racisme systémique rarement remis en question. Aujourd'hui je vois de plus en plus de studios et de chaînes se confronter à ces inégalités et aux clichés du genre « bon flic/méchant flic ». Dans le paysage actuel de la télé, la question « Qu'est-ce que la justice ? » est la question centrale que toutes les séries procédurales doivent se poser, puisque tout dépend de la race, de l'orientation sexuelle, du genre, des rapports socioéconomiques et de l'empathie pour les « victimes » d'un système biaisé et souvent corrompu.

L'année 2020 restera pour toujours gravée dans notre mémoire collective, non seulement à cause d'une pandémie dévastatrice et globale, mais aussi à cause des nombreux exemples de brutalité policière qui ont catalysé les manifestations Black Lives Matter dans toute l'Amérique. Daunte Wright, George Floyd, Breonna Taylor – malheureusement, la liste ne s'arrête pas là. Alors que les séries procédurales policières à la télé donnent presque toujours un sentiment de justice, on a commencé à se poser beaucoup de questions quant à l'honnêteté de cette narration, problématique au regard d'une réalité qui s'en éloigne tellement.

« Au bout d'une heure, on peut tous se détendre. Les méchants sont en prison et les gentils chez eux, soulagés, savent qu'en cas de chaos, quelqu'un viendra pour réparer les torts », comme le dit Courtney Kemp (créatrice/showrunneuse de la série au long cours *Power* (Starz) et de ses spin-off, et prochainement de *Dirty Thirty*) dans une tribune publiée par *The Hollywood Reporter*[26] . D'après elle :

« Le problème n'est pas l'existence de ces séries. Mais leurs auteurs. Soixante pour cent des séries télé mettent en scène la police ; 4,8 % des auteurs en exercice à la télévision sont noirs. Le pourcentage d'auteurs

26. *The Hollywood Reporter*, Courtney Kemp : « The Cop Shows Aren't the Problem, It's the People Who Write Them » (« Le problème, ce n'est pas les séries policières, mais les gens qui les écrivent. »), 17 juin 2020. Dans cette chronique, Kemp, qui dirige les writers rooms de *Power* et de la série sur des policiers corrompus *Dirty Thirty* (HBO Max), explique où les séries procédurales policières font fausse route.

latinos, américains d'origine asiatique, et amérindiens est encore plus faible. Vous voyez la corrélation ? »

Servir de manière efficace la franchise d'une série donnée suppose d'ajouter à un cas quelque chose de nouveau, d'imprévisible, d'adapté à l'époque et de provocateur. Dans l'idéal, ce nouvel angle viendra de la relation des personnages à chaque nouveau cas. Sur quels « boutons » psychologiques et émotionnels de tel personnage un nouveau cas pourrait-il appuyer ? Quels sont les défis principaux à surmonter pour résoudre le cas ? Si le cas est trop facile, ce n'est pas viable. Il doit d'une manière ou d'une autre présenter un défi pour les personnages récurrents de la série et amener une vérité qui dérange.

Si les séries télé ont contribué à perpétuer les biais contre les populations marginalisées, alors (en étant optimiste) j'affirme que les séries télé et les autres médias de masse peuvent et doivent jouer un rôle dans l'éducation du public, pas d'une manière moralisatrice ou pédante, mais par l'empathie, l'équité, la diversité, l'inclusion, et la représentation de tous à l'écran. Je ne milite pas pour que les séries télé deviennent de la propagande avec une mission libérale ou « woke » ; je milite pour que les showrunners soient attentifs à représenter un monde qui reflète celui dans lequel nous vivons, pas une version simpliste et convenue de notre réalité. La seule manière d'y parvenir est de recruter des auteurs sous-représentés et marginalisés, et de leur faire jouer un rôle actif lors du développement.

La romancière Carolyn See, que je chéris comme un de mes mentors, soutenait que : « Le travail d'un auteur est de dire la vérité. » Mais la vérité peut être subjective, je me permettrais donc de modifier ce sage conseil ainsi : « Le travail d'un auteur est d'être conscient de la subjectivité de la vérité et de s'efforcer de montrer différentes facettes d'un problème, vu de différentes perspectives. » C'est exactement ce qu'a fait le showrunner/auteur John Ridley (*Twelve Years a Slave*) avec *American Crime* – une vraie référence télé, avec un cas examiné à 360 degrés sur l'ensemble d'une saison. La série n'a duré que trois saisons (2015-2018) sur ABC, mais comme bien des génies, John Ridley était en avance sur son temps, et sa série brillante n'était pas faite pour ABC.

Les séries criminelles procédurales à combustion lente ont d'abord prospéré en Grande-Bretagne et dans les pays nordiques et scandinaves : *Happy Valley, Broadchurch, The Fall, Wallander, The Bridge* (*Broen*/Bron), *The Killing* (Forbrydelsen), et *The Investigation* (Efterforskningen), pour en citer quelques-unes. *Criminal Justice*, de la BBC, a été adaptée par HBO pour le marché américain et est devenue *The Night Of*. Maintenant que la télé est devenue globale, les spectateurs américains comme du monde entier ont montré le plus vif intérêt pour les séries « à combustion lente » : de *Big Little Lies, The Undoing* et *Mare of Easttown* (comparée à juste titre à *Happy Valley*), à des mini-séries d'anthologie comme *Fargo, True Detective* et *American Crime Story*. Tous ces exemples sont des enquêtes policières, un genre qui a fait ses preuves, mais racontées avec profondeur et nuance. Alors que les séries cas-de-la-semaine sont des franchises faciles à saisir et à servir, toutes les séries télé n'obéissent pas à cette « formule » procédurale.

Certaines séries, comme *True Detective* sur HBO (en particulier la saison 1), sont des séries hybrides – à la fois procédurales judiciaires et feuilletonnantes. Dans la première saison de *True Detective*, les mystères cachés au cœur des deux héros, Rustin Cohle (Matthew McConaughey) et Martin Hart (Woody Harrelson), et leurs backstories sont au moins aussi, sinon plus palpitants que la résolution du cas du tueur en série. Cette approche a permis au créateur de *True Detective*, Nic Pizzolatto, de créer son propre sous-genre : l'*enquête existentielle*. Je mettrais *Killing Eve* dans la même catégorie. Si *True Detective* (saison 1) était une *bromance*[27], alors *Killing Eve* est un hybride de série procédurale criminelle, de comédie noire stylisée, et d'histoire d'amour obsessionnelle entre l'espionne du MI5 Eve Polastri (Sandra Ho) et la psychopathe glamour, tueuse à gages internationale Villanelle (Jodie Comer).

Séries judiciaires

De même, dans le reboot de 2020 par HBO du classique de la série judiciaire *Perry Mason* (1957-1966), plutôt que l'approche convenue cas-de-la-semaine de l'original, la série met en scène un cas sur toute la saison :

27. NdT : bro(ther) + romance : romance entre deux frères, deux potes.

l'enlèvement et le meurtre atroce d'un jeune garçon dans le Los Angeles des années 30. Elle peint également le portrait d'un Perry Mason (Matthew Rhys) extrêmement différent et bien plus complexe et perturbé que l'original[28]. À l'heure de la télé à la demande et « à mèche plus lente », les spectateurs ont tendance à vouloir aller plus loin que la seule question légale, et à vouloir comprendre aussi l'impact sur la vie personnelle, les épreuves et les tribulations des personnages. On a toujours eu besoin, dans une affaire, de sympathie pour les victimes et les coupables, mais maintenant on désire aussi l'empathie pour les avocats et les juges qui s'occupent de leurs cas.

Dans la mini-série *Your Honor* de Showtime (adaptée d'une série israélienne), avec Bryan Cranston, la vie personnelle du juge (comme père et protecteur) est autant mise à l'épreuve que celle de l'accusé. *Your Honor* est aussi un mystère ouvert, où le public sait déjà qui est coupable. Le « cas » porte en réalité sur l'intégrité (ou le manque d'intégrité) du juge de la Nouvelle-Orléans Michael Desiato (Cranston), réputé pour son honnêteté, et qui se retrouve pris dans un dilemme moral terrible : protègera-t-il son grand garçon « innocent », Adam (Hunter Doohan) ? Adam est impliqué dans un accident de voiture tragique, avec délit de fuite, qui a provoqué la mort du fils d'un redoutable chef mafieux. Le juge Desiato va-t-il se comporter « bien » en respectant la loi et son serment à la lettre, ou va-t-il succomber à son devoir de parent et protéger son fils en le couvrant et en cédant à la corruption ? Si vous supprimez l'émotion de l'équation, la décision est facile. Hélas ! Les dés sont pipés, et voilà le juge Desiato moralement compromis. Son mensonge unique et bien intentionné fait de lui un criminel, au détriment qui plus est, et de manière très dérangeante, d'une famille noire, dont le fils sert de bouc émissaire. Condamné pour le délit de fuite, il est ensuite assassiné en prison. Quand le juge Desiato subit un chantage qui le force à présider le procès *précisément* de ce meurtre, il se retrouve réduit à l'état de vestige, de coquille vide, de ruine morale de son moi précédent. La question centrale de *Your Honor* (et de *Breaking Bad*, de *Better Call Saul*, et d'*Ozark*) est : vont-ils s'en sortir – et à quel prix, légalement, moralement, et spirituellement ?

28. La série originale *Perry Mason*, adaptée des romans best-sellers d'Erle Stanley Gardner, diffusée sur CBS, avec Raymond Burr.

Séries médicales

Sur les plateformes de streaming, les séries procédurales médicales ont tendance à être plus hybrides et à traiter de traumas physiques et/ou mentaux, et la résolution peut être moins nette, moralement plus complexe et parfois échapper à toute résolution. Ces séries au genre hybride sont souvent des drames avec hospitalisation, diagnostic, thérapeutes et experts médicaux ; *Sharp Objects, Euphoria, The Act, Unbelievable, Ratched, In Treatment* et *Legion*, pour en citer quelques-unes.

L'avantage d'une franchise qui offre des cas à fin bouclée, c'est qu'on peut regarder les épisodes dans l'ordre qu'on veut sans problème. Les séries feuilletonnantes, elles, réclament beaucoup plus d'engagement du spectateur. Dans le passé, si on ratait plusieurs épisodes, ça pouvait paraître compliqué de se rattraper (comme ça pouvait être le cas pour *Lost, 24* ou *Game of Thrones*). Aujourd'hui, les spectateurs peuvent facilement se remettre à niveau – tout est à la demande. Reste que chaque format a ses avantages.

Les franchises de comédie

Sitcoms à fin bouclée (Multi-caméras ou mono caméra)

Pendant plus de 60 ans, les comédies de situation d'une demi-heure multi-caméras ont été la version télévisée de la *comfort food.* Les personnages ne changent pas pour la bonne raison qu'on ne veut pas qu'ils changent. On regarde pour voir des personnages familiers, habituels, partir sur des micro-missions pour tomber dans un problème (en général auto-provoqué), puis en sortir à la fin de chaque épisode. Lucy est toujours Lucy. Ricky est toujours Ricky. Jerry, Elaine, George, et Kramer sont toujours les mêmes. Dans les séries d'animation, comme *Les Simpson*, les personnages ne vieillissent même pas. Ce sont des séries qui offrent du confort, des gags sur lesquels on peut compter, des rires, et qui servent d'échappatoires, par opposition aux territoires plus durs du drame sombre et des séries procédurales avec des enjeux de vie ou de mort. Dans les sitcoms, tous les problèmes sont résolus par l'amour, le pardon, et/ou une leçon de vie. À la fin de chaque épisode, on appuie sur le bouton « reset » et les personnages reprennent tous leur forme initiale, devenant toujours plus conformes à leurs identités bien établies.

La comédie/dramédie feuilletonnante mono caméra

Par contraste, les comédies et dramédies feuilletonnantes mono caméra (d'une demi-heure ou d'une heure) impliquent une évolution progressive des personnages d'un épisode à l'autre et d'une saison à l'autre. La famille Rose dans *Bienvenue à Schitt's Creek* connaît une énorme évolution personnelle et émotionnelle entre la saison 1 et le final de la série – ce qui est une des grandes forces de cette série ironique et étonnamment nuancée. Même chose pour Earn (Donald Glover) dans *Atlanta*, qui lutte pour devenir meilleur comme être humain, partenaire amoureux, ami et père. *Fleabag* apprivoise son chagrin sur l'ensemble des deux saisons superbes de la série. Miriam « Midge » Maisel (Rachel Brosnahan) et quasiment tous les personnages de *La Fabuleuse Madame Maisel* progressent et changent, peut-être grâce au courage exemplaire de Midge dans sa quête d'authenticité. La série métaphorise aussi la libération de la femme, avec des blagues qui servent à Midge à exprimer le réveil des femmes dans les années 50 et 60. La saison 2 introduit un chanteur noir nommé Dwayne « Shy » Baldwin (LeRoy McClain), librement inspiré du crooner romantique Johnny Mathis (qui était d'ascendance afro-américaine et amérindienne). Shy Baldwin a un rôle important dans la saison 3, qui commence à s'attaquer aux questions de race, d'orientation sexuelle et de droits civiques.

Séries d'anthologie

Une série d'anthologie « pure » offre au public des épisodes conçus individuellement, mais tous sur le même thème. *La Quatrième Dimension* (1959-1964 sur CBS) est peut-être la série d'anthologie la plus connue et la plus durable de tous les temps. Il y a eu plusieurs reboots de *La Quatrième Dimension* (notamment en 1985-1989 et 2002-2003). L'auteur/réalisateur

Jordan Peele (*Get Out, Us*) a récemment repris la série en 2019, avec seulement deux saisons sur CBS. Les séries d'anthologie pures sont difficiles à faire décoller à cause de l'impossibilité pour les spectateurs de s'attacher au long terme au même groupe de personnages récurrents. La seule exception notable est la phénoménale série d'anthologie *Black Mirror*, créée par Charlie Brooker et sa coproductrice Annabel Jones. Mais on dispose d'une variante plus viable :

La mini-série d'anthologie

Dans la mini-série d'anthologie, chaque saison s'abrite sous le parapluie d'un thème ou à l'intérieur d'un cadre permettant d'avoir une histoire longue par saison, avec habituellement un casting complètement nouveau à chaque fois ou un même groupe de comédiens jouant des rôles différents dans chaque saison. Le super-showrunner Ryan Murphy a quasiment inventé ce nouveau genre et ce nouveau modèle de production : *American Horror Story, American Crime Story*, et *Feud*, qui a duré une saison. Il y a aussi *Fargo, The Sinner*, et le susmentionné *American Crime.*

Que faire quand il n'y a pas de cas à résoudre ?

Il est facile de répondre à cette question, mais c'est bien plus dur de parvenir à décoller quand tous les moteurs narratifs concernent les relations et la dynamique familiale (voir chapitre 6).

La quête de place, d'appartenance, et d'acceptation comme carburant des moteurs narratifs

Dans *PEN15*, la question centrale – c'est-à-dire la franchise – est : est-ce que Maya Ishii-Peter (Maya Erskine) et Anna Kone (Anna Konkle) auront un jour un sentiment d'appartenance ? La singularité hilarante et plutôt touchante de cette histoire initiatique de passage à l'âge adulte (à la *The Wonder Years, « Les Années coup de cœur »* et *My So-Called Life*, *« Angela, 15 ans »*) est que Maya et Anna sont jouées par des actrices qui ont la trentaine – mais qui incarnent des versions d'elles-mêmes à l'âge de 13 ans. Dans *Barry*, la question centrale est : est-ce que Barry parviendra jamais à échapper à son métier de tueur à gages, et à s'accomplir durablement comme acteur/scénariste/citoyen respectueux de la loi ? Peut-il faire les deux ? Et, bien sûr, est-ce que son secret sera un jour révélé ? Ce qui sous-tend tout ce qui précède, c'est la question de savoir comment ces personnages sont devenus aussi tordus. Comme dans une psychothérapie, il faut se tourner vers la famille pour repérer les traumas passés et originels. La honte et l'humiliation laissent des blessures durables – ce qui est un carburant formidable pour le drame comme pour la comédie.

This is Us (NBC) est une saga douce-amère de six saisons qui parle de trois frères (appelés les « Big Three ») nés prématurément le même jour dans le même hôpital. Deux des triplés, Kevin et Kate (joués à l'âge adulte par Justin Hartley et Chrissy Metz) sont blancs, tandis que le troisième – aussi blanc – est mort-né. Après cette tragédie, les parents, Jack et Rebecca Pearson (Milo Ventimiglia et Mandy Moore) décident d'être reconnaissants pour ce qui leur a été accordé, et d'adopter un bébé noir abandonné, Randall (Sterling K. Brown à l'âge adulte). Les questions centrales tournent autour de leur vie de famille, de leurs carrières et de leurs vies amoureuses. Jouant avec plusieurs époques, cette série est capable d'être à la fois légère et puissamment émotionnelle, en contraste total avec la sitcom chorale cousine, traitant le même thème, *Modern Family* (ABC) qui explore aussi une famille sur trois générations, mais en cherchant seulement le comique, avec un ton beaucoup plus grand public (quoique crédible) et des situations grotesques.

Modern Family (ABC) s'est achevée après 11 saisons réussies. Son format, avec le choix stylistique de l'interview, a donné à cette sitcom classique mono caméra un rythme plus rapide et plus malin pour mettre en valeur le thème de chaque épisode. Son format interview (emprunté à *The Office*) fait de *Modern Family* une série plus high concept. La franchise, dans ce cas, devient l'exploration de ce qui s'est passé et pourquoi – comme une thérapie familiale. Bien sûr, c'est un artifice, mais qui donne l'impression au spectateur d'être un confident. Et ces interviews ne se contentent pas de « casser le quatrième mur » en faisant parler les personnages directement à un intervieweur inconnu et invisible (à la caméra, donc au public), elles nous offrent aussi une perspective supplémentaire sur les événements de la semaine – ce qui permet plus d'humour, donne du sous-texte, et fait bien comprendre la question centrale/le thème unificateur de chaque épisode.

Dans une série concept plus légère, la franchise de base est l'exploration de la quête de succès des personnages principaux, toujours entre l'extase de la réussite et la souffrance de l'échec – et tout ce qu'il y a entre les deux. Une manière utile de mettre en mots la franchise d'une série concept « légère » est : « Dans chaque épisode, les personnages doivent se battre pour parvenir à _____. » Les combats spécifiques des personnages sont la source du drame comme de la comédie. L'échec toujours possible, la douleur existentielle, la déception, le regret et l'humiliation fournissent des enjeux compréhensibles et partageables.

Dans *Succession* (HBO), la question centrale est : lequel des quatre enfants – Kendall, Shiv, Roman ou Connor (Jeremy Strong, Sarah Snook, Kieran Culkin, Alan Ruck) – sera l'héritier de l'empire familial, et est-ce que Kendall, en particulier, obtiendra un jour l'approbation et la reconnaissance de son père, le manipulateur, dominateur et émotionnellement inaccessible Logan Roy (Brian Cox) ?

Quand vous déterminez la franchise de votre série, vous devez concevoir aussi bien la question centrale globale, pour le long terme, que les arcs plus courts pour chaque saison – aussi sous la forme de questions. Où et quand voulez-vous atterrir ?

Micro-missions

Quand vous « élaborez » une histoire, pensez aux intrigues des histoires A, B et C comme à des *micro-missions*. Dans les séries procédurales, les micro-missions sont les initiatives prises pour résoudre le cas de la semaine. Dans les séries non procédurales, les micro-missions sont plus spécifiques et naissent de manière organique du personnage. Par exemple, dans la saison 2 de *Fleabag*, la question centrale est : est-ce que *Fleabag* (Phoebe Waller-Bridge) parviendra à rendre amoureux le prêtre sexy, ou restera-t-il fidèle au Seigneur ? Ses micro-missions incluent : se rendre chez un thérapeute et se porter volontaire pour un événement de fundraising de l'Église. Dans un autre épisode de la saison 2, Claire (Sian Clifford), la sœur psychorigide et irritable de Fleabag, confie à Fleabag une récompense très fragile en cristal qui doit être remise lors d'une cérémonie Women in Business. Évidemment, Fleabag laisse aussitôt échapper la statuette qui se brise, ce qui l'oblige à partir en micro-mission pour trouver dans le temps qui lui reste un substitut adéquat. Quand le substitut en question (un buste – volé – de femme à la poitrine dénudée) est jugé inapproprié par sa sœur, Fleabag doit à nouveau partir en micro-mission pour limiter les dégâts avec la récipiendaire du prix, Belinda (Kristin Scott Thomas), une collègue de Claire.

Dans *Euphoria,* les micro-missions de Rue consistent souvent à trouver de la drogue et/ou à cacher son addiction à sa mère. Dans *Ozark*, les micro-missions des Byrde sont liées au blanchiment de l'argent de la drogue du cartel.

Dans *Lupin*, notre protagoniste, le voleur professionnel Assane Diop (Omar Sy) orchestre un cambriolage compliqué lors d'une vente aux enchères au Louvre. Un collier précieux avait disparu depuis des lustres, et son retour crée l'événement dans le monde de l'art. Utilisant autant d'identités que de déguisements, Assane parvient à dérober le collier. Mais ce n'est que le début de l'histoire. Apparemment, une famille ultra-riche, les Pellegrini, était en possession du collier tout du long, et n'avait signalé son vol que pour toucher l'argent de l'assurance. Quand le collier a été mystérieusement retrouvé et mis aux enchères, le plan d'Hubert Pellegrini (Hervé Pierre), est de gagner encore plus d'argent pour financer une nouvelle fondation philanthropique – améliorant encore la réputation de la famille tout en l'enrichissant encore plus de manière illégale. Quand Assane dérobe le collier, il ruine leur plan. Mais ce n'est pas qu'une simple resucée du film *Arrête-moi si tu peux*. L'histoire, en se déroulant, nous révèle le mystère central : le père d'Assane, qui travaillait pour les Pellegrini, a été accusé à tort (par les Pellegrini), il y a des lustres, du vol du collier, mis à la porte, puis en prison pour ce crime.

Aggravant encore les choses pour son fils, le père d'Assane s'est suicidé en prison, accablé de honte. Le père d'Assane a laissé derrière lui un exemplaire d'un livre, *Arsène Lupin, Gentleman cambrioleur*, avec des messages cachés destinés à son fils, qui les déchiffre ; voilà Assane lancé dans une série de micro-missions pour venger la mort de son père. Les Pellegrini se lancent à la poursuite d'Assane pour récupérer le collier. Après l'échec de leurs premières tentatives, les Pellegrini envoient leur homme de main enlever la personne qu'Assane chérit le plus, son fils Raoul (Etan Simon) – ce qui permet l'atterrissage de la saison 1 (ou de la première partie) et offre aux créateurs et showrunners de la série, George Kay et François Uzan, de vastes *tentacules narratifs* (voir la section « tentacules narratifs » à la fin de ce chapitre) pour alimenter la deuxième partie.

Cette relation contrapuntique entre le passé et le présent offre le carburant nécessaire pour alimenter les moteurs narratifs et les micro-missions correspondantes.

Le rythme

Le rythme influence le ton (et vice versa), et le rythme est le défi essentiel pour toute histoire racontée sous forme de série. À quel point l'intrigue doit-elle progresser d'un épisode à l'autre ? Est-ce que l'histoire se déploie trop lentement (comme certains l'ont dit de *Sharp Objects*) ? Quand on repense à *WandaVision*, son pilote dans le style sitcom des années 50 en noir et blanc donne d'abord aux spectateurs l'impression que la série va se situer entièrement dans l'ambiance vintage des sitcoms des années 50 – jusqu'au générique de fin toujours dans un style de fausse sitcom post-années 50, suivi d'une voix qui demande : « Qu'est-ce que tu fais, Wanda ? » Puis on se retrouve dans la régie d'un studio télé – et on passe en couleurs.

Ce n'est pas avant la fin du premier acte de l'épisode 2 que Wanda Maximoff (Elizabeth Olsen) repère le drone hélicoptère jaune et rouge, avec le numéro 57[29], dans sa rue de banlieue à Westview dans le New Jersey. Si le drone hélicoptère jaune et rouge avait été introduit à la fin du pilote de sitcom en noir et blanc, ça aurait permis d'annoncer l'univers Marvel (MCU) à venir. Mais cette introduction plus lente de la couleur et

29. Ce drone hélicoptère est l'un des nombreux « Easter eggs » cachés dans *WandaVision* ; le drone est non seulement orné du logo SWORD ; le numéro 57 est aussi une référence au volume 57 de la BD *Marvel's Avengers 1*, sorti en 1968, où Vision fait sa première apparition dans une BD.

du MCU était intentionnelle, elle avait pour but de commencer par bien établir la vie de famille de Wanda et de son mari Vision (Paul Bettany) avant de réduire à néant cette illusion.

Lors d'un colloque virtuel organisé par *Variety* (Screening Room du 27 mai 2021), Jac Schaeffer, productrice exécutive et scénariste en chef de *WandaVision* expliquait qu'elle et son équipe d'écriture avaient fini toute la saison (neuf épisodes) avant de lancer la production. Leur plan était d'élaborer chaque épisode selon les cinq étapes du deuil telles que les décrit la psychiatre Elisabeth Kübler-Ross[30], et le *déni* était ancré si fermement dans le super plan de Wanda pour créer sa propre bulle de réalité afin de retrouver son mari adoré, Vision (Paul Bettany), que la moindre craquelure dans le vernis d'idéalisme des années 50 aurait amoindri le sentiment qu'elle avait de dominer son chagrin. Quand le drone hélicoptère jaune et rouge apparaît dans l'épisode 2, Wanda passe du déni à la colère et à la négociation (les deux dernières étapes sont la dépression et l'acceptation).

Inversement, si l'histoire avance trop rapidement (on parle de « cramer l'histoire »), comme dans *Manifest* et dans *Blindspot* (NBC), il se peut que le public crie au scandale, et regrette que la crédibilité l'emporte aux dépens de la profondeur des personnages[31]. Ces séries sont « high concept », et les chaînes ont tendance à vouloir que la prémisse soit complètement établie dès le pilote. N'oubliez pas, une série dramatique d'« une heure » sur une chaîne avec de la publicité dure en réalité plutôt 42 minutes. Ça fait beaucoup d'installation et d'intrigue à lancer en peu de temps, donc l'intrigue avance très vite. Il arrive qu'en cramant ainsi trop vite une histoire, on transforme sans le vouloir un drame en comédie. Ça peut être un effet secondaire de rebondissements forcés et d'une installation trop rapide, qui condamne un pilote à passer de crédible à ridicule. Mais ça peut aussi être une expérience grisante, comme un grand huit. C'est un équilibre délicat, compliqué. Je conseille plutôt à mes étudiants de raconter moins et mieux, de ne jamais sacrifier les personnages à l'intrigue. Il n'y a pas de bien et de mal ici. C'est un choix de ton et de style, une question de sensibilité.

---

30. Elisabeth Kübler-Ross, *On Death and Dying*, Routledge, 1969.

31. NBC a annulé *Manifest* à cause de mauvaises audiences à l'été 2021, mais Netflix a signé la série pour une 4e et dernière saison en 2022.

Dans *The Americans*, les producteurs sont parvenus, pendant plusieurs saisons, à faire que la vie secrète d'agents du KGB des Jennings (Keri Russell et Matthew Rhys) reste ignorée de leurs propres enfants. Leur fille aînée, Paige (Hollly Taylor), découvre le pot aux roses dans l'épisode 10 de la saison 3. Leur fils Henry (Keidrich Sellati) n'est pas mis au courant, et part en pension. C'est un garçon intelligent, et pourtant, malgré le penchant de ses parents pour le meurtre, la destruction, les perruques ridicules et les excuses bidon, Henry ne s'aperçoit de rien. Dans *Ozark*, Wendy et Marty Byrde (Laura Linney et Jason Bateman) disent la vérité à leurs enfants à propos de leurs problèmes avec le cartel de la drogue presque immédiatement dans la saison 1.

Servir la franchise d'une série ne signifie pas seulement choisir les cas et/ou les intrigues à explorer, mais aussi à quel rythme délivrer informations, indices, découvertes, et résolutions. Bien servir sa franchise consiste pour une bonne part à rester dans la zone idéale, à trouver le « sweet spot » de sa série : le point où se rencontrent le développement des personnages et la franchise, en respectant le ton général et le(s) thème(s) d'ensemble de la série. Dans *Mare of Easttown* et *Ozark*, la valeur de la série vient de *l'impossibilité de savoir* à qui faire confiance, de l'effacement volontaire des frontières morales, et de la réduction à néant systématique de nos meilleures suppositions. Les meilleures fins sont imprévisibles, mais *inévitables*.

Tentacules narratifs

Dans certaines séries, ces questions sont thématiques. Dans *Ozark, Barry, Euphoria* et *Unorthodox*, le thème d'ensemble est : peut-on jamais échapper à son passé (et à ses transgressions) ? Dans *Pose* : est-ce que les trans seront un jour acceptés ? Dans *Bienvenue à Schitt's Creek* : est-ce que l'argent fait le bonheur ? Dans *Westworld* : que signifie être humain ? Dans *The Chi, Lovecraft Country* et *Watchmen* : la joie dans la communauté noire peut-elle être autre chose qu'éphémère ? Dans *La Servante écarlate* : les femmes se libéreront-elles un jour de l'oppression patriarcale ? Ce sont tous des thèmes universels racontés de manière hyper-spécifique et plus qu'adaptés à l'époque actuelle.

Si on veut rendre durable une série feuilletonnante, idéalement chaque crise doit impacter plus ou moins tous les personnages de la série par effet domino ; j'appelle ces choix des *tentacules narratifs*. Quand vous « élaborez » une histoire, choisissez l'intrigue qui permet de faire rebondir l'histoire et de la prolonger. Demandez-vous : combien de personnages peuvent être impactés de manière organique et crédible par tel choix narratif ? Recherchez plutôt des terres fertiles que des impasses. Les personnages ont besoin de buts proactifs, positifs, tout en évitant les conséquences potentiellement négatives. Sans cette charge positif/négatif, il n'y a pas ou peu de tension dramatique, et sans tension, il n'y ni drame ni comédie.

Ce qui fait la différence entre une série médiocre et une excellente, c'est que les meilleurs showrunners sont toujours en train de creuser pour trouver une nouvelle veine dans leur mine d'or. Selon le genre de la série, les dilemmes moraux et les zones grises des personnages principaux seront l'or de chaque épisode. La clé est de creuser dans les profondeurs de la série, tout en sachant maintenir des enjeux aussi élevés que possible. Toutes les séries à succès parlent de gagner ou perdre. Dans les séries procédurales à gros enjeux, ce sont des questions de vie ou de mort. Dans les histoires aux enjeux moins élevés, où il est question de relations, de famille, il n'est pas vraiment question de vie ou de mort, mais idéalement, ça doit *donner le sentiment* aux personnages de l'être – et, par extension, aux spectateurs captivés. Pour Beth Harmon (Anya Taylor-Joy), la protagoniste du *Jeu de la dame*, perdre le grand tournoi d'échecs est ressenti comme une question de vie ou de mort (les échecs pour survivre, les échecs pour se faire aimer). En réalité, elle risque effectivement sa vie, mais à cause de son mécanisme de compensation : l'alcoolisme et l'addiction à la drogue.

Les questions centrales et les mystères centraux aiguillonnent notre curiosité. On veut savoir comment l'histoire criminelle/judiciaire/médicale/amoureuse va finir. Tant qu'on se pose la question, qu'on essaye d'anticiper, qu'on en discute – on continuera à regarder. Dès qu'on a les réponses à toutes les questions, la série doit soit introduire de nouvelles questions centrales, soit s'achever.

INTERVIEW : Robert et Michelle King, *The Good Fight* (Paramount+), sur la série procédurale judiciaire à l'époque du trumpisme

Cette interview a eu lieu le 14 septembre 2020.

Neil : J'aimerais aborder dans cette interview les séries procédurales judiciaires en 2021 et au-delà. D'après notre dernière interview ensemble en 2013, *The Good Wife*, à l'origine, avait été conçue comme une série procédurale judiciaire cas-de-la-semaine plutôt classique, et puis ça a changé parce que les spectateurs s'intéressaient vraiment aux relations interpersonnelles d'Alicia Florrick (Julianna Margulies), des autres avocats et de l'équipe. Maintenant avec *The Good Fight*, vous êtes revenus au cas légal chaque semaine, mais avec une touche de nouveauté provocatrice dans le choix des sujets. Pourriez-vous même vendre *The Good Wife* dans le climat politico-culturel d'aujourd'hui ?

Michelle : Si on refaisait *The Good Wife* aujourd'hui, on devrait sûrement repenser la scène d'ouverture. Le monde a changé, ces femmes ne se tiennent plus aussi fréquemment aux côtés de leurs maris quand ils connaissent l'opprobre public.

Robert : Je pense qu'on n'aurait même pas pu le pitcher. Le zeitgeist a tellement changé… et cette série parlait du combat pour le respect de la discipline du mariage, même quand l'autre vous trompe. Je ne crois qu'il y ait encore cette dichotomie aujourd'hui.

Neil : En effet. Avec toutes nos excuses à Tammy Wynette, « Stand by Your Man » est une proposition hasardeuse de nos jours. C'était la chanson numéro 1 en 1968. Les temps changent… Même si *The Good Wife* était une série procédurale judiciaire, vous ne montriez presque jamais de procès. Tout se réglait hors du tribunal. C'était rare d'aller jusqu'au procès. Dans *The Good Fight*, on passe beaucoup de temps au tribunal. Et les cas sont moralement dans une zone grise, ils ne relèvent pas d'une résolution simple. Pourquoi ce pivot, pourquoi être plus souvent dans une salle de tribunal et avoir moins recours aux règlements amiables ?

Robert : On est toujours à la recherche de quelque chose qui évite à la série d'être banalement procédurale. Donc quand on va plaider au tribunal, on veut faire quelque chose de différent, qu'il y ait de la corruption, ou que le juge soit un idiot… on essaye de jouer avec tout ça. Mais avec les années Trump, on avait l'impression que la loi et surtout la récupération de la loi était si centrale pour nos cas, qu'on passe beaucoup plus de temps au tribunal qu'auparavant, où on se contentait d'une déposition. Des dépositions qui étaient menées comme des hold-up, où le but était de tellement faire monter les enjeux que l'adversaire finissait par laisser tomber, de manière à ne jamais avoir à aller au tribunal. Ici, c'est tellement lié à la récupération du système judiciaire par le Ministère de la Justice que ça nous a donné le sentiment qu'on était obligés d'aller au tribunal juste pour explorer ça de manière plus approfondie.

Neil : J'ai remarqué que la série procédurale judiciaire s'est éloignée de la formule cas-de-la-semaine, qui est absurde, on est d'accord ? *Law & Order*, la série procédurale la plus durable de tous les temps, c'est : enquête sur un meurtre, défense légale, procès et *verdict,* le tout en 42 minutes (entrecoupées de pub). Aujourd'hui on a droit à beaucoup plus de réalisme. Il y a quelques précédents de séries avec un cas par saison (*Damages, Murder One, The Killing*), mais aujourd'hui on a un vrai bouleversement, on a inauguré le cas *de la saison* (*The Night Of, Goliath, Big Little Lies*). Avez-vous déjà envisagé de traiter un seul cas et d'y plonger pour toute la saison ?

Michelle : Au cours des années, on a parlé ensemble plus d'une fois de tenter un cas qui durerait toute la saison. Et à chaque fois, presque aussitôt, on a décidé que ce n'était pas une bonne idée pour notre série.

Robert : La difficulté, c'est que la série n'a jamais tellement porté sur les clients. Dans bien des séries qu'on voit sur les chaînes, on sent qu'il y a eu des notes de la chaîne du genre : « Il faut qu'on s'intéresse plus aux enjeux », ce qui signifie toujours mettre plus de dramaturgie sur le client. Mais on a un nombre limité de pages. On fait des scénarios de 58 pages pour un épisode d'environ 42 minutes. Pour nous, les enjeux ont toujours été, par exemple : est-ce qu'Alicia gagne ? parce que si elle perd, elle risque aussi de perdre son boulot. Et c'est la même chose pour les personnages de *The Good Fight*. Lucca (Cush Jumbo) doit gagner. Donc il y a moins de place pour le client.

Dans *The Good Fight*, notre groupe de personnages principaux est lui aussi un personnage. Les meilleurs moments, c'est quand la série se tourne vers l'intérieur. On a fait un épisode de *The Good Wife* « Fiction ou réalité

(Red Team/Blue Team) » (saison 4, épisode 14) qui était un faux procès d'entraînement entre les associés et les partenaires. Dans cet épisode, soudain il y avait une guerre civile à l'intérieur de la boîte. Et c'était très excitant parce que pour une fois il n'y avait pas que des hommes de paille en face. Cet épisode a vraiment obligé les spectateurs à choisir leur camp à l'intérieur de la boîte, entre des personnages qu'ils aimaient tous. Sinon, dans 98 % des cas, la télé vous propose des hommes et des femmes de paille à abattre parce que tout le monde préfère la propagande au drame. La propagande confirme ce que vous croyez déjà.

Neil : Pensez-vous que c'est la raison pour laquelle presque tout de ce que montre la télé a par nature un biais libéral ?

Robert : Oui, parce que ce que préfèrent les gens, c'est voir des victoires remportées contre ceux qu'ils considèrent comme des ordures. Il est plus difficile de s'attaquer à des gens qui ont clairement l'air d'être « les bons ». C'est une question d'équilibre. Sur notre série, tout le monde se pense bon, et en même temps tout le monde ment et se comporte un peu mal.

Michelle : Théoriquement, les personnages que nous, nous aimons sont nos personnages récurrents. Le but est de les faire se disputer, et d'être capables de reconnaître que chacun a en partie raison.

Neil : Oui, absolument.

Michelle : Je dirais que structurellement, cependant, aussi, tout en écartant l'idée d'un cas qui durerait toute une saison, on tombe un peu sur toutes ces choses en suivant notre intuition. On ne s'est pas dit consciemment : « Tu sais quoi, cette fois, on va passer plus de temps au tribunal qu'à faire des dépositions. » Ça a juste découlé des thèmes qu'on voulait traiter, plutôt que d'une décision structurelle.

Robert : On a commencé la saison 4 en disant que l'impact du Memo 618 ne se règlerait pas en un seul cas ; c'est une conspiration plus vaste, plus durable. Le Memo 618 jette une ombre sur toutes les procédures légales dès qu'il entre en scène. On a fait une autre saison sur la NSA et, en gros, sur les révélations d'Edward Snowden au sujet de la surveillance généralisée. Et donc on saupoudre le thème tout au long de la saison, jusqu'à la résolution à la fin ou vers la fin de la saison.

Neil : Maintenant que j'ai fini de regarder votre super quatrième saison, je sais que le « Memo 618 » était un MacGuffin, un symbole de tous les dysfonctionnements systémiques qui favorisent le puissant patriarcat blanc, ce qu'on appelait avant népotisme. D'où est venue l'idée du Memo 618 ?

Robert : Le 18/6 est l'anniversaire de notre fille. On l'a juste inventé. C'est censé être une version de Catch-22. Il fallait que ça ait à la fois l'air réel, et mythique. Et puis bien sûr, on voyait ce qui se passait avec les auditions pour l'impeachment de Trump, où ça menait, que maintenant on pouvait juste ignorer les assignations à comparaître.

Michelle : C'est peut-être ce qu'il y a eu de plus choquant dans la vie politique des quatre dernières années. Depuis quand une assignation à comparaître est-elle devenue comme une invitation à dîner, que vous pouvez juste décliner poliment ?

Robert : C'est comme si, en gros, il n'y avait plus de loi, du moment que vous avez le numéro du Président. Et à l'évidence on le voit encore plus aujourd'hui avec les grâces et tout ça.

Pour quiconque a grandi en regardant *La Loi de Los Angeles, Law & Order, The Practice*, ce genre de séries, il fallait qu'il y ait des enjeux dramatiques. Sinon c'est comme jouer au tennis sans filet ; tout le monde deviendrait juste dingue. Cette vision du tribunal et du fonctionnement d'une cour de justice n'a plus aucun sens si vous donnez à certains des cartes « Sortez de prison », des jokers, parce qu'alors le tribunal devient une sorte de blague. Et seuls ceux qu'on considère « mauvais » finissent par s'y retrouver.

Tout ce qui nous reste, c'est dès lors l'idée que certaines personnes, d'abord des Blancs, sont au-dessus de la loi et que la loi, ce n'est bon que pour les autres. En faisant des recherches sur l'Office of Legal Counsel[32], on s'est aperçus que la plupart de leurs décisions consistaient à donner valeur de lois à de simples opinions qu'ils produisaient sans avoir de comptes à rendre ; il n'y a aucune transparence ; la presse n'a aucun accès. Ça ressemble plus ou moins à ce qui se passe aujourd'hui en Chine. C'est de la loi arbitraire. Et donc le Memo 618 nous paraissait vraiment une

32. NdT : institution appartenant au Ministère de la Justice américain.

bonne idée, parce qu'elle va contre vos attentes de ce que devrait être une série dramatique de tribunal, où il doit y avoir des enjeux. S'il n'y a plus d'enjeux, plus de risques, si n'importe qui peut juste refuser d'être assigné, comme le gars dans l'épisode 2 de la saison 4, alors qu'est-ce qui reste ? Et à l'évidence on voulait continuer avec Julius Cain (Michael Boatman) dont on avait fait un juge l'année précédente ; c'était un moyen de le garder d'une manière dramatiquement très signifiante pour nous, aussi.

Neil : Le Memo 618 vous offre l'occasion de remettre en question l'institution judiciaire d'une manière unique, innovante. Vous montrez une séquence animée qui réfute la croyance commune selon laquelle un président en exercice *peut* toujours être mis en examen. Est-ce vrai ?

Robert : Oh oui ! ça revient à considérer l'Office of Legal Counsel comme ayant valeur de loi. C'est ainsi que Mueller l'a considéré. Mais il n'en est rien. L'Office of Legal Counsel ne produit que des opinions, et c'est un bureau qui est dans la poche du président, qui sert à rendre ses prétentions recevables. John Yoo (avocat du Ministère de la Justice) a donné à George W. Bush la possibilité d'utiliser la torture. Ça s'appelait « techniques d'interrogatoire améliorées ». Donc ça ne date pas d'hier, vous voyez, et ce n'est pas que les Républicains. C'est aussi les Démocrates. Je veux dire, avec les camps d'internement des Japonais (pendant la Seconde Guerre Mondiale).

Neil : Et qu'en est-il de la révélation ultime du Memo 618 comme MacGuffin qui était en fait le pénis cryogénisé de feu Jeffrey Epstein, c'est votre Rosebud ?

Robert : Ouais, on essayait d'être drôles, avec cette référence à *Citizen Kane*. Dans la writers room on était sur une prémisse très ennuyeuse avec le tournage d'un documentaire où Errol Morris aurait pu interviewer Liz Lawrence (Audra McDonald) sur les poursuites, et au milieu Liz s'apercevait que les questions essayaient de la piéger. C'était intéressant, mais la writers room est devenue tellement silencieuse. On le sent, quand plus personne n'a rien à dire, alors qu'il n'y a là que des gens intelligents ; alors on s'est tous demandé : « Bon, qu'est-ce qui nous intéresse là-dedans ? Si on finit vraiment la série là-dessus, qu'est-ce qu'il faudrait qu'on ait ? » Et c'est là qu'on s'est aperçus que personne n'était d'accord sur ce qui était arrivé à Jeffrey Epstein. La seule chose en commun entre la gauche et la droite était cette question : est-ce qu'il s'est suicidé ? Est-ce qu'il a été assassiné ? Ou est-ce qu'il a été autorisé à se suicider ? C'est parti comme ça.

Michelle : Ce qui est intéressant dans cet épisode, c'est que même s'il y a des absurdités, comme cette histoire de Bud ou de Rosebud, quasiment tout ce qu'il y a dans l'épisode est vrai et documenté.

Neil : Le titre du final de votre saison 4 est « Le gang découvre qui a tué Jeffrey Epstein ». Mais on ne le découvre pas vraiment. C'est plutôt une chasse aux sorcières qui devient de plus en plus absurde. Le thème de l'épisode semblait être la disparité extrême de richesse. Le 1 % contre le reste du monde du travail. Il y a une sous-intrigue importante sur les licenciements dans la boîte ; d'un côté, la peur de perdre son boulot, de l'autre Jeffrey Epstein, le pédophile absurdement riche, corrompu et impuni. Est-ce que je sur-interprète ? Est-ce que vous cherchez à faire des liens thématiques entre vos histoires ?

Robert : D'habitude, non.

Michelle : Je pense qu'on n'a pas utilisé plus de deux fois le mot « thème » dans la writers room.

Robert : Ce qu'on fait d'habitude, c'est lancer en même temps deux concepts qui ne vont pas nécessairement ensemble et essayer de trouver un moyen de bricoler quelque chose. Nos personnages sont multi-tâches, ils n'arrêtent pas d'apprendre, un cas va en influencer un autre. Je crois que vous avez raison, quand Diane Lockhart (Christine Baranski) et Adrian Boseman (Delroy Lindo) envisagent les licenciements possibles et évaluent tout le monde sans que personne le sache, pour voir si on peut se passer ou pas d'Untel ou Unetelle ; juste après cette scène, Diane dit que pour les riches, il y a toujours une putain de sortie de secours. Donc je *pense* qu'on ne construit pas tout en pensant à un thème, mais on ne peut pas faire autrement qu'écrire en y pensant. C'est juste qu'on n'appelle pas ça « thème » ; on appelle ça livrer à temps. [Rire.]

Neil : Comment s'est passée pour vous l'expérience d'être sur CBS All Access, la plateforme de CBS, plutôt que sur leur chaîne traditionnelle ? Je suis sûr que vous avez fait exprès de finir le pilote de *The Good Fight* sur le mot « Fuck ». Et je suis sûr que ça a dû être très libérateur par rapport aux attentes du genre. [Rire de Robert.] Avez-vous subi des résistances ou des pressions de la direction de CBS ? Je sais qu'il y a un épisode qu'ils ont censuré et que vous l'avez signalé comme tel au public. Maintenant que vous n'êtes plus tenus par les audiences de la veille, est-ce que CBS tente de vous obliger à montrer les deux côtés de l'éventail politique, par exemple ?

Michelle : Nous n'avons subi aucunes pressions de la part de CBS All Access sur les questions de ton ou de politique. Ils ont soutenu complètement les histoires que nous avons écrites. Ils ne nous ont jamais demandé de changer la couleur politique des personnages ou la nôtre. La série a été lancée sur une nouvelle plateforme, donc on avait plutôt le sentiment que le nombre de nos spectateurs était directement lié au lancement de la plateforme. Si on avait été une série parmi d'autres sur Netflix, ç'aurait été très différent. On ne se demande pas comment attirer le plus de monde possible. Personne, nous y compris, n'a pensé à cette série en ces termes.

Robert : D'ailleurs, à mon sens – c'est mon point de vue, il vous paraîtra peut-être étrange, vous avez le droit de ne pas être d'accord –, je crois que *The Good Fight* aurait marché aussi sur une chaîne normale.

Michelle : Pareil pour moi.

Robert : Je crois que les diffuseurs sont tout à fait conscients que cette série ne peut pas s'attendre aux mêmes audiences que NCIS par exemple. Mais notre série, même si je suis sûr que nous n'avons pas beaucoup de fans de Trump, est en réalité une satire de la gauche. C'est une satire des progressistes. Je pense qu'elle s'adresse au public des progressistes, mais pas comme *À la Maison-Blanche* le faisait, en brossant les progressistes dans le sens du poil. Ce qu'elle laisse entendre, c'est que les progressistes aussi peuvent être racistes et installer au pouvoir des gens corrompus. La série a une haine sincère pour Trump, car nous pensons qu'il n'est pas comme George W. Bush ou Reagan, je pense qu'il est ce que j'ai vu de plus proche du diable sur Terre. Mais, une fois qu'on a dit ça, une autre de nos séries, *BrainDead* (sur CBS en 2016), est probablement plus proche pour nous d'un agenda politique extrême ; c'était vraiment, comme dans *Romeo et Juliette*, « Que la peste frappe vos deux maisons ! » Les Démocrates extrémistes ne valent pas mieux que les Républicains extrémistes, et tout se retrouve paralysé. Il me semble que c'est plus proche de ce qui arrive maintenant.

Michelle : Quant à *The Good Fight*, et à savoir ce qui se passerait si soudain la série passait sur une chaîne normale, en fait c'était le cas pour la première saison.

Si, pour une raison ou pour une autre, on faisait cette série pour une chaîne traditionnelle, il me semble que les résistances ou les pressions, s'il y en avait, viendraient des audaces structurelles dans notre manière de raconter ces histoires, plutôt que de la couleur politique de la série ; je crois que c'est plutôt ça qui pourrait inquiéter une chaîne ; ils ont tendance à vouloir que les choses soient plus clairement résolues à la fin. L'ambiguïté n'est l'amie de personne dans les chaînes télé traditionnelles.

Neil : Dans la saison 4, il y a un épisode avec une pièce de théâtre radicale et très politique qui s'appelle *Cocksucker in Chains*. Dans cet épisode, vous déviez carrément vers le réalisme magique, avec des personnages de la pièce qui apparaissent chez vos personnages récurrents. C'est complètement nouveau dans *The Good Fight*, ça ?

Robert : On ne l'avait jamais fait au point où on le fait maintenant. On avait fait un épisode tout en flux de conscience, où on voyait les images et les pensées d'Alicia au cours de sa journée. Mais je ne me souviens pas qu'on soit allés plus loin.

Neil : Un commentaire sur Diane qui prend de la psilocybine ? Vous auriez pu montrer ça sur CBS, la chaîne traditionnelle ?

Michelle : Oui. Je pense qu'on aurait pu.

Neil : D'où vient cette intrigue – une expérience de transformation personnelle ?

Michelle : Eh bien ! vous vous adressez à deux personnes qui n'ont jamais même fumé une cigarette.

Robert : Il n'y a pas plus clean que nous. Mais on a de plus en plus le sentiment que le rythme des infos est complètement surréaliste. Et la manière la plus drôle de jouer avec ça sur le cours de la saison était : et si Diane, que l'on voit toujours comme sobre parce que son interprète, Christine Baranski, est si élégante, commence à faire une dépression et décide d'essayer de petites doses pour trouver la lumière ? On a choisi la psilocybine, qui a un vernis de branchitude, pour mettre Diane dans un trip surréaliste ; on voulait qu'elle expérimente un état d'esprit où elle serait incapable de dire ce qui est réel ou pas. Je considère *The Good Fight* non pas comme anti-Trump, mais comme un commentaire, dans ce cas, de comment Diane fait pour supporter l'agression quotidienne du rythme des infos dominé par Trump.

Michelle : C'était un tel écart par rapport à son personnage que, je parle pour moi, je me demandais si ça allait marcher, si les gens n'allaient pas mal réagir. Et c'est vraiment grâce aux auteurs et à Christine qui l'a si bien joué, que ça a fonctionné.

Neil : Oui, et ça prépare aussi l'ouverture délicieusement hors norme de votre saison 4, qui nous montre la réalité alternative de Diane où Hillary était élue présidente en 2016. Tandis que Diane entrait dans cette version de *La Quatrième Dimension*, le spectateur pouvait faire le lien avec la sous-intrigue déjà établie de la prise de drogue, où les personnages lui demandaient : « Diane, tu as encore pris ton truc ? » Diane a beaucoup évolué depuis *The Good Wife*. J'ai l'impression, depuis la saison 1 de *The Good Fight*, que l'interprétation de Christine Baranski est plus tranquille, plus nuancée, plus en retenue. Il y a un changement clair. Je suis époustouflé par son talent. Mais cette nouvelle version de Diane Lockhart est un ton en dessous, plus tranquille maintenant qu'elle est sur le devant de la scène et au centre de l'action. J'ai remarqué que Christine joue tout dans la retenue, ce que j'apprécie beaucoup, parce qu'on ne voit pas souvent ça à la télé traditionnelle. Et je me demandais juste si c'était une orientation qui était consciente et qui avait été discutée, ou si c'est moi qui l'imaginais.

Robert : On n'en a pas discuté. Mon sentiment est qu'elle est allée par là d'elle-même. Je pense qu'elle l'a fait pour deux raisons. Un, je crois que quand on vous donne le rôle principal, ça vous permet de prendre les choses avec plus de sérénité, et vous n'avez plus besoin de tirer profit de chaque moment où vous êtes à l'écran ; vous pouvez vous installer dans le personnage. Et deux, son personnage change aussi de rôle à l'intérieur du cabinet d'avocats. Avant, si vous vous rappelez, elle était la reine, avec le personnage de Josh Charles (Will Gardner), ils régnaient ensemble sur leur basse-cour. Alors que là, elle se retrouve sous les trois ou quatre associés. Je pense que c'est pour ça qu'elle joue un ton en dessous.

Michelle : Oui, ça se pourrait bien. Je n'ai qu'une chose à ajouter, c'est que vous avez bien raison d'être épaté par Christine Baranski. Elle est spectaculaire, pas seulement comme actrice, mais aussi comme collègue et comme personne. Elle est vraiment fantastique sur tous les plans. Tout le groupe est génial. On a beaucoup de chance de travailler avec des acteurs aussi extraordinaires. Ils transcendent toujours ce qu'on écrit.

Neil : J'aimerais qu'on parle aussi d'une autre de vos séries du moment, *Possession (Evil)*. On pourrait croire que *Possession* est une série procédurale judiciaire parce qu'il s'agit moins d'y combattre pour la justice que pour la vérité. Et je me demande s'il y a des combats similaires ou si vous utilisez plus ou moins les mêmes compétences puisque vous développez les deux séries en même temps à deux étages différents du même immeuble ?

Michelle : Je suis persuadée qu'il y a une similarité. Je veux dire, à mon sens, *The Good Fight* relèverait presque plus du journalisme, *Possession* traite beaucoup des mêmes thèmes, mais plutôt dans l'absolu.

Robert : Et je pense que *The Good Fight* parle de gens qui connaissent la vérité, alors que *Possession*, c'est trois personnes qui cherchent la vérité, et qui croient plus en la science qu'en la religion ou l'inverse, ils essaient vraiment d'aller vers quelque chose d'intérieur. À l'évidence, c'est une série qui est faite pour effrayer. Si on ne vous fait pas peur, c'est qu'on a mal fait notre boulot. Je ne nous compare pas à Jane Austen, car dans les livres de Jane Austen, c'est la romance qui vous tient, mais c'est la satire sans pitié qui rend le tout amusant. Elle n'est pas l'un ou l'autre, elle est les deux. Ce que j'aime dans *Possession*, c'est que la série a un je-ne-sais-quoi qui est là pour vous hanter. Mais en fait, le but est vraiment de remettre en question la nature de la vérité. Est-ce que la bonté est la même chose que la vérité ? *The Good Fight* demande comment protéger et préserver un pays qui a l'air au bord du gouffre. Je crois que les problèmes abordés dans *Possession* sont plus poétiques d'une certaine manière. Il s'agit de l'éternelle question de savoir comment une créature mortelle peut continuer à vivre ? Comment fait-elle pour survivre au quotidien ? C'est quoi, la mort, au fond ? Et qu'arrive-t-il après ? Et je crois que tous les personnages doivent affronter cette question à un moment donné.

Michelle : Voilà, les personnages de *Possession* ne sont pas obligés d'être aussi pragmatiques parce qu'ils n'ont pas une boîte à diriger. D'une certaine façon, ils ont le luxe de pouvoir contempler l'éternité. Ils n'ont pas besoin de travailler tard le soir.

Robert : Tout ce qu'ils font, c'est regarder l'Église catholique, qui a tellement de problèmes à régler en son propre sein. Ce qu'ils affrontent, c'est sa bureaucratie.

Michelle : Mais ils n'en sont pas responsables. Ils enquêtent.

Neil : J'adore la phrase de Flaubert que vous avez citée dans votre interview récente pour le magazine *Written By* de la WGA : « Soyez réglé dans votre vie et ordinaire comme un bourgeois, afin d'être violent et original dans vos œuvres. » J'aimerais juste finir en vous remerciant d'être aussi violents et originaux dans vos œuvres. Vos voix sont énormément appréciées, on en a grand besoin. Maintenant plus que jamais.

Robert : Merci. Si je peux ajouter un mot à ce propos ? Cette citation était une réaction au livre *Difficult Men*[33]. Quand j'ai entendu ça, Des *hommes* difficiles, d'abord je me suis dit : « Fuck you. Il y a aussi des femmes showrunneuses. » Et puis, Vince Gilligan est la personne la plus adorable de la terre, et l'une des plus talentueuses. Vous voyez, ce n'est juste pas la bonne manière de penser à l'art. Je ne pense pas que vous ayez besoin d'être vous-même irritable ou désagréable pour écrire sur les côtés sombres de la condition humaine. Les deux ne vont pas forcément ensemble.

33. *Difficult Men : Behind the Scenes of a Creative Revolution : From The Sopranos and The Wire to Mad Men and Breaking Bad (Des hommes tourmentés, le nouvel âge d'or des séries : des Soprano et The Wire à Mad Men et Breaking Bad,* Éditions de la Martinière 2014, Points Poche 2016), Brett Martin, Penguin Books, 2013.

5

Le pouvoir de l'empathie

L'ingrédient le plus essentiel pour bien raconter une histoire, c'est l'empathie. D'abord, clarifions le terme :

L'*empathie* se définit par l'identification, « marcher dans les chaussures de quelqu'un d'autre ».

La *sympathie* est la pitié, la compassion qu'on ressent pour la douleur, la souffrance de quelqu'un d'autre.

La seule raison qui nous fait revenir pour voir les épisodes suivants de n'importe quelle série télé, c'est notre investissement dans les trajectoires de ces personnages. Leurs problèmes deviennent les nôtres. Même chose pour leurs victoires. Nous nous inquiétons pour eux *par empathie* et sommes ainsi obligés de nous soucier d'eux.

Pour que les spectateurs développent une relation avec des personnages sur un grand nombre d'épisodes, il doit y avoir en eux un tel niveau de complexité que, quels que soient leurs problèmes internes, ils ne peuvent être résolus qu'à travers des interactions *externes*, avec d'autres personnages.

En plus de la complexité, il y a le fait que ce dont les personnages ont le plus besoin est paradoxalement ce à quoi ils résistent le plus. Quand vous écrivez votre pilote, demandez-vous quelle première impression donnent vos personnages. Ce n'est pas une règle absolue, mais nos premières impressions sont presque toujours trompeuses. Et nous *voulons* que nos spectateurs se trompent, parce que si ce que nous voyons est la vérité, alors il n'y a ni complexité, ni mystère, ni rien à découvrir à propos du personnage au fur et à mesure que la série progresse – et c'est moins intéressant. Ce que veulent les spectateurs, c'est faire des découvertes et participer à l'aventure du passage à l'âge adulte d'un personnage (*quel que soit* son âge). Et tandis qu'il a tel problème à résoudre, qu'il se retrouve dans telle relation ou telle difficulté ou qu'il en sorte, nous voulons sentir qu'il y a quelque chose derrière la *persona*, derrière le masque au sens figuré ou littéral (*Watchmen, La Casa de Papel, The Mandalorian*). Nous commençons à percevoir ses vulnérabilités et ses peurs et à comprendre que la plupart des comportements de ce personnage sont en fait des mécanismes d'adaptation, à des années-lumière de sa vraie personnalité.

Tous les héros sont présentés comme doués d'une expertise accompagnée d'une faiblesse. Pensez à Walter White, Olivia Pope, Ted Lasso, Tony Soprano, Beth Harmon. Quand j'ai interviewé Vince Gilligan, le créateur/showrunner de *Breaking Bad*, il a reconnu qu'il construisait ses personnages en leur donnant un « superpouvoir crédible ». Dans le cas de Walt, c'était sa « capacité à s'auto-illusionner ». Olivia Pope, dans *Scandal*, est capable de résoudre les problèmes de tout le monde, mais pas les siens. Tony Soprano est un businessman astucieux, mais aussi un meurtrier. Beth Harmon est un prodige des échecs – et une toxicomane.

Même les super-héros ont des vulnérabilités. Cette charge positif/négatif, c'est ce qui donne l'énergie ; c'est aussi comme ça que le drame ou la comédie fonctionnent. Les relations internes d'un personnage à ses forces spécifiques et aux faiblesses qui leur correspondent, voilà ce qui peut faire d'un personnage plus ou moins générique un personnage iconique. Peu importe à quel point un personnage excelle en quelque chose, les spectateurs ont tendance à se sentir plus concernés par ses insuffisances. La vulnérabilité de Superman est la kryptonite, des fragments radioactifs de sa planète d'origine, ce qui nous conduit à…

Surmonter le passé

En développant nos personnages, nous découvrons souvent que ce qu'ils ont de plus difficile à affronter, ce sont les situations où ils doivent pardonner, oublier, et passer à autre chose. Les personnages les plus iconiques et inoubliables sont souvent entêtés, apparemment incapables de changer et prompts à affirmer qu'ils n'oublieront ou ne pardonneront jamais quelque chose. C'est irrévocable, irréparable, et apparemment impossible de pardonner une transgression ou une trahison particulièrement odieuse – voilà l'élément vital du bon drame. Au final, les personnages devraient pouvoir assumer qui ils sont, et, on l'espère, devenir capables de relations plus intimes, plus confiantes, s'autoriser à être plus vulnérables et à se laisser toucher par l'amour, sans qu'il soit besoin de construire des murs métaphoriques (*Les Shtisel, The Crown, Mare of Easttown, Ozark, L'Amie prodigieuse, Le Bureau des légendes*) ; de s'anesthésier/s'auto-médiquer (*Euphoria, I May Destroy You, Le Jeu de la dame, Succession, Pose, The Flight Attendant*) ; et/ou de créer des mécanismes de défense ou d'adaptation – souvent d'auto-destruction – (*Fleabag, La Chronique des Bridgerton, WandaVision, Your Honor, Barry, La Fabuleuse Madame Maisel*). Toute personne mettant en péril ces constructions devenant aussitôt un antagoniste.

Empathie contre Jugement

Il y a toujours quelque chose de l'ordre du jugement qui empêche la véritable empathie. Il est facile de ressentir de l'empathie pour quelqu'un que nous percevons comme correspondant à nos valeurs et/ou à nos vulnérabilités. Ça ne demande aucun effort. L'empathie est plus difficile quand on nous demande de faire montre de compassion envers quelqu'un que nous n'approuvons pas, ou qui nous est délibérément hostile, ou qui nous a pris à partie. Et pourtant, c'est ce que nous devons faire : mettre nos personnages dans des situations telles qu'il ne soit pas facile de leur offrir notre empathie, ou de leur pardonner, ou de trouver un lien avec eux. Les exposer à de telles situations fera naître de manière organique des conflits, qui révèleront des aspects cachés ou réprimés de leur personnage.

À la fois dans le pilote et au-delà, nous devons creuser davantage, grâce à des situations qui vont montrer des aspects de la vie émotionnelle du personnage. Nous devons nous demander, comme auteurs : comment mettre les personnages dans des situations qui les fassent sortir de leur zone de confort d'une manière inouïe ? Comment se comportent-ils quand on les met sous pression ? Ou, comme Albert Einstein l'a joliment dit : « L'adversité permet à l'homme de se connaître. » C'est la même chose pour les spectateurs qui apprennent à connaître des personnages.

Alignement et allégeance

Il y a quelques années, j'ai assisté à la projection de *Moi, toi et tous les autres*, le merveilleux film provocateur de l'auteur Miranda July (2005). Après la projection, Richard Neupert (professeur de cinéma à l'Université de Géorgie) a donné une conférence sur la manière de créer empathie et sympathie pour un personnage par des stratégies narratives et par le style du film. Neupert posait cette question : comment un film (ou une série télé) nous fait ressentir quelque chose pour un personnage – et pourquoi ? Il examinait comment ça pouvait être immédiat ou progressif, mais le processus respecte toujours les trois étapes suivantes :

1. **L'hypothèse.** Établir les attributs positifs d'un personnage et les défauts correspondants. L'auteur le fait en assignant un ensemble de traits distinctifs à chaque personnage, et en y ajoutant ensuite *l'émotion.* Au fur et à mesure de l'histoire, les circonstances obligeront les personnages – et nous – à évaluer leurs actions.

La première fois que nous rencontrons un personnage, nous formons une hypothèse – à partir de nos expériences, de nos jugements, et de leur backstory/comportement – et notre hypothèse a tendance à changer au fur et à mesure que l'histoire avance. Est-ce que le film ou la série jugent le personnage ? Et *nous*, devrions-nous le faire ?

Notre première hypothèse, fondée sur notre première impression, passe ensuite à :

2. **L'alignement.** Est-ce que l'histoire nous aligne avec la raison pour laquelle les personnages sont comme ils sont – leurs buts, leurs motifs, leur psychologie ? Nous alignons-nous facilement avec ces buts, ces croyances ?

3. **L'allégeance.** Sommes-nous « d'accord » avec les personnages, c'est-à-dire, commençons-nous à ressentir une identification ou de la loyauté envers eux ? Avons-nous de l'empathie et/ou de la sympathie pour leurs valeurs ? Pourquoi ?

Ce processus d'hypothèse/alignement/allégeance est au cœur de l'empathie et de la sympathie quand on raconte une histoire. Non seulement on doit suivre émotionnellement les personnages d'une scène à l'autre, d'un épisode à l'autre, d'une saison à l'autre, mais on doit aussi se demander ce qu'on veut faire ressentir au public. Aussi, toute narration digne de ce nom fait naître une conversation ou un débat actif entre les actions des personnages et la réponse émotionnelle du public (rire, larmes, dégoût, peur) à ces actions. Au bout du compte, c'est ce qu'Aristote appelait *catharsis*.

Pour renouveler le regard sur le pouvoir de l'empathie dans les séries télé, j'ai décidé de remettre en question la notion elle-même en choisissant une série qui met en scène une famille privilégiée de milliardaires blancs, égoïstes et ô combien imparfaits, la famille Roy dans *Succession* (HBO).

Humaniser des personnages détestables *via* l'humilité

L'empathie dépend du point de vue et des circonstances, et *Succession* nous le montre de manière brillante. L'orgueil et l'hubris sont les vices du moi, et tous les membres du clan des Roy sont corrompus, ce qui classe cette série satirique et drôle dans le genre *family noir*. Et pourtant, dès le générique d'ouverture, on peut voir que tous les descendants de Logan Roy, le patriarche machiavélique, ont été, à un moment, innocents, et sont nés au milieu des privilèges comme on peut naître dans un culte. Les voir enfants nous aide à tempérer notre jugement ; le père qu'on voit dans le générique est préoccupé, distant, flou, indifférent, et presque toujours sans visage, et les enfants ressemblent à des énigmes émotionnelles. C'est bien plus qu'un simple générique esthétiquement parfait, avec une super musique ; c'est notre ticket d'entrée.

Étude de cas : *Succession*, le style de vie des riches malheureux

Quand j'ai commencé à regarder *Succession*, je me demandais comment qui que ce soit pourrait se soucier de cette nichée de milliardaires, aussi beaux gosses que sales gosses, hautains et arrogants. La famille Roy, sous la coupe de Logan Roy (Brian Cox), un patriarche malin, est très différente des Ewing, des Carrington et des Colby (*Dallas, Dynasty*) – dont les producteurs et les diffuseurs calculaient comment et pourquoi les spectateurs pourraient prendre leur parti.

Logan Roy est un magnat des médias sans scrupules créé d'après Rupert Murdoch et ses semblables. C'est un tyran au passé sombre et bien enfoui, qui manipule et abîme ses rejetons depuis l'enfance. Dans les premiers épisodes, on pourrait croire que Caroline Collingwood (Harriet Walter), la mère absente des enfants Roy, est au moins en partie coupable de tous ces dysfonctionnements émotionnels : peur de l'abandon, domination sans limites du patriarche manipulateur. Mais dans les épisodes suivants, ce genre d'explication de pop-psychologie apparaît clairement bien trop simpliste. Plus probablement, les manipulations passives-agressives de Logan ont eu raison de leur mère, aujourd'hui une femme directe, cassante et émotionnellement indifférente, qui a préféré quitter tout ça il y a plus de vingt ans. Dans n'importe quelle autre série dramatique familiale, on pourrait se demander : « Comment une mère peut-elle abandonner ses quatre jeunes enfants ? » Mais dans *Succession*, la question qui plane sur l'empire de la famille de Logan est : « Pourquoi est-ce que les enfants ne s'enfuient pas, eux aussi ? » Est-ce le pouvoir d'attraction des milliards ? Le style de vie de la jet-set internationale ? Les appartements en penthouse, les propriétés de bord de mer dans les Hamptons, le château en Angleterre ? Les hélicoptères, les jets privés, et ce méga-yacht ?

D'après moi, c'est ce qui devient la question centrale de *Succession.* Au lieu de souhaiter que les familles Ewing/Carrington restent unies, on se demande pourquoi les Roy ne se séparent pas. *Succession* est une série qui nous met au défi de nous soucier de ses personnages principaux, une série où seuls sont vraiment sympathiques les employés, les domestiques, et les *étrangers* (Tom, Greg, Willa, Tabitha, Naomi, Jennifer) qui essayent d'entrer dans le clan des Roy. La série fonctionne plutôt brillamment, malgré sa conception contre-intuitive vis-à-vis de nos partis pris naturels. Oui, on découvre les coulisses d'un empire des médias à la Rupert Murdoch, mais on découvre aussi que ses personnages sont prisonniers d'une cage dorée.

Heureusement, Jesse Armstrong, le créateur et showrunner de la série vient de la comédie (*Veep, The Thick of It, Peep Show*) et comprend comment un public qui fait la grimace peut en même temps y trouver du plaisir et être captivé. Armstrong est un satiriste adroit capable de marcher en funambule sur le fil entre comédie et tragédie. Et la série est effectivement très drôle : le maladroit Greg (Nicholas Braun) est dans la veine comique de Jonah (Timothy Simons) dans *Veep*. Dans le pilote, quand Greg se retrouve défoncé puis vomit dans son costume de mascotte de parc à thème face à des enfants effrayés, on rit. La « liaison » freudienne entre Romulus « Roman » Roy (Kieran Culkin) et Gerri Kellman (J. Smith-Cameron), la conseillère en chef de Waystar/Royco est traitée en farce (et ravive les problèmes de Roman liés à l'absence maternelle, si on veut être vraiment freudien). Tom (Matthew MacFadyen), le fiancé puis le mari de Siobhan « Shiv » Roy (Sarah Snook), est aussi un crétin de première, et ses tentatives opportunistes et ridicules pour « coacher » l'influençable Greg sont à mourir de rire.

J'ai aussi éclaté de rire quand Tom s'est servi un morceau de poulet dans l'assiette de Logan sur le yacht avant de lui tourner le dos – un véritable doigt d'honneur à son beau-père tyrannique. Willa (Justine Lupe), l'actrice débutante et petite amie de Connor Roy (Alan Ruck), le fils aîné né d'une autre mère, qu'on ne connaît pas, est également hilarante, quand elle réagit aux mauvaises critiques de sa pièce à Broadway en balançant par-dessus bord l'iPad coupable de transmettre la nouvelle.

Puisqu'on parle de « par-dessus bord », jetez un œil à l'intelligence sans pitié du dialogue entre Kendall, Roman et leurs collègues de Waystar/Royco, Frank (Peter Friedman) et Hugo (Fisher Stevens) lorsqu'ils commentent l'agression sexuelle et le scandale lié à la mort inexpliquée qui a entaché Brightstar, leur compagnie de bateaux de croisière :

```
                KENDALL
C'est vraiment… grave. Grave, mais, euh…

                ROMAN
Ouais, mais pas trop grave.

                HUGO
Grave, je trouve. Très grave.

                FRANK
Bien d'accord. Grave.

                ROMAN
Ouais, c'est clair, c'est putain de
grave. Mais la question est : grave à
quel point, Frank. C'est la question :
grave à quel point.

                HUGO
Eh bien, juste de la perspective RP, je
n'aimerais pas que quiconque se permette
de minimiser à quel point c'était grave.
```

À l'évidence, la vérité qui dérange va être étouffée par la direction, mais les victimes qui ont été réduites au silence et balancées par-dessus bord ne comptent pas vraiment dans la salle de réunion des dirigeants de Waystar/Royco parce que ce n'étaient pas des passagers payants ni des membres d'équipage, mais des migrants et des prostitués – autant dire des êtres interchangeables. Du point de vue froidement légal, la dissimulation est justifiée par l'acronyme NRPI : No Real Person Involved (Pas de vraie personne impliquée).

Tous ces moments – et beaucoup d'autres – sont dégoûtants et drôles, mais aussi tristes. La vision du monde du showrunner Armstrong, telle que

Succession l'exprime, n'est ni nihiliste ni idéaliste. Elle nous montre le prix de l'avidité, et de ses répercussions dans un monde où, conformément à ce que dit Logan : « C'est l'argent qui gagne. » (Il dit aussi que parfois « c'est une grande compétition pour savoir qui a la plus grosse. »)

En comparaison de ses prédécesseurs, le rythme de *Succession* est délibérément plus lent et ancré dans la réalité. Il y a de la complexité dans l'ethos de la série ; ce n'est pas « l'argent ne fait pas le bonheur », ce serait trop réducteur, et les personnages pourraient vous mettre au défi de définir « bonheur ». Il est clair qu'ils sont heureux à leur manière, par exemple quand Roman est promu, il s'enferme dans son bureau très classe, et se masturbe contre la vitre de son immense fenêtre jusqu'à éjaculer sur sa vue panoramique de New York. Le pouvoir est aphrodisiaque, mais c'est éphémère. Il essuie ensuite la vitre avec ses mains, puis rouvre les stores de son bureau vitré exposé aux regards des autres. Il est le roi de son domaine pour l'instant, mais il est aussi prisonnier dans une cage contrôlée par son père. Les frasques, l'hédonisme et l'irrévérence de Roman sont les éclats d'un adolescent rebelle contre les règles de Papa. Les comportements inappropriés et choquants de Roman sont ses échappatoires. C'est d'autant plus manifeste quand on apprend qu'il n'y a pas d'activité sexuelle entre lui et sa magnifique petite amie Tabitha (Caitlin Fitzgerald). Roman la garde à portée de main – peut-être une forme de contrôle ? Quelles qu'en soient les causes souterraines, on est intrigués par la contradiction.

Dans *Succession*, les personnages principaux sont détestables de manière agressive. La seule exception dans la famille immédiate est Kendall Roy (Jeremy Strong), un ancien toxicomane qui recherche désespérément l'approbation de son père, et qui n'a guère de chances de l'obtenir un jour. Kendall joue au mâle alpha, mais sur fond d'insécurité et de doute constant sur ses talents, dans l'ombre de son père dominateur, tandis que ses frères et sœur déraillent et se réfugient dans la bulle du cynisme.

Dans le pilote, Roman promet au jeune fils de son gardien latino un chèque d'un million de dollars s'il parvient à faire un home run lors d'un match « amical » de base-ball que joue la famille pour fêter le 80e anniversaire de Logan. C'est un pari audacieux de Roman, un jeu dans le jeu, pour son seul plaisir. Le gamin est sur le point de remporter le pari, fou de joie, mais il est disqualifié au dernier moment. Roman déchire le chèque devant le gamin et sa famille, désespérés. Bon, eh bien, bonne chance pour la prochaine fois. Quand son jeu cruel rencontre la désapprobation (légère) de sa famille, Roman s'en offusque, et défend son acte comme une forme de générosité et d'inclusion, il pense avoir donné de l'espoir au garçon. On dirait qu'il ne lui passe jamais par l'esprit que tandis que pour lui, un million en moins n'aurait fait aucune différence, ça aurait complètement transformé la vie de ce garçon et de sa famille. C'est une scène terrible, dérangeante, dès le début du pilote. Dans une série qui mêle les genres du thriller économique, du *family noir*, et de la satire cruelle, on grimace, et on ne sait pas vraiment ce qu'on est censés ressentir pour les Roy.

Shiv, la sœur, se montre également froide et cruelle le soir de sa nuit de noces quand elle informe son mari, le bon Tom, qu'elle ne sera pas capable de rester monogame. Oui, une fois qu'ils ont échangé leurs voeux. Elle lui révèle qu'elle l'a déjà trompé, mais n'assume pas la responsabilité de sa transgression puisqu'elle n'est tout simplement pas faite pour l'engagement, même si apparemment elle est faite pour un contrat de mariage. Dans la saison 1, Shiv se convainc aussi que limiter les dégâts au nom des affaires familiales l'emporte sur la solidarité féminine quand elle manipule une victime de harcèlement sexuel pour la convaincre de se taire. C'est un coup froidement calculé, que Shiv justifie comme relevant de ses compétences de négociatrice, un « sale boulot réservé aux meufs », et fait mine de compatir avec la victime naïve, en féministe concernée, tout en lui décrivant, de manière passive-agressive, sa réputation future de fille facile, pour l'amener à rester dans l'ombre.

L'aîné, le demi-frère Connor, apparaît d'abord moins tordu, puis on découvre que Willa, sa petite amie, est aussi son employée. C'est une actrice débutante qui finance ses ambitions en se prostituant, mais Connor est tombé amoureux d'elle – plus ou moins. Il ne compte pas en faire sa femme ou son égale dans la relation, mais il aimerait qu'elle reste à ses côtés comme une femme-trophée dépendant complètement de lui. Oui, vraiment, toutes les relations des Roy sont transactionnelles. Elles ne sont jamais gratuites, magnanimes ; toujours vénales, égoïstes et nées du désir de contrôle. Alors pourquoi nous en soucier ?

La réponse est que le centre moral de la série, c'est le personnage de Kendall. Kendall avait et a toujours recours à la drogue pour s'anesthésier et supporter les comportements inhumains de sa famille. Il ne le supporte pas et son comportement compulsif de drogué n'a pas été sans conséquences. Il a perdu l'amour et le soutien de Rava (Natalie Gold), son ex-femme, et le lien avec ses deux jeunes enfants. Kendall a une conscience. Il est sensible au regret et à la souffrance. Il est plus dur envers lui-même qu'envers les autres. Mais peut-être que ce qui différencie le plus Kendall de ses frères et sœur et de son père est qu'il ne s'en prend jamais aux gens en dessous de lui, peut-être parce que, au fond, il a lui-même le sentiment d'être en dessous. Il traite avec respect Jess (Juliana Canfield), sa secrétaire gardienne de ses secrets. Quand il lui arrive de se laisser aller à crier sur son jeune fils, il s'excuse. Il respecte Marcia (Hiam Abbass), la seconde femme sympathique de son père. Tandis que ses frères et sœur sont toujours impeccables, habillés avec style, bien coiffés – au-dessus de la mêlée –, un épisode va jusqu'à nous montrer Kendall se réveillant littéralement dans un lit souillé de ses propres excréments. Malgré toute son expertise, tous ses calculs d'homme d'affaires et sa conscience de l'importance des apparences et de l'opinion publique, Kendall a tendance à ne pas cacher sa haine de soi, il aspire à la rédemption. Dans une famille de sociopathes, Kendall cherche à sauver son âme.

Dans le pilote, quand Rob Yang (Lawrence Yee), le génie de la tech, rejette cyniquement la proposition de Kendall à la table de réunion de la Waystar, la réponse de Kendall (empruntée, comme on s'en aperçoit plus tard, à son père) est : « Je vous vois. » C'est le superpouvoir crédible de Kendall ; il est capable de lire ceux qui l'entourent avec l'instinct d'un tueur, mais il est incapable de se regarder dans un miroir. Il est devenu, à peu de chose près, comme son père, cynique, émotionnellement indifférent et tyrannique – et ça le terrifie. Quand son père le dénigre et lui fait comprendre qu'il n'est pas fait pour le boulot de dirigeant en lui disant : « Tu n'es pas fait pour ça. Tu n'es rien. Tu es mou. », Kendall se contente de lui répondre ce que tout le monde sait déjà : « Tu es un putain de monstre. »

Logan est pleinement conscient qu'il peut désamorcer Kendall en un rien de temps en feignant la compassion ou la fierté, en disant à Kendall : « Tu es mon garçon numéro 1 » et en l'embrassant sur le front – c'est exactement ce qu'il fait après l'accident de voiture où Kendall a tué un serveur de l'équipe du traiteur lors du mariage de Shiv et Tom. Une autre dissimulation, même si cette fois Logan sauve la mise de Kendall en escamotant le scandale. Tandis que Kendall sanglote, Logan le console et refait l'histoire pour la raconter comme la réconciliation d'un père et d'un fils. Il n'en est rien. Tout ce que fait Logan lui donne des moyens de pression.

De manière intéressante, dans le sillage de la noyade, on apprend dans la saison 2 que Logan ne sait pas nager. Quelle ironie ! Un requin qui ne sait pas nager a besoin d'émissaires sans pitié. Et ce n'est pas le cas de Kendall. Ce n'est pas un tueur. De retour d'une visite avec Roman dans le Herefordshire, en Angleterre, pour voir leur mère qu'ils n'ont quasiment pas connue (pour renégocier ses parts dans la société), Kendall finit par accompagner son père pour aller présenter leurs condoléances à la famille du serveur. Pour Logan, c'est une opération de relations publiques, une manière de limiter les dégâts. Après tout, c'est Logan qui a viré sur-le-champ le serveur maladroit lors de la réception de mariage de Shiv et Tom (encore un abus de pouvoir). Mais Kendall remarque des photos du serveur sur le frigo et est visiblement secoué. Contrairement aux autres Roy, Kendall est incapable d'écarter d'un revers de la main le serveur comme un NRPI (Pas de vraie personne impliquée). Un peu plus tard, en guise de réparation, Kendall retourne furtivement au domicile des parents du serveur qui s'est noyé, et glisse une enveloppe de liquide dans leur boîte aux lettres, comme un voleur dans la nuit.

Dans l'épisode 7 de la saison 2, la famille Roy, sans Kendall, participe à une thérapie de groupe à l'initiative de Logan. Mais ce qui aurait pu être une occasion pour la famille d'exprimer les sentiments refoulés ne donne rien. Ce n'était qu'une mise en scène ayant pour but de réhabiliter l'image publique de la famille Roy. Plus tard, le thérapeute (joué par le hirsute Griffin Dunne), pour encourager les Roy à se laisser aller, plonge la tête la première dans la piscine, quasiment vide, et s'explose le visage contre le fond. Dans un bain de sang, il doit dire adieu à son projet de catharsis familiale ainsi qu'à ses dents.

En même temps, Kendall paraît perdu pendant presque toute la saison 2. Dès l'ouverture de la saison 2, Logan ne perd pas de temps pour obliger Kendall à lui renvoyer l'ascenseur après avoir couvert l'homicide involontaire du serveur, et lui demande d'assumer publiquement la responsabilité du dernier scandale de Waystar/Royco. Mais pour que Kendall puisse bien prendre le coup de plein fouet, son père doit l'enlever à la tranquillité du spa/centre de désintoxication où il récupère en Finlande. Exactement à la manière de Michael Corleone, dès que Kendall est sur le point de s'en sortir, ils le ramènent en arrière, vers eux. Les liens familiaux comme des menottes. Kendall accepte et fait son devoir en fils loyal et marionnette de son père, mais il y a des conséquences, et un prix à payer, à la fois pour sa guérison et pour son allégeance. L'un des principes de base de la désintoxication est que lorsque vous touchez le fond, comme Kendall l'a certainement fait, soit vous changez, soit vous mourez. Tout au fond de lui, Kendall commence à organiser son évasion.

Pour quelqu'un qui ne s'en prend jamais (ou rarement) à ceux qui sont en dessous de lui, Kendall est en position d'attente dans la saison 2, jusqu'au moment où, dans le final, il finit par s'en prendre à celui qui est au-dessus – ô combien – de lui, son père/démon. C'est un choc absolu, auquel on aurait dû s'attendre, mais je doute que Kendall lui-même se soit cru capable de la force d'âme nécessaire pour y parvenir. Le dernier plan du final nous offre un atterrissage parfait, avec Logan regardant son fils en train de le balancer et de détruire sa réputation en direct à la télé lors d'une conférence de presse bondée. On sait depuis le début que la tyrannie de Logan réclame toujours un « sacrifice de sang » de sa progéniture et de ses cadres dirigeants. Mais cette fois, le sang qu'on sacrifie est celui de Logan. Tandis que Kendall s'écarte du discours prévu et choisit plutôt de rendre publics les crimes économiques de son père, pour la première fois de sa vie, Logan pourrait bien être vraiment fier de son fils. Kendall fait enfin preuve de l'instinct de tueur et de survie appris de son père, et un sourire imperceptible de Joconde vient éclairer le visage de Logan.

Les Roy ont foi dans l'argent et le pouvoir, pas dans la religion, la science ou la psychothérapie. Ils semblent étrangers au monde extérieur et n'avoir pas d'amis. Ils sont tous liés de manière indéfectible, tout en sachant ne pas pouvoir compter les uns sur les autres. Ils ont beau être promenés dans des voitures de luxe avec chauffeur, ils sont pleinement conscients de la précarité de leur position. Les Roy sont des adultes enfants, émotionnellement handicapés, au développement interrompu, qui répriment leurs traumas passés sous leur ironie et leur insouciance.

Même avec tous leurs milliards, impossible de se débarrasser de la puanteur du scandale. Leur monstrueuse maison de campagne pue littéralement – à cause de ratons-laveurs morts qui ont été fourrés dans leur cheminée, supposément par un entrepreneur mécontent. Quand Logan le découvre, il s'en prend à l'entrepreneur et le menace, encore un exemple d'abus de pouvoir. Logan n'accepte pas volontiers qu'on le remette en question. Il blackliste et détruit ceux qui le défient.

Une série télé de prestige comme *Succession* serait impossible sur une chaîne traditionnelle – aujourd'hui comme hier. Le remarquablement prolifique magnat de la télé Aaron Spelling (qui a été le producteur exécutif de *Dynasty*) était réputé pour ne jamais montrer les coulisses peu ragoûtantes que cachait la façade du glamour. Dans ses séries, tout le monde était toujours bien maquillé avec un brushing, sur son trente-et-un ; les plans d'ensemble étaient toujours paradisiaques. Le secret, le truc de l'univers Spelling, était que les riches n'interagissaient jamais avec les pauvres. On ne voyait jamais un SDF, tout le monde était toujours bien propre sur lui, et personne n'allait jamais aux toilettes.

Dans *Succession*, on touche du doigt les réalités sinistres liées à la disparité de richesse extrême. En partie grâce aux champs de mines que sont Twitter et Facebook, on est davantage conscients aujourd'hui de ce que les autres ont ou n'ont pas. On nous délivre notre dose quotidienne de controverses, qui sont peut-être des « fake news » ou pas. Le bonheur n'est pas quelque chose de si simple dans notre monde de fragmentation, d'isolement et de polarisation. Peut-être que finalement, notre empathie ou notre intérêt pour les Roy viennent de ce que nous comprenons que même s'ils sont bien habillés, ils n'ont nulle part où aller – si ce n'est vers le bas. On est très seul tout en haut.

Une note personnelle

On m'a souvent demandé, pendant l'écriture de ce livre, quelle nouvelle série télé m'a le plus captivé – et pourquoi. Facile : *WandaVision* sur Disney+. Pourtant, même en ayant vu et revu la série plusieurs fois, je ne comprenais pas pourquoi elle résonnait si profondément en moi. Et puis j'ai compris.

En 1968, quand j'avais 6 ans, mon père est mort d'une crise cardiaque, à l'âge de 39 ans. Naturellement, j'étais dévasté. Mon seul répit dans cet immense chagrin, et ma série absolument préférée, était *Ma sorcière bien-aimée*, qui a duré huit saisons sur ABC (1964-1972). La protagoniste de la série, une sorcière du nom de Samantha (Elizabeth Montgomery), tombe amoureuse d'un simple mortel du nom de Darrin Stephens ; il sait qu'elle a des pouvoirs magiques et est follement amoureux d'elle, mais n'accepte de l'épouser qu'à la condition qu'elle garde le secret sur ses pouvoirs et son identité de sorcière. Tout ce que veut Samantha, c'est une vie « normale » dans la banlieue de Westport dans le Connecticut. Quand la série, créée par Sol Saks, a commencé à être diffusée en 1964, avant la libération de la femme, la magie était une métaphore subversive de la prise de pouvoir des femmes, comme dans *WandaVision*. *Ma sorcière bien-aimée* fut un énorme succès, dû à son mélange unique de comédie et de fantasy.

À la fin de la saison 5, l'acteur qui incarnait Darrin Stephens (Dick York), amoindri par la maladie, fut remplacé par un autre acteur, Dick Sargent – sans aucune explication pour les spectateurs. Les deux acteurs portaient le même prénom par pure coïncidence, mais ne se ressemblaient en rien, à part leurs cheveux bruns.

Dans les saisons 6 à 8 de *Ma sorcière bien-aimée*, Darrin est toujours Darrin, si ce n'est qu'il a été remplacé par un autre acteur (ça rappelle Pietro dans *WandaVision*). Mais pour l'enfant de 11 ans que j'étais alors, ce tour de passe-passe m'inspira une sorte de pensée magique. Est-ce que mon père ne pourrait pas, lui aussi, par un moyen ou par un autre, m'être rendu – même joué par un autre « acteur » ? Mon chagrin d'enfant était tel, je ne comprenais pas pourquoi mon père m'avait abandonné. Le concept de mort m'échappait encore. *Ma sorcière bien-aimée* comme *WandaVision* partagent le même ADN, celui de la construction d'un univers où tout est possible, où n'importe quel problème, n'importe quelle souffrance peuvent disparaître par magie.

Comme la plupart des séries télé exceptionnelles explorées dans ce livre, *WandaVision* parle de la perte, et du superpouvoir ultime : le pardon.

INTERVIEW : Jesse Armstrong, *Succession* (HBO), sur l'avidité, le pouvoir et comment réussir son atterrissage

Cette interview a eu lieu le 8 juin 2020.

Neil : Il y a tellement de séries dramatiques de prestige aujourd'hui qui sont des adaptations, que ce soient de best-sellers ou de Shakespeare. Votre série a été comparée au *Roi Lear*, mais c'est une création totalement originale. Comment avez-vous construit votre monde, fait naître ces personnages iconiques, et trouvé le ton juste entre la comédie et la tragédie ?

Jesse : Je commencerai par une mise en garde, du point de vue de quelqu'un qui essaye de comprendre comment ces choses fonctionnent, presque tout ce que j'ai compris a été rationalisé après coup, alors que tout s'est passé de manière très organique, très naturelle.

Pour dire la vérité, je ne sais vraiment pas de quoi je parle. Mais il y a peut-être quelques trucs que j'ai remarqués et qui peuvent être utiles.

Donc, pour ce qui est de trouver les bons personnages, la série s'inspire des histoires vraies de beaucoup de magnats : Rupert Murdoch, Sumner Redstone, Conrad Black, Robert Maxwell, Brian Roberts, les Mercer. Ils sont tous connus du public et il y a une tonne de choses à lire à leur sujet, donc j'ai fait beaucoup de recherches, en particulier sur les magnats des médias, mais aussi de l'industrie. Et au-delà plus généralement, sur les histoires de succession. Les histoires de succession, et particulièrement celles qui sont contestées, sont partout dans la littérature et dans la mythologie, dans l'histoire anglaise, dans l'histoire classique et à un certain degré dans l'histoire américaine aussi. Donc pour ce qui est de se mettre à écrire la série, je n'ai jamais connu l'angoisse de la page blanche.

En ce qui concerne le ton, je viens des sitcoms ; c'est là que j'ai appris le métier et j'ai l'habitude d'écrire beaucoup de versions. Mais avec le pilote de *Succession*, la première version que j'ai écrite est en gros la même que la dernière version. Bien sûr il y a eu plein de changements dans les dialogues et des améliorations, mais le ton était là dès la première version. Il me semble que le ton est plutôt cohérent dès le premier épisode et tout au long des deux saisons.

Neil : Est-ce que créer de l'empathie pour cette famille blanche et trop riche a été un gros problème ? J'ai l'impression qu'ils sont prisonniers de leurs privilèges. Comme spectateur, on se demande : pourquoi est-ce qu'ils ne s'en vont pas ? Pourquoi ne pas s'enfuir ? On se dit qu'ils pourraient prendre 100 millions de dollars et partir en Nouvelle-Zélande ou ailleurs. En même temps je comprends pourquoi ils ne le font pas – à cause de l'obligation familiale. Est-ce que vous vous êtes jamais demandé : qui va bien se soucier de ces gens ? Est-ce que je dois m'en inquiéter ou juste me lancer en espérant que ça marchera ?

Jesse : Je me disais que ce monde était intéressant, et que ces familles étaient intéressantes. Et donc, quand j'écrivais, en vérité, je ne m'inquiétais pas du tout de savoir qui serait aimable, de qui on prendrait le parti. Je suppose qu'on a besoin d'engager notre empathie à un moment ou un autre, c'est probable. Mais je n'y pense pas comme ça. Peut-être parce que je viens de la comédie et la manière dont on entre en relation avec un personnage comique est peut-être différente de la manière dont le public est d'habitude invité à s'engager dans un drame. C'est une question qui a été soulevée de temps en temps pendant le développement, donc je me suis quand même posé la question à un moment : est-ce qu'on va trouver ces gens trop repoussants ?

J'ai pas mal de manières de réfléchir à la question de l'empathie. L'une d'elle est que, en tant qu'auteur, vous devez avoir la capacité de vous imaginer à la place des autres, et j'ai tendance à croire que les spectateurs vont partager ça.

Que même s'ils ne pensent pas qu'ils sont en train d'observer des gens formidables, ils pourraient néanmoins être capables d'imaginer ce que ce serait d'être à leur place. Et je crois que pour ça, il faut donner aux gens suffisamment d'informations et de contexte. Si vous montrez au public la dynamique familiale et l'histoire de la famille, alors peut-être que l'évolution de leur personnalité devient plus explicable, et les regarder devient en quelque sorte bizarrement excitant plutôt que repoussant.

Il y a toute une histoire, bien sûr, de pièces et de tableaux qui vous montre des choses qui seraient horribles à expérimenter. Je ne sais pas à quoi correspond cette impulsion humaine – est-ce que, en nous inoculant de petites doses, nous nous vaccinons contre la terreur, ou est-ce que nous apprécions le frisson d'être près de l'horreur mais pas dedans ? Je n'en sais rien.

En tout cas, je crois que ma position finale sur la question de l'empathie est que le plus important n'est peut-être pas de nous faire prendre le parti des personnages ou de nous les faire aimer, du moment qu'on sait que la série n'est pas à leur service et les considère avec une pointe de défi. Si on arrive à faire infuser ce sentiment de manière invisible partout dans la série, alors je pense que c'est supportable.

Mais le ton est un exercice d'équilibriste délicat. Si le niveau de jugement satirique ou d'ironie dramatique est trop élevé, et qu'on sent trop la main de l'auteur, alors la série tombe à plat, la tension disparaît. S'il y a trop de directions, d'instructions de l'auteur, c'est mort. S'il n'y en a pas assez et si pour ainsi dire ça ne va nulle part, si c'est mou, vous perdez tout critère pour rajouter ceci ou enlever cela.

Neil : Ils sont aussi terriblement distrayants, malins, drôles. Et on a un frisson d'excitation d'expérimenter par procuration le style de vie somptueux des Roy. Ça fonctionne comme échappatoire, à la fois par son côté grandiose et par la possibilité qu'a le public de se sentir moralement supérieur, bien que financièrement inférieur. Une série télé est un peu comme une autre vie, vers laquelle on peut se tourner quand on veut. On choisit d'être là-bas, comme une mouche sur le mur. Mais les rejetons de Logan Roy n'ont pas l'air d'avoir le choix. Il y a un côté syndrome de Stockholm, parce qu'ils ne pensent qu'à résoudre les problèmes à l'intérieur du cadre de Waystar/Royco. Mais pourquoi, d'après vous, ne pensent-il jamais à s'enfuir ?

Jesse : Mon sentiment, c'est que le prince qui renonce au trône pour s'en aller ou devenir moine ou autre chose est plutôt rare. Peut-être à cause du désir de pouvoir et de position sociale. Mais aussi à cause de l'ingrédient émotionnel. Souvent la dynamique familiale, le papa ou la maman sont tellement fascinants, séduisants, puissants, que rien d'autre au monde ne semble plus vivant ou excitant. C'est impossible d'y renoncer. Comme une drogue ou une relation tordue mais captivante. Quelque chose à quoi vous êtes incapables de dire non. Je pense que c'est une situation tragique. Non ? La tragédie de ces gens, d'un certain point de vue, c'est qu'ils ne pourront jamais rien trouver de plus intéressant que leur famille, où que ce soit dans le monde.

Neil : Est-ce que ça pourrait être aussi leur dépendance à l'approbation de ce patriarche impossible à satisfaire ? Je pose la question parce que l'influence de Logan en a tous fait des handicapés émotionnels. Ils sont totalement impuissants. Ils ont tout cet argent, mais ils ne savent pas comment se conduire. Ils ne cuisinent pas leurs propres repas. Ils ne savent pas comment se débrouiller dans la vie. Leurs névroses existent sur un mode qu'on pourrait appeler *survie irrationnelle.*

Je n'ai jamais ressenti ça pour Rhea Jarrell (Holly Hunter) ou Gerri Kellman (J. Smith-Cameron) ; elles n'ont jamais eu l'air désespéré, et je n'ai pas l'impression que le chaos de Waystar/Royco les ait empêchées de dormir. Elles sont là pour l'argent et n'obéissent ni à l'obligation, ni à l'émotion. Je ne me suis jamais inquiété pour elles, ou même pour la femme de Logan, Marcia. Elles peuvent couper les ponts et s'en aller quand elles veulent, et retomber sur leurs pieds. Ce sont des adultes avisées par opposition aux bambins émotionnels que sont les enfants adultes de Logan.

Les Roy ont aussi une relation de dépendance au pouvoir ; c'est comme une addiction. Chaque enfant a un lien avec son passé traumatique sans avoir recours à la thérapie ni essayer de guérir. Ce que j'en retiens, c'est leur haine de soi comme punition de leur privilège blanc. Ils sont tous hantés par la honte, mais elle est réprimée et camouflée par les pièges matériels de la richesse. Pour moi, ils sont incapables d'imaginer une vie en dehors de ça. Ils ont grandi sans connaître l'amour inconditionnel. S'ils n'y prennent garde, ils deviendront exactement comme Logan, un homme qui est une île, avec un désir de pouvoir insatiable, et qui a coupé depuis longtemps les derniers ponts qui le reliaient à l'humanité. Il est presque impossible sur une terre aussi dévastée que puisse naître une nouvelle vie.

Jesse : J'ai l'impression d'être dans la writers room avec vous ! Et si on y était, ce serait un bon point de départ pour une discussion. Les meilleurs moments de la writers room, ce sont des observations comme ça qui deviennent des points de discorde, puis des disputes à propos des personnages, de ce qui est immuable et constant dans les personnages, et de la marge de changement dont on dispose, pour grandir, ou diminuer. Je crois que parfois on peut avoir une sorte d'illusion de croissance : comme quoi, le changement serait toujours positif dans la vie des gens. Alors qu'en fait, évidemment, les choses qui nous arrivent peuvent aussi bien nous faire grandir que nous diminuer. Je crois que c'est quelque chose à propos des personnages de la série qui peut toucher les gens, qui est quelque chose qu'on sait de soi et des gens qu'on connaît, c'est qu'il y a en nous beaucoup de contradictions. Un jour on est quelqu'un de bien, un autre jour quelqu'un de mauvais, tout dépend de la situation et des questions morales et éthiques qu'on affronte.

J'ose espérer que nous avons des personnages suffisamment complexes pour qu'on puisse croire à ce qu'ils font, qu'ils se comportent de manière affreuse ou parfois bonne. Ils sont cohérents dans leur incohérence, comme la plupart des êtres humains. Je ne sais pas pourquoi, ça me fait penser à Oskar Schindler. Ce n'était pas un être humain particulièrement vertueux pendant une grande partie de sa vie. Et puis quand le moment est venu, il a fait quelque chose d'extraordinaire.

Neil : Bien d'accord ! J'aimerais qu'on parle des Roy en tant que métaphore de l'Amérique et de la Grande-Bretagne comme empires en déclin. Avec Logan, son empire média (en particulier les journaux) est en train de changer à cause de la technologie. Il n'est plus dans le coup, et sa santé le trahit, elle aussi. Il est faible et âgé. Je pense que c'est la raison principale pour laquelle nous pouvons avoir de l'empathie pour lui dès le début. La mortalité et la maladie mettent tout le monde sur le même plan. Vous avez écrit une scène tellement brillante dans le pilote, on est en réanimation et les enfants de Logan passent en mode ultra-privilégié : « Est-ce que c'est la meilleure chambre ? Est-ce que c'est le meilleur médecin ? » Mais tous les privilèges du monde n'y peuvent rien. Steve Jobs n'a pas pu vaincre ou soigner son cancer. Vous mettez dès le début la famille Roy dans une sorte de sable mouvant. Ils sont dépassés, effrayés et vulnérables. Ils sont habitués à être toujours en haut et tout-puissants, mais pas quand le patriarche a un pied dans la tombe. Alors, ils y descendent tous avec lui. À terre. Vous jouez dès le départ avec nos présomptions sur cette histoire : il n'y est pas simplement question de succession, mais aussi d'ascension. Pour moi, c'est ça qui vous donne les fondations dont vous avez besoin. Se soucier d'un parent malade, c'est universel et partageable.

Jesse : Honnêtement, je n'étais probablement pas conscient de tout ce qui était disponible dans la mise en place que j'avais écrite. Mais je crois qu'on peut dire que j'avais conscience de dépeindre un empire déclinant à l'intérieur d'un empire déclinant. Parce que, vous savez, l'info, les journaux, les chaînes d'info – c'est un marché impitoyable. Et ces dinosaures ont dominé le paysage des médias des 50 dernières années, mais sont en voie d'extinction. Ça me paraissait riche.

Emballée dans ce déclin à l'échelle d'une industrie, il y avait aussi la mortalité. D'un certain point de vue c'est banal, mais ce n'est pas banal, parce que c'est la vie, non ? Ces magnats, ils vont mourir. Et personne ne veut mourir. Et ces titans peuvent essayer de tromper la mort en accumulant l'argent et le pouvoir dans ces pyramides d'auto-suffisance. C'est vrai, j'ai toujours pensé que ça devait être en partie la raison pour laquelle ces personnages accumulaient autant de pouvoir – peut-être que si vous avez un emploi du temps de ministre, que le Président peut vous appeler n'importe quand, peut-être que c'est plus difficile de concevoir votre propre disparition que ça ne l'est pour nous. Je pense que ça, c'est vraiment dans la série – et qu'une partie y est consciemment.

Neil : Le final des deux saisons de *Succession* est également palpitant. Vous et votre équipe d'auteurs, vous savez vraiment comment réussir votre atterrissage. Combien de temps passez-vous sur la grande histoire que vous racontez, et à établir l'endroit où vous voulez atterrir à la fin de chaque saison ? Ça a l'air très prédéterminé, alors que peut-être ça évolue en permanence ?

Jesse : On sait. La structure de la writers room est de passer un mois ou plus sur les thèmes d'ensemble, la forme des personnages, le sujet, les blagues, la matière pour des moments qui peuvent arriver. Mais ce que j'espère avant tout, c'est de trouver, de sentir la forme des saisons. Tout change beaucoup. Vous savez, vous tombez sur une interprétation géniale et vous voulez écrire plus pour tel acteur ou telle actrice ; ou on perd un décor, et il faut couper des pages et changer l'histoire. Mais en gros, on connaît l'histoire qu'on veut raconter. Quand on écrivait le premier épisode, on savait ce qui arriverait dans le dernier épisode de la saison. Et j'adore ça. Je sais que certains peuvent se sentir à l'étroit ou que ça peut leur sembler trop rigide. Mais pour moi, ça me donne plus de confiance, plus de liberté en ce qu'on peut apprécier le parfum subtil de l'intrigue générale et des personnages tout du long. Je ne serais pas très à l'aise si on ne savait pas où on allait. Comme vous le savez certainement, on aime faire des prises improvisées une fois qu'on a le scénario. Ou essayer des dialogues alternatifs qu'on a en réserve. Mais pour moi, cette liberté fonctionne le mieux à l'intérieur d'une structure. Alors oui, on connaît dès le départ la forme de la saison entière.

Neil : Vous la connaissez à quel point ? Dans la saison 1, par exemple, est-ce que vous saviez que Kendall allait arracher le pouvoir à son père pour finalement revenir en rampant pour demander à son père de le sauver ? Ou connaissiez-vous le détail de l'excès de cocaïne de Kendall, de l'accident de voiture et de la noyade qui allaient s'ensuivre ? Et comment ensuite Kendall allait partager ce secret avec son père qui aurait ainsi un nouveau moyen de pression sur lui ?

Jesse : Oui, on savait ça à la fin du premier mois. Pendant ces premières semaines, on fait en sorte de connaître les lieux et la teneur émotionnelle, et puis on passe les 10 semaines suivantes à élaborer chaque histoire. On ne sait pas tout, mais on connaît la forme des histoires et ce qui arrive à chaque personnage dans chaque épisode.

Neil : À quel degré de détail allez-vous dans vos scénarios pour la texture et les nuances du contexte de vos scènes ? Par exemple, quand la Waystar/Royco montre sa vidéo de RP, on voit que son conseil d'administration est très divers en termes de races et de couleurs, mais quand on revient à la réalité, on voit que quasiment tout le conseil est constitué d'hommes blancs. C'est une forme de propagande d'entreprise qui repose sur l'opinion publique. Tout a l'air mis en scène dans la vie des Roy, avec leurs belles maisons et leur vernis de perfection. Mais même le somptueux buffet gastronomique qui est dressé pour eux dans leur propriété des Hamptons est gâché par la puanteur des ratons-laveurs morts dans la cheminée – et il faut tout jeter. Quelle proportion de cette façade imparfaitement parfaite est cuisinée au moment du scénario, et quelle proportion est apportée par le réalisateur au cours des réunions de production et de mise au point quand vous mettez tout en place ?

Jesse : Je suis toujours heureux quand les gens remarquent les détails. On a des réalisateurs très méticuleux et d'un talent exceptionnel, comme Mark Mylod. Adam McKay a réalisé le pilote, et il tenait à ce qu'on représente la richesse sans la rendre glamour.

Les détails, ça fait partie comme vous le dites de ce que j'adore. Il me semble qu'une des premières choses qu'on fait quand on évalue une série

– ou une personne, ou un film, mais dans notre cas, la série –, c'est de décider à quel point on fait confiance à l'entreprise dans son ensemble. Et je crois que c'est essentiel de tomber juste en matière de texture, que les graphiques qu'on voit aux infos aient l'air vrais, que les lieux aient l'air authentiques. Vous ou moi, même si nous n'avons jamais mis les pieds dans une de ces maisons super luxueuses des Hamptons, je crois que nous savons quand même dire si c'est bien ça quand on nous le montre.

L'odeur de chair décomposée dans la propriété, et la nourriture qu'il faut jeter, et bien sûr la diversité dans la vidéo d'entreprise, tout est dans le scénario. On met tout dès cette étape-là. Et je suis très heureux que les gens qui ont aimé la série aient remarqué ce genre de choses.

Neil : Ça marche presque sur un plan subliminal parce que ça fait partie du syndrome de Stockholm à l'intérieur de la bulle de privilège. Et ça arrive au spectateur aussi, de se retrouver envoûté par tout ça. Ça nous aide à comprendre les choix qu'ils font à partir de leur perspective limitée. La nourriture abîmée, on la jette. Ni une, ni deux.

Y a-t-il un personnage dans la famille Roy dont vous vous sentez plus proche, qui serait votre alter ego, ou est-ce que vous ne pensez pas en ces termes ?

Jesse : Je ne crois pas. J'essaye d'habiter tous les personnages et de comprendre leurs points de vue.

J'aime aussi mettre des étrangers là-dedans, qui puissent représenter le point de vue du public et dire : « Hé ! C'est bizarre d'avoir des toilettes en or », ou faire des commentaires sur ce que nous, les spectateurs, pourrions trouver inhabituel. À un niveau très basique, ça offre un regard comique sur ce monde élitiste.

Neil : Je vous regardais sur HBO parler des « cercles concentriques de connaissance » à propos du scandale. Qui sait quoi ? Qui savait quoi quand ? Et puis il y a la perception publique des retombées, et le « damage control » qui s'ensuit. Il y a tellement de strates et d'intrigues parallèles à synchroniser. Je crois que si vous réussissez aussi bien votre « atterrissage », c'est parce que quasiment tout ce que vous avez mis en place se résout de manière inattendue lors du final de la saison. Tout sauf un fil d'intrigue… ce qui me conduit au personnage de Rose. Logan et son frère Ewan (James Cromwell) partagent un secret de famille bien sombre et bien caché.

Certains ont l'air plus ou moins au courant. C'est une sorte de Rosebud. D'où vient Rose Roy ? J'imagine que nous allons peut-être en apprendre plus sur elle. Elle semble être le talon d'Achille de Logan. Est-ce que je me trompe ?

Jesse : On n'avait pas particulièrement l'intention de cacher quoi que ce soit avec cette histoire. On avait écrit davantage sur Rose dans une version du scénario, mais on a dû couper. On a de la chance, je trouve, que les spectateurs acceptent de vivre dans cette incertitude, parce qu'ils ont confiance, j'espère, et parce qu'ils savent que nous n'avons pas lancé de mauvaises vibrations juste pour le plaisir, mais parce qu'on y a réfléchi, et qu'on s'est demandé comment ça avait affecté la vie de ces frères, comme une tristesse, une tragédie, quelque chose dans leur passé à quoi ils ne peuvent pas penser.

Les cercles concentriques de qui sait quoi sur quoi. Un scandale est parfois difficile à contrôler. Et vous avez juste à bien faire vos recherches et à tout bien garder en tête. Il y a aussi des cercles concentriques de certitude, je crois, pour un showrunner et pour une série comme entité. Il y a ce que vous savez ; où Logan est né, ce qu'il a fait, et quand l'entreprise a été lancée. Et puis il y a, franchement, des choses interchangeables, en fonction de comment on décide de manipuler l'intrigue. Combien de journaux circulent sur les différents continents ? On le sait, on l'a sur un morceau de papier, mais on ne l'a probablement jamais dit précisément. Et ça pourrait nous arranger un jour de changer ce qu'on a écrit quelque part dans une bible. Mais plus il y a de choses en orbite dans votre système solaire émotionnel, plus la gravité s'exerce sur vous. Connaître l'histoire des membres de cette famille, il me semble, donne au public le sentiment que le monde qu'ils habitent est solide.

Une des nombreuses choses que nous n'avons pas évoquées, c'est le rêve que c'est, d'écrire pour de tels acteurs. Quand vous écrivez pour eux, vous avez le sentiment que vous pouvez leur proposer n'importe quoi, ils y réagiront honnêtement. Ils habitent pleinement leurs rôles et transcendent en permanence ce qu'on leur donne. C'est un rêve pour un auteur de série.

6

La valeur de la dynamique familiale

Toutes les séries télé parlent de familles – qu'elles soient reliées par le sang ou pas. Certaines séries en parlent littéralement : *Succession, Bienvenue à Schitt's Creek, Black-ish, The Chi, Ozark, Modern Family, This Is Us, The Crown* et bien sûr *Game of Thrones*. Certaines parlent d'une « famille » professionnelle : *The Office, Black Monday, Ted Lasso, Brooklyn Nine-Nine, Grey's Anatomy, Good Doctor, The Good Fight* ; tandis que d'autres parlent d'une famille d'amis : *Friends, I May Destroy You, The Good Place, Insecure, Community*. Il y a aussi des hybrides comme *PEN15, Atlanta, Better Call Saul, Babylon Berlin, Friday Night Lights* et *Pose*.

Renouveler l'angle sur la dynamique familiale

Tandis que les familles de sitcoms ont tendance à se disputer à propos de détails qui paraissent essentiels aux personnages (J'appelle ça « énormes broutilles »), il n'y a jamais aucun doute sur l'amour inconditionnel qui sous-tend tous les sarcasmes ou les bons mots.

Inversement, les familles des drames d'une heure affrontent en général des problèmes et des difficultés plus sérieux. Le ton peut aller des problèmes relationnels ou de communication traités avec humour et pathos (*This Is Us, Succession, Dead to Me, Les Shtisel*) à des questions dangereuses, éventuellement de vie ou de mort (*Ozark, Lupin, Your Honor, Lovecraft Country*). Le but de toute nouvelle série télé est de donner le sentiment de renouveler les choses à sa manière – ce qui signifie que toutes les familles à la télé doivent être imparfaites, et sur un certain plan, insatisfaites. Ou, comme Léon Tolstoï l'a écrit en ouverture d'*Anna Karénine* : « Toutes les familles heureuses se ressemblent ; mais chaque famille malheureuse l'est à sa manière. »

The Americans (six saisons sur FX, 2013-2018) explorait un mariage arrangé entre deux agents soviétiques du KGB, Elizabeth et Phillip Jennings (Keri Russell et Matthew Rhys), qui prétendent être un couple d'Américains à Washington. Pour se fondre dans leur communauté de banlieue-dortoir et ne pas éveiller la suspicion, leur mission d'agents dormants nécessite d'avoir des enfants. Le twist malin de cet hybride de drame familial et de thriller d'espionnage est que les enfants n'ont aucune idée que Papa et Maman sont des espions de la guerre froide. C'est un mariage de convenance avec une cellule familiale faite de secrets, de mensonges, et de la tromperie incessante de tous ceux que rencontrent Elizabeth et Phillip. *The Americans* met à l'épreuve la cellule familiale de manière unique et extrême – avec les enjeux maximums si leur couverture venait à être dévoilée. C'est de l'espionnage avec question de vie ou de mort, sur fond d'harmonie domestique.

Ozark (Netflix) épouse une dynamique très similaire, avec la famille américaine de Marty, Wendy, Charlotte et Jonah Byrde (Jason Bateman, Laura Linney, Sofia Hublitz, Skylar Gaertner) et leurs embrouilles toujours plus graves, non seulement avec un cartel de la drogue mexicain, mais aussi avec les impitoyables familles Langmore et Snell. Quand Ruth Langmore (Julia Garner) change d'allégeance après la saison 1, la « famille » s'agrandit, et Ruth devient une sorte de mère adoptive pour Marty.

Les spectateurs d'aujourd'hui ne sont peut-être pas capables d'imaginer ce que c'est d'être un espion du KGB dans les années 80, la marionnette d'un cartel prise dans le blanchiment d'argent, un membre de la famille royale ou un entraîneur de football. Mais nous pouvons *tous* imaginer ce que c'est d'être dans une famille, ce qui est l'idée principale de ce chapitre :

Les histoires de famille sont universelles.

Étendre les types de famille

Certaines séries parlent de familles élargies : *Mare of Easttown, Vida, Gomorra, The Crown, Les Shtisel, This Is Us*). D'autres séries montrent des collègues de bureau qui interagissent comme une cellule familiale (*Grey's Anatomy, Scandal, Le Bureau des légendes, The Wire*), avec la dynamique de figures d'autorité (Papa et Maman), de frères et sœurs (rivalités et attachements), d'époux, d'anciens sages et avisés (grands-parents), de fils et filles prodigues, de moutons noirs, et quelques personnages qui se comportent comme des enfants : du bambin colérique à l'ado rebelle.

La dynamique familiale en dehors de la cellule familiale « normale » (liée par le sang) repose souvent sur la même dynamique psychologique et logistique qu'une famille « typique ». Dans certains cas, les amitiés nées au travail, à l'école ou ailleurs, peuvent même être plus fortes que les liens familiaux traditionnels, car, comme le dit l'adage :

On choisit ses amis, on ne choisit pas sa famille.

I May Destroy You parle d'une famille d'amis affrontant ensemble différents aspects de la vie, y compris le paysage sexuel des trentenaires dans le Londres d'aujourd'hui. *Pose*, la série révolutionnaire de FX, qui met en scène la culture *ball* des années 80 et 90, témoigne de la puissance d'une famille choisie quand on est rejeté par sa famille biologique pour des questions d'identité, de genre ou d'orientation sexuelle. À voir aussi, *It's a Sin* sur HBO Max et *Vida* sur Starz.

Quand ce qui se passe hors de la maison est si important, les gens se tournent naturellement vers les collègues et amis qui savent répondre à leurs attentes psychologiques et émotionnelles. Si bien qu'obtenir l'approbation de votre patron peut devenir plus important qu'obtenir celle de vos parents – et il y a en plus un chèque à la clé pour une reconnaissance supplémentaire. Dans *Succession*, Logan Roy (Brian Cox), le magnat/patriarche/milliardaire exerce son pouvoir émotionnel sur ses enfants adultes en refusant d'accorder son approbation et son soutien à son ou ses héritiers présumés. Logan représente l'antithèse de l'amour inconditionnel. Ses relations avec ses enfants sont toutes transactionnelles.

Se confier à ses collègues et/ou meilleur(e)s ami(e)s peut être préférable à se confier à ses frères et sœurs, cousins, cousines, oncles et tantes. Nos amis et collègues paraissent nous comprendre d'une manière dont notre famille immédiate est incapable – et probablement avec beaucoup moins de jugement, puisque nous partageons beaucoup moins de « backstory » (ou « bagage émotionnel ») avec nos amis récents et nos connaissances. Nous avons tendance à omettre certains détails familiaux pour présenter une version idéalisée de nous-mêmes. Les membres de notre famille réelle, inversement, nous connaissent trop bien – et peuvent choisir de nous voir comme nous étions avant plutôt que comme nous sommes aujourd'hui.

Dans tous les cas, les membres de la « famille », y compris les amis et collègues, sont capables d'appuyer sur les boutons psychologiques (ou déclencheurs émotionnels) des uns et des autres. Mieux quelqu'un vous connaît, plus il est familier avec vos faiblesses et vos vulnérabilités. En d'autres mots, ceux qui vous aiment le plus savent comment vous faire le plus de mal. La confiance dans les relations intimes repose sur le respect de ces limites. Quand elles sont franchies ou brisées, toutes les relations doivent passer par un processus de recherche du pardon, d'excuses, et d'être capable de passer l'éponge (le moins probable) ou d'en concevoir du ressentiment (le plus humain).

Dans *This Is Us*, la race est un autre facteur de complication. Le ton de la série compense ce qui risquerait sinon de tomber dans le larmoyant, grâce à de très bons acteurs, une écriture maligne, de l'humour et de la grâce. Mais ce qui distingue le plus cette série et lui vaut tant de reconnaissance, c'est l'intrigue de Randall (Sterling K. Brown) ; contrairement à ses deux frères « jumeaux », Randall a été adopté par Jack et Rebecca Pearson dans le pilote. Dès le départ, Randall est l'exception – un Noir abandonné à la naissance et adopté par une famille blanche. Dans l'épisode « La quarantaine » de la saison 5, Randall incarne une lassitude ressentie par beaucoup de Noirs américains vis-à-vis de la réalité de l'injustice raciale aux États-Unis. Randall et sa sœur Kate (Chrissy Metz) rompent le silence qui règne dans la famille Pearson dès qu'il est question de la brutalité systémique que doit affronter la communauté noire. C'est un échange d'autant plus nécessaire après les émeutes de 2020 déclenchées par le meurtre de George Floyd. Poursuivant l'exploration de l'identité compliquée de Randall, l'épisode justement nommé « L'amour d'une mère » explore la vie de la mère biologique de Randall, Laurel (Jennifer C. Holmes). C'est là que Randall peut enfin clore le cercle de l'histoire de ses origines, nous offrant l'occasion d'approfondir encore notre attachement émotionnel à son personnage. La révélation et les retombées émotionnelles sont remarquables dans une saison déjà solide.

Dans *Les Shtisel* et *Unorthodox*, la doctrine religieuse dicte la dynamique familiale fondée sur la tradition juive orthodoxe : les femmes n'ont pas les mêmes droits et n'ont aucun privilège ; les couples sont appariés par des mariages arrangés ; et les jeunes femmes sont souvent mariées bien avant l'âge légal du consentement dans la plupart des pays. Ces « lois » religieuses strictes peuvent sembler ésotériques et oppressives. Pourtant, comme vous allez le voir dans les interviews des showrunners/créateurs d'*Unorthodox* et de *Sthisel*, respectivement dans les chapitres 7 et 11, une histoire a toujours plus d'une facette.

Les sitcoms *Chad* et *Ramy* sont aussi ancrées dans l'environnement religieux et dans les traditions de leurs familles musulmanes. Dans *PEN15*, l'ado métisse Maya prend des bains de yuzu avec sa mère japonaise (jouée par sa vraie mère, Mutsuko Erskine). Dans *Gomorra*, les familles criminelles sont capables d'assassiner le samedi et d'aller à la messe le dimanche. On peut parler d'hypocrisie ou de tradition familiale (ou des deux) ; la meilleure dynamique familiale, c'est celle d'une famille avec des points de vues divergents, susceptibles de changer au cours du temps.

La dynamique de pouvoir dans la famille influence les choix que font les personnages pour se sentir aimés, rassurés, respectés et reconnus de saison en saison.

Définir le personnage par son rôle dans la famille

La dynamique familiale est particulièrement utile quand on assemble un groupe choral (« *ensemble cast* »). Vous n'avez pas besoin de représenter tous les genres, les âges et les rôles familiaux. Mais ça aide *vraiment* de déterminer comment chaque personnage va entrer en relation avec les autres à la fois de manière positive et négative. Les « couples » de policiers (*The Wire, True Detective saison 1, Narcos saison 1, Mare of Easttown, The Outsider*) vont invariablement se comporter de temps en temps comme un couple marié. Les collègues de travail peuvent chercher à impressionner le patron pour obtenir une promotion, et s'affronter ainsi dans des jalousies de rivalité entre frères et sœurs.

Quand vous peuplez votre série ou que vous créez des *guests* (des personnages invités) pour un épisode particulier, demandez-vous non seulement qui est ce nouveau personnage, mais aussi comment son arrivée va impacter vos personnages récurrents.

Toutes les relations sont comme des miroirs, et toute nouvelle personne que nous rencontrons nous renvoie le reflet de l'idée que nous nous faisons de nous-mêmes. Elle peut aussi nous rappeler quelqu'un d'autre, soit par son apparence, son attitude, ou ce qu'elle nous fait ressentir. Les personnages se retrouvent ainsi à projeter leur passé sur le nouveau-venu ou la nouvelle-venue – et peut-être à sur-réagir à une remarque qui ressemblerait trop à un jugement et leur rappellerait (en général de manière subconsciente) le jugement d'un parent, d'un ex, ou d'un membre éloigné ou perdu de la famille.

Le sous-texte de quasiment chaque scène est la dynamique de pouvoir familiale, les blessures psychologiques du passé, et les mouvements subtils qui confirment les positions dans le clan.

La famille de la série passe la plupart de son temps dans une maison, un appartement, un bureau, un commissariat, un hôpital, une prison, ou dans d'autres arènes où les gens comptent les uns sur les autres, se défient les uns les autres, apprennent, luttent et, on l'espère, progressent.

Les séries fortes parlent de relations fortes consciemment et/ou inconsciemment basées sur la dynamique familiale. Où est-ce que la série « vit » ? Quelle est son arène principale ? Quel est le « point idéal » de son ton ? Pendant que vous réfléchissez à ces questions, n'oubliez pas : *La maison, c'est ce qui fait battre notre cœur.*

Interviews

Tanya Saracho, *Vida* (Starz), sur les familles biologiques ou choisies et la gentrification

Leonardo Fasoli et Maddalena Ravagli, *Gomorra* (Sky Atlantic), sur la dynamique du pouvoir dans les familles du crime organisé

INTERVIEW : Tanya Saracho, *Vida* (Starz), sur les familles biologiques ou choisies et la gentrification

Cette interview a eu lieu le 20 mai 2020.

Neil : Je suis totalement épaté par ce que vous avez accompli avec *Vida*. Une writers room composée entièrement d'auteurs femmes et queers, c'est vraiment d'avant-garde. Il y a une telle pureté de vision et de voix dans la série – qui est un authentique miracle en télé. Vous avez une sensibilité si neuve, si unique, et peut-être est-ce un mot usé aujourd'hui, mais si *authentique*. Vous embrassez votre lieu, Boyle Heights, d'une manière si totale et si spécifique. Votre culture et vos références infusent chaque moment : les rythmes du langage, les lieux, les costumes, la direction artistique, la musique, la lumière, *tout*.

Tanya : Merci.

Neil : Je dis souvent à mes étudiants que toutes les séries télé durables parlent de familles, qu'elles soient des familles de sang ou pas.

Tanya : Eh bien ! si vous êtes queer, votre vie est souvent liée à la famille que vous vous choisissez.

Neil : Je voulais vous parler de la famille biologique dans *Vida*, et aussi, par extension, de leurs amis et de leur famille choisie. Et puis la communauté elle-même, parce que la communauté est aussi une famille et un autre personnage. Vous avez créé ce microcosme merveilleux qui est en même temps la série parfaite, parce que ça parle de tout ce qui se passe dans le monde, mais à travers ce prisme très spécifique. C'est hyper-spécifique. Est-ce qu'à l'origine de la genèse de la série il y a la nouvelle (« Pour Vida » de Richard Villegas Jr), ou est-ce que c'était juste votre inspiration ?

Tanya : C'est difficile à dire. En fait ce n'est même pas vraiment une nouvelle ; c'était un article dans le *L.A. Times* à propos de la gentrification. Marta Hernández, une responsable géniale chez Starz, avait lu l'article. On m'a appelée à cause de mon travail comme dramaturge latino. Je suis venue pitcher mon approche. Après on a parlé des *chipsters* (Chicano-hipsters), et puis de leur envie de faire quelque chose qui tourne autour des femmes, des millenials, et qui soit situé dans les quartiers Est de Los Angeles. J'ai dit oui tout de suite. Quand je suis repartie, ils avaient déjà appelé mon agent. Ça a été vraiment très rapide. Rien ne s'est jamais passé aussi vite dans ma vie. Marta et moi on est des sœurs maintenant. Elle a été tellement importante. Tout ce que je dis de mon expérience de ces trois premières années a quelque chose à voir avec le fait que son nom et son prénom soient hispaniques, parce qu'il y a là-dedans quelque chose d'engagé, de militant, dont je n'ai pas idée, je ne suis pas dans le secret. Il n'y a que quelqu'un qui joue sa peau dans cette histoire pour se battre et rendre possible la construction d'un tel univers – qui, je dirais, est radicale, non ? Je veux dire, pour moi c'était normal, et c'est comme ça que j'ai toujours fait au théâtre.

La première chose que j'ai vue, c'était l'article du *L.A. Times*. Starz aussi avait un document de construction d'univers écrit par Richard, on en a parlé comme d'une nouvelle parce c'est un auteur de nouvelles. Richard vient de Boyle Heights, et Marta m'a demandé de lire son article et d'autres sources que la société de production, Big Beach, avait trouvées en faisant des recherches pour la construction de cet univers. C'était surtout pour voir si ce matériau m'inspirait quelque chose. Sinon, la mission était de traiter la gentrification, les femmes, les millenials.

L'article parlait de deux bars, et il y avait des sœurs dans le document de Richard, mais ce n'était pas l'histoire. C'était un exercice poétique de construction d'univers, vous voyez ? Et je me suis lancée, j'y ai mis un peu d'homosexualité, un peu de queer. Ça parle de la famille, mais toujours à partir du regard féminin, du point de vue féminin. Le grand-père, c'est l'immeuble. Et les sœurs n'arrêtent pas de dire : « C'était comme ci, c'était comme ça, notre héritage, l'héritage de notre famille. » D'habitude les comédies ou les drames familiaux sont intergénérationnels. On n'a pas vraiment ça, mais on sent l'effet des anciens.

Neil : Les anciennes sont celles qui dispensent la sagesse, et il y a presque une approche vaudoue dans leur manière de voir la vie. Encore une fois, c'est culturellement hyper-spécifique.

Tanya : Ce n'est pas du vaudou. Ça s'appelle *curanderismo*. C'est une ancienne tradition mexicaine. Une tradition indigène, dans le genre magnétiseuse, sage-femme, chamane. Vous voyez, il y a la *Santeria*, qui est notre religion… qui est celle que je pratique… Je suis la fille d'une *Oshun* et d'un *Chango*, mais c'est un système de croyance que j'ai adopté adulte. Le *curanderismo,* j'ai grandi avec. C'est très mexicain, c'est d'origine plus indigène. On est nombreux à avoir grandi avec ça. Ça coexiste avec le catholicisme ou avec ce système de croyance. Et Lyn (Melissa Barrera), la sœur la plus jeune et la plus libre d'esprit, est celle qui est toujours à la recherche de cette figure maternelle, de cette voix. Elle cherche toujours cette direction spirituelle, à l'inverse d'Emma (Mishel Prada), sa grande sœur raisonnable. Personne ne peut lui dire quoi faire. Mais leurs deux attitudes sont des réactions à la manière dont elles ont été traitées par leurs parents dans leur enfance.

Neil : J'avais présumé que les sœurs formaient deux pôles opposés à tous points de vue, mais vous avez démoli cette présomption en montrant une Emma sexuellement fluide, presque encore plus sauvage que sa sœur déjà à moitié débauchée. Je dis autour de moi que *Vida* est la série la plus sexy à la télé en ce moment.

Tanya : Le sexe y est actif, exprime une maîtrise. Le sexe, c'est le pouvoir, non ? Le sexe, c'est renoncer au pouvoir, prendre le pouvoir, négocier le pouvoir. C'est ça, le sexe. Quand vous êtes jeune, de couleur, et que vous vous en apercevez, parfois vous vous en servez comme monnaie d'échange. Elles ont la maîtrise de leur corps. Elles savent ce qu'elles aiment et comment avoir du plaisir, en donner. C'est la politique autour de ça qui est bordélique. Et je crois que c'est pour ça que les scènes de sexe ont eu autant d'écho, parce que c'est comme la politique de bouffer un cul, la politique de s'enfoncer. Je veux dire, c'est une réalité. Je voulais montrer ça dans la pratique. Le bordel que c'est. Ça peut quand même être sexy. Mais il n'y a aucune scène de sexe gratuite dans *Vida*. Soit ça fait bouger le personnage, soit ça renforce la narration. Donc c'est très important, surtout quand vous traitez de scènes de sexe queer.

Je suis plus sympa avec les gens du côté queer, comme avec Emma. Quand elle couche avec des hommes, c'est un peu différent, un peu plus froid. Avec les femmes ou les personnes non binaires qui ont été assignées au genre féminin à la naissance, elle a comme une douceur différente, jusqu'à sa rencontre avec Nico (Roberta Colindrez). Mais je crois que c'est parce que je n'en peux plus de voir des scènes queers à la télé qui ne sont pas correctes ni sur le plan anatomique ni sur le plan des pratiques. Ça m'exaspère, comme si, dès que vous touchez l'entrejambe de quelqu'un, il fallait, genre, coucher… alors que se laver les mains, tout ça, c'est la réalité, c'est comme ça qu'on fait vraiment. Même les trucs tournés par des femmes et qui mettent en scène deux femmes, on a l'impression, parfois, que c'est fait pour le regard masculin. Quand je regarde ça, je me dis : « Pour qui tu as tourné ça ? Ça marche pour qui ? » À moins que ce soit précisément l'objet. Mais je ne veux jamais qu'on promène sur le quartier ou la culture un regard du genre safari : « Regardez comment ces gens vivent. » Jamais. Je voulais un regard qui aille de l'intérieur vers l'extérieur. Lyn et Emma ont des approches différentes de la sexualité. Lyn est toujours en train de chercher ce qui peut faire plaisir à ses partenaires ; c'est comme un superpouvoir. Pour Emma, tout est une question de confiance.

Neil : Il me semble qu'on a tendance à faire davantage confiance à notre famille qu'à nos amis. Pensez-vous que les gens ont la responsabilité morale d'être davantage là pour les membres de leur famille biologique que pour leurs amis, et pas seulement parce qu'ils sont du même sang ?

Tanya : Non. Mon père m'a reniée en 2012, et ne m'a plus jamais parlé depuis. Pas parce que j'étais queer. Ça ferait une bonne histoire, au moins, mais ce machisme très traditionnel, très toxique, m'a enlevé la moitié de ma famille, mon demi-frère et ma demi-sœur. Je n'ai plus accès à eux. Je pense que la famille, c'est compliqué. Elle est ce que nous en faisons. Il y a des liens, mais ils doivent être entretenus et cultivés. L'amour entre ces deux sœurs a été cimenté très tôt dans leurs vies, avec le rôle qu'Emma a joué pour sa sœur. Vous savez, Lyn fait un grand discours : « Tu as toujours été là pour moi. » C'est le cas. Et même aujourd'hui qu'Emma a créé sa ligne de bijoux et tout ça. Emma est là autant que possible. Elle a été arrachée, mais elles ont un lien qu'elles ont créé. Et ce n'est pas qu'un lien biologique. J'ai été chassée par mon père, si facilement. Nos egos, notre arrogance, nos vices, tout ça, parfois, est plus fort que la voix du sang. C'est ce que j'ai vécu.

Beaucoup d'auteurs dans mon équipe ont des relations problématiques avec leur père. Je pense que vous pouvez vous en apercevoir dans *Vida* parce que pendant deux saisons, on ne voit pas l'ombre d'un père. Maintenant, dans la saison 3, on va voir ce père. Les traditions qu'il faut affronter à l'intérieur de la culture latino quand on est queer sont compliquées. Il y a une autrice de mon équipe que j'aime beaucoup. Ses parents sont des adventistes du septième jour, et refusent de rencontrer sa femme. Ils ne veulent pas la reconnaître. Elle ne peut pas aller chez eux. Et le père est en train de mourir du cancer. Ce n'est vraiment que de l'ego, non ? Et c'est plus fort qu'avoir une vraie relation avec votre fille avant de mourir ? Tout ça est tellement réel, et ce n'est que de l'ego et de l'arrogance et de l'orgueil.

Au bout du compte, *Vida* est l'histoire de l'amour entre deux sœurs. J'ai moi-même une sœur que j'adore. Je suis en relation avec un seul membre de ma famille, donc c'est compliqué. La famille, c'est le bordel.

Neil : Oui, surtout après la mort d'un parent. Ça arrive à Eddy (Ser Anzoategui), la femme de Vida. Soudain tout devient très compliqué, avec les questions d'argent : qui a quoi, et qui était plus là pour elle, et qui ne l'était pas et pourquoi. Il y a une très belle remarque sur la vie et la mort faite par l'une des anciennes : « Nous mourons tous trois fois : la première fois quand vous rendez votre dernier souffle, la deuxième quand on vous enterre, et la troisième quand la dernière personne à se souvenir de nous dit notre nom pour la dernière fois. » Je n'avais jamais entendu ça. D'où ça vient ?

Tanya : D'Evangeline Ordaz, l'une de mes autrices – ma coproductrice exécutive, ma numéro 2 sur la première saison. C'est un vieux dicton de Chicago, et elle n'arrêtait pas de le répéter quand on parlait d'héritage, quand on parlait beaucoup de la mort de la matriarche. Quand elle l'a dit un jour, je me suis dit : « On va écrire une scène autour de ça. » On l'a entendue dans la writers room, et on est toutes restées muettes. C'était vraiment profond.

Neil : Pensez-vous que si Vidalia n'était pas morte, elle aurait eu la moindre hésitation à accepter que sa fille Emma soit queer ?

Tanya : Jamais de la vie. On n'est pas comme ça. Les familles latinos ne sont pas aussi ouvertes en termes de communication que les familles blanches. Je ne pense pas qu'elle serait du genre à dire au téléphone : « Je suis tellement heureuse aujourd'hui avec ma femme. » Vida était d'une génération plus ancienne. Il y a beaucoup de similarités entre Vidalia et Emma. Je pense qu'elle a dû avoir beaucoup de problèmes avec sa sexualité depuis le début. Il y a une petite blague dans la saison 2 : « Tu te souviens, quand elle s'enfermait avec ces femmes… » En y repensant, elles se disent probablement qu'elle avait une « amie très spéciale » (sans en dire plus).

Tout ce qu'on sait de Vidalia, c'est du point de vue de ses filles et d'Eddy, parce qu'il n'y a pas de flash-back dans *Vida*. Je voulais que ça reste aussi réaliste que possible. Vous devez reconstituer vous-mêmes le puzzle sans l'aide d'aucun flash-back. Bon, il y a bien un petit fantôme, mais le fantôme n'est rien.

Neil : La petite fille fantôme est censée être Vidalia jeune, c'est ça ? C'est du réalisme magique qui amplifie tout le réalisme, mais c'est aussi une spécificité culturelle.

Tanya : C'est une époque, un lieu et un héritage, juste un rappel à Emma, même si elle ne le comprend pas avant la saison suivante, qu'elle appartient à cet endroit, aussi. Elle aussi, elle vient de là. Je n'aime pas disséquer ça de trop près. Pendant deux ans je n'ai pas donné d'infos. C'était du genre : cette fille, quoi que vous en pensiez, est comme elle est.

Il n'y a qu'Emma qui peut la voir. Et puis dans la saison 3, à deux ou trois occasions apparaît Vidalia adulte. Emma a beau traiter sa mère disparue de salope et d'hypocrite, elle ne continuera pas moins à se battre pour conserver l'immeuble et son héritage contre quiconque viendrait le lui contester. Quand leur naze de père veut récupérer l'immeuble, elle se rend à son église et lance : « Yo soy marimacha » afin que tous les paroissiens sachent la vérité. *Marimacha* veut dire « Je suis une gouine », mais c'est une insulte en espagnol. Donc, elle commence à dire : « Yo soy marimacha » en espagnol, et leur père contre-attaque en lui répondant : « Tu es la fille de ta mère. » Et Emma conclut : « Oui, c'est vrai. »

L'orgueil, la fierté sont partout dans *Vida*. C'est un moment très beau mais effrayant parce qu'il commence aussi à faire un cercle de prière autour d'elle. Et donc… Oh ! j'ai la chair de poule rien que d'y repenser. Ma première assistante, et la seconde, la responsable du plateau étaient toutes queers, et ce moment était si fort. Ce sont des moments qui sont arrivés sur le plateau parce que ce qu'elles étaient en train de faire, c'était justement cela même qu'elles étaient. On a dû faire une pause. Même chose avec la police de l'immigration.

Pendant deux ans, je me demandais, quand allons-nous vraiment parler d'immigration ? La série est tellement sur les émotions et sur les personnages… Ce n'est pas une série sur les problèmes sociaux. C'est

drôle parce que la mission qu'on m'a confiée était de parler de problèmes sociaux, mais je me disais, juste en incarnant la gentrification dans les deux sœurs, je n'ai plus jamais à m'en inquiéter. Je n'ai jamais besoin d'être didactique ou quoi. Ce sont les personnages qui incarnent le problème.

Mais l'immigration, il fallait qu'on aborde le sujet, surtout avec tout ce qui se passait. Il y avait cette vidéo virale. La police de l'immigration qui brisait la vitre d'une voiture où il y avait un bébé de six mois à l'arrière. Ils s'en foutaient. Ils ont juste pété la vitre, sorti le mec et laissé le bébé. C'était tellement atroce qu'on ne pouvait même pas le recréer, pour des raisons légales. On a dû prendre un enfant de neuf ans parce que c'était tellement horrible que le syndicat ne nous aurait jamais autorisés à montrer ça à l'écran. On regardait la vidéo en boucle. On se disait : « Montrons ça, amplifions ça d'une certaine manière. » Ça a été une journée difficile pour tout le monde. Et on l'a tourné dans un quartier latino. On a sur-préparé, on a mis des panneaux pour expliquer aux gens que c'était de la fiction. Parce que ça avait l'air si réel. Il y avait des gens qui n'avaient pas vu les panneaux et qui regardaient par leurs fenêtres… C'était tendu.

Neil : Dans la série, l'immeuble est un sanctuaire, donc même quand la question se pose avec Eddy de savoir qui en est propriétaire, la question n'est pas vraiment légale. Il s'agit plutôt de déterminer la bonne chose à faire. Et quand l'homme, qui pourrait être l'un de leurs pères, meurt, quand cet appartement devient disponible, on comprend que pour quantité de gens vivant dans cet immeuble, c'est leur sanctuaire. C'est le seul endroit où ils peuvent aller. C'est ce que j'aime dans la série : elle est très organique, parce qu'elle aborde bien la question de la gentrification, mais de manière indirecte, sans insister lourdement. En même temps, il y a Mari, le personnage ouvertement politique de la série, qui fait de l'activisme contre la gentrification. Mari est mon héroïne, ma championne ; elle est dure, mais aussi vulnérable et dévastée quand elle est chassée de chez elle et de sa famille par son père, qui la traite de traînée. Vous introduisez la misogynie culturelle.

Tanya : Les rôles assignés par le genre et la sexualité vous font bannir, vous le savez ? Johnny, le frère de Mari, a mis une fille enceinte. Il a mis enceinte une gamine hors mariage, mais tout le monde était fier de lui. Évidemment.

Neil : Mais Mari fait une fellation à Tlaloc (Ramses Jimenez), sans savoir qu'il la filmait avec son téléphone. Elle est clairement exploitée par un homme… et c'est *elle* qui se fait punir pour ça.

Tanya : Ironiquement, dans les deux maisons, c'est la matriarche, Vidalia, qui dirigeait. Et on en sent l'effet jusqu'à la dernière minute de *Vida*. Mais on sent tellement le patriarcat dans la maison Sanchez, et Johnny en retire les bénéfices. C'est une expérience latino très typique. Des fans viennent me dire : « Oh, je devais faire le lit de mon frère, je devais faire le petit déjeuner ! » C'est la réalité. On la prend pour cette *chingona*, pour cette petite cheffe rebelle. Elle a 21 ans et a été modelée par ces forces oppressives. Elle n'a pas eu de bons exemples à suivre. À certains moments elle essaye d'avoir une conversation avec Tlaloc, mais il lui fait poser sa main sur son entrejambe, quand elle lui demande : « Est-ce que je ne devrais pas retourner à l'école ? » Scène après scène, personne ne la voit. Heureusement, à la toute fin de la saison, elle n'a plus besoin que les gens la voient ; elle se voit elle-même.

Mais pendant deux saisons et demie, ça se manifeste par l'absence de foyer. Emma et Mari sont étrangement similaires. Mari serait Emma si Emma n'était pas allée à l'université. Elles sont toutes les deux également intelligentes et passionnées. C'est pour ça qu'il y a une telle connexion entre elles.

Neil : C'est aussi pour ça qu'elles se disputent.

Tanya : Oui. Mais dans la saison 2, c'est Emma qui dit : « Tu restes ici. »

Neil : C'est vrai. Mari est absorbée dans la famille d'Emma et de Lyn. Et Eddy les rejoint, toutes les quatre.

Tanya : La saison 2 était le meilleur moment, le sommet de leur famille. Dans la saison 3, ça devient vraiment le bordel. C'est aussi plus libre et libérateur, comme l'épisode queer épique *Quinceañera*. Je n'avais jamais vu cette imagerie à la télé. Je suis tellement excitée. Et c'est moi qui ai réalisé celui-là.

Neil : Est-ce que vous ressentez le poids de la responsabilité de représenter le plus justement possible votre environnement culturel ? Vous avez deux sœurs pour incarner les différents côtés de la controverse sur la gentrification et le déplacement de population. Emma avait l'air de ne s'intéresser qu'au business dans le pilote, et puis elle a évolué.

Tanya : Oui, tout est émotionnel, quoi, en relation à la famille, à son expérience de la famille. Ses vues politiques sont très claires dès le début. Sur l'immigration, sur les questions de race et d'ethnicité. Mais c'est aussi une personne intelligente, c'est juste qu'elle n'a pas de bonnes relations avec sa mère. Ça, c'est la première saison.

Neil : Et ses émotions liées à son retour à la maison influencent ses décisions. Elle pensait peut-être que tout se passerait de manière claire et nette, et elle enchaîne les réveils difficiles. Et comme elle est partie depuis si longtemps, les gens du coin en ont déduit qu'elle est devenue une blanche privilégiée.

Tanya : Une *Whitetina* – oui !

Neil : Et ça la vexe aussi profondément. Pour commencer, elle ne peut tout simplement pas gagner ; elle doit d'abord se ré-assimiler.

Tanya : Je me suis fait traiter de *Whitetina* le premier jour du tournage de la présentation du pilote. J'avais mis un truc sur Instagram, et au moment de la rotation de l'équipe, la production m'a dit : « Il faut que tu enlèves cette photo. » Je me suis dit : « Quelle photo ? » C'était juste une photo où je posais avec mes agents de UTA (United Talents of America) qui étaient venus me soutenir parce que c'était mon premier pilote. Ils portaient des costumes. Et donc les gens sur Instagram commentaient : « Quelle vendue, *vendida*, *whitetina*… » Ça m'a démolie. Il y avait une galerie UTA, et il n'y avait jamais rien sur les réalisations des gens du quartier. C'était la définition même de la gentrification. Alors le jour où on a tourné cette scène avec Mari où elle dit « *whitetina puta* », c'est moi qui lui ai dit de dire ça. Chelsea m'a dit : « C'est trop méchant », je lui ai répondu : « Dis-le. On vient juste de me traiter de ça. On devrait montrer ce qui vient de se passer. » Emma, c'était moi, à ce moment.

Neil : Même si vous essayez de créer une pure expression de l'inclusion, de la diversité, de la représentation, si vous bénéficiez de ce que les gens considèrent comme le « succès » et qu'ils n'en ont pas une part, alors vous pouvez devenir une cible.

Tanya : En effet ! Je ne suis pas de Boyle Heights, et c'est un problème. Je le comprends. Ce n'est pas pour les accuser. Ça m'a juste blessée. Mais je leur dis : « Je vois comment vous voyez ça. » Et puis aussi, il faut dire, on arrive avec tous ces gros camions Hollywood et on envahit leurs rues, ça les dérange, et c'est aussi très blanc. Vous voyez ce que je veux dire ? C'est comme une petite colonisation. Et ils sont allergiques à ça. Je comprends. Cette première saison, je me disais : « Oh ! non, j'en rajoute encore » jusqu'à ce qu'ils voient que je faisais ça avec le plus grand respect du monde.

Neil : Vous avez des familles qui ont grandi ensemble, qui ont partagé toutes ces expériences, toutes ces fêtes, ces traditions. Et pourtant la plupart des familles sont dysfonctionnelles. Je suppose que c'est pour ça que les séries qui parlent de familles ne sont jamais à court de conflits. Nos familles sont en puissance capables de nous aimer le plus, mais aussi de nous faire le plus de mal. C'est compliqué, et vous n'essayez pas de fabriquer un « happy ending » artificiel. Êtes-vous d'une nature plutôt optimiste ou pessimiste ?

Tanya : Je dirais que je suis plutôt du genre à voir le verre à moitié vide. Mais je ne me considère pas comme pessimiste. C'est juste la vie qui est comme ça. Quand est-ce que ça marche bien, la vie ?!? Un très petit pourcentage du temps. Il y a genre 37 % de chances que quoi que ce soit marche vraiment. La vie est tellement bordélique. Mais c'est comme ça que je la vois. Et ce n'est pas négatif. La vie, c'est juste ce qui arrive. C'est pour ça que la série s'appelle comme ça : Vie.

INTERVIEW : Leonardo Fasoli et Maddalena Ravagli, *Gomorra* (Sky Atlantic), sur la dynamique du pouvoir dans les familles du crime organisé

Cette interview a eu lieu le 5 juin 2020.

Neil : Je crois que toutes les grandes séries télé qui durent dans le temps parlent de familles, qu'elles soient biologiques ou pas. La dynamique familiale est ce qui vous donne des histoires, parce que vous pouvez prendre tellement de directions. Pourtant il semble y avoir un paradoxe au cœur de votre série : les familles sont censées être là pour nous aider à nous sentir en sécurité dans le monde, mais… et si votre famille était précisément le danger ?

Leonardo : Oui, complètement. L'origine de notre série vient de l'expérience familiale ; et, c'est sûr, il y est question de danger bien plus que d'amour. C'est vrai, ça parle de la quête d'amour, et de la recherche d'approbation auprès de mon père et de ma mère. Mais, en même temps, ils me poussent dans une direction où peut-être je n'ai pas envie d'aller. Où je ne suis pas prêt à aller. Et où je n'ai pas ma place. Donc c'est vraiment au centre de la série. Le cœur de la série est cette famille, et aussi la relation entre Gennaro « Genny » Savastano (Salvatore Esposito) et Ciro « L'Immortale » DiMarzio (Marco D'Amore) est comme une tradition familiale parce que c'est comme deux frères, un frère aîné (Ciro) qui est plus malin que son petit frère (Genny). C'est le lien qui est posé au début.

Maddalena : Ce qu'on s'est dit, c'est que, oui, la famille est votre soutien, mais en même temps, c'est quelque chose dont vous devez vous libérer pour vous trouver. Il y a une drôle de contradiction en ce que la famille elle-même est une valeur dans le monde du crime organisé. Je veux dire, dans le monde de la Camorra, et dans les mondes des familles rivales Avitabile et Levante, il y a une contradiction ; ils valorisent les liens familiaux, mais en se battant entre eux, ils ne cessent de trahir ces liens familiaux. J'ai vu de mes yeux que la plupart de leurs valeurs sont mensongères. Ils se servent de certaines valeurs, comme la loyauté ou la confiance, pour faire tenir leur organisation, mais la vérité, c'est qu'ils n'y croient pas. En écrivant Gomorra, on a un peu changé d'avis là-dessus, parce que c'est vrai qu'ils croient peut-être qu'il faut aimer sa famille, mais en même temps, ils se retrouvent dans une telle contradiction qu'ils finissent par trahir leurs propres valeurs. Je parle surtout des familles dans le Sud de l'Italie.

Leonardo : Il ne faut pas oublier non plus qu'il y a peut-être deux modèles de famille. Dans le Nord, peut-être que la famille est plus moderne. Mais dans le Sud, à Camorra, dans mon cas, ma famille était une famille très soudée. Quand une famille est aussi soudée, c'est comme si tout le reste du monde était un ennemi. Quand vous trahissez votre famille ou votre groupe, vous faites partie du monde qui vous accepte. C'est très douloureux de dire : « Je ne veux plus être comme vous », ou même : « Je ne suis pas d'accord avec vous. » Ça ressemble à une énorme trahison. Cette culture est très puissante.

Neil : L'une des critiques qui a été faite à la série, mais je ne suis pas d'accord, c'est que la série humanise les gangsters. Je crois qu'en effet, ça les humanise, mais pour qu'on puisse avoir de l'*empathie* pour eux, certainement pas pour les rendre glamours. Et ils sont clairement tous prisonniers, piégés dans ce monde. Diriez-vous que le piège vient de l'obligation et de la loyauté envers votre famille, ou est-ce parce que partir est plus dangereux que rester et essayer de survivre ? Pourquoi est-ce que les gens ne s'enfuient pas de ce cycle de violence et d'oppression ?

Maddalena : Gomorra vient de la réalité, et la réalité, en particulier au début, dans le quartier où commence la première saison, Scampia, est une histoire très singulière. Il y a eu un gros tremblement de terre à Naples en 1981. L'épicentre n'était pas Naples, mais une partie de la ville a été détruite, donc ils ont reconstruit des quartiers à neuf. Et dans ces quartiers neufs, il y a eu plus de monde qu'avant, pas seulement les habitants précédents, mais aussi des gens qui ont emménagé là pour des raisons de logement social (des gens avec des besoins particuliers, comme des handicaps). Mais ils n'ont pas pensé à construire les écoles, ou les parcs pour les enfants, ou les magasins. Il n'y avait pas de travail.

Donc en gros, ils n'ont pas trouvé d'autre moyen de survivre que de devenir le plus gros supermarché de la drogue en Europe. Les gens ne *pensaient* même pas à s'enfuir, parce qu'ils n'en avaient pas vraiment la possibilité. Tout ce qu'ils voulaient, c'était un genre de vengeance contre la société, devenir le roi du quartier. Et je pense qu'ils n'auraient eu aucune chance de devenir importants, par exemple, à Milan, parce que ce n'était pas de là qu'ils venaient ; c'est pour ça que c'est très difficile de s'enfuir.

Leonardo : Oui, et aussi parce qu'ils pensaient que le reste du monde n'en avait rien à faire d'eux. Ils sont fiers de qui ils sont, de ce qu'ils sont, mais cette fierté n'a de sens que dans leur quartier. Quand on va là-bas – et on y est allés très très souvent –, on voit qu'ils ne sortent jamais vraiment de leur quartier. Quand on y est allés pour faire des recherches, on a fait des allers-retours dans la même rue, peut-être 20 fois, mais jamais un mètre au-delà des limites du danger.

Maddalena : C'est comme cette série *Wayward Pines*, comme si le monde n'existait plus au-delà des Pins, ou hors de Camorra. C'est presque surréaliste.

Neil : Quand j'ai interviewé Saverio Costanzo pour *L'Amie prodigieuse*, il m'a expliqué qu'ils avaient dû construire tous leurs décors hors de Naples – à Caserta – parce que c'est dangereux pour eux de tourner à Naples. Mais vous, vous tournez à Camorra, c'est bien ça ?

Leonardo : On devait tourner dans le vrai lieu. Ce que vous voyez, c'est le vrai lieu, les vrais bâtiments, les vraies rues. La production a eu beaucoup, beaucoup de problèmes dans la première saison. Par exemple, l'un de nos décors, le bar où Genni Savastano rencontre un jeune ami, a été fermé à cause de l'explosion d'une bombe une nuit. Le jour suivant, le bar avait tout simplement disparu, comme dans un film. Ou vous avez des gens qui jouent un rôle, comme le garde du corps de Genny… Le cinquième jour du tournage, il a disparu. Tout le monde disait : « On ne sait pas où il est. » Quand vous êtes là-bas, avec tous les gens du quartier, c'est très difficile, parce que dans la première saison, mais aussi après, ils voulaient regarder. C'est la première fois de leur vie que quelqu'un s'intéresse à eux. Pour des gens qui ont toujours l'impression de ne pas exister – qui se sentent comme des fantômes, à part dans leur quartier – c'est très important d'exister et d'être montrés. Pour la même raison, beaucoup de gens nous ont parlé. On a fait un tas d'interviews avec eux, et c'est comme ça qu'on a pu interviewer un dealer tueur.

Ils nous ont raconté toute leur vie dans le moindre détail, juste parce que ça leur donnait le sentiment d'exister. Et c'est vrai. C'est ça l'impact qu'a eu l'histoire. Beaucoup de gens ont été surpris, ou ne pouvaient pas croire qu'à seulement une heure de Rome, il y avait ça. Oui, il y a ça, mais ça ne date pas d'hier. Ça fait au moins 25 ans. Vous n'aviez jamais remarqué ? Même les gens qui habitent dans les « bons » quartiers de Naples, ils ne vont jamais là-bas. Je me souviens quand j'étais plus jeune, personne n'allait à Scampia ou dans ce genre d'endroits.

Maddalena : C'est très étrange, peut-être comme le Bronx à New York dans les années 80. Les gens connaissaient, mais ne se sentaient pas d'aller s'y promener.

Neil : Et donc ce quartier insulaire à Naples, cette communauté, devient une autre famille dans votre série, parce que tout est un microcosme. Ou plusieurs microcosmes. Il y a la famille du crime organisé, et quand Don Pietro (Fortunato Cerlino) est en prison, il devient le patriarche de cette famille de détenus. C'est l'idée que le nombre garantit la sécurité. Je lisais comment Roberto Saviano, en conséquence de la publication de son livre incendiaire (qui a été adapté d'abord en film – *Gomorra* – puis maintenant en série), vit sous menace de mort. Il est protégé 24 heures sur 24, 7 jours sur 7, comme Salman Rushdie après la fatwa. L'un de vous a-t-il le sentiment de courir un risque en racontant ces histoires, ou est-ce que les familles du crime apportent leur soutien aux artistes et aux conteurs que vous êtes, puisque vous leur donnez une voix et que vous les humanisez ? Avez-vous eu des échanges avec ces familles du crime ?

Leonardo : Le livre de Roberto Saviano a fait scandale parce qu'il pointait des personnes spécifiques et qu'il donnait des noms. C'est un reportage, et il fait la critique de ces familles. Alors que nous, nous ne faisons que raconter cette histoire. On prend en particulier le dilemme éthique à Scampia, qui faisait deux chapitres dans le livre, et on se concentre là-dessus – l'histoire de l'affrontement à Scampia. Quand on est allés dans le quartier, on a parlé à beaucoup de monde pour savoir ce qui était arrivé à ce moment-là. Si vous avez vu des choses, si cette guerre vous a tourmentés, on ne vous demande pas de nous donner des noms. On n'est pas policiers. On veut juste raconter cette histoire le mieux possible. Et pour faire ça, il nous faut l'aide de la communauté qui a vécu cette histoire, parce que si on la déforme, l'histoire ne sera plus aussi forte.

Au début, ils nous ont testés. Ils nous ont emmenés tous les deux faire un tour en voiture. Ils nous ont donné un rendez-vous, une voiture est arrivée avec deux personnes dedans. Ils nous ont dit : « Montez. » Ils n'ont plus dit un mot pendant au moins une demi-heure. On avait peur. Finalement, ils nous ont demandé si on voulait des armes ou acheter de la drogue. On a dit : « Non, on ne veut rien de ce genre-là. On veut juste connaître l'histoire des familles du crime, pour nos recherches. » Ils ne nous ont pas crus pendant un moment. Ils n'arrêtaient pas de nous demander si on voulait de la drogue ou des armes… et on n'arrêtait pas de répéter que non, et d'expliquer pourquoi on avait besoin qu'ils nous racontent cette histoire. À partir de là, tout est devenu très facile, et ils ont été très coopératifs. On ne voulait pas acheter de la drogue, mais comprendre comment un lieu de drogue fonctionne. Et ils disaient qu'ils connaissaient des gens qui travaillaient dans ce monde. On a dit : « On veut savoir ce que ressent un tueur », et voilà.

Ils nous ont dit : « J'ai un ami qui a fait 20 ans de prison et qui est sorti. » Et on a voulu entendre son histoire. Ils nous ont fait confiance. Je me souviens juste d'une fois où ils nous ont dit qu'on ne pouvait pas parler de quelque chose, c'était une école de danse pour les enfants. Ils nous ont montré qu'une partie de l'école servait à apprendre à danser aux enfants, et que de l'autre côté il y avait leurs pères qui discutaient et organisaient leurs crimes. C'était l'endroit idéal pour se retrouver. Mais ils nous ont dit : « Vous ne pouvez pas parler de ça dans l'histoire parce que vous ne pouvez pas révéler une information aussi sensible qui mettrait les enfants en danger. » Bien sûr, on a promis de ne rien mettre dans la série qu'ils ne voulaient pas révéler.

Maddalena : J'aimerais revenir sur la question de savoir si notre série risque d'encourager les gens à imiter les gangsters, ou les idéalise. Ça n'a évidemment jamais été notre intention, mais aucun d'entre nous n'avait imaginé quelle immense réception allait connaître *Gomorra*. On ne pouvait juste pas imaginer que la série serait vue dans autant de pays et concerner des gens si éloignés de la culture gangster, à des endroits où il n'existait pas de syndicats du crime organisé comparables. Peut-être qu'ils ont un peu de blanchiment chez eux, mais guère plus. On ne pouvait pas imaginer la raison pour laquelle Gomorra intéressait autant. Peut-être que c'est en partie, comme vous l'avez dit, et nous sommes d'accord, grâce à la dynamique familiale, en particulier entre le père et son fils préféré, au cœur de la série. Mais, personnellement, je pense qu'il y a un autre élément que nous ne pouvions pas anticiper, et c'est qu'aujourd'hui le monde est globalisé, en particulier depuis 2016, et c'est un monde qui donne le sentiment que rien n'est sûr, que rien n'est vraiment vrai, que vous ne pouvez mettre votre confiance nulle part. Et avec Google, vous pouvez tout savoir tout de suite, mais ça peut aussi vous donner le sentiment d'être perdus ou en danger plutôt que celui d'être mieux informés.

Notre monde parle de gens qui luttent pour survivre. Ils ne vivent pas dans d'immenses villas, comme dans *Scarface*. Parce que même avant de se faire tuer ou envoyer en prison, ils vivaient une existence de misère. Personne ne peut regarder et dire : « Oh, j'aimerais tellement vivre là-bas. »

Neil : Bien d'accord. Il n'y a aucune idéalisation, aucun glamour. Ça donne le sentiment qu'ils sont piégés, dans un cycle de violence infini. On dirait qu'ils y sont nés, et qu'ils ne peuvent que tenter de se débrouiller pour survivre au jour le jour.

Leonardo : Oui, et toujours en se demandant si quelqu'un ne va pas vous trahir ou si vous n'allez pas vous faire tuer. C'est une situation très précaire et malheureuse. Vous vivez dans l'angoisse permanente. Quand on a parlé avec l'une de ces personnes, qui était tueur pour une bande de Camorra, il nous a dit que les tueurs avaient d'énormes problèmes psychologiques. Quand vous vous regardez dans le miroir le matin pour vous brosser les dents, vous voyez les gens que vous avez tués. Ils sont avec vous pour le reste de votre vie. Et finalement, vous mourez jeune parce que ça vous tue de l'intérieur. En réalité, leur style d'existence les affecte très profondément.

Et en plus, à cause des règles de ces familles du crime, ils doivent se trahir les uns les autres. C'est vraiment terrible ; ils disent tous que si leur frère fait une erreur, ils doivent dire la vérité au boss. Pour survivre dans cette guerre, impossible d'être des deux côtés.

Neil : Et le rôle de la religion ? On dirait qu'il y a là un autre paradoxe. J'ai lu que Roberto Saviano était athée. Je ne sais pas s'il l'était avant, mais maintenant il l'est. À un moment, Genny parle de Dieu. Il fait un discours où il dit que toutes ces choses, c'est ce qu'il veut, et que c'est aussi la volonté de Dieu. Les familles rendent grâce avant les repas. On sent partout le rôle de l'Église et de la religion. Et pourtant ça contredit tellement le véritable christianisme, en termes de pardon et de sacrifice, et les Dix Commandements sont violés quotidiennement si vous appartenez à une famille du crime. Comment percevez-vous cette guerre qui fait rage à l'intérieur de chaque personnage, entre la foi et l'éthique, entre l'honneur et l'obligation de respecter la famille et le code des criminels ?

Maddalena : Dans le catholicisme italien, n'oubliez pas qu'il y a la confession. Nous sommes tous les deux athées. Mais le catholicisme est ancré dans l'esprit des gens, et ça, en soi, n'est pas une contradiction. En me confessant, même si j'ai fait quelque chose de très grave, je peux laver mes péchés très facilement parce qu'il n'y a pas de prédestination. Vous pouvez commettre un acte mauvais, mais le jour suivant vous avez toujours la possibilité de faire quelque chose de bien pour regagner l'amour du Père.

Leonardo : La religion est importante pour eux, mais le plus important est de ne pas trahir votre famille. La religion, c'est plus abstrait. En même temps, à chaque instant tout peut changer. Vous pouvez mourir. Donc la religion est aussi un genre de superstition. Il faut que je sois bon. Pas parce que je crois vraiment en Lui, mais parce que j'ai besoin de Dieu pour avoir de la chance. Si je lui fais du mal, ça peut être dangereux pour moi. Un rien peut tout changer, donc mieux vaut avoir Dieu de mon côté. Ça convient mieux à leur mentalité que l'idée de destin, je crois.

Neil : J'aimerais aussi vous interroger sur les rôles par genre, parce que les gangs qu'on voit sont tous masculins.

Vous naissez dans un rôle. Vous nous présentez Genny dans les premiers épisodes comme innocent, naïf, romantique, idéaliste, et puis à la fin de la saison 1, il est complètement corrompu, transformé du tout au tout. Il change même d'apparence pour ressembler à Travis Bickle dans *Taxi Driver*. En même temps, les femmes sont reléguées aux rôles « traditionnels » de mère et d'épouse. Mais bien sûr il y a aussi la mère de Genny, Immacolata « Imma » Savastano (Maria Pia Calzone) qui assume le rôle de boss de la famille pendant que son mari est en prison, parce qu'elle est convaincue que son fils est incapable d'occuper le poste, au moins au début. Et puis il y a Patrizia Santore (Cristiana Dell'Anna) dans la saison 2, qui devient aussi une boss puissante et féroce. Mais il semble qu'à la maison, la mère ou la grand-mère, le rôle de la matriarche, est la source réelle du vrai pouvoir. Tous les fils cherchent plus que tout l'approbation de leur mère. Pouvez-vous nous parler du pouvoir que les femmes exercent dans l'ombre du trône ?

Maddalena : C'est aussi typique des sociétés du crime organisé en Italie. D'un côté, comme vous dîtes, il y a les femmes dans les rôles traditionnels, en gros, de mères et d'épouses. Mais d'un autre côté, qui éduque les enfants qui seront les boss de demain ? Les mères. Donc elles sont opprimées par ces valeurs, mais c'est leur devoir d'élever leurs enfants dans ces valeurs. Pour la Camorra, ça marchait comme ça avant la seconde guerre de Scampia. Parce qu'après ça, deux familles se sont retrouvées dans le collimateur de la police, évidemment, et du gouvernement italien. Ils ont dépensé beaucoup plus pour faire des réformes, faire des arrestations, des enquêtes. Beaucoup de gens ont été arrêtés, et beaucoup ont coopéré, parce que la situation de la Camorra est différente de celle de La Cosa Nostra. Dans la Camorra, le concept d'honneur est un peu plus réaliste. Les gens, en gros, veulent aussi vivre. Naples est sur la mer, c'est plus ouvert. Au bout du compte, les criminels cherchaient une issue de secours. On a parlé avec quelqu'un qui a collaboré, qui nous a dit : « O.K., quand j'étais plus jeune, je pensais que je pourrais tenir 20 ou 30 ans en prison, mais si je partais en prison à la cinquantaine, je ne verrais pas grandir mes enfants, mes petits-enfants, mes neveux. » Donc, ils ont commencé à coopérer.

Mais la plupart des enfants n'ont pas été élevés par leurs pères, qui étaient soit morts, soit en prison. D'où l'obligation pour les épouses et les sœurs d'assumer le pouvoir.

Leonardo : Je pense aussi que la position des femmes est différente par rapport, disons, à la 'Ndrangheta, la mafia des zones plus rurales. La femme ne travaille pas ; elle règne chez elle, et le mari est quelque part dans la maison ou pas loin en train de faire quelque chose. À Naples, c'est très différent, parce qu'à Naples, les femmes sont partout. Elles sont dehors dans les rues de la ville. Le rôle des femmes dans la société napolitaine est très, très important, très puissant – plus que celui des hommes, parce qu'elles ont beaucoup d'enfants et elles doivent survivre. Et donc les enfants, ils aiment tellement leur mère que personne ne peut y toucher. Jamais de la vie.

Et la plupart des pères font de la prison. Beaucoup y passent la moitié de leur vie, et qui va s'occuper de la famille ? La mère, qui travaille pour que ses enfants aient une bonne éducation. Donc elle est très forte, très déterminée ; elle n'a pas besoin de devenir un homme pour être forte. Elle l'est déjà.

Pour tous nos consultants (de la mafia) à Naples, la personne la plus importante de leur vie est leur mère. Et quand ils parlaient de leur arrestation pour trafic de drogue, braquage ou même meurtre, et de leur condamnation, le plus difficile pour eux, c'était de le dire à leurs mères.

Neil : Si on parle de rythme et de faire durer votre série sur plusieurs saisons, comment décidez-vous du moment où tuer un personnage ? Je pense à Ciro en particulier, qui est posé comme le protagoniste principal pendant les premières saisons.

Leonardo : On respecte la réalité. On ne peut pas juste inventer des trucs, parce que ça ne marche pas dans ce genre d'histoire. La réalité est que dans cette guerre, il y a des morts. Un de nos consultants nous a donné rendez-vous pour une conversation privée. Dans un cimetière. Et pendant qu'on parlait de toute sa vie, il marchait entre les tombes, en disant : « Là c'était mon ami ; il est mort à 22 ans. Celui-là est mort à 27. Celui-là à 31. » Comme une guerre. Ça nous a fait comprendre qu'il fallait être réaliste sur le taux de mortalité. Mais nous savons aussi que n'importe qui peut mourir n'importe quand, c'est réaliste. La vie est comme ça. Les spectateurs peuvent s'attendre à ça, même pour un personnage principal. Pour nous, c'est très important, parce que c'est le même sentiment qu'ont les gens qui vivent dans cette zone. Vous ne savez pas si vous allez avoir un futur.

Maddalena : Comme dans la vraie vie. Dieu s'en fiche de savoir si vous êtes quelqu'un de bien.

Neil : Est-ce que les acteurs connaissent le destin de leurs personnages, ou est-ce qu'ils ne connaissent que leur avenir tout proche pour l'épisode suivant ? Est-ce que vous écrivez tous vos scénarios à l'avance ?

Maddalena : On a tous les développements de la saison entière.

Leonardo : Ils ne savent pas ce qui va leur arriver ensuite. Quand ils reçoivent le scénario, certains sont très en colère : « Quoi ? Je vais mourir dans le prochain épisode ! J'y crois pas ! »

Maddalena : On a décidé de créer l'impression de partager la perception du personnage. Chaque épisode adopte le point de vue d'un personnage spécifique. En étant en empathie totale avec ce personnage, avec lui, vous comprenez que vous ne pouvez pas savoir quand vous allez mourir. Vous pouvez être le meilleur acteur du monde, si vous avez lu tous les scénarios et que vous savez que vous allez mourir à la fin, ça peut influencer votre manière de jouer à chaque moment « présent » de l'histoire. Donc, on préfère ne pas leur dire.

Neil : Vous nous laissez tous dans l'incertitude, dans le suspense de ce qui va venir ensuite.

7

Comment aller au cœur de votre histoire

Si les films sont censés être des expériences en temps limité et vécues en commun, alors la télévision serait plus comme vivre une « seconde vie » (comme se connecter à un multivers de notre choix). Dans les expériences de notre « seconde vie », nous nous investissons dans les vies fictives de nos personnages préférés. Leurs problèmes deviennent nos problèmes – à cette différence près que nous pouvons nous y connecter ou nous en déconnecter à volonté. En 2021, même si la technologie nous a offert la possibilité de rester branchés 24 heures sur 24, 7 jours sur 7 via les médias sociaux et les textos, paradoxalement et sociologiquement, nous n'avons jamais été aussi déconnectés les uns des autres. Pourtant, comme êtres humains, nous avons besoin de communauté et de connexion. Nous avons besoin d'interactions personnelles, d'amitié, et de relations. La connexion virtuelle ne fait qu'approcher la connexion réelle. Notre besoin de connexion est comme une démangeaison qu'il nous faut gratter (au moyen de l'empathie). Les programmes en streaming qui nous transportent dans la vie de personnages auxquels nous pouvons nous rattacher, dont les problèmes résonnent en nous, nous offrent une satisfaction qui n'est pas simplement liée à la soif de spectacle, de distraction, d'échappatoire. La télévision, aujourd'hui, offre au spectateur de l'empathie à la demande.

Bien sûr, les bonnes séries télé ont une dimension externe. Mais, en d'autres mots, on veut en savoir plus que ce que les personnages veulent ou désirent sur le seul plan de l'intrigue de la série, de la saison, de l'histoire, des sous-intrigues et des scènes. On a un besoin tout aussi impérieux de comprendre qui ils sont, ce qu'ils craignent, ce qu'ils espèrent – le sous-texte, le défi émotionnel, la dimension de leurs luttes intérieures. On a besoin de saisir le *pourquoi*.

Le rôle de la honte

Inversement, conformément à la définition du Dr. Brené Brown, professeure, chercheuse/travailleuse sociale en milieu médical et autrice reconnue, la *honte* est notre peur de la déconnexion. Le cœur de la thèse du Dr. Brown est que nous devons nous autoriser à être vulnérables si nous voulons établir des connexions réelles, profondes, avec les autres. Nous avons tendance à cacher nos vulnérabilités, parce que nous craignons, si les autres savaient vraiment qui nous sommes – par opposition à nos *personas*, nos « masques » –, qu'ils nous jugent, nous ostracisent, nous fuient. Les bonnes histoires nous démontrent que la vulnérabilité n'est pas une faiblesse, mais une force. Bien sûr, montrer sa vulnérabilité réclame le courage d'être vraiment soi, d'être le plus authentique dans le moment présent, malgré les traumas du passé – qui causent des vides affectifs, nos mécanismes de défense pour éviter la vulnérabilité. Dans la vraie vie, les gens sont prêts à tout pour éviter d'affronter les émotions et les conversations inconfortables. Mais dans nos secondes vies, nos vies de fiction, nous sommes tentés par l'inconfort ; il nous attire. C'est ce que nous offrent le bon drame et la bonne comédie : la possibilité d'expérimenter la catharsis par procuration.

En voyant des personnages surmonter les croyances qui les limitent et leurs vides affectifs – qui remontent habituellement à leur enfance et à leur famille d'origine – nous, les spectateurs, pouvons réfléchir sur nos vies, contempler nos propres vides affectifs, et considérer le rôle de la honte dans nos vies quotidiennes.

La honte est universelle.

Avez-vous déjà remarqué que souvent les gens cachent leur visage quand ils sont embarrassés ou qu'ils pleurent ? Ou comment nous avons tendance à nous excuser, à demander pardon pour nos imperfections au lieu de nous pardonner nous-mêmes ? La plupart du temps, nous ne choisissons activement d'affronter la honte qu'en dernier recours, après avoir essayé tout le reste : le déni, le reproche, l'apathie, la fuite. Surmonter la honte et remplir les vides affectifs a toujours quelque chose à voir avec affronter et transcender le passé. C'est une démarche d'acceptation de soi, de renoncement au contrôle, et de reconnaissance du rôle du passé sans pour autant s'y retrouver piégé.

Étude de cas numéro 1 : *Mare of Easttown* (HBO)

Créateur/auteur/showrunner : Brad Ingelsby
Réalisateur : Craig Zobel

Les plans d'ouverture de *Mare of Easttown* sont aussi douloureusement honnêtes qu'une chanson de Bruce Springsteen – une raffinerie à l'aube, une maison déglinguée sous un arbre sans feuilles, un cimetière, des clôtures de piquets blancs pourris et des lignes de maisons en brique rouge qui s'étendent jusqu'à l'horizon, des cheminées sans fumée. C'est le purgatoire américain, une communauté en lent déclin, un déclin imperceptible pour les habitants d'Easttown, mais évident pour nous. Et puis, un hurlement.

Mare Sheehan (Kate Winslet) est réveillée par un appel sur son téléphone portable. Il y a eu un rôdeur à la résidence des Carroll. Parce qu'on est à Easttown, où tout le monde connaît tout le monde et la vie privée des autres, les Carroll ont appelé le policier qu'ils connaissent, pas 911 ou le commissariat. Mare, agacée, installe le nouveau système de sécurité vidéo des Carroll, mais ne peut échapper à la pluie de questions indiscrètes sur ses propres jours de gloire. Mare est « Miss Lady Hawk » et c'est aujourd'hui le 25e anniversaire de son tir victorieux, qui a valu à son équipe féminine de basket-ball du lycée de Easttown le titre de champion d'État. Franchement, elle s'en fout.

Le trauma générationnel est au centre de tout dans *Mare of Easttown* – y compris, on va s'en apercevoir, l'enquête criminelle centrale qui est le moteur de la série –, mais c'est pour Mare Sheehan que c'est peut-être le plus vrai. Depuis ce tir victorieux, sa vie ne s'est pas exactement déroulée comme prévu. Elle est tombée enceinte, s'est mariée jeune, et a eu deux enfants – Kevin (Cody Kostro) et Siobhan (Angourie Rice). Kevin, atteint d'une maladie mentale grave et toxicomane, s'est suicidé. Siobhan, la fille ado de Mare, a découvert Kevin pendu dans le grenier de la maison où Mare vit toujours. Le mariage de Mare n'y a pas survécu. Helen (Jean Smart), la mère indomptable de Mare, a emménagé pour l'aider à s'occuper de Drew, le petit-fils de Mare, à présent orphelin (Mare, à la quarantaine, est déjà grand-mère).

Mare a des relations tendues avec tout le monde dans sa famille. Dans le pilote, on apprend que Frank (David Denman), l'ex-mari de Mare, a acheté une maison voisine de celle de Mare. Il va se remarier à une autre femme et Mare est la dernière de sa famille à l'apprendre. Siobhan, la fille de Mare, a même aidé à organiser la fête de fiançailles. Mais c'est à Kevin qu'elle pense, toujours.

Brad Ingelsby, le créateur de la série, dévoile élégamment et très progressivement tout au long de la série les mystères qui hantent Mare. Dans l'épisode 3, « Enter Number Two », Ingelsby présente une version de ce qu'a connu Mare avec son père, et qu'elle raconte au professeur invité Richard Ryan (Guy Pearce) :

```
                RICHARD RYAN
Vous êtes proche de votre père ?

                    MARE
C'était mon meilleur ami. Il est mort
quand j'avais treize ans. Il était
policier.

                RICHARD RYAN
Vraiment ?

                    MARE
Ouais. Vous voyez, s'il avait travaillé
dans un bar, j'aurais travaillé dans un
bar. S'il avait nettoyé la merde, j'aurais
probablement nettoyé la merde, vous voyez ?
```

RICHARD RYAN
Il doit vous manquer.

MARE
Oui, il me manque.

Et qu'elle complique un peu plus dans l'épisode 6, « Et bien mauvais serait l'orage », lors d'une séance avec la thérapeute (jouée par Eisa David) désignée par son service :

THÉRAPEUTE
Et vous ? Des périodes de dépression ?

MARE
Hum... ouais, par moments, vous voyez ? Oui, quand j'y repense, peut-être. Probablement. Il y a eu une période après la naissance de Siobhan, quand Kevin a commencé à devenir difficile, où, ouais, bon, mais vous savez, quand j'étais petite, ma mère, elle n'avait pas la patience pour ce genre de choses. Et elle était débordée, elle s'occupait de mon père, alors, bon, je ne voulais pas être une charge supplémentaire pour elle alors j'ai juste fait avec.

THÉRAPEUTE
Comment votre père a-t-il fait avec ?

MARE
Eh bien, il s'est flingué. J'avais treize ans.

THÉRAPEUTE
Je suis vraiment désolée, Mare.

Un temps.

THÉRAPEUTE

Ça a dû faire beaucoup à porter pour une enfant. Qu'avez-vous ressenti ?

MARE

Que je n'étais pas assez pour lui.

Un temps.

MARE

Vous croyez, peut-être, que c'est un truc qu'on hérite ? Vous voyez, le suicide, la maladie mentale. J'ai lu un tas d'articles de ces scientifiques qui pensent que peut-être ça se transmet de génération en génération. Vous croyez que… peut-être ?

THÉRAPEUTE

Que cherchez-vous en lisant ces articles ?

MARE

Eh bien, de l'espoir, j'imagine.

THÉRAPEUTE

L'espoir que votre petit-fils ne finira pas comme -

MARE

- mon père. Kevin.

THÉRAPEUTE

Vous craignez que ça arrive ?

MARE

Mon Dieu, oh oui. Je suis terrifiée.

Mare a l'air trop jeune pour être grand-mère, et elle a déjà souffert toute une vie de déception. Sa crainte est compliquée par son besoin de contrôle pour se sentir en sécurité, et pour éviter que la vie la prenne encore au dépourvu. Dans l'épisode suivant, le 4 (« Sisyphe »), on voit aussi que Mare a besoin de satisfaire (un paradoxe de sa personnalité désabusée), ou du moins de ne pas tromper sa thérapeute, qui étudie Mare et prend des notes, pendant que Mare dissèque visuellement le bureau de la thérapeute et repère de manière experte tous les signes de danger. Elle ne veut surtout plus décevoir personne.

```
                    MARE
C'est juste que… vous voyez, avant qu'on
rentre dans tout ça, je ne voudrais pas
vous décourager. C'est tout.

                    THÉRAPEUTE
Décourager ?

                    MARE
Je veux dire, si ça ne donne rien, s'il
n'y a aucun progrès, vous voyez, ce ne
sera pas à cause de vous. J'ai déjà fait
ça. La thérapie. Mon mari et moi, on a vu
un conseiller conjugal.

                    THÉRAPEUTE
Qu'est-ce que ça a donné ?

                    MARE
On a divorcé.

                    THÉRAPEUTE
Ah.

                    MARE
Voilà. Alors, bon, je veux dire… ce genre
de trucs peut aider certains. Ce flic
```

```
avec qui je travaillais, Sweeney - un
sale con -, il avait l'habitude de, il,
il patrouillait une nuit et, bref, il a
renversé une vieille dame et l'a tuée,
vous voyez ? Ça l'a vraiment foutu en
l'air. Bon, il va voir un thérapeute,
deux mois plus tard, il quitte son
boulot, s'achète un chien, se met à,
genre, prendre sa femme dans ses bras
tout le temps, et maintenant il est guide
dans un musée à Valley Forge. Heureux
comme une moule. Bingo. C'est juste que
pour moi, je…

                THÉRAPEUTE
Ça n'a encore rien donné.

                MARE
Voilà.
```

Le flic blasé, émotionnellement détaché, est un classique du genre policier, mais dans le cas de Mare, sa peur, sa honte et sa culpabilité – le passé obstiné – enrichissent son personnage de nuances bienvenues et bénéficient à toute la série. Les scènes de thérapie auraient pu rester de la pure exposition, au lieu de quoi elles sont captivantes parce que chaque mot qui sort de la bouche de Mare est à la fois une révélation pour elle, et ensuite pour nous, les spectateurs. *Mare of Easttown* est unique en son genre – un mystère structurellement aussi solide qu'une œuvre de genre, tout en étant infiniment plus fascinant, comme une étude de caractère qui se trouverait impliquer un meurtre.

Un autre cliché du genre, en général encore plus regrettable, est la « Fille morte ». Erin McMenamin (Cailee Spaeny) est victime du même style de trauma générationnel qui affecte Mare. Son bébé, DJ (Izzy King), on finit par l'apprendre, est le fruit d'un inceste. Erin a été violée par un parent et a fini par être assassinée parce que son existence même menaçait de détruire cette famille. La famille Ross est le miroir de la famille Sheehan – c'est un clan soudé, multi-générationnel, frappé d'une honte secrète, où on se fait du mal les uns aux autres par égoïsme et par simple proximité. Les péchés du père pèsent.

Les étrangers qui pénètrent le monde d'Easttown – l'inspecteur Colin Zabel (Evan Peters), le professeur invité Richard Ryan (Pearce), et le diacre Mark Burton (James McArdle) – sont aussi définis par la honte. Zabel est considéré comme une sorte de prodige, mais on apprend que l'enquête qu'il est censé avoir rouverte et résolue est en réalité l'œuvre d'un autre enquêteur. Zabel en a récolté toute la gloire, mais sait qu'il ne l'a pas méritée. Ryan a écrit un roman qui lui a valu une reconnaissance énorme vingt ans plus tôt et n'a plus rien fait depuis. Le diacre Burton a été accusé d'inconduite sexuelle avant que l'Église Catholique le réassigne à Easttown. Dans cette ville, tout le monde a quelque chose à expier.

« Le Seigneur est patient, et miséricordieux, il pardonne la faute et la transgression, mais n'innocente pas le coupable, poursuivant la faute des pères à travers leurs enfants jusqu'à la troisième et quatrième génération. »

(Nombres 14:18)

L'Eastttown d'Ingelsby, une commune fictive du comté du Delaware, en Pennsylvanie, est dessinée de manière si précise qu'elle a quelque chose d'universel. Nous connaissons tous quelqu'un qui vit dans une Easttown. Ces traumas, ces hontes et ces vides affectifs sont familiers, même si on n'est pas concernés personnellement. C'est une série américaine avec des problèmes américains qui sert aussi de critique acerbe de l'Amérique. La critique est l'étoffe même de la série. En nous offrant une réalité très spécifique, on nous montre ce qui est inacceptable. La prise en charge médiocre de la santé mentale a coûté à Mare un père et un fils. L'abus généralisé d'opioïdes fabrique des toxicomanes – certains ne voient plus d'autre issue que le vol ou la prostitution. Les bas salaires, l'absence de boulot, et l'inefficacité des protections sociales démultiplient le désespoir. La santé coûte cher ici. Erin McMenamin serait peut-être encore vivante si elle avait eu accès à la sécurité sociale. La chirurgie de l'oreille pour DJ n'aurait rien coûté. Erin ne serait pas morte dans un pays où le contrôle des armes à feu aurait été plus strict, puisque l'arme du crime, on finit par le découvrir, est le vieux revolver de service de M. Carroll (Patrick McDade), que la police l'a autorisé à garder quand il est parti à la retraite. Il l'avait rangé dans la remise de son jardin, là où l'assassin (je ne spoile pas) l'a trouvé.

La simple recherche de la justice laisse des vies brisées dans son sillage. En résolvant l'affaire, Mare brise la famille de sa meilleure amie. À la fin, elle se retrouve à serrer dans ses bras, sur le sol de sa cuisine, une Lori (Julianne Nicholson) effondrée en sanglots. Mais la série se termine sur un thème qui fait partie de la quintessence de la manière américaine de raconter des histoires : l'espoir. Mare dit à Lori : « Je suis là. » Dans le plan final de la série, Mare monte l'escalier qui mène au grenier, enfin prête à faire la paix avec le passé.

Étude de cas numéro 2 : *I May Destroy You* (HBO)

Créatrice/autrice/showrunnneuse/actrice : Michaela Coel
Réalisation : Sam Miller et Michaela Coel

Arabella Essiedu (Michaela Coel) embrasse Biagio (Marouane Zotti), son amant italien, fume une cigarette, et attend un Uber pour l'aéroport. Elle rentre à Londres, chez elle, et a un livre à rendre. Pour Arabella, Ostie, en Italie (la seule *comune* de Rome située sur la mer), est sa vie rêvée – pleine d'amour, de chaleur, et de possibilités. C'est de cette falaise de bonheur que *I May Destroy You* plonge dans un cauchemar éveillé.

« Dans les yeux Dans les yeux Dans les yeux Dans les yeux », l'épisode pilote de la série, est une descente tranquille vers la tragédie à travers une série de décisions qui la plupart du temps ne provoquent guère plus qu'un mal de tête. C'est la nature anodine de ces décisions qui tisse le piège où tombe Arabella – ne prends pas cet avion, ne dis pas à Biagio ce que tu ressens vraiment pour lui, ne mens pas à tes éditeurs sur l'avancement de ton manuscrit, ne fais pas une nuit blanche pour finir ton boulot, ne te drogue pas pour calmer l'angoisse de ta deadline, ne fais pas une pause d'une heure pour aller boire un verre ou deux avec des amis, ne va pas dans le bar suivant, ne bois pas ce verre avec des inconnus.

Si tout cela paraît revenir à mettre la faute sur la victime, c'est parce que Michaela Coel veut nous faire expérimenter à nous, les spectateurs, les étapes d'un événement traumatique. Le pilote et les deux épisodes suivants (« Quelqu'un ment » et « N'oublie pas la mer ») explorent le contrecoup immédiat d'une agression sexuelle. Quand Arabella se réveille le lendemain matin, quasiment amnésique, ensanglantée, et son téléphone cassé, elle sent que quelque chose a très mal tourné, mais est incapable de rassembler les pièces du puzzle.

Elle est écrasée par la honte de ne pas savoir exactement ce qui s'est passé pendant ses heures d'absence, et son entourage ne fait que mettre en question sa responsabilité personnelle. Comme dans *Unbelievable*, la mini-série Netflix très applaudie, et également provocatrice, les autorités suspectent Arabella d'être la seule responsable.

I May Destroy You est un voyage à travers les étapes du trauma et du chagrin personnel. Hélas ! Le mystère qui est le moteur de l'histoire – ce qui s'est passé la nuit en question – n'a rien d'original. Mais la manière d'utiliser cet outil narratif pour creuser l'âme de la protagoniste de la série est totalement révolutionnaire. Au fur et à mesure qu'elle rassemble les fragments de son black-out, il devient évident pour Arabella qu'elle a été droguée et violée. L'identité du coupable est une question qui paraît impossible à résoudre, mais rendre public le crime qu'elle a subi permet à Arabella de reprendre la main. Ça lui permet de renvoyer la faute sur le monde en général plutôt que de la garder pour elle.

Le génie de la série de Michaela Coel est de décortiquer et de scruter ce passage de la victimisation à la reprise en main. Une fois que nous, les spectateurs, avons développé une sympathie intense pour Arabella, Coel pousse Arabella un peu plus loin. Arabella se consume de colère, mais voit aussi dans cette tragédie personnelle le moyen de relancer sa carrière. Elle ne faisait plus que décevoir son éditeur avec des brouillons tièdes et insignifiants, sans aucun rapport avec le matériau brûlant qui lui avait valu la reconnaissance à l'origine. Maintenant, grâce à cette tragédie, voilà qu'elle a à nouveau quelque chose à dire. Et elle est prête à le dire à absolument tous ceux qui sont prêts à l'entendre. La voici dans le premier épisode, avec un cercle de femmes dans un groupe de parole. Le « Bob » en question est l'Homme en général en tant que prédateur :

ARABELLA

```
Bob vous prend vraiment pour une folle. Il
pense qu'il n'était pas nécessaire d'en faire
autant, et que cette affaire privée va trop
loin. Il a pleinement confiance en son point
de vue, parce qu'il a mené son exploration
sur ces limites et ces violations dont les
femmes ne cessent de parler, parce que Bob
est minutieux. Lors de ses voyages à travers
les limites et les frontières, il a trouvé la
ligne qui le sépare, lui, de tous les autres.
Il a observé la ligne en détail, a marché
dessus sur la pointe des pieds, et Bob a
expérimenté ce sentiment d'être juste au bord,
à la frontière, pile sur la ligne ; de n'être
ni d'un côté, ni de l'autre, ni ceci ni cela,
et a vu comment dans cette grisaille, où rien
n'est vraiment clair, personne ne peut être…
clair, on ne peut pas le dire, nos mots sont
embrumés, on ne peut pas pointer exactement
ce que c'est. Alors ouais, Bob vous prend pour
une folle ; Bob pense qu'il est le mec le plus
intelligent dans la pièce, que lui, il sait,
parce qu'il a fait le tour de la question
dans le détail. Nous devons nous mettre,
nous aussi, à faire le tour de Bob, et à lui
dire que nous aussi nous voyons le détail.
Nous te voyons, Bob, et si nous te voyons,
ça veut dire qu'on est avec toi, marchant
sur la pointe des pieds sur la ligne juste
derrière toi, et à cet endroit où les règles,
la clarté, la loi et la séparation cessent
d'exister, nous allons t'expliquer exactement
ce que nous entendons, par violation.
```

Dans l'épisode 5, « … C'est apparu dans mes recommandations », Arabella accuse publiquement de viol son collègue écrivain Zain (Karan Gill) lors d'un événement littéraire important. Elle n'a pas tort en soi – Zain a violé son consentement en enlevant son préservatif pendant leur rapport sexuel par ailleurs consenti –, mais ici, la colère d'Arabella est dispersée et confuse. Elle déchaîne toute sa rage de plein fouet sur quelqu'un qui n'est pas responsable du trauma qui la hante en permanence. Coel veut nous faire comprendre qu'un trauma non résolu a des retombées massives pas seulement pour la victime, mais aussi pour les personnes de son entourage.

La vidéo de son éclat devient virale, agrandissant encore la sphère de son influence Internet, qui était déjà considérable. Elle gagne des followers, accepte pour de l'argent de recommander des produits en lesquels elle ne croit pas, et, le pire de tout, éloigne les amis qui ont le plus besoin d'elle. Kwame (Paapa Essiedu) et Terry (Weruche Opia) ont tous les deux été victimes d'agression sexuelle, mais de manières qui n'offrent aucun recours légal. Le consentement de Kwame a été violé quand il a été piégé et violé par un mec rencontré sur Grindr avec qui il venait de coucher de manière consentie. Terry, lors d'un voyage avec Arabella en Italie, s'était lancée dans un plan à trois avec deux hommes qui s'étaient moqués d'elle. Tandis que les deux amis se débattent avec les vérités dérangeantes que manifestent leurs expériences, leur amie la plus proche, Arabella, part en vrille, consumée par la célébrité que la revendication de son trauma lui a apportée. Ils ont été abandonnés, et se sont abandonnés les uns les autres à cause des effets d'un trauma non résolu.

Tout au long de la série, Coel nous propose une succession de conflits où toutes les parties ont raison à un certain niveau, mais où un manque de connaissance de soi et la présence de souffrance non traitée empêche ces egos concurrents de communiquer de manière efficace. Le sexe, c'est confus. Plein de zones grises. Mais à défaut de faire l'effort de comprendre ces zones grises et comment les violations de consentement se produisent, nous sommes condamnés à répéter ces traumas et à continuer à les infliger aux autres.

Le titre du final de la série, « Ego Death » (« Délivrance »), vient à la fois du nom pas si subtil du bar où Arabella a été initialement droguée et violée lors de la nuit en question et de la démarche psychologique nécessaire si elle veut véritablement régler la question. L'épisode est construit comme une succession de fantasmes sur la manière d'affronter son agresseur. Dans la première de ces réalités imaginaires, elle détruit physiquement son violeur et le laisse pour mort sous son lit. Dans la deuxième, il est obligé d'avouer et la police l'emmène en garde-à-vue. Dans la troisième version, il a fait preuve d'amour et d'affection et se réveille le lendemain matin aux côtés d'Arabella. Pour finir, Arabella décide qu'aucun de ces fantasmes ne lui offre un résultat préférable pour elle. La personne à qui elle doit pardonner n'est pas un agresseur, quel qu'il soit, mais elle-même. Ainsi, elle se libère de la honte et du désespoir qui la hantent depuis le début de l'histoire.

Les derniers plans d' « Ego Death » nous montrent Arabella, à nouveau sur cette plage d'Ostie, en Italie, souriante, courant dans la lumière de l'aube naissante. Elle est revenue à cet endroit, pas à cause de Biagio, mais parce qu'elle est à nouveau capable de voir sa vie comme vraiment pleine d'amour, de chaleur et de possibilités.

Étude de cas numéro 3 : *Normal People* (Hulu)

Créé par Sally Rooney (adapté de son roman) et Alice Birch
Réalisation : Lenny Abrahamson et Hettie MacDonald

Les histoires d'apprentissage, en particulier celles qui parlent d'un premier amour, sont souvent mélancoliques ou racontées avec une touche de nostalgie pour une époque où tout était mieux et plus simple. C'est la nostalgie de ceux qui déforment leurs souvenirs volontairement ou en oublient certains pour les raconter de manière à réconforter ou soulager leurs esprits vieillissants. Sally Rooney et Alice Birch, avec *Normal People*, enfoncent au bélier cette forme de nostalgie et leur série porte un regard inflexible sur la complexité et la vulnérabilité affective de nos premières expériences.

Fidèlement adaptée du roman de Rooney, la série met en scène la relation longue de près de dix ans entre Connell Waldron (Paul Mescal) et Marianne Sheridan (Daisy Edgar-Jones), deux ados devenus jeunes adultes dans la petite ville de Sligo sur la côte Ouest de l'Irlande.

Au début de l'histoire, Connell et Marianne ont peu en commun au-delà de leur excellence scolaire et d'avoir grandi sans père à la maison (ce dernier point n'est jamais abordé directement dans la série, mais indique une compréhension qui les lie profondément).

À Sligo, Connell est un gros poisson dans un petit étang. Il est beau, c'est un athlète doué, apprécié de ses pairs, et n'a aucun problème pour faire naître l'attention des filles. Il se distingue des autres à l'école en obtenant systématiquement les meilleures notes. Même s'il a des amis, peu sont capables de le comprendre plus profondément. Au fond, c'est un introverti prudent et timide, dont l'excellence vient du désir de trouver du sens dans le monde qui l'entoure.

```
                    CONNELL
Toi tu sais toujours ce que tu penses.
Pas moi.

                    MARIANNE
Tu dois savoir ce que tu ressens, quand même.

                    CONNELL
Non, j'ai du mal, en fait. Il m'arrive de
repenser à quelque chose pour me souvenir
de ce que je ressentais à l'époque,
mais quand ça arrive, je n'en ai pas la
moindre idée.

                    MARIANNE
Alors comment tu sais ce que tu veux ?

                    CONNELL
J'en sais rien.
```

Inversement, Marianne est maladroite, d'un abord difficile et peut sembler distante. Pour elle, l'école est une épreuve d'endurance et de survie. Elle est désagréable avec ses camarades de classe, combative avec ses professeurs, et semble jouer la montre en attendant de pouvoir passer à des choses plus intéressantes.

La question de la classe, comme c'est souvent le cas dans les histoires anglo-irlandaises, teinte tous les conflits dans *Normal People*. Connell n'entre pas en contact avec Marianne à l'école, mais chez Marianne, où la mère de Connell travaille comme femme de ménage. La richesse de la famille de Marianne les sépare d'une grande partie de la communauté, et fait de Marianne un grand sujet de curiosité et de spéculations. Ou, du moins, c'est ce qu'elle ressent. Sa richesse est une source de grand privilège, mais comme c'est souvent le cas avec un privilège immérité, c'est aussi la source d'une grande honte. Connell n'a pas de tels complexes et, à Sligo, son statut est dans la norme. Cette dynamique « à part de/faisant partie de » la communauté colore chaque aspect du début de leur relation.

Si le désir de Marianne pour Connell est interdit de quelque manière non écrite, Connell craint réellement que sa relation avec Marianne devienne publique et mette en péril son statut soigneusement entretenu. En Marianne, Connell a trouvé quelqu'un qui comprend vraiment sa vie intérieure, mais aussi quelqu'un dont il craint qu'elle détruise sa vie extérieure. D'où leurs rencontres en cachette, et c'est en cachette que leur amour va naître. Marianne encourage Connell à attendre davantage de sa vie – s'inscrire à Trinity, étudier l'anglais, suivre ses rêves – le genre de choses que Connell n'avait jamais osé envisager avant de rencontrer quelqu'un qui a toujours eu le privilège de penser ainsi. À son tour, Connell permet à Marianne de se sentir belle, désirable et moins seule au monde. Il aide Marianne à sortir de sa coquille.

C'est le narcissisme de la jeunesse qui défait leur relation amoureuse la première fois. Connell, de peur de déranger l'ordre social, n'ose pas proposer à Marianne d'être sa cavalière pour « the Debs » (la fête de fin d'année irlandaise). Ce qui a des conséquences imprévues : Connell trahit Marianne, contrarie sa mère, et découvre que tout le monde savait déjà qu'il sortait avec Marianne depuis longtemps – et que tout le monde s'en fiche. Les ados sont vraiment nuls pour se cacher, non ?

Quand l'histoire se poursuit à Trinity College, l'université la plus prestigieuse d'Irlande, l'ordre social est inversé. À Dublin, Connell est dépassé, pas sûr de lui, et entouré de gens qu'il perçoit comme lui étant supérieurs. Il a perdu toute confiance en lui. Il a du mal à se faire des amis. Quand il tombe sur Marianne à une fête de la fac, c'est elle qui est dans son élément à présent. Au lieu de l'éviter, Marianne l'invite dans son cercle social. Elle est toujours très amoureuse de lui, même après avoir reconnu à quel point il l'avait blessée. Le cercle social de Connell s'étend grâce à Marianne. Elle l'aide à s'intégrer dans un monde qui lui était jusqu'ici inaccessible.

```
                    MARIANNE
      Je ne sais pas ce qui ne va pas chez moi.

                    CONNELL
      De quel point de vue ?

                    MARIANNE
      Pourquoi je n'arrive pas à me faire aimer
      des autres. Je pense que j'ai eu un
      problème à la naissance.
```

La source de honte de Marianne prend plus longtemps à se révéler. Sa famille est une catastrophe et son frère une menace, mais c'est quand Marianne commence à se prêter à des relations physiquement et sexuellement violentes que la cause de son vide affectif prend forme. Marianne se débat avec un sentiment de nullité qui la poursuit depuis l'enfance. La nature même de Connell est réparatrice pour Marianne. Ça lui montre la possibilité d'une vie meilleure.

Vers la fin de la série, Connell et Marianne commencent à manifester l'un pour l'autre quelque chose qui dépasse leurs formes précédentes de validation. Marianne est là pour Connell quand il souffre du suicide de Rob, son ami de lycée. Connell est là pour protéger Marianne après que le grand-frère de Marianne lui a cassé le nez. Ensemble, ils sont forts parce que chacun donne de la force à l'autre.

Il y a une fin possible pour cette histoire – une fin moins intéressante – où Connell et Marianne se marient et ont beaucoup d'enfants, où leurs vies et leurs ambitions se recoupent de manière complémentaire. Mais, comme c'est souvent le cas pour un premier amour, il y a aussi une fin naturelle et amicale possible pour le couple s'ils choisissent de s'en apercevoir. Dans notre cas, c'est Marianne qui s'en aperçoit pour eux deux. Connell, qui, à la différence de Marianne, a reconnu qu'il avait du mal à savoir ce qu'il ressentait sur le moment, est pris de court quand Marianne insiste pour qu'il accepte une bourse qui lui permettra d'entrer dans un programme à New York – s'éloignant ainsi d'elle pour accomplir ce qu'elle perçoit comme étant le mieux pour lui. Marianne est passée de la co-dépendance à l'indépendance. Elle est libre d'être l'adulte que son moi adolescent avait du mal à imaginer. Connell pleure, tout en sachant que Marianne a raison. Ainsi, lui aussi montre qu'il est devenu adulte, présent à ses émotions, vivant la douleur et la joie du moment.

Interviews

Anna Winger, *Unorthodox*, sur le rôle de la honte

Sam Levinson, *Euphoria*, sur les vides affectifs et l'addiction

INTERVIEW : Anna Winger, *Unorthodox* (Netflix), sur le rôle de la honte

Cette interview a eu lieu le 26 juin 2020.

Neil : J'aimerais que nous discutions du rôle de la honte pour Esther « Esty » Shapiro (Shira Haas). Je crois qu'identifier la peur est vital pour le développement du personnage, surtout au sens où la « honte » est définie par le Dr. Brené Brown, l'auteure du best-seller *Daring Greatly*[34] (*Oser avec audace*), comme la peur de la déconnexion. Brené Brown se réfère à la déconnexion de la communauté. La honte pointe son sale museau quand nous croyons qu'il y a quelque chose en nous qui ne va pas, que nous sommes, fondamentalement, défectueux. Et la première chose que nous faisons quand nous avons honte, comme le décrit Brené Brown, est de chercher à le cacher aux autres pour éviter d'être rejetés et ostracisés.

34. Daring Greatly : *How the Courage to Be Vulnerable Transforms the Way We Live, Love, Parent and Lead.* New York City : Gotham, 2012.

Au fond de nous, nous ne nous sentons pas assez bien ou aimables, donc nous essayons de nous conformer à ce que nous supposons que les autres attendent de nous – et nous cachons ces parties de nous dont nous sommes convaincus qu'elles sont inacceptables. C'est à la fois un renoncement intérieur du Soi et quelque chose que nous projetons sur l'extérieur.

Dans *Unorthodox*, Esty est née dans la communauté hassidique Satmar dans le quartier de Williamsburg à Brooklyn. Elle ne connaît rien d'autre que le mode de vie et les traditions hassidiques, puisque sa mère l'a mystérieusement abandonnée quand elle était enfant, son père est alcoolique, et Esty a été élevée par ses grands-parents ultra-orthodoxes. À l'âge de 19 ans, Esty se sent déjà inadéquate comme fille, comme petite-fille et comme épouse, donc la perspective de devenir mère la terrorise et la conduit à choisir l'exode du shtetl de Williamsburg. Selon moi, tout ce que fait Esty au début est motivé par la honte. Avant de plonger plus profond dans son personnage, peut-être pouvez-vous m'éclairer sur la genèse de ce projet et comment vous en êtes venue à rendre hommage à son expérience dans votre série totalement irrésistible ?

Anna : Comme vous savez, notre série est inspirée de l'autobiographie de Deborah Feldman, un best-seller[35] de 2012. Musicalement, je pense qu'on a vraiment collé à l'esprit du livre et qu'on est restées fidèles aux personnages tels qu'ils étaient décrits dans le livre. Mais en termes d'activation de l'intrigue, c'est très différent. Une des plus grandes différences est que Yakov « Yanky » Shapiro (Amit Rahav), le mari d'Esty, est bien plus important dans la série. Il n'y a rien dans le livre depuis sa perspective. On a complètement inventé son « cousin » Moishe Lefkovitch (Jeff Wilbusch), et on s'est concentrées en gros sur l'échec du mariage d'Esty et Yanky, alors que le livre porte sur toute la vie de Deborah, le mariage n'en est qu'une partie. On a décidé de se focaliser sur le début de sa vie adulte plutôt que sur son enfance. Il y a beaucoup de choses dans le livre sur son enfance, l'école – des parties que nous avons juste décidé de ne pas explorer du tout.

Il y a aussi certains faits, par exemple la mère de Deborah Feldman vit vraiment avec une femme (et son identité sexuelle est la raison pour

35. Deborah Feldman, *Unorthodox : The Scandalous Rejection of My Hasidic Roots*, Simon and Schuster, 2012.

laquelle elle a été exclue de la communauté Satmar). On a renommé Deborah « Esther », et sa mère « Leah Mandelbaum » (jouée par Alex Reid), mais l'histoire de sa mère est vraie, à part que sa vraie mère vit à New York. Elle est anglaise, d'une famille d'origine allemande, et est arrivée à Williamsburg par un mariage arrangé, mais on s'est servi de tout ça d'une manière vraiment différente. Et une fois qu'Esty a fui Brooklyn, toute la partie à Berlin a été inventée. Mais Deborah Feldman vit bien à Berlin. Tout le projet est né du fait que nos enfants vont à l'école ensemble, et qu'on est devenues amies. Elle a suggéré que j'adapte son livre en série, ce que, franchement, je n'arrivais pas à imaginer, car je ne suis pas naturellement portée à l'adaptation. D'habitude j'invente tout moi-même. Mais elle nous a fait confiance, à moi et à ma partenaire d'écriture et de production sur ce projet, Alexa Karolinski, et elle nous a donné toute liberté de remanier son matériau et de le réarranger à notre manière.

Aussi, comme Deborah est si jeune, on a eu le sentiment qu'il était important que son personnage de fiction soit très différent d'elle pour protéger sa vie privée, alors on en a fait une musicienne. De bien des manières, ça nous a donné aussi, à moi et Alexa, l'occasion d'écrire sur des choses auxquelles nous réfléchissions lors de nos conversations amicales, que ce soit sur le fait d'être juives aujourd'hui à Berlin, de se retourner sur l'histoire, ou d'avoir une vision inspirante de la ville. C'est cet endroit qui s'est transformé en une sorte d'utopie.

Des constellations se forment parce que c'est une ville où les gens ont dû repartir de zéro deux fois en un siècle. Ils ont tout reconstruit deux fois et, dans cet espace, beaucoup de choses sont possibles d'une manière qui ne le serait pas dans des sociétés plus intraitables. Je suis une étrangère, et Alexa est de Berlin, Allemande sur trois générations, mais nous vivons dans un monde qui est très multiculturel et international, et on voulait montrer ça. C'est assez drôle, une partie des critiques qu'on a eues en Allemagne portaient sur notre manière de dépeindre Berlin, parce que beaucoup d'Allemands blancs ont l'impression que c'est une version utopique de Berlin qu'ils ne reconnaissent pas. Pour moi c'est une version de Berlin que je reconnais totalement ; je vis ici dans cet espace intersectionnel avec des gens de toutes les origines, de toutes les sexualités et de toutes les religions possibles.

Neil : Êtes-vous surprise que votre série de quatre épisodes sur Netflix soit devenue un tel phénomène global ?

Anna : Je suis surprise que ce soit devenu quelque chose d'aussi important. Je veux dire, bien sûr, je serais dingue de dire : « Non, je m'y attendais complètement. » Ça fait bizarre si c'est la première fois que vous avez une série sur Netflix, surtout, comme dans notre cas, pendant une pandémie globale. La série a été mise en ligne le 26 mars 2020, à un moment où tout le monde était à la maison et communiquait avec tout le monde sur les réseaux sociaux. On a eu le sentiment que non seulement ça a été lancé en même temps dans 190 pays ou quelque chose comme ça, mais que tout le monde a pu s'exprimer ou en parler globalement. Quand on écrit, c'est une sorte de miracle. On a reçu des messages géniaux qui venaient d'Inde, d'Arabie Saoudite, de Turquie et d'Argentine, de gens qui s'identifiaient complètement. La plupart de ces spectateurs sont des gens qui n'ont jamais rencontré, et qui n'auraient jamais pensé avoir quelque chose en commun avec un Juif. Mais ils se sont vraiment identifiés avec le voyage d'Esty et se sont reconnus en elle.

Neil : J'adore cette citation de Ryan Murphy : « Plus vous rendez quelque chose spécifique, plus ça devient universel. »

Anna : *Unorthodox* illustre ça parfaitement parce que ça parle vraiment d'un monde auquel la plupart des gens, même des Juifs, ne connaissent pas grand-chose ; c'était mon cas, même en tant que Juive ayant vécu à New York pour la plus grande part de ma vie adulte. J'étais photographe. C'était mon métier avant que je me lance là-dedans. J'ai été photographe pendant des années. Je travaillais beaucoup avec des hommes hassidiques parce qu'à New York, toute l'infrastructure du business de la photo est assurée par des hommes hassidiques, vous savez, les optiques, les fournitures, la pellicule et tout ça ; je ne me suis jamais demandé comment c'était pour les femmes. Vous voyez, c'était comme s'il n'y avait pas de femmes. Je n'y ai jamais pensé. On était à l'autre bout du spectre, on le savait bien, mais il y avait une distance de fait. Alors, naturellement, j'ai voulu en savoir plus.

Neil : J'aimerais qu'on parle de la structure de la série, les allers-retours entre le passé et le présent, à la *Lost* ou *Orange Is the New Black*. Comment Alexa et vous avez-vous abouti à cette approche structurelle pour *Unorthodox* ?

Anna : En gros on a décidé qu'on allait commencer au moment où elle commence juste à, disons, avoir l'âge de se marier, la rencontre de son mari, et comment tout s'effondre ensuite. Et on pensait commencer au moment où elle quitte son mari et entrelacer ces histoires jusqu'à ce qu'elles se recoupent et qu'on finisse par comprendre pourquoi elle a fui ce mariage. D'une certaine manière on construit tout de sorte qu'ils se retrouvent. Mais jusque-là, petit à petit, ils suivent chacun la piste de l'autre, mais ils ne sont pas dans le même plan avant la deuxième moitié du dernier épisode. Pendant ce temps, on comprend ce qui s'est passé avant, on en voit une version, et puis on comprend qu'en fait c'est lui qui a demandé le divorce et que c'est ce qui a mis fin au mariage… et puis on découvre qu'elle était enceinte et que c'est pour ça finalement qu'elle a quitté la communauté. On ne peut pas tout comprendre avant la toute fin. C'est un processus de découverte pour le public, mais avec suffisamment de contexte.

Les histoires qui m'intéressaient le plus, si on était remontées jusqu'à ses origines, c'étaient la backstory de Bubby et l'idée que c'est une communauté d'après-guerre, d'après l'Holocauste. Tous ces gens très jeunes sortaient d'un trauma incroyable et sont rentrés à la maison, mais il n'y avait plus rien ; il ne restait plus rien, nulle part où rentrer, et donc ils ont dû reconstruire une vie juive en partant de zéro. En 1945-48, certains d'entre eux sont devenus sionistes. D'autres sont devenus gangsters. Certains ont décidé de gagner de l'argent. D'autres sont devenus très religieux. Avoir survécu a fait naître beaucoup d'approches différentes. Et ils étaient encore jeunes ; leur jeunesse leur manquait. Ils sont sortis d'Auschwitz et d'autres camps de concentration quand ils avaient 19, 20, 21 ans, vraiment jeunes ; ils avaient survécu, parce qu'on les avait gardés vivants pour travailler.

J'ai trouvé cette histoire des origines, qu'un rabbin pouvait apparaître et dire aux Juifs persécutés : « Rien de tout cela ne serait arrivé si vous ne vous étiez pas assimilés. » Comme si la seule manière d'empêcher ça de se reproduire un jour, c'était, pour les Juifs, de vivre à la manière du judaïsme dans la Russie tsariste. Et si nous vivons de manière très, très pieuse, alors ça ne nous arrivera pas de nouveau. Je crois que quand j'ai compris ça de la communauté – le fait qu'ils croyaient qu'ils pouvaient contrôler ça –, ça m'a brisé le cœur, et profondément émue.

Je pense à la manière dont j'ai grandi, personne ne m'avait jamais dit que c'était de ma faute. Imaginez avoir l'impression de pouvoir contrôler le retour de l'antisémitisme. Que c'est votre responsabilité. Je veux dire, c'est effrayant, surtout aujourd'hui, mais l'idéologie de la communauté Satmar, c'est qu'ils veulent reconstruire les six millions qui ont été perdus. C'est pour ça qu'ils ont autant d'enfants. Je voyais ces femmes juives orthodoxes avec, mettons, dix enfants, mais maintenant je comprends pourquoi.

Neil : Croyez-vous que cette tribu ultra-orthodoxe est tenable au XXIe siècle ? Est-ce un anachronisme, une forme d'extrémisme religieux, ou est-ce que ce sont des traditions nécessaires et durables ?

Anna : Je frémis à l'idée d'une religion organisée me disant, par exemple, avec qui me marier, qui aimer. Je suis juste tellement opposée à l'idée de dire aux gens qui ils devraient être. C'est une chose si tout le monde est accepté. Mais plus vous allez vers le conservatisme, plus vous allez vers des choses comme pas question d'être gay, ou d'être ceci ou cela… C'est la partie que je trouve inacceptable. Mais je reconnais et j'apprécie les nombreux rites et les traditions de Sukkot, Pessah, Shabbat, les chansons et les prières qui célèbrent la tribu ; ça donne un sentiment culturel et tribal sans tous les trucs négatifs. Ça donne le sentiment d'être inclusif.

Quand je travaillais sur *Unorthodox*, on avait une dizaine de personnes de cette communauté, qui l'avaient quittée, et qui travaillaient avec nous, y compris un rabbin trans qui a joué une femme enceinte dans notre série. On avait beaucoup de gens de la communauté qui faisaient de la figuration ou des petits rôles et qui étaient tous des amis d'Eli Rosen, qui est notre traducteur yiddish. Il jouait le rabbin et coachait les acteurs. Il était notre guide, il nous a vraiment aidées à comprendre, pas juste à traduire les mots, mais aussi à comprendre comment les utiliser, et leur sens profond, ce qui est bien plus vaste.

Il y a une scène dans l'épisode 2 où Esty dit : « Dieu attendait trop de moi. Maintenant il faut que je trouve mon propre chemin. » Rabbi Eli nous a vraiment expliqué que pour les gens de la communauté, Dieu est le filtre à travers lequel ils expérimentent le monde. C'est pourquoi leur volonté individuelle n'apparaît pas comme le problème essentiel. Ils sont toujours en dialogue avec Dieu. Il y avait une dualité constante dans la vie d'Esty, même avant qu'elle décide de partir.

Neil : Parlons des aspects plus discutables et dévots de la communauté hassidique Satmar : les crânes rasés et/ou les sheitels (perruques), les shtreimels (les chapeaux à larges bords portés par les hommes), et les papillotes (de longues tresses sur les côtés de la tête). Pour beaucoup, cette dévotion aux traditions est une forme de libération. Ils sont libres de s'exprimer de cette façon après tant d'années de persécution, d'oppression, et de génocide. Et en même temps, maintenant ils ont accès à Internet. Ils voient d'autres gens dans d'autres villes. Comment et pourquoi croyez-vous que personne ne parte pour chercher un mode de vie plus libre ?

Anna : D'abord, j'ai observé que les membres de la communauté Satmar se sentent parfaitement libres dans cet environnement. Je ne dirai jamais assez à quel point quasiment personne ne cherche à en partir.

C'est très difficile à analyser. Commençons par le crâne rasé. Les hommes comme les femmes se faisaient raser le crâne dans les camps. Donc, si vous pensez à un crâne rasé de cette manière, la première chose que ça évoque, c'est les films sur Auschwitz, non ?

Neil : Oui, alors pourquoi perpétuer une pratique aussi déshumanisante et oppressive ?

Anna : Alexa et moi on a passé beaucoup de temps à discuter de cet espèce de *compulsion de répétition* qui entre en jeu dans cette pratique, et qui vient de leur peur permanente de ne pas respecter les règles. Et quoi qu'ils fassent, ils ne les respectaient pas, puisqu'ils pensaient aux choses auxquelles ils n'étaient pas supposés penser. C'est le cas du sexe dans la communauté hassidique – « Ne pensez pas au sexe, ne touchez pas votre corps. Ne regardez pas en bas. » Ils ont en permanence peur d'avoir fait quelque chose de mal. Alors se raser le crâne était une manière de se sentir « en sécurité » et en conformité avec les règles. C'est une forme de contrôle, mais la partie libératrice, c'est qu'ils choisissent eux-mêmes de se raser le crâne ; personne ne les y oblige. Pour certains, c'est une reprise de pouvoir.

Neil : Mais en ce qui concerne la sexualité, si la procréation est encouragée, il me semble contre-intuitif que le sexe ne soit pas présenté comme plaisant pour les deux partenaires. La nuit de noces d'Esty et Yanky est littéralement l'inverse d'un climax. L'orgasme féminin n'est même pas envisagé.

Anna : C'est une sorte d'endoctrinement contre vos impulsions naturelles. L'inaptitude d'Esty a rapport à son corps et à la sexualité, elle n'a pas grandi avec une mère pour lui expliquer les choses, comme les règles. Donc, même si elle peut tomber enceinte, il y a pour elle beaucoup de peur et de honte à imaginer quel genre de mère elle pourrait être.

Neil : La seule chose qui pourrait l'aider à transcender cette honte, ce serait l'éducation, mais les femmes de cette communauté n'ont pas accès aux écoles.

Anna : Pour être honnêtes, l'éducation des hommes est aussi quasi-nulle. Ils étudient la Torah, mais ils n'apprennent rien d'autre. Ils n'ont aucunes compétences pratiques. Ils n'ont aucune idée de comment faire quoi que ce soit, si bien que j'avais aussi beaucoup de compassion pour les hommes.

J'adore Yanky. Il est si doux et innocent. L'acteur qui joue Yanky, Amit Rahav, est une vraie superstar. Enfant déjà il était acteur, et je sais qu'il a été le premier à la télé israélienne à faire son coming out. C'est pour cette raison qu'il est aussi célèbre et suivi, il a été le premier à faire ça. Il jouait un personnage gay et lui-même a fait son coming out. Il est capable de jouer toutes les identités sexuelles, mais les scènes de sexe entre Esty et lui ont été très difficiles à tourner.

Neil : Tout est si maladroit, et elle souffre tellement. C'est difficile à reconnaître pour elle, car elle veut tellement lui faire plaisir. Ça a l'air consenti, mais quand elle lui dit d'arrêter, que ça fait trop mal, il continue. Elle est violée par son mari le soir de sa nuit de noces, et tous deux sont écrasés par le poids des attentes. Évidemment, ma sympathie va à Esty. Mais je peux avoir de l'empathie pour les deux ; ils ont tous les deux honte pour des raisons différentes.

La honte corporelle est aussi associée aux règles, les femmes qui ont leurs règles sont obligées d'aller au *mikveh* pour se laver et faire disparaître toute trace de sang. J'avais entendu parler des mikvehs dans ma jeunesse, mais je n'avais pas compris que les femmes hassidiques ne couchaient pas avec leurs maris pendant la moitié du mois parce qu'il ne fallait pas qu'il y ait la moindre possibilité qu'il y ait du sang. En tant qu'homme avec un regard extérieur, ça a l'air totalement incompatible avec une image positive du corps pour les jeunes femmes.

Anna : Juste pour répondre à cette perspective, je dois vous dire qu'elles trouvent ça génial. Si vous parlez aux femmes de cette communauté, elles vous diront à quel point ça rend tout plus excitant. Elles peuvent fantasmer sur la deuxième moitié du mois. Elles ne voient pas ça du tout comme un point négatif.

Neil : C'est presque victorien. Elles ont romantisé le mikveh ! Fascinant. En regardant la série, j'ai fait la liste des premières fois, des choses qu'Esty expérimente en arrivant à Berlin. Coucher avec un quasi-inconnu, danser en boîte, porter un jean et un T-shirt. Mais ce qui m'a le plus marqué, c'est quand elle met du rouge à lèvres pour la première fois dans le grand magasin. C'est un moment si ténu, intime, mais il résonne énormément. Ces lèvres, ces yeux.

Anna : Alexa a eu cette idée du rouge à lèvres dès le tout début. Du rouge à lèvres très rouge. Parce que le rouge est une couleur qui n'est jamais portée. Le rouge est interdit, pour je ne sais quelle raison.

Neil : Et le rouge à lèvres s'appelle Épiphanie ?

Anna : J'adore ce genre de choses. On va profond dans notre histoire, mais on fait aussi de l'entertainment. C'est amusant de jouer avec ça.

Neil : En même temps que ses rites initiatiques à Berlin, vous intégrez aussi l'idée du cercle de la vie. Il y a une expression en allemand pour « clore le cercle », qui est aussi un élément structurel de la série.

Anna : En allemand, c'est *Den Kreis schliessen*. Alexa et moi, on s'est dit : « Ouais, faisons un cercle. »

Neil : Oui. Le cercle de la vie : Bubby est mourante, Esty est enceinte. À la fin, Leah est prête à materner sa fille à nouveau. Les femmes avaient l'air d'être en dehors de tout dans ce monde patriarcal. Mais les femmes sont celles qui reforment et referment le cercle pour reconstruire cette famille brisée, et c'est merveilleux.

Anna : Deborah dit toujours : « Tout le monde dit que j'ai échappé au patriarcat. Mais la vérité, c'est que j'ai été élevée dans un matriarcat », à cause de la séparation des sexes dans la communauté. Toutes les personnes qui avaient du pouvoir dans sa vie étaient des femmes. Selon elle, parler de patriarcat est un malentendu, ce n'était pas ça. Elle souligne à quel point les femmes avaient du pouvoir à l'endroit d'où elle vient. À part son grand-père et son père, les personnes qui ont eu le plus d'influence sur elle étaient toutes des femmes. J'ai trouvé ça très intéressant. Pour clarifier encore plus les choses, elle précise que les membres de la communauté n'utilisent jamais le mot « évasion » parce qu'ils ne voient pas ça comme une évasion, ce qui implique un jugement, comme s'ils étaient en prison. La plupart des gens dans la communauté ne se voient pas ainsi. Ils peuvent toujours prendre le métro, aller où ils veulent. Et puis ils choisissent de rentrer à la maison.

Neil : Le premier plan de l'épisode 1 nous montre Esty en train de faire ses bagages et de se préparer à quitter la communauté pour de bon. Elle est déterminée. On voit bien qu'elle a un plan. Mais quand elle sort de l'appartement, elle touche la mezouzah dans l'entrée puis embrasse ses doigts. C'est un détail génial, emblématique de toute sa lutte intérieure. Même quand elle pense à s'en aller, elle reste complètement reliée à la foi. Et ça ne la quittera jamais.

Anna : C'est quelque chose que j'ai remarqué chez tous ceux avec qui nous avons travaillé et qui ont quitté la communauté même depuis quinze ans. Même s'ils n'embrassent pas tous de mezouzahs, ils restent profondément attachés à l'endroit d'où ils viennent, et ils aiment le judaïsme. C'est juste qu'ils ne sont pas arrivés à trouver leur place dans cette version du judaïsme.

Le judaïsme est beaucoup de choses. C'est une religion. C'est une culture. Une appartenance ethnique. L'un des rabbins avec qui j'ai parlé pendant mes recherches m'a dit qu'il n'y avait même pas un mot pour dire « religion » en hébreu ou en yiddish avant la seconde guerre mondiale. Avant, selon lui, « culture » et « religion » étaient le même mot.

Je pense que dans l'Allemagne d'aujourd'hui, il y a vraiment des décisions à prendre en ce qui concerne la manière de négocier avec le passé. On voulait explorer ça aussi dans la série, cette sorte de retour dans l'histoire, parce que beaucoup de Juifs se sont installés en Allemagne. Des Israéliens, des Juifs du monde entier, des Russes. Et, bien sûr, beaucoup d'Américains. C'est comme si on revenait à l'endroit d'où cette culture est venue et dont Esty fait l'expérience.

Neil : À la fin, Esty n'a plus besoin de se libérer ; elle a besoin de s'accepter. Lors de son rendez-vous avec Yanky à Berlin, quand il est prêt à tout pour la récupérer, même à couper ses papillotes pour le prouver, Esty sait qu'elle ne peut pas revenir à Williamsburg, ni à son mari, ni à l'orthodoxie. C'est la première fois dans l'histoire qu'ils partagent un rapport sincère. Ce n'est pas un moment de honte, mais d'empathie et d'amour.

INTERVIEW : Sam Levinson, *Euphoria* (HBO), sur les vides affectifs et l'addiction

Cette interview a eu lieu le 23 septembre 2020.

Neil : *Euphoria* est adaptée d'une série israélienne. Comment l'avez-vous repérée ?

Sam : HBO avait lu un scénario que j'avais écrit et Christine Kim (directrice des programmes originaux de HBO), lors d'une réunion générale, m'a dit qu'ils avaient optionné cette série israélienne. Je suis rentré chez moi, j'ai regardé deux épisodes, et on a monté une autre réunion chez HBO avec Francesca Orsi, la co-directrice des séries dramatiques. C'est une des personnes les plus remarquables humainement que j'aie rencontrées dans ce business. On s'est assis et on a discuté de tout, de la vie, de l'addiction, et de diverses expériences que nous avions en commun. Je lui ai demandé ce qu'elle avait aimé dans la série israélienne. Elle aimait son âpreté, le côté sans filtre, chaotique, et même brutal en un sens. Et je lui ai demandé si je pouvais en faire autre chose ; si je pouvais changer les personnages et faire ce que je voulais tout en gardant l'esprit de l'original. Elle m'a dit : « Oui, écris juste tout le bordel qu'on s'est raconté ; du moment que tu mets de toi dedans, on peut faire la série. »

Neil : Donc il n'y a pas d'équivalent à Rue Bennett (jouée par Zendaya), un personnage jeune, métis et féminin dans la série israélienne ? À votre sens, quels sont les changements les plus substantiels que vous avez effectués dans votre adaptation ?

Sam : Dans la série israélienne, ce sont surtout de jeunes hommes. Il y a un personnage féminin qui a des problèmes de drogue et qui, je crois, fait de l'auto-mutilation. À la place, j'ai pris mes expériences au même âge et j'ai écrit une version de moi en jeune fille. Je trouve que l'idée selon laquelle il faudrait coller précisément à qui on est ne tient pas la route parce que ce qui rend les séries ou les films intéressants, c'est la collision des perspectives. Le mélange des expériences et des identités est ce qui me fascine tellement à la télévision et au cinéma.

Neil : Est-ce que la fluidité des genres et la pansexualité explicite étaient un aspect de la série israélienne, ou est-ce quelque chose que vous avez apporté à votre *Euphoria* ?

Sam : Je l'ai complètement personnalisée. Je voulais repousser les limites.

Neil : Est-ce que vous l'avez jamais considérée comme une série « de lycée » ?

Sam : Je ne pense pas que ce soit vraiment une série de lycée, parce que je ne suis pas allé au lycée, et le lycée ne m'a jamais intéressé. Ce qui m'intéressait dans cet âge, c'est l'angle affectif, psychologique, de ces années de formation. Le lycée nous donne aussi l'occasion d'introduire de nouveaux personnages et de nouvelles histoires. Mais toute la ville le fait aussi. On a eu un débat sur le rôle qu'avait Fezco (joué par Angus Cloud) dans la série et on s'est demandé s'il était trop périphérique.

Neil : La scène avec le fournisseur de Fezco, Mouse (joué par Meeko), qui met son couteau sous la gorge de Rue pour la forcer à essayer le Fentanyl, était absolument terrifiante.

Sam : Pour moi, Fezco est la preuve qui montre à quel point la vie est compliquée. Il se soucie du bien-être de Rue, mais c'est aussi un dealer qui fait des trucs dangereux et barrés.

On en revient à l'idée avec laquelle j'ai toujours joué, qui est : quels sont ces petits moments de l'enfance et de la vie qui mettent en forme la personne que nous sommes ? Même si vous n'avez fait de mal à personne, le seul acte d'en avoir été témoin va, d'une manière ou d'une autre, faire de vous quelque chose, mais vous ne savez pas quoi tant que ce n'est pas activé. Il y a quelque chose de tellement mystérieux et effrayant dans cette idée, quelque chose avec quoi je suis en empathie totale et dont j'essaye juste de comprendre les répercussions.

Neil : Si je devais résumer la série en un mot, je dirais qu'elle est *primale*. On commence avec Rue dans la matrice ; elle est complètement innocente… jusqu'à ce que le cordon ombilical, sa ligne de vie, soit coupé. C'est violent et déchirant. Quand elle grandit, l'évolution de son personnage est une combinaison de nature et de culture. Vous donnez le ton tout de suite avec ce magnifique prologue accompagné par la voix off de Rue, qui nous apprend, entre autres détails importants, qu'elle est née trois jours après le 11 Septembre. Avez-vous eu le sentiment qu'il fallait nous aider à comprendre pourquoi elle est comme ça avant de nous faire entrer dans sa spirale d'auto-destruction ?

Sam : En fait, j'ai écrit tout ce prologue il y a environ dix ans, et ce que vous voyez dans le premier épisode est presque identique à ce que j'ai écrit à l'époque. J'en ai écrit une version qui faisait partie d'un autre scénario sur lequel je travaillais. Et ça n'a jamais vraiment fonctionné dans le cadre de ce film. Mais ça parlait aussi un peu d'addiction. Quand j'ai commencé ce projet, ça avait l'air de coller. Je crois qu'une partie de la difficulté quand on décrit l'addiction à l'écran, c'est que si on n'est pas dans la tête d'un addict, les gens repartent avec des questions comme : « Pourquoi me soucier de quelqu'un qui n'a pas l'air de se soucier de soi ? » Mais mon expérience, c'est que c'est presque l'exact opposé de ce qui se passe dans la tête de quelqu'un en proie à l'addiction. Pour moi, ça n'a jamais été que je ne me souciais pas de moi-même, de ma vie ou de mes actes. Ça me tenait profondément à cœur. Peut-être trop. Et c'est peut-être pour ça que je me droguais. Je tenais à faire comprendre qu'un drogué ne manque pas d'émotion. Au contraire, l'émotion le déborde, et c'est un aspect essentiel du caractère de Rue. D'une certaine manière, ça a servi de modèle pour toute la conception visuelle de la série : pour l'essentiel, tous les mouvements de caméra, la lumière, la direction photo, et même la construction de scène au sens large, tout devait refléter cette surabondance d'émotion ; il fallait avoir cette sorte de subjectivité extrême en termes de lumière et de production artistique.

Neil : C'est sûr, vous montrez ce qu'est un trip sous drogue d'une manière plus intense que tout ce que j'ai pu voir à l'écran jusqu'ici. Il est clair pour moi que vous ne glamourisez *pas du tout* la drogue. Rue est une loque. Elle a tellement la tête sous l'eau qu'elle est incapable de fonctionner dans la vie quotidienne. Elle a des attaques de panique, où elle ne peut plus respirer. On comprend qu'elle veuille s'anesthésier. Ça ne justifie pas son recours à la drogue, mais dès le prologue, on comprend son besoin de faire taire le chaos dans sa tête et dans le monde qui l'entoure. Comme Rue transforme tout, je me demandais si vous pensiez qu'elle pouvait être autre chose qu'une narratrice douteuse ? Et si vous considériez Rue comme une « anti-héroïne » ?

Sam : Je ne suis pas bon pour analyser les séries ou les films et pour les regarder dans la perspective d'y repérer un thème global ou des archétypes chez les personnages. Peut-être que c'est juste parce que je n'ai aucune capacité d'organisation et que j'étais tellement nul à l'école. J'ai arrêté en quatrième, donc j'ai tendance à penser ces choses à un niveau bien plus basique. Je ne fais que suivre le fil de l'émotion. J'ai vu beaucoup de films, alors je joue sur mes propres attentes quand j'écris, sur ce que j'ai envie de voir et dont je suppose que ça surprendra mes propres attentes et/ou celles des spectateurs. En tout cas, ce n'est pas un processus intellectuel.

Neil : J'adore cette réponse parce que je crois que c'est pour ça que la série est aussi géniale ; on sent que c'est du pur instinct. C'est brut. C'est émotionnel. Pour moi, c'est *tout*. Je veux dire, si vous aviez pris un point de vue intellectuel, je pense que ce ne serait pas une telle œuvre d'art. Vous avez créé de l'art.

Sam : Merci.

Neil : Vous ne suivez pas des règles ou des modèles. Vous n'imitez personne. Que ce soit le style ou la narration, *Euphoria*, plutôt qu'adhérer à ce qu'une série dramatique d'une heure est « censée » être, ressemble à un mirage devenu réel. Qui tourne radicalement le dos aux conventions.

Sam : C'est intéressant que vous disiez ça, parce que, en fait, quand je repense à la saison 1, et après avoir fini d'écrire la saison 2, je suis tombé dans une dépression très profonde. Je suis revenu aux antidépresseurs, et puis il y a eu la pandémie. Je me suis juste dit, et merde, je vais juste réécrire toute la saison 2. Et plus j'avançais, plus je me disais, en regardant la saison 1 : « Oh ! je respectais toutes ces règles et je faisais tous ces trucs tellement attendus. » D'un certain point de vue, la forme me frustre. Il me semble que le plus dur avec la télé est que vous faites quelque chose et que les gens, après, donnent leur avis, réagissent. Et ces réactions peuvent vraiment déboussoler n'importe qui. Après, vous travaillez en fonction ou en réaction à ça. Et je me dis : « Il faut juste que j'écrive ça pour moi. » Je suis incapable de respecter les conventions télé, comme montrer tous les personnages quand on est censé le faire ou distribuer l'intrigue à parts égales. C'est ce genre de conventions qui n'arrivent pas à m'intéresser. Ça a été un processus très bizarre entre les saisons, juste de comprendre ça… même si je comprends qu'il y a des versions très différentes de la série télé. *The Wire* est évidemment une série démente et son intrigue ne suit pas les conventions. Moi je n'aime pas quand tout est bien propre et bien rangé.

Neil : Eh bien ! je pense que vous avez réussi à transcender la narration conventionnelle et symétrique. Dans l'épisode 8, dans le match de foot final, il y a le temps « réel » du match avec Nate qui marque le touch down, mais en parallèle du match il y a d'autres lignes temporelles que vous entrelacez en faisant des allers-retours avec les personnages. C'est très fragmenté, mais c'est génial. En tant que spectateur de 2020, je n'ai pas envie de suivre un schéma prévisible. Pour moi, dès que je comprends le schéma, je m'ennuie.

Sam : Voilà. Peut-être que c'est une meilleure manière de le dire ; c'est dur de ne pas être étouffé par la forme que vous avez créée la première fois.

Neil : Oui, parfois le pilote établit cette forme, comme un genre de modèle, de moule. Mais les spectateurs sont plus sophistiqués aujourd'hui. Je crois qu'ils veulent des défis.

Sam : J'espère. Et je crois que la question est toujours du genre : comment on fait évoluer ça en passant du plan de la pure narration aux questions de photographie et de cinématographie ? Comment on continue à le faire évoluer et à faire des choses différentes pour qu'on ne puisse pas prévoir où ça va ?

Neil : Quand on parle de bousculer les conventions, il y a des séquences d'animation pour une scène de sexe explicite entre Harry Styles et Louis Tomlinson de *One Direction*. Il y a des séquences fantasmées. Il y a la scène d'avortement la plus brute que j'aie jamais vue, avec Cassie (Sydney Sweeney), qui est montée en parallèle et juxtaposée avec Cassie qui fait du patin à glace. C'est incroyablement audacieux. Et puis il y a la voix off d'un personnage omniscient (Rue) qui n'a aucun moyen de savoir ce qu'elle nous raconte. C'est un peu comme Joe Gillis (William Holden) qui nous raconte l'histoire alors qu'il est mort, du fond de la piscine, dans *Boulevard du crépuscule*. Mais ça marche parfaitement.

Sam : J'ai reçu une note de HBO sur cette voix off : comment est-ce que Rue sait tout ça ? J'ai donc rajouté une ligne de dialogue pour l'expliquer : « Parfois, quand je prends de la drogue, je deviens comme une voyante. » [Rire.]

Neil : Oui, je m'en souviens très bien. En même temps, tout au long de la saison 1, je n'arrêtais pas de penser à Gia (Storm Reid), la petite sœur de

Rue. Comment abordez-vous la question des conséquences de l'addiction sur le reste de la famille ?

Sam : L'addiction a des répercussions terribles sur une famille. Le prix à payer est très élevé. C'est particulièrement dur pour les frères et sœurs, c'est très dur de gagner son espace propre dans une famille, si vous grandissez aux côtés d'un drogué. C'est compliqué de former un sentiment de soi si vous devez tout le temps marcher sur des œufs aux côtés d'un drogué. Ce qui est génial avec la télé en général, c'est que je peux faire commencer la trajectoire de ce personnage dans la saison 1, continuer à élaborer là-dessus et à creuser de plus en plus profond ces conséquences, et comment ça affecte sa vie, comment ça met en forme sa vie et ses relations. Comment ça va être difficile pour Rue de faire confiance à quelqu'un ; pas seulement parce qu'elle a perdu son père, mais parce qu'elle a l'impression qu'on peut retirer le tapis de dessous ses pieds à n'importe quel moment. J'ai été en thérapie pendant très longtemps. Ça me fascine vraiment de voir comment ces traumas se répercutent tout au long de la vie et nous donnent notre forme.

Neil : Un thème ou un motif récurrent que j'ai repéré dans *Euphoria*, c'est les parents absents – pour toutes sortes de raisons. Le père de Rue meurt dans le prologue du pilote ; il sort d'un coup du tableau. Mais en flash-back, on voit que Rue a assisté à la bataille de son père contre le cancer et à son décès. Il y a une scène où son père est cloué au lit à la maison avec une perfusion ; on dirait presque qu'il est à l'hospice. Elle veille sur lui de manière tellement primale. Pendant qu'ils regardent la télé ensemble, il est abruti par les antidouleurs, et elle en profite pour lui piquer ses médicaments. Ils sont tous les deux complètement défoncés, mais ça donne le sentiment qu'ils n'ont jamais été aussi connectés. Elle est son ange de miséricorde. Et ses médicaments à lui sont son ange de miséricorde à elle. Quand elle prend son père dans ses bras, c'est bouleversant. Le vide immense que laisse cet homme qui l'a tant aimée et qui la rassurait. Après sa mort, quand elle continue à se droguer, on dirait que c'est pour retrouver ce sentiment de proximité qu'elle avait avec son père lors de ses derniers jours. Est-ce que mon interprétation est juste ? Elle a tellement de raisons de se droguer. Mais j'avais l'impression que ça pointait vers quelque chose de très spécifique.

Sam : Oui, je crois que je m'intéresse toujours aux connexions spirituelles étranges, comme s'approcher de la mort en se droguant, et je pense que c'est lié à mes propres expériences d'overdose.

J'ai essayé d'en donner un reflet dans l'épisode final où son père est la seule personne qui puisse vraiment la voir ; dans la vie d'après, il peut la prendre dans ses bras. C'est la réconciliation de la beauté et du soulagement passager que peut offrir la drogue, mélangée avec son danger, et son horreur profonde. C'est juste cette spirale qui ne s'arrête jamais. Quand les médias abordent l'addiction, ils ont tendance à la décrire comme une fuite, une évasion, et parfois c'est exact. Mais parfois je me droguais aussi pour sentir la beauté de la vie. Quand j'étais jeune, c'était le seul moment où je pouvais calmer toutes mes angoisses, mes peurs d'être blessé, et où je pouvais juste être pleinement présent. Je sais que ça peut paraître bizarre, mais ça vous permet, d'une certaine manière, de vous connecter, grâce au calme que ça apporte. Voilà, j'essayais de jouer avec ces idées-là.

Neil : Il y a aussi Suze (Alanna Ubach), la mère célibataire de Cassie, qui est présentée comme une alcoolique inconsciente, mais qui finit par accompagner sa fille à la clinique du Planning Familial après qu'elle est tombée enceinte de son petit ami, Chris McKay (Algee Smith) ; McKay est présenté comme un jeune homme noir intelligent et ambitieux, déterminé à protéger l'avenir de sa carrière universitaire et athlétique prometteuse. J'ai eu l'impression qu'il tenait vraiment à Cassie, tout en l'objectivant et en la traitant de fille facile, comme le fait Nate avec Maddy. Au bout du compte, c'est la mère de Cassie qui est là pour elle comme filet de sécurité. Vous avez ajouté de l'épaisseur à leur relation mère-fille. Peut-être que Suze a été dans la même situation que Cassie dans le passé ? C'est un moment tendre, jamais expliqué, mais traité avec nuance, grâce et fantaisie. C'est aussi bouleversant.

Sam : Je me souviens qu'au début on a reçu beaucoup de critiques de spectateurs plus réactionnaires sur la manière dont ces parents étaient traités comme des losers et des incapables complets. Je pense que toute la série est conçue pour s'attaquer aux préjugés des spectateurs sur les gens. Qu'est-ce que vous ne voyez pas, qu'est-ce que vous ne regardez pas ? Ce que j'aime dans l'histoire de Suze avec Cassie, c'est qu'on voit bien que Suze a un problème d'alcool et n'a pas eu une vie facile. Mais elle tient aussi profondément à sa fille et peut être là pour elle et l'aimer. Les parents sont aussi imparfaits que les enfants. Et ce n'est pas un jugement. Je ne porte aucun jugement. On a tendance à regarder les parents comme s'ils devaient tout être tout le temps, mais ce sont des êtres humains faillibles. Nous le sommes tous.

Neil : La mère de Nate (Jacob Elordi) est une petite souris très périphérique, mais son père, Cal (Eric Dane), fait entièrement partie de la trajectoire de Nate, et il croise même Jules dans l'épisode 1. Les injonctions de Cal à Jules sont particulièrement glaçantes et violentes. C'est clairement un mariage brisé. En même temps, Jules (Hunter Schafer) vit seule avec son père (joué par David Ales), à la suite de ce que j'imagine comme un divorce compliqué d'avec sa mère transphobe. Maddy Perez (Alexa Demie) a un père et une mère, mais c'est clairement un mariage sans amour. Fezco non plus n'a pas de parents ; il s'occupe de sa grand-mère, mais aussi de son petit frère Ashtray (Javon « Wanna » Walton). L'absence de parents peut créer des vides affectifs chez les gens dès le plus jeune âge. Il faut bien remplir ces vides avec quelque chose, c'est sûr, que ce soit le sexe, la drogue, l'adrénaline. Croyez-vous qu'il y ait une corrélation entre la perte, le trauma et l'addiction ?

Sam : Je ne pense pas qu'il y ait de rapport précis de cause à effet pour ce genre de choses. Mais en ce qui concerne ma propre expérience, il se trouve que j'ai aujourd'hui une relation incroyable avec mes deux parents. On a eu quelques moments difficiles quand j'étais jeune pour des raisons évidentes, puisque, pour le dire clairement, j'étais un toxico. Mon père (Barry Levinson, le réalisateur et auteur/producteur télé légendaire) a mis tellement de ses émotions et de ses pensées dans son travail, mais dans la vie il est difficile à cerner. Quand j'étais jeune, j'essayais tout le temps de réconcilier ces deux versions de mon père ; ma mère, elle, est tout le temps dans l'émotion de manière formidable, donc je pense que j'ai eu les deux côtés. Je sentais qu'il y avait une absence, mais il y avait aussi des choses présentes. J'ai pris certains de ces sentiments et les ai transposés en différentes circonstances.

Mes parents sont toujours ensemble et sont très heureux. Je les vois beaucoup. Ils sont comme mes meilleurs amis aujourd'hui. Mais je pense que j'ai joué différentes versions des émotions ou des sentiments liés à cette dynamique, à cette relation. En même temps, j'ai perdu des gens dans ma vie et j'essaye toujours de comprendre ce que signifie l'absence de quelqu'un ; l'absence d'amour, de réconfort, de parentalité. Je voulais concevoir cette série de manière à ce qu'elle représente ça dès le début avec Rue dans la matrice, et puis finalement inverser les choses pour entendre sa mère, Leslie (Nika Williams), exprimer ses espoirs pour sa fille. Tout au long de la série, je voulais passer progressivement à la perspective parentale.

Neil : Cette série n'existerait pas sans les réseaux sociaux, sans l'ubiquité de la technologie. Quand vous voyez la possibilité pour tout le monde de se connecter non seulement à ses amis, mais aussi à des gens vraiment dangereux ; pour ce qui est de l'imperfection des parents, même si nous voulions être ces parents « parfaits » et exemplaires, il est impossible de contrôler ce que font nos enfants quand ils sont connectés 24 heures sur 24 à je ne sais quel influenceur trouvé par hasard.

Sam : Il n'y a pas de guide pour le monde d'aujourd'hui.

Neil : Si on regarde la situation dans laquelle se met Kat Hernández (Barbie Ferreira), ses parents n'en ont aucune idée. Comment pourraient-ils savoir ? C'est très facile pour les jeunes de mener une vie secrète dans leurs chambres une fois la porte fermée.

Sam : Je pense qu'une partie des gens qui critiquent la série le font probablement parce qu'ils refusent d'admettre que leur fils ou leur fille est dans sa chambre, maintenant, peut-être en train de… en train de quoi, ils n'en ont aucune idée.

Neil : J'ai repéré une métaphore dans la série, celle des masques, et pas seulement le costume de chatte dominatrice de Kat, qui est un masque au sens littéral, mais aussi le maquillage (qui a valu à la série de remporter un Emmy). Le masque de Nate est la masculinité toxique qui cache sa crise d'identité sexuelle. Il partage cette honte avec son père.

Sam : Je pense qu'il y a différents degrés entre ce que nous sommes et ce que nous révélons. L'arrogance, l'excès de confiance est, je crois, un masque que je vois et sens souvent, parce que chacun veut présenter une version de soi-même branchée, cool et adaptée aux circonstances. C'est complètement aux antipodes de l'énorme angoisse que nous ressentons tous, je crois, à ce moment précis de l'histoire. C'est extrêmement difficile à tenir quand vous êtes jeune, parce que… que se passe-t-il quand la *persona* que vous avez construite ne correspond pas à la personne que vous êtes ? Comment former un sentiment de soi quand on est coupé en deux ? Ça parle juste de la manière dont la psychologie d'un individu se forme dès le plus jeune âge avec ces nouveaux progrès technologiques et ce que ça fait.

Neil : Je vois aussi la capuche rouge de Rue comme un masque. Elle se cache dessous, elle essaye de couvrir le plus possible d'elle-même avec ses cheveux et sa capuche. Elle souffre toujours d'avoir été rejetée après avoir perdu sa virginité. Son mode par défaut est la honte. Elle ne se sent ni belle ni aimable avant de rencontrer Jules. Dans le moment de grâce du final de la saison 1, tout le monde porte la même capuche rouge, et Rue saute d'une flash mob où tout le monde porte une capuche. Et ça finit comme ça. Que voulez-vous nous faire penser ? Quelle est votre intention ?

Sam : C'est drôle, mais cette fin n'était pas dans la version originale de l'épisode 8. Je me souviens que Julio Perez, qui est le monteur en chef de la série et l'un de mes collaborateurs les plus proches, était venu à la lecture du scénario ; après, il m'a dit : « Je sais pas, mec, ton truc m'a l'air trop propre. Un peu trop bien ficelé. Ça manque de mystère. Ça manque de mysticisme cinématographique. » Alors j'ai imaginé un genre de petite séquence musicale comme une fenêtre qui donne sur le soulagement que la drogue peut apporter. C'est ce dont on parlait tout à l'heure, où c'est à la fois le soulagement et une espèce d'horreur. En même temps, une partie de moi n'était pas sûre de vouloir faire une autre saison de télévision. Je voulais pouvoir dire : « O.K., bon, c'est le début de la fin de ce personnage, si besoin. » Et juste aussi parce que je ne voulais pas fermer la porte. À la fin elle n'est pas devenue clean. Elle n'est pas morte. La balle est dans son camp maintenant. Je voulais finir là-dessus, juste au cas où.

Neil : J'ai entendu que vous aviez dit à votre directeur artistique et à votre chef opérateur : « Fuck le réalisme. »

Sam : Ouais.

Neil : Et pourtant c'est tellement réaliste quand Rue, à peine sortie de désintox, va immédiatement s'acheter de la drogue, ou à la fin, quand sa mère constate qu'elle est clean… et dès qu'elle se retrouve seule, elle sniffe à nouveau une ligne de poudre blanche. C'est une description tellement réaliste de l'addiction. Mais simultanément, il y a des séquences qui ne sont pas réalistes du tout et très augmentées. Comment dosez-vous l'équilibre de ces choses ? Quel est votre baromètre créatif ?

Sam : Je crois qu'une des choses qui m'intéressaient le plus était de créer un *réalisme émotionnel.* C'est ce qui est constant et fixé. C'est une droguée. Elle va se comporter comme telle. Et c'est vrai pour presque tous les personnages, quoi qu'il se passe dans leurs vies, on va le traiter avec une vraie sensibilité et sans aller vers des réponses faciles. Et, esthétiquement, on voulait que ça s'exprime visuellement. On voulait quelque chose qui reflète ce réalisme émotionnel, sans être esclaves de la réalité. Je crois que quand vous courez après la réalité dans un film ou une série, ça a des limites. On espérait atteindre plus de vérité.

Neil : Je trouve que vous y êtes parvenus.

Sam : J'étais aussi très sensible à la manière dont beaucoup de séries et de films, dans le passé, ont mis en scène des jeunes avec toujours un côté brut, réaliste, tourné à l'épaule. Je voulais vraiment démarquer notre série de ça. Je voulais tout aborder à partir d'une idée très formaliste, en disant en gros que tout, de la lumière à la production artistique et aux mouvements de caméra de chaque scène, devait être « une interprétation d'une réalité émotionnelle ». J'avais ce résumé d'une page sur moi des « principes de base » de notre série ; quelle lumière et quels filtres utiliser, jusqu'aux détails de réglage de caméra et de tournage.

Je dirais que 98 % de la série est tournée avec une seule optique – un 65 mm – qui, en particulier en grand format, donne presque le sentiment de l'œil humain, pour ne pas finir avec le genre de plans tournés au grand-angle que je trouve parfois ringards. C'est une combinaison bizarre de réalité et de fantasme ou d'imagination totale qui, d'une manière ou d'une autre, se fondent.

Neil : Oui, magnifiquement. Il y a aussi de l'ironie et beaucoup d'humour. Par exemple, quand Rue fait passer des slides en classe, sa présentation sur les pénis… on dirait une parodie de série procédurale policière, comme la formidable série de votre père et de Tom Fontana, *Homicide : Life on the Street.*

Sam : Oui ! L'épisode 7 est à 100 % un hommage à *Homicide* !

Neil : Jules est vraiment le personnage qui sort du lot. Je veux dire, le casting est parfait. Dans les deux premiers épisodes, une grande partie du public n'avait aucune idée que Jules était trans. Pourquoi est-ce important pour vous d'inclure un personnage trans dans votre série ?

Sam : Je dis beaucoup que Rue est très basée sur moi. Mais je pense que c'est vrai aussi de Jules. Sa backstory et son internement en institution psychiatrique sont à 98 % ma backstory. Je pense que le personnage de Jules est aussi une manière de réfléchir sur l'addiction et sur les choix que j'ai faits. Et en grande partie une manière pour moi d'être capable de réfléchir sur ce que je pense de moi-même, de l'identité, et du genre. Comment certaines choses n'ont jamais l'air de fonctionner ; l'impression d'être un peu marginal et comment ça peut vraiment commencer à donner une forme précise à votre sentiment de soi, qu'elle peut être une marginale et sentir qu'elle peut compter là-dessus. Donc, je pense que c'est en partie pour ça. Il y a aussi beaucoup d'espoir dans la créativité que permet cette inadaptation. Ce sont ces idées qui m'excitaient, je pense, et avec lesquelles j'avais envie de travailler.

Neil : Vous montrez également à la fois à parts égales le regard habituellement mâle et le regard féminin beaucoup plus rarement décrit (ou le regard mâle gay). Je n'ai jamais vu autant de pénis dans une série télé. Qu'est-ce qui a motivé cette esthétique et la volonté de montrer ça ?

Sam : Pour ce qui est de Nate et du regard féminin ou du regard gay, j'adore subvertir certains de ces clichés ; l'idée d'un « mec hétéro » qui traverse un vestiaire et qui met toute son énergie à essayer de ne pas regarder les pénis est très drôle. Ça me faisait juste rire. Alors je me suis dit, bon, je me demande si je ne pourrais pas juste, alors qu'il essaye de ne pas regarder les pénis, le faire soudain glisser et regarder les pénis ; cette angoisse gay qu'ont certains hétéros, je trouve ça fascinant. Je me suis dit, O.K., bon, je vais écrire ça et peut-être que HBO va me virer ou peut-être que ça va leur plaire. J'en sais rien. Mais par le passé, ils ont été plutôt cool avec la nudité si on repense à *Oz* (la série culte d'une heure de Tom Fontana). Alors je me suis dit : « Et puis merde, pourquoi ne pas y aller carrément ? Et s'ils me disent "Sam, tu ne peux pas faire ça" ou je ne sais quoi, eh bien, on verra ! » Mais j'en sais rien. Je voulais juste m'éclater et prendre certaines libertés.

Neil : Je pensais aussi au rôle de la honte en rapport avec les drogués et les marginaux. Quand les parents de Jules ont compris qu'elle souffrait d'une dysphorie de genre, ils l'ont humiliée, stigmatisée et internée. Je me demande, même une fois que la mère de Jules ne fait plus partie de sa vie, et que son père a l'air de la soutenir et de l'aimer pour ce qu'elle est, pourquoi elle choisit des comportements auto-destructeurs ? Si ses parents l'avaient acceptée dès le départ et lui avaient dit : « Ma chérie, nous t'aimons quel que soit le genre de ton identité », je me demande si elle se serait mise à la recherche de gens qui la battent et abusent d'elle sexuellement. Jules a recherché les situations dangereuses. Est-ce qu'elle essayait de se punir d'être elle-même ?

Sam : Oui, je pense que c'est probablement en partie pour ça. Je pense qu'il y a aussi cette idée à laquelle je viens un peu plus dans l'épisode 7, aussi. Qu'y a-t-il dans le danger, en particulier quand ça concerne le sexe, qui fait qu'on se sent plus féminin(e) ? Pourquoi est-ce que ça semble vrai à certains moments ? C'est une idée vraiment délicate, et c'est une idée qui peut mettre le feu aux poudres aujourd'hui. Mais c'est juste cette idée que la féminité, d'une certaine façon, équivaut à la fragilité et à la délicatesse. Et je pense que la trajectoire du personnage de Jules porte en partie sur son sentiment de féminité et de pouvoir. Et une question que j'ai très envie d'explorer dans la saison 2, c'est pourquoi les choses qui sont puissantes et bien ancrées ne pourraient pas aussi être féminines ?

Je veux explorer la trajectoire de ce qu'est la féminité, et questionner la féminité elle-même comme but. N'y a-t-il rien au-dessus ? N'y a-t-il pas une idée plus vaste, plus abstraite ? J'ai tendance à penser aux choses comme le genre avec un angle plus philosophique que politique. Et je pense que c'est pour ça que je me retrouve parfois de l'autre côté dans ces débats où les gens sont très en colère contre la série parce qu'ils la regardent toujours à travers cette sorte d'optique politique, qui se demande : alors, qu'est-ce qu'il essaye de dire sur le plan politique ? Peut-être que je n'essaye pas de dire quoi que ce soit de politique. Je ne m'intéresse pas à la politique, mais aux êtres humains. J'essaye de trouver le sens de ce genre d'histoires.

Neil : Vous avez écrit tous les épisodes et les avez presque tous réalisés. Avez-vous une équipe d'écriture ? Avez-vous une writers room ?

Sam : Non.

Neil : C'est très inhabituel pour une série américaine.

Sam : Si c'était une autre série, je pense que je monterais une writers room, mais je ne saurais pas par où commencer ni quoi dire à une pièce pleine d'auteurs. C'est vraiment une angoisse pour moi. Par exemple, si je devais faire face à des gens qui me regardent en me demandant : « Et donc,

Sam, quels sont les moments clés de l'histoire ? Qu'est-ce que tu veux dire dans cet épisode ? », je serais terrifié. Je ne viendrais même pas au bureau.

Pour la saison 2, je me souviens que mon producteur associé, Kevin Turen, me disait : « Faisons d'abord un plan. » Et donc, parce que j'adore parler d'idées, j'ai fait le plan de toute la saison 2. Et puis je me suis assis pour l'écrire et là j'aurais pu littéralement en pleurer chaque jour parce que soudain toute la vie et le côté imprévisible de la chose avaient disparu. Et je pense que la seule manière pour moi de parvenir à écrire une série qui est si personnelle, c'est juste de l'écrire moi-même. Si j'avais une writers room, j'essaierais d'arriver au point suivant de l'intrigue, et c'est le genre de trucs qui étranglent ma manière de faire. J'essaye juste, tous les jours, de ne jamais écrire en sachant où je vais.

8

Point de vue et sous-texte

Il y a beaucoup de manières de raconter une histoire dans une série télé, et chaque approche diffère en fonction de la prémisse et du point de vue (PDV) de votre série.

Donc, commençons par cette question basique : **De qui est-ce l'histoire ?**

Vous avez plusieurs options. Ce qui suit est une présentation de différents types de PDV employés dans les séries dramatiques d'une heure, les sitcoms, et les dramédies d'une demi-heure. Vous remarquerez que ces catégories se recoupent souvent.

Point de vue d'un protagoniste principal unique

Essentiellement utilisé pour montrer l'univers de la série à travers une perspective dominante, ce PDV limité est particulièrement important parce que souvent le personnage principal de la série a quelque chose à cacher. Dans *Dexter* sur Showtime (rebooté fin 2021), Dexter Morgan (Michael C. Hall), le rôle-titre, est un expert médico-légal qui devient la nuit un serial killer justicier. Dans un autre bijou de dramédie bien noire de Showtime, *Nurse Jackie* (2009-2015), Jackie Peyton (Edie Falco) est une mère, une femme et une infirmière super efficace qui travaille aux urgences

– et se trouve aussi être une droguée, qui trompe régulièrement son mari et ment à ses enfants. Dans ces cas, les protagonistes se retrouvent à la fois à manipuler et à vouloir éviter les autres personnages – ce dont nous faisons l'expérience principalement à travers le PDV de Dexter/Jackie.

Dans *La Fabuleuse Madame Maisel* (créée par la showrunneuse Amy Sherman-Palladino pour Amazon Prime), Miriam « Midge » Maisel (Rachel Brosnahan) est une femme au foyer de l'Upper West Side qui mène une double vie secrète de comique de stand-up à New York, autour de 1958, avant la libération de la femme. Son secret ne dure pas sur toute la série, à l'inverse des affrontements avec sa famille et ses détracteurs – et la trajectoire de Midge est de réussir selon ses propres critères et en dépit des autres.

Dans chacun des exemples précédents, le public partage l'intimité du protagoniste, et ses vulnérabilités, tandis que la plupart des autres personnages, sinon tous, n'ont accès qu'à une façade ou à la *persona* du protagoniste plutôt qu'à sa personne et à son désir de révéler ses secrets et ses arrière-pensées.

Un protagoniste principal avec un partenaire principal

Les séries comme *Sherlock* (version anglaise) et *Elementary* (version US), *Breaking Bad* et son préquel *Better Call Saul*, mettent en scène un personnage principal brillant, mais affecté d'un défaut majeur, généralement maladroit en société, misanthrope et/ou privé d'une compétence essentielle – ce qui nécessite l'aide d'un partenaire, que ce soit pour le travail, l'amour, et/ou le crime. Sherlock Holmes (Benedict Cumberbatch) a besoin du Dr. Watson (Martin Freeman) pour l'aider à se débrouiller avec la technologie et pour compenser le « point aveugle » majeur de Sherlock : son manque d'empathie. Sherlock est un expert quand il s'agit de résoudre des énigmes et des mystères, mais il est nul en matière de relations humaines – ce qui est précisément le point fort de Watson. Watson sert aussi de caisse de résonance pour les hypothèses de Sherlock, tout en étant son (seul) véritable ami et confident. Sherlock *a besoin* de Watson, mais a du mal à l'admettre, ce qui nourrit leur *bromance* d'une bonne dose d'humour et de conflit. Walter White (Bryan Cranston) et Jesse Pinkman (Aaron Paul) obéissent à la même dynamique dans *Breaking Bad*.

Dans *Better Call Saul*, le protagoniste Jimmy McGill (Bob Odendirk) invente progressivement et inévitablement son alias, Saul Goodman, mais sa transformation est lourdement influencée par sa partenaire de travail/de crime : sa petite amie Kim Wexler (Rhea Seehorn). Kim est *personnage pivot* (ou agent de changement) dans les dernières saisons de la série, et le cliffhanger à la fin de la saison 5 nous choque et nous surprend autant que Jimmy/Saul quand Kim lui propose le mariage. Sachant que Kim est un personnage qui n'apparaît jamais dans *Breaking Bad*, leur mariage prochain fait monter la tension pour la saison 6, et sa question centrale nous hante déjà : que va-t-il arriver à Kim ?

Personnage principal dominant entouré d'un groupe choral

Les séries suivantes illustrent le principe selon lequel un leader n'est fort que grâce à l'équipe qu'il guide, rabroue, encourage et inspire.

Dans *Scandal* de Shonda Rhimes, Olivia Pope (Kerry Washington) est belle, hyper intelligente, experte en relations publiques et en *damage control*. La meilleure dans son domaine – pleine d'astuce et de charme, toujours vêtue à la perfection –, elle est comme un poisson dans l'eau de la politique et jouit d'une réputation impeccable. Mais derrière ces apparences, c'est aussi une dingue du micromanagement, dont la vie personnelle est en général sujette au chaos. Olivia a un instinct politique très sûr, sait comment jouer le jeu du pouvoir à Washington, et perd très rarement parce que son équipe est un groupe d'élite de spécialistes. Ce qui rend Olivia si bonne dans son travail, c'est qu'elle sait qu'elle peut faire entière confiance à son équipe, constituée exclusivement d' « oiseaux tombés du nid » – repérés, secourus et entraînés par Olivia. Elle leur a véritablement sauvé la vie, et aujourd'hui il n'y a rien qu'ils ne soient prêts à faire pour protéger et servir leur patronne.

Sex and the City, *Girls* et *Entourage* sont tous centrés sur un protagoniste principal (respectivement Carrie, Hannah, Vince) et ses trois meilleur(e)s ami(e)s (les trois séries datent d'une époque où le casting d'un groupe choral était exclusivement blanc). Tandis que *Sex and the City* et *Entourage* incarnaient New York et Los Angeles dans leurs excès de ruse et de matérialisme, *Girls* tournait autour de quatre amies se débattant avec leurs carrières et leurs vies amoureuses.

Ce qui différencie ces séries de pures dramédies chorales est la prédominance du PDV de leur personnage principal. *Sex and the City* commence et finit par la chronique de Carrie pour son journal, lue en voix off et établissant le thème de chaque épisode. *Girls* parle d'Hannah (Lena Dunham, la créatrice/showrunneuse de la série) et de ses amies. Et tandis qu'on suit Marnie (Allison Williams), assistante dans une galerie d'art, et les cousines Jessa (Jemima Kirke) et Shoshanna (Zosia Mamet) dans leurs intrigues séparées, Hannah est le nexus de la série. Chacune raconte tout à Hannah, et la série parle autant de la manière dont leurs vies impactent le narcissisme d'Hannah que de leurs histoires individuelles.

Narration en voix off comme commentaire permanent de l'action

Ce moyen est utilisé en général pour élargir la perspective et placer les événements dans un contexte thématique ou ironique. À utiliser avec parcimonie, et jamais pour raconter quelque chose que nous pouvons voir nous-mêmes, mais plutôt en contrepoint, ironiquement ou pour le sous-texte. Attention à la V.O.I. : Voix Off Inutile. Je pense à la voix off du pilote d'*Outlander* (Starz), avec toutes mes excuses au virtuose Ronald D. Moore.

Dans le pilote de *Grey's Anatomy*, « A Hard Day's Night » (« 48 heures »), également créé par Shonda Rhimes, on nous présente le personnage principal qui domine l'ensemble, Meredith Grey (Ellen Pompeo). On sait qu'elle est le personnage principal parce que son nom est « Grey », parce que l'épisode commence et finit sur elle, et que c'est sa voix qu'on entend dès le début… où on la voit également essayer de rentrer chez elle aussi élégamment que possible après une rencontre d'un soir avec un bel homme, plus ou moins inconnu – qui se révèle plus tard être son chef.

Tandis que le pilote se déroule, Meredith commence son internat au Grace Hospital de Seattle. Elle rencontre ses collègues internes : Cristina la perfectionniste sans pitié (Sandra Oh), George l'introverti (T.R. Knight), Izzie l'ex-mannequin (Katherine Heigl), et l'arrogant Lothario Alex (Justin Chambers). Dans la saison 1, la série se concentre essentiellement sur Meredith. Toutefois, au fur et à mesure, d'autres personnage récurrents sont devenus plus populaires (certains ont quitté la série pour continuer de s'accomplir ailleurs), Meredith a perdu sa prééminence pour rentrer dans le rang du groupe, à égalité avec les autres.

Dans *Dexter*, la narration en voix off de Dexter est cruciale pour nous faire comprendre ses motifs. Nous voyons de nos propres yeux qui, comment, quand et où il tue. Mais c'est l'articulation de sa psychologie intérieure en voix off qui nous permet de saisir le pourquoi. La voix off maintient le spectateur à l'intérieur de la tête de Dexter et essaye de nous réconcilier avec la violence de ses actes. Sa voix sans émotion nous berce et nous implique. Et, même si sa folie meurtrière nous dégoûte, nous continuons encore et encore à regarder – parce que même si Dexter est un monstre, c'est un monstre *bien-intentionné.* C'est aussi le cas avec les voix off de *La Chronique des Brigerton, Euphoria, Bigger* et *Mr. Robot.*

Point de vue double

Un autre point de vue possible est le point de vue double – ce que *Dead to Me* réussit admirablement en restreignant le PDV et en cachant ce qui est vrai non seulement au public, mais aussi entre les deux personnages principaux Jen Harding (Christina Applegate) et Judy Hale (Linda Cardellini). Notre perspective change d'un épisode à l'autre au fur et à mesure que l'information nous est révélée (activement dévoilée/découverte). Tandis que l'intrigue s'épaissit de plus en plus, le chaos de la comédie l'emporte. Cf. mon interview avec Liz Feldman, la créatrice/showrunneuse de la série à la fin de ce chapitre.

Dans *Hacks,* le numéro de stand-up de la comédienne légendaire et vieillissante Deborah Vance (Jean Smart) est devenu périmé, et son agent pleine de peps lui impose de travailler avec une de ses clientes prometteuses qui a la vingtaine, vit à Los Angeles, et écrit de la comédie – Ava (Hannah Einbinder) – pour lui permettre de rester dans le coup. La survie du show qu'elle donne depuis une éternité dans un hôtel de Las Vegas (plus de 2500 représentations) en dépend. Elle-même en proie à un trou d'air dans sa carrière causé par une gaffe sur Twitter, Ava a été carrément blacklistée et « cancelled » d'Hollywood (et de New York). L'essentiel dans cette association est leur répugnance mutuelle à travailler de concert, bien qu'elles soient métaphoriquement « menottées » ensemble. Comme la plupart des couples improbables, elles sont piégées par leurs situations respectives, et les conséquences qu'aurait un « divorce » les obligent à trouver un moyen de faire fonctionner leur collaboration.

Dans *Falcon et le Soldat de l'hiver*, les points de vue sont partagés entre Falcon, alias Sam Wilson (Anthony Mackie), et le Soldat de l'hiver, alias Bucky Barnes (Sebastian Stan). Petit rappel : le retour de Falcon se situe après le claquement de doigts de Thanos qui a fait disparaître la moitié de la population terrestre lors du « Blip », et le claquement de doigts de Bruce Banner qui l'a ramenée. Sam rentre chez lui et est traité comme un civil (plutôt que comme un Avenger disparu depuis cinq ans). Tout du long, il doit se débrouiller avec sa situation de Noir endossant le rôle de super-héros de l'Amérique (Captain America). Bucky cherche à surmonter son syndrome post-traumatique en suivant une thérapie. Son trauma a été provoqué par ses années de tueur manipulé par contrôle mental. Maintenant qu'il a retrouvé son libre-arbitre, il cherche la guérison et l'absolution. Le PDV partagé nous permet de voir les points aveugles de chacun des deux et les moments de doute à travers les yeux de l'autre, ce qui, finalement, les rapproche l'un de l'autre.

Dans *Poupée russe*, la comédie existentielle et sombre de Netflix, Nadia (Natasha Lyonne) et Alan (Charlie Barnett) sont les personnages au point de vue double qui affrontent les traumas refoulés qu'ils ont passé toute leur vie à fuir. Et ceci, tout en revivant le même jour encore et encore, comme dans *Un jour sans fin*. Les vies de Nadia et Alan ne se rencontrent pas du fait de l'intrigue, mais via la physique quantique. La tâche d'Alan est de pardonner à sa petite amie Béatrice (Dascha Polanco) de l'avoir rejeté. Celle de Nadia est de faire le deuil de sa mère, Lenora Vulvokov (jouée par Chloë Sevigny dans les flash-back) et de dire adieu à sa culpabilité indéfectible ; Nadia s'en veut encore du suicide de sa mère. Tandis que ces deux personnages révèlent les strates de leurs trajectoires individuelles, ils doivent à présent mettre ce qu'ils ont appris à l'épreuve en se sauvant réciproquement la vie – mettant ainsi un terme à leur boucle morbide apparemment sans fin.

Les points de vue doubles sont presque toujours améliorés et augmentés quand chacun des protagonistes a des opinions, des valeurs, et des perspectives différentes, en même temps que des forces et faiblesses symbiotiques et complémentaires. L'idée de base derrière cette théorie est que si vous mettez ensemble deux personnes incomplètes, vous obtenez un individu entier, achevé. À voir aussi : *Insecure* (HBO).

Groupe choral/points de vue multiples

Dans *Bienvenue à Schitt's Creek*, les membres de la famille Rose emménagent dans une petite ville (Schitt's Creek) pour reconstruire leur vie après avoir tout perdu. Nous suivons les points de vue de tous les membres de la famille Rose, y compris Johnny Rose (Eugene Levy), Moira (Catherine O'Hara) sa femme et ex-actrice de *soap*, et leurs enfants adultes gâtés David (Dan Levy) et Alexis (Annie Murphy), tandis qu'ils se remettent de leurs pertes matérielles récentes tout en essayant de se trouver et de se retrouver les uns les autres en même temps.

Dans les séries chorales, plusieurs personnages peuvent intervenir dans la même histoire A, B ou C. Il peut y avoir beaucoup de croisements. Voyez aussi *Succession, Shtisel, Game of Thrones, La Chronique des Bridgerton, Gomorra, Shameless, Babylon Berlin, Downton Abbey, The Walking Dead, The Wire, Six Feet Under, We Are Who We Are, Dix pour cent.*

Mondes parallèles ou multiples

This Is Us est un univers kaléidoscopique d'histoires et de points de vue de personnages. Même si la série se focalise pour commencer sur les vies de la cellule familiale des Pearson, à son apogée, elle suit les vies sur quatre générations de la famille Pearson, dérivant souvent vers les histoires de la famille étendue, des amis de la famille, et d'étrangers.

Dans *WandaVision*, il y a des réalités multiples (ou multivers) séparées par un champ de force magique contrôlé par Wanda. À l'intérieur de la bulle de sa version fantasmée de la ville de Westview dans le New Jersey, Wanda crée une version magique de la vie avec son mari, qui se manifeste sous la forme d'une série de sitcoms familiales idylliques. Hors des confins de Westview, il y a la vraie réalité où le S.W.O.R.D. (l'agence sœur du S.H.I.E.L.D.) essaye de faire éclater la bulle de Wanda.

Dans *Unorthodox*, la vie de règles et de contraintes que menait Esty Shapiro (Shira Haas) en tant que membre d'une communauté juive orthodoxe hassidique à Brooklyn forme un terrible contraste avec la vie de liberté qu'elle mène dans une académie de musique à Berlin après avoir fui New York. Bien que les deux réalités existent et se déroulent en parallèle, la seule chose qu'elles paraissent avoir en commun, c'est Esty elle-même.

Temporalités parallèles, usage sporadique ou permanent de flash-back pour informer sur l'action présente

The Americans, Orange Is the New Black, Lupin, Euphoria, True Detective, Better Call Saul et *Lost* en sont des exemples. Le but principal des flash-back est d'informer sur les dilemmes du temps présent ou de donner la clé d'un mystère central. On peut aussi s'en servir pour fournir du sous-texte.

Dans *Outlander*, les lignes temporelles se déploient sur des durées très longues et panoramiques, avec des flash-back qui relient l'histoire d'amour littéralement sans âge de Claire Fraser (Caitríona Balfe) et Jaime Fraser (Sam Heughan). Leur amour, leurs vies, et leur famille qui grandit sont transformés par leurs aventures et leurs sauts temporels à travers des moments clés de l'histoire dans l'ancienne Europe occidentale, les Caraïbes et les États-Unis.

Dans *Le Jeu de la dame*, les flash-back sont employés pour faire la lumière sur la backstory de Beth Harmon (Anya Taylor-Joy), en particulier ses années de formation passées dans un orphelinat – ce qui nous donne un éclairage fondamental pour la compréhension du comportement présent et de la vision du monde du personnage.

Dans *Watchmen*, les flash-back apportent des révélations, aussi bien des informations sur les personnages que sur la construction de cet univers dans un contexte historique. Le flash-back/saut temporel le plus révélateur se produit quand l'inspectrice Angela Abar (Regina King) s'avale toute une bouteille de « pilules de nostalgie » qui contiennent les souvenirs de son grand-père. Le flash-back/trip révèle ses années de jeunesse dans une extraordinaire séquence – vue à la fois du point de vue de Will Reeve (son grand-père, joué par Louis Gossett Jr.) et du sien.

Point de vue subjectif ou objectif

Exemples de point de vue subjectif : *Mr. Robot, The Flight Attendant, Le Jeu de la dame, Atlanta et Fleabag*. La saison 3 de *The Sinner*, avec Matt Bomer dans le rôle du professeur Jamie Burns, nous montre la manifestation physique de sa culpabilité, le fantôme de la victime qu'il a assassinée.

Dans *Les experts*, on montre au public le « plan les experts » (« CSI shot »), un très gros plan de police scientifique, que ce soit un coup de feu, un cheveu, ou une blessure – une preuve vue de manière complètement objective. *Hannibal* (NBC) utilise une sorte de prémonition pour son enquêteur spécial du FBI (un profiler de tueurs en série doué, atteint d'autisme), Will Graham (Hugh Dancy). Quand il arrive sur une scène de crime récente, Will cherche à comprendre et à entrer en empathie avec l'assassin en imaginant (via une reconstruction visuelle) comment lui (Will) aurait commis le même crime.

Dans la saison 1 de *David Makes Man* (sur OWN), on suit le point de vue de David (Akili McDowell), un adolescent prodige qui se démène face aux pressions de ses deux vies parallèles : sa vie à la maison, où sa mère l'élève seule dans un HLM du sud de la Floride, et celle qu'il mène dans le lycée d'excellence qu'il rejoint après un long trajet en transports en commun. On est immédiatement dans le secret des deux mondes, intérieur et extérieur, de David. On apprend que Sky (Isaiah Johnson), le personnage mystérieux auquel il parle et dont il suit souvent les avis, est en réalité une création de son imagination, un produit dérivé du chagrin d'avoir perdu son mentor/sa figure paternelle. On découvre plus tard que Sky a été assassiné. En plus, les pensées intérieures de David sont parfois présentées sous la forme d'un moi fracturé, où les différents aspects de sa personnalité sont à la fois incarnés et en conflit. Comme David est le centre de ces deux espaces, interne et externe, son point de vue est subjectif puisqu'il est enfermé dans sa propre perspective.

Dans l'épisode pilote de *The Flight Attendant*, Cassandra « Cassie » Bowden (Kaley Cuoco), l'héroïne, se réveille près d'un cadavre après une rencontre d'un soir à Bangkok, sans aucun souvenir de ce qui s'est passé et aucune idée ou indice sur sa responsabilité dans cette mort. L'histoire A est toujours la quête pour résoudre la question centrale – est-ce que Cassie a tué Alex Sokolov (Michiel Huisman) ? Quand toutes les preuves l'accuseront, sera-t-elle capable d'échapper à l'arrestation en parvenant d'une manière ou d'une autre à s'exonérer de ce crime ? Les souvenirs de Cassie sont incertains et fragmentés. Sa mémoire n'est pas fiable et les flash-back des moments avec Alex (appelons ça l'espace-temps des limbes) fournissent commentaire et contexte pour essayer de reconstituer ce qui a pu se passer. Cerise sur le gâteau, c'est une alcoolique habituée aux black-out. On ne sait pas si on peut se fier à elle ou à sa mémoire, et c'est l'ancrage dans ce point de vue confus qui rend la série si excitante.

Bien que le point de vue de Cassie soit celui qui domine, on expérimente un autre point de vue dans l'histoire B, où les agents du FBI Kim Hammond (Merle Dandridge) et Van White (Nolan Gerard Funk) enquêtent pour résoudre le mystère. Pour le public, une tension supplémentaire vient du désir de savoir lequel de ces points de vue découvrira la vérité – est-ce Cassie ou bien le FBI qui y parviendra en premier ?

Extérioriser le point de vue

Une fois que vous avez établie le(s) PDV(s) dominant(s), le défi suivant pour les auteurs est comment faire pour extérioriser la psychologie interne à travers l'action, le sous-texte et les outils ou les « trucs » narratifs.

Le commentaire documentaire/interview

The Office comme *Modern Family* utilisent la méthode du commentaire documentaire, probablement liée au succès de la télé-réalité. Ce genre de narration offre deux avantages : d'abord, ça permet aux spectateurs de voir les personnages « capturés » à des moments où ils ne savent pas qu'ils sont filmés, ce qui donne l'impression de saisir leur vérité ; ensuite, ça offre un contrepoint important aux « interviews » des personnages, où ils révèlent ce qu'ils *veulent* qu'on pense d'eux.

Point de vue omniscient

Dans *Desperate Housewives*, c'est une morte, Mary Alice Young (Brenda Strong), qui raconte l'histoire, une morte qui sait tout ce qui se passe à Wisteria Lane. À voir aussi : *Gossip Girl* (racontée par Kristen Bell), *Riverdale* (racontée par Jughead, joué par Cole Sprouse), et *La Chronique des Bridgerton* (racontée par Julie Andrews, la mystérieuse Lady Whistledown de la saison 1).

Dans *Euphoria*, Rue (Zendaya), en narratrice omnisciente, nous éclaire sur différents personnages tout en nous attirant dans son monde. Dans le pilote elle reconnaît être une narratrice douteuse. Rue guide les spectateurs dans sa vie sociale de lycéenne, ses relations, et ses problèmes d'addiction. De son point de vue, il est souvent difficile de discerner ce qui est vrai de ce qui est influencé par la prise de drogue et la dépression. Cf. mon interview avec Sam Levinson, l'adaptateur/créateur/showrunner au chapitre 7.

Dans *Mr. Robot*, Elliot (Rami Malek) parle au spectateur de manière personnelle (il nous accueille même avec un : « Salut, l'ami »), et nous donne un aperçu du flux de conscience dans sa tête. L'inconvénient – et c'est quelque chose qu'on découvre avec le temps – est qu'on ne peut pas totalement lui faire confiance. Elliot souffre d'un trouble dissociatif de l'identité et est dépendant à la morphine. C'est un narrateur douteux, qui nous cache des choses, et ment, à nous les spectateurs, et apparemment à lui-même. Pour couronner le tout, la manière dont il perçoit la réalité embrume notre perception de la vérité. Dans la saison 4 de *Mr. Robot*, la voix off ne vient plus d'Elliot, mais de son alter ego, Mr. Robot.

La Servante écarlate est racontée par June/Offred (Elizabeth Moss) – une servante captive qui s'est résignée à survivre à la théocratie oppressive et patriarcale de la République fictive de Gilead. Elle est la voix des impuissants de la société, qui expose les rouages sociopolitiques de cet État dystopique. Sa voix off, désabusée et ironique, apporte une touche de légèreté et même d'humour aux horreurs de Gilead. Voyez le cliffhanger de la saison 4, qui atteint un point limite et renverse la dynamique du pouvoir à Gilead. Le point de vue de la saison est absolument changé par la rage sans freins, la libération et la catharsis des femmes, puisque June refuse de garder le silence et de continuer à obéir plus longtemps.

Narrateur parlant depuis le futur comme voix off se retournant sur le passé pour l'observer

Dans *How I Met Your Mother*, la série est racontée depuis le futur par un homme, Ted, qui revisite sa vie, et raconte explicitement à ses enfants (et à nous) « Comment j'ai rencontré votre mère » (« How I Met Your Mother »). Raconté par Ted en voix off par Bob Saget, mais incarné dans le « temps présent » par Josh Radnor, le dispositif permet au public d'entendre la sagesse gagnée après coup, tout en expérimentant simultanément l'événement lui-même.

The Wonder Years, (*Les Années coup de cœur*) sur ABC de 1988 à 1994, et qui a été rebootée par le showrunner Lee Daniels (*Empire*) pour ABC en 2021, est célèbre pour avoir utilisé ce dispositif narratif pour raconter l'histoire d'un homme (Daniel Stern) se retournant avec nostalgie sur son passage à l'âge adulte à la fin des années 60. Le reboot est centré sur une famille noire en Alabama dans les années 60.

Jouer avec le temps

Watchmen, qui se situe 34 ans après les événements de la bande dessinée (d'Alan Moore et Dave Gibbons), fait des sauts dans le temps non seulement au niveau de la série, mais aussi à l'intérieur des épisodes. Par exemple, le pilote, « C'est l'été et nous sommes à court de glace », commence en 1921 avec le massacre de Tulsa puis nous transporte dans le temps présent (ou plutôt dans un temps présent radicalement dystopique).

L'épisode 8, « Un Dieu rentre dans Abar », explore la relation complexe entre Angela Abar (Regina King) et Calvin « Cal » Abar, alias Dr. Manhattan (Yahya Abdul-Mateen II). Dans cet épisode, le temps – cette force de la nature pittoresque vue dans les épisodes précédents – n'est pas simplement plié, mais détruit à volonté par le Dr. Manhattan. Il n'y a aucun endroit, espace ou époque que le Dr. Manhattan ne soit pas capable d'occuper simultanément. C'est à travers son omniscience et son omnipotence que le public lui-même devient comme un dieu. À la fin, le Dr. Manhattan renonce à son omnipotence, et transfère son pouvoir à la personne qu'il estime la plus capable de veiller au futur de l'humanité : Angela. La question de savoir si Angela elle-même devient comme un dieu ou une déesse n'est pas réglée. Peut-elle marcher sur l'eau ? À mon sens, c'est une fin parfaite dans son ambiguïté. Voyez aussi *Loki* sur Disney+.

Sous-texte

Le sous-texte est ce qui est communiqué sans paroles et exprimé par l'intonation, les expressions du visage, et le langage corporel. Comme nous le savons tous, ce que les gens disent et ce qu'ils veulent dire sont souvent diamétralement opposés. Comme Aristote l'a si bien exprimé il y a plus de 2000 ans : **les personnages sont définis par leurs actions**, pas par ce qu'ils disent, mais plutôt par ce qu'ils font – et pourquoi. Si on pense à la technologie, voyez comme les textos et les mails peuvent être mal interprétés. Si les malentendus sont des gisements de tension dramatique, alors le sous-texte nous indique quand quelque chose a l'air inauthentique ou hypocrite. La plupart du temps le sous-texte dément ce qui est dit. On pourrait se demander, à nous, aussi bien qu'à nos personnages, pourquoi il est si difficile à des êtres humains de dire la vérité ? Eh bien, la honte. La peur de la déconnexion et/ou du rejet. Dans d'autres cas, nous avons peur de blesser quelqu'un. Le plus souvent, il paraît plus facile d'adoucir la vérité – ce qui complique souvent les choses et les empire. Avoir des conversations inconfortables est un élément indissociable de l'authenticité. Mais, comme nous l'avons exploré dans le chapitre 7, être authentique est une lutte constante pour la plupart des personnages. C'est un élément de leur trajectoire, de leur arc vers la liberté d'être soi. « Tu n'as qu'à faire toi » est un sentiment agréable, mais est plus facile à dire qu'à faire (et même quand c'est dit, il est possible que ce ne soit pas la vérité). Les relations, en particulier amoureuses, sont compliquées.

Quand il s'agit de mettre au point des scènes excitantes avec de la nuance dans les dialogues (grâce au sous-texte), je garde quelques mantras à portée de main.

L'information, c'est du pouvoir. La question n'est pas seulement qui fait quoi et quand, mais qui *sait* quoi et quand.

Dans *Ted Lasso*, le petit entraîneur d'une équipe de football américain de Whichita dans le Texas, Ted (Jason Sudeikis), va devoir entraîner une équipe de foot anglaise. Il a été recruté par la propriétaire du club Rebecca Welton (Hannah Waddingham), dans le but de le voir échouer. Nous, les spectateurs, connaissons l'arrière-pensée de Rebecca, mais pas Ted. Mais, bien que sachant ça, on se sent impliqués parce qu'on veut savoir comment l'optimisme de Ted va triompher (ou pas) de l'environnement toxique dans lequel il débarque.

Savoir qui contrôle la dissémination de l'information est aussi important.

Dans *The Night Of*, Nasir Khan (Riz Ahmed) emprunte un taxi pour raccompagner chez elle une belle femme mystérieuse. Après une nuit d'excès, de drogue et d'alcool, Nasir se réveille et découvre le cadavre de cette femme ensanglanté. Il a perdu connaissance assis à une table. Il trouve son corps (couvert de coups de couteau) à l'étage dans son lit – incapable de savoir s'il l'a tuée ou pas. Nous, les spectateurs, en savons autant ou aussi peu que Nasir, mais nous avons envie de savoir ce qui s'est passé parce que, tout comme Cassie dans *The Flight Attendant*, nous savons que nous ne pouvons pas faire totalement confiance à Nasir du fait de son trou de mémoire dû à la drogue. Pendant son procès, quand la procureure l'interroge sur cette nuit et lui demande de but en blanc s'il a tué cette femme, Nasir répond honnêtement : « Je ne sais pas. »

J'adore également cette phrase de Sara Wikler, experte en analyse de scénario et script doctor :

« **Le public est innocent, mais pas naïf.** »

C'est vrai, avec l'évolution de la télé, les spectateurs sont devenus plus sophistiqués que jamais – et c'est pourquoi quand vous créez des personnages et que vous écrivez des dialogues, il est important de ne pas oublier que tous les personnages ne sont pas clairs à 100 % sur ce qu'ils ressentent. En fait, c'est toujours bien plus authentique si un personnage se comporte d'une manière antithétique à ce qu'il ressent vraiment. Dans le final de la saison 1 de *Succession*, quand Shiv Roy (Sarah Snook) – le soir de leur nuit de noces – dit à Tom Wambsgams (Matthew Macfadyen) qu'elle l'a trompé et aimerait que leur mariage soit libre, Tom est effondré, mais le cache bien et paraît même acquiescer, malgré son chagrin et son désaccord profond avec Shiv.

Sara Wikler a aussi une théorie brillante sur la manière dont chaque scène d'un film (ou d'une série) peut être écrite et analysée en utilisant la méthode des « 4 regards », chacun correspondant à un PDV.

1. Comment le protagoniste se voit lui-même ?
2. Comment les autres personnages voient le protagoniste ?
3. Comment le protagoniste voit les autres personnages ?
4. Comment le spectateur expérimente 1, 2 et 3 ?

Tous les êtres humains ont trois vies : publique, privée, et secrète.

– Gabriel García Márquez, prix Nobel de littérature, *Cent ans de solitude, L'amour au temps du choléra,* **entre beaucoup d'autres.**

Dans l'épisode 9 de *Normal People*, Marianne (Daisy Edgar-Jones) essaye de rompre avec son nouveau petit ami, un photographe, alors qu'elle étudie à l'étranger en Suède. Le garçon, Lukas (Lancelot Ncube), qui au départ la traite avec respect, est pris de court et avoue à quel point elle lui plaît vraiment. Mais Marianne lui dit qu'elle ne veut pas entendre qu'elle lui plaît. En fait, elle veut exactement le contraire. Mais la vérité, c'est qu'elle ne veut pas d'une autre relation brutale. Ce qu'elle a vécu avec son ex-petit ami de Trinity College, Jamie (Fionn O'Shea), lui a suffi. Elle ne veut pas non plus d'une relation sadomasochiste, et c'est pourquoi elle arrête finalement de voir Lukas.

Ce qu'elle veut, c'est vivre une relation saine avec Connell (Paul Mescal), mais ça l'effraye aussi – et c'est pourquoi elle est coincée dans un schéma de relations brutales (afin que sa réalité extérieure corresponde à son estime de soi très basse). Le sous-texte dans les montagnes russes émotionnelles de l'histoire d'amour entre Marianne et Connell repose sur la honte mutuelle. Sa honte à lui repose sur la classe sociale, sa mère étant la femme de ménage de la famille de Marianne. La honte de Marianne, c'est de ne jamais se sentir suffisamment belle ou intelligente. Le sous-texte est la terreur qui sous-tend chaque scène d'intimité. Ils veulent « bien aller » ensemble, mais les circonstances extérieures et leurs démons intérieurs conspirent pour les empêcher de se réunir.

Fleabag, qui est dans son intégralité une masterclass sur le sous-texte, est la trajectoire d'une femme que son chagrin refoulé pousse à des conduites auto-destructrices. La strate la plus profonde, ou la blessure qui guide toutes ses pensées et tous ses actes, est le chagrin, et il faut attendre presque la fin de la saison 1 pour connaître toutes les strates, et découvrir la vérité. Dans l'épisode 1 de la saison 2 de *Fleabag*, Fleabag (Phoebe Waller-Bridge) assiste à un dîner de famille très inconfortable pour célébrer les fiançailles de son père avec sa belle-mère (Olivia Colman). Au cours du dîner, tous les conflits jusqu'ici évités par les personnages reviennent à la surface.

À différents niveaux de sous-texte, on trouve : le dédain de Fleabag pour sa belle-mère autoritaire et hypocrite ; sa relation compliquée avec sa sœur Claire (Sian Clifford) ; une fausse couche qui arrive à Claire dans les toilettes – que Fleabag endosse à sa place ; le mépris de Fleabag pour son beau-frère odieux et fourbe Martin (Brett Gelman) ; l'attraction latente entre Fleabag et le « prêtre sexy » (Andrew Scott).

À leur première rencontre, Fleabag lui demande en flirtant : « Vous êtes vraiment prêtre ? » C'est une question légitime, puisqu'elle indique aussi au public (donc en brisant le quatrième mur), que c'est un « prêtre cool, qui dit des gros mots ». Sa réponse est chargée de sous-texte : il est troublé, attiré, perturbé et a du mal à la regarder dans les yeux. Fleabag le remarque, tout comme nous. Les apartés ironiques de Fleabag nous disent quoi penser, et elle est très, très observatrice.

Le point de vue impacte le dialogue en projetant le passé sur le moment présent.

Qui dit quoi à qui, et pourquoi ? Dans bien des situations, les gens ont un but caché ou quelque arrière-pensée. Un de mes mentors m'a fait partager un jour sa théorie pleine de sagesse selon laquelle nous nous comportons tous différemment en fonction de la personne avec laquelle nous interagissons – et du contexte. L'idée est que les gens sont capables d'être poètes (idéalistes, romantiques, optimistes), cyniques (critiques, juges, pessimistes), ou voleurs (manipulateurs, parasites, trompeurs), mais nous alternons d'un rôle à l'autre selon la situation et de manière transactionnelle.

Le sous-texte exprime ce qui n'est pas dit, mais est implicite.

Le sous-texte s'exprime d'abord à travers le langage corporel, les expressions du visage, l'intonation et/ou les silences bizarres. Peu importe votre capacité à écrire du bon dialogue, n'oubliez pas la valeur profonde du silence.

INTERVIEW : Liz Feldman, *Dead to Me* (Netflix), sur qui sait quoi quand

Cette interview a eu lieu le 28 mai 2020.

Neil : Est-ce que vous vous considérez plus comme une Jen (Christina Applegate), ou plus comme une Judy (Linda Cardellini), ou un peu des deux ?

Liz : [Rire.] Au tout début, quand j'ai créé la série et que je la pitchais et que je la développais, je ne me disais pas que j'étais Jen ou Judy. En fait, je me disais même que pour la première fois je n'écrivais pas quelque chose d'autobiographique. Dans les pilotes et séries précédents, le personnage principal est presque toujours une version de moi, et je me suis dit pour la première fois : « Oh ! là c'est différent. C'est un vrai changement.

Je crée vraiment deux personnages qui amalgament des femmes que je connais et que j'aime, mais qui ne sont pas spécifiquement moi. » Jusqu'à ce que je sois au milieu de l'écriture du pilote et que j'en prenne conscience : *les deux* sont moi. Jen et Judy représentent la dualité. Aux yeux de beaucoup, je suis une femme forte, dure, déterminée, et directe. Et il y a une autre partie de moi très différente qui est incroyablement aimante, qui suit son cœur, veut toujours être gentille et qui aime bien les trucs un peu perchés comme l'astrologie, les guérisseurs et tout ça. Donc elles sont vraiment ma dualité. Elles sont ma dichotomie.

Neil : Ce que je retiens de la série, c'est que, essentiellement, elle parle de pardon et de rédemption. Mais c'est aussi une histoire d'amour. Ces deux femmes sont faites l'une pour l'autre, même si c'est platonique. D'où ça vient ? Comment avez-vous eu l'idée ? Est-ce que vous avez renversé quelqu'un en voiture ?

Liz : [Rire.] Non, je pense que la vérité, c'est que j'avais une réunion de pitch prévue quelques jours après une des pires semaines de ma vie. Le jour de mes 40 ans, mon cousin est mort brutalement d'une crise cardiaque. Il avait 50 ans. Voilà, c'était mon 40e anniversaire. À l'époque, j'essayais de tomber enceinte depuis cinq ans. Je prenais des hormones, c'était un moment vraiment difficile. Et le lendemain de mon anniversaire et de la mort de mon cousin, ma meilleure amie m'a dit qu'elle était enceinte.

Je suis rentrée chez moi à New York pour l'enterrement de mon cousin. J'ai appris des trucs vraiment dingues sur ma famille. Le lendemain de l'enterrement, j'ai déjeuné avec mon autre meilleure amie, et elle aussi m'a dit qu'*elle* était enceinte. Le lendemain j'ai appris que moi *je n'étais pas enceinte*. Et je ne savais même plus combien de fois j'avais entendu cette phrase. C'était vraiment un moment de creux dans ma vie, et j'avais cette réunion de pitch que j'aurais normalement annulée parce que je n'avais rien à pitcher. Mais mon agent a insisté : « Non, c'est eux (les producteurs) qui ont une idée à te pitcher. Ils veulent juste discuter avec des auteurs et voir si le courant passe avec toi. Tu n'as vraiment rien à faire. Tu dois juste y aller. » Je me suis dit : « O.K., c'est dans mes cordes. »

J'y suis allée en étant vraiment très mal, très triste, je me suis assise et la première chose qu'ils m'ont dite, c'est littéralement : « On n'en peut plus de nos idées. Vous n'en auriez pas une ? » Et je n'en avais vraiment pas. Pas à la manière habituelle dont les auteurs (on a toujours quelque chose sous le coude) sont censés avoir préparé. Là je n'avais vraiment rien. Rien du tout.

La seule raison pour laquelle j'étais vraiment allée à cette réunion, c'est qu'ils cherchaient à créer une série pour deux femmes. Et puis soudain – comme si ça m'était venu de l'éther, de nulle part – j'ai dit : « Une des deux est veuve et rencontre l'autre dans un groupe de soutien pour le deuil, sauf que son mec n'est pas mort, il l'a juste plaquée. » Je n'avais jamais eu cette idée dans ma tête avant. Ça m'est juste venu comme ça, et ça les a intéressés.

Je suis rentrée chez moi et j'ai commencé à creuser l'idée, pour voir ce que ça pouvait donner. J'ai juste continué à la développer pour ces producteurs, qui finalement n'en ont rien fait. Mais quand ils ont lâché l'affaire, j'avais déjà un pilote entier. J'avais toute la première saison. J'avais un pitch, quoi. Et donc tout est parti de là, mais quand je prends du recul et que je regarde d'où, émotionnellement ou psychologiquement, l'idée est peut-être venue, c'est parce que j'avais besoin de me frotter à la question de la perte.

J'avais mes propres trucs à régler à propos du chagrin et de la perte. Il n'y a pas de « bonne manière » d'expérimenter ces choses, et il n'y a pas qu'une seule chose qui les cause. Avoir des problèmes de fertilité est une forme de deuil. Et il fallait que j'écrive ça pour moi-même.

J'ai eu de la chance de développer ce pitch dans une bulle, et de ne pas le faire pour un studio. Je le faisais vraiment juste comme un exercice parce que rien n'était garanti. J'ai fini par aller vraiment là où j'avais envie d'aller. Je n'y pensais pas en me disant : « Oh ! ça pourrait se vendre », ou : « Oh ! ça conviendrait au marché. » C'était plutôt du genre : « Si je pouvais raconter n'importe quelle histoire maintenant, qu'est-ce que j'ai besoin de raconter ? » Et c'est de là que vient *Dead to Me*.

Neil : C'est le meilleur conseil qu'un auteur puisse recevoir. Il y a une profondeur de douleur réelle qui résonne vraiment. Et vous englobez aussi le cercle de la vie : essayer d'avoir un enfant, le début de la vie, alors que votre cousin terminait la sienne à 50 ans. Je vois maintenant comment vous avez commencé par la mort de Ted, le mari de Jen, à l'âge de 49 ans. C'est très personnel, comme toujours dans les meilleures histoires. Toute cette douleur, cette perte, cette souffrance – et pourtant, c'est une comédie ?

Liz : Pour le ton, la série est un amalgame de séries que j'aime. J'ai toujours, toujours aimé les mystères sinueux, tortueux, sombres. Mais je viens de la comédie et j'écris de la comédie, avant toute chose. Je ne peux pas m'empêcher de tout regarder à travers cette optique. Mon approche par défaut est : « En quoi c'est drôle ? » Même quand je suis à un enterrement, pour être franche.

Je me suis souvent demandé : « Pourquoi une série ne pourrait pas à la fois être sinueuse, tortueuse, avoir un mystère… mais aussi être drôle ? » Je n'avais pas forcément vu de série télé qui fasse ça de la manière que j'imaginais. C'est plus loufoque, mais des films comme *Cluedo* ou *The Player*, par exemple, sont dans une zone grise en termes de genre. Il y a certainement eu d'autres séries plus récentes qui sont sorties pendant que je développais cette série ; c'est un peu comme si c'était un nouveau genre, comme j'appelle ça, de série qui-ne-se-conforme-pas-à-un-genre. Mais spécifiquement, je voulais juste écrire une série qui reflétait la vie comme j'en faisais l'expérience, c'est-à-dire qu'un jour quelque chose d'hilarant peut arriver, et vous êtes morte de rire au téléphone avec votre meilleure amie, et puis quelque chose de vraiment terrible arrive. La formule normale quand on raconte une histoire, c'est : un truc bien arrive, et puis un truc mal, un truc bien, etc. Vous savez, même à l'intérieur d'une scène, en général si vous commencez par du positif, vous allez finir par du négatif et vice versa. On est très habitués à la formule bien et mal, bien et mal, bien et mal. Mais ce n'est pas comme ça que j'expérimente la vie. Par exemple, la semaine dont je vous ai parlé, ce n'était pas un truc bien, et puis un truc mal. C'était juste de pire en pire.

Je n'essayais même pas forcément d'être hyper surprenante dans la narration, j'essayais juste d'être authentique dans ma manière de voir la vie, en particulier quand vous êtes en plein deuil ou en plein chagrin. C'est comme ça que j'ai trouvé le ton. Je me suis juste dit : « Qu'est-ce qui se passerait vraiment dans cette situation avec ces personnages, étant donné leur vie émotionnelle à ce moment, que voudraient-ils ? Comment obtiendraient-ils ce qu'ils veulent ? Que ne feraient-ils pas ? » Ça vient d'abord des personnages. Je n'écris pas du dehors vers le dedans, mais du dedans vers le dehors.

Neil : À la fin de la saison 1, on dirait que vous allez échanger les rôles, avec Jen qui va maintenant être celle qui a un secret terrible et mauvaise conscience. Une très grande part de la tension de la série vient du fait de cacher la vérité. Je pense que beaucoup d'auteurs se demandent seulement : « Que fait le personnage ? Qui fait quoi quand ? » Mais dans *Dead to Me*, une grande partie du conflit dramatique vient de : « Qui *sait* quoi quand ? » Le pilote est particulièrement brillant parce que, dans le premier flash-back, on voit Judy à l'hôpital, et on croit *vraiment* qu'elle a perdu son époux. Mais plus tard, quand on revoit le même flash-back, on voit que l'infirmière vient de lui dire qu'elle a encore fait une fausse couche. Vous, comme conteuse, jouez avec la vérité. Vous nous faites partager le point de vue de Jen et des autres membres du groupe de soutien pour le deuil, et aucun de nous ne suspecte (encore) que Judy est une narratrice douteuse. Et puis vous changez de point de vue, si bien que le public en sait presque toujours plus que les personnages. Mais il y a des moments où le public ne sait pas non plus toute la vérité ; il la découvre, aussi. Je me demande si vous avez juste suivi votre instinct, ou si c'était plutôt un choix très réfléchi de jouer avec nos attentes et nos présomptions pour les surprendre ?

Liz : Oui, j'avais parfaitement conscience de vouloir dépasser les attentes. Une fois encore, juste parce que c'était mon expérience de la vie : juste quand vous pensez que quelque chose va se passer… Il y a des choses qui arrivent dans la vie, si vous les écriviez pour les mettre dans une série, les gens vous diraient : « Allez ! Vous n'allez pas nous faire croire ça. » Pour ceux qui pensent que nous sommes allés trop loin en termes de vraisemblance, je ne dirai que deux mots : frelon géant.

Neil : Exactement ! Ou COVID-19.

Liz : Voilà. Je veux dire, on est dans une putain de pandémie globale en 2020 et on ne peut pas sortir de chez nous. Alors, vous savez, la vie est toujours pleine de surprises. Il y a trois mois, si vous m'aviez dit que je passerais l'essentiel de mes journées à faire des gâteaux, je ne vous aurais pas cru. Ça a l'air dingue. Mais on y est. En tout cas, ce qui m'intéresse vraiment, c'est que l'expérience du spectateur soit plaisante. Moi-même, comme spectatrice, je veux être surprise. Et c'est difficile de me surprendre. J'écris. Je me demande en permanence : « Qu'est-ce qu'ils pourraient faire ? Qu'est-ce qu'ils vont faire après ? » Je ne peux pas m'en empêcher. Je suis la pire personne avec qui regarder quelque chose. Ma femme me dit toujours : « Est-ce qu'il faut vraiment que tu me gâches tout ? »

En partie, c'est vrai, je veux dépasser les attentes – je veux vraiment surprendre –, mais je veux aussi ralentir les personnages pour aider les spectateurs à mieux les comprendre et à avoir de l'empathie pour eux. J'essaye toujours de me tenir précisément sur la ligne de crête entre le bien et le mal pour mes personnages, parce que c'est quelque chose qui me fascine dans la vie. Malheureusement, on ne peut pas réduire les gens à bien ou mal. Souvent, on en a envie. Mais, en réalité, on a tous un côté sombre. Parfois on est à notre meilleur. Souvent, on ne l'est pas.

Pour ce qui est de l'accident de voiture avec délit de fuite, c'est ma plus grande peur – renverser quelqu'un. J'ai failli renverser quelqu'un avec ma voiture il y a une vingtaine d'années, et ça me hante encore aujourd'hui parce que c'était vraiment à un cheveu. Ce qui m'intéresse, c'est quand un seul moment dans le temps affecte quelqu'un pour toute la vie. Donc je joue beaucoup avec mes propres peurs et mes expériences en espérant que, même si elles sont personnelles, elles paraîtront universelles, et toucheront la plupart des gens. Ça a été la grande surprise de *Dead to Me*, bien que ce ne soit pas autobiographique. C'est vrai, je ne suis pas agent immobilier à Laguna Beach. Je ne suis pas Judy. Ces choses ne me sont pas arrivées exactement. Mais c'est la chose la plus personnelle que j'aie jamais écrite parce que mon ethos d'être humain imprègne chaque mot de cette série. Et ça a été assez génial de voir comment quelque chose d'aussi personnel, pour moi et pour les autres auteurs qui ont vraiment mis beaucoup de leurs propres histoires et de leurs vulnérabilités dans la série et dans les personnages, résonne autant avec les gens. Ça donne vraiment des raisons de vivre.

Neil : Il y a tellement de sous-texte dans toutes vos scènes, et c'est un tel jeu ! À certains moments les personnages disent l'absolue vérité, mais ce n'est pas pris au sérieux à cause du point de vue. Par exemple, quand Judy dit : « Je suis le diable, je suis une personne horrible, vous n'avez aucune idée de qui je suis vraiment. » C'est absolument vrai. C'est le texte, mais ça joue comme sous-texte à cause des strates qui s'y ajoutent, c'est très jouissif. Comment avez-vous réussi à tenir le registre de toute cette duplicité dans la writers room ?

Liz : Dans la saison 1, quand on était dans la writers room et qu'on concevait la série (à part le pilote qui était déjà écrit), on n'arrêtait pas de se demander : « C'est quoi, cette série ? Quels trucs on va utiliser et comment on va structurer le récit ? » Je me souviens que très tôt l'un des auteurs, Anthony King, a dit : « L'ironie dramatique. C'est ça qu'on doit utiliser. » et je me suis dit : « Oh ! c'est exactement ça. » Je n'y avais pas pensé comme ça. Je n'avais pas écrit le pilote en me disant : « Comment faire de l'ironie dramatique ? » Ça ne m'était même pas venu à l'esprit que c'en était. Alors quand on a mis le doigt dessus, c'était très utile d'avoir un… je déteste utiliser le mot « truc » parce que ça fait un peu cheap, mais c'est un cadre très utile pour nous en tant que raconteurs d'histoires pour cette série, parce que c'est très marrant de sentir que, quand quelqu'un dit quelque chose, ça veut dire tellement d'autres choses.

Neil : Vous faites aussi des choix en termes de ce que vous révélez ou pas, c'est comme peler un oignon. D'abord, on présume que Judy était seule dans sa voiture la nuit de l'accident. Puis vous élargissez, et on voit que Steve (James Marsden) était dans le siège passager à côté d'elle. Je me souviens que quand je regardais la série, je me demandais : « Est-ce qu'ils vont tenir toute une saison juste en cachant ça ? » C'est incroyable la manière dont vous vous en tirez bien, parce que juste au moment où ils vont dire la vérité, la vie les interrompt. Aviez-vous une vraie boussole, ou avez-vous élaboré un certain nombre d'épisodes en même temps, en vous disant : « Allons jusque-là pour l'instant » ? Saviez-vous dès le départ que Steve allait avoir un frère jumeau quasi-identique ? Saviez-vous où vous alliez ?

Liz : En me lançant dans la saison 1, j'avais l'équivalent d'une saison entière d'épisodes que j'avais déjà pitchés. Après, la plupart de ces épisodes ont changé un peu ou totalement. Mais la plupart des pivots dramatiques qui sont les moments ou les épisodes mémorables de la saison 1, je les avais établis avant d'entrer dans la writers room. Par contre, la révélation que Steve était dans la voiture, je ne suis pas arrivée avec. Ça, c'était l'idée d'Abe Sylvia, ma co-productrice exécutive. Et on a beaucoup débattu entre nous pour établir à quel point c'était la faute de Steve, plutôt que seulement celle de Judy.

On a eu beaucoup de discussions à ce propos, et ce qu'on a fini par conclure, de manière évidente, c'est que ces deux femmes avaient connu des relations toxiques avec des hommes. Une autre autrice, Kate Robin, est arrivée un jour en disant : « C'est de ça que parle la saison. Ce sont deux femmes qui s'aident sans le faire exprès à sortir de mauvaises relations avec des hommes, afin de pouvoir devenir les meilleures versions d'elles-mêmes. » Et donc, vous voyez, je ne suis pas arrivée en sachant que Steve allait mourir à la fin de la première saison. C'était le pitch d'Abe Sylvia. Et une fois qu'on s'est mis d'accord là-dessus, assez vite je crois, peut-être dans le premier mois d'écriture, alors, oui, on avait quelque part où aller. Mais on n'a pas commencé en le sachant. On a trouvé ça ensemble. Et une fois qu'on a trouvé ça, ça nous a permis de déployer le personnage de Steve en montrant des petits morceaux de lui ici et là, de donner le sentiment de qui il était sans en apprendre trop sur lui. On l'analysait. Mais pour le coup je n'avais aucune idée qu'il avait un frère jumeau dans la première saison. Quand on a fini la saison 1 et qu'elle est sortie, les gens, par chance, ont beaucoup aimé notre série – ce qui, je vous l'avoue, de nos jours, est toujours une surprise agréable, parce qu'on ne sait jamais. James Marsden m'a écrit un mail vraiment très gentil, comme il est toujours, et a fini en blaguant : « Y a-t-il moyen que Steve survive à un traumatisme crânien et à une noyade ? Parce que j'aimerais qu'on continue à travailler ensemble. » Je me suis mise à rire parce que, bon, ça demandait de forcer pas mal sur la crédulité. Vous connaissez sûrement l'expression qu'on utilise dans les writers room, « schmuck bait » (un cliffhanger qui met à l'épreuve la suspension d'incrédulité du public). Je n'aime pas faire ça. Je trouve que c'est insultant pour le public. Vous savez, il y a pas mal de revirements dans la série. Je tiens quand même à faire attention aux choses qui pourraient sembler trop tirées par les cheveux. Donc je savais que Steve était mort, mais je me suis mise à penser : « Eh bien, j'adore James, et sa présence dans la série est tellement adorable et donne une texture géniale. » Je me suis assise avec l'une des mes autrices qui est également une de mes meilleures amies, Kelly Hutchinson. Je lui ai parlé du mail et on s'est littéralement regardées exactement au même moment et on a dit : « Des jumeaux ? » Et on s'est mises à rire comme des hystériques. Écoutez, je fais ça depuis tellement longtemps, et je suis une spectatrice depuis encore plus longtemps. Je sais que c'est un cliché. Je sais que c'est, genre, un vrai truc de *soap*.

Neil : Mais c'est tellement jouissif !

Liz : Ça nous a fait tellement rire. Et cette série garde toujours son sens de l'humour. S'il vous arrive de vous demander si quelque chose est censé être drôle, eh bien oui, c'est censé être drôle. On fait exprès. Alors j'ai dit : « Bon, si on fait ça, on doit établir ce personnage dans la réalité de manière si convaincante que les gens vont oublier qu'on a fait ça. » Ce sera notre défi : créer un personnage avec de la texture qui soit encore plus incarné que Steve, afin que les gens y croient et que ça aide vraiment à faire avancer l'histoire. Et que ça aide à en révéler davantage sur nos deux personnages principaux, ce qui est le plus important.

Neil : Et dans ce marécage de masculinité toxique, le « bon » jumeau vous permet de nous offrir un personnage masculin positif. Je veux dire, bien sûr que Ben Wood (également James Marsden) est un fils à maman, mais il n'est pas toxique. Il n'est pas méchant, juste un peu idiot. J'avais envie que Ben et Jen tombent amoureux quand ils commencent à s'embrasser sur la plage. J'étais prêt à ce que Jen rencontre quelqu'un d'aimant et de positif. Évidemment, il y a un homme que vous avez choisi de ne pas montrer : le mari décédé de Jen, Ted. On ne le voit jamais. Même quand il est dehors en train de courir, il fait sombre et les circonstances ne sont pas claires. Avez-vous jamais pensé à le montrer ?

Liz : J'avais une idée très arrêtée à ce sujet depuis le début. Je ne voulais pas le voir. Je ne voulais pas que la série tourne autour de lui. *Ce que je voulais*, c'est que ça parle de la perte, et de comment la perte de cet homme affecte ceux qui l'aimaient, sa femme, ses enfants. Ce sont eux les personnages sur lesquels je voulais porter l'attention. Donc je voulais raconter ça de leur point de vue, et leur point de vue c'est qu'il n'est plus là. Je n'avais pas besoin de le garder vivant d'aucune manière pour l'un des personnages ou pour le public. Je voulais qu'on ressente son absence, parce que c'est ce que ça fait, quand quelqu'un meurt.

Neil : Dès le départ, vous avez fait le choix audacieux de fragmenter l'exposition. Vous commencez trois mois après la nuit fatale, contrairement à l'immédiateté déchirante de la perte dans, par exemple, *Broadchurch*. Comment avez-vous décidé que ce serait trois mois ?

Liz : C'était une décision fondée sur des circonstances de la vraie vie. Jen est en partie inspirée de ma tante, qui est devenue veuve avec trois enfants vers la fin de la trentaine. J'ai eu plusieurs conversations avec elle sur cette expérience précoce de la disparition de son mari, dont je me souviens, mais je devais avoir dix ans à l'époque, donc j'en avais une compréhension différente. Et elle m'a dit que pendant trois mois elle n'avait pas pu sortir de son lit. Il lui a fallu trois mois pour être à nouveau capable de faire autre chose que se cacher sous ses couvertures. J'ai utilisé ça comme point de lancement parce que ça semblait authentique et aussi parce que je ne voulais pas d'un ton trop dramatique. Vous voyez, on était toujours sur cette ligne de crête – c'est une comédie sombre, mais c'est aussi un mystère. C'est un drame, mais aussi un thriller. Je ne voulais pas que ce soit trop pesant. J'ai pensé que trois mois, ça enlevait un peu d'intensité au chagrin. Et je pensais que ce serait intéressant de rencontrer cette famille au moment où Jen, la matriarche de la famille, décide qu'il est temps de revenir à la normale.

Neil : Pour garder le mystère central de la première saison, vous laissez planer le doute sur le fait de savoir si Ted s'est délibérément mis devant la voiture. Est-ce que vous et votre équipe d'auteurs vous deviez le savoir, même sans l'exprimer explicitement ?

Liz : Je pense que tout le monde était d'accord pour que cette révélation soit la zone grise de la série. On ne sait pas si Steve a dit la vérité. On ne sait pas si Judy dit la vérité sur le moment. Juste, on ne sait pas.

Ça me plaît de ne pas savoir certaines choses. Je pense qu'il y a un pouvoir de l'ignorance, parce que, encore une fois, c'est l'expérience que j'ai de la vie. Il y a simplement des choses qu'on ne sait pas. On ne peut

pas être à l'intérieur de la tête et du cœur de quelqu'un. On peut essayer. On peut deviner. Mais juste, on ne sait pas.

Et j'aime les zones grises. Si c'était un suicide, est-ce que c'est vraiment la faute de Judy et Steve ? Si ce n'en était pas un, évidemment, ça change la perspective. Alors, que vous ne puissiez pas le savoir est délibéré.

Neil : Oui. Parce qu'alors l'empathie se retrouve au cœur de la série.

Liz : Exactement. Parce que sinon, ça n'a pas de sens. Il est mort. Vous voyez, que ce soit ou pas parce qu'il était triste ou peut-être sous médicaments ou juste peut-être parce qu'il avait besoin de prendre l'air et peut-être qu'il était juste en train de se promener. Peut-être qu'il avait bu un coup, et que donc il ne voulait pas prendre le volant. Il essayait d'agir de manière responsable. Et puis ces gens l'ont renversé quand même, vous voyez ?

Neil : Oui. Donc c'est à nous de choisir ce qui s'aligne sur ce que nous pensons de chaque personnage, en particulier Jen et Judy.

Liz : Exactement.

Neil : À quel moment avez-vous fait arriver vos comédiennes ? Est-ce que Christina est arrivée en premier, ou bien Linda ?

Liz : Si je me souviens bien, Christina a signé environ trois semaines après le début de l'écriture de la saison 1, et puis Linda a signé peut-être deux semaines plus tard. Donc on avait développé beaucoup de l'intrigue de la saison 1 avant de les caster, et le pilote était complètement écrit avant que je sache qui allait jouer Jen et Judy. Leurs personnages étaient définis, et les deux actrices ont lu le pilote avant de donner leur accord pour faire la série.

Neil : Et moi qui la regardais en pensant que les rôles avaient été écrits pour elles. Elles sont si parfaites.

Liz : La vérité, c'est que j'essaye toujours d'écrire les personnages en pensant à quelqu'un que je connais, et j'en avais d'autres à l'esprit. Je suis vraiment fan de ces deux actrices, mais à l'origine j'en avais d'autres en tête. Et elles le savent toutes les deux. C'est tellement intéressant la manière dont nous nous sommes trouvées.

Neil : Eh bien, comme vous l'avez dit, c'est la vie. On ne sait jamais.

9

LES ANTAGONISTES

Les antagonistes peuvent prendre bien des formes – et ne sont pas toujours personnifiés :

- Dans *Chernobyl*, l'antagoniste est la structure du pouvoir soviétique.
- Dans *Fauda*, l'antagoniste dépend du point de vue. Pour le gouvernement israélien, le Hamas est l'antagoniste principal. Pour le Hamas, c'est le gouvernement israélien. Cette série prend le parti pris exemplaire de présenter des perspectives sympathiques sur *les deux* parties en conflit, bien que mes sources m'indiquent qu'il n'y avait pas d'auteurs arabes dans la writers room de *Fauda*.
- Dans *Le Bureau des légendes*, tandis que notre protagoniste, l'agent français Guillaume Debailly (Mathieu Kassovitz) affronte une myriade de dangers tout autour du globe, qui vont d'ISIS au KGB, son antagoniste principal est le passé. Même chose dans *La Chronique des Bridgerton* pour le Duc d'Hastings Simon Basset (Regé-Jean Page), qui fait le vœu devant son père cruel (sur son lit de mort, rien de moins) de ne jamais produire d'héritier.
- Dans *Bienvenue à Schitt's Creek*, l'antagoniste principal de la famille Rose est la nouvelle réalité de leur vie présente, typiquement incarnée par le maire de la ville, Roland Schitt (Chris Elliott).
- Dans *Succession*, l'antagoniste principal est l'avidité.

- Dans *I May Destroy You*, les antagonistes principaux sont un prédateur sexuel inconnu, et la mémoire de la protagoniste Arabella (Michaela Coel), qui essaye de se souvenir de la nuit où elle a été droguée et violée.
- Dans *Barry*, l'antagoniste principal est le syndrome post-traumatique de Barry (Bill Hader), après son déploiement comme Marine en Afghanistan.
- Dans *Mare of Easttown* et *Fleabag*, c'est le deuil.
- Dans *Hacks*, c'est la peur du noir.
- Dans *Pose*, c'est la transphobie et la discrimination.

Tous les méchants sont des antagonistes, mais tous les antagonistes ne sont pas des méchants.[36]

Dans beaucoup de comédies romantiques, les *love interests* sont antagonistes l'un de l'autre. Dans le classique *Quand Harry rencontre Sally*, Sally (Meg Ryan) est l'antagoniste d'Harry (Billy Crystal) parce que ce qu'il craint par-dessus tout, c'est l'intimité et l'engagement, et Sally tombe amoureuse de lui. Dans *Insecure*, Issa Dee (Issa Rae) connaît des problèmes similaires en matière d'intimité et a tendance à saboter sa relation avec Lawrence Walker (Jay Ellis), à la grande consternation de sa meilleure amie, Molly (Yvonne Orji), qui elle-même a tendance au sabotage relationnel.

Dans *Euphoria*, adaptée de la série israélienne créée par Ron Leshem et Daphna Levin par le showrunner/réalisateur Sam Levinson, Rue (Zendaya) a une mère, Leslie (Nika King), qui essaye en permanence de surveiller la consommation de drogue effrénée de sa fille. Malgré une quasi-overdose et un séjour dans un centre résidentiel de traitement des addictions, Rue s'achète de la drogue quelques jours seulement après sa sortie de désintox. En voix off, elle nous avoue qu'elle n'a jamais eu l'intention de rester clean. Naturellement, en tant que droguée, Rue voit sa mère comme une antagoniste, quand en vérité sa mère est son alliée principale et sa meilleure défense. Pour Rue, un ami, c'est n'importe qui, du moment qu'il l'aide à atteindre son but : se défoncer. Quiconque remet en question l'addiction de Rue devient son ennemi. Son addiction, voilà son antagoniste.

---

36. Howard Suber, professeur émérite à UCLA TFT.

Voici quelques règles de base sur le rôle de l'antagoniste. Évidemment, n'oubliez pas que ces règles ne conviennent pas à tous les scénarios.

L'antagoniste est la personne ou la force principale (en général négative) qui défie ou menace le plus activement votre protagoniste – empêchant ainsi directement votre protagoniste d'atteindre ses buts principaux.

Dans *The Flight Attendant*, Cassandra « Cassie » Bowden (Kaley Cuoco) essaye d'échapper (en volant !) au chagrin. Le meurtre mystérieux de son amant d'un soir à Bangkok, Alex Sokolov (Michiel Huisman), son retour aux États-Unis, et l'enquête du FBI sur le meurtre sont les forces antagonistes principales de Cassie, comme l'est son alcoolisme, qui provoque ses black-out et continue de voiler la vérité. La mémoire est aussi un antagoniste dans *I May Destroy You*, où Arabella (Michaela Coel) se fait droguer dans un bar et violer dans les toilettes par un inconnu.

Les antagonistes veulent souvent quelque chose qui est en possession du protagoniste (consciemment ou pas).

Dans *WandaVision*, la voisine intrusive, Agnes (Kathryn Hahn) se révèle plus tard être une sorcière toute-puissante du nom d'Agatha Harkness – qui est prête à tout pour détruire Wanda (Elizabeth Olsen) et s'emparer de son pouvoir.

Dans *L'Amie prodigieuse*, Elena Greco (Alba Rohrwacher, Elisa del Genio) est prise dans une rivalité avec sa meilleure amie d'enfance, Raffaella « Lila » Cerullo (Gaia Girace, Ludovica Nasti), qu'elle (et presque tout le monde) perçoit comme plus belle, plus spontanée, plus naturellement charmante qu'elle-même.

Dans la saison 1 de *La Casa de Papel*, les braqueurs de la Monnaie Royale d'Espagne affrontent leur antagoniste principale Raquel Murillo (Itziar Ituño), une inspectrice de la Police Nationale. Mais le manque de confiance entre les voleurs devient une plus grande menace existentielle pour leur plan. La série se tourne vers de nouveaux braquages, et dans la saison 3, Raquel finit par se joindre à ces criminels à la Robin des Bois.

Dans *Lupin* sur Netflix, l'antagoniste principal de notre protagoniste Assane Diop (Omar Sy) est le magnat rapace et sans scrupules Hubert Pellegrini (Hervé Pierre). Assane cherche à venger la mort de son père ; Hubert est prêt à tout pour cacher la vérité. Toute la série est un affrontement de volontés, l'ingéniosité d'Assane face à la soif effrénée de richesse et de pouvoir d'Hubert.

Les antagonistes ont tendance à être des parasites qui cherchent *à l'extérieur* à prendre du pouvoir aux autres – par tous les moyens nécessaires : tromperie, vol, meurtre, manipulation – à l'inverse des protagonistes, qui ont tendance à découvrir que leur pouvoir vient *de l'intérieur*.

Dans le thriller, classique du cinéma, *Le silence des agneaux* (1991), et dans la série *Hannibal* (2013-2015 sur NBC), Hannibal Lecter (Anthony Hopkins/Mads Mikkelsen) a un superpouvoir crédible : sa capacité à « lire » les émotions des gens et à les transformer en armes. C'est un trait commun à beaucoup d'antagonistes. Ils cherchent les faiblesses pour les exploiter.

Dans *Succession*, le patriarche dominateur Logan Roy (Brian Cox) utilise la perspective d'hériter de son trône dans l'entreprise comme d'une arme pour détruire ses enfants, qui sont apparemment prêts à tout pour obtenir son approbation. Ce n'est que lorsque le fils prodigue, Kendall Roy (Jeremy Strong), place ses besoins émotionnels avant ceux de son père que non seulement il triomphe à la fin de la saison 2, mais que, ironiquement, sa trahison pourrait bien aussi lui avoir gagné le respect de son père.

Les antagonistes essaient presque toujours de subvertir la vérité.

Habituellement, leur intention est de garder le contrôle et/ou de maintenir le statu quo, même s'ils sont malheureux.

Dans *Mare of Easttown*, la ville conspire pour garder les secrets d'un assassin. Les secrets et les mensonges sont monnaie courante dans *Big Little Lies, Euphoria, Your Honor, Better Call Saul, Ted Lasso, The Undoing, Téhéran, Lupin, Fargo, La Chronique des Bridgerton, Babylon Berlin, La Fabuleuse Madame Maisel, Younger, Les Shtisel, Dead to Me, Barry, Underground Railroad, The Sinner, Insecure*, et bien d'autres séries captivantes.

Les antagonistes sont des obstacles ou des ralentisseurs dans les micro-missions d'un protagoniste.

Les séries feuilletonnantes déploient des buts globaux pour chaque personnage dans une saison ou sur l'intégralité de la série. Mais, comme nous le savons tous, dès que ce but principal est atteint avec succès, en général la série est terminée – à moins qu'elle rebondisse vers une nouvelle mission ou un nouveau but global. Dans *Fleabag*, la mission de la protagoniste dans la saison 2 est de surmonter le chagrin réprimé, mais déprimant qui la paralyse depuis la mort de sa meilleure amie Boo (Jenny

Rainsford), provoquée par la dépression. Sa culpabilité s'aggrave du fait que Fleabag (Phoebe Waller-Bridge) s'en veut d'avoir couché avec le petit ami de Boo.

Pour être capable de fonctionner malgré ce chagrin antagoniste, Fleabag a besoin de distraction, et a probablement *tout* essayé pour devenir meilleure et réparer ce qu'elle a fait. Malheureusement, rien ne marche – jusqu'à ce que Fleabag devienne complètement obsédée par un personnage toujours désigné comme le « prêtre sexy » (Andrew Scott). Coucher avec le prêtre sexy devient le but principal de Fleabag dans la saison 2, ce qui implique des micro-missions, y compris se rendre chez un psy, étudier la Bible, séduire une grande femme d'affaires lesbienne (Kristin Scott Thomas), et une scène tumultueuse dans un confessionnal qui finit par un baiser passionné avec le prêtre sexy (c'est aussi le cliffhanger le plus raide de la saison).

La plupart des méchants ne changent pas.

Même si leurs buts spécifiques peuvent changer, les antagonistes sont les mêmes du début à la fin de l'histoire. Les vrais méchants n'évoluent pas et n'apprennent rien de leurs échecs. Le Pierre de *The Great* (Nicholas Hoult) en est un bon exemple. Dans *La Servante écarlate*, Tante Lydia (Ann Dowd) est un personnage désabusé, émotionnellement pétrifié, incapable de changer. Si le méchant venait à évoluer, à progresser, il ne serait plus le méchant. Bien sûr, il y a des exceptions à cette « règle », comme lorsque Ted Lasso (Jason Sudeikis) entre dans les bonnes grâces de son ennemie initiale, Rebecca Welton (Hannah Waddingham), la nouvelle propriétaire de l'AFC Richmond, une équipe qu'elle a reçue en guise de compensation dans un divorce disputé. Sachant à quel point son escroc d'ex-mari Rupert (Anthony Stewart Head) tenait à *son* équipe, le plan initial d'Hannah est de se venger en s'assurant que Ted détruise l'équipe en même temps que lui-même. Son plan échoue, mais elle gagne en parvenant à surmonter sa propre animosité – même quand l'équipe perd le match décisif pour devenir champion à la fin de la saison 1. Rendez-vous à la saison 2 pour découvrir les nouveaux ennemis de Ted. Sans antagonisme, il n'y a ni comédie ni drame.

L'antagoniste a souvent le même but que le protagoniste – mais avec une intention négative ou malveillante.

Mindhunter (Netflix) explore les premiers profilers de tueurs en série célèbres du FBI. Le protagoniste Holden Ford (Jonathan Groff), et son équipe de l'Unité de Sciences du Comportement, Bill Tench et Wendy Carr (Holt McCallany, Anna Torv) conduisent une série d'entretiens avec différents tueurs en série. Mais c'est Ed Kemper (Cameron Britton), un tueur en série, violeur, nécrophile et cannibale, qui irrite le plus Holden dans la saison 1. À nouveau, on assiste à un affrontement de volontés. Les deux veulent entrer dans l'esprit de l'autre et le comprendre, le contrôler. Mais ce n'est pas avant que Holden craque (et subisse un violent mal de tête) à la fin de la saison qu'on comprend qui a eu le dessus tout du long.

L'ennemi de votre ennemi est votre ami.

Dans *Big Little Lies*, la tribu exclusive de sœurs vivant sur le front de mer de Monterey en Californie existe en dépit de l'antagoniste, la commère de la ville, Renata Klein (Laura Dern). Mais après la mort « accidentelle » de Perry Wright (Alexander Skarsgård), les femmes, Renata y compris, font front face à l'enquête policière afin de protéger leur secret commun (que Bonnie Carlson, jouée par Zoë Kravitz, a poussé Perry et l'a tué).

Dans la saison 1 de *La Servante écarlate*, Serena Joy (Yvonne Strahovski), la femme du commandeur Fred Waterford, est l'ennemie jurée d'Offred/June (Elisabeth Moss). Mais quand Fred (Joseph Fiennes) manque perdre la vie dans un attentat-suicide à la bombe à l'intérieur du nouveau Centre Gilead, Serena Joy doit se tourner vers Offred, pas seulement pour être consolée, mais aussi pour l'aider à rédiger un nouveau contrat d'assurance-vie au nom de son mari (puisque seule Offred/June est capable de produire un texte convaincant, du même niveau d'éducation que Fred). Les femmes font également front quand la pression augmente sur Serena Joy pour qu'elle donne un héritier à son mari. Serena Joy confie à Offred/June que son mari pourrait bien être stérile, mais elle doit en être sûre. Serena arrange un rendez-vous froidement calculé entre Offred/June et son amant illicite, Nick Blaine (Max Minghella), le chauffeur du commandeur Waterford, dans le but de la faire tomber enceinte. Ce plan est le seul moyen pour Serena Joy de garder sa position privilégiée et sûre d'épouse à Gilead. Pour Offred/June, l'idée est de garder ses amis près d'elle, et ses ennemies encore plus près (un concept développé à l'origine par Sun Tzu dans *L'Art de la guerre*, publié en chinois classique au ve siècle avant J.-C.).

Si votre intrigue manque de tension/conflit dramatique, vous devez renforcer votre antagoniste.

Dans *Euphoria*, l'addiction de Rue Bennett (Zendaya) ne cesse d'empirer. Dans *Barry*, plus il essaye d'échapper à son boulot alimentaire de tueur à gages, plus il y a de morts. Quelle ironie…

Dans *Watchmen*, le « gentil »/supposément antiraciste, le sénateur Joe Keene Jr. (James Wolk) se révèle être non seulement un membre du groupe malfaisant de suprématistes blancs connu sous le nom de la Septième Cavalerie, mais aussi le chef d'une organisation terroriste encore plus puissante et raciste, les Cyclopes. Parallèlement, Lady Triệu (Hong Chau) se révèle être non seulement une capitaine d'industrie multimilliardaire brillante et philanthrope, mais aussi une « méchante » sans scrupules prête à tout pour atteindre la toute-puissance. Elle affirme vouloir sauver le monde, mais finalement son hubris le détruit presque – et parvient à la détruire elle. Elle est littéralement écrasée par sa propre invention/ambition.

Dans bien des cas, le *véritable* antagoniste ne se révèle pas comme ennemi avant le climax.

Voyez Lady Triệu et le sénateur Joe Keene Jr. dans *Watchmen*. Voyez aussi les épisodes au climax de la saison 1 de *The Undoing, Mare of Easttown, The Flight Attendant, I May Destroy You, Broadchurch*, et le septième épisode de *WandaVision*. Mais oui, « c'était bien Agatha tout du long. »

Les antagonistes les plus iconiques possèdent des caractéristiques positives aussi bien que négatives – et souffrent de défauts uniques, aussi bien sympathiques que néfastes.

Hannibal Lecter est un gourmet et un amateur de vin, un psychiatre brillant, mais c'est aussi un tueur en série cannibale. Le prédateur sexuel/tueur en série dans *The Fall*, nommé Paul Spector, n'est pas seulement beau comme Jamie Dornan, c'est aussi en apparence un mari et un père aimant, et un psychologue très sympathique qui travaille à l'hôpital.

Dans *Euphoria* (HBO), le footballeur Nate Jacobs (Jacob Elordi) a l'air d'avoir tout pour lui : beau gosse, une jolie copine, bon sportif, populaire. Il apparaît aussi comme le mâle toxique harceleur, l'antagoniste ultime, sujet à des rages violentes, et commettant même un meurtre dans un éclat de jalousie extrême. Mais notre perception de Nate change quand nous comprenons quel monstre est son père Cal (Eric Dane), et que Nate est aussi abîmé et capable de se saboter que Rue (Zendaya) l'est à sa manière.

Nate a aussi une honte secrète : il est tombé amoureux de la meilleure amie et « love interest » de Rue, Jules (Hunter Schafer), qui est une femme trans. Savoir que Rue et Nate ont tous les deux commencé leur vie dans l'innocence aide à construire de l'empathie pour tous les deux, sans permettre pour autant d'offrir la rédemption à Nate pour ses actes néfastes. Il y a une dynamique père-enfant similaire dans *The Flight Attendant*, et une dynamique mère-fille dans *Le Jeu de la dame* et dans *Poupée russe*. Les gens blessés blessent les gens, comme on dit.

Dans *Underground Railroad*, le mercenaire chasseur d'esclaves/chasseur de primes Arnold Ridgeway (Joel Edgerton) est le mal en personne, mais son compagnon de route, son assistant noir Homer (Chase W. Dillon), est un ancien esclave dont Ridgeway a acheté la « liberté ». Cet arrangement parfaitement inéquitable ajoute une couche de paradoxe au personnage de Ridgeway, puisque ça nous donne l'impression que tout en étant un chasseur de primes raciste, il semble avoir une certaine confiance en Homer.

Évidemment, certains antagonistes inoubliables sont juste le mal incarné.

Voyez *Mindhunter, Le Maître du Haut Château, The Great*, et *Chernobyl.*

Un méchant est toujours le héros de sa propre histoire.

La plupart des antagonistes ne pensent pas qu'ils sont « méchants ». En fait, en général, ils pensent avoir raison, avoir le droit, et être parfaitement justes. L'infirmière Mildred Ratched (*Ratched*) en est un bon exemple, comme Tante Lydia dans *La Servante écarlate*, qui croit sincèrement aider ses « filles » à trouver un sens à leur vie et le salut.

Dans la mini-série HBO *Sharp Objects* (créée/adaptée par Marti Noxon du roman de Gillian Flynn), Adora Crellin (Patricia Clarkson) est apparemment une matriarche aimante, on ne découvre que plus tard qu'elle est l'antagoniste principale. Adora souffre du syndrome de Münchhausen par procuration, un grave désordre psychologique qui la pousse à contrôler ses filles.

Bien qu'il soit généralement préférable de personnifier et de personnaliser un antagoniste, parfois la source de l'antagonisme est systémique, globale, et/ou indirecte.

Comme le requin invisible pendant presque la totalité du film *Les dents de la mer*, ce qui se cache sous la surface ou est inconnu/voilé/mystérieux peut être encore plus terrifiant que le monstre qu'on voit. Dans *The Walking Dead*, la force antagoniste principale est l'apocalypse zombie, mais chaque nouvelle saison introduit de nouveaux antagonistes spécifiques et encore vivants. Il y a aussi des dissensions entre les survivants, et la dynamique du pouvoir ne cesse de changer entre eux.

Dans *Game of Thrones*, ce qui se présente d'abord comme une force antagoniste mystérieuse et terrifiante – les Marcheurs Blancs[37] – finit par devenir carrément une armée organisée de Marcheurs Blancs, avec l'apparition de leur chef présumé, le Roi de la Nuit (incarné par Richard Brake et Vladimir Furdik).

L'homme contre la société : Les personnages doivent souvent affronter le fardeau d'une construction sociale impossible à contrôler – que ce soit la structure de pouvoir à l'époque de la Régence dans *La Chronique des Bridgerton*, la monarchie dans *The Crown* et *The Great*, ou la police dans *The Wire*, où le trafic de drogue, impossible à éradiquer, corrompt la ville de Baltimore (en plus de l'impact du racisme systémique). Dans l'épisode « Hamsterdam » de la saison 3, le major Howard « Bunny » Colvin (Robert Wisdom), un policier désabusé, légalise secrètement la drogue dans la pire zone de Baltimore Ouest, pour tenter, en désespoir de cause, de réduire l'escalade de la violence liée à la drogue. Même si son plan commence par fonctionner, les pressions sociétales/politiques, qui réclament une position intransigeante sur la drogue, couplées au manque d'infrastructures de base dans ce quartier hors-la-loi, finissent par détruire l'expérience sociologique du major Colvin en même temps que sa carrière.

Dans *Game of Thrones*, les barrières politiques sont médiévales. Dans la saison 1, Ned Stark (Sean Bean) accepte de devenir Main du Roi, le conseiller le plus proche du roi. Ned finit par apprendre que l'héritier

37. Les Marcheurs Blancs sont des êtres inhumains sensibles, capables de magie et de transformer les morts en zombies obéissants et néfastes. Ces zombies sont appelés *wights*.

du roi, Joffrey Baratheon (Jack Gleeson), est illégitime. Il est le produit d'une relation incestueuse entre la reine Cersei Lannister (Lena Headey) et son frère Jaime Lannister (Nikolaj Coster-Waldau). Tandis que le roi dépérit, Ned essaye honorablement de trouver un plan de succession légitime, mais il est trahi par ses alliés supposés et condamné à mort par Joffrey après son couronnement suspect.

La femme contre l'homme : Parmi les exemples les plus remarquables, les femmes dans *La Servante écarlate* contre le patriarcat/la théocratie. Les prédateurs sexuels dans *I May Destroy You*. Joan (Christina Hendricks) vue comme une femme-objet dans *Mad Men*. Esty (Shira Haas) qui s'enfuit d'une orthodoxie religieuse dominée par les hommes dans *Unorthodox*.

L'homme contre lui-même : Parfois le personnage principal est son propre pire ennemi. Dans *Mad Men*, Don Draper (Jon Hamm) lutte pour cacher son passé mouvementé, bien loin de sa *persona* de dirigeant raffiné du milieu publicitaire. Don se débat aussi avec son caractère volage, qui entre en conflit avec son rôle de mari et de père.

Dans *Breaking Bad*, Walter White (Bryan Cranston) est en lutte permanente avec sa propre hubris. Au lieu d'accepter l'argent que lui offre son ex-associé pour payer le traitement de son cancer, Walter s'embarque dans une course folle pour devenir le caïd du trafic de meth. Malgré plusieurs occasions d'en sortir, il s'enfonce toujours plus, savourant le pouvoir et sa nouvelle richesse qui le mèneront finalement à une mort tragique.

L'homme contre la nature : Mère Nature peut servir d'adversaire puissant pour les personnages principaux. Dans *Lost*, les survivants luttent contre des forces mystérieuses, mais ils affrontent aussi les embûches liées au fait d'être naufragés sur une île : la rareté des ressources, la difficulté du terrain, et la dangerosité des animaux sauvages.

Dans l'épisode « Seuls au monde » de la saison 2 de *Breaking Bad*, Walter et Jesse meurent presque d'épuisement à cause de la chaleur dans le désert, et dans le préquel de *Breaking Bad*, *Better Call Saul* (épisode 8, saison 5), Jimmy McGill (alias Saul Goodman), joué par Bob Odenkirk, subit le même destin. Suite à un deal de drogue qui a mal tourné, Jimmy et Mike Ehrmantraut (Jonathan Banks) sont perdus dans le désert et manquent périr en terrain inhospitalier sous une chaleur écrasante.

L'homme contre le destin : Comme Walter White (Bryan Cranston) dans *Breaking Bad*, un personnage principal peut se retrouver face à une issue inévitable : un cancer des poumons en phase terminale ou être assassiné par l'un des ennemis sur sa liste toujours plus fournie.

Dans les sitcoms, les personnages sont souvent piégés ou condamnés par la structure même de la série. Voyez *Bienvenue à Schitt's Creek, The Good Place, Last Man on Earth,* et *Kevin Can F**k Himself.*

L'homme contre des forces multiples : Comme le montrent certains des exemples précédents, les forces antagonistes peuvent se croiser. Plus il y a d'obstacles, mieux c'est, tant qu'ils sont organiques à l'histoire. Croiser des forces antagonistes est d'autant plus efficace qu'elles sont liées thématiquement. Dans *Les Soprano*, Tony Soprano (James Gandolfini) est en permanence en conflit avec les forces de l'ordre et les familles rivales, mais il est aussi en guerre avec lui-même. Voyez aussi *Téhéran* sur AppleTV+, *Le Bureau des légendes* (Canal+), et *Succession* (HBO).

Les antagonistes dans la comédie

Les gens méchants peuvent être drôles. Pensez à Newman (Wayne Knight), l'ennemi de Jerry dans *Seinfeld*. Pensez à tous les politiciens moralement corrompus de *Veep*. Roland Schitt (Chris Elliott) dans *Bienvenue à Schitt's Creek*. Dwight Schrute (Rainn Wilson) dans *The Office*. Les méchants d'animation peuvent être particulièrement amusants, comme l'adorable savant fou Rick Sanchez dans *Rick et Morty*. Ou les méchants qu'on adore détester : Eric Cartman dans *South Park*, et, bien sûr, M. Burns dans *Les Simpson*.

Dans la plupart des sitcoms (en prise de vues réelles) et des dramédies relationnelles, on n'a jamais affaire à des questions de vie ou de mort, mais idéalement les personnages vont les *considérer* comme des questions de vie ou de mort.

Dans *Hacks*, la dramédie d'une demi-heure d'HBO Max, la comédienne de stand-up/légende de Vegas Deborah Vance (Jean Smart) et Ava (Hannah Einbinder), sa protégée/co-autrice millenial narquoise et de mauvaise volonté, entrent en conflit dès la première seconde.

Toutes deux sont orgueilleuses et déterminées, mais seule Deborah a l'argent et le pouvoir. Reste que leur relation d'antagonisme est ancrée dans le fait qu'elles ont besoin l'une de l'autre. Ce qui les empêche de le reconnaître, c'est la honte qui est propre à chacune. Aucune ne veut reconnaître sa vulnérabilité, et leur *modus operandi* commun est de faire des blagues plutôt qu'affronter la honte, la peur, ou les autres émotions inconfortables. Deborah va sur ses 70 ans, et continue d'avoir l'air surnaturellement jeune et spectaculaire (grâce à une garde-robe géniale, toute une série de perruques, et de la chirurgie esthétique), mais son numéro est devenu obsolète et son spectacle permanent à Las Vegas va être supprimé. Elle meurt de peur d'être devenue has been.

Parallèlement, voici la backstory d'Ava : après avoir connu un succès fulgurant comme autrice de comédie, sa carrière a subi un arrêt brutal après qu'une de ses blagues provocatrices l'a fait virer et mettre au ban du milieu de l'entertainment. Pour Ava, travailler pour Deborah Vance, qu'elle considère de prime abord comme une has been sans humour, est le terminus de sa carrière express (à 25 ans). Ava se cache à Vegas autant qu'elle cherche/sabote une seconde chance. Les deux femmes sont piégées par des choix qui se réduisent de plus en plus par leur propre faute. Dans le cas de Deborah, c'est son incapacité à évoluer avec l'époque. Pour Ava, c'est son orgueil et son sentiment que tout lui est dû. Toutes deux sont frustrées et bloquées, ce qui pourrait les unir contre leurs ennemis communs : le patriarcat blanc et le temps. Au lieu de quoi, pendant presque toute la saison 1, elles se prennent l'une l'autre comme cibles de leur agressivité. Ce qui est en jeu, c'est la maîtrise de leur destin (l'insignifiance et l'obscurité pour Deborah, l'échec total pour Ava – du moins au regard de ce qu'Ava définit comme « succès »).

Le monde extérieur réfléchit le monde intérieur, ce qui est d'habitude la raison pour laquelle les protagonistes surmontent leurs démons intérieurs en triomphant de leurs adversaires extérieurs. Pour devenir plus fort(e), il faut guérir et s'accepter. Les vrais héros apprennent cette leçon de vie qui n'a pas de prix.

INTERVIEW : Steven Canals, *Pose* (FX), sur contre qui et contre quoi se battre

Cette interview a eu lieu le 14 juillet 2020.

Neil : J'aimerais commencer avec la maison. J'imagine que les antagonistes externes pour chaque personnage, au moins au début, ce sont leurs familles d'origine. La plupart d'entre nous avons un filet de sécurité familial ou quelqu'un vers qui nous tourner quand nous sommes vulnérables. Mais tous les personnages principaux de *Pose* font leur entrée dans l'histoire avec un passé traumatique ancré dans la persécution, l'ignorance, et le rejet de leur propre famille. Au lieu de recevoir un amour « inconditionnel » et d'être acceptés, ils ont été stigmatisés, jugés, et chassés.

Steven : C'est vrai. Même si en réalité je pense qu'on peut placer ça sous le parapluie beaucoup plus large de l'homophobie et de la transphobie parce qu'au bout du compte, c'est ce qui a provoqué ce rejet familial. Pour ces personnages, toutes les routes ramènent à ça. Si vous réfléchissez sur les diverses formes d'énergies antagonistes qui existent dans la série, que ce soit le manque de soutien de leur famille, le gouvernement, que ce soit des questions de survie liées à la classe sociale, à l'épidémie de sida, à l'épidémie de crack, tout est ancré dans deux truismes : le racisme, et l'homophobie/transphobie. Ça imprègne tout. Ça imprègne tout ce contre quoi ils se battent.

Neil : Je crois que tout se ramène à un manque d'empathie, combiné à l'ignorance. La première fois que j'ai fait mon coming out, devant ma mère (il y a plus de 35 ans), son hystérie et son homophobie venaient de son expérience limitée de la vie. Je me souviens clairement de ses mots : « Il faut que tu comprennes ; je suis d'une génération différente. Je n'ai jamais connu personne qui soit gay. » Et j'ai répondu – la même chose que je répondrais à n'importe quel parent qui a un enfant pansexuel – la chose suivante : « Si ton fils que tu as toujours aimé, dont tu es si proche et si fière, est la première personne queer que tu aies jamais connue, alors j'aurais pensé que tu aimerais les gays. Et pourtant, tu continues à me rejeter à cause de qui je suis. » C'est un mystère pour moi parce que c'est complètement contre-intuitif. Comment tenez-vous compte de ça dans votre expérience ?

Steven : Il faut examiner les clichés au milieu desquels on a grandi. La télé est un médium très intime. Tout le monde a une télé à la maison, et en tant que créateurs, on est invités chez les gens à une véritable communion, à partager des histoires et des expériences. Au tout début, il n'y avait pas de récits ou d'histoires sur les personnes LGBTQ+. Et s'il y en avait, ces histoires étaient ancrées dans l'homophobie ou la transphobie. Elles posaient un vrai problème. Les gens LGBTQ+ étaient typiquement les dindons de la farce. Quand on n'était pas l'acolyte, le copain du héros, ce qui était rare, on était l'incident déclencheur. C'était parce qu'on se faisait violenter ou tuer que ça lançait l'histoire. Par exemple, une enquête pour je ne sais quel flic je ne sais où. Donc, je ne suis pas surpris d'entendre que faire son coming out n'a jamais été facile. Même aujourd'hui, alors que nous avons plus de visibilité, c'est encore difficile parce que nous, en tant que communauté, nous avons encore à nous battre contre les messages inexacts qui circulent, et qui disent que nos vies et nos histoires n'ont pas de valeur, ne comptent pas. Notre communauté a encore beaucoup de travail à faire pour corriger ces clichés que les hétéros reçoivent depuis des décennies à propos de nous.

Neil : Je ne veux pas partir dans une digression, mais ça m'évoque la description dominante des forces de la loi à la télé, telles qu'on les voit depuis des décennies. Le récit mis en avant par toutes les chaînes était celui selon lequel la police blanche était vertueuse, que justice était toujours faite, et que les criminels étaient presque toujours des gens de couleur. Ou s'il s'agissait de personnes trans ou queers, elles étaient généralement présentées comme prostituées, droguées, ou marginales.

Steven : Quand j'ai écrit la première version du pilote de *Pose*, la première page après celle du titre décrivait ce qu'était exactement le Ballroom, ce que ça continue à être, et ce que ça représente pour la communauté LGBTQ. Et je définissais aussi le mot « pose », à la fois comme verbe et comme nom. Quand j'ai rencontré Ryan Murphy, il m'a encouragé à penser de manière plus large ; que la série ne parlait pas seulement des poses physiques sur les pistes de Ballroom, mais des « poses », des masques que nous prenons. Ryan trouvait que mon pilote original ne parlait que de gens de couleur LGBTQ qui « posaient » avec un masque.

Comme on ne voyait pas beaucoup de gens trans à la télévision, on avait peur qu'en cas d'échec critique ou d'absence d'intérêt du public, ça puisse affecter négativement les autres qui avaient une histoire à raconter à propos des gens LGBT. Qu'ils soient des auteurs trans ou qu'ils racontent une histoire parlant de personnes trans, ils auraient pu pâtir de notre échec. La réalité, c'est que quand on est une femme, une personne de couleur, une personne LGBTQ, on ne nous donne pas aussi souvent notre chance. On sait que dans cette industrie qui a peur du risque, nos communautés historiquement marginalisées sont regardées de manière monolithique. Donc la réalité c'est que, en tant que personne queer, je ne représente pas seulement Steven Canals. Je représente l'intégralité de la communauté queer. Si je fais une erreur, ça touche tout le monde. Et donc je pense que l'inquiétude de Ryan – et c'était vraiment délibéré de sa part – c'était comment attirer le public non LGBTQ dans ce débat afin qu'ils n'aient pas l'impression qu'on les accusait. Pour qu'ils n'aient pas l'impression d'être laissés hors de la conversation. On veut qu'ils en fassent partie. Et la manière de faire ça a été de peupler la première saison de la série de personnages qui avaient l'air familiers. On a pris acte que les hétéros, les personnes cis, et dans une certaine mesure les Blancs, n'avaient pas demandé à voir une série aussi majoritairement peuplée de Noirs, de Latinos, d'Afro-latinos, de queers et de trans. Donc on a introduit des personnages familiers, confortables, dans le but de nous connecter avec ces spectateurs et de les inviter dans une conversation dont ils n'avaient pas l'habitude.

Neil : Ironiquement, le seul personnage masculin cis hétéro, le mari yuppie, Stan Bowes [Evan Peters], est le seul personnage principal original qui disparaît après la saison 1. Stan représentait le fait de « poser » avec un masque pour sa femme, tout en ayant une relation secrète avec Angel [Indya Moore] ; en plus, il travaillait dans la Trump Tower. Après la première saison, avez-vous décidé avec Ryan que le sens plus large de la « pose » devait se resserrer sur la représentation queer ?

Steven : Je pense qu'il y a plusieurs raisons à ce changement. Le plus important pour nous, c'était de sentir que nous racontions l'histoire que nous voulions raconter avec Stan et Angel. Nous avons construit cette relation pour qu'elle soit essentielle dans l'arc qui s'étend sur toute la saison où Angel en vient par elle-même à être une femme et à trouver son libre-arbitre. Quand Stan la rencontre d'abord comme travailleuse du sexe sur les quais, elle voit Stan à tous points de vue comme une bouée de sauvetage, et lui aussi la voit comme telle. Quand on arrive à la fin de la première saison, elle est indépendante et comprend dans le final, quand il revient vers elle, qu'elle n'a plus besoin de lui. Lui avait clairement encore besoin de cette bouée de sauvetage, mais elle non. On avait clos cette histoire et mon instinct de conteur m'indiquait très fermement qu'on aurait trahi le public si on avait fait revenir Stan dans la seconde saison.

Neil : Stan a l'air d'être un allié, tout en voyant Angel d'une manière réductrice. Il était coincé dans sa vie, entre son mariage et leur relation. Elle grandit plus vite que lui et trouve un système de soutien stable. Rester avec lui ne pourrait signifier qu'une régression.

Steven : Oui. Comme je l'ai dit, j'ai une responsabilité, en tant que personne queer afro-latino, d'assurer que toutes les descriptions des communautés LGBTQ et BIPOC (Black Indigenous People of Color) soient positives. Si on prend acte que l'on ne voit que très rarement des portraits positifs et précis de femmes trans dans les médias, ce que nous disons à travers Angel c'est que si vous êtes une femme trans, vous avez absolument le droit d'avoir votre libre-arbitre. D'avoir le pouvoir. Par exemple, on a fait à dessein le choix que leur relation ne devienne pas physiquement violente, ce qui avait inquiété les spectateurs au cours de la première saison parce que voir de la violence envers les femmes trans à la télé est tellement habituel. Honnêtement, il aurait été très facile d'écrire davantage d'histoire pour Stan, et de faire de leur relation un arc qu'on aurait suivi sur l'intégralité de la série. Mais on avait le sentiment que le faire revenir lui enlèverait, à elle, tout le pouvoir qu'elle avait gagné. Et pourquoi aurions-nous fait cela ?

Neil : Beaucoup de gens construisent leur propre estime de soi à l'école, par leurs amitiés, à travers une congrégation religieuse, ou au travail. Mais pour la communauté trans, ces arènes risquent toutes d'être pleines de discrimination et de persécution. Je pense que c'est probablement une croyance dominante commune qu'il serait « plus facile » pour les trans de rester dans les rôles assignés par leur genre et de ne pas défier les normes sociétales. Pourtant, la communauté trans choisit d'emprunter le chemin le plus difficile, le plus périlleux. La chirurgie de réassignation sexuelle est toujours quelque chose de plutôt radical. Je vous pose la question sans juger : comment le grand public peut-il mieux comprendre et avoir de l'empathie pour les dilemmes moraux, biologiques et spirituels que doivent affronter les personnes trans ?

Steven : Je pense qu'il y a deux choses. L'une est la présomption selon laquelle toutes les personnes trans feraient de la chirurgie, ce qui n'est pas le cas. Il y a beaucoup de personnes trans qui sont en transition et qui ne font rien à leur corps. Voilà pour l'une. L'autre chose qu'on souligne dans la série, c'est quelque chose que la communauté trans connaît depuis un certain temps, qui est que le genre est une construction et que nous vivons dans une société lourdement ancrée dans les distinctions binaires. Il y a le bien et le mal. Les garçons et les filles. En réalité, ce n'est pas le cas. Donc ce que font les personnes trans et toutes les personnes LGBTQ+, c'est défier cette binarité et nos idées sur les normes de genre. Par exemple, en ce qui concerne une relation aimante entre deux hommes gay, la question qu'on entend toujours posée par les hétérosexuels, c'est : qui porte la culotte ? Ce n'est pas une question que nous, les personnes LGBT, nous posons, parce que nous ne souscrivons pas à ces croyances. Ces constructions de genre, les idées selon lesquelles les filles sont censées porter du rose et les garçons du bleu, rien de tout ça n'existe pour nous. Mais pour des personnes aussi figées et prisonnières de cette binarité et de ces croyances, il est souvent très difficile de s'en débarrasser. Les personnes trans, en remettant en question cette binarité, mettent mal à l'aise tellement de personnes cis genrées. Et je fais exprès de dire cis genrées et pas hétéros, parce que je pense qu'il y a beaucoup de personnes cis genrées gay et queers qui pensent pareil. Vous pouvez faire partie de la communauté LGBTQ et être quand même transphobe.

Neil : Il y a un thème commun exploré dans *Pose*, qui est l'idéal d'être capable de « passer ». C'est certainement exprimé comme un but pour Angel et Elektra Abundance [Dominique Jackson], quand elle dit : « Je veux me promener dans la rue et que les hommes et les femmes se retournent sur moi et pensent "Quelle femme délicieuse" ». L'idée étant de n'être pas perçue comme trans. Mais n'est-ce pas là jouer selon les règles binaires du genre ?

Steven : J'ai un ami qui m'a appelé au milieu de la première saison et a attiré mon attention sur ce point précis, parce que passer est quelque chose de très polémique. Il y a beaucoup de personnes trans qui n'utilisent même plus ce langage parce que le mot « passer » est vraiment problématique. Cela dit, il y a beaucoup de trans qui ne se préoccupent pas autant de l'idée de « passer ». Donc c'est un choix que nous avons fait pour les personnages de notre série. Il est très important que les gens comprennent que les expériences de ces cinq femmes leur sont spécifiques, qu'elles ne sont pas représentatives de toutes les personnes trans. Et c'est déjà un luxe de n'avoir pas une seule, mais cinq femmes trans comme personnages récurrents de la série, ce qui nous permet de montrer les nuances et une diversité d'expériences à l'intérieur de la communauté. Mais nous aurions certainement pu faire mieux en la matière pour montrer aussi l'autre côté.

Neil : On pourrait considérer le corps lui-même de la personne trans comme un antagoniste supplémentaire. On l'a vu dans *Transparent*, où Maura Pfefferman [Jeffrey Tambor] veut faire une chirurgie de réassignation sexuelle, mais le chirurgien estime la procédure trop risquée, étant donné l'âge de Maura et ses antécédents de santé. Est-ce que vous pouvez nous parler des risques pour la santé quand on prend des hormones, ou qu'on fait de la chirurgie, et de l'espérance de vie de la plupart des personnes trans ?

Steven : Les questions de santé sont un problème individuel qui concerne le patient et son/ses médecin(s). Mais c'est une question distincte de celle du taux de mortalité. L'espérance de vie, en particulier pour les femmes trans noires et latinos aux États-Unis est d'environ 35 ans. La raison de la brièveté de cette espérance de vie est d'abord liée à la violence. C'est pour ça que les activistes trans insistent tellement sur la nécessité d'éduquer les gens et d'éradiquer la transphobie, et d'avoir des conversations sur l'importance de trouver des alliés. En ce qui concerne la communauté LGBTQ, les personnes trans sont les plus marginalisées. Donc elles ont infiniment plus de chances que les personnes cis genrées d'avoir à affronter des discriminations pour le logement, l'emploi, l'accès aux soins médicaux. Et bien sûr, ces chiffres augmentent encore si vous êtes une personne trans qui en plus est noire ou latino aux États-Unis. Nous participons tous à la création d'un environnement où les personnes trans ne sont pas vues comme égales.

Neil : C'est aussi lié à des raisons socio-économiques, parce que quand il y a des crimes de haine, est-ce que les personnes trans ont un accès suffisant aux soins médicaux ? Est-ce que la police et les politiciens conservateurs les prennent au sérieux et les considèrent comme des « victimes » légitimes et innocentes ? Le filet de sécurité traditionnel n'est pas vraiment là… Ce qui explique pourquoi les maisons sont si importantes. *Pose* parle vraiment de la famille et des différents types de familles. Et pourtant, les maisons de ces familles choisies, et les clubs de la culture Ballroom, ne sont pas des zones sans conflits. Ce sont des microcosmes. Il y a des conflits entre les maisons parce qu'il y a une compétition. Il y a des gens qui essayent de se saboter les uns les autres. Il y a entre proches des rivalités, des désaccords, des jugements, et des bagarres – comme dans toutes les familles. Ça montre ce que n'importe quelle famille sait : on peut s'aimer, mais aussi se rendre dingues et chercher à se nuire les uns les autres. Comme je l'ai déjà dit un million de fois : toutes les grandes séries télé parlent de familles – qu'elles soient liées par le sang ou pas. Mais dans *Pose*, le choix d'une famille est une question de survie.

Steven : Je pense que la manière la plus simple d'exprimer ça, c'est que les maisons sont un filet de sécurité. Et c'est au bout du compte ce qu'elles représentent pour tous ces jeunes LGBTQ souvent laissés-pour-compte. C'est ce que les maisons et la communauté Ballroom ont toujours représenté. Ça a toujours été une histoire de communauté, d'amour, de famille, d'acceptation. Quand les gens pensent au Ballroom, ils pensent aux catégories, aux trophées et au voguing. Mais en réalité ça représente bien plus pour la communauté.

L'autre vide très important que comble le Ballroom pour la communauté, c'est que dans un monde où on vous dit souvent que votre vie n'a aucune valeur, le Ballroom est l'endroit où on vous accepte et où on vous célèbre pour les choses qui souvent vous marginalisent. Il n'y a que dans le Ballroom qu'une femme trans peut marcher sans crainte et avoir tout le monde à ses pieds grâce à sa beauté. Dans ces soirées, les personnes queers valent autant que les plus grands hommes d'affaires de Wall Street, que les militaires, ou les top models. C'est là que cette communauté vit et exprime tous ses espoirs et les rêves dont elle a été privée. C'est sa manière de les récupérer.

Neil : Il y a aussi, à l'intérieur de la communauté Ballroom, les règles de la maison. Il y a des juges, et bien sûr, le MC. Pray Tell [Billy Porter] est méchant. L'ego est encore là. Le juge est encore là. Certains vont vous détester. D'autres vont vous adorer. C'est juste un autre microcosme avec de nouvelles sources d'antagonisme. La même chose vaut pour les règles de la maison de mère Blanca Rodriguez-Evangelista [MJ Rodriguez] ; si l'un de ses enfants prend de la drogue, elle le chasse. Oui, c'est une maison, un refuge. On vous accepte ici en tant que personne queer. Mais si vous vous droguez et vous faites du mal, ça ne va pas. Pourtant la toxicomanie peut être un symptôme d'anesthésie et de désir d'oubli, même temporaire, de la dure réalité. Et je n'ai pas l'impression qu'un seul des personnages puisse vraiment oublier ce que c'est d'être marginalisé ou « autre », parce qu'on le leur rappelle constamment. Quand Blanca veut ouvrir son propre salon de manucure, elle doit affronter une reine de l'immobilier, Frederica Norman [Patti LuPone]… qui est prête à incendier son propre immeuble plutôt qu'accepter une locataire trans, fière de mener sa petite entreprise et payant son loyer rubis sur l'ongle. Quand on voit à quelles extrémités les gens sont prêts à recourir pour justifier leur intolérance. Pourquoi pensez-vous que la communauté trans, plus qu'aucune autre, provoque des réactions d'intolérance si violentes ? Pourquoi est-ce que les gens s'en préoccupent tant, ou pour le dire plus précisément, haïssent aussi profondément ?

Steven : Honnêtement, j'aimerais avoir la réponse. Mais je ne l'ai pas. Ce week-end [11 – 12 juillet 2020], J.K. Rowling a encore fait un post sur les femmes trans. Et je lui ai répondu par un tweet parce que j'étais vénère. Je ne comprends pas pourquoi les gens s'y intéressent tant. Je ne comprends pas pourquoi ça crée autant de rage et de malaise et de haine. Honnêtement, je ne comprends pas. J'ai été élevé dans un environnement où j'ai appris à respecter tout le monde et à faire preuve d'empathie pour les autres. Et je présume que la plupart des gens qui discriminent la communauté trans sont capables d'empathie pour les autres. Ils en ont la capacité. Alors pourquoi de tels cris de haine contre la communauté trans ? Je pense qu'une grande partie de ma trajectoire d'humain consistera à explorer et à essayer de comprendre pourquoi. Et je suppose qu'en explorant cette question, ma réponse comme artiste est simplement de créer une œuvre qui va montrer de l'amour et créer de l'empathie plutôt que passer mes journées à essayer de comprendre pourquoi certaines personnes sont haineuses. J'ai l'impression que la seule chose que je peux contrôler, c'est de combattre cette haine avec de l'amour à travers mon art.

Neil : J'étais un activiste pendant la crise du sida, et la maladie semblait donner aux homophobes une justification pour marginaliser et discriminer les personnes queers. Même si les premiers cas de sida ont été signalés à New York et en Californie en 1981, le président Reagan n'a jamais mentionné cette épidémie, surnommée « la peste gay », avant 1985. Pour *Pose*, pourquoi avez-vous décidé ce saut dans le temps, de 1987-1988 à 1990 et de vous attaquer à la crise du sida – qui devient l'antagoniste ultime dans la série ?

Steven : La première saison avait pour but d'amener les gens dans la conversation. Avec la télévision, vous ne savez jamais vraiment exactement quelle série va sortir du lot, pour quelle série le public va montrer de l'intérêt ? Est-ce que vous allez trouver un public ? Vous ne savez jamais vraiment. Juste, vous la sortez et vous croisez les doigts. Je ne savais pas comment elle serait accueillie. Mais même si on n'avait pas trouvé notre public, même si on n'avait pas été renouvelés, on aurait eu une saison. Donc avec mes collaborateurs on s'est demandé ce qu'il était important pour nous d'exprimer dans les huit épisodes de cette saison, peut-être sans suite. Et c'est là qu'on s'est décidés pour un arc sur toute la saison où on voit Blanca, après avoir été diagnostiquée séropositive, faire le choix délibéré de former une maison et de finalement devenir mère de l'année juste avant de passer à la saison 2. Par chance, les critiques ont aimé la série et on a trouvé notre public, donc on a pensé qu'on pouvait être plus audacieux dans la saison 2. La politique a toujours été très présente dans *Pose* dès la première saison, mais on voulait la rendre encore plus visible dans la saison 2. On voulait plonger directement dans la réalité de 1990. Ce n'est pas un hasard si la saison 2 s'ouvre sur l'Église catholique attaquée par une manifestation d'Act Up, qui à cette époque était partout à New York. Les activistes menaient l'assaut contre le manque de réactivité du gouvernement face à la décimation de la communauté LGBT par le virus du sida. C'était la raison de ce saut dans le temps.

Neil : J'aimerais qu'on parle du personnage de Candy Johnson-Ferocity [Angelica Ross], que je considère comme un énorme changement de ton dans la série. Candy était un personnage auto-destructeur, et aussi le premier personnage principal à mourir, avec le chagrin et les répercussions que ça implique. Est-ce que ça a été un épisode très discuté dans la writers room ? Dans certains épisodes précédents, on avait presque l'impression que vous et Ryan, vous balanciez de la poudre magique pour rendre tout plus chaleureux et acceptable ? Vous avez fait votre épisode de Noël et vos scènes de dîner à la maison. Ça donnait toujours un sentiment d'espoir et de chaleur. Et puis l'épisode 12 de la saison 2, « Candy, reine de la nuit », a été le premier à être vraiment brut, et apparemment plus proche du ton de votre pilote original.

Steven : On a beaucoup parlé de la violence envers la communauté trans pendant la première saison. Spécifiquement du personnage d'Angel et de la violence dont les travailleurs du sexe trans sont souvent l'objet. Mais on a décidé de laisser tomber cette histoire, d'abord parce qu'on a eu l'impression que ce serait tromper le public. Il y a un contrat implicite que vous créez avec votre public, et depuis le tout début, la prémisse et les thèmes de la série étaient l'amour et la famille et la résilience. C'était donc un choix narratif de ne pas aller par là. Et puis, au début de 2019, pendant qu'on élaborait l'histoire pour la saison 2, trois femmes trans noires ont été tuées en moins de cinq jours. Et en général, quand des personnes trans sont tuées, le plus souvent les grands médias n'en parlent pas. À moins d'être branché sur des organes de presse queer, vous n'en entendrez jamais parler. Et les meurtres de ces trois femmes noires trans nous ont juste rappelé de manière terrible notre responsabilité de raconteurs d'histoires. Et donc c'est important pour nous de ne pas ignorer les problèmes les plus graves liés à ce que c'est d'être une personne trans en Amérique. On essaye toujours vraiment de ne surtout pas imposer notre sensibilité contemporaine aux histoires ou aux personnages, mais évidemment que ça va influencer et impacter l'histoire et les arcs des personnages. Pendant la deuxième saison, on est juste arrivés à un point où ça n'avait plus aucune importance. On a juste eu le sentiment qu'il était plus important de simplement raconter une histoire honnête à propos de l'expérience queer ou trans, une histoire qui engage notre public et qui soit capable de créer, on l'espérait, plus d'empathie. Ça a prévalu sur toutes les peurs qu'on aurait pu avoir d'injecter notre sensibilité contemporaine dans une fiction d'époque.

Et donc, au bout du compte, on a décidé de raconter une histoire où l'un de nos personnages se fait tuer et les répercussions de cette mort dans la communauté.

La décision de faire revenir Candy à certains moments au cours de la saison a résulté de la combinaison de notre amour pour Angelica et de notre volonté de rappeler au public les effets durables de la violence contre les trans. Candy est l'un des personnages pour lesquels j'adore écrire parce qu'elle est tellement drôle. Et Angelica apporte tellement au personnage. Mais d'un autre côté, et c'est ce que je reprocherais à la télévision, souvent vous voyez un personnage mourir, et c'est comme s'il n'avait jamais existé. C'est sûr, il y a des manières de rendre hommage à un personnage sans le faire revenir physiquement comme une apparition. Mais je pense que pour nous, c'était juste important de faire savoir au public que sa vie comptait et qu'elle n'avait pas juste disparu. Elle continue à être importante et à jouer un rôle dans les vies de tous ces personnages. Pour moi, la réapparition la plus importante de Candy, c'est dans cette scène de l'épisode 9 de la saison 2, où toutes les femmes vont à la maison sur la plage. C'est notre épisode *Sex and the City*. À la toute fin de l'épisode, Elektra conduit la voiture et les femmes chantent, et Elektra regarde dans le rétroviseur et voit Candy qui chante avec elles sur la banquette arrière. Elektra n'a jamais pu dire adieu à Candy. Elle n'est jamais allée jusqu'au cercueil. On a écrit une scène à la toute fin de l'épisode où Candy meurt, où Elektra parle à Blanca après l'enterrement et avoue ne pas avoir été capable d'aller jusqu'au cercueil pour dire adieu. Pour un certain nombre de raisons, on a fini par couper cette scène dans l'épisode. Mais pour moi, le moment dans la voiture était plus fort qu'avoir juste Elektra en train de dire adieu. C'était un rappel au public que la vie de Candy, que les vies trans comptent, et qu'elles ne seront pas oubliées. En particulier par ceux pour qui elles comptaient le plus.

10

Refuser les formules et les structures conventionnelles

Si vous voulez mieux comprendre à quel point la *télévision linéaire* (programmée dans des créneaux rigides, avec des pauses publicitaires) a changé, il vous suffit de regarder *WandaVision* sur Disney+:

1. **Épisodes d'une durée variable.** De moins de 30 minutes à plus de 40 minutes pour le final de la série. Les épisodes d'une durée variable sont aujourd'hui une tendance répandue, de même que des saisons avec un nombre d'épisodes moindre. Il n'y a plus de standard, de schéma prévisible ou de formule.

2. **Ton hybride.** La série passe de blagues de sitcoms au ton badin à des territoires plus profonds, sombres, existentiels, aux sortilèges magiques, jusqu'à la tragédie pure et simple.

3. **Diffusion à la carte.** Disney+ a diffusé tout de suite les deux premiers épisodes, puis a suivi ensuite un schéma de diffusion hebdomadaire. C'est différent de ce que fait Netflix en mettant habituellement tous les épisodes d'une saison en ligne d'un coup pour faciliter le binge-watching dès le premier jour, ou de ce que privilégient HBO Max (anciennement HBO), Showtime, Hulu (plus connu à l'international sous le nom de Star), et Apple TV+, avec une diffusion typique d'un épisode par semaine.

4. **Pas de publicités.** Disney+ (comme pratiquement toutes les plateformes de streaming) fonctionne par abonnement, donc pas besoin de vendre de la pub, ou d'interrompre le rythme de l'histoire par des pauses publicitaires toutes les 10 ou 15 minutes. Il y a des exceptions d'AVOD (Advertising Video On Demand, voir plus loin dans ce chapitre).

À la place, les publicités qui apparaissent dans beaucoup d'épisodes sont de *fausses* pubs satiriques, créées spécialement et fidèles à l'époque de chaque style de sitcom. Dans le pilote, dans l'une des fausses pubs de la sitcom en noir et blanc, on voit un ToastMate 2000 (inventé par Stark Industries) émettre un flash de lumière rouge. C'est la première indication pour nous que ce monde en noir et blanc a plus de sens qu'à première vue. Ce ne sont pas des publicités faites pour gagner de l'argent. Ces pubs font partie de la construction de cet univers.

Cette approche est une révolution du business model de la télévision. Pendant des dizaines d'années, les séries télé étaient tenues par l'approche de la télévision traditionnelle : des durées de diffusion strictes et des formats structurés pour permettre les pauses publicitaires. Les séries des chaînes traditionnelles devaient aussi lutter pour garder leur créneau de programmation et être renouvelées. Avec la révolution de la télévision digitale, tout a été renversé. Du jour au lendemain les audiences du jour ont perdu tout leur sens. Au lieu de gagner de l'argent par la vente d'espace pour des spots publicitaires, on a maintenant soit l'AVOD, Advertiser Supported Video On Demand (c'est-à-dire de la télé « gratuite » avec des pauses publicitaires), soit la SVOD, Subscription Supported Video On Demand (par abonnement, basée sur des algorithmes plutôt que seulement sur la mesure des audiences). Netflix, HBO Max, Amazon Prime, Hulu, Disney+, Paramount+ et AppleTV+ font tous de la SVOD.

L'AVOD offre aux spectateurs une expérience sur mesure où ils peuvent choisir eux-mêmes leur contenu, à la demande, selon leurs intérêts ou leur désir de compléter leur offre d'entertainment. FAST (Free Ad-supported Streaming Television, Télévision gratuite interrompue par des pauses publicitaires) ressemble beaucoup à la télé linéaire. Peacok offre de l'AVOD.

Il y a aussi la PVOD, Premium Video On Demand, pour les événements spéciaux, sans publicités, un service payant pour la première diffusion d'un film ou un événement sportif en direct.[38]

Avec un changement aussi drastique du business model de la télévision, passé de choix limités sur la télévision linéaire à un excès apparent de choix sur les plateformes de streaming, la manière dont les séries sont conçues, écrites, produites, montées et distribuées a aussi changé.

Dans ce chapitre, on étudie le modèle traditionnel de la structure de la télévision, qui existe encore et continuera à exister, en plus du streaming à la demande. En général, l'AVOD et la SVOD sont segmentées par âges et catégories socio-économiques. Netflix domine toujours le monde avec plus de 200 millions d'abonnés mensuels, mais la guerre entre plateformes de streaming déterminera qui finira par l'emporter. La seule vérité absolue dans le business de l'entertainment est que *le contenu est roi*. La structure, les formats, et le nombre d'épisodes par saison peuvent changer, mais ce qui fait qu'on regarde, ce sont les personnages iconiques pris dans des histoires irrésistiblement attirantes, quelle que soit la forme sous laquelle c'est présenté.

D'abord, un rapide survol des modèles linéaires de base de la télé traditionnelle et du câble, qui dépendent tous les deux de la publicité et nécessitent que les auteurs « écrivent en fonction des fins d'acte » (c'est-à-dire avec des cliffhangers obligatoires) pour faire rester les spectateurs jusqu'à la fin de la pause publicitaire. Avant, seuls ceux qui disposaient d'enregistreurs vidéo numériques (comme TiVo) pouvaient sauter les pubs, mais avec l'augmentation du nombre de consommateurs se désabonnant du câble pour privilégier la diffusion à la carte OTT (over-the-top, c'est-à-dire directement sur Internet en passant « par-dessus » les abonnements), l'AVOD fonctionne comme une chaîne traditionnelle et ne permet pas aux spectateurs de passer les pubs.

38. Pendant les protocoles sanitaires liés au COVID-19, Warner a été le premier grand studio à proposer ses films sur HBO Max le même jour que leur sortie en salles ; le 3 septembre 2020, après plusieurs reports, le studio a sorti *Tenet* de Christopher Nolan. Disney et son service Disney+ Premier Access a emboîté le pas avec *Cruella*, sorti simultanément dans les salles et sur Disney+ le 28 mai 2021. Mais l'accès premium est plus cher, et n'est pas compris dans l'abonnement mensuel.

Formats structurels

Chaque série appartient à un format particulier qui lui permet d'être facilement identifiée.

Les drames sont en général classés comme séries procédurales bouclées ou feuilletonnantes.

Les séries procédurales des chaînes traditionnelles, comme *Law & Order, Les Experts, Grey's Anatomy* et *Good Doctor*, traitent un nouveau cas chaque semaine. À la fin de chaque épisode, les policiers attrapent le méchant, les avocats gagnent (ou pas) l'affaire, les docteurs sauvent (ou pas) le patient. Bien que les séries procédurales reposent beaucoup plus sur l'intrigue, parfois elles s'écartent du format et s'occupent d'histoires plus personnelles.

Les séries feuilletonnantes offrent des intrigues plus complexes qui se déploient sur plusieurs épisodes ou même plusieurs saisons. Beaucoup utilisent le DPU (*direct pickup)* où chaque épisode commence *exactement* là où le précédent s'est terminé (exemples : *Dead to Me, Mare of Easttown, Lupin*).

D'autres séries, comme *Breaking Bad, Mad Men*, et *Homeland*, ont une approche moins systématique, et font commencer le nouvel épisode par exemple le jour, la semaine ou le mois d'après. *Mad Men* a fait un saut en avant d'une année entre deux saisons. La saison 1 de *Fargo* a sauté neuf mois vers la fin de la saison. *Pose* a sauté plusieurs années et est même passée à la décennie suivante dans sa saison finale.

Les comédies sont en général classées comme sitcoms multi-caméras ou mono caméra.

Les sitcoms d'une demi-heure en multi-caméras, format qui a été dominant, sont en train de disparaître. En 2021, NBC n'a pas programmé une seule sitcom pour sa nouvelle saison télé, et est passée en mono caméra avec sa comédie très plaisante *La méthode Kominsky* sur Netflix. Néanmoins, les sitcoms multi-caméras restent viables pour certains types de séries à décors restreints (comme *The Conners*), peuvent être bien moins chères à produire et sont filmées par quatre caméras en même temps sur une scène en studio devant un public.

Les sitcoms mono caméra, comme *The Office, Parks and Recreation, Community, Modern Family*, et *30 Rock*, n'utilisent qu'une caméra et ont tendance à filmer davantage de personnages, de scènes et de décors. Les séries mono caméra (comédies comme dramédies) sont devenues dominantes, de *Bienvenue à Schitt's Creek* et *Ted Lasso* à *Insecure, Kim's Convenience, PEN15* et la comédie *Dix pour cent*.

Les comédies en multi-caméras sont plus restreintes et sont tournées principalement en intérieur, sur les mêmes plateaux toutes les semaines. On en vient à considérer ces lieux comme familiers et iconiques.

Les comédies mono caméra nous emmènent partout : dedans, dehors, dans l'espace, dans l'océan – partout où l'histoire a besoin d'aller, les spectateurs la suivent. Les séries d'animation comiques (*Les Simpson, Rick et Morty, Family Guy*) peuvent nous emmener n'importe où, la seule limite étant l'imagination des auteurs. Si on peut le dessiner, on peut le faire. Il y a aussi les sitcoms hybrides à l'occasion, qui mêlent les caractéristiques du multi-caméras et du mono caméra, comme *How I Met Your Mother, Les Goldberg*, et *Kevin Can F**k Himself* – mais ce sont des exceptions.

Le ton et le rythme font aussi partie intégrante de la structure de l'histoire.

En général, plus le rythme est rapide, plus le ton est grand public. Si vous regardez deux séries très similaires, *The Big Bang Theory* et *Silicon Valley*, la première est multi-caméras, rapide, et doit faire trois blagues par page, avec des personnages bien plus grand public que les nerds techno plus nuancés de *Silicon Valley*, une satire mordante qui tend vers davantage de réalisme. Une série procédurale criminelle ou judiciaire sur une chaîne classique se déroule à une vitesse d'enfer, et repose sur une formule artificielle. Je suis convaincu que la forme simpliste que prend la justice dans les séries procédurales sur les chaînes traditionnelles est toujours populaire parce qu'elle repose sur une idée toute faite du « bien » et du « mal », où la nuance empiète sur le besoin d'avoir obtenu « justice » à la fin de l'épisode. On parle de la question du rythme dans le chapitre 4.

Dans le marché actuel du streaming à la demande, les showrunners doivent penser à accrocher les spectateurs le plus tôt possible. Si le meilleur de l'histoire ne commence que dans les épisodes 2 ou 3, vous devriez reléguer votre pilote au statut de backstory, et faire commencer votre pilote *in medias res* (en latin, « au milieu des choses »). Le pilote de *Breaking Bad*, à ce jour l'un des meilleurs pilotes jamais écrits, utilise cette approche, comme Shonda Rhimes et Peter Nowalk pour *How to Get Away With Murder*. *Ozark* part aussi comme un boulet de canon dans son pilote, mais ralentit ensuite et remplit les blancs dans l'épisode 8 de la saison 1, justement intitulé « Kaléidoscope », qui opère un flash-back de dix ans en arrière et oblige les spectateurs à réévaluer complètement leurs présomptions sur Wendy Byrde (Laura Linney) pour une surprise maximale et un gain d'empathie.

Prévoir le nombre de saisons et calculer le nombre d'épisodes.

Le mieux qu'un showrunner puisse faire, c'est espérer le meilleur et corriger sa course, si besoin. C'était/c'est beaucoup plus facile sur les séries diffusées de manière hebdomadaire sur plusieurs mois, qu'avec le modèle Netflix où toute la saison est mise en ligne d'un seul coup (pour permettre aux spectateurs de « binger »). Là, les showrunners peuvent modifier le montage jusqu'à la date de livraison finale de tous les épisodes de la saison. Sur une série diffusée hebdomadairement, il est plus facile de faire des ajustements, en fonction des réactions éventuelles du public du marché global. Vous pouvez prévoir et calculer autant que vous voudrez dans la writers room et dans les bureaux de la production, personne ne sait vraiment comment une série sera accueillie par les spectateurs avant sa première diffusion. Les gros titres des journaux, les tendances culturelles, l'humeur du public, les séries concurrentes, et la compétition généralisée pour capter l'attention, tout joue un rôle important dans le succès final d'une série. Tout est dans le timing.

L'ABC de la structure feuilletonnante pour tous les genres

L'intrigue A

L'intrigue A est d'abord au service du concept central de la série – ce qu'on appelle la *franchise*. Cette intrigue dominante concerne les personnages principaux et c'est elle qui compte le plus de scènes (ou « temps forts »,

« *beats* ») dans l'épisode. La franchise sert aussi de signature – ou « point idéal » – de la série, et offre le plus possible d'intrigues (on parle de *moteurs narratifs* et de *micro-missions*) évoluant d'un épisode à l'autre. Le but actif du protagoniste principal dans chaque épisode est presque toujours centré sur l'intrigue A.

Dans *La Servante écarlate*, Offred, née June Osborne (Elisabeth Moss) lutte pour surmonter la théocratie patriarcale oppressive afin de se libérer elle-même aussi bien que ses sœurs métaphoriques.

Dans *Atlanta*, l'intrigue A tourne autour de l'ambitieux Earnest « Earn » Marks (Donald Glover) jonglant entre sa relation dysfonctionnelle on/off avec sa petite amie (et mère de son enfant) Vanessa (Zazie Beetz), et sa carrière naissante de manager de Paper Boi, un espoir du rap (Brian Tyree Henry).

Dans *Ted Lasso*, les intrigues A concernent les matchs de foot et l'esprit sportif, y compris les machinations, suite à son divorce, de la nouvelle propriétaire de l'AFC Richmond, Rebecca Welton (Hannah Waddington).

L'intrigue B

Si l'intrigue A sert le cas et les enjeux externes les plus forts, l'intrigue B est habituellement une histoire personnelle, avec des enjeux plus émotionnels et intérieurs. L'intrigue B sert à rendre le personnage principal plus accessible et vulnérable.

Dans *Mare of Easttown*, la vie personnelle de Mare est faite, en parallèle, de son chagrin d'avoir perdu son propre fils (un ancien drogué), d'avoir à élever sa fille rebelle, et d'essayer d'obtenir la garde de son petit-fils aux dépens de l'ex-petite amie de son fils décédé, Carrie (Sosie Bacon), qui se débat toujours avec l'addiction. Toutes les épreuves personnelles de Mare (ou intrigues B) sont abordées avec les conseils bien-intentionnés, mais la plupart du temps ignorés, d'Helen (Jean Smart), la mère irascible et cash de Mare. L'intrigue C tourne autour de la vie amoureuse de Mare, et de ses rendez-vous avec l'auteur/professeur Richard Ryan (Guy Pearce). Comme vous pouvez le voir, l'approche « intrigue ABC » de l'« organisation de l'histoire » a tendance à être holistique et est souvent unifiée par un thème (ici : le deuil, le chagrin).

Dans *Le Jeu de la dame*, les intrigues B impliquent la mère adoptive de Beth, Alma Wheatley (Marielle Heller), d'abord antagoniste puis alliée. Dans les derniers épisodes, les intrigues B incluent la bataille de Beth contre son parasite de père adoptif, Allston Wheatley (Patrick Kennedy) pour le titre de propriété de la maison des Wheatley dans une banlieue du Kentucky. Les autres intrigues B comprennent l'élan amoureux non réciproque de Beth pour un beau reporter du nom de Townes (Jacob Fortune-Lloyd), et pour Benny Watts (Thomas Brodie-Sangster) le champion américain en titre des échecs, et son amitié avec son amie d'enfance Jolene (Moses Ingram). Les intrigues C incluent les flash-back sur la relation pénible de Beth avec sa mère biologique qui souffre de maladie mentale, Alice Harmon (Chloe Pirrie).

Dans *Ted Lasso*, les intrigues B tournent autour de la vie amoureuse et du divorce de Ted, de sa relation avec son jeune fils, des rivalité entre les joueurs et de leur vie amoureuse, et des vies personnelles des membres du staff et de l'équipe. Tout au long de la saison 1, il y a une intrigue autour d'un triangle amoureux entre Keeley Jones (Juno Temple), un mannequin qui travaille pour l'AFC Richmond et qui est tiraillée entre le jeune, beau et ultra-arrogant Jamie Tartt (Phil Dunster), et Roy Kent (Brett Goldstein), plus âgé, aigri et souffrant d'une blessure au genou qui pourrait mettre fin à sa carrière.

Runners : Les séries peuvent aussi contenir des intrigues C et même D moins importantes, qu'on appelle *runners*. Ce sont par exemple des conflits anodins secondaires pour la franchise, une histoire personnelle impliquant des personnages secondaires, ou un running gag. Dans *Ted Lasso*, son habitude d'arriver avec des biscuits pour Rebecca tous les matins est un runner. La gentillesse de Ted finit par avoir raison d'elle et la conquiert.

Dans l'épisode 11 de la saison 6 de *Mad Men*, l'intrigue C se concentre sur Peggy Olson (Elisabeth Moss), dont l'appartement est envahi par un gros rat. Elle lutte pendant tout l'épisode pour s'en débarrasser. Mais quand elle prend enfin le satané rongeur au piège et qu'il laisse une trace sanglante, Peggy appelle au secours son collègue Stan (Jay R. Ferguson) en plein milieu de la nuit – lui offrant même des faveurs sexuelles en échange, mais Stan est au lit avec une autre femme et décline. À la fin de l'épisode, le problème du rat est résolu quand Peggy prend un chat. En fait, on ne la voit pas faire l'acquisition du chat, il est juste assis sur le canapé à la fin de l'épisode, à côté d'une Peggy beaucoup plus calme – un bon exemple de *narration elliptique* (ou l'histoire est racontée « *in the cut* », « dans la coupe », l'intervalle).

Les séries feuilletonnantes ont souvent plusieurs *runners* parce qu'elles ont davantage de personnages « à servir ». Mais il n'est alors pas nécessaire d'inclure chaque personnage dans chaque épisode. *Game of Thrones* a fait tourner son point focal d'un épisode à l'autre. Les chemins des personnages venant de sphères différentes peuvent se croiser de manière surprenante ou choquante.

Parfois des intrigues B ou des runners deviennent des histoires plus importantes. Dans *Barry*, le rôle-titre (Bill Hader) jongle entre son boulot alimentaire de tueur à gages et ses efforts pour construire une carrière d'acteur et d'auteur à Hollywood. Parfois les histoires liées à son cours de comédie et sa vie amoureuse avec sa collègue actrice Sally Reed (Sarah Goldberg) prennent le pas au fur et à mesure que leur relation s'approfondit. Les intrigues C incluent aussi les flash-back vers son passé de combats comme Marine, soutenant l'idée que Barry souffre toujours d'un syndrome post-traumatique, et l'enquête en cours sur le meurtre des cibles de Barry (ses victimes).

Vocabulaire de base pour la structure télé : Le *teaser* dans un drame, ou le *cold opening* dans une comédie d'une demi-heure, sert d'accroche (*hook*), même si toutes les séries n'y ont pas recours et commencent directement par l'acte 1. Le premier acte établit le problème qu'affrontent les personnages principaux. Dans l'acte du milieu, le problème se complique, les enjeux s'intensifient, et la solution paraît impossible. Dans l'acte final, l'histoire atteint son climax et se résout, et peut être suivie d'un *tag* optionnel en guise d'épilogue pour conclure l'épisode. Ça peut être le pay off d'un runner. Dans un drame mono caméra ou une dramédie, l'épisode se conclut habituellement par un cliffhanger qui sert les intrigues A et B. Voyez le chapitre 12 pour aller plus loin sur les cliffhangers.

En général, chaque acte a quatre ou cinq *beats* (temps forts) et se termine idéalement avec l'intrigue A, sur le dilemme du personnage principal. La franchise (intrigue A) traverse tous les actes, tandis que l'intrigue B et les runners peuvent être disséminés en fonction des besoins. À l'occasion, vous pouvez choisir de finir un acte sur une bonne intrigue B. Il est extrêmement rare de finir un acte sur une intrigue C. Si l'histoire mérite de terminer un acte, alors ce n'est pas votre intrigue C – c'est plus probablement votre intrigue A ou B.

Analyse de *Breaking Bad* (AMC)

Le pilote du toujours exemplaire *Breaking Bad* s'ouvre sur la course folle de Walter White dans le désert à bord d'un camping-car transformé en labo pour produire de la meth (*le teaser*). Dans le son grandissant des sirènes, Walter se prépare à un affrontement avec la police (*le hook*). L'acte 1 fait un saut en arrière trois semaines plus tôt pour replacer le public dans le monde habituel de Walter. Il vient d'avoir 50 ans, sa femme est enceinte, il a un fils ado atteint d'infirmité motrice cérébrale, et il a besoin d'argent (*le problème*). Il améliore son salaire de prof de chimie au lycée en travaillant dans une station de lavage auto. Ses problèmes se compliquent quand on lui diagnostique un cancer en phase terminale (*les problèmes et les enjeux s'intensifient*). Maintenant Walter a besoin d'argent pour sa famille avant de mourir. Après avoir vu aux infos la DEA démanteler un labo de meth valant 700 000 $, Walter demande à son beau-frère Hank (Dean Norris) s'il peut l'accompagner pour pouvoir apprendre au passage comment fonctionne le trafic de drogue. Pendant l'opération, Walter rencontre Jesse Pinkman (Aaron Paul), un de ses anciens étudiants, qui échappe de peu à l'assaut de la DEA. Walter convainc Jesse de faire équipe. « Tu connais le business, et je connais la chimie. »

Walter et Jesse fabriquent de la meth, mais ils n'ont pas de circuit de distribution. Jesse se tourne vers d'anciens complices pour vendre le produit, mais ses anciens partenaires pensent que Jesse les a doublés, et essayent donc de tuer Jesse et Walter (*solution impossible*). Walter improvise et tue les anciens complices dans le camping-car grâce à une mixture chimique. Un incendie commence à faire rage dans les buissons alentour à cause d'un des anciens complices de Jesse qui a jeté sa cigarette par la fenêtre. Walter conduit le camping-car aussi loin que possible de l'incendie, ce qui ramène circulairement l'épisode au teaser. Alors que les sirènes se rapprochent, Walter découvre qu'elles viennent de camions de pompiers qui foncent vers le brasier provoqué par la cigarette, et pas de voitures de police (*le climax*). Lui et Jesse s'en tirent à bon compte – pour l'instant (*résolution*). Le pilote se termine avec Walter cachant des informations à sa femme, aussi bien sur son nouveau business que sur son cancer. C'est l'origine de la faille qui va peu à peu grandir dans son mariage (*l'épilogue*).

La franchise est Walter qui monte son trafic de drogue avec son nouveau complice impétueux, Jesse. L'intrigue B est Walter qui lutte pour trouver l'équilibre entre sa vie de famille et son entreprise secrète. Parmi les runners, on trouve Walter qui s'occupe de son cancer, et qui récolte (et cache) des informations auprès de Hank, son beau-frère agent de la DEA. La vie personnelle de Jesse est aussi une source d'intrigues B passionnantes.

Écrire avec des fins d'actes ou pas ?

Certains showrunners de séries SVOD utilisent encore des fins d'actes dans leurs scénarios – même s'il n'y a pas de coupures publicitaires. Pourquoi ? Parce qu'écrire avec des fins d'actes peut se révéler hautement bénéfique quand on veut raconter une histoire qui soit à la fois captivante sur le plan de l'intrigue *et* qui puisse rentrer (plus ou moins) dans un créneau d'une demi-heure ou d'une heure. Bien que je conseille vivement à mes étudiants en écriture télé d'« élaborer l'histoire » et de la définir en fonction de fins d'actes (qu'on peut aujourd'hui désigner comme des « moments charnières » plutôt que comme des cliffhangers artificiels ou forcés), une fois que le scénario est écrit, je les encourage alors à enlever les fins d'actes (c'est-à-dire à ne pas les indiquer sur la page). Je préfère une lecture continue – l'histoire prévaut sur le format. Quand je lis : « FIN DE L'ACTE UN » sur la page, ça peut me faire sortir de l'histoire. En même temps, beaucoup de showrunners, aujourd'hui encore, aiment lire des scénarios avec des fins d'actes clairement indiquées sur la page, ce qui prouve que l'auteur saisit bien l'importance des rebondissements et des retournements structurels dans un scénario.

Quand vous écrivez un pilote pour une sitcom ou un drame d'une heure, analysez les séries du moment qui ont du succès et qui ont le même ton, le même rythme que ce que vous aimeriez pour votre série – et analysez la structure. Est-ce qu'il y a un « teaser » ? Combien d'actes ? Combien de scènes par acte ? Est-ce qu'il y a un « tag » ou un épilogue ?

Après avoir étudié et pris comme points de comparaison pour le ton et la structure de bonnes séries, écrivez votre pilote selon votre propre goût en ce qui concerne le rythme. S'il y a une seule chose à retenir de ce chapitre :

Il n'y a plus de standard dans notre industrie en termes de structure et de format.

Des structures narratives innovantes, des tons hybrides, des genres mélangés qui défient et transcendent toute formule, tel est l'idéal, du moment que ça donne un scénario de pilote absolument génial. Tout ce qui marche… marche, y compris les flash-back, les flash-cuts, les voix off, les narrateurs douteux, les illusions dues à l'imagination ou à la rêverie, les hallucinations, les épisodes concepts/hors norme, les touches de réalisme magique, et les jeux temporels.

Le format du scénario télé : règles de base

En général les sitcoms d'une demi-heure multi-caméras sont présentées selon le format sitcom avec un *double interligne* et font environ 50 pages. Et les comédies et dramédies mono caméra sont présentées dans un format *à interligne simple* et font environ 30 pages.

En général les scénarios des séries dramatiques d'une heure font entre 48 et 63 pages. Cependant, beaucoup de pilotes sont plus longs et sont ensuite réduits durant le processus de production, en particulier en post-production. Les scénarios pour *Scandal, À la Maison-Blanche, Gilmore Girls*, et *Urgences* peuvent faire 85 pages ou plus, du fait de leur rythme soutenu et de leur dialogue ultra-rapide. Mais même avec ce plus grand nombre de pages, la série, une fois produite, tient dans son créneau d'une heure.

Il n'est pas toujours facile d'évaluer la longueur réelle d'un épisode tant qu'il n'est pas tourné. Le rythme du jeu des acteurs, celui des scènes, le style du montage, et les interludes musicaux (comme dans *Glee*) peuvent influer sur la durée réelle par rapport au nombre de pages. C'est pourquoi, une fois que la série est lancée et devient une machine bien huilée, un coordinateur d'écriture lira le scénario et en fera le « timing », une évaluation de la durée réelle de l'épisode. Pour un auteur qui essaye de vendre un scénario original de pilote, le mieux est généralement de travailler en respectant les règles de base du nombre de pages.

Alors que les pilotes de séries télé continuent à brouiller les frontières avec le cinéma, passons en revue quelques structures de base du scénario qui s'appliquent également aux scénarios de pilotes télé.

Quand vous construisez votre scénario en partant de zéro, vous avez besoin de fondations solides et de soutiens structurels – sinon votre château de cartes pourrait très bien s'effondrer. Les deux paradigmes structurels les plus couramment utilisés sont :

Narration linéaire

L'histoire est racontée chronologiquement dans le temps le plus court possible. Première partie : installation. Deuxième partie : complication. Troisième partie : climax/résolution. Pas de flash-back ou de flash forwards.

Narration en flash-back

L'histoire commence à la fin, puis opère un flash-back vers le début et fait en sorte de donner au public le moyen de comprendre comment l'histoire en est arrivée là. Quand on est dans le « temps présent » (de l'histoire) uniquement au tout début et à la toute fin d'un film, on considère qu'on a une structure en « serre-livre ». Les films riches en flash-back sont souvent des adaptations littéraires. Sans le contexte d'une backstory très riche, la plus grande part de l'esprit originel du roman serait – et est fréquemment – perdue. C'est probablement la raison pour laquelle les nouvelles ont tendance à faire de meilleures adaptations au cinéma que des œuvres plus longues (voir le chapitre 2 sur la propriété intellectuelle et l'adaptation).

Structures alternatives

À part les narrations linéaires détaillées ci-dessus, il y a un nombre infini de manières de structurer et séquencer un pilote. *Chernobyl* (HBO) utilise une structure en « serre-livre », commençant par l'enregistrement de cassettes par Valeri Legasov (Jared Harris), suivi de son suicide, puis on part en flash-back pour voir comment et pourquoi il s'est pendu. Ou vous pouvez également commencer quelque part au milieu et zigzaguer en arrière puis en avant (*The Flight Attendant, Le Jeu de la dame*). Ou jouer à la marelle ou faire des loopings (*Watchmen, Euphoria, La Casa de Papel, The Underground Railrooad, Mare of Easttown*). L'excellent pilote de *Orange Is the New Black* (écrit par Jenji Kohan, à partir de l'autobiographie de Piper Kerman) a trois lignes temporelles : (1) le premier jour en prison de Piper Chapman (Taylor Schilling) ; (2) son passé récent avec son fiancé Larry (Jason Biggs) avant de partir en prison ; (3) le passé plus lointain où elle a eu une histoire d'amour lesbien avec une trafiquante de drogue internationale, Alex Vause (Laura Prepon), qui a forcé Piper à devenir une mule pour faire passer de la drogue (le crime originel). La série est aussi une *structure chorale* qui, comme son précurseur *Lost*, peut, de temps en temps, changer de focalisation pour suivre les backstories de personnages secondaires. *The Crown, La Casa de Papel, Vida, Euphoria* et *Pose* utilisent des outils structurels similaires pour développer l'épaisseur des personnages via l'impact durable d'un passé qui les hante jusqu'à ce jour. Je cite David Foster Wallace, qui nous a laissé une phrase profonde qu'on peut appliquer à la structure narrative, puisqu'elle concerne le développement des personnages : « Toute histoire d'amour est une histoire de fantômes[39]. »

Structure à la *Rashōmon* : Le style Rashomon, inspiré du classique du cinéma du même titre sorti en 1951 et réalisé par le maître japonais Akira Kurosawa, raconte l'histoire d'un même crime à travers plusieurs points de vue. Le public a une sensation multidimensionnelle des personnages, grâce à la manière dont chacune de leur version se déploie. *The Affair* (Showtime) utilise cette structure de manière brillante, ainsi que nombre de films et de séries télé, y compris l'épisode iconique « Théorie du chaos correctif » de *Community* (épisode 4 de la saison 3), et « À qui la faute » (« I Saw What I Saw », J'ai vu ce que j'ai vu), épisode 6 de la saison 6 de *Grey's Anatomy*.

39. *Le Roi pâle*, de David Foster Wallace, centré sur des employés blasés de l'IRS (Internal Revenue Service), était un manuscrit inachevé à l'époque de la mort de son auteur par suicide (12 septembre 2008), publié de manière posthume le 15 avril 2011, par Little Brown and Company.

Boucle temporelle, ou structure à la ***Un jour sans fin*** : Le même jour revécu encore et encore. Cette structure est d'abord apparue dans l'épisode 62 de *La Quatrième dimension*, intitulé « Peine capitale ». Cet outil narratif peut être utilisé efficacement dans tous les genres. La comédie noire/dramédie *Poupée russe* (Netflix) utilise une approche drôle, acerbe et fraîche qui « ancre » l'histoire dans la physique quantique et incorpore la théorie du chaos (ou « effet papillon ») quand les protagonistes principaux Nadia Vulvokov (une Natasha Lyonne toujours grincheuse) et Alan Zaveri (Charlie Bennett) entreprennent de s'évader d'un cycle apparemment sans fin de vie et de mort. L'outil de la boucle temporelle a été utilisé dans beaucoup de films et d'épisodes télé, y compris la comédie romantique fantastique *Palm Springs* (Hulu) en 2020, l'épisode « Lundi » de *X-Files* (épisode 14 de la saison 6), et l'épisode « Bandersnatch » de *Black Mirror* en 2018 dans le style « aventure dont vous êtes le héros », où *le public* peut choisir des fins alternatives de la même histoire.

Raconter l'histoire à l'envers : *Memento*, le film néo-noir du cinéaste Christopher Nolan (2001), racontait son histoire à la fois dans l'ordre chronologique (en noir et blanc) et à l'envers (en couleurs), en commençant à la fin et en revenant par cercles vers le début. Cette structure a été choisie pour essayer de rendre l'état d'esprit de Leonard (Guy Pearce), qui souffre d'un trouble psychologique, l'« amnésie antérograde ». D'autres films ont employé des formes similaires de chronologie inversée, y compris les films innovants *500 jours ensemble* (2009) et *Eternal Sunshine of the Spotless Mind* (2004).

Dans la série d'anthologie *American Crime Story : The Assassination of Gianni Versace* (FX, 2018), le couturier et icône gay Gianni Versace (Édgar Ramírez) est assassiné par un tueur en série, Andrew Cunanan (joué par Darren Criss). Dans sa superbe adaptation du livre[40], le scénariste Tom Rob Smith (qui a écrit l'intégralité des sept épisodes de la mini-série) a choisi de raconter l'histoire à l'envers, en partant du meurtre de Versace, et en rembobinant aux victimes précédentes de Cunanan. En renversant la narration, Smith parvient à faire naître

40. La mini-série est adaptée du livre *Vulgar Favors : Andrew Cunanan, Gianni Versace, and the Largest Failed Manhunt in US History*, de Maureen Orth, Delacourt Press, 1999.

de la compréhension et de l'empathie pour l'indéchiffrable sociopathe Cunanan, à la beauté charismatique. Le livre comme la mini-série ont été faits contre la volonté des héritiers Versace, qui ont dit que c'était de la fiction. Cette controverse mise à part, la structure de la série est éclairante par sa manière de montrer comment on devient un tel monstre. Indiquer que Cunanan a dû être maltraité par son père ajoute une dimension de sympathie, conformément au but de la plupart des histoires des origines. L'astuce ici a consisté, pour l'auteur, à ne pas révéler cette histoire des origines avant le final de la série.

C'est à vous de déterminer la meilleure structure pour maintenir la tension et le suspense de *votre* histoire. Toutefois, sachez que si vous déviez trop de la chronologie de base, vous risquez de perdre vos spectateurs. Il est donc important de prêter d'autant plus de soin et d'attention au plan, au séquencier, au travail de préparation et à la structure.

Où commencer

Indépendamment du type de structure, je dis souvent à mes étudiants de commencer l'histoire à un moment de déséquilibre, de tension, ou de danger pour le(s) personnage(s) principal(aux). Si vous commencez avec un protagoniste désespéré, on plonge direct. Trouvez la structure qui nous rende solidaires des problèmes du protagoniste dès la première page. Ne faites pas attendre le public.

Planifiez avant d'écrire : le séquencier/le tableau

J'établis toujours le séquencier de mes scénarios et de mes pilotes télé avant de me mettre à écrire. J'aime me servir des bonnes vieilles fiches bristol que je peux étaler devant moi sur la table de la salle à manger, ce qui me permet de voir l'intégralité de l'intrigue du début à la fin. Vous pouvez aussi vous servir d'un traitement de texte ou d'un logiciel d'écriture. Si vous avez un bureau, vous pouvez utiliser de grands tableaux blancs. Quel que soit le système que vous choisissez, vous devez pouvoir effacer, corriger et bouger des choses facilement.

En tout cas, chaque scène doit avoir son propre conflit (ou source de tension dramatique), offrir un nouveau bout d'information sur l'intrigue ou sur un personnage, et distraire/intriguer tout du long.

Peu importe à quel point vous avez travaillé à l'avance sur le plan et la structure de votre scénario, vous vous apercevrez que c'est *pendant* l'écriture elle-même que vous ferez des découvertes palpitantes, souvent inattendues. En fait, si vous vous retrouvez à jeter, réarranger, ou réécrire de grands morceaux de l'histoire, ça signifie presque certainement que vous êtes sur la bonne voie. Créer un univers prend du temps – alors détendez-vous et prenez-y du plaisir.

Idéalement, le but final est de rendre la structure de l'histoire invisible.

Vous voulez que le public soit absorbé par votre histoire, pas qu'il soit en train d'en disséquer la structure. Toutefois, de même que les basketteurs ou les musiciens professionnels passent des milliers d'heures à s'entraîner pour acquérir les fondamentaux, commencer par un brainstorming d'ensemble et un plan solide pour la structure vous donne la meilleure chance d'écrire quelque chose qui soit passionnant à lire.

La méthode initiale pour trouver sa structure

1. Écrivez plusieurs versions de prémisses excitantes pour des histoires qui vous passionnent et que vous aimez suffisamment pour y passer une année ou plus de votre vie. « Élaborer l'histoire » revient toujours à envisager les possibilités, plutôt qu'à connaître à l'avance toutes les « réponses ».

Je recommande de faire trois colonnes :

- le probable (il faut s'en occuper, mais c'est en général le plus évident).
- le possible (ce qui est plus intrigant et moins évident).
- le complètement inattendu (qui doit être préparé de manière crédible et se mérite, mais qui est le plus satisfaisant pour le public quand ça marche)

Je ne vais pas vous la spoiler si vous ne l'avez pas vue, mais la résolution finale de *Mare of Easttown* est surprenante et choquante, comme le final sublime de *Watchmen* avec Angela Abar (Regina King) qui flotte pieds nus au-dessus de la surface de l'eau de la piscine.

2. Choisissez l'idée d'histoire qui résonne le plus en vous et qui soit emblématique de votre vision de la série.

3. Rédigez des histoires courtes, simples et linéaires pour avoir une idée précise de la carte narrative que vous voulez suivre. Peu importe comment vous organiserez tout ça plus tard, commencez par là.

Quelqu'un veut quelque chose. Il essaye de l'obtenir. Il y a des obstacles internes et externes avec les complications qui en résultent. Il atteint son but ou pas.

Gardez ces esquisses initiales d'histoires sous une forme narrative linéaire en prose simple pour commencer.

4. Brainstormez les scènes et les idées. Commencez par jeter des notes sur des fiches bristol, ou sous la forme d'un flux de conscience comme dans un journal intime. Ne réécrivez pas encore. Laissez juste les choses venir.

5. Cherchez des connexions et des morceaux potentiellement plus grands qui peuvent se combiner en séquences et s'unifier sous un thème commun.

6. Décidez combien d'intrigues inclure, et leur importance relative dans le séquencier de la première version. Cherchez les points d'intersection. Pensez à la manière dont les différentes intrigues se relient entre elles et où et comment elles se croisent.

7. Faites des recherches approfondies sur votre sujet et sur sa localisation. Trouvez et analysez des séries, des films, des livres, des pièces, des histoires et d'autres modèles de référence comparables. Ça vous aidera aussi à trouver le ton de votre série.

8. Passez du temps à examiner, resserrer, renforcer les intrigues secondaires, les scènes, et rédigez un séquencier ou un traitement.

9. Une fois que le séquencier ou le traitement a l'air solide, écrivez une version exploratoire du scénario. Essayez d'avancer chaque jour, et prenez

comme mantra : « On verra ça plus tard » quand ça coince ou que vous avez envie de faire des changements dans les pages que vous avez déjà écrites. Mieux vaut continuer à aller de l'avant ; laissez juste des petits cailloux derrière vous pour revenir sur vos pas et raccorder plus tard les pages qui restent à fignoler avec celles plus clairement définies.

10. Réécrivez autant de versions que nécessaire dans le temps imparti. Écoutez toutes les remarques constructives, mais n'intégrez que les notes qui entrent en résonance avec votre vision de la série (à moins qu'on vous paye très cher, et que vous ayez à user de diplomatie et à choisir vos batailles pour ne pas vous faire virer).

La vérité, c'est que tout le processus est itératif et confus, et aucun auteur ne suit la même méthode. Certains auteurs travaillent pendant des mois sur le séquencier et mettent au point des modèles en béton armé. D'autres esquissent un séquencier et se lancent tout de suite dans l'écriture, puis reviennent au séquencier, et multiplient les allers-retours. Beaucoup de scénaristes de cinéma, en particulier, choisissent de ne pas faire de séquencier du tout, et préfèrent commencer par une image d'ouverture évocatrice et par une image de fin. Trouvez le système qui vous convient.

Le temps est le contenant de votre série.

Si vous n'avez pas la certitude d'avoir besoin d'une structure alternative, prenez la structure classique en trois actes (début, milieu et fin). Ça a marché pendant des dizaines d'années pour les films et pendant des siècles pour le théâtre. Si vraiment vous voulez faire quelque chose de différent, ou que la dimension, la portée, la nature du matériau le réclament, voici quelques questions à vous poser :

Quelle est la durée couverte par l'histoire ? Plus la période sur laquelle se déroule l'histoire est longue, plus il vous faudra montrer de créativité pour la structure.

Est-ce que les informations dont le public a besoin pour comprendre l'histoire viennent d'époques très éloignées les unes des autres ? Par exemple, est-ce que l'histoire se passe quand le protagoniste a 60 ans, mais nous devons savoir des choses qui se sont passés plus tôt dans sa vie ? Ces types de structures se prêtent bien aux histoires montées en parallèle, appelées aussi *tresses narratives* ou *narration tressée* (*L'Amie prodigieuse, Dead to Me, Made for Love*) et/ou aux flash-back.

Est-ce que présenter les éléments de l'histoire dans le désordre va augmenter la tension, la comédie, le drame ou le suspense en bousculant les attentes du public de manière satisfaisante ?

Est-ce que le choix de la structure convient mieux à l'expérience profonde de l'histoire qu'on raconte ? *I May Destroy You* est un bon exemple, puisque les trous dans la structure narrative ont l'air de correspondre à l'expérience de la drogue, du black-out, et de l'amnésie.

Avez-vous le sentiment que vous devez absolument essayer une nouvelle approche ? C'est toujours un bon signe pour aller de l'avant.

Finalement, terminez le scénario du pilote et travaillez-le jusqu'à la perfection. Un jour j'ai demandé à la légendaire poétesse et autrice Grace Paley comment elle savait qu'un texte était terminé. Elle m'a répondu : « Je cherche les mensonges. »

Interviews

Álex Pina, *La Casa de Papel* (Netflix), sur l'innovation dans la structure de série feuilletonnante

Alec Berg, *Barry* (HBO), sur les changements de ton inattendus et comment transcender les attentes du spectateur

INTERVIEW : Álex Pina, *La Casa de Papel* (Netflix) sur l'innovation dans la structure de série feuilletonnante

Cette interview a eu lieu le 20 octobre 2020.

Neil : Combien de ces braquages sont sortis de votre imagination, et quels éléments de l'histoire ont été le résultat direct de vos recherches avec des experts – de la police, de la sécurité, et de vrais criminels ?

Álex : Il y a énormément de clichés dans ce genre du braquage parfait, et on a regardé beaucoup de choses (des romans, des films, des documentaires) afin de comprendre ce monde, sa mécanique, son style. Peut-être que la référence la plus claire était Tarantino, parce qu'on l'admire profondément et parce que, avec lui, on partage le côté émotionnel, la comédie noire, l'action, et les dialogues entre personnages uniques et excentriques. Mais au-delà des influences, chaque intrigue de *La Casa de Papel* est née sur le tableau noir. De l'imagination et du travail d'équipe de tous les auteurs dans la writers room. Une fois qu'on a les idées pour l'intrigue, on commence à consulter et à se documenter pour rendre ça viable, voir si c'est possible, etc. Il y a beaucoup d'idées qu'on envisage pour l'intrigue et dont on doit se débarrasser parce que, après avoir consulté des officiers de police, des enquêteurs, des criminologues, des juristes, on finit par les écarter. Mais pas un seul des plans pour le braquage ne vient d'« agents extérieurs ». On fait le travail de vérification seulement après avoir donné naissance à l'idée, et il y a une équipe de documentation qui parle à la police, à l'armée, aux médecins, aux juges, etc.

Neil : Une question sur la durabilité : comment faites-vous pour tirer le maximum d'épisodes de ce qui, par définition, est une prémisse limitée ? Évidemment, la réponse est liée au rythme et à la manière dont les épisodes jouent avec le temps. Combien de jours au total devait durer le braquage original de la Monnaie d'Espagne par rapport au nombre d'épisodes ? En d'autres termes, le braquage se déroule « en temps réel » sur quelques jours, mais la série dure beaucoup plus longtemps à la télé. Par exemple, *Breaking Bad* se déroulait sur deux ans, mais a été diffusé à la télé sur plus de cinq ans.

Álex : Le temps réel dans *La Casa de Papel* est un temps comprimé : on écrit actuellement la cinquième saison, où il y a des épisodes dont la durée réelle est de seulement 10 minutes, mais qui vont, quoi qu'il en soit, durer 45 minutes. Ce sentiment de temps réel interne fait monter l'adrénaline de bien meilleure façon. La série se déroule comme une conséquence logique et en temps continu, c'est-à-dire que les épisodes ont tendance à commencer là où l'épisode précédent se terminait, dans une continuité impossible à arrêter qui immerge les spectateurs dans le cambriolage. On ne vole rien aux spectateurs. Et ils ont le sentiment immédiat d'avoir vu le mouvement continu du temps réel et des événements. Ça donne à la série un rythme frénétique où nous glissons aussi une multitude de moments décisifs et de renversements. Mais ce ne serait pas possible s'il n'y avait pas un contrepoids pour altérer en permanence la sensation et l'expérience visuelle. Dès qu'on atteint un sommet, on repart dans le passé. On a un personnage sur le point de mourir, il y a un pic d'adrénaline, l'angoisse du spectateur est insupportable, alors on part en flash-back avec ce personnage dans une époque révolue, mais surtout, on va vers une autre « saveur » ou un autre genre. Peut-être la comédie ou le « feel good ». C'est ce qui est merveilleux avec le fait de travailler en permanence avec deux époques différentes. *La Casa de Papel* ne travaille pas avec seulement du flash-back : la série est structurée autour de deux époques au moins. Parfois jusqu'à cinq époques différentes sont mêlées. Cet outil stylistique est crucial pour nous permettre de travailler sur des situations affectives, amoureuses, comiques, et en même temps, stressantes et tristes, et tout cela dans le même épisode. Si vous ne travaillez pas sur des plans temporels différents, la continuité émotionnelle vous empêche de changer le ton angoissé ou triste ou dramatique de certaines des actions.

Pour ce qui est du temps interne et du temps réel, les braqueurs préparent leur coup entre mai et octobre 2016 ; ils entrent dans la Monnaie Royale le 21 octobre 2016, et en sortent cinq jours plus tard, le 26 octobre 2016. Ça n'a été diffusé à la télé que pendant quelques mois. Le premier épisode est diffusé le 2 mai 2017. Le neuvième, où on arrive à la moitié de la saison, est diffusé le 27 juin, et la seconde partie reprend le 16 octobre, tandis que le dernier épisode, le 15ᵉ, est diffusé le 23 novembre 2017. C'est-à-dire, trois mois et demi à la télé pour un braquage de cinq jours.

Neil : J'adore l'humour noir de la série. Comment trouvez-vous l'équilibre entre l'humour et les enjeux sérieux – et comment faites-vous pour que ça marche de manière aussi parfaite et organique ?

Álex : C'est la marque de fabrique de Vancouver (Media) : la création de personnages différents, transgressifs, charismatiques et la fragmentation temporelle, qui nous permet d'être dans un genre puis de radicalement changer pour passer à un autre. Relever le tout avec de l'humour noir est très compliqué, mais quand on crée des scènes avec énormément de tension, on aime la casser, pour reprendre notre souffle avec un peu de comédie. C'est un répit pour le spectateur et pour nous, les auteurs. Ce mélange est cathartique. Si vous êtes toujours en mode drame à vous briser le cœur, le spectateur devient blasé. Il faut une pause, un repos, un soulagement. Et ça fait rire. C'est comme aux enterrements. Il y a un besoin vital de rire. C'est pourquoi il faut moduler vos propres émotions et l'expérience visuelle du spectateur. On travaille avec une combinaison de genres et nous sommes donc obligés d'essayer d'avoir un regard comique sur chaque séquence, quelle que soit la gravité de tel ou tel événement.

Nous croyons que la fraîcheur vient de la combinaison de genres, comme sur des montagnes russes. Bien sûr, il faut surprendre les spectateurs par les retournements narratifs et les cliffhangers, mais c'est bien plus excitant de surprendre le spectateur avec des changements de genres. Vous croyez que vous allez voir un drame quand la séquence commence, mais à la fin, c'est une comédie festive. Vous croyez que vous allez voir un braquage, et soudain c'est une histoire d'amour géniale.

Neil : Comment avez-vous décidé de la structure globale pour les parties 1 et 2 ? Par exemple, saviez-vous dès le début qu'à la fin de la saison 1, ils parviendraient à s'enfuir de la Monnaie avec une partie de l'argent ? Ou est-ce que la fin de la saison a évolué au fur et à mesure de l'écriture et de la production des épisodes ?

Álex : Contrairement aux autres séries, on écrit en même temps que le tournage. Quand on a commencé à tourner *La Casa de Papel,* on avait écrit seulement trois épisodes. Mais ça vous donne une énorme capacité de changer ce qui ne fonctionne pas, de réécrire, de découvrir que l'amitié entre deux des personnages a une dimension différente ; quelque chose que vous n'aviez pas compris pendant la phase d'écriture, mais que vous voyez, au moment où les séquences sont assemblées. On écrit très près du tournage pour garder de l'agilité dans les changements de direction, pour enrichir ou ajouter des choses auxquelles nous n'avions pas pensé, mais que nous réinterprétons lorsque nous voyons la magie des acteurs au montage. Écrire est une chose, et la séquence jouée en est une autre. Parfois vous pensez que vous écrivez une séquence d'action, et puis vous comprenez qu'en réalité, c'était une séquence sur la fraternité entre deux personnages, plus importante que le danger qu'ils traversent. Et ça vous fait changer pour aller dans cette direction, parce qu'il y a là une veine que vous n'aviez pas prévue.

On écrit les scénarios en actes, mais sans penser aux pauses publicitaires parce qu'on ne sait pas quand la chaîne télé voudra interrompre. On écrit en trois actes, mais en y incluant beaucoup de moments décisifs. La seule manière de travailler sur une série soumise à des interruptions publicitaires dont vous ne connaissez pas à l'avance le schéma ou le rythme, c'est d'insérer des pivots dramatiques, des points de repères et des cliffhangers dans chaque épisode. C'est la seule manière d'avoir l'attention du spectateur. On avait l'habitude de ramasser l'intrigue prévue pour 10 épisodes en 6. On mettait toute la viande d'un coup sur le grill. Les gens parfois élargissent les cadres. On les a dynamités. On voulait tout mettre dans le plus petit nombre d'épisodes possible. Si on tire tous les feux d'artifice en même temps, c'est plus spectaculaire.

Neil : Est-ce que l'augmentation du budget de production a eu un effet sur l'intrigue et sur les choix narratifs ? Est-ce que le fait d'avoir un plus gros budget a réduit votre stress de showrunner, ou l'a augmenté ?

Álex : La seule chose qui a changé par rapport à ce qu'on faisait pour la chaîne Antena 3, c'est qu'on a pu tourner à l'extérieur de Madrid, et même dans d'autres pays. Dans les premières saisons, on a fait une île des Philippines dans le jardin d'un restaurant, alors que maintenant on a pu aller en Thaïlande, au Panama, au Danemark ou au Portugal. Mais le stress d'un showrunner, ce n'est pas le budget, loin de là ; c'est Christina López, notre directrice de production, à qui ça donne des migraines. Ce dont moi je m'inquiète vraiment, c'est d'avoir des scénarios parfaits, avec de la tension, de l'émotion ; que ce qui est filmé soit de la qualité que nous voulons imprimer à toutes nos productions, que notre marque de fabrique soit évidente.

Le stress d'un showrunner est directement proportionnel à ses exigences en tant qu'auteur. Donc si vous avez des critères élevés, le stress est inévitable, quelle que soit la taille du budget. C'est une question de créativité. Le budget vous permet de tourner des idées chères, compliquées, ou celles qui demandaient une énorme valeur en production et que, avant, vous deviez écarter. Mais sinon, faire un épisode vous stresse si vous êtes prêts à faire 20 versions pour l'améliorer. Et c'est notre cas.

Neil : Maintenant que les acteurs de votre casting original sont devenus célèbres mondialement, est-ce que ça influence quels personnages garder vivants et lesquels tuer ?

Álex : La vie ou la mort d'un personnage va dépendre des besoins de la narration, pas de la renommée de nos actrices ou acteurs. Ils n'ont pas été recrutés pour leur célébrité, et on ne les écartera pas du groupe à cause d'elle. C'est une question de cohérence narrative. On raconte une histoire dans laquelle on joue avec le feu ; les personnages sont immergés dans un monde où ils peuvent être tués. Et la violence de cette réalité fait partie de la fiction contemporaine.

Il y a quelques années, dans la fiction télé, le spectateur savait qu'on n'allait pas tuer ses protagonistes. Ils étaient en danger dans beaucoup d'épisodes, mais ils survivaient toujours. Aujourd'hui, la fiction a changé. C'est bien plus excitant, précisément parce que c'est imprévisible. N'importe qui peut mourir. Tout peut arriver. N'est-ce pas plus excitant de sentir que ce que vous aviez prévu va exploser à la fin de l'acte ? Le spectateur a tellement d'expérience et regarde tellement d'heures de fiction par an qu'il est capable d'imaginer la suite de l'histoire. Il le fait d'une manière immédiate et inconsciente. Donc on essaye toujours de surprendre les gens, de ne pas suivre l'idée qu'ils se font du déroulement des choses. Notre fiction cherche toujours à surprendre les attentes.

Neil : Combien de strates les biographies des backstories de chaque personnage comportent-elles au départ… et à quel point évoluent-elles quand vous découvrez des strates plus profondes au fur et à mesure que vous développez l'intrigue ?

Álex : Dès le départ, quand on a commencé à écrire *La Casa de Papel*, on avait des biographies très précises pour les personnages, certains profils psychologiques qui les feraient réagir d'une manière ou d'une autre, en fonction des déclencheurs. Mais quand ils interagissent, quand l'action se déploie, et en fonction des besoins de la narration, les personnages aussi changent et nous créons des facettes auxquelles nous n'avions pas pensé au début de l'aventure. On essaye toujours de faire en sorte que les spectateurs portent un jugement moral sur les personnages. Par exemple, Berlin. On vous oblige à le haïr intellectuellement. C'est un personnage misogyne, narcissique et égocentrique, cruel et sans pitié. Froid. Et pourtant, dès que le public l'a situé moralement dans son esprit, nous faisons tout pour détruire ce premier jugement. Et c'est alors que le personnage devient fun et que nous atteignons l'ambiguïté morale, le fil sur lequel nous marchons toujours en funambules. Si les spectateurs sont amusés par un personnage, ils vont l'adorer. De nos jours, la moralité n'a plus la même valeur qu'il y a une dizaine d'années. Il y a bien d'autres sensations, et toutes sont grises, blanches, noires. Les personnages peuvent faire de grandes choses épiques aussi bien que des trucs sordides, méchants et cruels. Nous pouvons tous nous identifier avec le meilleur aussi bien qu'avec le pire. C'est la nature des personnages de fiction en 2020. En même temps, comme les personnages ne savent rien les uns des autres avant le braquage, ils peuvent aussi se réinventer pendant, presque comme dans *Lost*. Dans la writers room, quelle était la méthode pour créer ces moments de braquage inoubliables, qui nous éclairent aussi sur les personnages et les incitent à changer ?

Álex : C'est la magie de *La Casa de Papel* : comme vous ne connaissez pas les personnages avant le braquage, vous pouvez les inventer au fur et à mesure. Par exemple, la relation entre le Professeur et Berlin est née quand nous avons vu la chimie entre Álvaro Morte et Pedro Alonso. On a décidé qu'ils seraient frères, nous avons progressivement amené les acteurs et les personnages à former ce lien, et ça a marché. Aujourd'hui, tous les fans de la série savent qu'ils sont frères.

Travailler sur une scène sans passé et écrire le passé en même temps, c'est vraiment ce qu'il y a de mieux au monde. Vous créez le présent et simultanément vous imaginez le passé. La chronologie, c'est surévalué. Aujourd'hui, la structure en montage parallèle est bien plus fascinante stylistiquement, mais surtout, en termes de contenu et de sensations : vous pouvez aller vers l'arrière, vers l'avant, vers la comédie, vers le drame… vers des surprises dans le présent et dans le passé. C'est plus difficile à écrire, mais c'est aussi plus fun.

Neil : On m'a dit que le scénario du pilote avait demandé 50 révisions. Quels sont les plus grands changements que vous avez faits depuis la première version – et pourquoi ? Plus précisément : depuis votre idée d'origine d'avoir « seulement une saison » et « pas de sang », quels autres éléments ont radicalement changé au fur et à mesure que la série a progressé et a rencontré autant de succès ?

Álex : Le scénario du pilote a subi 52 révisions. C'est une autre marque de fabrique de Vancouver : on ne se satisfait pas de la première chose qui vient à l'esprit, on retravaille les intrigues, les personnages, et on jette beaucoup. Je crois qu'il est bon et sain d'être très critique de ce que vous faites, de ne jamais se résigner, et c'est pour ça qu'il y a tellement de versions.

Un des changements fondamentaux dans le premier épisode a été l'introduction d'un personnage que nous avons créé alors que nous étions déjà en train d'écrire le deuxième et le troisième épisodes : Nairobi. On a compris qu'on avait besoin d'un autre personnage féminin puissant dans le gang, et on a pensé qu'Alba Flores était celle qui pourrait le mieux l'incarner. Il y a eu beaucoup de versions où on n'arrivait pas à trouver la voix de la série. Au début, la voix off était celle du Professeur, puis celle de Moscou, et finalement on l'a trouvée avec Tokyo. Ce n'est pas facile de trouver la voix d'une série : ce qu'elle veut dire, la distance avec laquelle elle parle, le moment dans le futur d'où elle parle. On a compris qu'on avait besoin d'une certaine distance pour mettre de l'ironie dans le récit. En bref, beaucoup de considérations apparaissent pendant qu'on écrit.

Neil : Saviez-vous dès le départ que le Professeur tomberait amoureux de Raquel ? Est-ce que sa rencontre initiale avec elle au café était un « piège » prévu par lui, ou est-ce que c'était une coïncidence romantique ? Son plan était-il simplement de se servir d'elle, de la manipuler avec sa double identité, et puis ses émotions auraient pris le dessus ?

Álex : Oui, il était essentiel pour l'intrigue non seulement que l'inspectrice tombe amoureuse de ce geek qui est venu au bar pour se détendre, mais aussi que lui ressente la même chose, parce que nous jouons toujours, toujours avec nos personnages pour les emmener là où ils n'ont pas envie d'aller. Il fallait que le Professeur tombe amoureux parce que ça montre qu'on ne peut pas tout contrôler, planifier. Comme ça, il brise ses propres règles. Si vous ne mettez pas vos personnages dans les pires situations possible, le spectateur sera moins intéressé. Quand vous mettez vraiment vos personnages en danger, même quand ils meurent ou sont dans des situations irréversibles, le spectateur est captivé.

Neil : Après avoir essayé de prendre le Professeur puis Moscou comme narrateur douteux, pourquoi vous êtes-vous décidés pour Tokyo ? Quand on y réfléchit, avoir un point de vue féminin est l'un des éléments qui rend votre série si innovante. Voici ma perspective sur Tokyo comme « narratrice douteuse » : je pense que c'est lié à cette idée de ne pas avoir le contrôle ; parce qu'elle n'a pas la pleine connaissance du plan comme le Professeur ou Berlin/Palermo. Elle prend des décisions impulsives et dangereuses qui ont des conséquences terribles. Mais peut-être que c'est ce que n'importe qui ferait à sa place ? Comme elle est dominée par l'émotion, c'est difficile de dire si ce qu'elle pense d'une personne ou d'un événement particulier est vrai, ou si c'est juste son interprétation, teintée de sa méfiance envers les autres et par le danger de la situation où elle se trouve. Est-ce que ça correspond avec la manière dont vous voyez son rôle ?

Álex : En effet, Tokyo est une personnalité dominée par l'imprévisibilité et l'impulsivité, et elle n'est pas en possession de tous les éléments du plan qui dépendent de l'intelligence, de la mesure et de la sagesse. Ce qui conduit à d'autres éléments intéressants. Sa voix est parfois lyrique, mais elle montre aussi toujours une personnalité très forte et sarcastique. C'est une voix off qui peut être séduisante quand elle prend sa dimension lyrique, mais aussi amusante par son côté sarcastique. Elle a du caractère.

On a fait plusieurs tests pour la voix off et écarté les autres personnages pour les raisons suivantes : dans le cas du Professeur, on a compris que la narration par ce personnage serait trop auto-centrée ; ensuite on a cherché un personnage avec un profil moins marqué pour nous parler de ce grand braquage, Moscou. On a essayé d'ajouter quelque chose de plus terre à terre à la voix off, mais d'après nous ça ne marchait pas non plus. Tokyo nous a permis de donner plus d'émotion à la narration, et aussi quelque chose de plus viscéral. Au cinéma, la voix qui raconte est presque toujours celle d'un homme, donc on voulait aussi violer cette règle en donnant à Tokyo le rôle de narratrice de l'histoire. On avait besoin de transformer un genre éminemment masculinisé en genre féminin. C'est pourquoi il y a autant d'éléments importants pour l'intrigue du côté féminin que du côté masculin.

Neil : J'ai lu des papiers qui disaient que choisir Tokyo comme point d'entrée dans la série avait subverti le cliché du *machisme* dans la culture espagnole et latine. Est-ce que vous voyez toujours l'Espagne comme patriarcale, ou est-ce que le mouvement « #MeToo » a changé ça ? En

1991, il y avait *Thelma et Louise* ; en 2018, il y avait *Ocean 8*, film de braquage entièrement féminin. Quelle est la situation de la politique du genre en Espagne telle que vous la comprenez aujourd'hui (en 2020) ?

Álex : J'aime écrire pour des protagonistes féminins. Je l'ai fait dans *Vis à Vis*, maintenant on le fait dans *Sky Rojo* où les personnages principaux sont trois femmes. Et, bien sûr, dans *La Casa de Papel*, en faisant des femmes des protagonistes puissantes dans un genre éminemment masculin. Il est évident qu'il y a une sensibilité latente dans l'histoire et dans la société espagnole. Notre pays est devenu un phare pour le monde grâce aux femmes, jeunes et plus âgées, qui défilent dans les rues le 8 mars chaque année. Ce sont elles qui montrent le chemin et qui obtiennent des changements en faveur de l'égalité. Tout ce mouvement qui se manifeste dans la rue se reflète aussi, bien sûr, dans notre fiction. On essaye de capturer le sentiment de la rue, mais notre série est avant tout construite dans le but de distraire et de provoquer des réactions émotionnelles, même si sous la surface il peut y avoir des allusions subliminales.

Neil : La religion est une partie tellement intégrante de la vie de la plupart des Espagnols. Avez-vous déjà pensé à faire jouer un rôle à l'Église dans *La Casa de Papel* ?

Álex : Non, on n'a jamais envisagé de mettre l'Église dans quoi que ce soit, mais je ne suis pas non plus d'accord avec votre affirmation. C'est vrai que la religion catholique espagnole et l'Église comme institution sont profondément enracinées dans la société espagnole ; il ne faut pas sous-estimer l'influence de 40 années de dictature, un régime dont l'Église catholique était l'un des piliers. Mais ça ne signifie pas que les Espagnols intègrent les ordres de l'église dans leur vie quotidienne.

Pour en donner juste un exemple, en Espagne, jusqu'en 2009, on célébrait plus de mariages catholiques que de mariages civils. Depuis, la tendance s'est inversée, avec 34 000 couples mariés à l'église contre 130 000 cérémonies civiles. Et pour le divorce, nous sommes le neuvième pays européen.

Neil : Avez-vous eu votre mot à dire quand Netflix a remonté les deux premières parties de la série pour les couper en 22 épisodes plus courts ?

Álex : Bien sûr, nous savions parfaitement que le format de 70 minutes utilisé par la télévision en Espagne est une rareté qui ne fonctionnerait pas dans les autres pays, donc chez Vancouver on s'est occupés de couper et de remonter les épisodes, pour les adapter à un format plus court. Aujourd'hui, en matière de fiction, plus c'est court, mieux c'est. Avant je faisais des épisodes de 80 ou 90 minutes. Et puis j'en ai fait de 45 minutes. Maintenant je fais des drames de 22 minutes. Je pense que ma durée idéale se situe entre 20 et 30, quel que soit le genre. Si la consommation change de forme, d'humeur, de support, les producteurs et les auteurs aussi doivent changer. Faire rentrer plus de choses dans moins de temps est un exercice formidable. Plus pour moins, on respecte votre temps !

Neil : Chaque épisode va toujours plus loin en termes d'enjeux, conduisant toujours les personnages vers une nouvelle forme de danger. Tandis que dans d'autres séries cela pourrait devenir répétitif ou tiré par les cheveux au bout d'un moment, ça n'arrive pas dans votre série. Comment avez-vous développé ces moments « qui font monter les enjeux » dans la writers room ? Quelles dispositions avez-vous prises pour vous assurer que le danger ait toujours l'air réel et qu'on ait toujours peur pour les personnages ?

Álex : Ce qui compte, c'est de ne pas avoir peur de prendre des risques. J'aime le chaos, l'adrénaline, la tension. Tout ça est essentiel pour provoquer un électrochoc chez le spectateur, et pour que cette attaque brutale le conduise à l'addiction. Dans cette saison, on a accéléré le rythme narratif de la série ; on l'a rendu plus implacable ; on a entrelacé davantage d'époques. La série a gagné en vitesse.

En ce qui concerne les moments décisifs et les risques, on l'a déjà mentionné : plus la situation empire pour les personnages, plus le spectateur est intéressé. À un moment, on a fait sortir Tokyo de la Monnaie sur un brancard. Quand on a fait ça, on ne savait pas ce qui allait se passer. Ni comment elle allait revenir. Mais on l'a fait. C'est un choix irréversible. Il en faut une centaine comme ça. Quand le spectateur se dit : « Merde, comment vous allez arranger ça ? », c'est que vous êtes sur la bonne voie.

Neil : Les flash-back dans les saisons 3 et 4 apportent de la lumière sur les personnages et fournissent de la backstory, mais n'ont pas toujours d'impact sur l'intrigue dans le présent. Quelle réflexion vous a amenés à inclure ces flasbacks, et comment ont-ils été développés ?

Álex : Ça a vraiment été un exercice de liberté incroyable, parce que, une fois qu'on a travaillé sur le plan qui allait permettre de ramener Berlin, on a trouvé une nouvelle ligne de flash-back. *La Casa* a toujours été établie dans deux époques de base : l'époque du braquage, et celle de l'élaboration du plan. Cette fois, pourtant, le plan est mis au point dans ces deux époques différentes, et on a aussi ajouté d'autres lignes temporelles concernant le passé des personnages qu'on ne connaissait pas ; des choses qu'ils ont faites après le braquage et après avoir quitté la Monnaie. Les flash-back dans les parties 3 et 4 étaient parfois très joyeux, on a pris la liberté de les remplir de sensations, de couleurs, de musique, d'une humeur festive, ce qui a permis d'aérer la série et de détendre les spectateurs sur la partie plate des montagnes russes. C'est de la construction de personnages, avec aussi un côté feel good. Si on veut apporter du changement en permanence, on a besoin de tous les styles et de tous les genres. La comédie musicale – qui l'eût cru ? – a aussi sa place dans *La Casa de Papel.*

Neil : Beaucoup de ces flash-back sont consacrés à Berlin, qui est mort dans le présent de l'histoire principale. Vous est-il arrivé de craindre que les gens ne s'intéressent pas à la backstory de Berlin ? Malgré son comportement plus que discutable tout au long de la série, il est devenu le personnage préféré de beaucoup de fans. Est-ce que ça vous a surpris, et qu'y a-t-il chez Berlin qui explique que les spectateurs du monde entier l'aiment autant ? D'après vous, pourquoi quasiment tout le monde est passé de la réprobation ou de la détestation au grand amour ?

Álex : C'est un peu l'essence de *La Casa de Papel* que contient le personnage de Berlin. On a fait revenir Berlin parce que le personnage fonctionnait très bien ; on aimait aussi beaucoup écrire pour lui. Et on avait encore beaucoup de choses à raconter : à propos de sa relation avec le Professeur, et comment ils ont travaillé ensemble. L'une des premières choses qui nous est venue à l'esprit quand on a décidé que le groupe allait revenir, c'était précisément ça, que le braquage était celui de Berlin et qu'on pouvait revenir à un autre passé, différent de celui qu'on connaissait déjà.

Berlin dirigeait le groupe et assurait le commandement quasi-militaire du cambriolage, l'une de ses vertus étant le self-control. Mais c'était parfois un homme cruel. Très complexe. Dans les nouvelles saisons, on en montre davantage sur lui, et le spectateur le voit aux moments les plus sympas de sa vie. Il est à la maison ; c'est un hédoniste ; il y a son meilleur ami, sa petite amie, et son frère près de lui. On continue à humaniser le personnage, mais sans chercher à cacher sa face sombre. On travaille sur sa dualité et ses ambiguïtés, avec plus de liberté et de plaisir. Les fans adorent Berlin. C'était un misogyne, un narcissique, un type vraiment odieux, mais aussi un héros, un frère loyal, et quelqu'un avec un côté très joueur fascinant : un personnage vraiment fun. Tout le monde a besoin de quelqu'un de fun dans sa vie. Ce qui manque dans la vie, c'est des gens capables de prendre du plaisir, d'avoir du fun. Dans la fiction d'aujourd'hui, il y a plein de personnages du genre intense, sérieux, ceux qui traversent la vie en se faisant constamment du souci, en se sentant toujours coupables. On en a tous marre de ces personnages.

Neil : Un aspect vraiment unique de cette série, c'est le mélange d'histoires d'amour et d'action à gros enjeux. Presque tous les personnages ont une histoire d'amour pendant le braquage. Comment avez-vous déterminé l'équilibre entre les scènes d'amour et les scènes d'action pour éviter de tomber dans le *soap* ? Comment faites-vous pour donner à chacun de ces éléments si différents suffisamment de crédibilité pour qu'aucun des deux ne paraisse incomplet ou forcé ?

Álex : C'est cet aspect émotionnel qui vient de la culture latine, c'est ce qui nous différencie de la narration anglo-saxonne, bien plus froide et rationnelle, si vous voulez. Nous avons transformé le genre en quelque chose d'extrêmement affectif, où les histoires émotionnelles, l'amour, la fraternité et l'amitié sont presque aussi importantes que ce qui concerne le cambriolage lui-même. L'action sans émotion est froide et sans épaisseur. Le caractère émotionnel hyperbolique latin et la comédie noire transforment un genre aussi rationnel que le film de braquage en quelque chose d'autre, avec un spectre plus large d'émotions.

Neil : La série développe un courant thématique de justice et de liberté un peu à la Robin des Bois, où le fait que le public soit de leur côté est essentiel pour le plan des braqueurs (comme dans *Bonnie and Clyde*, qui se passe pendant la Grande Dépression, où les citoyens détestaient les banques et les grands hommes d'affaires). Dans *La Casa de Papel*, vous jouez sur les sentiments réels de défiance envers le gouvernement et le fascisme qui semble particulièrement adapté au monde d'aujourd'hui. Tokyo rappelle en voix off : « La vie du Professeur tournait autour d'une seule idée : la résistance. » Et c'est lié à sa backstory avec son grand-père qui s'est battu contre les fascistes en Italie. Est-ce que tout cela faisait partie de l'idée que vous vous faisiez à l'origine du Professeur, ou bien est-ce que vous l'avez découvert en développant la série ?

Álex : C'est apparu pendant l'écriture de la série. On s'est retrouvés bloqués dans un épisode, et la chanson « Bella ciao » est apparue pour nous donner, à nous les auteurs, mais aussi aux braqueurs eux-mêmes, la joie dont nous avions désespérément besoin. À partir de cet hymne de résistance, des scènes iconiques ont été créées, comme celle du dîner où Berlin et le Professeur portent un toast au braquage que leur père a conçu. L'idée de résistance était déjà là, mais, tout à coup, elle s'est fondue avec la chanson « Bella ciao », et est devenue quelque chose d'iconique.

Neil : Comment pensez-vous que ce thème a joué dans l'attachement du public pour les personnages ? Pensez-vous que la série aurait eu autant de succès si le gang n'avait été composé que de cambrioleurs « normaux » qui n'auraient eu aucun sens de l'intérêt général ? Est-ce qu'il y a toujours eu l'idée que les braqueurs devaient faire ça pour une cause, ou est-ce que c'est venu plus tard, comme l'hymne « Bella ciao » ?

Álex : L'idée de la série n'est pas innocente : on commence par imprimer de l'argent, ce qui est un des éléments de légitimité de l'État. Et à ça, on a ajouté qu'il fallait que ce soit des voleurs qu'on puisse aimer. En fait, le Professeur insiste dans le pilote sur le fait qu'il est essentiel qu'il n'y ait pas de sang. Et c'est ce qu'on a, un gang que les gens aiment ; le spectateur est du côté des voleurs, parce qu'il les voit, il est avec eux, il veut qu'ils gagnent. Mais ça reste des voleurs, et cette ambiguïté morale est présente dans les narrations contemporaines depuis des années. Ça enrichit l'intrigue et la rend plus nuancée. Si j'avais écrit sur des héros irréprochables, nous aurions moins de sources de conflit.

Un autre aspect est le contexte économique et politique où la série est diffusée, à une époque où beaucoup de pays souffrent encore des effets d'une crise globale, qui a révélé que nous vivons une illusion démocratique, puisque les politiciens pour lesquels nous votons ne sont pas ceux qui, à la fin, prennent les décisions qui nous affectent… Ce désenchantement, la fin de cette illusion, c'est ce qui fait que des milliers de personnes dans le monde s'identifient avec le coup que nos cambrioleurs portent au système.

INTERVIEW : Alec Berg, *Barry* (HBO), sur les changements de ton inattendus et comment transcender les attentes du spectateur

Cette interview a eu lieu le 20 mai 2020.

Neil : Quelle a été la genèse du projet en termes de ton ? Est-ce que vous et Bill Hader avez commencé en sachant que ça allait devenir aussi sombre – et était-ce une manière d'éviter les difficultés inhérentes à ce qui aurait pu n'être qu'une prémisse high-concept, une blague à usage unique, celle d'un tueur à gages qui rêve d'être acteur ?

Alec : Je travaille pour HBO depuis des années. Bill venait du *SNL* (*Saturday Night Live*) et a fait un deal avec HBO pour développer une série. Et j'étais un grand fan. À l'époque de *Seinfeld*, je voyais la relation entre Larry David et Jerry Seinfeld, et je me disais : « Waouh, si je pouvais trouver quelqu'un comme ça, quelqu'un qui soit dans le processus d'écriture, qui soit capable ensuite de faire passer tout ça sur scène et d'être l'architecte de la performance, ce serait un partenaire idéal pour moi. »

Quand Bill Hader et moi on s'est rencontrés (on est dans la même agence), je travaillais encore sur *Silicon Valley*. Il venait prendre le petit déjeuner avec moi près de chez Sony une fois par semaine, et on jouait juste avec des idées.

On est allés assez loin avec une autre idée où il aurait joué quelqu'un avec qui il aurait pu grandir à Tulsa, un genre de personnage burlesque. Et on était sur le point d'aller pitcher ça à HBO et on s'est dit : « O.K., on devrait aller pitcher le pilote et aussi quelques autres idées possibles. » On a passé une semaine ou deux à essayer de trouver d'autres idées d'épisodes et on s'est dit : « On n'a rien. On n'a vraiment aucune idée d'où ça pourrait aller. » Finalement, on a compris que la série, justement, ne parlait pas vraiment de quelque chose – et *Seinfeld* avait déjà fait ça très bien, mais les personnages n'évoluaient jamais. On avait envie d'un personnage avec plus d'épaisseur.

Comme point de départ, on s'est donné un exercice : quel est le contraire de l'absence d'enjeux ? Eh bien, les questions de vie ou de mort, c'est plutôt intense comme enjeu. Bill a eu cette idée : « Et si j'étais un tueur à gages ? », et ma réaction immédiate a été : « Je n'aime pas ça. » Je suis sûr qu'il y a probablement plus de tueurs à gages à la télé et dans les films qu'il y en a jamais eu sur Terre. Pour moi, c'était un boulot du genre attrapeur de chiens. Ça n'existe que dans les dessins animés.

Neil : Et vous vouliez un ton bien plus réaliste ?

Alec : Voilà, donc j'ai commencé à m'intéresser à l'idée en me disant : « Oh ! eh bien, c'est quoi la *vraie* version d'un tueur à gages ? Pas la version glamourisée du cinéma, mais… et si on en faisait le genre pas cher, un peu comme un VRP qui travaillerait pour une boîte cheap et merdique ? » Et donc, soudain, tous les clichés sur les tueurs – cravate fine, lunettes noires, flingues cool – ont commencé à devenir intéressants parce qu'on pouvait la jouer à rebours de tout ça.

Neil : Et ça donne beaucoup d'humour dès le départ grâce à ça, comme faire des économies en atterrissant en Ontario plutôt qu'à l'aéroport de Los Angeles.

Alec : C'était un début, mais on n'avait pas encore la série ou le personnage. Je me suis mis à penser aux personnages les plus mémorables de Bill dans le *SNL*. Il a été dans le *SNL* pendant huit ans et il était vraiment très bon pour ça ; il est peut-être le comédien le plus naturellement doué avec lequel j'aie jamais travaillé. Il n'a pas fait d'école. C'est juste l'instinct.

Quand Bill Hader était dans le *SNL*, le format en direct l'angoissait terriblement, et il a commencé à avoir des attaques de panique. C'est arrivé à un point où, je pense qu'il s'est dit : « Je ne peux pas continuer comme ça, ça me détruit. » L'idée de quelqu'un qui a un incroyable talent, qui sent qu'il doit utiliser ce talent pour l'honorer, même si ce don le détruit, semblait un dilemme émotionnel très intéressant.

On a commencé à imaginer que Bill pouvait être un tueur dont le métier détruisait la vie, et on s'est dit : « O.K., avoir quelqu'un qui essaye d'échapper à ce qui le détruit, c'est assez chiant. Comment rendre ça plus proactif ? Comment lui donner un but qui ne soit pas juste "Il faut que je me tire d'ici", purement négatif ? » On s'est dit : « Eh bien, y a-t-il un truc intéressant que ce mec aurait envie de faire ? » Et on tournait juste autour de ça en se disant : « O.K., c'est quoi le contraire d'être un tueur ? Et s'il voulait être, disons, un acteur ? » C'est venu comme ça, vraiment, un peu par hasard.

De là, presque tout de suite, on a commencé à réfléchir aux possibilités offertes par ce paradoxe. Un tueur doit travailler dans l'ombre, et un acteur dans la lumière. Un tueur doit supprimer toutes ses émotions ; un acteur doit pouvoir avoir accès à toutes. Un tueur doit rester anonyme, mais un acteur cherche à se faire remarquer. Toutes ces oppositions nous ont aidés à rendre la série très nette dans notre esprit, et on savait qu'on créait une série où ce mec doit faire le grand écart entre ces deux mondes, et essaye de passer d'un monde à l'autre. Les deux mondes ne cessent de le tirer et de le pousser dans des directions pas vraiment compatibles. Et puis, d'un coup, on a commencé à trouver épisode sur épisode dans nos têtes.

Neil : Est-ce que vous discutiez déjà du ton à ce moment ?

Alec : Je ne pense pas qu'on ait eu la moindre discussion sur le ton. Je pense que ce qu'on s'est dit, c'est qu'on ne voulait pas que la violence soit gratuite ou caricaturale. On voulait que toute la violence dans la série soit très réelle et dure, ce qui a établi en grande partie la manière de filmer la série. Il n'y a pas de ralentis, pas de trucs cool avec des flingues. On a très tôt eu l'idée selon laquelle la violence devait avoir le côté froid d'un film de vidéosurveillance. Comme quand vous regardez ce qu'a filmé une caméra de vidéosurveillance pendant qu'une épicerie se fait braquer ou que quelqu'un se fait tuer. C'est vraiment dur et froid et glaçant, à l'opposé de trucs comme *John Wick*. J'adore *John Wick*, mais on voulait faire le contraire. Je pense que la violence, en étant dure et réaliste, a commencé à établir le ton de la série.

Ce que je peux dire du ton, c'est que Mike Judge (auteur/producteur/réalisateur qu'on trouve derrière *Beavis et Butt-Head, Silicon Valley*, et des films comme *Office Space*) est aussi musicien, et quand on travaille avec lui, tout se fait à l'oreille. Il a une très bonne oreille et il dit : « Je pense que ça pourrait être ça. Ça, ça sonne trop comme ça. » Il est très fort pour faire le casting de cette manière. Bill a aussi ce truc ; c'est un impressionniste. Ça nous fait rire, mais on est comme deux idiots debout à un piano et qui se demandent : « C'est ça ? C'est ça ? » C'est comme si on ne s'asseyait jamais pour dire : « O.K., on passe de si bémol à fa dièse à ça. » On dit juste : « J'en sais rien. Joue quelque chose et on te dira. »

Neil : Donc votre personnage incarne le ton, que j'aime considérer comme le « point idéal » d'une série ; c'est là que tous les éléments de la narration se fondent, en particulier le ton, les enjeux, et la durabilité (ou la franchise de la série). J'aime dire que c'est là que la série « vit » et s'épanouit. Comment avez-vous trouvé l'équilibre entre les enjeux de ces deux mondes très différents ? La classe de comédie joue le rôle de satire du milieu de l'entertainment, et les scènes avec la police restent crédibles mais un peu plus caricaturales par leur ineptie. Mais c'est surtout parce que les spectateurs en savent tellement plus que les policiers.

Alec : On a commencé à s'amuser énormément des allers-retours entre les moments plutôt durs, pesants, de vrai danger et de violence, et les moments très légers de comédie et de burlesque, et on a trouvé très tôt l'idée que quand Barry est dans le monde criminel, les enjeux sont incroyablement élevés, mais le drame incroyablement faible. Il ne stresse jamais. C'est juste de la mémoire musculaire pour lui, comme en pilote automatique. Quand il passe dans le monde dramatique (de la classe de comédie), les enjeux sont clairement très faibles, mais le drame est incroyablement élevé. Par exemple, il a le trac pour les auditions. Il a peur de ne pas plaire à M. Cousineau (Henry Winkler). Il a le trac avec Sally (Sarah Goldberg). Il a peur que les autres aspirants acteurs ne l'acceptent pas. Et toute cette angoisse en lui se manifeste dans ces histoires mesquines d'acteurs. Quand il revient vers le monde où des gens se font tuer, pour lui c'est juste un peu agaçant.

Neil : Avant, dans le business de la télé, quand vous alliez vendre quelque chose, les responsables de la chaîne vous demandaient : « C'est une comédie ou un drame ? » Et si on répondait : « Les deux », ils disaient : « Impossible. » Évidemment, aujourd'hui, toutes les meilleures séries sont les deux. Et il y a probablement plus de dramédies que de pures comédies. Il y a des moments tragiques dans toutes. Dans le pilote de *Barry*, la première blague n'arrive pas avant qu'il se demande pourquoi son référent l'a mis sur le vol le moins cher possible. Et puis c'est retour à l'obscurité avec des allusions à sa backstory. Barry était un Marine et souffre probablement d'un syndrome post-traumatique. Dans la saison 2, vous montrez vraiment certains de ces flash-back en Afghanistan, ça démontre la dure réalité du métier de tueur.

Alec : Quand on a commencé à faire nos recherches, on se demandait : « O.K., bon, qui finit par faire ce genre de truc ? » L'un de nos contacts nous a dit que la plupart des gens qui finissent là-dedans ont un passé militaire. Ça nous a conduits sur un chemin très intéressant.

Il y avait ce livre écrit par Sebastian Junger, *Tribu*, qui est devenu une pierre de touche pour nous. Ça parle d'humains en quête d'un but dans leur vie. C'est un super livre sur les êtres humains et comment le bonheur vient de l'engagement vers un but. Junger rapporte des cas de femmes occidentales, arrivées avec les premiers colons en Amérique, et qui ont été capturées par des tribus natives. Un certain nombre d'entre elles ont été ensuite secourues et libérées de ces tribus, et quasiment toutes ces femmes ont échappé à leurs « sauveurs » occidentaux et sont retournées vers leurs « ravisseurs ».

Je suis dingue de ce genre de trucs. Fondamentalement, toute la thèse, c'est quand on est passés d'une société nomade à une société agricole, les possessions ont soudain pris un sens différent. Quand nous étions nomades, posséder n'était pas bon, parce qu'il fallait tout se trimballer. Plus vous aviez de conneries, plus vous étiez vulnérables. Et aussi, dans une société nomade, chacun doit faire sa part. Donc les femmes avaient de grosses responsabilités, du genre si vous n'attrapez rien à manger, les gens meurent de faim. Si vous ne nettoyez pas la nourriture et ne la cuisinez pas, les gens meurent de faim. Si vous prenez une mauvaise décision d'orientation et que vous éloignez les gens de l'eau et de la nourriture, les gens meurent. Chez Junger, c'étaient essentiellement des femmes trophées dans leur société occidentale d'origine, où elles devaient juste rester à la maison, apprendre le piano et servir le thé ; quand elles étaient capturées par ces tribus natives, soudain on leur donnait du boulot et un but, et elles avaient le sentiment de faire partie de quelque chose.

On a énormément parlé de ça pour *Barry*. Il était dans l'armée, et on lui disait probablement quand se réveiller, comment s'entraîner, et il devait probablement très bien réussir dans cet environnement parce qu'il avait les aptitudes pour. Et il aimait juste avoir un boulot et un but. Et puis, une fois rentré à la maison, il s'est retrouvé perdu. Vous voyez, Fuches (Stephen Root) a profité de ça.

Neil : Donc là vous aviez une backstory crédible, nuancée…

Alec : …ce qui nous a conduits à : « Est-ce que Barry est un gentil ou un méchant ? »

Neil : Voilà. Dans la saison 2, c'est la grande question.

Alec : On s'est demandé : « Est-il mauvais ? Croyons-nous dans le mal ? Qu'est-ce qu'il est, comment en est-il arrivé là ? » Au départ, on a tourné des scènes de flash-back où Barry était un petit garçon, et où il en frappait un autre avec un marteau pendant un cours d'ébénisterie. Au départ, Barry enfant était violent et dérangé. Mais rien de tout ça ne tenait au montage. On se disait : « Quoi ? Je ne comprends pas ce que je vois. C'est un serial killer ? » C'était bizarre et déroutant, et ça ne sonnait pas juste. Et j'en reviens aux deux idiots au piano. C'est comme si on avait écrit quelque chose, qu'on l'avait monté, et que c'était dissonant. Et puis on a compris, non, non, non, il n'y a pas de mal obscur en lui. C'est juste qu'il avait des capacités et qu'on pouvait l'entraîner pour une certaine tâche, et peut-être que la première fois qu'il a tué quelqu'un, c'était le plus beau jour de sa vie parce que, tout d'un coup, il appartenait à une communauté et il avait un but. Est-ce que ce n'est pas complètement barré de dire à un mec que ce qu'il peut faire de mieux pour ses camarades, c'est ce qui ferait de lui un monstre dans un autre contexte ?

Neil : Et puis vous ajoutez d'autres dimensions. Ça devient même plus sombre, quand on apprend plus tard qu'il a vraiment tué des innocents, et qu'il a été interné.

Alec : C'est vrai, mais quand il a tué le mec qui avait tué son camarade Albert (James Hiroyuki Liao), il l'a fait par amour. Barry pensait que ce mec innocent avait tué son ami. Là encore, on essayait de jouer avec la question : « Qu'êtes-vous prêts à lui pardonner ? À quel point le pensez-vous coupable ? À quel point est-il mauvais ou vertueux ? Est-ce une victime ou un méchant ? » On continuait à se poser ce genre de questions, mais quand j'allais sur Twitter, les gens disaient des trucs du genre : « Je crois juste que Sally n'est pas bien pour lui », « Vous ne trouvez pas qu'elle est un peu mesquine ? », « Elle est un peu narcissique, et elle ne pense pas forcément à ce qui serait le mieux pour lui. » Nous, on se disait : « O.K., Barry tue des gens. Et vous, vous vous demandez si cette femme légèrement mesquine est suffisamment bien pour lui ? Est-ce que Sally ne devrait pas plutôt prendre ses jambes à son cou et fuir ce type ? » Vous voyez ce que je veux dire ?

Neil : Je vois. Je pense à la manière dont tout le monde s'est retourné contre Skyler (Anna Gunn) dans *Breaking Bad*. Walt était en vadrouille en train de produire de la meth et de tuer des gens, mais tout le monde détestait Skyler, comme si c'était juste une mégère moralisatrice.

Alec : C'est une leçon très intéressante sur la question du soutien et tout ça. Ce qui fait qu'on peut soutenir Barry, je crois, c'est le choix qu'il a fait dans le pilote. Il pourrait continuer à vivre de cette manière qu'il sait être mauvaise, ou il pourrait prendre une décision dont il sait objectivement qu'elle va lui causer bien des dégâts et du chagrin – mais au diable les conséquences. C'est un choix audacieux et, je pense, qu'on peut soutenir, puisque ce qu'il dit, c'est : « Je vais emmerder tout le monde, et tout le monde va m'en vouloir, mais quelque part, au fond de mon cœur, je sais que je ne peux pas continuer comme ça. Je dois essayer de trouver quelque chose de mieux. »

Neil : J'aimerais parler de la backstory de Barry, qui est tout à fait unique. À cause de son existence nomade, il paraît n'avoir ni amis ni famille. Il mentionne dans le pilote que lorsqu'il a été renvoyé du corps des Marines et qu'il partait en sucette, son père « connaissait quelqu'un. » Je crois que c'est la seule fois où on entend parler de sa famille. Fuches fonctionne comme sa figure paternelle, il me semble. Fuches commence comme gentiment réprobateur et légèrement antagoniste, mais devient plus tard le grand méchant de la série.

Alec : Ça a été en fait un gros ajustement. Certaines des choses qu'on a écrites dans le pilote sont devenues très différentes une fois qu'on a lancé l'affaire. Pour ce qui est de Fuches, chapeau bas à Stephen Root. C'est un comédien tellement incroyable. On a tourné une version du pilote où Fuches était un type bien plus sombre, colérique, méchant, qui se contentait de donner tout le temps des ordres à Barry et de lui dire de se reprendre. On a compris notre erreur après avoir tourné et monté le pilote ensemble. *Les responsables de HBO sont vraiment ceux qui ont mis le doigt là-dessus. Leur note portait sur la clarté* : « On sait ce qu'est un tueur. On sait ce qu'est un acteur. On sait ce qu'est un professeur de comédie. Mais c'est quoi, un agent de tueur ? Qu'est-ce que ça peut bien être ? Ça existe ? » Quelque chose n'allait pas, précisément là.

Neil : La note derrière la note…

Alec : Rétroactivement, on a compris pendant qu'on écrivait la saison 1 que faire de Fuches un type qui mène avec la carotte plutôt qu'avec le bâton était bien plus intéressant. Et ça rendait Barry plus sympathique. Juste l'idée que ce type prétendait être son seul ami et le seul à lui vouloir du bien, alors qu'il est clair qu'il le manipule à fond et lui fait faire ses sales trucs. Plutôt qu'avoir simplement un mec qui se fait gueuler dessus et reçoit des ordres, désormais on avait une relation entre les deux avec bien plus de choses à jouer. Fuches pouvait jouer le mec déçu ou blessé, il pouvait dire de manière convaincante : « Écoute, je sais ce que tu crois, mais fais-moi confiance, je pense à ce qu'il y a de mieux pour toi, là », et Barry devait décoder ce qui se passait vraiment. Il devait deviner si Fuches était son ami ou pas, ce qui le rend bien plus actif que s'il avait simplement peur de lui.

Neil : Plus de dimensions.

Alec : On a rappelé Stephen Root, et béni soit-il ! Pour faire simple, on lui a dit : « Hé, la bonne nouvelle c'est que tu es dans le pilote, tu es dans la série. Ça va être génial. La mauvaise, c'est que tu vas jouer un personnage totalement différent de celui que tu as déjà joué dans le pilote. » Il a dit : « O.K.. » On a retourné toutes ses scènes du pilote. Il a joué un personnage complètement différent, et il était fantastique.

Neil : Avez-vous fait d'autres changements massifs de ce genre pendant le développement ?

Alec : Cousineau était aussi écrit comme un personnage beaucoup plus sombre. En fait, tous les personnages étaient beaucoup moins intéressants et nuancés, au départ. Ça fait juste partie du processus de R et D, écrire et réécrire, hein, et répéter. À l'origine, le personnage de Cousineau était ce mec du genre vraiment sadique, méchant. Quand Henry est venu lire son rôle avec nous, c'est un mec si profondément chaleureux que le personnage a complètement changé. Bill et moi, on s'est dit : « Bon sang, c'est *ça* le personnage ! » C'est un type qui a ses propres démons et qui aurait pu faire une belle carrière, mais, pour telle ou telle raison, au lieu d'être le plus grand rival de Dustin Hoffman, quand ils avaient la vingtaine, il a vexé la mauvaise personne ou raté l'audition qu'il ne fallait pas rater, ou quelque chose comme ça. Et maintenant c'est un très gros poisson dans un tout petit étang. On a trouvé ça très attachant. Ça lui a donné tellement plus de choses à jouer et nous, à écrire. C'était un grand bond en avant.

Si on fait bien notre boulot, on dirait qu'on a tout prévu tout le temps. Mais je vous garantis que ce n'est pas le cas. Il y a tellement de choses qu'on peut écrire en allant vers le nord, ou le sud, et puis de gauche à droite, et de droite à gauche encore, on peut faire des allers-retours sans arrêt. On fait beaucoup ça quand on commence à en parler, quand on commence à parler en gros de la forme de la saison. Et puis on se dit : « O.K., en ayant ça en tête, on commence où ? » Après on va un peu plus loin et on se dit : « O.K., je pense que ça, ça marche. Dézoomons encore une fois... Oh ! attends. Non, ça doit arriver plus vite. » Donc on rezoome et on avance.

Je pense aussi que Bill et moi sommes à l'opposé de ce point de vue. Bill est très cerveau droit, du genre : « Quelque chose comme ça pourrait arriver. Et puis dans l'épisode 3, il y a un truc à propos de ça. Et puis dans l'épisode 5, c'est là que ça arrive. » Et moi je dis : « O.K., O.K., mais c'est quoi la première ligne du premier épisode de la première saison ? Construisons à partir de là. » Moi je suis très linéaire et lui, vous voyez, il est plutôt à partir avec des trucs en l'air dans tous les sens. Moi j'en suis incapable. Beaucoup des trucs qu'il fait, moi je ne peux pas. Mon cerveau ne fonctionne pas comme ça. Je suis beaucoup plus du genre : « Posons les fondations, et le premier étage, puis le deuxième, puis le toit », et lui : « O.K., une partie du toit pourrait être là, et il y a une fenêtre ici », vous voyez, et vous en avez parfois besoin parce que tout n'arrive pas toujours dans l'ordre. Parfois vous vous dites : « Oh ! oui, une fenêtre là, ce serait super. Ok. Comment on la fait tenir ? »

Neil : Sur les plateformes de streaming comme HBO, vous avez plus de latitude pour faire des changements que sur les chaînes traditionnelles parce que plus personne ne manque un épisode. Maintenant vous pouvez corriger votre direction et approfondir les personnages et les relations – un processus de découverte plus organique, plus naturel. À l'inverse des sitcoms traditionnelles, les personnages changent au cours du temps et peuvent même mourir.

Alec : C'est intéressant. Je n'avais jamais travaillé sur une série où quelqu'un meurt.

Neil : Vous avez déjà vu un cadavre de près ? Est-ce que vous êtes allé dans un stand de tir pour utiliser des armes à feu et voir ce que ça fait vraiment quand on tire ?

Alec : J'ai un ami qui a beaucoup travaillé sur les jeux vidéo *Call of Duty*, et donc il a rencontré pas mal de gars des Navy SEALs et des forces spéciales. Ils ont organisé une journée pour nous dans un stand de tir à Santa Clarita. Donc j'ai essayé un peu, mais les armes, c'est pas mon truc. Bill non plus. Je pense que c'est pour ça que la série a ce ton. Je pense qu'on est tous les deux très sensibles au sujet de la violence. Je n'ai jamais fait un film policier ou un film d'action, je pense qu'on a décidé très tôt, comme j'ai dit, qu'il fallait que la violence soit très réelle et très dure.

C'est drôle – on a ces conversations quand on fait les scènes de fusillades avec des cascadeurs, parce que les cascadeurs ont été entraînés à y aller à fond, quoi. Il y a ce truc qui s'appelait la danse des balles : vous savez, quand ils se prennent une balle, ils font : « Ah ahahahah. » Hélas, en faisant des recherches sur le sujet, j'ai dû regarder beaucoup de vidéos de gens qui se faisaient vraiment tirer dessus. Et ce n'est vraiment pas comme ça.

Neil : Pour revenir à la juxtaposition de la satire du showbiz avec cette violence dure… Quand avez-vous décidé d'utiliser les chapitres du livre de Gene, *Hit Your Mark and Say Your Lines* (« Visez juste et dites ce que vous avez à dire »), comme titres d'épisodes – qui sont hilarants, au passage –, et qui jouent sur deux niveaux : une satire des coachs de comédie mercenaires et surmenés, et le boulot alimentaire de Barry comme tueur à gages. Mon chapitre/titre préféré est le chapitre 6 : « Écoutez avec les oreilles, réagissez avec le visage. » Quand avez-vous eu l'idée de ce « truc » structurel/thématique très malin ?

Alec : Je crois que c'était pendant la post-prod. On avait besoin de titres pour les épisodes, et on savait que le livre avait une influence permanente sur Barry, qu'il écoutait la version audio tout au long de la saison. Une fois qu'on a décidé que les titres des chapitres seraient ceux des épisodes, on a dû revenir en arrière et retourner une scène du pilote dans le camion où Ryan [Tyler Jacob Moore] donnait en premier le livre de Gene à Barry. On avait aussi besoin que le livre passe de Ryan à Barry, pour que Barry puisse le donner à Taylor [Dale Pavinski] pour qu'il puisse finir dans l'appartement de Taylor. Donc c'est quelque chose qu'on a mis au point après avoir tourné la première version du pilote.

Neil : Je me rends compte aussi que ces titres de chapitres fonctionnent sur un double niveau parce que Gene Cousineau a beaucoup en commun avec Barry ; il n'a pas vraiment d'amis ou de famille, non plus… même si l'intrigue où vous reconnectez Gene avec son fils dont il était séparé a beaucoup de puissance émotionnelle ; la réconciliation de Gene avec son fils a fait ressortir le vide familial dans la vie de Barry et aide à faire comprendre ce qu'il recherche : un sentiment de communauté et d'appartenance. Tellement de strates. Donc, quand vous élaborez l'histoire, est-ce que vous élaborez des intrigues A, B, C ? Par exemple, vous avez des histoires d'assassinats pour son boulot de tueur, des histoires d'acteurs, l'enquête sur les meurtres avec les policiers, et après il y aurait aussi une intrigue D avec Gene et son fils, et des choses comme ça. Comment avez-vous structuré les intrigues dans votre writers room ?

Alec : Pour *Barry*, on fait un peu des deux. Quand j'étais sur *Seinfeld*, et c'est vraiment là que j'ai appris à écrire, il n'y avait pas d'ABC. On n'utilisait pas du tout de lettres comme ça. On essayait de commencer par avoir un genre d'idée d'intrigue pour chacun des quatre personnages principaux. Donc à la place de A, B, C, D, on avait Jerry, George, Elaine, et Kramer. Une fois qu'on avait trouvé un bout d'histoire ou un truc marrant que Larry et Jerry avaient validé, ça devenait une sorte d'équation comme ça : « O.K., c'est quoi la première scène de cette histoire ? » Et après : « Oh ! et si le mec que Hélène fréquente était le même mec qui vend ce poulet à Kramer ? » Ou quelque chose comme ça. Et on commençait à entrelacer les intrigues ensemble. C'était beaucoup : « Comment fait-on pour arriver à faire se parler ces gens ? Comment on fait pour les opposer sur tous les sujets ? »

Pour *Barry*, c'était juste : qui serait d'accord avec ça ou pas, ou, par exemple, qu'est-ce que Sally penserait de ça, ou, bon, vous voyez, on cherche juste des moyens d'attirer les gens dans les intrigues. Par exemple on commence avec : « O.K., que veut Sally ? Que veut Gene dans cet épisode ? Comment on amène Fuches là-dedans ? » Parfois, on commence juste avec l'histoire de Barry, et ça nous amène à : « Comment Sally réagirait à ce que fait Barry ? Que penserait Fuches de ça ? Quel rôle Cousineau pourrait jouer là-dedans ? » On n'appelle pas ça des intrigues ABCD, mais on élabore quand même les histoires plus ou moins comme ça et ensuite on les fusionne ensemble.

Neil : Est-ce que donner à Sally une backstory traumatique de viol avait pour but de créer de l'empathie pour elle, pour lui donner plus de profondeur ?

Alec : Absolument. C'est une des joies de la série télé : vous finissez par vivre avec les personnages. Quelqu'un qui n'est qu'un salaud un jour peut changer de manière surprenante. Par exemple, si vous regardez Jamie Lannister dans *Game of Thrones* [Nikolaj Coster-Waldau], c'était la pire ordure, et puis il est devenu le héros de la série. J'ai eu la même expérience quand j'ai regardé les premières saisons de *Girls*. J'ai vraiment apprécié ce qu'ils ont fait avec le personnage d'Adam Driver [qui s'appelle aussi Adam] dans la première saison de cette série, où quand Hannah, jouée par Lena Dunham, commence à sortir avec lui, c'est juste un petit merdeux égoïste, bizarre et flippant. Et puis à la fin de la saison, c'est *elle* la petite merdeuse et c'est lui le gentil. Donc il fallait qu'on trouve des strates cachées dans Sally. On en a tous.

Neil : Une grande partie vient de notre honte, que nous cachons invariablement.

Alec : De la même manière que la backstory de Barry est qu'il était manipulé par Fuches, qui en a fait cette chose que profondément il n'a pas envie d'être. Je pense que quand on cherchait pour Sally, on se demandait beaucoup : « O.K., c'est drôle quand elle est comme ça, mais pourquoi est-elle comme ça ? Qu'est-ce qui l'a menée à ça, et quelle est sa compensation psychologique ? Pourquoi porte-t-elle une si lourde armure, et comment creuse-t-on ça pour le rendre intéressant ? Peut-on expliquer pourquoi elle se comporte comme ça de manière à ce que les gens se disent : “Oh ! je comprends”, plutôt que juste : “Quelle enfoirée !” ? » Si, dans un film, le méchant est le méchant juste parce qu'il est fou, je me dis : « Bon d'accord, game over, circulez y a rien à voir. »

Neil : Oui, je parle beaucoup de transcender les formules et les attentes des spectateurs. Je pense que, à cause de la quantité de télé que nous regardons maintenant, les spectateurs sont tout le temps en train de faire des hypothèses sur ce qui va arriver ensuite. Selon moi, si la série est géniale, les hypothèses du public sont toujours fausses. On ne peut pas prédire où ça va aller. Et je trouve que c'est très vrai pour *Barry*, parce que je n'ai aucune idée d'où ça va aller. Vous allez dans des directions tellement différentes, plus sombres – et il se pourrait bien que Barry soit vraiment capable de changer et de surmonter son passé.

Alec : C'est tout le processus de zoomer et de dézoomer dans *Barry*. Deux pas en avant, mais le passé ne cesse de le ramener en arrière –

Neil : – comme Michael Corleone dans *Le Parrain*. Il est coincé par les circonstances et perdu émotionnellement. Comme Barry, Michael a une crise existentielle qui a des répercussions très fortes sur sa nouvelle vie… L'inspecteur Moss [Paula Newsome] est la seule qui soit sur sa piste, et c'est une menace constante… jusqu'à ce qu'elle ne le soit plus.

Alec : L'un des dictons que j'utilise beaucoup est : « Jouez avec les cartes que vous vous êtes distribuées vous-mêmes », parce que, bon, vous savez, à la fin de la saison, vous vous demandez : « Oh ! non, comment ils vont s'en sortir ? » Comme à la fin de la saison 1, quand Barry tue Moss –

Neil : – ce qui arrive hors-champ. On entend seulement le coup de feu.

Alec : On a pensé que c'était visuellement plus captivant de le faire comme ça. Et les gens se disent : « Attends, waouh. Il a vraiment… ? » Ça avait l'air plus intéressant que juste dire : « Et voilà, mesdames et messieurs, prenez-vous ça ! » Mais on a eu des discussions du genre : « O.K., donc elle est vraiment morte, hein ? Ouais. » Et puis après : « Je veux dire… il *faut* qu'elle soit morte. Il le faut bien, non ? » On a eu le même genre de grande discussion quand on a tué Goran (Glenn Fleshler) à la fin de la saison 1. Glenn Fleshler est un acteur tellement super, et Goran et NoHo Hank (Anthony Carrigan) formaient ensemble un tel duo. On se disait : « On ne peut pas faire ça. On est dingues ou quoi ? » Mais on n'arrivait littéralement pas à s'en sortir autrement. C'était : « Il faut qu'il meure. Il le *faut.* Tous les chemins mènent à ça. Et il n'y a aucun moyen logique de faire autrement. » Et c'était un supplice. Mais c'est une de ces situations où c'est juste comme ça. C'est l'histoire qui décide où elle veut aller.

Neil : Quand Fuches chuchote à l'oreille de Gene, avez-vous toujours su ce qu'il lui disait ? La première fois que je l'ai vu, j'ai cru qu'il l'embrassait.

Alec : Non, on savait vraiment ce qu'il lui disait, mais on pensait que c'était une manière vraiment cool et mystérieuse de finir la saison. Là encore, c'est un autre exemple où vous auriez une envie sournoise de défaire tout ça. Vous voyez, la saison se termine, et puis quelqu'un sur les réseaux sociaux va dire : « Non, il n'a pas dit : "Barry Berkman a fait ça." Il a dit : "Carrie Burgmann bla bla bla" », et bon, on se dit : « O.K. » et on passe à autre chose. Mais je trouve ça tellement insatisfaisant. C'est pour ça qu'on passe tellement de temps à dézoomer – parce qu'on ne veut pas se piéger dans un coin en écrivant quelque chose où on se dirait : « Eh bien, voilà, maintenant on est baisés. »

Il y a une autre expression que quelqu'un m'a apprise, et que j'adore : « manger ses semences ». C'est une de mes expressions favorites pour l'écriture. Si vous êtes un fermier et que vous plantez du maïs, chaque année vous prélevez une partie de ce maïs et en faites les semences pour l'année suivante. Si vous mangez tout le maïs, vous n'avez plus rien à planter l'année suivante. J'adore ce dicton. Dans la saison 2 de *Fleabag*, dès que le prêtre sexy remarque qu'elle parle à la caméra, ils ont mangé leurs semences. Je ne dis pas que c'était une mauvaise décision. J'ai adoré. Mais dès que c'est arrivé, je regardais avec ma femme et j'ai dit : « Oh ! Game over. La série est finie. » Mais c'était fait exprès, c'est pour ça que j'ai adoré. C'est gonflé. C'est ce qu'est cette histoire. Ça devait être comme ça. Et finir comme ça.

À propos de votre remarque sur transcender les attentes des spectateurs, rien ne me rend plus heureux que regarder quelque chose et de n'avoir aucune idée d'où ça va. Mais je dois toujours avoir le sentiment d'être entre de bonnes mains. Je veux dire, bon, si c'est juste que n'importe quoi peut arriver et que tout se fait au hasard ou je ne sais quoi, c'est rien qu'un tas de conneries. Je dis : « Établissez des règles pour vous-mêmes, respectez-les, puis faites en sorte de vous surprendre ou d'être plus intelligents que vous-mêmes. »

11

LE THÈME

Le thème est une idée centrale exprimée par l'action. Il peut ajouter de la profondeur et de la résonance. Dans les séries télé, le thème est la colle qui fait tenir ensemble des histoires multiples et parfois divergentes. Le thème est ce dont l'histoire parle *vraiment*, davantage qu'une série d'événements, il est plutôt une sorte de vérité universelle souterraine sur le sens de la vie.

Les thèmes sont toujours liés au pouvoir – et parfois c'est le pouvoir de l'esprit humain. Exemples de thèmes : « Le bien peut-il triompher du mal ? », « Une seule personne peut-elle faire changer les choses ? », « L'amour est plus fort que tout », « Aucun homme n'est une île », « Le crime ne paye pas ». Et ainsi de suite.

Dans une série télé, le thème peut être exprimé par un personnage – par le dialogue, la voix off, ou un autre moyen narratif (comme la chronique de Carrie Bradshaw). Mais, selon moi, le thème fonctionne mieux en sous-texte – sur un plan sublimial – pour le public.

J'ai été un spectateur de télé fervent depuis l'enfance, mais la plupart des séries m'ont juste glissé dessus. Je n'analysais pas ce que je regardais. Je l'allumais pour échapper à l'ennui de mon existence. J'avais plusieurs séries favorites, mais si vous m'aviez demandé pourquoi telle série était meilleure que telle autre, je n'aurais pas pu mettre le doigt dessus. Les acteurs étaient toujours l'essentiel. Comme la plupart des gens, je prenais l'écriture comme acquise, comme si les acteurs inventaient leur dialogue au fur et à mesure. L'idée même de *thème unificateur* n'avait aucun sens pour moi, jusqu'en 1998, alors que je regardais un épisode d'*Urgences* intitulé « Pot de colle » (« Stuck on You »).

Voilà son organisation :

- **Intrigue A** : Deux frères, installateurs de moquette, sont amenés aux urgences couverts de colle pour moquette après un terrible accident avec leur camion, mais tous les efforts pour les sauver sont empêchés par la colle.
- **Intrigue B** : Le Dr. Mark Green (Anthony Edwards) accompagne des ambulanciers et prend en charge une victime de violences qui se révèle être un prostitué gay de 16 ans. Le Dr. Greene aide ensuite le garçon (joué par Wilson Cruz) à échapper à la police qui a un mandat d'arrêt contre lui.
- **Intrigue C** : L'interne Lucy (Kellie Martin) est amoureuse du Dr. Carter (Noah Wyle), sans que ce soit réciproque ; il est même dur avec elle.
- **Intrigue D (ou « runner »)** : Un patient âgé (joué par Harvey Korman) se présente pour son rendez-vous de prise de tension, mais ne veut plus partir, il veut rester avec l'infirmière Carol Hathaway (Julianna Margulies) et le personnel des urgences, car il se sent désespérément seul.

Comment les fils de ces histoires s'entrelacent-ils pour former un thème cohérent ?

Le titre de l'épisode est le premier indice : « Pot de colle » (« Stuck on You »). Le prostitué, par chance, apprend qu'il est séronégatif au VIH, mais retourne à son comportement auto-destructeur. Il y est « collé » (« stuck »), bien qu'il sache que c'est dangereux (ceci se passe avant que le VIH soit devenu une maladie traitable). Lucy est « collée » (« stuck ») à Carter même s'il la dédaigne. L'infirmière Hathaway est « collée » par un patient qui ne veut pas s'en aller, et les frères installateurs de moquette sont littéralement collés ensemble. Si on élargit cette idée, on arrive à la vérité plus générale que nous sommes tous collés les uns aux autres, et que donc nous ferions bien de prendre soin les uns des autres.

Études de cas sur l'unification de l'intrigue via le thème :

Mad Men (AMC)

Dans « L'autre femme », l'épisode 11 de la saison 5 de *Mad Men*, les intrigues A, B, C et D sont connectées par les thèmes de l'ambition, de la tentation, de la femme traitée comme un objet, de l'estime de soi, et du risque de compromettre son intégrité/sa loyauté dans le but de « posséder » et de « réussir » :

Intrigue A : Pete Campbell (Vincent Kartheiser) demande à Joan (Christina Hendricks) de coucher avec un client influent dans le secteur de la vente automobile dans le but d'obtenir le compte Jaguar – ce à quoi Don Draper (Jon Hamm) est fermement opposé.

Intrigue B : Pendant ce temps, quand Megan (Jessica Paré), la seconde femme de Don, se voit offrir un rôle dans une pièce qui l'obligerait à s'absenter de New York pour plusieurs semaines, Don n'apprécie pas les conséquences qu'aurait sa carrière à elle sur sa vie à lui.

Intrigue C : Quand Don traite Peggy Olson (Elisabeth Moss) de manière irrespectueuse et méprisante lors d'une réunion, Peggy décide de démissionner de l'agence de publicité et se voit offrir un poste de rédactrice dans une agence rivale.

Intrigue D : Le toujours nerveux Pete essaye de convaincre sa femme Trudy (Alison Brie) qu'il doit prendre un appartement en ville, pour avoir où dormir (très probablement pour ses missions), loin de leur banlieue.

Don expose le thème principal de l'épisode alors qu'il présente son pitch pour le compte Jaguar :

« Oh ! cette voiture. Cette chose, messieurs. Quel prix serions-nous prêts à payer ? Quel comportement serions-nous prêts à pardonner ? »

Les choses que nous souhaitons obtenir ont un prix. Si Joan veut devenir une associée à part entière de l'agence, elle doit se rabaisser au niveau d'un objet de marchandage sexuel. Pour Don, Megan n'est pas

Betty (la première femme de Don, jouée par January Jones). Megan a ses propres rêves et ambitions et souhaite les poursuivre. Pour que Peggy puisse passer à autre chose et monter en grade, elle doit quitter le lieu sûr de Sterling Cooper Draper Pryce.

Un sous-thème pourrait être le prix que les femmes payent sur leur lieu de travail. Don soutient les aspirations professionnelles de Megan, mais seulement à ses conditions à lui. Don reconnaît la valeur de Peggy tant qu'elle se montre obéissante. La fin du pitch de Don est littéralement : « Enfin quelque chose de beau qui vous appartient pour de bon. » Les hommes dominent les femmes dans cette société pré-féministe. Finalement, pour compléter le thème principal, cet épisode pose aussi ces questions : jusqu'où iriez-vous pour obtenir ce que vous voulez ? Quelles limites morales franchiriez-vous au nom du « succès » ?

Le Jeu de la dame (Netflix)

« Pions doublés », l'épisode 3 du *Jeu de la dame*, explore le thème de *l'aveuglement*. L'épisode s'ouvre sur Beth Harmon (Anya Taylor-Joy) enfant, qui regarde sa mère, Alice Harmon (Chloe Pirrie) plonger dans un lac. Beth s'inquiète et scrute intensément la surface de l'eau – elle ne voit plus sa mère. Après ce qui semble une éternité, la mère émerge et rejoint le pont, et Beth peut enfin pousser un soupir de soulagement. Ce teaser – où Beth est mal à l'aise de ne pas voir ce qui se passait sous la surface – installe brillamment le thème pour le reste de l'épisode : l'aveuglement.

Plus tard, plus âgée, Beth, après avoir remporté un tournoi, rejoue ses anciennes parties dans sa chambre d'hôtel pour repérer ses faiblesses. « Il n'y en a pas », affirme-t-elle fièrement à sa mère adoptive, Alma Wheatley (Marielle Heller). Dans une interview, elle dit au reporter à quel point elle se sent à l'aise et en sécurité dans ce « monde complet fait de 64 cases » parce qu'elle peut « le contrôler et le dominer. Il est prévisible », affirme-t-elle, en insistant sur le fait que si ça tournait mal pour elle, elle serait la seule responsable. À Las Vegas, le champion d'échecs Benny Watts (Thomas Brodie-Sangster) trouve des faiblesses dans le jeu de Beth (bien qu'elle ait gagné), et lui fait savoir que son adversaire aurait pu la battre. C'est une surprise pour Beth. Elle est ébranlée – Benny a raison. Comment a-t-elle pu ignorer ces faiblesses dans son jeu ?

Beth subit un choc encore plus fort, alors qu'elle partage un moment d'intimité avec Townes (Jacob Fortune-Lloyd), son amour d'enfance, dans sa chambre d'hôtel, et que son petit ami supposé Roger Dione (Tim Kalkhof) entre. *Beth n'a rien vu venir.* Elle est surprise, confuse, et ses sentiments pour Townes ne sont toujours pas payés de retour. Il est intéressant de remarquer que dans le roman écrit par Walter Tevis, qu'adapte la série, la sexualité de Townes n'est pas du tout discutée (leur différence d'âge est le principal obstacle) – on peut supposer que les auteurs ont modifié cette histoire, pour servir, on le présume, (et de manière admirable, je trouve) le thème global de cet épisode. Pour finir, Beth est brutalement battue par Benny, *qui la prend complètement par surprise.*

Depuis le teaser jusqu'à la scène finale, le thème unificateur de l'aveuglement est incarné à la fois de manière subtile et explicite, toujours organique, jamais artificielle ou forcée, ce qui le rend aussi captivant que bouleversant.

The Crown (Netflix)

Dans l'épisode 2 de la saison 4 de *The Crown*, « L'épreuve de Balmoral », les thèmes de l'intégration et de l'appartenance mettent à l'épreuve la Première ministre Margaret Thatcher (Gillian Anderson) et Lady Diana Spencer (Emma Corrin). Les deux sont soumises à une sorte d'initiation – une séquence de règles et de points de protocole très particuliers auxquels la famille royale obéit, les utilisant comme baromètre pour juger secrètement les rares privilégiés invités à passer ce qui est en apparence un week-end de détente dans la résidence de la reine (Olivia Colman) à Balmoral en Écosse. Le véritable but de ces soi-disant épreuves : découvrir si quelqu'un saura vraiment s'intégrer dans la famille royale.

Quand Thatcher arrive avec son mari, elle est un « poisson-hors-de-l'eau ». Elle porte sa robe de soirée à l'heure du thé (oups !), n'a pas pensé à prendre de chaussures d'extérieur, et part à la chasse avec un manteau bleu et en portant du parfum – deux fautes absolues quand on essaye de surprendre des proies. Sans surprise, Thatcher n'apprécie guère son séjour. Elle ne sait pas comment participer à leurs jeux de société ou, dirait-on, s'amuser le moins du monde. Elle ne voit pas pourquoi elle ne devrait pas travailler un jour férié alors qu'il y a tant à faire. Thatcher ne s'intègre tout simplement pas. Les auteurs utilisent cela à dessein pour préparer le conflit qui opposera Thatcher aux privilèges et à l'arrogance de la haute société tout au long de la saison. Le thème comme métaphore.

L'autre invitée du week-end à Balmoral est Lady Diana. Diana a été prévenue de l'importance réelle de ces épreuves – elle doit se montrer à la hauteur des attentes élevées de la famille royale, si elle veut y être acceptée. Grâce à son éducation aristocratique et à sa bonne volonté, elle passe le test haut la main – elle a pris des chaussures d'extérieur, se soumet à toutes les traditions familiales avec grâce et bonne humeur, et aide même à capturer le cerf blessé que tout le monde cherche. Même si sa relation avec le Prince Charles (Josh O'Connor) est encore naissante, son succès incite la famille royale à lancer l'organisation du mariage du couple tandis que Charles, qui lui aussi était testé, obtient également l'approbation royale.

Les sitcoms peuvent aussi gagner à avoir un thème unificateur, tant que celui-ci n'est pas trop voyant, forcé et/ou qu'il ne diminue pas leur force comique.

Dans l'épisode de la saison 2 « Le baiser » du faux documentaire/sitcom *Modern Family*, on suit trois histoires qui, vous l'avez deviné, ont trait à l'affection. Cameron (Eric Stonestreet) n'est pas content que Mitchell (Jesse Tyler Ferguson) n'aime pas les gestes d'affection en public. Claire (Julie Bowen) devient autoritaire quand elle découvre que sa fille Alex (Ariel Winter) est amoureuse d'un garçon. Haley (Sarah Hyland) presse Alex de lui donner un premier baiser. Pendant que l'histoire de Gloria (Sofía Vergara) et Jay (Ed O'Neill) porte davantage sur l'héritage colombien de Gloria, et finit sur Jay, connu pour ne pas manifester son affection, embrassant son fils, Mitchell.

En même temps, il y a quantité de super séries qui *n'ont pas recours* à un thème unique pour unifier les intrigues A, B et C. *Breaking Bad* ne le fait pas. *Parenthood* et *Friday Night Lights* ont bien des thèmes et des motifs, mais qui ne forment pas des ensembles symétriques parce que toutes les histoires ne s'alignent pas aussi nettement. Un producteur exécutif de *Homeland* m'a dit qu'ils ne parlaient jamais de thème dans la writers room, et il prend soin de l'éviter aussi dans ses scénarios afin de ne pas « faire l'auteur », trop conscient de tout ce qu'il fait.

En effet, le thème est le problème le plus polarisant parmi les showrunners. Je remarque que les *pilotes* télé de grande qualité ont tendance à établir un thème central fort pour la *série* à venir – que ce soit de manière explicite ou tacite, exprimée ou suggérée. Mais après l'épisode pilote, poursuivre avec un thème unificateur risque de peser sur les sensibilités de certains auteurs et de les contraindre à « forcer » la cohérence thématique entre des intrigues disparates. Parfois le thème est une volonté délibérée du scénariste, parfois non. Ou peut-être y a-t-il *plusieurs* thèmes en jeu dans le même épisode et qui restent tous ouverts à l'interprétation des spectateurs.

Au bout du compte, le thème est un test de Rorschach pour chaque spectateur, puisque nos expériences de vie uniques influencent tout ce qu'on voit.

INTERVIEW : Yehonatan Indursky, *Les Shtisel* (Netflix), sur comment unifier les intrigues par les thèmes et les métaphores

Cette interview a eu lieu par email en janvier 2021.

Neil : Quand vous avez commencé à concevoir *Les Shtisel*, avec votre partenaire d'écriture et co-créateur de la série, Ori Elon, est-ce que vous aviez un thème global à explorer dans la saison 1 ? Si oui, comment ce thème a évolué dans la saison 2 ?

Yehonatan : Cette question, du thème d'une œuvre d'art, est une question profonde qui m'a toujours intrigué en tant qu'artiste. Faut-il être conscient du thème de l'œuvre pendant qu'on l'écrit, ou est-ce quelque chose qui doit rester caché dans notre subconscient profond, et surgir plus tard ? Je crois que parfois, quand je commence à écrire quelque chose de nouveau, ou un nouvel épisode, et que je connais son thème sous-jacent, ça peut être dangereux pour l'œuvre parce que bien que cette conscience soit le cœur de l'œuvre, ça peut saboter sa dimension interne et amener à la surface des éléments qui devraient rester cachés.

Néanmoins, le fait est qu'avant de commencer à écrire chaque épisode, mon coauteur Ori et moi, nous essayons de comprendre son thème sous-jacent. Je vais vous dire un secret : souvent, le titre que nous choisissons pour l'épisode est lié à ce thème.

Rétrospectivement, je crois qu'on peut dire que le thème de la première saison est la perte, le manque, et la recherche de la mère. Le thème de la deuxième saison est davantage tourné vers la camaraderie, y compris les relations entre les cousins, Akiva et Libbi Shtisel (Michael Aloni et Hadas Yaron). Freud aurait dit que c'est une variation sur le même thème, et il est très tentant de dire que le thème est, toujours, la vie. La vie et sa fragilité.

Les Shtisel est une série sur le chagrin. Une série qui parle de la fragilité de l'existence et de l'impatience du cœur. Quand un objet se brise, on ressent immédiatement la perte, la fin de la magie et de l'innocence. Mais si on considère l'aspect physique, quand un objet se brise, il s'étend et occupe davantage d'espace. J'ai envie de croire que quand un cœur se brise, il y a des profondeurs, des coins et des ventricules cachés qui ne peuvent se révéler que grâce à ce fracas, et c'est l'occasion que *Les Shtisel* essaye de saisir : comment notre chagrin collectif nous rappelle notre mortalité, la fragilité et la friabilité de l'existence humaine, et ces moments où le cœur devient plus sensible pendant les moments difficiles ?

Je me souviens de quelque chose qu'un des personnages dit dans la troisième saison des *Shtisel* : « Si on avait été immortels, notre cœur n'aurait pas pu se briser. » Parce que même si on était tombé amoureux de quelqu'un qui ne nous aime pas en retour, on aurait pu se consoler par le fait qu'un jour, durant notre vie éternelle, on se serait certainement rencontrés à nouveau et on aurait eu une deuxième chance. C'est pourquoi l'amour perdu et le chagrin d'amour nous rappelleront toujours l'inscription latine sur l'horloge de la cathédrale d'Ibiza : *Ultima multis*, « le dernier jour pour beaucoup[41] ».

Neil : *Les Shtisel* explore quatre générations d'une famille haredi qui obéit aux lois strictes de l'orthodoxie juive, mais, comme je vous ai entendu l'expliquer dans des interviews, votre but n'était pas de critiquer

41. Telle qu'elle est décrite par le philosophe allemand Walter Benjamin dans son essai de 1936 « *Le conteur* » (Frédéric Pajak, *Manifeste incertain*).

ou d'examiner les mécontents ou ceux qui cherchent à échapper à un genre d'oppression. Au lieu de quoi, *Les Shtisel*, et par extension, Akiva, nous offre un portrait aimant, sympathique d'une famille qui se frotte à des thèmes universels : les luttes quotidiennes, la naissance et la mort, les espoirs et les rêves, les amours et les pertes, « les souffrances ordinaires… de ceux qui y vivent[42] » ; même si Akiva et Ruchami (Shira Haas) se rebellent contre leurs parents chacun à sa manière, aucun des deux ne se rebelle contre les traditions de leur foi. Ma question : est-ce que les thèmes principaux de votre série tournent autour de la loi contre le désir, la passion contre la honte, la tradition contre la vie moderne au XXIe siècle ?

Yehonatan : *Les Shtisel* n'est pas la première œuvre à s'attaquer au monde haredi. Les Haredim ont attiré les artistes israéliens dès les premières années du cinéma israélien, et très certainement pendant les dizaines d'années d'écriture dramatique à la télé. Je pense que la différence est que jusqu'à il y a 15 ans, ces auteurs étaient toujours des observateurs extérieurs, dont l'imagination était intriguée par la magie et l'interaction entre les aspects cachés et révélés du monde haredi. Souvent, ça rendait ces œuvres très similaires, parce qu'elles étaient focalisées sur ce motif. La plupart de ces œuvres mettaient en scène un protagoniste haredi, homme ou femme, qui essaye de sortir de son monde.

Ces 20 dernières années, des auteurs appartenant au monde haredi – Haredim, Chozrim B'teshuva (« pénitents »), et ex-Haredim (« hors du derech ») – ont commencé à parler de leur monde, ce qui a créé de nouvelles possibilités pour l'écriture consacrée aux Haredim[43]. L'écriture sur les Haredim a cessé de se focaliser sur des éléments spectaculaires comme le sexe et le fait de « briser les murs » (un terme utilisé dans quasiment tous les synopsis parlant d'un protagoniste, homme ou femme, jusqu'aux années 2000), et a révélé au monde des œuvres incroyables, complexes et uniques, par des auteurs pleins de talent comme David Volach, Shuli Rand, Rama Burshtein, et d'autres qui venaient du monde haredi.

---

42. Ruth Margalit, « Seeing Inside the Israeli Ultra-Orthodox Community on the Netflix Series Les Shtisel », *The New Yorker*, 19 avril 2019.

43. Ici « pénitent » désigne quelqu'un qui est devenu religieux tard dans sa vie, tandis que « hors du derech » ou du « chemin » désigne quelqu'un qui a quitté le chemin pour en trouver un nouveau.

Dès le début des *Shtisel*, on savait très clairement qu'aucun de nos protagonistes ne quitterait le monde haredi. Non pas parce qu'il n'arrive jamais que des gens quittent le monde haredi, mais parce que nous voulions décrire des gens qui se sentaient bien dans leur monde. Leur grand-père était haredi, leur père aussi, et leur petit-fils le sera également. Comprendre que la vie haredi peut alimenter un drame ou une comédie parce que c'est une vie comme les autres, indépendamment des conflits liés à la Loi juive ou à leur style de vie, c'était important pour nous de le montrer et de le mettre en œuvre.

C'est la raison pour laquelle *Les Shtisel* ne traite directement d'aucun des thèmes que vous avez mentionnés. Bien sûr ils en font partie, parce que, au bout du compte, ça parle d'une société traditionnelle qui vit selon des lois et des normes juives strictes. Et comme, en plus de tous les autres motifs, *Les Shtisel* essaye aussi de trouver ce qu'a d'unique chaque individu dans le monde, qui croit dans le collectif, ces thèmes se manifestent aussi de temps en temps, mais comme j'ai dit, jamais de manière explicite.

En même temps, je peux témoigner que dans la troisième saison de la série, où il est possible que nous ayons pris plus de libertés que nous ne l'avions fait dans les deux premières saisons, il y a des discussions à l'occasion sur la question du féminisme, du racisme contre les juifs Mizrahi[44], sur la manière dont la société haredi considère la maladie mentale, et implicitement, considère la communauté LGBTQ+. C'est une saison où nous avons pris la liberté de traiter, même si c'est à travers une optique comique, de la manière dont une série créée par la société haredi repasse de l'écran télé à cette société.

Neil : À l'abri d'un thème sur toute la saison, chaque épisode est élaboré amoureusement autour de son propre sous-thème. Quand vous « élaborez » l'histoire, est-ce que vous commencez avec une idée d'intrigue ou est-ce que vous explorez une nouvelle facette d'un personnage, ou est-ce que vous commencez avec un thème à explorer dans vos intrigues A,B,C ? Ou peut-être que vous « élaborez » l'histoire

44. « Mizrahi », qui se traduit littéralement comme « oriental » en hébreu, est un terme parfois controversé utilisé pour décrire les descendants juifs de différents ancêtres asiatiques.

personnage par personnage avant de déterminer comment toutes les histoires pourraient être reliées par un thème commun ? Exemple : « Colonie », épisode 11 de la saison 1, le seul épisode de la série ouvertement politique (mais traité de manière oblique) situé le Jour de l'Indépendance. L'épisode met au centre le thème de la libération contre la tradition. Franchir la limite semble être le thème unificateur dans « Enfant prodige » (épisode 4 de la saison 1), qui met Akiva et Gila aux prises avec des dilemmes religieux et moraux. Dans l'épisode 9 de la saison 1 (« Le bébé »), la Torah « bébé », abîmée au-delà de toute possibilité de réparation, est mise en parallèle avec la fille de Shulem (Dov Glickman) dont il est séparé et qui l'attaque en justice, et liée thématiquement par l'idée de réparation et de réconciliation. À moins que ce soit irréparable ?

Yehonatan : Au début de chaque épisode, et habituellement en suivant l'intrigue centrale qui y mène, Ori et moi, on essaye de trouver le thème de l'épisode. Souvent ça unifie des idées explorées par d'autres histoires dans le même épisode, mais parfois le thème n'affecte qu'un élément de l'histoire ou il ne s'exprime que dans le dialogue. En même temps, toutes les œuvres d'art qu'il nous arrive de mentionner au cours des épisodes sont presque toujours liées au thème de l'épisode.

J'ai entendu un jour David Ofek, un réalisateur et scénariste israélien très talentueux, comparer la relation entre le thème et une œuvre d'art à la relation entre les pétales et le réceptacle d'une fleur. J'aimerais penser à cette relation comme à celle entre le cholent[45], le plat juif ultime, et ses ingrédients. Si on prend chaque ingrédient et qu'on le cuit seul toute la nuit à feu doux, on n'aura pas du cholent. Et quand on est assis en face d'une bonne assiette de cholent bien appétissant, on ne peut pas déterminer quel ingrédient a le plus contribué à son odeur et à sa saveur. Et n'oublions pas non plus que chaque cholent est unique, mais que le souvenir du cholent de notre grand-mère est quelque chose qu'on emportera avec nous dans la tombe.

---

45. Ragoût traditionnel juif de viande et de haricots qui cuit pendant toute une journée avant le shabbat.

Neil : J'ai lu aussi qu'Ori et vous, vous vous êtes imposés deux règles quand vous avez conçu *Les Shtisel* : pas de mikveh[46] et pas de sexe. Pourquoi cette décision ?

Yehonatan : Je pense que ces décisions sont aussi liées à notre désir de différencier *Les Shtisel* d'autres œuvres qui ont décrit le monde haredi au cours des années, et qui faisaient leur miel de ce genre de scènes. Mais je pense qu'il y a une réponse plus profonde à cette question, qui est liée à une question que nous posent les spectateurs Haredim : pourquoi est-ce qu'on ne voit pas les protagonistes prier ou étudier la Torah ?

Comme l'avaient compris les Grecs anciens, et comme Shakespeare nous l'a enseigné, une pièce se passe sur scène, mais n'amène sur scène que ce qui est exprimé à l'extérieur, le texte. Le sous-texte ne doit jamais être montré. Si Œdipe avait su qu'il allait assassiner son père et épouser sa mère, ça n'aurait pas été une pièce, mais plutôt un article de Freud. C'est le pouvoir du drame – il excite notre imagination, et quand il y réussit, il transforme les spectateurs en psychanalystes, en poètes, en philosophes, en chercheurs en littérature, ou en étudiants de Yeshiva. Dans la plupart des pièces grecques, on ne voit jamais de meurtre ou de mort sur scène. Pour moi ça a toujours été un concept qui ne vient pas seulement du puritanisme, mais plutôt de la compréhension que la mort, comme le sexe, est ce qui reste à l'intérieur, de la même manière que les textes ou les prières de la Loi juive sont le sous-texte ; ils existent dans les vies des personnages, mais c'est bien plus excitant de les sentir en dessous de la surface plutôt que sur scène.

C'est l'approche que nous avons mise en œuvre dans *Les Shtisel.* Dans mes autres œuvres, passées et peut-être à venir, c'est différent. Sur de telles questions, le cœur est la meilleure boussole, et j'espère qu'il me guide par des intuitions correctes.

Neil : Ne pas se focaliser sur la politique est ce qui met *Les Shtisel* à part des autres séries israéliennes comme *Fauda, Hatufim*, et *Our Boys.* « Colonie » est le seul épisode des *Shtisel* qui s'aventure sur le terrain politique. Est-ce qu'en vous focalisant sur la politique à l'intérieur de la

46. Bain rituel de purification, le plus souvent utilisé lors de l'immersion de quelqu'un dans le judaïsme.

famille, ce microcosme vous a permis de traiter de manière indirecte la politique, ou est-ce que « pas de politique » était une autre règle qu'Ori et vous, vous vous êtes fixée ?

Yehonatan : Peut-être que rester à l'écart des affaires courantes ou des questions politiques dans une œuvre d'art est lié à mon passé. Dans ma jeunesse, quand j'étudiais à l'école de cinéma (Jerusalem Sam Spiegel Film School), je gagnais ma vie en écrivant pour un journal haredi. C'était une période magnifique. J'utilisais des dizaines de pseudonymes pour écrire sur la politique, les rabbins décédés, des recettes, des thrillers en feuilleton, et parfois même la section du courrier des lecteurs. En plus de payer mon école et mon loyer à l'époque, écrire était quelque chose que j'aimais vraiment. D'un autre côté, je me sentais mal à l'aise dès que j'avais le journal imprimé dans les mains et que je voyais la date, qui n'avait plus aucun sens quelques heures plus tard. J'ai envie de croire que l'art peut traiter de questions philosophiques, morales et même politiques sans adhérer aux événements spécifiques en cours, et essayer de traiter de questions existentielles qui ont hanté tous ceux qui ont jamais marché sur cette planète – l'amour, le manque, et la peur d'une époque où d'autres personnes marcheront ici à notre place.

Neil : Vous utilisez des métaphores brillantes et évocatrices tout au long de la série : le perroquet parlant, la Torah « bébé », la lecture de *« Hannah » Karenine*, l'éclipse solaire, les citrons dans le flash-back avec Akiva et Libbi, repris encore dans la narration présente, franchir la ligne au musée, la cinquième de Mahler, « Un long silence », la caméra de surveillance à l'agence de voyages (censée être l'œil de… Lui ?). Est-ce que vous pourriez commenter brièvement ces métaphores ? Comment et quand lors de l'élaboration de l'histoire ces métaphores sont-elles apparues ?

Yehonatan : Il serait difficile de discuter chacune des métaphores que vous mentionnez. La vie de chacun de nous, de chaque être humain, est faite d'un ensemble de moments poétiques, tristes, drôles, extraordinaires, et notre métier de conteur est de trouver une manière de transformer de simples événements en histoire.

Il y a un conseil que je donne parfois aux auteurs débutants. L'application Notes de mon iPhone est pleine de milliers de notes que j'écris sans y penser tout au long de la journée. Ça peut être un morceau d'une histoire, une idée sans fondement, un dialogue que j'ai entendu entre deux porteurs dans la rue où je vis au sud de la ville, de mauvaises blagues, des moments de déprime, ou des moments d'épiphanie. Ça peut être deux arbres qui se balancent dans le vent. Ou une rue vide au soleil couchant à Tel-Aviv, qui me rappelle miraculeusement le service final de Yom Kippour, *Tfilat Ne'ila*, dans mon quartier d'enfance. Je note tous ces moments, je les documente de manière obsessionnelle. Pas dans le but d'en faire quelque chose le moment venu, mais probablement comme une tentative humaine (trop humaine) de préserver des instants qui ne reviendront jamais.

L'oubli est notre don le plus précieux en tant qu'êtres humains, mais notre pire ennemi en tant qu'auteurs. Quand je me retrouve face à une feuille blanche, en train d'essayer de trouver une idée pour un dialogue entre deux personnages, une métaphore pour remplir une scène, ou un moment poétique, je regarde mes notes. La plupart du temps je me retrouve à essayer de comprendre pourquoi j'ai écrit ça, mais parfois je redécouvre des trésors dont j'avais oublié que j'en avais été témoin.

Neil : Étant donné la manière dont la série révère la tradition, comment intégrez-vous la technologie du XXIe siècle – qui semble être la contradiction majeure dans les mœurs traditionnelles ? Par exemple, accepter les téléphones portables, les ordinateurs, et les jeux vidéo, mais interdire la télévision (quelle ironie !) et Internet ?

Yehonatan : Ce sont des défis complexes que la société haredi affronte depuis deux décennies : comment peut-elle accepter la technologie et comprendre que c'est une partie intégrante de la vie, et continuer à préserver la jeune génération de contenus qu'elle juge inappropriés ? Comme je ne suis ni impliqué dans l'éducation haredi ni sociologue, je vais transmettre votre question à des gens qui en savent plus que moi. Néanmoins, à ce sujet, comme pour d'autres sujets des *Shtisel*, nous avons pris soin de représenter la réalité telle que nous la connaissons.

Neil : J'ai été fasciné par l'introduction du chien dans l'épisode 11 de la saison 2 (« Le 10e tableau »), mais après, la porte est laissée ouverte et le chien se contente de disparaître. Est-ce que j'ai raté quelque chose, ou est-ce que c'était simplement le destin du chien – de partir d'un endroit où il ne pouvait pas être accepté ?

Yehonatan : L'un des grands défis que nous affrontons à chaque épisode des *Shtisel*, et qui nous demande beaucoup de réflexion, est comment l'épisode va finir. Notre but est de toujours laisser le spectateur avec le sentiment que tout n'a pas été exprimé. Et même mieux, que rien n'a été exprimé. La compréhension que certaines choses restent dans le non-dit, qu'on ne connaît pas tout, et que certaines choses sont cachées. S'il y a quelque chose à quoi vous pouvez penser entre le moment où vous éteignez votre tablette après avoir regardé un épisode et le moment où vous vous endormez, cet épisode a probablement touché votre cœur.

C'est le sentiment qu'on a quand on termine un chapitre d'un livre qu'on aime, ou qu'on regarde un film ou un épisode d'une série télé qu'on aime. Qu'est-il arrivé à Dubche, le chien qui a touché notre cœur aussi bien que le cœur de Shulem ? Est-ce que ça a du sens ? Est-ce que c'est l'histoire du destin d'un chien, ou l'histoire de la solitude d'un homme ? Peut-être les deux. Est-ce que Shulem va penser au destin de Dubche la nuit suivante ? Oui, probablement – il y pensera dans son lit la nuit avant de s'endormir. Peut-être qu'on y pensera, nous aussi. Et peut-être qu'en nous promenant une nuit, dans quelque temps, nous tomberons soudain sur Dubche. Est-ce le même Dubche, ou le Dubche d'une autre histoire ? Qu'importe ?

Neil : Chaque saison explore la tension dramatique de triangles différents ; par exemple, Akiva/Libbi/Nukhem[47] (Sasson Gabai), et ensuite Akiva/Libbi/son art ; de manière similaire, Zvi Arye (Sarel Piterman)/rejoindre le groupe/sa femme ; Ruchami (Shira Haas)/Hanina Tonik (Yoav Rotman)/ses parents, etc. Considérez-vous cette tension triangulaire comme une extension des thèmes ?

Yehonatan : Je suis tenté de répondre de manière ironique en disant que quasiment toutes les histoires dramatiques ont besoin de s'élaborer sur un triangle – depuis le « sacrifice d'Isaac », en passant par l'histoire de la belle Hélène, jusqu'à la *Sonate à Kreutzer*[48]. Mais je préfère la réponse sérieuse : ma forme géométrique préférée est le triangle. C'est la forme du

---

47. « Nukhem », au passage, se trouve être aussi mon nom hébreu (ainsi que celui de Yehonatan).

48. Respectivement : le « sacrifice d'Isaac » dans la Genèse 22, Hélène de Troie dans la mythologie grecque, et le court roman de Léon Tolstoï de 1889 dont le titre reprend celui de la sonate numéro 9 de Beethoven.

véritable Kugel de Jérusalem, qui, selon une croyance populaire, garde sa forme même quand il est tout au fond de l'estomac, comblant l'espace et le manque à l'intérieur de chacun de nous.

Neil : La saison 1 commence un an après la mort de la matriarche, Dvorah Shtisel (Irit Alter), et il me semble qu'elle est lourdement influencée par le processus de deuil de chaque personnage, en particulier Akiva et Shulem. Est-ce que père et fils partagent une peur similaire de l'intimité ?

Yehonatan : Oui, la mort de Dvorah est la toile de fond de la série et son essence : père et fils partagent un appartement et cherchent l'amour qui pourrait remplir le vide laissé par la mort de la mère. Souvent, la solitude de l'un conduit l'autre à lui chercher une femme qui pourrait le réconforter. Le poète hébreu Bialik avait une phrase inoubliable pour décrire la recherche d'une femme : « Prends-moi sous ton aile, et sois ma mère et ma sœur[49]. » J'ai tendance à penser que mettre la mère au centre du manque et de la perte dans *Les Shtisel* est aussi lié au fait que l'archétype de la Grande Mère, qui est la source de tout l'art occidental, n'existe quasiment pas dans l'esthétique et le monde juifs, à part peut-être dans la Kabbale. Ça pourrait expliquer pourquoi la figure de la mère dominatrice a été si populaire chez les auteurs juifs tout au long de l'histoire.

Neil : Akiva, en particulier, a l'air de se spécialiser et de ne faire la cour qu'à des femmes « taboues » émotionnellement inaccessibles, Elisheva (Ayelet Zurer) et Libbi ; voyez-vous cela comme une manière d'éviter une intimité et une connexion réelles, de peur, potentiellement, de perdre à nouveau – une « peur de l'abandon » après la perte de sa mère chérie ?

Yehonatan : Pour approfondir ma réponse précédente, je ne suis pas sûr que les complexes maternels sont nécessairement le résultat de l'absence physique de la mère. Ça pourrait même être l'inverse. En tout cas, il n'y a aucun doute que la manière dramatique d'exprimer cet élément dans la psyché d'Akiva (aussi bien que dans la psyché de Shulem plus tard dans la série), c'est par la mort de la mère.

Neil : Quand vos personnages féminins parlent de l'idéal d'avoir « une vraie vie, une vraie maison, une vraie famille juive », qu'est-ce que ça

49. Du poète israélien Hayyim Nahman Bialik « Prends-moi sous tes ailes ».

signifie pour vous ? De nos jours, est-ce qu'il est possible de poursuivre à la fois l'accomplissement personnel tout en observant simultanément ce que certains pourraient caractériser comme des traditions archaïques ?

Yehonatan : Malheureusement, la vie dans les sociétés traditionnelles, y compris la société haredi, peut parfois créer de l'injustice, et sanctifier des valeurs déformées, antilibérales et parfois même antihumanistes. Le rôle de l'art est d'abord de nous rappeler que tout être humain a été créé à Son image, est unique, et mérite l'amour, la grâce, et la compassion dus à son humanité, indépendamment de son genre, sa race, sa religion, son orientation sexuelle, ou ses croyances.

Selon moi, ça devrait être l'essence de toute œuvre d'art, et c'est ce qui guide tout ce que j'écris, tous les cadres que je construis, et toutes les lumières qui viennent éclairer les personnages que j'écris.

Je prie pour, j'espère, et je crois que les changements qui ont eu lieu dans la société haredi ces dernières années, y compris les nouvelles voix qui émergent de l'intérieur de la société haredi elle-même, vont permettre de se débarrasser de ces phénomènes, y compris dans les marges où ils continuent d'exister.

Neil : Vous utilisez le réalisme magique, les flash-back, et les rêves pour influencer la narration présente (en particulier autour de la mortalité et du deuil). Vous utilisez aussi la coïncidence dans certains cas, comme quand Hanina déjeune dans le nouveau café de Giti (Neta Riskin)… et ne s'aperçoit de qui il est que lorsqu'il se présente au tribunal pour sa procédure de divorce avec Ruchami. Voyez-vous cela comme une forme de *deus ex machina* ? Quand vous autorisez-vous la licence poétique de faire intervenir la « main de D… » pour infléchir la trajectoire d'une histoire ? Quelle est votre opinion sur le rôle de la coïncidence dans l'art de raconter une histoire en général ?

Yehonatan : Je pense à une autre question que des spectateurs Haredim des *Shtisel* me posent parfois : comment est-il possible que D…, qui est une figure tellement importante dans la vie de toute personne religieuse ou Haredi, n'existe pas dans *Les Shtisel* ? Ma réponse à cette question est toujours la même. Sortez dans la rue. Est-ce que vous Le voyez quelque part ? Il est dans *Les Shtisel* aux mêmes endroits qu'Il est dans notre monde.

La vie est pleine de réalisme magique. Chacun de nous le rencontre dans sa vie quotidienne. D'habitude, on ne peut pas l'expliquer. Combien de fois quand nous rencontrons un événement improbable, nous nous disons, la tête entre les mains : « Il n'est pas possible qu'un tel hasard existe dans notre monde ? » C'est, exactement, l'élément mystérieux, inconnu, magique, et poétique de notre vie, que nous considérons habituellement comme grise et ennuyeuse. C'est ce qui rend la vie de chacun de nous imprévisible, indéterminée, surprenante, excitante, et drôle. Qu'est-ce qui nous a amenés à la personne que nous avons rencontrée et que nous avons épousée ? Chaque pas que nous avons fait, chaque décision que nous avons prise dans notre vie a été influencée par des milliers, sinon des dizaines de milliers de hasards, dont pour la plupart nous ne sommes même pas conscients.

On peut appeler ça providence, coïncidence, ou réalisme magique. Dans de tels moments je repense à la belle Remedios dans le livre de Gabriel García Márquez, *Cent Ans de solitude*. Un après-midi sa robe est enlevée par le vent et s'envole dans le ciel. Est-ce que Márquez croyait que c'était vraiment arrivé dans l'histoire de Macondo ? Je n'en sais rien, mais qu'importe ? Moi, et les millions de personnes qui ont lu ce livre, nous avons cru, au moins pendant un bref instant, que c'était arrivé pour de bon. C'est une des nombreuses petites victoires de la littérature sur la vie.

Neil : Une des choses que j'aime le plus dans *Les Shtisel*, c'est la manière dont les personnages y sont dépeints tout en nuances de gris, même Lippe Weiss (Zohar Strauss), qui au début est un vrai schmuck, mais trouve plus tard la rédemption. Est-ce que c'est un autre thème de la série, comment chacun peut chercher et trouver la rédemption et le pardon ?

Yehonatan : Lors de notre premier cours à l'école de cinéma, on nous a appris que le protagoniste du film devait changer sur la durée du film. Je suis heureux d'affirmer que cette convention a changé depuis bien longtemps, mais l'un des éléments qui différencie les séries télé des films, c'est d'accepter que les gens ne changent pas vraiment. Le caractère répétitif des histoires et la manière dont les personnages se trouvent encore et encore face aux mêmes épreuves, aux mêmes questions, est bien plus proche de la littérature et de la vie que du cinéma, qui cherche la rédemption pour le protagoniste.

Si vous permettez, j'aimerais faire un commentaire sur la rédemption. La culture humaine tout entière est basée sur l'idée de la rédemption – un genre de Messie qui viendra nous racheter pour tous nos maux et nos problèmes et nous mènera au bonheur tant espéré. Mais Yeshayahou Leibowitz a dit un jour : « Un Messie qui arrive n'est pas un Messie. » Parce qu'il n'y a pas de rédemption éternelle, et il n'y a pas de familles heureuses, ni à leur manière, ni d'aucune autre manière. La rédemption que l'art nous offre est différente. Ce n'est pas une rédemption éternelle et ultime, mais plutôt une petite rédemption quotidienne : une fine pluie qui tombe sur une fontaine sur une place ; un biscuit trempé dans un verre de thé brûlant à la fin d'une mauvaise journée ; une assiette de soupe chaude qui vous rappelle votre mère ; un rayon de soleil qui surgit des nuages au milieu d'un jour d'hiver gris. Voilà le genre de rédemptions que j'essaye de trouver pour moi-même et pour mes protagonistes.

Neil : J'ai très envie de savoir d'où viennent certaines intrigues spécifiques, parce qu'elles sont tellement uniques et fascinantes comme dilemmes moraux : appeler son bébé « Zelig » pour de l'argent (ou pour l'honneur) est fascinant ; est-ce que ça vient d'une situation réelle ? Idem pour le perroquet qui parle, le business de blanchiment d'argent (du change au marché noir) de Giti ? Le marchand d'art qui demande à Akiva de peindre son « autoportrait » ? Épouser des cousins éloignés ? La Torah « bébé » ?

Yehonatan : Je ne sais pas si vous allez me croire, mais je ne suis pas certain de pouvoir répondre à ces questions. Chacune des histoires des *Shtisel* est faite de tellement d'ingrédients. Certains sont fictionnels et certains sont basés sur l'histoire de gens qu'on connaît, de gens qu'on aimerait connaître, de gens qu'on préférerait ne pas connaître, et de qui d'autre encore ? Parfois une publicité dans un journal peut créer une histoire (par exemple, dans le cas du bébé Zelig). Parfois c'est une image sur le mur d'une galerie, un souvenir lointain d'une histoire entendue de votre père, ou votre père lui-même. Parfois c'est un bon repas que vous faites, et parfois un bon repas que nous ne faites pas. Parfois en conduisant une voiture de location vous sentez quelque chose qui vous rappelle l'odeur de la maison de votre grand-mère, qui est morte il y a 30 ans, et vous ne pouvez rien en faire. Vous rendez la voiture à la société de location, mais cette odeur, elle, va rester avec vous pour toute la vie. Un jour ça peut devenir une histoire, ou juste rester un parfum inaccessible.

S'il y a une chose que j'ai apprise au cours des années, c'est de toujours écrire en ayant faim. Faim de nourriture, faim d'amour, faim d'une étreinte, faim d'une mère ou d'un père, faim des enfants que vous avez ou des enfants que vous n'avez pas. Une histoire naît toujours d'un manque, d'un chagrin, d'une douleur.

Neil : Est-ce que la famille Shtisel est basée sur votre famille et/ou celle d'Ori ? Akiva est-il le personnage qui vous représente ? Il a l'air de remettre en question sa foi au XXIe siècle, et j'ai lu que vous vivez aujourd'hui à Tel-Aviv et êtes bien moins dévot que durant votre jeunesse et vos jeunes années à la Yeshiva. Qu'est-ce qui vous a incité à vous éloigner des Haredim ?

Yehonatan : J'aime à égalité tous les personnages des *Shtisel.* Je peux trouver quelque chose de moi dans chacun d'eux, indépendamment de leur genre ou de leur âge. C'est dur pour moi de dire lequel est plus proche de mon cœur. Chacun d'eux représente une part de moi-même et d'Ori et de personnes que nous aimons, que nous avons rencontrées dans nos vies ou dans nos rêves.

En ce qui me concerne, j'ai quitté la maison à 18 ans, et depuis j'essaye d'y retourner. Toutefois, je ne cesse de comprendre le sens de ce qu'une jeune femme a dit à Thomas Wolfe dans un train pour Asheville : « On ne peut jamais rentrer à la maison. » On dit qu'elle avait précédemment rencontré Ulysse et essayé de lui vendre la même idée, mais qu'il était resté ferme sur son désaccord. S'il l'avait crue, imaginez combien de chefs-d'œuvre nous aurions perdus.

12

LES CLIFFHANGERS

Un cliffhanger est une astuce narrative qui consiste à laisser un ou plusieurs personnages face à une situation dangereuse ou à une révélation choquante. Comme tout ce qui est dramatique est essentiellement de la manipulation (et pas la réalité), un cliffhanger met les spectateurs d'aujourd'hui si sensibles aux spoilers dans une situation paradoxale de tentation : « Je suis impatient de savoir ce qui se passe après – ne me dites rien ! »

Traditionnellement, les chaînes télé offraient leurs meilleurs épisodes avec les cliffhangers les plus choquants pendant les « vagues d'audimat » (février, mai, juillet et novembre) où les publicitaires calculaient le prix des pubs en fonction des audiences mesurées à ce moment-là auprès des spectateurs. Plus les audiences étaient élevées, plus les revenus des chaînes augmentaient. Maintenant que les chaînes télé traditionnelles perdent de plus en plus de spectateurs et que la mesure quotidienne des audiences n'a plus de sens, les vagues n'en ont plus non plus. Avec des saisons qui comprennent moins d'épisodes, *chaque* épisode doit être un joyau soigneusement taillé. Ce n'était pas toujours possible quand une saison télé comprenait plus de 22 épisodes. L'époque a changé, et les cliffhangers traditionnels aussi. Les auteurs de séries télé avaient l'habitude d'appeler les cliffhangers « schmuck bait », une expression décrivant un moment dramatique forcé à la fin d'un acte, et facilement résolu après la pub. Par exemple, dans une série procédurale médicale, les patients se retrouvaient souvent en arrêt cardiaque, les infirmières criaient « Code bleu ! » (Insérez les pubs ici), avant qu'on entende un BIP-BIP-BIP suivi de : « J'ai un pouls », et des infirmières ressuscitant avec un défibrillateur le patient dont on nous avait fait croire qu'il était déjà mort.

Aujourd'hui, mettre un cliffhanger artificiel à chaque fin d'acte est fatal. Et écrire de manière forcée « pour la fin de l'acte » n'a plus de sens. À la place, les actes peuvent se finir par un moment décisif qui vient des personnages, et pas seulement de l'intrigue. Quelle différence ? L'intrigue concerne des événements extérieurs, physiques (spatio-temporels). L'histoire qui vient des personnages concerne des émotions intérieures et des trajectoires psychologiques, exprimées en actions et en dialogues. Au lieu du schéma prévisible et conforme à la formule d'un cliffhanger (artificiel, forcé) toutes les 10 ou 15 minutes, les auteurs de télé peuvent aujourd'hui écrire de manière plus cohérente et continue, et les spectateurs attendent aujourd'hui qu'on leur fasse découvrir les choses de manière organique via les personnages.

N'oubliez pas, quand vous concevez votre intrigue, ce qui compte n'est pas seulement : « Qui fait quoi quand ? », mais aussi : « Qui sait quoi quand ? », ainsi que les réactions immédiates ou plus tardives de chacun des personnages. Comment chaque personnage est poussé à agir vient du plus profond de lui, de ses émotions. Oui, l'intrigue a toujours besoin d'épaisseur, mais en privilégiant la nuance et en évitant les lieux communs et les clichés. C'est une façon plus subtile de présenter une nouvelle difficulté, plutôt que le faire à l'ancienne, à coups de masse. Vous pouvez réserver vos cliffhangers les plus intenses pour la fin de l'épisode dans votre série dramatique d'une heure. Dans les sitcoms multi-caméras, le cliffhanger se trouve le plus souvent au milieu de l'épisode, car le bouton « reset » ramène les personnages à leur « état normal » à la fin, à moins qu'il s'agisse d'un épisode double qui se termine par un « à suivre ».

!

Regardez bien ce point d'exclamation. Si vous ne voulez pas que vos scénarios aient l'air amateurs, je vous recommande de vous servir des points d'exclamation le plus rarement possible, voire *jamais*.

Un point d'exclamation, dans les descriptions d'actions et même dans la plupart des dialogues, indique le manque de confiance en lui du scénariste. C'est comme un mauvais comique qui a besoin d'expliquer la chute de sa blague. Sachez que votre public est innocent, mais pas naïf. Dites-vous qu'un moment de grande tension, un problème qui s'aggrave, et/ou un soudain revers de fortune sera compris par vos lecteurs (les gardiens de la première porte sur la longue route sinueuse qui mène jusqu'à la production). Pour moi, l'usage ou l'abus de points d'exclamation est aussi un signe d'irrespect pour les réalisateurs et les producteurs, sans parler des acteurs – qui ont eux aussi tendance à ne pas aimer les parenthèses dans les dialogues ; donnez-leur ce qu'ils ont à dire, pas la manière de le dire. Ce sont des professionnels capables d'extrapoler l'intention, l'ironie, et la tension dramatique.

Certains scénaristes aiment mettre des mots-clés et des moments importants en CAPITALES pour les mettre en relief sur la page et faciliter la lecture. Personnellement, je préfère là aussi un usage modéré des capitales. Dans les décennies passées, les CAPITALES servaient seulement à introduire un PERSONNAGE, à mettre en relief les SONS, comme une SONNERIE DE TÉLÉPHONE ou une explosion : BOUM ! Aujourd'hui, quand je lis des scénarios, trop souvent des auteurs débutants ont tendance à mettre des capitales AU HASARD sur des mots ou des phrases entières, ce que je trouve aliénant.

Je ne préconise *pas non plus* d'être cryptique et oblique, ce qui peut frustrer, embrouiller et mettre à l'épreuve la bonne volonté de votre lecteur. J'*encourage* les auteurs télé à laisser la narration visuelle et les dialogues des personnages porter l'histoire. Les lecteurs n'ont pas besoin de sentir la main de l'auteur, à aucun moment dans le scénario, et un « signe » indéniable de la main de l'auteur est le point d'exclamation.

Suspense : C'est primordial pour tous les cliffhangers satisfaisants dans tous les genres. Le suspense a deux composantes :

- **Anticipation** (de ce qui va arriver ensuite)
- **Surprise** (quand elle arrive vraiment, de préférence de manière inattendue, inévitable mais imprévisible.

Les cliffhangers sont souvent tributaires de la survie (littérale ou psychologique/émotionnelle).

Les êtres humains ont tendance à éviter le changement, mais le changement est inévitable, c'est la seule constante de la vie. Ainsi, nous faisons de notre mieux pour nous adapter aux circonstances nouvelles. La survie nécessite de faire des choix, et toutes les décisions que nous prenons s'accompagnent de risque ou de récompense.

Sans risque ou sans **enjeu** valable, il n'y a ni drame ni comédie, et sans l'horizon d'une récompense ou d'une récompense potentielle, il n'y a ni drame ni comédie. Vous avez besoin de la possibilité du positif et du négatif pour faire naître du suspense. Quelque chose à gagner qui ait de la valeur, et quelque chose à perdre qui en ait aussi. Cherchez la charge positive (+) et la négative (–) dans chaque épisode, scène, acte, et faites en sorte d'avoir suffisamment de tension dramatique. L'énergie dépend de la polarité d'une charge +/–. C'est aussi l'élément vital pour qu'un drame ou une comédie fonctionnent.

Faire monter les enjeux

Pour déterminer si vos enjeux sont assez forts, demandez-vous si se contenter de ne rien faire face à une crise est une option viable pour votre personnage. Si votre personnage n'est pas obligé de résoudre un problème par la perte potentielle de quelque chose qui ait de la valeur, alors vos enjeux sont insuffisants. Il faut que vous ayez les enjeux les plus élevés possible à l'intérieur du ton et du genre de la série. Les enjeux doivent avoir l'air crédibles pour avoir de l'impact, sinon le problème ne mérite pas qu'on s'y investisse, et le public pourrait se demander : « Et alors ? »

Pendant des décennies, les « fins d'actes » traditionnelles proposaient toujours des mini-cliffhangers qui, invariablement, annonçaient des conséquences négatives après la pub. Aujourd'hui, les cliffhangers de fin d'épisode (ou de fin de saison) continuent presque toujours à dépendre d'un problème ou d'un moment de crise qui réclame une résolution dans l'épisode ou la saison suivante. Les fins d'actes peuvent être positives comme négatives. L'épisode peut être une succession fluide de gains et de défaites, mais certains actes peuvent finir sur un gain.

Par exemple, dans l'épisode 4 de la troisième et dernière saison de *Pose*, « L'Évangile selon Pray Tell » (« Take Me to Church »), situé en 1994, Pray Tell (Billy Porter) prend le bus pour rentrer dans sa ville natale près de Pittsburgh et rendre visite à sa mère Charlene (Anna Maria Horsford) et à ses tantes. Il leur apporte une mauvaise nouvelle : on lui a diagnostiqué un lymphome lié au SIDA. Il est en train de mourir et a, au mieux, six mois à vivre. Sa mission est de dire adieu à sa famille et de lui exprimer son amour. Sa mère est anéantie par la nouvelle et sort de la pièce en pleurant. L'une de ses tantes, Jada (Jackée Harry) le soutient et lui promet de rester à ses côtés jusqu'au bout.

Sa tante Latrice (Janet Hubert) invite Pray Tell à l'accompagner à l'église pour rencontrer le nouveau pasteur, Vernon Jackson (Norm Lewis). L'animosité de Pray Tell envers l'Église pour l'avoir rejeté à cause de sa sexualité n'a pas changé. Mais le chœur de l'église le réconforte. Et il se trouve que le pasteur Vernon et Pray Tell, non seulement étaient meilleurs amis durant leur adolescence, mais aussi amants secrets. Leur relation intime s'était toutefois terminée quand Vernon avait décidé de réprimer son homosexualité pour choisir l'Église. Pray Tell, qui a été écarté et abandonné dans le passé, n'en revient pas quand il découvre que le pasteur Vernon a aujourd'hui une femme et des enfants.

Chaque fin d'acte dans cet épisode poignant nous offre du suspense, et si vous faisiez le graphique de l'épisode, il ressemblerait à des montagnes russes : atteindre le sommet des sommets, puis plonger tout au fond des profondeurs. Les bas sont : le rejet de Pray Tell par sa mère, sa tante, et la doctrine de l'Église elle-même. Le corps de Pray Tell le trahit aussi, vaincu par ce qui était à l'époque un virus fatal. Mais il y a aussi des hauts : Vernon confesse à Pray Tell qu'il regrette ses décisions passées et reconnaît qu'il n'a jamais cessé de l'aimer. C'est un gain pour Pray Tell, même s'il est en train de mourir.

Le pasteur Vernon veut expier, réparer et s'enfuir avec Pray Tell afin de ne pas perdre un précieux jour de plus ensemble, même si ce n'est que pour six mois : « J'étais là pour toi au début », lui dit Vernon, « Laisse-moi être là pour toi à la fin. » Pray Tell est estomaqué (*surprise*). C'est la dernière chose à laquelle il s'attendait, et on peut dire qu'ils sont toujours très amoureux l'un de l'autre. Pray Tell doit rentrer à New York, mais son cœur est à vif.

Si c'est ce que le pasteur Vernon veut vraiment, Pray Tell l'attendra à l'arrêt de bus, pour qu'ils puissent rentrer à new York ensemble, comme un couple (*anticipation*).

Pendant ce temps, la mère de Pray Tell choisit de lui pardonner, et reconnaît en pleurant : « Je savais qu'il n'y avait rien de mal chez mon beau garçon têtu » (*surprise*). Pray Tell lui dit qu'il croit toujours en Dieu, et qu'« Il est plein de bonté, d'amour, de pardon. » Un autre gain pour Pray Tell dans un épisode de petites victoires et une réparation claire pour lui dans sa ville natale. Dans cet épisode exceptionnellement fort et courageux, réalisé par Janet Mock et co-écrit par les co-créateurs de la série Steven Canals et Brad Falchuk, Pray Tell affronte son passé, prêt à une condamnation totale, pour finalement trouver l'amour et l'acceptation à la place (*surprise*).

Si Vernon était vraiment venu à l'arrêt de bus pour s'enfuir avec Pray Tell, ça aurait fait pencher la balance des gains et des pertes jusqu'à une forme de pensée magique dans l'accomplissement des vœux. C'est l'occasion pour Pray Tell de comprendre qu'on n'a pas toujours ce qu'on veut. Dans un épisode débordant de foi et d'élévation spirituelle, finir sur une note de réalisme sans filtre fait atteindre à la narration un sommet, en soulignant que la vie est faite de hauts et de bas. Vernon ne vient même pas dire adieu, la preuve qu'il va continuer à réprimer ce qu'il est vraiment. Quand Pray monte seul dans le bus pour New York, il retourne vers sa famille choisie. Malgré les discriminations, la marginalisation, les persécutions, et le rejet par quasiment le monde entier à l'époque, sa famille choisie a le courage d'être fidèle à elle-même, peu importent les conséquences. Pray Tell avait initialement quitté New York pour rentrer à la maison, mais a fini par comprendre qu'il avait toujours été à la maison. Peut-être est-ce là la victoire ultime, même pour quelqu'un qui va mourir.

Catégories et exemples de cliffhangers réussis, récents et passés

Personnage en danger : Mis à part le « cliffhanger » littéral où quelqu'un est suspendu (« hang ») de manière dangereuse au bord d'un précipice (« cliff »), le cliffhanger ultime de la télé américaine était probablement

« Qui a tué J.R. ? » dans la série *Dallas* d'origine, un *soap* du soir. Dans la scène finale de la saison 1979-1980, J.R. Ewing (Larry Hagman) se faisait tirer dessus deux fois par un assaillant invisible. Les spectateurs avaient dû attendre jusqu'au début de la saison suivante pour savoir si J.R. allait survivre et qui était le coupable. Ce cliffhanger a eu un impact culturel incroyable. Tout le monde était suspect, à cause du nombre d'ennemis sur la liste de J.R.. Quand on a découvert le coupable en *prime time* (pas à la demande), c'était un rendez-vous télé sous stéroïdes. La révélation a battu tous les records d'audience, avec plus de 83 millions d'Américains devant leur télé (plus de 76 % de la population). Les études de cas qui suivent sont des cliffhangers de séries puissants mais pour un public bien plus fragmenté. Comme vous pouvez le voir, les cliffhangers peuvent apparaître n'importe où dans la saison, mais le début et la fin sont les plus importants.

Dans le premier épisode de la saison 3 de *The Chi* (intitulé « Foe' Nem », « La famille »), Kiesha (Birgundi Baker) sort en cachette pour aller à une soirée et voir son petit ami. Alors qu'elle attend de nuit à un arrêt de bus désert, le montage nous emmène à l'intérieur du bus qui arrive. Le bus s'arrête brièvement à l'arrêt mais personne ne monte. Quand le bus passe, le public voit qu'il n'y a personne à l'arrêt de bus et que Kiesha a disparu – faisant naître instantanément de l'élan narratif. À partir de là, notre souci principal est la sécurité et la vie de Kiesha. La disparition de Kiesha, et ses répercussions dans la communauté, fait naître l'histoire pour le reste de la saison. C'est un choix narratif très inspiré, où l'intrigue naît du personnage, et impacte quasiment tous les autres personnages de l'histoire.

Nous passons les trois premiers épisodes de *Mare of Easttown* à entendre parler de l'inaptitude de Mare (Kate Winslet) à résoudre le cas de la disparition de Katie Bailey (Caitlin Houlahan). Ce n'est pas avant les dernières secondes de l'épisode 4, « Pauvre Sisyphe », quand se produit une troisième disparition de jeune fille à Easttown, que les spectateurs comprennent le niveau de danger auquel sont exposées les filles qui disparaissent. On voit la dernière victime du kidnappeur traînée dans un donjon secret. Tandis qu'elle hurle pour appeler au secours, on est choqués par la révélation de la présence de Katie. Elle dit calmement à la dernière captive en date : « Personne ne peut t'entendre ici. »

Bombe à retardement (au sens littéral ou figuré) : Dans le final de la saison 1 de *Homeland* (intitulé « Marine One », « Électrochocs »), après qu'un sniper a manqué sa tentative d'assassinat du Vice-Président pendant une conférence de presse, la scène tourne au chaos. Le Vice-Président et d'autres officiels de premier rang du gouvernement, y compris le « héros » militaire et candidat au sénat Nicholas Brody (Damian Lewis), sont immédiatement mis en sécurité dans un bunker souterrain pour attendre le signal que tout est sous contrôle. La menace perçue est celle d'un terroriste à l'extérieur du bunker. Mais ils ne s'aperçoivent pas que Brody porte une ceinture d'explosifs. L'ennemi est parmi eux – et sa mission est non seulement de tuer le Vice-Président mais aussi de déstabiliser le gouvernement américain.

Dans cette séquence au suspense insoutenable, Brody essaye de faire sauter sa ceinture, mais son détonateur ne fonctionne pas. Couvert de sueur, Brody se faufile dans les toilettes du bunker pour réparer le détonateur. Pendant ce temps, Carrie Mathison (Claire Danes), ex-agente de la CIA discréditée, essaye frénétiquement de prévenir le gouvernement de la vraie mission de Brody – mais personne ne la croit. En désespoir de cause, Carrie se rend au domicile de Brody et fait appel à sa fille Dana (Morgan Saylor). Dana ne croit pas Carrie non plus, mais l'intensité de la mise en garde de Carrie convainc Dana d'appeler son père, pour le supplier de rentrer à la maison. Dans ce moment de cliffhanger, Brody est déchiré entre la loyauté à sa mission de jihad et son devoir de père. Le lien de Brody avec sa fille est fort, et il lui promet de rentrer à la maison. Quand il raccroche, la sueur et les larmes inondent son visage – juste au moment où le personnel dans le bunker reçoit le signal que tout est sous contrôle. Brody va rentrer à la maison auprès de sa femme dont il est séparé et de sa fille et de son fils inquiets pour lui. Il va tenir sa promesse.

Pendant ce temps, Carrie va se faire arrêter pour avoir harcelé la famille de Brody. Devant le commissariat, après que sa sœur a payé sa caution, Carrie se sent humiliée par sa paranoïa délirante et s'excuse auprès de Brody pour son comportement. Il l'a aimée dans le passé, et l'aime probablement toujours. Mais elle est parvenue trop près de sa mission véritable pour qu'il soit à l'aise. C'est maintenant au tour de Brody de la mettre en garde : « Reste loin de moi et de ma famille. » Carrie a le sentiment qu'elle n'a pas d'autre choix que de se faire admettre à l'hôpital pour des séances d'électrochocs.

Le cliffhanger ultime du final de cette première saison se produit quand le public comprend que même si Carrie avait raison à propos de la mission terroriste de Brody, elle est à présent convaincue d'avoir eu tort. Elle se rend compte que Brody avait vraiment rencontré le fils du terroriste Abu Nazir (Navid Negahban) juste au moment où sa mémoire est effacée par les électrochocs. Elle était la seule à pouvoir contrecarrer Brody, mais la voilà neutralisée. Un cliffhanger choquant au sens littéral, la saison finit sur le plus haut niveau de conflit imaginable.

Dans le final de la saison 1 de *Hacks* (HBO Max), « I Think She Will », Deborah et Ava prévoient de partir en tournée pour peaufiner le nouveau numéro décalé et beaucoup plus personnel de Deborah, très influencé par Ava. Cet épisode est l'apothéose de la relation professionnelle de ces deux partenaires mal assorties qui finissent par se retrouver en phase. La saison 1 suivait le modèle d'une histoire d'amour platonique de mai à décembre : la rencontre ; le conflit ; le point où elles se tapent sur les nerfs et se disputent sur presque tout – ce qui a fait naître un *frisson* entre les deux femmes. Il y a même une séquence de rêve lucide où Ava, qui est ouvertement bisexuelle, s'imagine en train de séduire et d'embrasser dans un lit Deborah, qui est hétérosexuelle et divorcée.

Mais maintenant que nous, spectateurs, avons envie que Deborah et Ava réussissent ensemble, la saison se finit sur un cliffhanger qui menace non seulement de détruire leur association professionnelle naissante, mais aussi de nuire de manière irréparable à la réputation et à la carrière de Deborah, avec pour Ava une ramification implicite : être définitivement blacklistée du show business. Après les avoir vues croiser le fer verbalement et chercher en permanence à se déstabiliser l'une l'autre – par des manigances pour obtenir du pouvoir et de la validation externe – Deborah et Ava pourraient découvrir à l'arrivée de la saison 2, qu'entre elles c'est « Toi et moi contre le reste du monde ». Mais comment cela pourrait-il fonctionner alors que la confiance entre elles a été brisée ? C'est le final de la saison qui laisse la trahison secrète d'Ava (dire du mal de Deborah dans une interview) enclencher une bombe à retardement. Au lieu d'aller chercher la punchline et la chute, *Hacks* retient cette révélation, la transformant ainsi en cliffhanger, en comptant sur l'anticipation de ce qui va se passer quand Deborah découvrira qu'Ava l'a poignardée dans le dos. Basée sur le caractère explosif de Deborah, la *perspective* de leur prochaine dispute est le cliffhanger irrésistible qui termine la saison avec la perspective d'une explosion dans la saison 2.

L'amour en jeu : Comme dans le dicton « Tous les moyens sont bons dans la guerre et dans l'amour », l'amour offre du bon drame, et quand des amants aux étoiles contraires finissent par se rendre compte de leurs sentiments, ça peut donner un cliffhanger palpitant.

Dans le final de la saison 1 de *La Chronique des Bridgerton* (Netflix), l'épisode 8 « Après la pluie », Simon Basset (Regé-Jean Page) révèle son passé douloureux à Daphne (Phoebe Dynevor) : la promesse qu'il a faite à son père haineux et violent, sur son lit de mort, de ne jamais produire d'héritier. Les répercussions de ce tournant décisif permettent à notre couple romantique déjà marié seulement pour les apparences de finir par faire l'amour. C'est ce que nous avons attendu pendant toute la saison, et ce dénouement arrive comme une surprise, pas seulement parce qu'il arrive, mais parce qu'il arrive dès la fin de la saison 1 plutôt qu'en suivant la longue et lente trajectoire traditionnelle des amants aux étoiles contraires. Cette fin de saison est rapidement suivie d'un épilogue qui donne vraiment le sentiment du « Ils vécurent heureux et eurent beaucoup d'enfants » : Daphne et Simon ont un fils qui deviendra le prochain duc d'Hastings (pas de point d'exclamation, merci). Et nous apprenons la véritable identité de Lady Whistledown dès le démarrage (pas de spoiler, de rien).

Retournement surprise, ou « moment Ahah ! » : Certains cliffhangers se produisent quand le public est surpris par la révélation d'une vérité ou d'une réalité à la fin du pilote. Dans *This Is Us*, on découvre comment deux frères et une sœur, deux Blancs et un Noir, sont liés. On a un « moment Ahah ! » similaire à la fin du pilote de *Breaking Bad*, quand on découvre que les sirènes sont celles des pompiers, pas de la police.

Dans l'ouverture de la saison 3 des *Shtisel*, Akiva (Michael Aloni) a des conversations intenses avec sa femme, Libbi (Hadas Yaron), mère de leur petite fille. Au cours de l'épisode, Akiva se sent obligé de racheter trois peintures qu'il regrette d'avoir vendues, dont un très beau portrait de Libbi. Ce n'est pas avant la fin de l'épisode que l'on comprend pourquoi Akiva est bloqué dans sa créativité et obsédé par l'idée de récupérer le portrait de Libbi ; c'est à la fois une révélation majeure et un cliffhanger puissant avec des tentacules narratifs infinis. On découvre que Libbi est morte entre les saisons 2 et 3, et qu'elle est apparue comme un fantôme ou une illusion née d'un mécanisme de compensation afin qu'Akiva, anéanti, accepte de faire son deuil. Le portrait n'a pas de prix pour Akiva, puisque c'est tout ce qui lui reste de sa femme disparue. On aurait dû le voir venir, mais non.

Le final de la saison 2 de *Succession* voit les forces combinées de la loi, d'une mauvaise presse, d'un procès et des attentes des actionnaires peser lourdement sur Waystar/Royco suite à un scandale en cours provenant de la branche croisière de l'entreprise. Le patriarche de la famille, Logan Roy (Brian Cox) détermine habilement que c'est le moment de faire un « sacrifice de sang » et réunit la famille sur un yacht pour discuter de qui parmi eux ferait un bon bouc émissaire. Plus tard, quand Logan est seul avec son fils aîné Kendall (Jeremy Strong), Logan lui dit qu'il sera le visage de l'échec de l'entreprise. Il lui dit qu'ils vont organiser une conférence de presse où Kendall devra reconnaître qu'il est le seul fautif et que c'est lui qui a fait en sorte d'étouffer l'affaire – protégeant ainsi efficacement Logan d'une enquête plus approfondie. Kendall, résigné, commence à s'en aller, mais s'arrête et pose à son père la question qui mine son personnage pendant toute la série : est-ce que Logan a jamais cru que Kendall était assez bon pour devenir un jour le patron ? Logan fait une pause et répond : « Tu es malin, tu es bon, tu le sais, mais je ne sais vraiment pas. Tu n'es pas un tueur, il faut être un tueur. Mais de nos jours, peut-être que non, je ne sais pas. »

Dans les dernières minutes de l'épisode, Kendall s'installe pour la conférence de presse et commence son discours comme s'il allait endosser la responsabilité de la négligence et des torts de l'entreprise, au lieu de quoi il balance Logan, en déclarant : « La vérité, c'est que mon père est une présence malfaisante, un tyran et un menteur. Il était personnellement parfaitement au courant de ce qui se passait depuis des années et a tout fait pour mentir et étouffer l'affaire. » Non seulement c'est un retournement dramatique choquant, mais c'est aussi la première fois que Kendall a l'air d'être au niveau de son père en ce qui concerne la dynamique du pouvoir. C'est un tueur, finalement.

Dans *Better Call Saul*, le final de la saison 5, intitulé « Quelque chose d'impardonnable », Kim Wexler (Rhea Seehorn), dans un retournement surprise à la fin, propose à Jimmy McGill (Bob Odenkirk) de se marier. Dans le sixième épisode de la même saison, quand Jimmy ne respecte pas le plan prévu pendant une négociation à propos du cas Everett Acker, Kim est furax de sa trahison. En fait, pendant toute la saison, la relation entre Kim et Jimmy a été encore plus volatile que d'habitude. Et donc, lorsque Kim demande à Jimmy de l'épouser, en particulier après la journée de boulot compliquée qu'ils viennent d'avoir, ça arrive comme un énorme choc, d'autant plus que Kim a toujours eu la tête sur les épaules jusqu'ici. Ça agit comme un catalyseur pour nous obliger à rationaliser pourquoi elle ferait une chose pareille, et à la réflexion, il y a beaucoup de raisons – s'ils se marient, du fait des privilèges du droit conjugal aux États-Unis, ils n'auraient pas à partager leurs communications privées devant une cour de justice, et pourraient même être exemptés d'avoir à témoigner l'un contre l'autre, ce qui implique qu'ils pourraient ainsi probablement cacher leur rôle dans le complot contre Mesa Verde. Plus encore, peut-être que l'acte même de ne pas avoir respecté le plan au tribunal a impressionné Kim et lui a fait comprendre que Jimmy était la bonne personne pour elle.

Mort d'un personnage : Parfois la mort d'un personnage offre un cliffhanger émotionnel à la fin d'une série, redistribuant au sens figuré les pièces sur le jeu d'échecs et modifiant les relations. À partir de ce moment, les vies des personnages qui restent ne seront plus jamais les mêmes.

Après avoir suivi la trajectoire de la vie de Beth (Anya Taylor-Joy), d'orpheline à prodige invincible des échecs dans les premiers épisodes, le quatrième épisode du *Jeu de la dame* suit Beth et sa mère adoptive Alma Wheatley (Marielle Heller) lors d'une aventure à Mexico. Beth va participer à un tournoi d'échecs, tandis qu'Alma est excitée à l'idée de rencontrer un correspondant/amour platonique, Manuel (Pablo Scola). Tard dans l'épisode, on apprend que le correspondant a laissé tomber Mme Wheatley. Quand Beth rentre d'une partie d'échecs exténuante, elle s'installe en se plaignant à Alma. Ce n'est qu'en lui touchant la jambe pour avoir une réaction qu'elle se rend compte qu'Alma est morte. À nouveau abandonnée et livrée à elle-même, Beth se tourne vers ses amis de toujours : l'alcool et la drogue. Elle descend au bar de l'hôtel pour noyer son chagrin, demandant verre après verre au barman. Le dernier mot de l'épisode est « *Mas* ! » (« Plus » en espagnol)

Dans le final de la saison 1 de *Dead to Me*, intitulé « Tire-toi », Steve (James Marsden), l'ex petit ami de Judy (Linda Cardellini), flotte dans sa piscine, mort. Il est important de se rappeler que c'est Judy qui a tué le mari de Jen lors d'un accident avec délit de fuite, causant un immense chagrin à Jen. Quand Jen apprend ça dans l'avant-dernier épisode, l'amitié qui s'est développée entre Jen et Judy tout au long de la saison paraît mise en péril. De plus, avant de mourir, Steve a avoué à Jen que c'est lui qui a convaincu Judy de s'enfuir après l'accident qui a tué le mari de Jen. Cette information renforce ce que toute la saison avait progressivement mis en place – que Steve était un compagnon cruel et violent. C'est pourquoi, dans le final choquant où Jen tue accidentellement Steve, nous savons que ces femmes seront à nouveau réunies.

Dans le final de la saison 3 d'*Ozark*, intitulé « Le tout pour le tout », le baron du cartel de la drogue Omar Navarro (Felix Solis) convoque Wendy et Marty Byrde (Laura Linney, Jason Bateman) dans sa villa au Mexique pour assister à l'enterrement de son fils. Marty et Wendy s'attendent au pire : ils vont sûrement se faire assassiner. Leurs craintes sont confirmées par Helen Pierce (Janet McTeer), l'avocate et représentante de Navarro. Après que Benjamin Davis (Tom Pelphrey), le frère dérangé (et mort à présent) de Wendy, a arrêté ses médicaments et rompu la confidentialité, il est clair pour Helen que Wendy et Marty peuvent être considérés comme des risques inutiles. Wendy se dit que s'ils parviennent à prouver leur valeur à Navarro, ils pourront s'en sortir. Malheureusement, Helen adopte la même stratégie pour convaincre Navarro de lui confier toutes les affaires de blanchiment des Byrde pour se protéger de la DEA.

Anticipant sa promotion dans l'organisation du cartel, Helen *pourrait* être en position d'obtenir pour Wendy et Marty une deuxième chance. Mais ce que nous ignorons, c'est que Navarro s'est déjà retourné contre Helen, dont la propre fille l'a transformée en son problème principal. Navarro voit désormais Helen comme son ennemie. Quand Wendy et Marty descendent de l'avion privé au Mexique pour affronter leur destin, Navarro tue Helen d'une balle dans la tête. Les Byrde sont aussi estomaqués que nous, et encore plus quand Navarro se tourne vers ses nouveaux « amis » et leur propose d'accroître leur participation dans son organisation criminelle.

Découvrir un secret : Les personnages avec des secrets sont une excellente ressource dramatique parce qu'ils ont beaucoup à perdre si le secret est révélé. Les séries qui utilisent cet outil de manière efficace tiennent le public en lui faisant vivre l'angoisse et la tension du « est-ce que le secret va être découvert ou pas ? ». Parmi les exemples, on trouve aussi bien les séries policières où quelqu'un est infiltré, que les séries dramatiques de personnages où une liaison secrète est révélée, ou l'objet d'une affection dévoilé.

En règle générale, un cliffhanger, pour être puissant et viable, que ce soit un danger, un risque ou une crainte, doit venir des personnages. Un mauvais cliffhanger n'est qu'un rebondissement sorti de nulle part, de l'intrigue qui ne vaut que par le choc qu'elle produit. Donc même un cliffhanger « surprise » doit être (subtilement) préparé (ou annoncé) de manière à ce que les spectateurs se disent qu'ils auraient dû le voir venir – mais non. Ou, tout au moins, la surprise doit être crédible à l'intérieur des règles et du ton établis pour la série.

Dans le final de la saison 1 de la série mystère/policière/de braquage *Lupin*, intitulé « Étretat », écrit par les co-créateurs/showrunners de la série George Kay et François Uzan, on voit notre protagoniste cambrioleur de génie, Assane Diop (Omar Sy) mis en difficulté sur deux fronts. Les deux éléments les plus précieux de sa vie sont menacés : son identité secrète/ plan de vengeance contre la famille Pellegrini, et son fils ado Raoul (Etan Simon). Suite à l'exécution mystérieuse de Fabienne Bériot (Anne Benoît), sa source de confiance et journaliste blacklistée, Assane se retrouve poursuivi par le même assassin : Léonard (Adama Niane), employé par Hubert Pellegrini (Hervé Pierre). Il semble que Fabienne a été prise pour cible parce qu'elle enquêtait sur les crimes de Pellegrini.

Conscient qu'Assane est au bord de dévoiler la vérité qui pourrait abattre l'empire des Pellegrini, Hubert Pellegrini a besoin d'un moyen de pression pour garder le contrôle sur lui. Pour l'anniversaire de Raoul, Assane lui offre un déguisement de Lupin et emmène Raoul et sa mère Claire (Ludivine Sagnier), l'ex-petite amie d'Assane, en train pour aller à un festival à Étretat (au bord de la mer, en Normandie). Assane déjoue le plan de Léonard et parvient à faire passer Léonard pour Paul Sernine[50] (le nom de voleur d'Assane), ce qui conduit les autorités locales à arrêter Léonard (un tueur sans scrupules mais pas un voleur). Assane, Claire et Raoul arrivent au festival d'Étretat, et apprennent, mais trop tard, que Léonard a été relâché par la police. Léonard kidnappe Raoul sur la plage. C'est le pire cauchemar d'Assane. Pendant qu'Assane et Claire recherchent désespérément leur fils, le lieutenant Youssef Guedira (Soufiane Guerrab) apparaît soudain et appelle Assane « Lupin », révélant qu'il connaît son identité secrète.

Dans l'épisode 2 de *Watchmen*, intitulé « Prouesses martiales des cavaliers comanches », la policière Angela Abar (Regina King) appréhende et interroge Will Reeves (Lou Gossett Jr) à propos de la mort du chef de la police Judd Crawford. Will revendique la mort du policier mais Angela ne le croit pas, car c'est un infirme âgé en fauteuil roulant. Angela maintient Will dans cette garde-à-vue extrajudiciaire, prélevant sa salive sur un mug pour faire un test ADN. À la fin de l'épisode, Angela apprend non seulement que Will est son grand-père mais, aussi, de manière choquante, elle assiste à son enlèvement par un vaisseau non identifié.

Le défi dans l'écriture de série télé, c'est de savoir quand révéler la vérité complète.

En tant qu'auteur/showrunner, vous pouvez faire le choix de cacher la vérité complète pendant un moment, mais assurez-vous de la révéler à la fin de la saison. Vous pourrez toujours créer une autre question centrale dans les saisons suivantes, mais retenir la révélation pendant trop longtemps – au-delà de la saison 1 – peut mettre à l'épreuve la bonne volonté et la patience de votre public. Après tout, le moment de vérité est ce qu'on attend pendant toute la saison.

Les événements de la vie : Beaucoup de cliffhangers dans les séries dramatiques centrées sur les personnages ont recours aux différents

50. Dans une révélation joueuse, emblématique du ton de la série, on découvre dans l'épisode 1 que « Paul Sernine » est un anagramme d'Arsène Lupin, le personnage principal du livre *Arsène Lupin, gentleman cambrioleur* ; le livre est un cadeau qu'Assane a reçu de son père, dont il pense qu'il a été piégé et emprisonné pour le vol d'un collier précieux. Assane croit que la condamnation injuste de son père l'a conduit à se suicider en prison.

événements de la vie : mariages, liaisons, divorces, fiançailles, ruptures, grossesses, et naissances pour mettre aux prises les personnages avec les forces de la vie qu'ils peuvent contrôler ou pas.

Dans la saison 1 de *Big Little Lies*, la vie de Madeline Mackenzie (Reese Witherspoon) apparaît parfaite en surface – une belle maison, un mari aimant, des enfants merveilleux, mais sa liaison avec le directeur du théâtre local, Joseph « Jo » Bachman (Santiago Cabrera) compromet tout. Quand Jo et Madeline ont un accident tard dans la nuit, la femme de Jo trouve très étrange qu'ils aient eu un accident en étant ensemble dans une voiture à une heure si tardive. Alors que le mari de Madeline, Ed (Adam Scott) n'a rien compris, Madeline a déjà parlé de sa liaison à Jane (Shailene Woodley) et à sa fille Abigail (Kathryn Newton). Dans la saison 2, quand Ed surprend une conversation où Abigail parle à Madeline de sa liaison, il n'a pas d'autre choix que d'affronter la vérité, et dit à Madeline : « Je pense que c'est fini entre nous. »

Dans l'avant-dernier épisode de la saison 3 de *Bienvenue à Schitt's Creek*, David (Dan Levy) et Patrick (Noah Reid) partent pour une randonnée – une activité totalement hors de la zone de confort de David. Quand ils arrivent au sommet, Patrick le demande en mariage, à la surprise et au grand plaisir de David (et au nôtre).

Cliffhangers de sitcoms

Le cliffhanger le plus dramatique dans une sitcom doit se produire à la fin de la saison, en particulier s'il y a une intrigue feuilletonnante dont l'arc se déploie sur plusieurs épisodes. Dans le final de la saison 4 de *Friends* (NBC), un classique, « Celui qui se marie », Rachel (Jennifer Aniston) finit par se rendre compte qu'elle est amoureuse de Ross (David Schwimmer) et fonce à Londres pour le lui dire avant qu'il épouse Emily (Helen Baxendale), mais c'est trop tard. Le mariage se déroule comme prévu jusqu'au moment où Ross prononce le prénom de Rachel au lieu de celui d'Emily. C'est un lapsus freudien, parce qu'il aime toujours Rachel, ce qui interrompt son mariage avec Emily.

Pensez au rôle du temps dans votre série. Avez-vous remarqué que les personnages, quel que soit le genre de la série, sont toujours en train de courir quelque part – ils doivent se dépêcher de faire quelque chose – *ou sinon.* Donnez une deadline aussi bien à vous-même qu'à votre (vos) protagoniste(s). Ça accentue la tension dramatique et peut vous aider à finir le scénario de votre pilote.

INTERVIEW : Chris Mundy, *Ozark* (Netflix), sur comment faire monter les enjeux

Cette interview a eu lieu le 29 mai 2020.

Neil : J'aimerais qu'on parle des cliffhangers, mais j'aimerais surtout qu'on évoque le « cliffhanger inévitable mais inattendu ». Je dis à mes étudiants que les spectateurs sont très avertis de nos jours et sont toujours en train de faire des hypothèses sur ce qui va se passer. Et si la série est vraiment bonne, les spectateurs auront toujours tort. Pas parce qu'ils ont été manipulés, mais parce que c'est inévitable, c'est juste qu'on ne le voit pas venir.

Chris : C'est exactement ça. Je dis toujours qu'on veut que les gens soient complètement surpris, et que quand ils y repensent, ils se disent : « Mais oui bien sûr, c'est ce qui allait arriver. » Alors, oui, c'est comme un tour de magie.

Neil : J'ai une amie française qui aime dire : « Le public est innocent, mais pas naïf. » J'adore ça. Dans la saison 1, quand on entre dans l'histoire, on dirait bien que Marty (Jason Bateman) a pris une très, très mauvaise décision en faisant confiance à son associé. Mais il est clair que Marty n'est ni ignorant ni tête brûlée. Il sait ce qui se passe, même si Wendy (Laura Linney) a l'air de n'y comprendre absolument rien. Puis arrive l'épisode 8, un épisode hors norme qui sort du lot parce que c'est là que vous nous donnez beaucoup d'informations qu'on ignorait. Et c'est là que nos suppositions sur ce qui se passe vraiment sont complètement renversées. À quel moment dans votre élan vers l'avant avez-vous ressenti le besoin de faire une pause et de revenir en arrière ? Était-ce un détour prévu ?

Chris : Oui. On savait depuis le début qu'on allait faire ça, mais on ne voulait pas le faire trop tôt. On voulait que les gens vivent d'abord dans ce monde, puis remplir les blancs et changer leur compréhension de ce qu'ils venaient de voir. Vous savez, on a eu de la chance d'avoir Jason dans le rôle principal. Il est tellement attachant. Il fait ces trucs terribles, mais c'est un individu tellement attachant que je me suis dit qu'on pouvait compter sur un certain degré de bonne volonté du public pour que les gens laissent l'histoire les emmener sans qu'ils passent leur temps à tout remettre en question avant même que ça se passe. Je voulais que les gens soient investis là-dedans avant de les rencarder sur le reste. Que ça donne quelque chose comme : « O.K., attendez une minute, maintenant il faut que je revoie tout. »

On a pensé pendant un moment faire ça quelque part entre les épisodes 7, 8 et 9 ; on était sur le point de le faire dans le 9 mais on a eu l'impression qu'il ne nous resterait plus assez de piste pour permettre à notre histoire en temps réel de garder son élan, et on a opté pour l'épisode 8. Je pense que ce qui nous a vraiment aidés dans cet épisode, c'est qu'en ne respectant pas l'ordre chronologique, on pouvait juste aller directement aux scènes essentielles pour nous sans suivre une narration linéaire. Ça nous a vraiment aidés. Et il fallait que les spectateurs en sachent beaucoup pour que ça marche. Il fallait sept épisodes entiers pour comprendre ce que les personnages ressentaient.

Neil : L'épisode 8 lui-même n'était pas dans l'ordre chronologique, et puis à l'intérieur de l'épisode, vous jouez pas mal avec le temps. Au début, on se dit : « Oh ! Wendy est atteinte de dépression clinique. » Mais après on comprend avec l'accident de voiture *pourquoi* elle était déprimée – à cause de la perte de son bébé, de la fausse couche. Après cette perte atroce qui dévaste Wendy, vous pensez qu'elle est plus ouverte à l'idée de prendre un risque aussi gigantesque avec Marty et le cartel ?

Chris : Depuis le départ, j'ai toujours pensé que c'était plus dans son ADN que dans celui de Marty. Laura Linney a très tôt dit quelque chose de très juste : que ces personnages ne se connaissent pas très bien eux-mêmes. Je crois que c'est très vrai. On a fait en sorte de faire évoluer un peu le personnage de Marty dans la saison 3, mais c'est Wendy qui en est le plus proche et qui apprend vraiment à mieux se connaître tout au long de la série. Il y a une vraie convergence pour elle entre le fait de venir dans les Ozarks et celui de rentrer en Caroline du Nord, où elle est chez elle, où c'etait elle qui prenait les risques, où c'était elle qui rentrait en douce chez les gens et faisait ce genre de trucs. Elle a échangé ça contre la sécurité à Chicago avec Marty, qui a juste cette personnalité très tranquille.

Je pense que lorsqu'elle était en dépression, elle avait besoin de quelque chose qui la ramène un peu vers cette fille qui a quitté la Caroline du Nord à 18 ans. Et lui a compris qu'elle avait besoin de cette aventure.

Neil : Pour sauver leur mariage ?

Chris : Une autre chose importante à propos de cet épisode est que dans tous les épisodes précédents, on voit à quel point leur mariage est très mal en point, sur sa fin, sans parler du début. On avait 10 épisodes, pas pour montrer que tout était rose, mais au moins pour les ramener au point où ils sentent qu'ils pourraient avoir un avenir ensemble. Et c'était vraiment important à un moment donné de comprendre qu'il y a de l'amour au cœur de ce mariage, leur solidarité et leur association. Donc prendre un moment pour comprendre de quelle manière il était là pour elle et elle était là pour lui était vraiment important, parce qu'on arrivait à un point critique, et il fallait qu'ils puissent se dire : « O.K., c'est toi et moi, on va rester ensemble dans ce truc. »

Neil : On apprend aussi dans la saison 3 que Wendy a un frère qui souffre de maladie mentale, donc elle connaît le niveau de chaos que ça peut provoquer dans une famille. Après la perte de son bébé, elle aurait pu se dire : « Est-ce que je vais prendre la même direction que mon frère, vers un endroit d'où on ne revient pas ? » Parfois une telle perte plonge les gens dans un gouffre de dépression dont ils ne peuvent plus sortir. Je pense qu'elle le sait parfaitement. Je veux dire, quand elle achète toute cette vodka et boit pendant plusieurs jours. Avant ça, elle avait réprimé toute cette douleur. Apparemment, elle ne reparle plus de la perte du bébé avant l'épisode final de la saison 3.

Chris : En effet, mais la douleur de Wendy est toujours restée là. Je veux dire, si ça n'était pas arrivé, est-ce que Marty aurait fait tout ça ? Tout l'épisode en flash-back jouait beaucoup avec cette idée du

« battement de l'aile du papillon ». Et ça arrive dans la vie de tout le monde à un certain degré. Mais quand elle finit par dire, dans l'épisode 10 de la saison 3 : « Je laisse tomber, j'arrête », elle repense à la manière dont tout a commencé, parce qu'elle était au bout du rouleau, et que c'était au tour de Marty de la remonter. J'ai écrit cette scène, et je voulais, d'une certaine manière, qu'elle reprenne en miroir la scène de dépression. Je voulais très consciemment qu'elle en soit là. Je voulais qu'après, elle remonte les couvertures pour se cacher la tête dessous. Je voulais qu'on se souvienne de cet autre moment.

Neil : En étudiant la série, j'ai remarqué d'autres moments significatifs repris en miroir dans des épisodes futurs. Évidemment, vous avez raison, la scène avec Wendy qui ne veut plus sortir de son lit (final de la saison 3) est complètement en miroir de la scène dans l'épisode 8 de la saison 1. Une scène dans un épisode précédent, où Marty et Wendy s'embrassent et finissent par refaire l'amour pour la première fois depuis très longtemps, est un écho d'une scène dans le pilote. La manière dont Marty positionne Wendy et la prend par derrière est l'image en miroir de la rencontre de Wendy avec Gary « Sugerwood » Silverberg (Bruce Altman), avec qui elle avait une liaison au début de la série.

Chris : Reprendre en miroir la scène d'adultère que Marty avait filmée, c'était un gros truc pour nous. On fait beaucoup de scènes de morts qui éclaboussent, mais quand Marty et Wendy essayent finalement de recoucher ensemble, la manière dont Marty chorégraphie ça, c'était pire que tous les morts de la saison. On se dit juste : « Oh ! c'est tellement tordu ! » On est dans sa tête à lui et on le comprend, mais c'est terrible.

Neil : La liaison de Wendy paraît tout ce qu'il y a de conventionnel, comparée à la forme tordue de vengeance qu'exécute Marty dans cette scène. Ils sont tous les deux tellement cruels l'un envers l'autre, comme seuls peuvent l'être deux personnes qui s'aiment autant. Et pourtant, malgré toutes leurs manigances, j'ai toujours cru qu'ils s'aimaient encore – que même si on lui offrait à elle un moyen de s'en sortir mais sans lui, et vice versa, ils reviendraient. Dans l'épisode 8 de la saison 1, vous complétez le passé de l'agent du FBI Roy Petty (Jason Butler

Harner) en ce qui concerne sa relation avec sa mère toxicomane. Cet épisode a humanisé l'agent Petty et nous fait comprendre pourquoi il est tellement obsédé par l'idée de démanteler ce cartel de la drogue. On dirait que tous les deux ont ces traumas et ces blessures qu'ils essayent de compenser avec ces vices. Et ça paraît expliquer le côté bon, sympathique de Roy, parce que, pour la plus grande part, c'est une ordure.

Chris : Ouais. On voulait l'humaniser. Ironiquement, un de nos pires méchants est en fait un agent du FBI qui essaye juste de démanteler le cartel. On renverse les choses en quelque sorte, mais quel que soit votre méchant, il ne faut pas le jouer sur une seule note. Il faut qu'il soit malin, ou votre histoire ne sera pas très fun. Il faut qu'il ait du relief, sinon il donnera l'impression de n'être qu'un prétexte pour faire avancer l'intrigue. Avoir ça en réserve pour lui et mieux le comprendre nous a vraiment beaucoup aidés parce que, à partir de là, quoi qu'il fasse, on le voyait d'un œil un peu différent.

Neil : Le mot « obsédé » convient bien pour décrire Roy. On dirait un épisode sur l'obsession, ou au moins sur cet aspect de l'obsession.

Chris : Oui. On a toujours un thème. On a des thématiques pour chaque saison, mais une fois qu'on commence à rentrer dans les épisodes individuels, on considère ce que chaque épisode est thématiquement, indépendamment du service qu'il rend à l'ensemble. On se demande, sur le plan littéraire, de quoi parle cet épisode en lui-même. Donc c'est comme si on avait dix nouvelles qui créent un roman à la fin. J'y pense un peu comme à des albums, à l'époque des vinyles. Et quand vous séquencez la saison, il faut qu'il y ait un rythme dans le scénario pour que ça marche. Ils ne peuvent pas être tous pareils. Il faut qu'il y ait un truc court, puis un truc long, ou quelque chose comme ça. Il faut aussi changer légèrement de rythme à l'intérieur de la saison également. Parce que même si c'est génial et que ça avance vite, ça va devenir monotone si vous ne prenez pas en considération le rythme. Donc ça nous faisait tout de même un peu bizarre de nous pencher sur Roy. Et on s'est penchés sur Ruth (Julia Garner) et Rachel (Jordana Spiro) un peu de la même manière. Elles n'avaient jamais vraiment été ensemble. C'était juste une manière de ralentir un peu et de jouer avec ce genre de choses.

Neil : Ça aide aussi à charger en énergie vos cliffhangers, parce qu'on n'a aucune idée d'où vous voulez aller. Sur *Ozark*, le passé a toujours l'air d'être un autre personnage, un autre antagoniste, parce qu'il se réintroduit toujours dans leurs vies, les mauvaises décisions qu'ils ont prises reviennent les hanter. Je me suis fait une note pour moi-même en revoyant la saison 1 : « Le coffre à jouets est très important. » Il n'a pas été emporté par le camion de déménagement ; c'était un lien thématique au passé. Ils sont pris en permanence entre le passé et leurs futurs follement incertains. J'imagine qu'une des plus grandes difficultés que vous avez dû affronter dans la writers room était de faire en sorte que Marty et Wendy ne passent pas un accord pour entrer dans le programme de protection des témoins et sortir de tout ça. La première fois que j'ai regardé *Ozark* en 2017, je n'arrêtais pas de me dire qu'ils devraient faire confiance au gouvernement et s'échapper grâce à la protection de témoins. Mais en revoyant Ozark pendant la pandémie globale en 2020, ma perspective a changé, et je comprends totalement leur scepticisme sur la capacité du gouvernement à les protéger contre le cartel. Je suis passé du scepticisme à l'évidence absolue.

Chris : La confiance est essentielle pour la série en général. Quand on est passés à la saison 2, l'un des grands thèmes qui a guidé toute la saison était l'idée que l'intimité est dangereuse. C'est ce truc étrange qui fait que si vous devenez proche de quelqu'un, ça veut dire qu'il peut savoir quelque chose de vous. Par exemple vos enfants peuvent soudain devenir un danger, par ce qu'ils disent. Il faut toujours qu'on sente un peu que ça empiète. Et au passage, en ce qui concerne le passé, c'est très bien vu de votre part, le coffre à jouets. Le teaser original de cet épisode était l'histoire de ce coffre et de la société de déménagement. Et il se brisait. On avait tout un truc là-dessus.

Mais il y a une réalité alternative pour les Byrde, en permanence, sur une ligne parallèle à la leur. Et aussi terribles que deviennent leurs vies, je ne suis pas sûr qu'ils sauteraient dans cette réalité alternative s'ils le pouvaient. On a beaucoup parlé du fait que c'est le crime qui a sauvé cette famille, d'une certaine manière. Sinon ils auraient divorcé. La famille aurait éclaté. Et donc, de manière assez bizarre, le crime les a rapprochés.

Bon, il y a des chances que ça ronge leur âme, et que ça les atomise avant la fin. Mais sur le court terme… Je pense qu'il y a une question persistante : « Dans le passé, qu'est-ce que je reprendrais… est-ce que j'échangerais avec maintenant ? » Je ne pense pas que la réponse soit aussi facile qu'elle devrait l'être, étant donné la situation terrible dans laquelle ils sont.

Neil : Et le coffre à jouets, pour moi, représente tout ça, le passé et ce à quoi on a tourné le dos, et l'idéalisme… tout est complètement brisé.

Chris : Oui, complètement.

Neil : Contrairement aux séries comme *The Americans* et *Breaking Bad*, Marty et Wendy disent quasiment tout de suite à leurs enfants ce qui se passe, ce qui est un choix audacieux. Je me demande quelles discussions vous avez eues à ce sujet.

Chris : En général, on a juste décidé dès le début de nous efforcer de ne pas trop jouer sur le mystère mais plutôt sur les conséquences de la vérité. C'était un peu délicat dans les scènes avec Rachel dans la saison 1, parce que le sujet de ces scènes est devenu ce qu'elle ne savait pas. Ces scènes sont intéressantes, mais elles ne le sont qu'une fois, alors que si vous allez droit au fait, soudain c'est surprenant, et en même temps, c'est juste la vérité et c'est inévitable. Et dans presque tous les cas, on choisit cette option. On permet aux gens de savoir ce qui se passe. On ne va pas faire entrer quelqu'un dans une pièce et faire quelque chose que le public ne voit pas. On veut voir les personnages faire ce qu'ils font et se débrouiller avec la réalité de ce qu'ils font. Nous ne sommes pas une série qui joue la timidité. Jamais.

Neil : Ça parle aussi du prochain sujet sur lequel je voulais vous interroger, la boussole morale de la série, qui, selon moi, est Ruth. J'y reviens dans une seconde. Mais avec leurs enfants, ce que se disent en gros Marty et Wendy, c'est : « Nous mentons à tout le monde. Nous faisons toutes ces choses horribles. Soyons honnêtes avec nos enfants. » Je vois ça comme une manière de contrebalancer leur immoralité. D'autres personnages s'accrochent aussi à la vertu pour accepter leurs crimes. Même quand Ruth et Darlene Snell (Lisa Emery), cultivatrice d'opioïdes et dealeuse sans pitié, vont faire affaire ensemble, Darlene dit qu'elle va investir dans des centres de traitement pour les drogués.

C'est le genre de mensonges qu'on se raconte à soi-même, comme un cycle d'essorage personnel, pour fonctionner.

Chris : C'est exactement ça.

Neil : Pour ce qui concerne la boussole morale, il y a des choses que j'ai remarquées cette fois mais que je n'avais pas vues la première fois. Ça paraît évident, mais la première fois qu'on regarde une série (et pas besoin de vous le dire, puisque vous connaissez cette série mieux que personne), on ne peut pas tout remarquer. Il y a tellement de strates. Par exemple, Marty et Wendy ne tuent jamais personne directement, de manière préméditée.

Chris : Je pense qu'il est possible qu'ils se mentent à eux-mêmes pour fonctionner au jour le jour. Mais ils y croient. Ils croient au mensonge. Et c'est très important. Il y a une scène dans l'épisode 8 de la saison 2, où Charlotte (Sofia Hublitz) révèle qu'elle a volé un livre. Et ses parents lui disent : « Nous ne sommes pas le genre de personnes qui volent des livres ! » Et elle leur répond : « Vous voyez à quel point c'est dingue, on est d'accord ? » Je pense qu'au fond d'eux, ils sont toujours ce genre de parents, malgré tout ce qu'ils font. Il est important qu'ils y reviennent toujours.

Neil : Marty tire accidentellement sur Mason, le pasteur, mais n'en avait pas l'intention. Wendy indique l'endroit où se trouve son frère, Ben, en conséquence de quoi il se fait tuer. De même, ni Marty ni Wendy n'ont commis de meurtre avec préméditation. Avez-vous décidé (au moins pour la saison 3) qu'il y avait une ligne que les personnages ne franchiraient jamais ?

Chris : On n'a pas d'interdits absolus les concernant. Je ne pense pas que Marty tuerait quelqu'un, à part comme dans l'exemple où il tue Mason, mais c'était en essayant de sauver la vie de Wendy. Je pense qu'ils essayent tous les deux d'être aussi bons que possible, et d'être d'aussi bons parents que possible. Ils sont sur une pente très glissante, mais tous les deux pensent encore possible de la remonter. Dans certaines séries, le sujet pourrait être comment un cœur se durcit, mais je n'y ai jamais pensé comme ça.

Neil : La raison pour laquelle je pense que Ruth est la boussole morale de la série, c'est qu'elle est tout entière tournée vers les besoins fondamentaux de la survie. Elle n'est pas avide. Elle n'a pas d'ego. Elle croit toujours au système. Elle pense toujours que si Wyatt (Charlie Tahan) peut aller à l'université, il a sa chance. C'est une ex-criminelle, donc elle est rusée, mais d'une manière qui concerne surtout la survie, pas question de rechercher le grandiose ou le pouvoir comme Helen Pierce (Janet McTeer), l'avocate glaçante du cartel Navarro. Vous pourriez créer une série entière juste sur comment quelqu'un devient comme Helen – et finalement le prix qu'elle doit payer en calculant mal à la fois sa propre valeur aux yeux de Navarro et à qui faire confiance. Je suis sûr que tous les lecteurs seront d'accord à propos de la fin de la saison 3 : Meilleur Cliffhanger De Tous Les Temps.

Chris : Oui. Et Janet McTeer est juste géniale dans le rôle.

Neil : Felix Solis est aussi un Grand Méchant tellement charismatique et terrifiant, en Omar Navarro, qu'on en oublie presque le précédent chef du cartel, le terrifiant Camino Del Rio (le superbe Esai Morales) qui meurt de manière improbable après avoir manqué de respect à Darlene Snell. C'est aussi une série sur la nuance des alliances, et l'axiome selon lequel l'ennemi de ton ennemi est ton ami. En ce qui concerne Ruth, je pense que Marty la soutient et la protège parce qu'il sait aussi qu'elle est le centre moral, celle qui les empêchera de passer complètement du côté obscur. Pardon pour le jeu de mots, mais si quelque chose arrivait à Ruth, Marty sait qu'il serait officiellement *ruthless* (« sans pitié », littéralement « sans Ruth »).

Chris : Oui. Je pense que la relation Marty-Ruth est l'élément le plus important de la série après Wendy et Marty. C'est un genre d'histoire d'amour, au sens le plus platonique. Elle est dure, oui, mais elle est aussi intelligente et a bon cœur. Et Marty est la première personne à avoir vu ça en elle et à avoir eu foi en elle. Et je pense que c'est pour ça que c'est aussi terrible, dès qu'elle sent qu'elle n'est pas complètement acceptée. On commence la saison 3 avec Ruth qui veut être une Byrde et qui finit par se rendre compte que ce qu'elle voulait vraiment, c'était être une Langmore. C'est provoqué par le chagrin, après avoir commencé à penser qu'elle était comme une fille pour Wendy et Marty, de comprendre, le moment venu, qu'elle ne l'était pas.

Marty serait prêt à mourir pour ses deux enfants, mais pas nécessairement pour Ruth. Mais comme il a coaché Ruth tout du long, avec elle les choses sont toujours plus compliquées qu'avec ses propres enfants. C'est une relation compliquée. Mais pour ce qui est du centre moral, quelle que soit la manière dont la série se termine, quelles que soient les tragédies à venir, je crois vraiment que de tous les personnages, c'est elle qui veut le plus que ça finisse bien.

Neil : Oui, elle est tellement dure et fragile à la fois. Impossible de ne pas s'inquiéter pour elle. À chaque fois qu'elle est en danger, comme dans l'épisode où elle se fait « plancher », c'est insupportable de la voir ainsi torturée. Et en même temps, elle ne balance pas les Byrde, ce qui montre à Marty l'étendue de sa loyauté.

Chris : Oui, absolument. Et mon Dieu, on lui fait vivre un enfer cette saison ! On a commencé la saison avec elle, dans une situation plutôt heureuse, parce qu'on savait qu'après, on allait vraiment la mettre dans la machine à laver.

Neil : Il y a un microcosme vraiment unique dans la série. À part Wendy qui fait un peu de consulting politique pendant la campagne Obama, le monde extérieur n'empiète jamais. Ils ne parlent pas de Trump et de ce qui arrive au pays et à notre démocratie. Je me demande si c'était aussi une décision de laisser le monde extérieur à la porte ?

Chris : Oui, et c'est une décision avec deux volets. D'abord, étant donné leur vie d'avant, à Chicago, dans la saison 1, il y a des enquêtes en cours et avec toutes les relations qu'ils ont là-bas, on s'est dit que si on allait par là, notre narration serait trop dispersée. L'histoire qu'on raconterait ne serait pas aussi intéressante. Ensuite, en ce qui concerne, disons, les réalités politiques, je ne voulais pas que les gens fassent autre chose que suivre les personnages. Les spectateurs peuvent décider de penser ce qu'ils veulent du monde en regardant les personnages. Je ne veux pas donner l'impression que les auteurs de la série feraient en quelque sorte du commentaire sur quoi que ce soit. Je pensais juste que c'était très important. En particulier en se situant dans le Midwest. Je viens du Midwest. Mais ça ne parle pas de politique. Ce n'est tout simplement pas le sujet de la série. Vous pouvez extrapoler ce que vous voulez. Il y a des thèmes comme le rêve américain, les classes, c'est certain. Mais ça nous va si des gens différents ont des opinions différentes quand ils regardent la série.

Neil : Dans la saison 2, Buddy (Harris Yulin) dit aux Byrde qu'ils doivent faire quelque chose, quelque chose de décisif à propos des champs de pavot. La saison 3 donne vraiment le sentiment qu'ils ne se contentent plus de réagir. Ils savent qu'ils doivent prendre les choses en main, ou du moins Wendy le sait certainement.

Chris : Quand je pense à la saison 1, la première fois qu'on voit Ruth, elle est femme de ménage dans un petit motel pourri au bord de la route. Dans la saison 3, la première fois qu'on la voit, elle dirige un casino. Ça prouve une évolution. On veut juste continuer à étendre notre univers. C'est toujours très important.

Neil : La saison 1 était aussi plus drôle que les autres.

Chris : Il y avait un peu plus d'humour dans la saison 1. Il y a des trucs qui étaient dans le scénario et qui ont été coupés. Dans la saison 1, Jason était un peu inquiet à l'idée que s'il jouait dedans, les gens allaient penser que c'était une comédie. Il était vraiment inquiet dès que quelque chose était un peu trop drôle. Il ne voulait pas induire les gens en erreur sur ce qu'était la série, alors en fait on en a enlevé un peu. Mais avec ce qu'on avait à raconter dans la saison 2, on n'avait pas la place pour autant d'humour. C'était juste naturellement une saison plus sombre. Je pense vraiment aux saisons 1 et 2 comme à un tout, et la saison 3 commence un nouveau chapitre.

Neil : En effet. C'est aussi parce que vous faites un saut en avant.

Chris : Oui, on a fait un saut de six mois. Et donc, avec la saison 3, on voulait qu'elle soit plus légère, de 20 %. Je voulais qu'elle soit plus drôle. Je voulais que physiquement, elle soit plus lumineuse. Ça nous a aidés d'être au sortir de l'hiver, à la fois dans la série et pour le tournage (en Géorgie), pour avoir un peu plus de lumière. Et on a commencé à écrire les scénarios de la saison 3 en les faisant un peu plus courts aussi, juste pour que ça avance un peu plus vite. J'ai vraiment aimé la saison 2, mais si on était allés encore plus loin dans le côté sombre, on aurait eu l'air de tomber dans la complaisance, ce qu'on voulait éviter.

Le thème de la saison 2 est « l'intimité est dangereuse ». Ça peut être le cas dans votre mariage, ça l'est dans toutes vos relations. Et puis dans la saison 3, on avait deux thèmes en tête. L'un est que l'expansion produit l'insécurité et que seul le statu quo garantit la sécurité (expansion = insécurité, statu quo = sécurité). C'était la base du conflit entre Marty et Wendy, et elle a gagné. L'autre était que le capitalisme est comme un mariage ; ça ne marche pas s'il n'y a pas un vainqueur et un perdant. Je ne crois pas à ça en tant que personne mariée, mais comme Marty est passionné de nombres, il avait besoin qu'il y ait clairement un gagnant et un perdant. Donc ça nous guidait pendant qu'on essayait de définir les intrigues.

Neil : J'aimerais qu'on parle de votre sens du détail. La série a tous ces super cliffhangers et il y a toujours beaucoup de suspense, mais ce qui fait que la série marche vraiment selon moi, ce sont ces moments vitaux de contacts affectifs familiaux, en apparence tout ce qu'il y a de plus quotidien. Dans le premier épisode, embrasser les enfants pour leur dire bonne nuit est un petit moment indispensable selon moi, comme tous les petits moments d'attention, d'affection, et de connexion. Et dans le final de la saison 3, Wendy se réveille après sa cuite, après avoir volontairement sacrifié son frère dérangé, et elle voit Marty qui se brosse les dents au lavabo de la salle de bains. Il n'y a pas plus quotidien. Et il dit : « Bonjour. » Et alors qu'elle vient de mettre toute son énergie pour simplement sortir de son lit, Wendy répond : « Bonjour. » Sans tous ces petits moments qui nous permettent d'aimer les personnages et d'entrer en relation avec eux, tout le reste n'aurait aucun intérêt. Ça fonctionne sur un plan presque subliminal. Mais sans l'amour et l'attention, les cliffhangers n'auraient aucun impact. C'est un point sur lequel on ne saurait trop insister auprès des auteurs de télé débutants.

Chris : Oh ! merci. J'adore ce moment moi aussi. Selon moi, c'est à ce moment que cet épisode final change de vitesse. C'est presque comme un film de sport quand l'équipe dit : « O.K., maintenant on va gagner ». Mais oui, la série ressemble vraiment à elle-même quand on est à table pour le déjeuner ou le dîner. Quand ils parlent de l'école ou comment punir un enfant, alors que l'enfant a fait un truc complètement dingue. C'est ça, la série. Tout le reste, c'est des fioritures, mais ça, pour moi, c'est vraiment la série.

13

FAIRE GRINCER LA VIE

Comédie et culture

Il n'y a pas de règles pour la comédie, à part que ça doit être drôle – ce qui peut être hautement subjectif. En 2018, j'ai eu le plaisir de suivre une conférence de la réalisatrice Marjane Satrapi (*Persepolis,* 2007, adapté de son roman graphique). Satrapi remarquait que d'après son expérience, partout dans le monde on avait tendance à trouver les mêmes choses tristes, mais qu'on ne trouvait pas tous les mêmes choses drôles. J'ai trouvé ça très juste. La comédie sombre, acide, subversive, et/ou « grossière » est à mourir de rire pour certains, et complètement répugnante pour d'autres. L'humour « british » sec, cocasse, sophistiqué est délicieux pour certains, pour d'autres ce n'est tout simplement pas leur tasse de thé. Si une blague est mal racontée, peu importe à quel point elle est bonne, elle tombera à plat. Le contraire peut aussi être vrai : si une mauvaise blague est bien racontée, elle peut être drôle.

Je crois que les scénaristes peuvent apprendre la structure et comment creuser une scène en y mettant de l'émotion et du sous-texte. Je crois même que certains sont capables d'apprendre à améliorer leurs dialogues. Reste que, selon moi, écrire et jouer de la comédie est un don : vous l'avez, ou pas.

Évidemment, vous pouvez maîtriser les figures de la comédie (la règle de trois, le poisson-hors-de-l'eau, le renversement des rôles, le couple improbable)…

Mais sérieusement, personne ne peut vous apprendre à être drôle.

Néanmoins, j'ai décidé de poser la question à des experts. Ce chapitre contient la sagesse de quelques-uns des meilleurs showrunners de comédie d'aujourd'hui, de *Bienvenue à Schitt's Creek* (Dan Levy), *PEN15* (Maya Erskine et Anna Konkle), *One Day at a Time* (Gloria Calderón Kellett), et *Insecure* (Issa Rae).

Vous pouvez aussi lire mes interviews avec les talentueux auteurs/ showrunners de comédie Liz Feldman (*Dead to Me*) et Alec Berg (*Barry*) dans les chapitres 8 et 10 – qui parlent respectivement du point de vue et du sous-texte ; y sont évoqués les changements de ton inattendus et le fait de transcender les attentes des spectateurs.

Dans *Parks and Recreation*, les showrunners Michael Schur et Dan Goor élaboraient les histoires en groupe, avant que chaque auteur parte écrire dans son coin son épisode individuel. Schur (un ancien de l'équipe d'écriture de *The Office*) trouve qu'« écrire en groupe » un épisode entier ne tire pas le meilleur parti de chaque auteur de l'équipe. « Après un moment, dit Schur, ça devient la loi des rendements décroissants. »

Issa Rae a une approche différente : non seulement chaque épisode d'*Insecure* est écrit en groupe, mais les épisodes sont lus à haute voix à la table de la writers room, avec les auteurs/producteurs lisant leurs rôles, avant la lecture habituelle à la table avec les acteurs, une fois que le scénario est finalisé. La plupart, sinon toutes les séries comiques font des lectures à table avec leurs acteurs avant le début de la production, mais l'approche d'Issa Rae est nouvelle pour moi. Si on en juge par les scénarios de haute qualité et l'humour nuancé d'*Insecure*, ça fonctionne très bien.

La showrunneuse Mindy Kaling de *The Mindy Project* (également une ancienne de l'équipe d'écriture de *The Office*) trouve qu'avoir des premières versions de chaque épisode écrites par des auteurs individuellement (hors du collectif de la writers room) offre un « patchwork merveilleux de voix ». Kaling dirige sa writers room d'une manière similaire à celle que pratiquait son ancien chef, le showrunner Greg Daniels pour *The Office*. (Daniels a aussi co-créé *Parks and Recreation* avec Michael Schur et *Les Rois du Texas* avec Mike Judge).

Kaling utilise des fiches bristol et un tableau blanc pour ses séries, y compris *Mes premières fois*. Au début de leur cycle de pré-production, Kaling pitche trois à quatre idées d'épisodes en même temps (désignés comme « documents de la zone d'histoire ») à la chaîne pour les faire approuver, puis assigne chaque scénario à un membre (ou deux) de l'équipe d'écriture. Quand la première version est soumise par l'(les) auteur(s), « alors, dit Kaling, le scénario devient la propriété commune de toute l'équipe ».

Parks and Recreation a aussi fonctionné selon ce modèle. La première version du scénario était ensuite disséquée et de nouvelles blagues et de nouveaux dialogues étaient pitchés – ces nouveaux dialogues sont désignés comme « alts » ou « alternatives » dans la writers room. D'après Schur, ils commencent par tout mettre dedans d'un coup, avec un scénario qui peut gonfler jusqu'à 50-60 pages avec les « alts », avant de le réduire jusqu'aux 30 pages requises.

Greg Daniels faisait comme ça aussi, il a même créé l'expression « le sac à bonbons » pour toutes les blagues et les idées écartées dans un premier temps, mais éventuellement récupérables pour être intégrées dans des épisodes futurs. Le showrunner Michael Patrick King (*Sex and the City, Mon comeback, 2 Broke Girls*) appelle sa version du sac à bonbons « la crème fouettée ». En même temps, vous n'avez pas envie de garder les meilleures idées, les blagues et les situations les plus drôles pour plus tard, car comme le souligne Schur : « Des spectateurs loyaux sont une ressource précieuse. Il faut rendre *chaque* épisode fort, sinon on risque de perdre du monde. » Ou comme disait Greg Daniels à son équipe d'écriture : « Remplissez bien la saucisse (l'épisode). Mettez tout dedans. »

Mais une fois énoncées toutes ces règles, la vérité, c'est que si c'est drôle – *et sincère* – toutes les semaines, vous pouvez vous passer des règles et vous marrer sur le chemin de la banque.

Interviews

Gloria Calderon Kellet, *Au fil des jours* (Netflix/Pop TV/CBS), sur l'assimilation et l'harmonie

Maya Erskine et Anna Konkle, *PEN15* (Hulu), sur l'appartenance

Daniel Levy, *Bienvenue à Schitt's Creek* (Netflix/Pop TV), sur la perte et l'humilité

Issa Rae, *Insecure* (HBO), de la série faite maison *Awkward Black Girl* à magnat des médias

INTERVIEW : Gloria Calderon Kellet, *Au fil des jours* (Netflix/Pop TV/CBS), sur l'assimilation et l'harmonie

Cette interview a eu lieu le 13 mai 2020.

Neil : Avez-vous jamais pensé à faire ce reboot en mono caméra ? Sinon, qu'est-ce qui vous plaît tellement dans le fait de pouvoir tourner en multi-caméras, en quoi cela vous sert-il et fonctionne-t-il au mieux pour votre série et pour le ton de votre série ?

Gloria : On n'a jamais pensé à le faire en mono caméra. Ces merveilleux multi-cams semblaient être l'héritage et la pierre de touche de Norman Lear et, cela dit, on voulait « rafraîchir » en la jouant vintage. Vous savez, ce qu'il faisait dans les années 70 n'était pas ce qui a fini par devenir l'espèce de multi-cams à la Disney ou même les multi-cams des chaînes où vous aviez, genre, quatre blagues par page et boum, boum, boum. Et en fait, beaucoup des séries avec lesquelles j'ai grandi dans les années 80 étaient un mélange des deux. Il y avait beaucoup de moments vrais, beaucoup de trucs de parents. *Quoi de neuf, docteur ?*, *Sacrée famille*, *Drôle de vie*, *Madame est servie* – c'était ça, mes séries. Il y avait des moments vrais intégrés à la comédie, et c'était beaucoup plus comme du théâtre. Et puis, avec le temps et, je pense, avec la durée de la pub de plus en plus longue et le contenu de plus en plus court, c'est devenu de plus en plus une affaire de blagues et moins une histoire de développement des personnages et des intrigues.

On savait qu'on allait travailler avec Netflix. On savait qu'on aurait plus de temps, en conséquence de quoi, on pouvait peut-être avoir certains de ces magnifiques moments à la Norman Lear. Je veux dire, il offre tellement souvent ces plans magnifiques où la caméra s'approche de Maude ou d'Archie Bunker. C'est ça qu'on voulait vraiment faire. Mike Royce (co-créateur de la série) et moi, on en a parlé souvent. Je pense que si on avait pitché en disant : « Hé, on veut faire un multi-cam, mais on veut aussi avoir des moments où les gens pleurent », les gens nous auraient dit : « Quoiiiii ? » Mais dès que vous dites « à la Norman Lear », ils comprennent instantanément. Norman nous a vraiment servi de point de référence et nous a permis de faire ce que lui, Mike et moi, on voulait faire avec ce reboot.

Neil : Même si vous avez des blagues vraiment drôles et un public de studio en direct, j'appellerais la série une *dramédie*. Ce que j'aime tellement dans la série, c'est la manière dont vous laissez la place à ces moments, sans vous précipiter vers une blague ; c'est très organique.

Gloria : C'est ce que j'essaye de faire, alors c'est agréable à entendre !

Neil : Ça fonctionne vraiment. Je veux dire, bien sûr, il y a le trésor national Rita Moreno, qui peut faire fonctionner n'importe quoi. J'ai lu plusieurs de vos interviews venant de sources diverses, où vous disiez que vous ne commencez jamais à construire un épisode à partir d'un problème. En général, ça vient plutôt de quelque chose qui est arrivé à un membre de la writers room. Et pourtant, avec votre équipe, vous avez parlé du 11 Septembre, du féminisme, de la race, du genre, de questions socio-économiques, du stress post-traumatique, de l'angoisse, du vieillissement, des antidépresseurs, du sexisme, de sexualité, du porno, de la masculinité toxique… Je veux dire, toutes ces choses font juste partie du tissu de la vie des gens, et ces gens, qui font partie de votre équipe, se sentent suffisamment en confiance pour partager leurs expériences. Ce sont des histoires universelles, mais qui sont aussi hyper-spécifiques à la culture cubano-americaine et à la famille Alvarez.

Et vous attirez l'attention sur le racisme sous toutes ses formes. Dans l'épisode où la famille Alvarez se fait reprocher par quelqu'un de faire trop de bruit chez le glacier, le moment me paraît remarquable à la fois par son impolitesse, mais aussi en tant que forme de racisme. Ou peut-être que c'est juste que les gens peuvent se sentir mal à l'aise face à ceux qui s'expriment différemment ?

Gloria : En effet. Et c'est bizarre pour moi qu'au lieu d'accepter la responsabilité de ce malaise, ils aient besoin de l'extérioriser. Ce qui est si drôle dans cette scène, c'est que c'est arrivé à Justina Machado (qui joue Penelope Alvarez) et à moi. On était à Berkeley pour l'anniversaire de Rita Moreno (qui joue la mère de Penelope, Lydia). On était toutes dans le même hôtel. Tony Plana (qui joue Berto, le mari décédé de Lydia) était là. Tony Plana, mes parents, Justina, et moi. On passait un dîner merveilleux et on s'éclatait dans un restaurant très bruyant, et une femme est venue à notre table pour nous demander de parler moins fort. Justina n'a pas supporté. Disons simplement qu'elle a mis un terme à l'altercation et on a continué notre soirée en faisant autant de bruit qu'on voulait. Évidemment je me suis dit : « Il faut que j'écrive ça dans la prochaine saison, c'est trop bon. » Justina a ri en voyant le scénario. Elle disait : « Évidemment, évidemment. »

Neil : Pourquoi Mike et vous avez-vous décidé de changer, en passant d'une famille complètement américaine, les Romano-Cooper, avec la mère divorcée Ann Cooper, née Romano, (Bonnie Franklin) à Indianapolis, à une famille cubano-américaine vivant à Echo Park, dans l'Est de Los Angeles ?

Gloria : C'était en fait une idée de Brent Miller, qui est le producteur associé de Norman. Je pense que c'est vraiment parti d'une étude de Coca-Cola sur les consommateurs défavorisés ou habituellement négligés. Les Latinas mères célibataires en sont un bon exemple, et Brent savait que la société de Norman travaillait sur une série avec une mère célibataire. Donc c'est vraiment venu de lui. Il en a parlé à Norman, qui était très réceptif. Norman a d'abord amené Mike sur le projet, et puis tous les trois ont dû se dire : « Oh ! il nous faudrait une femme, non ? »

Neil : Je crois que la writers room de la série originale n'était composée que d'hommes blancs – pour une série sur une mère célibataire et ses deux filles. Tant de choses ont changé…

Gloria : … mais il reste beaucoup à faire.

Neil : Viva la revolución !

Gloria : Après la rencontre avec Norman, qui était géniale, Mike et moi on a vraiment été mariés de force. C'est dingue à quel point nos notes sont en phase ; c'est presque comme si on partageait le même cerveau. Cet homme blanc de 55 ans et moi avons le même esprit. [Rire.]

Neil : Et si on parlait de certains des autres choix que vous avez faits pour le reboot ? Il y avait déjà la grande sœur Julie (jouée par

Mackenzie Phillips dans l'original) et le garçon manqué Barbara (Valerie Bertinelli). Mais cette fois, vous avez ajouté dans le mix un petit frère, Alex (Marcel Ruiz).

Gloria : Au début, quand on a parlé avec Norman, il m'a demandé : « À quoi ressemblerait ta vie si tu étais divorcée ? » J'ai répondu : « Eh bien, mes parents habiteraient avec moi. Je veux dire, mes parents vivent déjà en face de chez moi. On est déjà presque dans *Tout le monde aime Raymond.* Donc, si j'étais divorcée, ils vivraient *avec* moi. À cent pour cent. C'est très latino. En plus, je suis la fille aînée, donc à un moment c'est sûr qu'ils viendraient vivre avec moi. » Alors Norman m'a dit : « Parle-moi de ta mère. » Mon père ne l'intéressait pas. Mon père est toujours vivant. Et ils ont pris Tony Plana. J'en ai fait un fantôme pour qu'au moins il soit dans la série. Mais Norman était très intéressé par ma mère, et j'ai dit ce que j'ai toujours dit quand je parle de ma mère : « Imagine Rita Moreno. » Ma mère et Rita ont la même taille, et sont toutes les deux fougueuses, donc je dis toujours : « Imaginez Rita Moreno. » J'ai dit ça toute ma vie. Là il me fait : « Je suis ami avec Rita. Peut-être qu'on peut avoir Rita. » J'ai dit : « O.K. ! » Et comme c'est Norman Lear, on l'a eue ! Dieu merci.

Quand Mike et moi on s'est mis au travail et que j'ai évoqué cette idée, il a dit : « Oh ! J'adore ça. J'adore que la maman vive là. C'est intergénérationnel. Très typique de chez vous. » Et ça l'est. J'ai fait remarquer : « Mais maintenant on a beaucoup de femmes dans la maison, et je ne veux pas desservir les hommes latinos. » En plus, Mike et moi avons tous les deux une fille et un garçon. En fait, ses enfants ont exactement dix ans d'écart avec les miens. C'est comme si on voyait le passé et le futur avec nos enfants dans la série, c'est génial. On a décidé d'en faire une grande sœur plus âgée pour équilibrer. C'est comme ça que tout s'est mis en place. La fille de Mike a fait son coming out pendant qu'on écrivait la série, et il a dit : « Qu'est-ce que tu dirais si Elena (Isabella Gomez) était gay, et que son coming out soit le cadre de la saison 1 ? » J'adorais l'idée ; l'homosexualité est toujours un sujet délicat dans ma communauté, malheureusement. C'est quelque chose qu'on doit démystifier et dont on doit parler davantage parce que, vous voyez, on est en 2020.

Et puis Norman a dit, parce qu'il est très impliqué dans les histoires de vétérans : « Et si l'ex-mari, Victor (James Martinez), était dans l'armée et souffrait d'un syndrome post-traumatique ? » On est tombés d'accord tous les deux que c'était un choix audacieux qui donnait de la profondeur. Mike et moi on a commencé à rencontrer des vétérans, et beaucoup nous ont raconté avoir épousé des gens rencontrés dans l'armée, des mariages qui ont souvent fini en divorces parce que c'est une vie dure. On a décidé de faire de Penelope aussi une vétérane, et on avait notre backstory : ils se sont rencontrés à l'armée, ils étaient tous les deux sexy, jeunes, et au service de leur pays, et puis ils se sont mariés. On a évoqué des choses qui rentraient bien dans le cadre, notamment les nombreux Latinos qui rejoignent l'armée pour avoir accès à l'éducation. C'est un super métier. Qui vous prend en charge. Et donc vraiment c'était Norman, Mike et moi qui avons créé tout ça.

Neil : À quel moment vous êtes-vous aperçus qu'Elena était née environ un mois avant le 11 Septembre et décidé de faire entrer ça dans la backstory ? C'est ce choix qui a motivé Victor à se rengager et a fait de Penelope une mère célibataire.

Gloria : On avait déjà décidé qu'Elena était née le 7 août 2001, dans la saison 1 quand Penelope fait son discours. Et là on s'est dit : « Attends une minute, le 7 août. Ça veut dire que le 11 Septembre était un mois plus tard. » C'est quelque chose dont on parlait dans la writers room et avec nos consultants militaires, qui ont été super. En fait, cette histoire de VA (Veterans Affairs, ministère des Anciens Combattants) est venue de l'un de nos consultants, qui racontait comment ça lui avait pris des semaines d'obtenir un rendez-vous médical. Donc tout cet épisode VA est venu de son expérience d'essayer d'obtenir un rendez-vous. Il a appelé le VA devant nous pour qu'on puisse en sentir l'absurdité. C'était dingue. On n'aurait pas pu mieux l'écrire.

Après le 11 Septembre, beaucoup de vétérans qui avaient terminé leur période de service ont eu le sentiment que c'était leur devoir de se rengager, bénis soient-ils, donc on s'est dit que ce serait Victor. Quand vous pensez à la vérité de ces personnages, vous installez les choses puis vous mettez au point leur processus de pensée. Penelope, c'est vraiment moi si j'avais eu des circonstances différentes. Donc, quand on parle de l'histoire, j'y pense toujours à travers le cadre de : « Et si c'était arrivé, et ensuite, si *ça* était arrivé ? Et alors, et si je n'avais pas fait ça ? Et comment ça changerait ma manière de considérer ceci ou cela ? »

Je ne possède pas d'arme à feu, mais si j'avais été dans l'armée, et si j'avais été correctement entraînée à utiliser une arme, et que j'étais une mère célibataire vivant seule avec ma mère, il se pourrait que j'en aie une, non ? On réfléchit à travers le cadre de pensée de cette femme. Ça a toujours été un tel plaisir de révéler toutes ces strates. Et plus on va profond dans ce que les personnages pensent de ceci ou cela, plus c'est facile d'élaborer l'histoire. C'est si facile parce que dès que vous abordez un sujet, si vos personnages sont bien campés, vous savez immédiatement ce qu'ils pensent. Par exemple, dans la dernière saison (dans l'épisode 3), on a un gros épisode sur la masturbation. Cet épisode est très marrant parce qu'on sait exactement comment chacun va réagir, à cause de qui ils sont. C'est le fun de l'aventure de cette série – même si on a dû se battre chaque année pour pouvoir poursuivre. Le cadeau, cependant, c'est que Netflix nous a permis, durant ces trois années, de faire exactement ce qu'on voulait.

Quand les gens voulaient que je sois très remontée contre Netflix (de ne pas avoir renouvelé la série après trois saisons), ce n'était pas le cas. Je veux dire, si Netflix était venu me dire : « Voulez-vous faire la série de vos rêves pendant trois ans avec un casting que vous adorez ? », j'aurais dit : « Oui ! ». Le cadeau qu'on a reçu en passant de Netflix au câble est qu'on a perdu huit minutes. Maintenant l'épisode dure 20 minutes et 45 secondes sur Pop. Au début, ça nous rendait nerveux. On savait qu'on pourrait s'adapter à refaire des fins d'actes (pour les pubs), mais on se demandait si on allait y perdre avec ce temps en moins. Cette texture – est-ce qu'on pourrait encore la sentir ? Et on s'est aperçus que comme on connaissait déjà les personnages, on n'avait pas besoin de ce temps. Le cadeau, c'était qu'on n'en avait pas besoin, parce qu'on avait tout installé pendant trois saisons en long format. Je me souviens que Rita a fait une déclaration à la fin de la lecture à la table, avec Ray Romano, de la saison 4, elle a dit : « C'est toujours notre série ! ». C'était génial.

Neil : Structurellement, dans la plupart de vos épisodes, vous reprenez l'histoire là où elle en était, ce qui donne un sentiment de continuité. Pour beaucoup de spectateurs, et certainement sur Netflix, il est très rare de ne regarder qu'un épisode, parce qu'ils s'enchaînent directement. Vous avez la réaction tout de suite, ce qui est très différent des années 70, où il fallait attendre une semaine. Pour ce livre, j'ai interviewé tellement de showrunners de séries très sombres, provocatrices, taboues… qui contrastent avec la vôtre. En regardant à nouveau chaque épisode, les quatre verbes que j'ai le plus écrits et qui résument vraiment votre série sont « serrer contre soi, embrasser, danser et cuisiner » (Gloria rit, « J'adore ! »), et j'ajouterais « mode ». C'est délibérément positif, plein d'amour et réconfortant. On a besoin de plus de séries comme la vôtre. On a besoin d'humour, de rire, de larmes et d'harmonie.

Gloria : Merci. C'est vraiment l'intention, c'était le but. Mon mari est dessinateur, et on parle beaucoup de l'intention dans notre travail.

Je suis délibérément sincère. Ça me va. Traitez-moi de ringarde, je veux que mon travail réconforte les gens, les rende plus heureux après leur journée. Parce que je sais ce que la plupart des gens affrontent, en particulier dans les communautés qui sont défavorisées ou mal representées – les LGBTQ, les Latinos, les vétérans ; ce sont des gens qui se font tout le temps traiter comme de la merde. Je veux qu'ils aient un endroit où on les aime, où on les réconforte, et où on leur rappelle que ce monde a du bon.

C'est vraiment ça, mon intention. Les gens m'envoient des tweets qui disent : « Oh ! mon Dieu, j'étais au bord de craquer, et j'ai regardé quelques épisodes, j'ai ri, et je me sens mieux. » Je suis tellement reconnaissante que ce soit mon métier : créer quelque chose qui donne de l'amour. Nos personnages ne s'entendent pas toujours entre eux. Ils ne sont pas toujours d'accord, mais il y a toujours de l'amour derrière. Je crois vraiment que si nous pouvons trouver un pont vers les autres grâce à l'amour, alors tout le monde pourrait aller mieux sur cette planète, non ?

Neil : Oui, surtout en ce moment. Pensez aux familles qui emménagent ensemble. L'une des grandes différences, évidemment, entre le multi-cam et le mono caméra, c'est qu'avec le multi-caméras on a tendance à être ensemble dans des pièces avec beaucoup d'entrées et de sorties et des rideaux qui s'ouvrent et se ferment. Mais en ce moment (pendant le confinement dû au COVID-19) nous sommes tous ensemble à faire face à des questions de vie ou de mort, à ce qui compte vraiment. Pas l'ego ou l'avidité, mais la qualité de vie et, j'espère, l'empathie et la compassion. C'est le côté positif du confinement parce que, pour moi, la famille c'est *tout.* C'est le thème d'un épisode de votre série intitulé « Meilleures amies » (« Strays ») dans la saison 1, où la famille de la meilleure amie d'Elena, Carmen (Ariela Barrer), est expulsée au Mexique, faisant de Carmen une sans-abri. L'ombre de l'ICE (« Immigration and Customs Enforcement », police de l'immigration) plane lourdement. Je suis très heureux que vous ayez abordé la question de l'immigration et de la crise des réfugiés – et ce dans une sitcom !

Vous ne mentionnez pas le nom de Trump, mais la construction de murs et l'évocation des Mexicains comme des « meurtriers et des violeurs »… (soupir) Ne me lancez pas sur le sujet. Pensez-vous que l'inclusivité a limité le nombre de vos spectateurs à la fois dans une Amérique très polarisée et globalement ?

Gloria : Je ne sais pas si la série en a pâti. Pour tout vous dire, je m'en fiche. Je propose cette histoire pour les gens à partir de ce point de vue, et ça inclut l'intégralité de l'expérience. Ce que cette famille affronte, beaucoup de familles latinos l'affrontent, et c'est comme ça qu'ils en parlent chez eux. Donc, là encore, c'est ce qu'ils en pensent.

Nous sommes de manière évidente une série libérale, mais, vous savez, mes parents sont des Latinos catholiques traditionnels. Ils ont du mal avec tout ce avec quoi Lydia a du mal dans la série. J'ai toujours beaucoup parlé, donc je leur parle tout le temps de tout. Ils ont quitté Cuba pour que je puisse parler librement et parler de tout avec eux. Je me souviens de la première fois où j'ai ramené à la maison mes amis gay, mes parents demandaient : « C'est qui, ça ? » parce qu'ils ont une mentalité vieille école. Ensuite ils ont appris à les connaître et les ont complètement acceptés.

Les gens ont peur de ce qu'ils ne comprennent ou ne connaissent pas. C'est pour ça que les fans de Trump étaient capables de croire que nous sommes tous des dealers – parce que c'est tout ce qu'ils voient à la télé. Évidemment, c'est ce qu'ils vont penser jusqu'au moment où ils vont faire la connaissance de quelqu'un qui va changer cette perception.

Neil : Oui, tout est une question d'empathie. C'est intéressant parce que Norman Lear est d'abord connu pour *All in the Family*, avec un personnage principal raciste, homophobe, sexiste et xénophobe. Ce qui me fascine, c'est le nombre de gens qui se sont identifiés à Archie comme à un héros compréhensible et n'ont pas compris qu'il était le dindon de la farce. C'était une conséquence involontaire, d'une certaine manière, de cette série. Mais dans votre série, il n'y a pas d'Archie Bunker. À l'occasion il y a quelqu'un comme cet abruti chez le glacier qui est une sorte d'Archie Bunker, mais vous n'avez pas le libéral tête de lard contre l'intolérant Archie. Avez-vous jamais ressenti le besoin d'avoir ce contrepoint ?

Gloria : On a créé Scott (Eric Nenninger), le collègue de Penelope au cabinet du docteur, pour offrir un autre point de vue. On l'a utilisé dans « Meilleures amies » pour faire entendre la voix... des moins tolérants.

Neil : Vous n'avez même pas eu besoin de montrer les intolérants pour faire sentir leur présence. Quand Lydia parle de l'impact que l'insulte « spic » (« espingouin ») a eu sur elle, c'est un moment puissant. Je voyais bien que les larmes de Rita Moreno étaient réelles.

Gloria : On a demandé à tous les acteurs quel mot les effrayait ou les blessait le plus quand ils l'entendaient. Pour Justina et moi, « espingouin » ne signifie rien. Je m'en fiche si on me traite d'« espingouin » ; ça n'a aucun poids pour moi. Mais pour Rita – oh ! mon dieu... Même en l'entendant sur le plateau, elle en a eu le souffle coupé. C'est vraiment très blessant pour elle. Pour moi, le mot, c'est « fainéante », et je l'ai donné à Penelope. On a le droit de dire beaucoup de choses sur moi, mais pas que je suis fainéante.

Neil : J'adore quand Penelope dit : « Je déteste qu'on me traite de fainéante, ou de siestarde. » Mais après elle dit aussi : « On est des fainéants, ou on vous vole votre boulot ? Il faudrait savoir ! » Penelope saisit toute l'absurdité de la contradiction et ça la met hors d'elle, comme de juste. À part le trumpisme, un autre élément qui a un impact sur le reboot est le mouvement #MeToo et le personnage de Dwayne Schneider (le responsable de l'immeuble). Pat Harrington était super dans le rôle original, mais son personnage n'arrêtait pas de flirter, de mettre la main aux fesses des femmes, de lancer des regards lubriques et de vouloir faire rire à tout prix.

Gloria : C'étaient les années 70. Il était de son époque.

Neil : Bien d'accord, et c'est pourquoi j'ai l'impression que Schneider (joué par Todd Grinnell) est le personnage qui a été le plus réinventé dans le reboot. Complètement réimaginé. Comment est née votre nouvelle approche de Schneider ? Vous l'avez appelé Pat Schneider, j'imagine que c'est en hommage à l'acteur original.

Gloria : Au départ, on voulait en faire le « sale Américain », l'obstacle dressé contre cette famille latino ambitieuse. On voulait le faire flirter avec Penelope, qui ne lui répondrait jamais. Mais ça ne marchait pas. Et c'était ça le cadeau. Ça a été le rôle le plus difficile à trouver. Je veux dire, on a auditionné des hommes, des femmes. Wallace Shawn. Jane Lynch. C'était dingue. On a tout essayé.

Todd Grinnell est l'un de mes meilleurs amis et a joué dans beaucoup de mes pièces au fil des années. La première fois que j'ai entendu que Netflix avait acheté la série, j'étais à New York en train de jouer une pièce avec Todd. Todd s'est mis à pleurer, m'a pris dans ses bras et m'a dit : « Tu le mérites tellement, je suis tellement heureux pour toi », avant même que ça le concerne. C'est une de ces personnes qui, lorsque quelque chose de bien vous arrive, vous donne l'impression que ça lui arrive à lui. C'est un être humain si foncièrement bon. Je n'avais même pas pensé à lui pour Schneider parce qu'on cherchait quelqu'un de louche. Je le trouvais trop beau et propre, non ? Mais après, quand on auditionnait tout le monde, Mike et moi on ne le sentait pas. On n'arrêtait pas de réécrire les pages pour les auditions, et on a fini par le changer pour en faire une sorte d'idiot bien intentionné. Il croit tout savoir, mais ce n'est pas le cas. Ce n'est pas un salaud ; il a bon cœur. Il croit juste savoir des choses qu'il ignore.

Todd est venu pour jouer ça, et dès qu'il est entré, on lui a demandé s'il avait des questions, et il nous dit : « Non, je connais ce type. C'est quelqu'un qui est en permanence en train d'écrire son autobiographie. » Et on s'est dit : « Mais oui, c'est ça ! » Il a apporté quelque chose de sincère et sympa à cet homme blanc privilégié, ignorant et un peu lourd. Alors on a pris cette direction.

Ma relation avec Todd ressemble beaucoup à celle de Penelope et Schneider. On s'aime tellement. Pas d'une manière sexy [Rire.]... on est comme des jumeaux. C'est comme une relation frère-sœur, et on ne voit jamais ça à la télé sans que ça vire à la romance.

Neil : Tellement vrai.

Gloria : Et en tant que femme qui a beaucoup de relations avec des hommes sans qu'il y ait rien de sexuel, c'est un tel cadeau d'avoir des relations masculines platoniques. C'est juste quelque chose qu'on ne voit jamais, parce que les spectateurs veulent toujours voir ces deux personnes finir ensemble. Schneider et Penelope ne finiront jamais ensemble. Ça n'arrivera jamais... même si tout Internet le veut absolument.

Neil : Oh ! non. Pour moi, Max (Ed Quinn) est bien mieux pour elle.

Gloria : Oui, tout le monde aime Max.

Neil : Qu'avez-vous appris de votre travail d'actrice qui vous ait aidé en tant qu'autrice, showrunneuse, productrice et réalisatrice pour la télévision ?

Gloria : C'est clair que les acteurs sont le visage de la série, donc on essaye vraiment de penser au scénario comme à une conversation avec ces acteurs. Je pense beaucoup à ce qui convient à l'acteur et comment exprimer le mieux tel moment. Je suis reconnaissante de ça. Je pense aussi en tant que réalisatrice, assurément, je circule sur le plateau comme les acteurs devront le faire. C'est comme ça que je dirige. Je prends les repères et fais les déplacements et prends mes notes. Je dis toujours aux auteurs que même s'ils ne veulent pas jouer, ils devraient suivre un cours de comédie, parce qu'il faut savoir ce que ça fait, ce qu'on demande à ces gens de faire.

Neil : Contrairement à la série originale, il y a aussi des scènes au cabinet du docteur. Est-ce que c'était pour alimenter les moteurs narratifs ?

Gloria : C'était surtout Norman. Chacun essaye de voir un personnage à partir de sa propre perspective, pour pouvoir comprendre son point d'entrée dans l'histoire. J'ai compris que le personnage du Dr. Berkowitz (Stephen Tobolowsky) est vraiment la perspective de Norman. Je pense qu'il voulait vraiment avoir un personnage qui était proche de Penelope et comme une figure paternelle pour elle. Il a maintenant évolué pour avoir cette jolie relation avec Lydia, qui n'était pas initialement quelque chose qu'on avait prévu de faire. Ça s'est juste transformé très naturellement.

Neil : Au-delà du fait que le Dr. Berkowitz soit une sorte de représentant de Norman, en ayant trois générations sous le même toit, ça vous permet de présenter des positions multigénérationnelles sur tous les sujets, ce qui est satisfaisant pour tous les spectateurs et très malin en tant que créatrice/showrunneuse. Ma dernière question : il y a un dialogue dans la saison qui résonne vraiment, quand Penelope dit : « Tout le monde a quelque chose qui l'inspire. » Je me demande ce qui vous inspire ?

Gloria : Ma famille, c'est elle qui m'inspire. Mes parents sont arrivés ici il y a 50 ans, sans connaître la langue, avec juste une valise. Quand ils sont arrivés, c'était un moment où l'Amérique accueillait les réfugiés et leur permettait de devenir des citoyens. Ils sont arrivés en 1962, et sont devenus citoyens en 1974. Mes parents ont un drapeau américain gigantesque qu'ils sortent à chaque jour de fête parce qu'ils aiment ce pays, et ce que ce pays leur a permis… la possibilité d'obtenir des prêts pour envoyer leurs enfants faire des études, pour qu'ils puissent s'acheter une maison. Vous savez, leur éthique du travail, leur sacrifice, ils ont tout mis dans mon frère et moi. C'était tellement clair qu'on était leur investissement, et ils savaient qu'on réussirait, et tout leur amour, leur tendresse, leur bonté, tout était mis là.

Beaucoup d'enfants d'immigrés, et j'en fréquente beaucoup, me demandent : « Est-ce que vos parents vous ont soutenue ? », parce qu'il est très rare pour des parents immigrés de soutenir une carrière artistique. Je réponds oui, mais voilà ce que m'ont dit mes parents : « Tu veux écrire ? Tu veux être une artiste ? Vas-y. Mais tu dois juste être *la meilleure.* » Alors voilà, O.K. ! C'est ma boussole. Je ne dis évidemment pas que je suis la meilleure d'aucune façon, mais il m'est arrivé de leur envoyer des captures d'écran du site de critique Rotten Tomatoes où j'avais 100 pour cent. Ils sont mon inspiration, et je trouve que j'ai vraiment de la chance de me tenir sur les épaules de géants.

INTERVIEW : Maya Erskine et Anna Konkle, *PEN15* (Hulu), sur l'appartenance

Cette interview a eu lieu le 5 novembre 2020.

Neil : Dans la saison 2, le ton change vraiment et s'aventure sur un terrain dramatique plus profond, plus sombre. Pour moi, la saison 1 parlait plus de l'innocence de l'adolescence. Mais la saison 2 change et met vos personnages aux prises avec le cynisme et la fabrication de *personas* plus acerbes. Aviez-vous l'intention de rendre la saison 2 plus sombre, ou cette décision a-t-elle été influencée par le trumpisme, la pandémie globale, et la disparition tragique du père d'Anna dans la vraie vie ?

Maya : Pour moi, parce qu'elles sont encore en 5e, on voulait qu'elles continuent à évoluer, c'est pour ça qu'on voit les parents d'Anna dans une situation plus difficile et qu'on le montre vraiment, sans édulcorer ; je pense que dans la première saison on n'avait que de brefs aperçus de leurs disputes, puis on les voyait bien ensemble, en famille. Là on voulait montrer la réalité : qu'il peut y avoir beaucoup d'amour et en même temps que ça peut mal tourner. Anna pourra vous en dire plus là-dessus, évidemment.

Mais on a aussi abordé la deuxième saison d'une manière différente en termes de processus par rapport à la première saison. L'une de nos auteurs nous a dit un jour : « Je n'ai jamais vu des scénaristes construire et élaborer l'histoire comme ça. » Nous on lui demande : « Comment on fait ? On ne sait même pas ce qu'on fait. » Elle nous dit : « Vous partez d'une émotion, et c'est en quelque sorte vers là que va l'histoire. » Cette saison, on est sorties de nos zones de confort, et on a commencé à essayer de faire ça d'une manière plus… c'est quoi le mot ?

Anna : Feuilletonnante ?

Maya : Feuilletonnante, et c'était un défi pour nous parce que dans la première saison, on aimait la manière dont chaque épisode était une « première fois » et donnait le sentiment d'être une histoire en soi avant que la série devienne légèrement feuilletonnante vers la fin. Mais pour la saison 2, on a commencé avec un événement qui fait tout partir dans cette tornade de noirceur. Je ne sais pas si on a consciemment démarré comme ça pour aller vers un ton plus sombre ; ça a juste évolué de manière organique au fur et à mesure qu'on allait vers des choses plus sombres. Mais on ne voulait pas que tout le ton de la série devienne pesant, c'est juste que les choses auxquelles Maya et Anna étaient exposées le faisaient paraître plus pesant.

Anna : Pour sûr. Et ça faisait un peu peur de commencer la saison 2. On est fières de la saison 1 et les gens l'ont vraiment aimée, donc on s'est dit : « Mon Dieu, qu'est-ce qu'on fait maintenant ? » On travaille sur ce projet depuis sept ans, maintenant on a 33 ans et on écrit pour des filles de 13 ans, donc il y a eu aussi ce défi de : « Comment on fait pour que ça nous intéresse encore et que ça nous fasse progresser comme actrices et comme scénaristes si ça continue ? »

On a fini la saison 1 en beauté, puisqu'on était dans un placard avec le garçon populaire. C'est génial – et puis Maya vous en a touché un mot, l'idée de faire partir l'histoire d'une émotion et de pouvoir suivre émotionnellement ces personnages – mais en même temps, quelles sont les chances que ça marche vraiment pour elles avec le garçon populaire ? Quasi-nulles ! On va probablement s'y brûler les doigts, donc si on suit cette émotion au début de la saison 2, où elles sont optimistes dans l'épisode 1, alors il va inévitablement y avoir une chute ou une collision avec la réalité. On avait lancé le conflit principal dans notre première saison avec l'histoire d'amour entre Maya et Anna qui prend fin, donc on s'est dit qu'on allait commencer cette saison ensemble, mais elles tombent ensemble et on avait peur qu'elles tombent trop bas. Mais c'est sûr qu'il y a eu beaucoup de discussions dans la writers room, du genre : « Est-ce que c'est toujours la série ? Est-ce que c'est toujours… ? »

Maya : « Drôle ? »

Anna : Voilà, surtout si ça devenait plus feuilletonnant dès le début. J'ai beaucoup gambergé là-dessus, si j'aimais ça ou pas, ce que j'en pensais. Et je continue à le faire un peu. Alors à la fin, c'était clair que c'était une saison plus sérieuse, mais je ne savais pas à quel point ça paraîtrait sombre. J'en suis encore surprise.

Maya : Oui. Et c'est en partie dû au fait que Sam (le co-créateur de la série Sam Zvibleman) a réalisé toute la saison alors que dans la première saison, il n'avait réalisé que les quatre derniers épisodes… qui ont pris leur ton cinématographique, qui était un peu plus sombre que les premiers épisodes. Sam va naturellement dans ce sens aussi, donc l'humour n'était plus aussi léger. Mais on a essayé de garder l'humour qui fait de la série ce qu'elle est ; je ne sais pas, peut-être que c'est aussi qu'on a grandi, et les personnages aussi, comme vous l'avez dit.

Anna : Ouais, on avait besoin qu'elles grandissent.

Maya : On voulait que la série évolue, aussi.

Anna : Au regard des événements qui se passaient dans nos vies à tous, et puis le coronavirus – mais ça a affecté le montage, pas l'écriture ou le tournage – et puis mon père est mort pendant le tournage, je suis sûre que ça a beaucoup affecté mon jeu d'actrice. À l'époque, pour être complètement honnête, je me sentais plutôt déconnectée ; j'arrivais sur le plateau en me demandant… comment m'investir maintenant dans les problèmes de cette fille de 13 ans ? Comment m'investir dans le fait d'aimer ce garçon ou pas ? Alors que les enjeux dans ma vraie vie étaient si douloureusement adultes ? Donc oui, c'était plutôt dur.

Et puis l'autre truc bizarre, dans la dernière saison qui n'est pas encore sortie mais qu'on a déjà tournée, l'épisode sur lequel je travaillais avant la mort de mon père parlait du cancer. Et c'est de ça qu'il est mort. On avait fini le séquencier, et puis tout s'est déroulé très vite dans ma vie personnelle avec ma famille, et quand je suis revenue – je ris parce que je suis comme ça, je crois – après sa mort, il fallait encore que j'écrive l'épisode et que je le réalise. Donc il lui sera dédié, et ça a vraiment été un moment très spécial. Mais avant même de savoir qu'il avait le cancer, je voulais écrire et réaliser l'épisode sur le cancer pour *Pen15*. Tout ça est très étrange.

Maya : C'est un bel épisode.

Anna : Merci. Je suis fière de nous tous sur ce coup. Je me posais la question : « Suis-je la bonne personne pour faire ça ? Ou : suis-je capable de le faire ? », et puis c'est devenu : « C'est arrivé pour une raison, et je dois le faire. »

Maya : Oui. Elle a dû filmer toutes ces scènes avec celui qui est son père à l'écran (Taylor Nichols), et qui étaient déjà des scènes très émouvantes – avec tout ce qu'elle a vécu. La plupart des gens n'en seraient pas capables. C'est déjà assez dur de revivre ces traumas. Ce n'était pas juste les revivre – il fallait que tu voies ton père fictif avec exactement les mêmes photos, le même papier peint et toutes ces choses de ton enfance. Je veux dire, c'est…

Anna : …tellement bizarre, ouais.

Maya : Tu étais incroyable.

Anna : Toi aussi.

Neil : Comment considérez-vous le ton de la série ? Est-ce que vous y pensez comme à une « comédie *cringe* » (grinçante ou embarrassante), et poussez toujours plus loin dans cette direction dans la writers room ? Ou est-ce que vous n'y pensez pas du tout ?

Maya : Non, on ne parle jamais de rendre la série « cringe ». Mais j'ai très envie de me cacher dès qu'on la sort. Comme la première saison avec l'épisode sur la masturbation ; c'est un très bon exemple, puisqu'on ne s'est pas dit : « Oh ! si on montre le vagin qui décharge, ça va vraiment dégoûter les gens. » Mais plutôt : « Est-ce qu'on peut ? Parce que c'est réel et j'ai envie de le montrer, mais est-ce que c'est O.K. ? Est-ce que c'est approprié ? » Donc, la question c'était plutôt, est-ce qu'on va trop loin mais pour une bonne raison, ou est-ce qu'on le fait parce qu'on veut montrer la vérité et qu'on ne voit jamais ça à la télé ? On a beaucoup hésité là-dessus, mais jamais pour le plaisir de choquer.

Neil : Quand Maya se fait traiter de fille la plus moche de l'école ou l'histoire avec son « gros buisson puant », je ne crois pas qu'on atteigne de tels niveaux de cruauté après le collège. Pourquoi, selon vous, les collégiens en particulier peuvent-ils être aussi cruels ?

Maya : C'est intéressant parce que certains des moments les plus cruels dont nous nous souvenons tous peuvent parfois venir de quelqu'un qu'on connaît, ou d'un de nos proches. Personne n'est le parfait tyran ou la victime parfaite. Même la personne qui était peut-être la plus cruelle avec vous au collège, vous vous souvenez de ça, mais elle, elle va se souvenir de quelqu'un d'autre qui était cruel avec elle ; ou elle manquait d'assurance sur tel ou tel point. On a probablement eu un peu de mal avec ça avec Brandt (Jonah Beres) – difficile de montrer toutes ses facettes – parce qu'on essayait de montrer ça de la perspective de Maya et d'Anna : « Ce garçon est cool, il est populaire, il a le droit de dire tout ce qu'il veut sans conséquences pour lui », et c'est le souvenir que j'ai de certains garçons quand j'avais cet âge.

Avec Maura (Ashlee Grubbs), on voulait essayer de montrer que cette fille manque tellement d'assurance qu'elle s'obstine à vouloir séparer Maya et Anna, et ça se passe comme dans un film d'horreur parce qu'on a joué cette carte stylistiquement. Mais Maura est en galère. J'ai connu une fille qui était un peu comme ça, et ma mère me forçait à jouer avec elle, on est devenues amies et elle était très dominatrice et directive. Mais elle galérait à se faire des amies à l'époque et était très peu sûre d'elle, et tout venait de là. On pensait lui coller peut-être un trouble de l'attention, que j'ai aussi. Cette fille que je connaissais était sous Ritaline à l'époque, mais on s'est dit que ce n'était peut-être pas adapté pour cette fille, parce qu'elle était déjà décrite comme la méchante. Mais on essaye de montrer tous les côtés.

Anna : Un aspect de cette question est probablement juste une question « immobilière », une question d'espace à l'intérieur des scénarios : quelle place on donne aux autres personnages, à leur humanité, à l'empathie ? Et on a choisi, par exemple, de ne pas en faire pour le personnage de Gabe (Dylan Gage) cette année ; j'aurais aimé faire tellement plus avec Gabe, mais on n'a qu'une demi-heure, déjà pleine de personnages et d'intrigues. Au niveau de Maura et Brandt, c'est intéressant – une si grande part de la série est basée spécifiquement sur mes souvenirs et ceux de Maya que, comme l'a dit Maya, c'est surtout notre point de vue et c'est pourquoi, je pense, vous voyez moins le côté empathique de ces personnages secondaires. Mais d'après moi, il y a deux choses qui aident à garder de l'humanité chez ces personnages pour qu'ils ne soient pas juste des caricatures ou des salauds ou des pestes. D'abord, notre manière de caster. On essaye vraiment de caster à partir d'un souvenir et de choisir quelqu'un qui ait l'air authentique, complexe, pas simpliste, si on veut, et ne soit ni trop brillant ni juste une caricature. Ensuite : il y a eu aussi de petits moments où on jouait aussi avec Brandt qui dit : « Tu es jolie, je t'aime » à Maya, et on peut interpréter ça soit comme une manipulation totale de sa part, mais selon nous, il n'a encore que 13 ans, et là, il doit faire avec un cerveau en train de devenir adulte et avec ses premiers émois. Je crois qu'à certains de ces moments, il est vraiment sincère, et qu'à d'autres, il la manipule. Et qu'encore à d'autres, il la trouve moche et dégoûtante – sans rancune pour ton personnage, Maya. Tant pis pour lui.

Maya : Non, c'est vrai.

Anna : Je connais les sentiments de cet âge, aussi. Je peux même comprendre Brandt, et me dire : « Il est mignon. » Quelqu'un me dit du mal de lui : « Non, il n'est pas mignon. C'est un loser. » Vous voyez ? Et c'est la même chose avec Maura, je me dis : « C'est ma meilleure amie, ça va être génial. » Et puis soudain elle a ces sentiments de malaise profond, avec lesquels on a essayé de jouer à la toute fin ; la dispute finale, c'est quand sa mère la prend plus ou moins dans ses bras, aussi fou et absurde que ça paraisse. On a aussi pensé qu'il y avait là un moment où elle entrait en contact avec sa mère et que ça racontait quelque chose.

Maya : C'est un fantasme un peu tordu que j'ai, mais quand j'avais cet âge, j'aurais adoré que tout ce truc avec Brandt m'arrive. C'est horrible à dire, mais j'aurais tué pour qu'un garçon sexy, cool, méchant…

Anna : …s'intéresse à toi ?

Maya : Oui ! Qu'il m'aime secrètement et en ait honte en public. Au moins, il m'aurait aimée, non ?

Anna : Oh, ça c'est bien dark.

Maya : C'est dark, mais ça m'aurait bien plu. Donc c'est intéressant de voir que Maya accepte ça juste parce qu'elle est tellement prête à tout pour obtenir l'approbation ou l'affection de ce garçon.

Anna : Ouais, dans la vraie vie, j'ai eu droit à un surnom, « Freezer » – il y avait une rumeur comme quoi je m'étais masturbée avec un glaçon – et ça m'est resté. Parfois, pour les garçons, c'est une manière de flirter. Parfois c'était complètement du harcèlement – je veux dire, c'était toujours du harcèlement – mais ça avait plusieurs strates, et on voulait aussi jouer avec ce sentiment.

Neil : Parce que ça a lieu en 2000, bien avant #MeToo, on voit comment les garçons se comportaient, et ils imitaient beaucoup leurs pères et les autres figures masculines toxiques de leurs vies.

Anna : Ouaip. Exactement.

Maya : Et on voit aussi comment les filles prenaient ça sans problème ; traiter une fille de « salope » était banal à l'époque. On s'en est souvenues pendant qu'on écrivait : « Oh ! Monica Lewinsky », c'était une telle histoire à ce moment-là, et à l'âge que j'avais, tout ce dont je me souviens, parce que ça s'est gravé dans mon cerveau, c'est : « Oh ! c'est une salope. »

Anna : Et on vient de familles de la gauche libérale. C'est dingue. Et en parlant de salopes, aussi, juste parce que ça m'y a tout de suite fait penser, on est en train de faire un épisode en animation en ce moment et je me retrouve à écouter les dialogues en boucle. Il y a ce gamin qui dit : « Va boire un coup, salope. » J'ai dû entendre ça genre 30 fois, et à la fin je commençais à souffrir, et je me disais : « Oh ! est-ce qu'on ne devrait pas enlever ça ? Ça craint vraiment. » Mais après, en pensant au souvenir que ça évoquait, je me souviens de garçons qui me disaient ça, et je pouvais le prendre comme une insulte, ou d'autres fois comme une manière de flirter.

Maya : De flirter ?

Anna : C'est triste, hein ? Donc bref, c'est… c'est intéressant.

Neil : J'aimerais qu'on parle du développement et de l'approfondissement des personnages adultes, en particulier la mère de Maya (jouée par la vraie mère de Maya, Mutsuko Erskine), qui, je pense, va être nominée pour l'Emmy du meilleur second rôle !

Anna : Moi aussi !

Neil : Donc, le bain au yuzu avec votre mère et l'analogie du bol de salade – ça vient de la vraie vie ?

Maya : Oui, absolument. Elle a dû me faire cette comparaison entre les hommes et les femmes quand j'étais à la fac et je venais de me séparer, et elle a utilisé cette métaphore du « bol de salade » parce que je souffrais[51]. On voulait arriver à caser ça quelque part parce que c'était quelque chose qui était resté imprimé dans ma tête comme un souvenir de ma mère et moi quand j'étais jeune. J'étais extrêmement proche d'elle, en particulier parce que mon père (le célèbre batteur de jazz Peter Erskine) voyageait beaucoup, et que je dormais avec elle dans son lit. J'approchais de mes 13 ans et comme j'étais sous l'influence des gens de mon âge et de mes hormones et tout, on avait une relation vraiment tumultueuse – beaucoup de cris, de bagarres, de larmes, mais en même temps vraiment très proches.

Et le bain japonais, que je prends avec ma famille depuis que je suis bébé, c'est là qu'on était calmes. Je n'ai aucun souvenir d'une dispute dans le bain avec ma mère parce qu'il y avait là quelque chose de sacré… Dès qu'on y était, on était calmes, on se purifiait, et c'est là qu'on avait nos conversations les plus adultes, les plus intimes, dès le plus jeune âge. Quand on a fait cette scène – on a fait en sorte que le bain soit vraiment chaud, très chaud, pour nous mettre à l'aise, ma mère et moi – c'est la première fois que je n'ai pas eu besoin de la diriger. Je n'ai pas eu à lui dire : « Maman, non, dis plutôt ça comme ça. » D'habitude je suis hyper-directive avec elle, mais là, elle était juste là. Elle était tellement présente, et ça sortait tout droit d'un souvenir ; j'étais transportée dans le passé. C'était vraiment fou.

Neil : Vous pouvez parler de l'usage que vous faites du réalisme magique dans les deux saisons ? On dirait que vous y avez eu davantage recours dans la saison 2 : les paillettes, le soir de la première de la pièce. Et… l'épisode « Vendy Wiccany » où Maya soudain tète le sein d'Anna. Ça a vraiment marqué. C'était audacieux, provocateur et super. Vous pouvez développer ?

Anna : On a commencé avec des « moments exagérés » dans la saison 1. On peut les repérer précisément, mais je comprends qu'ils soient plus remarquables dans la saison 2. Vous mettez dans le mille : la pièce avec les paillettes était un moment exagéré prolongé et le sein est un moment exagéré et il y a des petits moments où nos pieds décollent

51. NdT : En gros, l'idée est qu'on ne pourra jamais tout mettre dans un bol de salade. Il y a des ingrédients auxquels il faut apprendre à renoncer.

du sol, des trucs comme ça. L'allaitement, c'est vraiment drôle, parce que Maya et moi on a vu tellement de commentaires sur Twitter du genre : « J'adore la série, mais c'était quoi, ça ?!? »

Maya : « On est perdus ! »

Anna : « On est perdus ! » Alors que pour moi, c'est évident, c'est la co-dépendance. C'était pour jouer sur le fait que Maya et Anna ont tellement besoin l'une de l'autre, surtout à cet âge, et c'est aussi quelque chose que Maya et moi pouvons aussi ressentir un peu comme adultes, quand on se dit : « O.K., tu vas faire ça tout seule ou je vais faire ça toute seule sans appeler Maman ! » C'était tellement marrant et littéral, on s'est juste dit que c'était absurde et marrant.

Maya : Vous voyez, ce qui est marrant, c'est qu'on est pas mal attirées par le lien maman-bébé dans notre processus créatif ensemble. Dans notre première web-série, on a fait un clip où Anna me lange et je suce mon pouce. Et elle tenait absolument à me langer dans une couverture dans cette saison, on cherche toujours où caser ça. Il y a des trucs comme ça qu'on veut juste faire, mais si ça ne rentre pas, évidemment on laisse tomber. Mais le nichon, on trouvait que c'était un moment parfait parce que, évidemment que Maya a besoin d'Anna, et que je ne peux pas me passer d'elle. Pour la première saison, on a toujours parlé – même déjà quand on était en train de la créer – on a toujours voulu avoir des moments augmentés pour exagérer un sentiment ou une sensation, surtout parce que le collège est un moment tellement bizarre de croissances diverses.

Neil : Oui, le tampon géant dans la saison 1 !

Maya : Voilà, le tampon géant ! Et la fille avec les gros nichons. Qui se balancent.

Anna : Et le fantôme de ton grand-père.

Maya : Je pense qu'on a mis plus de moments exagérés dans la saison 1, en fait, et c'est peut-être pour ça que la saison 2 s'est fait remarquer davantage ; on l'a faite plus équilibrée, plus réaliste, avec soudain ces moments tranchants qui prennent probablement plus de relief parce qu'ils paraissent sortir de nulle part. Il y en a si peu et si espacés.

Anna : Mm-hmm, je suis d'accord. C'est tellement ça.

Neil : À quel moment avez-vous su que la pièce de l'école serait l'événement principal de la saison 2, ou de la première partie de la saison 2 en tout cas ? Quand Maya est choisie pour jouer et qu'Anna ne l'est pas, les deux meilleures amies commencent à s'éloigner. Puis Maura entre dans leurs vies et parvient à les diviser pour régner. Mais à propos de l'événement de la pièce lui-même, est-ce que vous avez dit dans la writers room : « On a besoin d'un événement pour guider la saison 2 ? » Ou est-ce que vous faites petits bouts par petits bouts et ça finit par se présenter tout seul, et vous vous dites : oh ! c'est peut-être ça ?

Maya : Je dirais qu'il n'y a pas de processus rationalisé. On ne fait pas la même chose à chaque fois. Chaque jour on arrive, et on commence différemment en fonction des problèmes qu'on essaye de résoudre. Pour la saison 1, on a commencé en partant de « premières fois » ou d'histoires qui nous étaient arrivées, on a fait des petits résumés et on les a mis sur un mur. On disait : « O.K., le premier baiser d'Anna. On sait qu'on veut faire quelque chose sur ça… Maya qui se masturbe. » On fait notre marché et on élabore les histoires comme ça. Avant d'élaborer les histoires, on essayait de définir d'abord un arc pour la saison – ce qu'on voulait dire avec cette saison.

À l'origine, on voulait mettre la pièce de l'école dans la saison 1 parce que je jouais dans une pièce quand j'étais au collège, et mon tampon a volé sur scène pendant *La Petite Princesse.* Et c'était pendant une répétition technique, et ce sont les techniciens qui ont mis la lumière dessus. J'ai un souvenir tellement fort des techniciens contre les acteurs et tout le drame entre eux, mais aussi l'amitié et la camaraderie. Donc l'idée qu'Anna soit une technicienne était très marrante, surtout parce que c'est elle la plus comédienne des deux. On trouvait ça intéressant de renverser les rôles.

Anna : Il y avait aussi le sentiment de perte d'identité au début de la saison et de trouver autre chose ailleurs et de s'accrocher à quelqu'un d'autre et de décider : « O.K., c'est notre nouvelle identité. » Et là, la pièce nous a offert une très belle occasion de poser la question : « Qui sommes-nous séparément ? » Et de trouver notre voie séparément. Voilà, on peut encore être ensemble côte à côte, mais grandir. Maya avait pitché cet épisode il y a longtemps, et puis ça a évolué de manière à pouvoir être intégré dans cette saison. Mais aussi ses souvenirs de théâtre, pas juste l'école de théâtre, mais littéralement au collège et au lycée, étaient si marrants et viscéraux que c'était un super point de départ pour aller jusqu'au final où on s'est dit : « O.K., donc c'est la pièce, et ça nous donne à toutes les deux l'occasion de voler » dans nos nouvelles identités. Et Maya a écrit (l'épisode 206) si joliment, bien au-delà de tout ce que j'avais espéré.

Maya : La pièce devait être juste un gros épisode, avec notamment le soir de la première et puis on s'est dit : « Attends, c'est beaucoup trop. » Ça faisait bien 50 pages, aussi on a décidé de mettre le soir de la première au début du final.

Neil : Maya et Anna assistent à la manière dont Maura traite sa mère, en petite peste irrespectueuse qui se croit tout permis, et elles intègrent ce niveau de cruauté pour s'en servir envers leurs propres mères. Et ça incite encore plus Anna à devenir une régisseuse tyrannique qui manipule et persécute Maya pendant les répétitions techniques. Maya craque. Elle ne peut pas continuer. Et soudain le scintillement des paillettes qui tombent des hauteurs ; c'est Anna qui répare ce qu'elle a fait, et une forme de *deus ex machina* qui restaure la confiance de Maya. C'est tellement magique. C'est là que la lumière entre à plein et l'emporte sur toute l'obscurité qui a pu précéder. C'est vraiment profond. Même si le premier monologue de Maya est un moment fantasmé, idéalisé et exagéré, même dans la réalité de la série, Maya est une actrice brillante alors qu'elle aurait pu être nulle comme comédienne. Qu'est-ce qui a motivé cette décision de la rendre si bonne ?

Maya : C'était mon truc quand j'étais enfant. C'était à ça que je m'accrochais – que je pouvais jouer, faire de la scène, et que j'aimais ça, et que j'y trouvais de l'amour. Parce qu'Anna était en train de trouver son pouvoir et sa voix du côté technique, ce qui était très excitant à voir se déployer, on voulait que les deux trouvent leur propre pouvoir dans leur propre voix et dans leur propre rôle ; pas juste ensemble, accrochées l'une à l'autre. D'où, une fois encore, le nichon. C'était une telle séparation, ce moment. Et elles s'épanouissent quand elles ne s'accrochent pas nécessairement l'une à l'autre par facilité, mais elles s'efforcent aussi de se séparer, ce qui est super.

Avec le monologue, on a pensé que ce serait bien de voir Maya entrer vraiment dedans, et que son imagination prenne le dessus – un autre moment magique où elle s'imagine elle-même comme ce personnage et qu'elle y croit vraiment, mais à la seconde où elle se retrouve en face d'autres personnes, ça cesse. Pour retrouver cet espace de confiance, la seule fois où elle y arrive, c'est quand elle sent l'amour de Gabe. C'est comme si elle avait besoin de quelque chose pour l'amener là-bas, et que d'un coup elle y était.

Anna : C'est le moment exagéré où on se dit : « Bon, elle est un peu meilleure dans sa chambre, mais c'est son imagination. Ce n'est pas réel et ça ne sera plus jamais comme ça. »

Maya : Mm-hmm. Je ne veux pas avoir l'air de me faire des compliments, mais notre ami Brandon Goodman m'a fait une remarque – il est noir et il m'a juste dit… parce que, au théâtre, vous voyez, bien sûr ces monologues, ces personnages, il y a eu une époque où je pouvais les dire et les jouer, c'était à l'école de théâtre – parce que dans le vrai monde, à Broadway ou off-Broadway, mes chances d'avoir un rôle pareil sont très minces. Peut-être que c'est en train de changer, lentement, mais c'est toujours très conservateur, la plupart du temps, en termes de casting et de ce que je peux jouer à cause de mes origines. Eh bien, il m'a dit : « Merci d'avoir pris ton temps pour apprécier chaque mot. De t'être appropriée le moment. Je suis là, et j'en profite au maximum. » Ce que Maya, et moi-même comme actrice, on ne fait pas souvent. Je suis heureuse qu'on ait eu l'occasion, le personnage et moi, ensemble, de faire ça.

Neil : Vos personnages sont gelés dans le temps, en 5e, et vous parvenez toutes les deux à faire passer ça. Mais comment allez-vous faire pour la suite avec votre cast de comédiens ados qui grandissent rapidement ?

Anna : On a presque fini de tourner les huit prochains épisodes. Il nous reste deux semaines pour finir toutes les scènes. Le coronavirus nous a arrêtés pendant deux semaines. Et on tourne en cross boardé[52],

52. NdT : technique d'optimisation de la production, qui consiste à tourner toutes les scènes des différents épisodes se déroulant dans un même décor, indépendamment de la chronologie, pour faire des économies.

donc on va avoir des scènes de plein d'épisodes différents. Ça va faire drôle de voir des gamins avec un an de plus d'une scène à l'autre, mais on s'est dit que c'était comme un cirque. Le collège est un cirque. Ça fonctionne. C'est toujours comme ça qu'on l'a considéré ; et grandir pendant l'adolescence est aussi unique pour chacun ; vous pouvez arriver à l'école et soudain le gamin avec une petite voix qui mesurait 1 mètre 20 s'est transformé – c'est quelque chose avec quoi on a toujours voulu jouer davantage – en un mec d'1 mètre 80 avec une grosse voix. Je pense que ça s'y prête. Aussi, et c'est totalement un heureux accident, mais on fait un épisode de bat-mitzvah et on a déjà tourné la scène au temple avec Becca (Sami Rappoport). C'est sa bat-mitzvah, et on n'a pas encore tourné la fête. Elle va avoir l'air différente, plus vieille à la fête. Quand Maya s'en est aperçue, ça m'a tuée.

Maya : Mais en fait, ça marche ! C'est un autre moment de réalisme magique !

Anna : Ouais, c'est du génie.

Maya : On s'est dit : « Ouais, après sa fête de bat-mitzvah, elle est devenue une femme. » Vous voyez…

Neil : Le cadeau est dans le problème.

Anna/Maya : Voilà. Voilà.

Neil : Je suis sûr que vous allez aborder la question de la virginité à un moment ou un autre, que ce soit dans les sept prochains épisodes, ou dans la saison 3, mais dans vos têtes, juste dans votre manière de penser aux personnages maintenant, y a-t-il une limite que Maya et Anna ne franchiront jamais ?

Maya : J'ai envie de vous le dire, mais je ne sais pas s'il faut le mettre dans le livre parce que c'est un spoiler, mais dans les sept prochains épisodes, Maya taille une pipe pour la première fois. Avant son premier baiser. Elle n'a pas droit à son premier baiser. C'est assez dark. En fait, je n'ai pas encore vu cet épisode. Ils ont fait un premier montage. Les personnages de Maya et d'Anna commencent à sortir avec des lycéens dans la prochaine saison, donc on caste des acteurs adultes pour jouer ces rôles. On a tenté l'expérience de caster peut-être un acteur adulte pour jouer un collégien, mais ça ne marchait pas vraiment pour nous. Mais si on sortait avec des ados de plus de 18 ans, nous on pourrait grandir aussi, et ça ne donnerait pas nécessairement l'impression de dépasser les limites, puisqu'on tournerait avec des adultes.

Anna : Mais créativement, montrer Maya qui taille une pipe nous faisait vraiment peur parce qu'on n'était pas sûres de la direction à prendre : à quel point ça devait être dark, ou marrant, ou dégueu, ou réel.

Maya : C'était la même question qu'avec la masturbation : *comment* ? Et c'était dur. J'ai l'impression qu'on n'a pas arrêté de changer d'avis, Anna, que ce soit pour la réalisation, l'écriture, le tournage… Je ne sais même pas. Je ne l'ai pas regardé. Toi tu l'as regardé, je ne sais même pas ce que ça donne…

Anna : C'est super, en fait. Ça met vraiment, vraiment, vraiment mal à l'aise. Et puis ça retombe sur ses pieds et ça passe. Ça équilibre la vérité, la comédie et la réalité sans être trop explicite, ou quoi. C'est juste sur le fil, à la limite, et c'est très intéressant. Je veux dire, je ne suis pas du genre à regarder les trucs que les gens trouvent grinçants (elle fait grincer ses dents), donc si moi je regarde et que je (elle grince des dents), ça veut dire que beaucoup de gens vont trouver ça vraiment intense. Mais là, je défends le truc. Je pense. Ah. Je pense que c'est excitant. On s'est posé la question, on a discuté de ce qui pour nous constituait la limite, qu'est-ce qu'Anna et Maya ne feront jamais ? Et il n'y a pas de limite définitive. Ça n'a pas cessé de bouger. On a casté des acteurs adultes pour jouer nos petits copains en prévision de cette intrigue. C'est une limite qu'on a trouvée en route. Donc c'est plutôt qu'il n'y a pas de limites prédéterminées, mais qu'on se pose des questions sur tout.

On veut progresser et grandir, et pour y arriver, je tiens aussi à montrer mon personnage rouler des pelles à son petit copain à longueur de journée, et je veux vraiment le faire. Ça nous a naturellement amenées à nous dire qu'on devait faire ça avec des adultes, pour mener à bien cette prochaine étape. Et je suis heureuse qu'on l'ait fait. Je ne sais pas si ça va déranger les gens, mais je pense que ça fonctionne.

INTERVIEW : Daniel Levy, *Bienvenue à Schitt's Creek* (Pop TV/ Netflix), sur la perte et l'humilité

Cette interview a eu lieu le 13 avril 2021.

Neil : Quelles sont vos principales influences et inspirations en tant que créateur et auteur ?

Dan : Je suppose que je suis quelqu'un de très curieux. J'ai tendance à observer beaucoup les situations sociales, parce que quand j'étais enfant, j'étais assez angoissé en société. Dans les fêtes, je n'étais pas le boute-en-train, mais plutôt la personne, ou la plante verte qui observait la fête. C'est comme ça que j'ai vraiment pu absorber et stocker toutes ces dynamiques sociales formidables et marrantes, toutes ces observations que j'ai accumulées au fil des années ; et pour ce qui est de mon propre travail d'écriture, c'est de là, le plus souvent, que je tire mon inspiration – que ce soit des amis ou des membres de la famille ou de gens que j'ai vus dans le métro. En fonction de l'histoire, ça débloque des souvenirs de personnes que j'ai trouvées particulièrement drôles ou intéressantes ou bizarres. En grandissant, l'esthétique a toujours été ce qui m'a fait le plus m'intéresser aux choses. J'aime les films et les séries télé qui ne proposent pas seulement une idée, mais tout un concept visuel.

Neil : Ma question suivante porte sur le ton. Le pilote commence par nous montrer des Blancs privilégiés, narcissiques, complètement autocentrés. Et pourtant, paradoxalement, le ton et le thème d'ensemble de la série débordent d'empathie, des valeurs de la communauté, de la famille et de la bonté. Le monde que vous avez créé, votre microcosme, est complètement apolitique. Et vos personnages, qu'on aurait pu dénigrer comme les « un pour cent », sont devenus les personnages les plus attachants de la télévision.

Dan : C'était un choix conscient de raconter une histoire pleine d'espoir, mais c'était aussi notre quête de raconter des histoires qui aient du sens, des histoires qui soient, oui, assez drôles étant donné le genre dans lequel on évoluait, mais aussi qui soient réelles et crédibles. Quand j'ai présenté cette idée à mon père (le co-créateur de la série, Eugene

Levy, qui joue Johnny Rose), je l'ai fait en partie parce que, oui, c'était mon père, mais c'était aussi quelqu'un qui, grâce à son travail d'écriture avec (son partenaire d'écriture habituel) Christopher Guest, avait réussi à inventer un sous-genre de comédie qui, je trouvais, leur était vraiment propre, unique, et tellement ancré dans la sincérité avec un vrai travail sur les personnages. Je voulais la même profondeur dans cette série, parce que le concept de montrer une famille riche qui emménage dans une petite ville pouvait très facilement rester superficiel et ne jamais plonger dans ce qui se jouait vraiment là.

En collaborant avec lui et en exprimant ce que j'espérais tirer de ce projet, on a commencé à construire ces personnages en partant de zéro, et ça nous a pris plusieurs semaines. C'était ma première série télé, je savais ce que je voulais, mais je n'avais pas forcément les outils pour y arriver. Ce que mon père m'a offert, c'est une carte, un guide, qui m'expliquait d'une manière incroyablement exhaustive comment il avait construit ses personnages jusqu'ici, ce qui a influencé ma façon de faire de manière absolument fondamentale. On passait deux, trois ou quatre jours d'affilée juste sur un personnage, et quand vous débutez et que vous voulez écrire une série télé, vous voulez aller directement au dessert, à l'écriture du scénario.

Je n'arrêtais pas de me demander : « Est-ce que toute cette information n'est pas excessive, en trop ? Comment était l'adolescence de telle personne ? Comment c'était au collège ? Au lycée ? C'était quoi, son premier boulot ? Qu'est-ce qui les a amenés l'un vers l'autre ? Comment Moira Rose (Catherine O'Hara) a rencontré Johnny ? Comment rendre ça marrant, réel et tendre ? » En faisant ça, on a construit dès le départ un niveau d'empathie entre nous – en tant qu'auteurs – et les personnages, qui aurait été complètement différent si on avait court-circuité tout ce processus exhaustif, pour aller droit au récit, ou si on s'était davantage concentrés sur l'angle ou l'accroche de la série, et pas sur les personnages eux-mêmes. En nous concentrant sur les personnages, on a pu ensuite comprendre, à un niveau très humain, d'où allait venir l'énergie comique de la série. On ne pouvait pas compter sur le concept du « poisson-hors-de-l'eau » pendant 80 épisodes. Ça devait creuser plus profond, et ça devait avoir du sens.

La plus grande leçon que mon père et moi nous avons tirée de toute cette expérience, c'est que notre série était en fait un drame. Ça parlait de la perte.

Ça parlait de la perte d'une vie à laquelle ils étaient habitués. Oui, c'étaient des gens riches et snobs, qui avaient perdu tout contact avec la réalité – mais ils n'étaient pas méchants. Johnny n'était pas un criminel qui aurait acquis son argent de manière répréhensible. C'était important pour nous de nous assurer que lorsqu'ils perdaient tout leur argent, ce n'était pas leur faute, afin qu'on ne pense pas que c'étaient des gens horribles qui avaient bien mérité leur sort. Johnny était un businessman parti de rien, qui avait construit tout un empire vidéo – bon, le *deuxième* empire vidéo en Amérique, ou dans le monde – à partir de zéro, et tous ces niveaux d'empathie qu'on construisait étaient cruciaux pour le récit parce qu'on savait qu'on allait mener une bataille en terrain miné, par la question : « Comment convaincre le public de finir par soutenir ces gens ? » La méthode a vraiment consisté à trouver ces moments très humains et à traiter cette histoire de manière aussi réaliste que possible, et de faire naître autant d'empathie que possible pour ces personnages.

Au début, beaucoup de gens demandaient, surtout à Catherine : « Ça fait quoi de jouer une femme snob qui n'est pas très sympa ? » Elle répondait : « Toute ma vie est sens dessus dessous, je suis dans un endroit complètement nouveau, je ne connais pas ces gens, je ne connais pas cette vie. Je pleure une vie que je connaissais. Évidemment que je vais être à cran ; évidemment que je vais être effrayée et nerveuse. C'est très humain. » Ces sentiments étaient les fondements de la série. Mais il fallait y aller d'une manière très réelle et humaine pour comprendre pourquoi ces personnages agissaient comme ils le faisaient. Afin que plus tard dans l'histoire, on puisse le révéler d'une manière qui ait du sens et ne soit pas artificielle. Le ton était vraiment crucial, et il ne fallait pas avoir peur d'avoir des éléments de drame dans le récit, ça n'arrondit pas nécessairement les angles de notre comédie, ça les rend même parfois plus tranchants.

Neil : Comment avez-vous vendu la série ? C'était un scénario de pilote et un pitch, ou… ?

Dan : On a écrit une version de 14 minutes de ce que nous voulions pour la série ; on est allés voir des amis – c'est comme ça que Catherine est venue sur le projet – et on lui a demandé si elle pouvait nous faire une faveur et accepter de nous accompagner là-dessus. Elle a accepté de tourner, sans aucune garantie de faire la série. On a montré le pilote de présentation de 14 minutes, mais personne n'en a voulu. On l'a montré à toutes les chaînes du câble, toutes. On a failli signer, je pense, chez NBC, mais j'ai entendu dire après que le titre avait fait pencher la balance du mauvais côté. Finalement, un ami de la famille qui travaille à la télé dans le financement et la production nous a conseillé d'apporter le projet à CBC au Canada, avec l'idée que, si ça les intéressait, ça pourrait donner envie à un diffuseur américain de monter à bord.

Au Canada, Catherine O'Hara et mon père sont considérés comme une sorte de « Famille Royale », un héritage de l'époque SCTV qui, je pense, a énormément contribué à définir la comédie canadienne, donc il va sans dire que chez CBC, ils étaient carrément intéressés par la perspective d'avoir mon père et Catherine sur leur chaîne comme stars d'une série maison. Ils ont acheté la série à partir de ça, donc on n'a jamais fait le pilote entier. On est partis directement sur la série à partir de la présentation de 14 minutes. Ensuite, quand la série a été lancée, Pop TV est monté à bord et a aidé à compléter le financement et est devenu notre diffuseur américain, et ça s'est fait comme ça – jusqu'au moment où Netflix est venu, je crois, sur la saison 3.

Neil : Oui. Et c'est là que ça a vraiment explosé.

Dan : Oui, c'était une mèche lente qui a mis du temps, si on veut, à s'allumer. On a eu la chance que ça arrive, en particulier si on considère qu'on était juste une acquisition par Netflix. Il y avait assez peu de chances que les gens tombent sur nous, nous aiment et nous partagent autant qu'ils l'ont fait. Je ne changerais rien à ce qui s'est passé, parce que les conditions qu'on a eues avec CBC et Pop nous ont permis d'avoir le champ libre. Je ne crois pas qu'on ait subi la moindre interférence sur les six saisons de la série. On a pu raconter des histoires qui, je pense, n'auraient pas forcément été approuvées sur une chaîne traditionnelle, et créer un chemin, narrativement parlant, qui était entièrement le nôtre, sans être affecté par les notes de la chaîne et les attentes financières d'une chaîne ou d'un studio, parce qu'on était propriétaires de la série.

Rétrospectivement, je suis content que ça se soit passé comme ça, même si c'était dur au début de ne pas arriver à vendre la série. Je suis content qu'on ait trouvé les bons partenaires, qui nous ont tellement soutenus. J'ai compris, en avançant dans ma carrière, que le point crucial n'est pas le prestige de l'endroit où vous parvenez à placer votre projet, mais le soutien que vous recevez, et si ce n'est pas à 100 pour cent, ça n'ira pas. J'ai vu tellement d'amis vendre leur série, puis la voir réduite à une idée qui n'était pas celle qu'ils avaient eue au départ, et qui n'ont même pas pu tourner la page quand leur série ne s'est pas faite, parce qu'à la fin, tout ce qui vous reste, c'est une phrase du genre : « Si seulement j'avais… (complétez comme vous voulez.) » Ce genre d'approche terre-à-terre de la création à la télévision m'a assurément donné une sorte de perspective que beaucoup n'ont pas eu la chance d'avoir.

Neil : Avez-vous jamais pensé à changer le titre, si c'était un obstacle ?

Dan : Non, en fait, c'est devenu pour nous un point d'achoppement. On s'est retrouvés bizarrement à être pas mal sur la défensive. Quand CBC est monté à bord au tout début, il y avait des discussions où on nous demandait : « Bon, vous ne croyez pas qu'on pourrait appeler ça autrement ? » Et mon père et moi, à l'époque, on avait imprimé des pages d'annuaires de différents pays où S-c-h-i-t-t est un vrai nom de famille. C'est ce que c'est, un vrai nom de famille ! On a convaincu la chaîne comme ça qu'il fallait être ouvert au fait que c'est un nom de famille qui existe. Ça fait partie de ce qui fait la série. Et on sait pourquoi on veut ce titre ! En particulier au tout début, les gens n'arrêtaient pas de dire : « Mouais, le titre », et on était les premiers à répondre : « C'est justement le sujet. Une famille coincée dans une ville qui s'appelle littéralement Schitt's Creek (« Ruisseau de Merde » ou « Ville de Merde ») – c'est ça, la série. »

On sait que c'est un mauvais nom. C'est tout l'intérêt, d'une certaine manière ça sert notre histoire. On ne fait pas de la provoc pour le plaisir. C'est complètement spécifique, nécessaire et fondateur de tout notre concept. Le nom ne s'est pas normalisé avant que les gens commencent à regarder et comprennent. Il y a vraiment eu une vague, je crois, au tout début où les gens pensaient que c'était un truc salace, mais maintenant c'est juste devenu un élément de la conversation auquel personne ne fait attention. C'était un peu punk, d'une certaine manière. Même cette année, de voir ce nom gagner des prix dans des cérémonies, il y avait un truc vraiment cool. On a toujours eu l'impression de faire quelque chose d'un peu différent, et ça continue à nous faire sourire.

Neil : En plus de la présentation de 14 minutes, qu'aviez-vous déjà planifié pour la série dans son ensemble ? Par exemple, saviez-vous que David allait être pansexuel et finir par tomber amoureux de Patrick (Noah Reid), et jusqu'où alliez-vous dans vos prévisions à tel moment donné ?

Dan : On avait un plan d'ensemble au sens où on savait que si on nous donnait quelques saisons, on ferait s'ouvrir lentement mais sûrement cette famille – où chacun était si fermé aux autres, au monde, et finalement complètement déconnecté – qu'il fallait bien toute une ville pour les rapprocher les uns des autres et leur montrer la valeur de l'amour, que ça ne s'achète pas, que vous ne pouvez pas le réparer avec des cadeaux, que l'argent ne peut rien réparer en matière d'amour. Donc la thèse était en place dès le premier jour, en espérant qu'on aurait le temps et l'espace pour déployer ça d'une manière qui ait du sens, et qui ne cherche pas simplement à faire de bonnes audiences. On n'a jamais voulu jouer à ça. C'est pour ça que la série n'a jamais suivi une ligne narrative reposant sur des : « Est-ce qu'ils vont faire ça ou pas ? », et qu'on n'a jamais vraiment fini sur des cliffhangers. Le plus gros cliffhanger était probablement à la fin de la saison 1, quand je partais en voiture et qu'on ne savait pas où j'allais. C'est difficile d'appeler ça un cliffhanger par rapport à ce qu'on voit à la télé. L'autre gros cliffhanger était à la fin de la saison 5, quand Moira découvre que son film ne sortira pas. Mais là encore, sur l'échelle des cliffhangers, il n'y a pas de mort, on n'a pas d'enjeux très très vitaux. Ce sont des enjeux émotionnels.

Dans ces premières saisons, on établissait les fondations. Au tout début, j'ai suivi aussi les conseils de mon père sur l'importance de gagner, de mériter le moment, la révélation, ou la sentimentalité dans notre cas. Je pense que si on avait introduit le côté plus tendre de cette série plus tôt qu'on ne l'a fait, ça aurait donné un petit goût de saccharine. Il y a quelque chose de très spécifique dans la manière et le moment dont on amène la sentimentalité. Elle a fait sa première apparition, vraiment, à la fin de la saison 2, quand Johnny s'oppose à ses anciens amis au restaurant. Ils se moquent de la ville, et il en prend la défense pour la première fois. C'était un moment énorme. Un moment énorme pour le personnage. Pour lui et Moira en tant que couple. Un moment énorme pour les spectateurs qui, pour la première fois en 26 épisodes, voyaient de l'empathie chez ces gens, et il fallait bien tout ce temps pour que ce moment prenne le poids qu'on voulait lui donner.

Cette première saison est un peu raide, parce qu'il fallait qu'on montre ces gens tels qu'ils étaient, pour pouvoir construire leur chemin vers ce qu'ils allaient devenir. Ça a pris longtemps. Je pense à tous ceux qui ont commencé la série en voulant savoir très vite pourquoi ils regardaient ça, pourquoi ils devraient regarder ces gens – il y a un sens final, mais il faut rester jusqu'au bout. On a essayé d'en saupoudrer la première saison avec des tout petits moments, mais c'était vraiment orienté vers la fin. On posait ces fondations pour qu'à la fin de la deuxième saison, on puisse avoir ce moment et faire en sorte qu'il soit vraiment très fort.

Neil : Comment fonctionnait la writers room ? Est-ce que vous faites des séquenciers ? Est-ce que vous organisez en intrigues A, B, C ?

Dan : On a réussi à trouver des voix vraiment dynamiques qui devaient toutes être canadiennes pour correspondre au budget de notre série. Pour monter notre writers room, j'ai lancé mes filets dans toutes les directions, j'ai lu des scénaristes canadiens, des auteurs télé, des auteurs de théâtre, des essayistes. Mais ça a toujours été une très petite équipe. Après les deux premières semaines, où on rassemblait un grand groupe pour brainstormer plus largement des idées, des arcs de saison, on revenait ensuite à une échelle plus réduite, un groupe de quatre à six personnes pour peaufiner l'épisode 1 et ensuite finaliser.

La plupart du temps, c'est un groupe qui travaillait entièrement ensemble. De temps en temps, on se séparait, si un groupe essayait de brainstormer sur une intrigue A, il arrivait que deux personnes partent brainstormer sur une intrigue B. Mais bon, comme on n'avait pas d'argent, on était dans des espaces de coworking, dans des tout petits bureaux. On ne travaillait pas dans un grand studio, où il est facile de se mettre à part. Donc même si deux personnes partent brainstormer sur une intrigue B, elles vont inévitablement se retrouver sur un parking, à essayer de donner vie à une histoire à côté de gens qui fument une clope pendant leur pause. Le fonctionnement même était un peu ridicule, mais je préférais avoir un petit groupe en qui je pouvais vraiment avoir confiance, qui était en phase et prêt à mener ça à bien ensemble, plutôt qu'une writers room plus grande sur laquelle je n'aurais pas eu nécessairement une prise aussi ferme, où peut-être tout le monde n'aurait pas été aussi en phase sur la direction qu'on suivait, et où il aurait fallu recoller les morceaux plus tard.

On travaillait un épisode après l'autre, en l'organisant entièrement : A, B, et C. C'était toujours une structure A, B, C, et parfois on ne se contentait pas d'un séquencier, parce qu'il était important pour moi de discuter aussi du détail de toutes les histoires. Parfois, quand vous structurez un épisode en temps forts, c'est facile de dire : « O.K., dans cette histoire, Untel se fait attraper parce qu'il a fait telle chose, et puis il doit se débrouiller pour se sortir du problème, et à la fin, le problème disparaît parce qu'un autre personnage se retrouve avec tel problème, et soudain tout se neutralise. » Ça allait, mais après les deux premières saisons on s'est rendu compte que parfois, quand les temps forts sont juste des temps forts, on n'y rentre pas forcément pour les explorer en demandant : « O.K., c'est quoi l'histoire ? C'est quoi, le problème, et en quoi ça sert ce personnage, maintenant, dans cette saison, afin qu'on puisse éventuellement utiliser ce gag visuel pour servir véritablement l'aspect émotionnel aussi, pour donner vie à notre personnage ou en révéler un nouvel aspect ? »

Avant de commencer à faire comme ça, il nous arrivait de nous retrouver coincés parce qu'on avait donné une histoire à écrire à quelqu'un, et elle n'était pas encore bien définie. Ça partait de quelque chose qu'on avait trouvé marrant dans la writers room ; on l'avait plus ou moins vaguement esquissé, mais dans le contexte de l'épisode, ça ne marchait pas vraiment. Je dirais que c'est à partir de la saison 2 qu'on a commencé à se dire : « O.K., voilà les temps forts, on a la colonne vertébrale de l'épisode. Maintenant, on va revenir au tout début, commencer avec notre teaser. » On écrivait tout le dialogue d'un teaser pour voir si ce teaser marchait, parce que parfois quand on laisse un auteur travailler seul dessus, il se retrouve avec : « Je sais que Moira va rentrer et tomber sur David en train de prendre du bon temps avec un homme étrange dans leur chambre », – mais où est la comédie là-dedans ? En quoi ça peut servir plus largement l'histoire, au lieu de n'être qu'un gag visuel ? On a vraiment passé un paquet de temps à nous assurer que chaque temps fort n'était pas juste marrant, mais avait du sens et suffisamment de tension en lui pour rendre ça intéressant à jouer pour un acteur. Si bien qu'au moment de mettre les épisodes sous forme de scénarios, une grande partie de la série était déjà élaborée de manière très substantielle, avec beaucoup de dialogues déjà écrits.

Neil : Est-ce que vous faisiez des lectures ?

Dan : Mm-hmm. Je déteste vraiment ça.

Neil : [Rire.] Pourquoi ?

Dan : Ça m'angoissait tellement. En général, une lecture est comme une audition, plus ou moins. Vous avez écrit quelque chose que vous pensez aimer, vous pensez que ça sert le but global de votre série, mais il faut que vos acteurs lisent ça de but en blanc, la plupart du temps, devant d'autres personnes qui vont aussi décider si cet épisode est bon ou pas. Je ne dis pas que nos acteurs n'étaient pas géniaux – ils nous offraient la meilleure lecture possible, mais je me suis rendu compte très tôt qu'une grande part du succès de notre série, de ce qui fait sa magie, sa comédie, est dans les réactions.

Même dans notre manière de monter la série, on va parfois se concentrer sur la réaction de quelqu'un pendant que quelqu'un d'autre parle. Ce n'est pas conventionnel de procéder ainsi, mais ça servait le ton de notre série d'une manière tellement spécifique, parce que quand vous avez affaire à une dynamique familiale, parfois ce qu'il y a de plus passionnant ou de plus drôle dans une dispute, ce n'est pas la personne qui s'énerve, mais plutôt celle qui réagit à la personne qui lui crie dessus.

Neil : En effet, impossible d'avoir ça dans une lecture.

Dan : Impossible ! Beaucoup de nos personnages – et le mien en est probablement le meilleur exemple – sont réactifs. David est quelqu'un d'absolument incapable de cacher les sentiments sur son visage. C'est un personnage incroyablement expressif, et la comédie de ses roulements d'yeux ou de son dégoût, ou juste son dédain général pour tout ce qui se passe, ne passaient pas dans une lecture. Ou si c'était une scène en famille, ou Stevie (Emily Hampshire) au motel avec Johnny, toute cette comédie de situation vraiment satisfaisante et drôle, le malaise entre deux personnes – ce n'était tout simplement pas aussi dynamique. Donc on a vraiment utilisé ces lectures non pas pour évaluer si l'épisode était drôle, parce qu'on savait qu'en s'incarnant sur le plateau, ça le serait, mais plutôt comme un truc de structure. Nous les auteurs, on n'était pas là à se demander si une blague fonctionnait, mais plutôt : « Est-ce que la structure de cet épisode fonctionne ? Est-ce que les histoires tiennent debout ? » Parce qu'on sait que cette lecture n'est pas vraiment la série.

Neil : Je suppose que vous avez réécrit chaque épisode à la toute fin, pour peaufiner ?

Dan : Oui, chaque scénario repassait entre mes mains à la toute fin, pour un dernier passage. On avait une super équipe d'auteurs. Deux d'entre eux, Rupinder Gill et David West Read, m'ont rejoint au Canada, et tous les trois on a passé le premier mois et demi à nous assurer que chaque scénario était le meilleur possible. On a aussi eu la chance de travailler avec Catherine O'Hara, qui est tellement géniale dans la compréhension de son personnage, de ce que son personnage pouvait faire ou pas, elle nous offrait des idées qui emmenaient telle histoire ou celle de son personnage à l'intérieur d'un épisode dans une direction à laquelle on n'aurait jamais pensé. C'était vraiment un processus incroyablement collaboratif, au-delà du fait d'être une équipe d'auteurs qui essayaient de livrer leurs scénarios.

Sachant qu'on devait étirer nos calendriers, sachant que les acteurs nous feraient des remarques qu'on prendrait suffisamment au sérieux pour faire des corrections, c'était un monde en mouvement perpétuel. Même quand les scénarios étaient écrits, il y avait des notes le jour du tournage, des idées sur le plateau qui modifiaient la dynamique d'une histoire qu'on devait ensuite changer pour rattraper le coup. Mais c'était tout au service du désir de faire la meilleure série télé possible. Et pour faire ça, il faut laisser de la place à la spontanéité.

Même si on n'avait pas énormément de temps de dépassement prévu sur nos journées (de 12 heures) de tournage – je pense qu'on avait fait en sorte d'avoir peut-être trois ou quatre jours de dépassement par saison – on était devenus très forts pour intégrer très vite une idée, l'ajuster, la manipuler pour la faire entrer là-dedans sans avoir d'énormes répercussions en termes de travail supplémentaire. C'est ce qui a fait de notre série ce qu'elle est. C'est ce qui a permis un certain niveau de précision des personnages. Je me souviens, avant qu'on commence à tourner, j'ai fait le point avec Annie et Emily. Évidemment, j'avais des discussions à part avec Catherine et mon père, mais deux jours avant le début du tournage, je leur ai demandé ensemble : « Est-ce qu'il y a quelque chose dans ce premier épisode, ou dans le premier bloc d'épisodes que nous tournons, que vous ne comprenez pas ? Quelque chose que vous ne sentez pas dans vos dialogues ? Quelque chose que vous trouvez bizarre dans la bouche de votre personnage ? Des idées qui vous sont venues pendant la lecture du scénario, et que vous avez trouvées cruciales pour personnaliser vos premiers jours sur le plateau, pour qu'on puisse intégrer au maximum ce que vous voulez apporter et ne pas juste dire du dialogue que vous ne sentez pas pour votre personnage ? »

Il était vraiment crucial que nos acteurs sentent qu'ils n'étaient pas juste là pour faire leur boulot, mais qu'ils contribuaient réellement à la création de leur personnage et qu'ils se sentent ouverts et libres de faire des suggestions. Il n'y avait pas d'ego sur le plateau. En n'ayant pas d'ego, vous vous autorisez la liberté d'être ouverts à la meilleure idée.

Et même si la série était avant tout écrite, et même si les changements étaient rarement drastiques, c'étaient ces petits détails – une petit impro d'un acteur, une petite suggestion de quelqu'un, un petit changement de dialogue ou un : « Tu sais, en fait je pense que mon personnage devrait porter autre chose » –, on était ouverts à ces suggestions dont je pense qu'elles nous ont vraiment aidés, au tout début, à créer un ton aussi singulier et aussi naturel dès le départ. On n'a pas eu à modeler vraiment les personnages. Les personnages dans la première saison sont les personnages qui évoluent sur six saisons. On n'a pas eu à faire de gros changements entre la saison 1 et la saison 2 pour ajuster un personnage parce qu'il ne fonctionnait pas très bien. J'étais très fier de la manière dont la série a su saisir les personnages dans ces premiers épisodes. Ça ne venait pas seulement des auteurs, mais des acteurs aussi, c'est sûr.

Neil : Aimez-vous diriger et réaliser ? Aimeriez-vous réaliser davantage, ou préférez-vous le processus d'écriture et travailler avec quelqu'un qui réalise ?

Dan : D'une certaine manière, quand on est showrunner, on a presque l'impression de diriger et de réaliser. J'ai aimé réaliser et co-réaliser (avec Andrew Cividino) quelques épisodes. Mais je suis quelqu'un qui n'aime pas s'attaquer à un plus gros morceau que ce qu'il peut mâcher. Je ne voudrais surtout pas compromettre la qualité de ma série parce que je voudrais diriger un épisode moi-même sans disposer des outils nécessaires pour le faire. Je crois qu'il n'est juste pas possible de sauter directement dans le grand bain et de réaliser, vous voyez ? Ce n'est pas non plus comme diriger un film Marvel, mais je ne pense pas qu'il faille s'aventurer trop loin en terrain inconnu, tant que vous n'avez pas appris les ficelles. Il faut être sûr de ne pas gâcher le travail des autres.

Neil : Quand vous étiez étudiant en école de cinéma (à York University, puis à Ryerson University), avez-vous réalisé des courts-métrages ?

Dan : À cette époque lointaine, l'approche était plutôt du genre point-and-shoot, vous voyez ? Peut-être une dolly, juste pour ajouter un peu de dynamisme. Mais ce n'est qu'en se mettant vraiment au boulot qu'on découvre l'éventail des possibilités qu'on a, le genre de jouets avec lesquels on peut s'amuser pour mieux capturer cette histoire. On ne sait même pas que ces possibilités existent, vraiment, tant qu'on n'est pas dans une situation où quelqu'un peut vous ouvrir la grande malle aux trésors et vous dire : « Regarde tout ça, regarde avec quoi tu peux travailler. » Donc, oui, je pense que je vais continuer. J'aime tellement ça. Encore une fois, en tant que showrunner, particulièrement dans mon cas – j'ai acheté la plupart des costumes moi-même parce qu'on n'avait pas assez de budget pour les acheter en pré-production ; il fallait trouver des soldes, ce qui supposait acquérir des choses tout au long de l'année ; j'avais des tableaux Pinterest immenses d'intérieurs que j'apportais à notre directeur artistique – c'était vraiment une approche très pratique. Quand on a commencé à tourner, j'avais plus ou moins l'impression d'avoir dirigé la vision de la série, de l'avoir réalisée, même depuis la saison 1, de telle sorte qu'un jour je pourrais passer derrière la caméra et le faire moi-même. Ça supposait aussi d'avoir une équipe de personnes vraiment décidées à me voir réussir.

Maintenant j'essaye juste de trouver des moyens de nous rassembler tous à nouveau. C'était un tournage vraiment incroyable, qui nous a donné à tous la liberté de pouvoir juste essayer des choses. Je pense que c'est la meilleure manière de travailler, parce que quand les gens ne se sentent pas intimidés de suggérer quelque chose ou d'essayer quelque chose de nouveau, ça favorise vraiment ce genre de spontanéité magique qui, je crois, se perçoit vraiment à travers l'écran.

INTERVIEW : Issa Rae, *Insecure* (HBO), de la série faite maison *Awkward Black Girl* à magnat des médias

Cette interview a eu lieu le 15 juin 2021.

Neil : Issa Rae, est-ce que vous vous sentez toujours « maladroite » ou « insécure », étant donné votre position actuelle dans la vie ?

Issa : Je dirais que oui, je me sens toujours aussi maladroite, mais moins insécure. J'ai juste confiance dans ma vision et dans ma manière de faire mes propres choix, quand il s'agit de tracer un chemin pour moi-même.

Neil : Je vous vois comme une force positive et inspirante pour tout le monde, mais surtout pour les femmes et les membres de la communauté noire. Le ton d'*Insecure* est inspirant, romantique, irrévérencieux, provocateur, tout en évitant les sujets ouvertement politiques et les problèmes plus sérieux, réalistes, durs, qui sont ceux du monde extérieur. Ce sont juste des super personnages qui se trouvent être noirs, et qui vivent leur vie. Vous avez créé un microcosme avec son propre ethos. De manière évidente, c'étaient, ce sont des choix intentionnels. Vous pourriez développer ?

Issa : Oui, il y a eu tellement de fois dans la writers room où je disais juste : je veux que ça reste, disons, plus quotidien et réaliste ; c'est vrai, on a montré Lawrence se faire arrêter par la police, et oui ! on montre ces moments de racisme. Mais je voulais que la série nous montre la vie comme elle est le plus souvent. Quand je pense à ce qu'endurent les Noirs, on n'a pas le temps de juste s'asseoir pour ruminer, être affecté et en discuter, avec de la musique derrière. C'est plutôt du genre : marche ou crève. Et je me disais, bon, comment est-ce que ça affecte le reste de ta journée ? Comment ça affecte les décisions que tu prends plus tard ? Par opposition à l'action elle-même qu'on met en relief. Parce que c'est juste la vérité de la vie, c'est marche ou crève, et tout le monde s'en fout. En l'occurrence, la série a toujours été conçue, portée par l'optimisme, pour montrer la trajectoire qui mène de l'insécurité à la sécurité. La sécurité, je dirais, c'est juste être tranquille sur qui on est ou qui on n'est pas. La sécurité et les insécurités qu'on a. Je sais que j'ai beaucoup de défauts, mais je suis à l'aise avec mes défauts, et j'ai appris à vivre avec eux. J'ai appris à essayer de m'améliorer. Et c'est juste aussi dans la nature de notre humanité, et c'est dans cet aspect du monde que nous voulons croire, plutôt qu'au drame d'être noir. Je veux montrer la beauté d'être noir.

Neil : Oui. Il y a beaucoup de séries en ce moment qui mettent en scène le trauma de manière très brutale, et qui sont presque insoutenables à regarder, vous voyez, comme *Underground Railroad*, série adaptée d'un roman plein d'une imagination merveilleuse. Ça devient tellement dur quand ça s'incarne à l'écran, même si son showrunner/réalisateur, Barry Jenkins, fait un boulot formidable. Mais sur ce point, une autre série, dont je parle dans un autre chapitre, est *The Chi,* sur Showtime. Justin Hillian, qui dirige la série, créée par Lena Waithe, m'a confié ce que Lena lui a dit quand il a repris la direction de la série. Elle lui a dit de ne jamais oublier, dans la writers room de *The Chi,* que « la joie noire est éphémère ». Et je me demandais ce que vous en pensiez, parce qu'on dirait exactement l'antithèse de votre approche dans *Insecure*. Évidemment, *The Chi* est un drame d'une heure bien plus sombre qui se penche sur le racisme systémique, les crises, et la politique, alors qu'*Insecure* est une comédie.

Issa : C'est une vue pessimiste, mais une vue pessimiste *justifiée*. Ce n'est pas ce que je veux mettre en avant. Je ne veux pas vivre là-dedans. Je veux vivre dans un monde, et je veux montrer aux gens un monde qui met en avant les amis, les pairs, et les membres de la famille qui savourent la joie noire, qui font en sorte que la joie noire perdure. Je pense que dans ce monde, et dans le monde que *The Chi* représente spécifiquement, c'est le cas, la joie est éphémère. Pas dans le monde que je présente.

Neil : Il y avait une intrigue, la saison dernière dans *The Chi*, où le personnage de Kiesha disparaît à un arrêt de bus. Et la plus grande partie de la saison est consacrée à la question de savoir qui l'a enlevée et pourquoi, et à la retrouver. Heureusement, il se trouve qu'elle est vivante. Mais Lena Waithe tenait absolument à ce que la police ne soit pas impliquée parce que, d'après elle, dans sa communauté ça aurait paru totalement irréaliste. Ma question suivante concerne le ton dans la comédie. Vous avez aussi une disparition, celle de Tiffany dans le final de la saison 4, parce qu'elle souffre de dépression post-partum. Vous et votre équipe avez un don pour trouver de l'humour, de la satire, de la parodie dans les choses sérieuses. Je me demande d'où le concept de la série dans la série est sorti, en particulier dans l'épisode « Looking for LaToya ». J'aime cette dimension supplémentaire dans la série, et je me demandais ce que vous pensiez de la parodie dans un monde sérieux et dangereux, en particulier pour les gens de couleur et pour les communautés marginalisées ?

Issa : « Looking for LaToya » est venu du même concept que Lena exprime, mais en essayant de trouver aussi l'humour qu'il y a là-dedans. L'histoire des origines de « Looking for LaToya » est venue du fait qu'on écoutait tous ces podcasts sur des vrais crimes, on les écoutait chacun dans notre coin et puis on se réunissait dans la writers room pour en parler, et on trouvait horriblement comique qu'aucune des victimes ne soit une femme noire. On se disait : « Oh ! mais c'est parce que tout le monde s'en fout des femmes noires. Ah ah ah… » Je crois vraiment que l'humour est la meilleure manière de mettre en avant les choses, on fait une comédie et on ne veut pas vivre dans la lourdeur, même en pensant à l'incompétence de la police quand il s'agit de retrouver nos filles. Et la satire est le meilleur moyen pour que les gens écoutent et n'oublient pas. Il fallait que ça reste dans leur tête (aux spectateurs) sous la forme d'un « Ouais, ah ah ah, *ça* c'est vraiment barré », par opposition à la lourdeur qui donnerait plutôt : « Je ne peux rien y faire. Et alors, qu'est-ce que ça peut foutre ? C'est comme ça parce que c'est comme ça, voilà. » Ça pourrait même vous pousser à agir. Je pense que les Noirs ont depuis toujours l'habitude de rire de tout, et c'est dans cette histoire que je me situe. Mais c'est aussi un genre de vérité différent.

Neil : Oui, je crois que Justin Simien a écrit dans *Dear White People* que : « la satire est l'arme de la raison ». J'aime beaucoup cette phrase.

Issa : Il est tellement profond.

Neil : Bien d'accord ! En plus des parodies dans la série à l'intérieur de la série, il y a du réalisme magique, il y a des scènes imaginaires. L'usage des miroirs m'a vraiment beaucoup marqué dans la saison 4. Je trouve ça très profond. Vous pouvez nous parler du motif des miroirs ?

Issa : Le miroir a toujours évoqué la réflexion sur soi. C'est apparu parce que, pour moi, la salle de bains est le seul endroit où je fais face à la version la plus crue de moi-même. Et je suis coupée du monde extérieur. On s'est dit que ce serait intéressant, en particulier pour mon personnage dans les premières saisons, qui n'était pas particulièrement honnête avec elle-même, d'utiliser le miroir de la salle de bains comme l'espace où elle *pourrait* être la plus honnête. Et puis dans la saison 4, quand elle commence à s'éloigner de son amie Molly, on s'est dit que le miroir pourrait lui répondre, comme elle n'avait plus son amie proche et perdait le sentiment de son identité, ou grandissait en s'en éloignant, le miroir pouvait lui servir d'interlocuteur. Le miroir pouvait commencer à lui répondre parce que c'était une manière intéressante de montrer qu'elle grandissait, comment elle se métamorphosait.

Neil : J'ai trouvé ça vraiment génial. J'ai adoré. En revoyant la saison 4 hier soir, j'ai écrit le mot SEXE dans mes notes. Vous êtes sur HBO. Vous avez le droit de tout montrer – et vous êtes nue dans beaucoup de scènes. Donc, je veux vous poser une question sur le personnage appelé « TSA Bae[53] ». Vos scènes de sexe avec lui sont explicites, les mettent mal à l'aise, nous mettent mal à l'aise quand on les regarde – et sont très drôles, par opposition à une scène sexy romantique. Quelles ont été les discussions à ce sujet dans la writers room ? Le « genre » d'Issa Dee, jusque là, c'était toujours des beaux mecs dominateurs – Lawrence, Nathan – avec des physiques athlétiques. Et maintenant votre personnage fricote avec quelqu'un complètement à l'opposé. Qu'est-ce que ça dit d'elle ? Je ne fais pas de la grossophobie et n'essaye pas de me moquer du physique de qui que ce soit, mais est-ce que TSA Bae est un reflet de sa propre insécurité à elle ?

Issa : On a pensé qu'Issa pourrait être dans une situation de « sexe entre amis » avec un garçon, parce qu'elle était tellement concentrée sur son travail. L'idée qu'il la satisfasse sexuellement et que c'est tout ce qu'elle attend de lui nous plaisait vraiment. Et puis on s'est mis à penser à des types de personnages. Un agent de la TSA, ça nous faisait juste rire. On s'est dit qu'elle aurait pu rencontrer ce mec à l'aéroport en partageant un Lyft (transport partagé) parce qu'il avait besoin de rentrer chez lui. Et c'était leur backstory. Et puis la question du type physique est venue plus tard. Une autrice de l'équipe a dit : « Je suis sortie avec un mec de la TSA, voilà à quoi il ressemblait », on a juste pris ça et on a avancé. Mais on aimait vraiment l'idée qu'Issa, dans son effort pour juste se sentir bien, se dise : « Ouais, je veux voir de quoi parle ce mec », et s'il était capable de la satisfaire sexuellement. On était aussi intéressés par le fait de mettre en avant différents types physiques. Mais en vrai, c'est juste venu d'anecdotes dans l'équipe.

Neil : J'ai discuté avec Amy Aniobi (autrice/productrice exécutive), qui m'a dit que vous écriviez chaque épisode en groupe, avec tous les auteurs qui font la lecture à la table, en jouant les rôles. Quand

53. NdT : « TSA » : *Transportation Security Administration.* « Bae » : acronyme de *Before anyone else* au sens de petit ami ou petit chéri.

vous commencez vos premières discussions sur une nouvelle saison, est-ce que vous parlez de l'histoire globale et de la direction que vous voulez prendre, est-ce que vous savez où vous voulez finir la saison ? Et maintenant que vous avez fini d'écrire la saison 5 – le final *de la série* – comment finir la série ? Est-ce que vous pouvez m'expliquer un peu le processus créatif d'ensemble ?

Issa : Bon, typiquement, pour chaque saison, Prentice [Penny, co-showrunneuse] et moi on se rencontre dans un hôtel ou n'importe où avec du champagne, et on parle de la saison dans ses grandes lignes, on arrive à des points généraux où on aimerait amener les personnages, vous voyez, une esquisse d'arc, et puis on donne ces notes à l'équipe d'écriture pour que tout le monde y réfléchisse afin que, quand on commence la writers room, on ait une direction. Mais ça évolue toujours à chaque saison. Et cette saison était particulièrement dure. On avait moins de temps, et les auteurs étaient en distanciel [à cause du COVID-19] et donc c'était un peu plus dur. Mais on a quand même maintenu le même processus créatif.

Je crois aussi que ce qui a rendu ça difficile, c'est que, comme vous dites, on mettait fin à cette série. Il y avait une atmosphère lourde, presque de prison dans l'équipe. Là, Amy a vraiment libéré tout le monde en disant : « Les amis, on se comporte comme si la série allait finir et que les vies de ces personnages allaient finir, mais ils vont tous continuer à vivre en dehors de la série. » Et là, au lieu de se dire qu'on n'était pas capables de faire atterrir cet avion, on a accepté l'idée que l'avion allait continuer à voler, et qu'on sautait juste avec nos parachutes. Une fois qu'on a commencé à y penser de cette manière, c'était super libérateur en termes de directions qu'on pouvait prendre. Et donc, les histoires ont évolué. On a fini de tourner la série vendredi dernier et j'ai réécrit le final jusqu'à deux jours avant ; c'était un processus permanent. Le final de la série, en particulier, a changé. C'était la première fois, alors que depuis le pilote, je disais : « C'est comme ça que je veux finir. C'est comme ça, point final. » Je veux dire, on avait au moins trois versions différentes du final, et finalement on a terminé sur celle que je sentais bien, qui est fidèle à l'histoire qu'on raconte depuis cinq saisons.

Neil : Comment savez-vous quand quelque chose est drôle ? Est-ce que tout le monde sait que quelque chose est drôle parce que vous êtes juste tous en train de rire pendant la lecture ? Comment savez-vous que vous ne forcez pas le trait et que c'est vraiment un moment organique, authentique, crédible pour le personnage, que vous pouvez restituer de manière marrante ?

Issa : C'est une très bonne question, parce que tout ça est tellement subjectif. Pour moi, ça part de moi.

Quand j'écris, c'est sûr que j'ai besoin de rire et de trouver ça drôle, c'est le moment de vérité, et l'entendre à voix haute avec toute l'équipe d'écriture dans la writers room est probablement ce qu'il y a de plus efficace. On entre dans les personnages et on voit ce qui marche.

Et si c'est drôle pour moi et que c'est drôle pour toi, alors on le garde. Mais il y a quelques blagues dans la série où j'ai été étonnée : « Vraiment ? Alors ça, ça marche ? » Et je me dis : « OK, donc j'avais tort. » Et tant mieux. Tout ça est tellement subjectif. Du moment que ça fait rire les autres, la plupart du temps, ça entre dans le scénario. En général, il faut aussi que je trouve ça drôle, étant donné que c'est ma voix. Et puis bien sûr on a eu aussi des moments où tout le monde était mort de rire, on trouvait qu'un truc était drôle, mais ça ne convenait pas du tout au personnage ou à la série, donc on le mettait juste sur une fiche, et ça rejoignait l'album des souvenirs de ce qui aurait pu être. On en a eu un sacré paquet de moments comme ça pour cette série. Même dans le final, au départ on voulait avoir cette grosse blague où les filles voyaient un sosie de Rihanna, qui s'appelait Rih-babba, comme au Maroc, et on était morts de rire. C'était la blague la plus débile du monde. Maintenant c'est juste quelque chose qu'on dit entre nous, genre : « Mets ça avec Rih-babba » et on en reste là. C'est sûr qu'il y a des trucs qui sont juste des private jokes qui ne peuvent pas fonctionner, on les met de côté. Mais se nourrir les uns les autres, et être honnêtes les uns avec les autres, voilà ce qui guide la comédie de la série.

Neil : Est-ce que vous vous voyez diriger et réaliser à l'avenir ?

Issa : Avant je disais non, mais j'ai envie de participer à quelque chose à l'avenir juste parce qu'il faut toujours que j'essaye, vous savez, c'est ce que j'ai fait à l'époque de ma web-série. Et puis, je passe la plupart de mon temps à diriger d'une manière ou d'une autre, donc je ne dirais plus : « Ah non, jamais de la vie. »

14

Pitcher et vendre

Mettre au point une présentation de pitch captivante est une forme d'art en soi

Que vous choisissiez d'écrire le scénario original de votre pilote sans avoir de producteur, ou que vous décidiez de pitcher votre projet de série télé dans l'espoir de trouver une société de production, un studio ou une chaîne pour vous payer et vous donner une avance pour écrire le scénario du pilote, un pitch deck (une présentation de slides comprenant des mots et des images pour donner une idée du monde de votre série), et une bible de la série ou un traitement pour l'accompagner. Certains auteurs/producteurs recommandent aussi de créer un « mood board » (essentiellement fait d'images) pour établir les lieux, l'époque, les personnages, le ton, et le style visuel de la série.

La majorité des séries télé feuilletonnantes étant de nos jours des adaptations, certains auteurs/producteurs aiment construire une présentation de pitch sur la base d'œuvres originales dont ils possèdent déjà les droits. Dans ce cas, le pitch exprime l'approche créative choisie pour adapter l'œuvre originale en série feuilletonnante ou d'anthologie, en utilisant comme levier marketing le succès pré-existant du matériau original. Ici, c'est la forme de l'œuvre originale (c'est-à-dire un roman best-seller) qui sert de preuve de faisabilité.

Toutefois, que vous partiez de zéro ou que vous adaptiez une série télé d'un autre format ou d'un autre pays, je continue à conseiller fortement à tous les auteurs d'écrire leur pilote avant de trouver un producteur (voir chapitre 1). Oui, y compris les adaptations, du moment que l'auteur possède et contrôle les droits sur l'œuvre originale. *Voyez le chapitre 2 pour en savoir plus sur l'adaptation d'une œuvre originale.*

Il est important de ne pas oublier que les bibles de séries et les traitements ne sont rien d'autre que des *outils de vente* (encore une fois, des preuves de faisabilité) plutôt que des guides ou des cartes qu'il faudrait suivre à la lettre dans la writers room. Le casting, les décors, tout ce qui relève de la production et l'apport des cerveaux de la writers room feront évoluer pour le mieux, on l'espère, la première itération de la série. Ce qu'il faut retenir ici, c'est qu'il faut affiner votre vision de la série, et ne pas oublier que beaucoup des choix initiaux vont changer. Écrire pour la télévision est un travail hautement collaboratif. Il faut rester ouvert à la meilleure idée, si et quand elle arrive. Ça implique en général une remise en question de l'ego et réclame de l'humilité – plus facile à dire qu'à faire. Mais si votre but est la qualité du travail effectué et que vous ne prenez pas toutes les critiques personnellement, collaborer est un merveilleux cadeau. L'un de mes mentors les plus avisés me l'a ainsi exprimé : « Une critique constructive n'est pas *de* toi, mais *pour* toi. »

Une fois que vous avez digéré le retour de vos amis et de vos mentors et conseillers de confiance, révisé et révisé encore, et que vous avez la conviction d'avoir un pilote irrésistible entre les mains, le moment est venu de pitcher. Oui, même si c'est déjà écrit. Même le scénariste le plus solitaire devra finalement et inévitablement se retrouver dans une salle de réunion ou dans le bureau d'un producteur pour lui raconter l'histoire. Les acheteurs potentiels n'achètent pas simplement une idée originale bien exécutée. Ils investissent sur *vous*. La présentation de votre pitch peut très bien être la première fois que vous rencontrez ces gens en personne. Préparez-vous. Répétez votre pitch. Mémorisez-le si possible ; sinon, vous pouvez apporter des fiches ou une page de notes. En dernier recours, je connais beaucoup d'auteurs télé de très haut niveau qui se contentent de lire leur pitch à voix haute. Je ne vous le conseille pas, car ça peut donner une présentation un rien figée. Si vous n'êtes vraiment pas adepte de la prise de parole en public sous pression, vous pouvez lire le texte de votre pitch en espérant ne pas ennuyer les producteurs en face de vous. Chronométrez bien le pitch (20 minutes est un bon repère), et évitez de déborder. Si vous sentez que vous les avez perdus, relancez et passez au point saillant suivant de votre pitch. Ou alors arrêtez-vous et demandez-leur : « Vous êtes toujours avec moi ? » Si ce n'est pas le cas, essayez de repérer où vous les avez perdus et clarifiez – à moins qu'ils ne vous encouragent juste à poursuivre. C'est probablement le code pour : « Ça ne nous intéresse pas. » Mais on ne sait jamais.

Apprendre à « lire » ses interlocuteurs est un autre talent en soi. Essayez de ne pas sur-interpréter leur langage corporel et les expressions de leurs visages. Ne présumez de rien. J'ai fait l'expérience de vendre un pitch sur-le-champ. Et j'ai connu l'inverse : un flop total. Aïe ! Ça pique, mais ce n'est pas fatal. Apprenez de vos erreurs, et, espérons-le, votre prochaine réunion de pitch sera une meilleure expérience. Une seule chose est certaine : votre pitch ne se passera pas bien si vous n'êtes pas prêt. Plus vous répétez votre pitch, plus il sera reçu facilement – et votre niveau de confort augmentera le leur. Le fardeau repose toujours sur vos épaules.

Comme le dit l'adage : vous n'aurez pas de seconde chance pour faire une bonne première impression.

Préparer le pitch

Chaque pitch doit être adapté au projet et aux acheteurs potentiels.

Pour prendre la métaphore de la cuisine, chaque pitch doit contenir tous les ingrédients suivants ou presque, mais pas forcément dans cet ordre (vous pouvez vous servir des mêmes ingrédients de base pour mettre au point une bible) :

1. **Pourquoi cette idée ?** Comment vous est-elle venue ? Quel a été le catalyseur ? En quoi est-elle complètement originale, ou une version nouvelle d'une idée familière ? Pourquoi croyez-vous qu'elle pourrait toucher un public ?

2. **Pourquoi vous pour écrire/créer/produire cette série ?** D'après mon expérience, pour briser la glace, c'est une bonne idée de commencer votre pitch par votre passion personnelle et votre lien avec *cette* histoire et *ces* personnages. En quoi êtes-vous la personne la plus qualifiée et pourquoi est-ce à vous d'écrire ce pilote et/ou de développer cette série ? En quoi cette idée vous attire-t-elle ? En quoi vous touche-t-elle personnellement – sans pour autant être autobiographique ? Je ne crois pas dans le soi-disant axiome de l'auteur (ou plutôt le cliché) : écrivez sur ce que vous connaissez. Écrire sur ce que vous connaissez vous permettra sûrement de le faire mieux que n'importe qui d'autre, mais nous les auteurs sommes des créatures curieuses et qui aiment enquêter. Ce qu'on ne connaît pas, on peut l'apprendre, y consacrer des recherches ! Allez sur le terrain, interrogez les gens. Voyagez, allez sur les lieux de votre histoire et explorez. Si c'est une série historique, lisez et absorbez les biographies, les fictions historiques, les pièces, la culture, la mode, la musique, la cuisine, l'art et l'architecture, les mœurs. Si vous n'êtes pas encore un expert sur un monde que vous comptez créer et peupler, devenez-en un autant que possible. Ce que vous ignorez peut nuire à votre pilote, à votre pitch, ou à votre bible. Bien sûr, personne n'attend 100 pour cent de précision historique ou procédurale. La vraisemblance ou un « air de vérité » sont parfaitement suffisants pour une œuvre de fiction. En conclusion : plaidez votre cause en démontrant que vous êtes l'auteur idéal pour ce projet. Soyez personnel.

3. **Pourquoi maintenant ?** Tout est dans le timing. Regardez le monde autour de vous, de près et de loin. Qu'est-ce qui vous scandalise ? Quelles histoires ne sont pas racontées, ou pas bien racontées ? Comment votre projet va-t-il combler un manque d'histoires dans tel monde singulier ou pour tel groupe ou telle communauté ? Ne cherchez pas à savoir ce que recherchent actuellement les chaînes et les studios. Quand vous aurez fini de mettre au point votre pilote ou votre bible, les attentes auront changé. Faites plutôt en sorte de chercher à être profond et personnel. Cette spécificité, cette personnalisation sont les meilleurs moyens de garantir que votre idée n'est ni banale, ni générique, ni dérivée. Chacun de nous est unique. Chaque pilote, chaque pitch de série devrait l'être aussi, tout en étant compréhensible de tous.

Ma citation favorite du super showrunner Ryan Murphy (*Glee, American Horror Story*) est toujours vraie aujourd'hui :

« Plus vous rendez quelque chose spécifique, plus ça devient universel. »

Oui, je sais, c'est contre-intuitif, mais il se trouve aussi que c'est vrai.

4. **La présentation de votre pitch doit avoir le même ton que le genre de la série.** Si c'est une comédie, votre pitch a intérêt à être drôle. Si c'est un thriller haletant, il doit y avoir du suspense, de l'excitation, du frisson. Si c'est un drame familial, le pitch doit provoquer empathie et pathos. Si c'est une série procédurale policière, judiciaire ou médicale, l'histoire du pilote doit offrir un mystère surprenant et qui résonne émotionnellement.

Configurez le terrain de votre pitch

Ceci inclut le genre, le format (une demi-heure ou une heure ; série feuilletonnante continue, mini-série, ou anthologie), des comparaisons de ton, l'arène, le point de vue, les thèmes que vous avez envie d'explorer (voir le chapitre 1 pour des exemples).

Une fois que vous avez exprimé votre passion personnelle et configuré le terrain, le moment est venu de leur raconter l'histoire. Par où commencer ?

5. **Pitchez le teaser ou « l'ouverture à froid » de manière succincte, mais avec juste la quantité suffisante de détail pour établir le ton et les accrocher.** Tout le monde aime entendre une bonne histoire bien racontée, alors commencez fort. Parfois, je commence mon pitch avec le teaser, puis je reviens sur la configuration. Il faut vous adapter et vous appuyer sur vos forces de conteur, pour choisir ce qui est le plus naturel à votre style et le plus confortable pour vous.

Si vous pitchez une série comique, commencez « froid[54] » avec une ouverture drôle, intelligente, et/ou ironique. Si vous pitchez une série dramatique, commencez « chaud » avec un teaser provocant. Parmi mes

54. NdT : *in medias res*, directement dans une situation existante.

teasers favoris dans les séries récentes : *Le Jeu de la dame, The Flight Attendant, Underground Railroad* et *Falcon et le Soldat de l'hiver*. Tous ces teasers sont remplis d'adrénaline, cinématographiques, et m'ont fait entrer directement dans la dynamique et le chaos de leurs mondes sans avoir à me faire avaler de l'exposition à la cuillère. Ces teasers reposent sur les personnages, et déconcertent le public à dessein, lui faisant confiance pour monter à bord. La séquence d'ouverture de Barry Jenkins pour *Underground Railroad* est à couper le souffle.

6. **Pitchez l'épisode pilote, en commençant avec un protagoniste désespéré et en difficulté**. L'urgence aide. Le moins, c'est le mieux. Choisissez vos détails de manière intelligente. Les verbes sont vos amis, car ils indiquent des buts et des enjeux (ou des conséquences) proactifs. La fin de votre pilote est le début de votre série. J'aime délimiter les fins d'actes (où on est dans l'histoire) afin que les producteurs puissent avoir une idée du ton, de la vitesse, du rythme, et de mini-cliffhangers (ou « moments décisifs ») à la fin de chaque acte, conduisant au gros cliffhanger culminant à la fin du pilote – qui est, dans l'idéal, surprenant, préparé de manière organique, et qui résonne. Vous pouvez aussi simplement parler du début, du milieu et de la fin du pilote si vous préférez ne pas parler de fins d'actes.

7. **Incorporez les personnages principaux pendant que vous pitchez l'épisode pilote.** Clarifiez du côté de qui on est (et pourquoi), aussi bien que contre qui et quoi il ou elle se bat (et pourquoi). D'après mon expérience, le mieux est de décrire l'ensemble des personnages au fur et à mesure, en fonction des nécessités de l'histoire, plutôt que comme une longue liste de traits de caractère et de défauts, présentée d'emblée. Mais n'expédiez pas les personnages. Peu importe à quel point la prémisse de votre série est plaisante et innovante, une série est toujours aussi excitante que ses personnages principaux. Donnez un bref aperçu de qui est qui – sans noyer votre auditoire sous les noms et les détails. Par contre, dites-leur bien comment, quand et pourquoi on nous présente ce groupe de personnages à tel moment. En quoi sont-ils engageants, en quoi leurs défauts sont-ils uniques ? Quelles sont leurs forces et leurs faiblesses essentielles ? Si l'un

d'entre eux doit être de telle ethnicité, de tel environnement culturel, ou de telle orientation sexuelle, expliquez pourquoi. En quoi est-ce essentiel à l'histoire que vous essayez de raconter ? Y a-t-il juste un personnage principal dominant ou un duo dynamique ?

8. **Clarifiez la mythologie/la construction de l'univers de votre série.** Pitchez de manière brève et succincte la mythologie de base et/ou l'histoire des origines de la série. Il vous faut un document présentant la mythologie et l'histoire des origines (une page maximum). Faites simple. La mythologie de votre série prendra la forme d'un *mystère central* – des secrets du passé qui sont cachés ou obscurcis volontairement. La mythologie parle de comment le passé (ou « backstory ») affecte le présent et le futur des personnages de votre série. *Lost* était une série feuilletonnante avec une mythologie profonde, riche, en expansion permanente, qui avait trait à tout ce qui était inconnu sur l'île.

N'oubliez pas, il n'y a aucun besoin de raconter aux producteurs *tout* ce que vous savez. Ne pas savoir ce qui va arriver permet de poser les *questions centrales* de votre série, qui permettront de la faire durer dans le temps. Mêmes dans les sitcoms, où rien de fondamental ne change jamais vraiment et où les personnages restent toujours les mêmes, ce qui est amusant, ce n'est pas de savoir *si* – ils vont s'en sortir – mais *comment.* Un pitch efficace poussera les auditeurs à vous poser des questions. Si, quand vous avez fini votre pitch, ils débordent de curiosité sur ce qui va arriver ensuite aux personnages, ils seront prêts à acheter votre pitch juste pour savoir.

9. **Précisez-leur s'il s'agit d'un pilote « prémisse » ou « non-prémisse » – même si ça doit être évident d'après votre pitch.** Un pilote prémisse signifie que ce qui arrive dans l'épisode 1 est essentiel pour commencer la série à son point de départ. *Lost* est un pilote prémisse parce que ça commence par le crash aérien. *Barry* est un pilote prémisse parce que ça commence avec le tueur à gages Barry (Bill Hader) qui s'inscrit dans une classe de comédie. Par contraste, un pilote « non-prémisse » nous plonge directement dans le monde de la série, un monde où l'action est déjà en cours. C'est peut-être le premier épisode pour le public, mais *pas* pour les personnages. Exemples récents : *Succession* et *WandaVision.*

Il y a aussi des franchises hybrides dont les pilotes commencent avec un climax et partent ensuite en flash forward (*Le Bureau des légendes, La Servante écarlate, Watchmen, The Good Wife, La Fabuleuse Madame Maisel*) ou en flash-back (*Breaking Bad, Better Call Saul, Lupin, Atlanta, Chernobyl*). Selon certains, *Friday Night Lights* est hybride, mais selon moi c'est un pilote prémisse parce que ça se termine sur la blessure invalidante du quarterback star Jason Street (Scott Porter), ce qui affecte non seulement le coach Eric Taylor (Kyle Chandler) et sa famille, mais aussi toute la ville de Dillon, dans le Texas. Pour *Les Soprano*, on a bien affaire à un pilote hybride, même s'il nous présente un monde où l'action criminelle est déjà en cours, car c'est le premier jour de thérapie de Tony Soprano (James Gandolfini) avec le Dr. Melfi (Lorraine Bracco).

10. **« Alimentez » les moteurs narratifs pour montrer la durabilité de votre série après le pilote.** Il s'agit de la franchise de votre série. Évitez de les ennuyer avec un excès de détails inutiles, mais expliquez-leur où va la série après le pilote. Présentez au moins trois exemples d'épisodes futurs. Pas besoin de les pitcher tous, ou juste par de très brèves *loglines*, mais préparez-vous au cas où on vous le demande. Quelles sont les questions persistantes à explorer au cours de la saison ? Quels sont les « moteurs narratifs », c'est-à-dire qu'est-ce qui va propulser la série d'un épisode à l'autre ? Sera-t-elle feuilletonnante, avec une intrigue se déployant de manière continue sur toute la saison ? Ou les épisodes seront-ils à fin bouclée, résolus à la fin de l'heure (ou de la demi-heure) par la révélation du coupable, du verdict ou du traitement ? Un indice : quasiment toutes les séries télé aujourd'hui ont un élément feuilletonnant.

Dans une comédie, une dramédie ou un drame reposant sur les personnages, l'évolution de la dynamique familiale et des relations sont la franchise. Ces intrigues et sous-intrigues propres à l'évolution et au progrès des personnages sont appelées « arcs des personnages ». Les épreuves et les tribulations des personnages « alimentent » les moteurs narratifs. Un problème qui doit être résolu est un moteur narratif. La manière de résoudre de manière *proactive* un problème implique généralement une « micro-mission » – qui « alimente » chaque moteur narratif. Attention au protagoniste passif. Un moteur suppose du mouvement et la nécessité d'agir – sinon il y aura des conséquences (on parle d'enjeux). Il faut que les personnages aient toujours quelque chose à (potentiellement) gagner – et quelque chose à (potentiellement) perdre.

Dans les séries purement procédurales, comme *Good Doctor, The Good Fight,* ou *Law & Order*, etc., la franchise sera le cas de la semaine (médical, judiciaire, criminel, etc.). Puis il y a les séries *hybrides*[55] qui à la fois sont feuilletonnantes et offrent des intrigues A à fin bouclée. Expliquez aux acheteurs potentiels votre intention pour la série dans votre pitch afin qu'ils connaissent le cadre de l'histoire que vous voulez raconter. Ayez une bonne connaissance de leur marque et de ce qui fonctionne dans leur écosystème. La diffusion à la demande a fait naître un appétit énorme pour les histoires feuilletonnantes, qui permettent un engagement maximum et un investissement émotionnel des spectateurs dans les personnages.

11. **Réussissez l'atterrissage : finissez le pitch de votre épisode pilote sur un temps fort, riche de conflits futurs plutôt qu'offrant trop de résolution et d'harmonie.** La différence principale entre une série télé et un film est, dans l'ensemble, qu'un film est fait pour être fini. Le mot « FIN » signifie bien la fin du film. Inversement, la fin d'un pilote télé n'est que le commencement de ce qui va être un voyage au long cours pour les personnages.

Comment augmenter vos chances de conclure une vente

Connaissez tout de votre genre. Si vous avez l'ambition de créer une nouvelle série révolutionnaire de science-fiction, faites vos devoirs et étudiez toutes les séries de SF passées, présentes et à venir. N'oubliez pas, vous n'êtes pas seulement en compétition avec ce qui est en cours de diffusion ; mais aussi avec toutes les séries du même genre dans la décennie passée ou plus. Rien de pire que d'être pris de court dans une réunion de pitch face à un producteur qui vous signale que votre série « originale » est en fait une resucée d'une ancienne série qui n'a pas été renouvelée,

55. NdT : En France, on parle de séries « semi-bouclées ».

ou qu'elle ressemble trop à une série actuellement diffusée par une autre chaîne. Sachez dire ce que votre série a de nouveau et d'unique. En quoi se différencie-t-elle de ce qui existe déjà ? En quoi s'en rapproche-t-elle – mais avec un twist ? Pas besoin de réinventer la roue à chaque fois. En fait, si vous étudiez le paysage télé, la plupart des séries sont des variations sur les séries précédentes. *Deadwood* était une version contemporaine plus sombre d'une infinité de westerns allant de *Gunsmoke* aux *Sept mercenaires. Lost* était une version sombre, surnaturelle et feuilletonnante de *L'Île aux naufragés* – avec une touche à la *Twin Peaks. Dr. House* a renversé la formule de la série médicale avec un gentil docteur héroïque, en mettant en scène un médecin brillant qui méprise ses patients. *Dr. House* a renouvelé aussi la franchise de la série procédurale policière – mais au lieu d'avoir affaire à des criminels, les docteurs enquêtaient sur des maladies avant de les arrêter.

Cherchez des sociétés de production qui développent activement des séries pour la prochaine saison de pitch. Les producteurs à cibler sont ceux qui sont mandatés par des studios ou des chaînes, ou y ont leurs entrées, et ça peut être une bonne idée d'identifier un producteur qui a eu un succès récemment mais n'a rien en cours de diffusion ; ces producteurs sont toujours à la recherche du prochain gros coup, et peuvent être prêts à entendre des pitchs ou à lire des pilotes écrits sans contrat. Il est peu probable que les sociétés de production qui tiennent le haut du pavé soient disponibles pour écouter des pitchs spontanés, car elles sont déjà noyées de projets pitchés par les plus grands agents représentant leurs clients les plus en vue et déjà reconnus. Pas besoin de viser le haut du panier. Vous avez seulement besoin d'un producteur avec des contacts solides qui peut vous aider à franchir la porte. Ce métier est cyclique, donc un producteur en vogue hier peut avoir un passage à vide – ce qui veut dire qu'il peut être prêt à découvrir de nouveaux talents et à construire de nouvelles relations.

Sachez qui lit quoi et quand. Pendant des décennies, le calendrier traditionnel des grandes chaînes consistait à ouvrir la porte à de nouveaux pitchs environ un mois après les « up-fronts » (présentation des nouvelles séries aux annonceurs publicitaires avant diffusion). Les up-fronts se tenaient traditionnellement en mai à New York. Aujourd'hui, les chaînes y sont ouvertes toute l'année, une pratique initiée par Fox. Toutefois, les chaînes ont des budgets à respecter pour l'achat et le développement de pitchs, et une fois ces budgets épuisés, elles n'achètent plus. D'habitude, elles étaient à sec à la fin d'octobre (parfois, un pitch était vendu en novembre, mais c'était rare).

Au regard de ce calendrier, les fournisseurs des chaînes (c'est-à-dire les producteurs et les studios) doivent être en mode développement de pitch et de prévision plusieurs mois avant juin. Tout au long de l'année, ils vont regarder des films indé, lire des scénarios et des pilotes écrits sans contrat, regarder des courts-métrages de fin d'études, aller voir des comédiens de stand-up, et chasser les nouveaux auteurs de théâtre dont on parle. Typiquement, c'est au début de la nouvelle année que les producteurs aiment fourbir leurs armes et approcher les talents (auteurs, créateurs de séries, réalisateurs) avec lesquels ils aimeraient travailler pour la nouvelle saison de pitch des chaînes. Si vous voulez franchir la porte d'une chaîne pour pitcher votre série originale, le secret est de parvenir à faire lire ce que vous avez fait de mieux à des producteurs installés. Avec un peu de chance, ils deviendront fans de ce que vous faites, parleront de vous aux studios et aux chaînes, deviendront vos partenaires et défendront votre travail sur le marché. Leur boulot est de trouver et de développer de nouveaux talents et de nouveaux concepts de séries. Votre boulot est de faire du bruit et de vous faire remarquer d'eux grâce à la qualité de votre travail.

Montrez et démontrez que votre série est installée sur un terrain fertile.

Comment va-t-elle toucher un public et le captiver au long cours ? Combien de saisons peut durer votre série, s'il ne s'agit pas d'une mini-série ? Deux saisons ou plus ? Aucun acheteur n'attend de vous que vous présentiez en détail plus d'une saison, puisque tous vos plans préétablis pour d'autres saisons risquent de changer énormément, et ce sera le cas, une fois que la writers room sera en place et active. Mais vous pouvez donner une brève explication de comment la série peut rebondir d'une saison à l'autre.

Conseils pour la présentation de votre pitch (ou : les choses importantes à ne pas oublier quand vous entrez dans la pièce)

Soyez professionnel. Arrivez à l'heure et soyez prêt. Ne commencez jamais un pitch en vous excusant d'être là ou en rabaissant votre travail.

Même si vous passez une mauvaise journée et venez d'avoir un PV, reprenez-vous et laissez vos problèmes à la porte.

Cherchez le regard de toutes les personnes présentes. Présentez-vous. Faites preuve de politesse et de respect. Ne vous contentez pas de pitcher à la personne ayant le plus de pouvoir dans la pièce, car vous allez avoir besoin d'autres soutiens. Ne pas croiser le regard d'un producteur junior peut vous l'aliéner et le pousser à descendre votre pitch dès que vous aurez quitté la réunion. Soyez démocratique et diplomatique.

« Installez-vous au fond de votre siège. » Tel est le conseil le plus simple et le plus avisé qu'on m'ait jamais donné sur la manière de se comporter lors d'une réunion professionnelle. Quand on arrive prêt, impliqué et confiant (sans être arrogant), on permet aux acheteurs potentiels de se détendre et d'apprécier notre présentation. Si on se penche en avant, on risque d'apparaître trop pressant, et même désespéré. En s'installant au fond de son siège, on laisse à ceux qui écoutent la possibilité de se pencher vers nous.

Faites-en sorte qu'ils se sentent concernés. Empathie, empathie empathie. Impliquez-les dans les problèmes de vos personnages. Tenez-les en haleine avec du suspense – qui ne peut naître que de leur *investissement émotionnel dans les personnages.* Vous voulez que votre série leur entre dans la peau. Qu'elle les hante. Qu'ils en parlent à leurs collègues, leurs chefs et à leurs proches. Qu'ils en perdent le sommeil. Ils disent « oui », et vous vendez votre série, quand il leur est tout simplement impossible de dire « non ».

Si vous avez un immense réseau de personnages pour une « série chorale », préparer une aide visuelle peut s'avérer utile – comme un diagramme – pour se référer à chaque personnage. Avant je découpais des photos dans des magazines pour mes présentations (c'est bien plus facile aujourd'hui à l'ère digitale), afin que les producteurs ne s'emmêlent pas les pinceaux sur qui est qui. Toutefois, je vous déconseille de leur donner une version imprimée de l'ensemble des personnages, sinon ils passeront tout le pitch à regarder ce que vous leur avez donné au lieu de vous écouter. Je ne suis pas non plus très fan des « bandes démo ». Restez-en aux mots et à la passion pour tirer le meilleur parti de votre temps comme auteur/conteur. Il y a des exceptions, comme les images d'époque pour une série historique ou les illustrations pour la construction d'un univers.

N'oubliez pas de souligner la diversité raciale, socio-économique, générationnelle et de genre de vos personnages. Les studios ont (enfin) pris acte du fait que les spectateurs contemporains sont divers et veulent voir leurs vies reflétées d'une manière ou d'une autre dans leurs séries préférées. S'il n'y a aucune diversité parmi vos personnages, vous devriez y remédier avant de pitcher.

Finissez votre pitch et ne revenez pas dessus. Autrement dit, quand vous avez terminé le pitch que vous avez répété : taisez-vous. C'est crucial pour (potentiellement) conclure l'affaire. À la fin de votre pitch, il y a toujours dans la pièce un silence insupportable que toutes les fibres de votre être (incertain et névrotique) ont envie de remplir en en rajoutant. *Ne cédez pas à cette tentation.* Quand vous avez fini de pitcher, essayez d'accepter le silence avec confiance. Dites-vous que vous avez une main gagnante au poker. Ne donnez ni dans l'arrogance ni dans la nervosité. Restez juste là et laissez-les bouger les premiers. Tout ce vous pourrez dire en plus de votre pitch, et qui n'aurait pas été sollicité, pourra et sera retenu contre vous, donc n'ayez aucun doute. S'ils ont des questions, ils vous les poseront. S'ils en ont fini avec vous, ils vous diront merci. N'agissez pas de manière désespérée en leur demandant quand ils prendront leur décision. Ne leur demandez pas de retour sur le pitch ou sur comment vous pourriez l'améliorer. L'insécurité ne fait jamais naître la confiance chez un acheteur.

Ne coupez pas les ponts. Quand vous entrez dans le bureau d'un producteur d'une chaîne ou d'un studio, il est extrêmement important de ne pas oublier que votre priorité numéro 1 n'est pas de vendre votre projet. *Votre priorité numéro 1 est d'établir un lien avec le producteur.* Il vous a accordé un rendez-vous parce qu'il a lu ce que vous avez écrit – et l'a aimé. Peut-être que ce pitch-là en particulier n'est pas sa tasse de thé (pour un nombre infini de raisons, y compris, peut-être, qu'il ne boit que du café). C'est votre boulot de ne pas craquer face à son manque d'enthousiasme et/ou rejet et de laisser la porte ouverte. Ne discutez jamais. N'essayez pas de le faire changer d'avis ; vous auriez l'air désespéré (encore une fois, le baiser de la mort dans une réunion de pitch).

Ce métier est construit sur les relations. Évidemment, le talent joue un rôle majeur aussi, mais de bonnes relations font aboutir la vente. À chaque fois que vous vendez un pitch, les gens qui le défendent placent un pari sur *vous*. S'ils ne sont pas certains que vous soyez capable de livrer ce qu'ils attendent – un scénario de pilote à tout casser – alors ils limiteront leurs pertes et dépenseront leurs fonds discrétionnaires limités en les plaçant sur un créateur de série plus confiant et expérimenté. Si vous débutez complètement, ils peuvent toujours vous associer un showrunner installé si la série entre en production.

Dans tous les cas, pour cette étape initiale qui consiste à vous commander le scénario du pilote, ils ont besoin d'être à l'aise avec vous, ou d'avoir confiance dans votre producteur pour vous guider au cours du développement du scénario. Chaque réunion de pitch est pour vous l'occasion d'apprendre, et pas le quitte-ou-double de votre carrière – sauf si vous vous énervez et faites preuve d'impolitesse en claquant la porte parce qu'on ne reconnaît pas immédiatement votre génie… Jouez en équipe, pas à la diva (ou au divo). Soyez magnanime et flexible, même s'ils prennent un coup de fil ou répondent à un mail en plein milieu de votre pitch.

9. **Ne discutez pas argent ni finances dans une réunion de pitch.** Vous êtes l'artiste, dites-leur de parler de ça avec votre agent. Vous racontez des histoires, vous n'êtes ni avocat ni démarcheur.

10. **Soyez sur-préparé, juste au cas où.** En général, je vous recommande d'avoir trois pitchs prêts quand vous rencontrez un producteur. Si le premier ne prend pas, passez au suivant. Toutefois, quand vous allez pitcher un studio ou une chaîne, ne pitchez qu'un projet. Vous devez donner le sentiment d'être pleinement investi, passionné, et même obsédé par l'idée de mener ce projet à bien, plutôt que celui d'être un marchand de chaussures.

INTERVIEW : Alex Berger, *Le Bureau des légendes* (Canal+), sur comment vendre un projet dans le marché télé global

Cette interview a eu lieu le 24 juin 2020.

Neil : Revenons au début. Comment est né le projet ? Vous avez un goût très sûr comme producteur, mais pour ce qui est de deviner le marché, comment saviez-vous que c'était un bon pari ?

Alex : Avant *Le Bureau*, en télé, j'avais surtout fait du flux (pas de la fiction) et produit des longs-métrages, et j'ai toujours eu beaucoup de chance dans le choix de mes partenaires. Tous des auteurs, y compris l'auteur-réalisateur-acteur Alain Chabat, célèbre pour ses sketches, ses émissions et pour *Astérix et Obélix : Mission Cléopâtre*, qui est un des films français ayant rapporté le plus. Mais quelques années plus tard, j'avais beaucoup de doutes sur l'évolution de l'industrie du cinéma, même si elle a une longue histoire en France. On l'a inventée, et on produit encore plus de 200 films par an, alors le système français est très orienté vers la production de films. Néanmoins, j'avais très envie de faire une série feuilletonnante, quand j'ai rencontré Éric Rochant, qui était le prototype de l'auteur/réalisateur français indépendant, qui faisait des films indépendants. Il avait beaucoup de succès ; son premier film, *Un monde sans pitié*, avait eu un César. À l'époque où on s'est revus, il avait fait sept films. L'un d'eux s'appelait *Les Patriotes* (1994), ça parlait d'espions et de la manière dont le Mossad (israélien) avait recruté un espion français.

En tout cas, en 2008, Éric et moi avons discuté de ce qu'il voulait faire après, et on a dérivé très vite de sa connaissance encyclopédique du cinéma vers les séries télé dramatiques. Il avait fait l'IDHEC/la Fémis, et sur le plan intellectuel il en connaît énormément sur le cinéma, mais je lui ai dit que je trouvais, à ce moment-là, les séries bien plus intéressantes à regarder, bien plus créatives. C'était le second âge d'or de la télévision aux États-Unis, avec *The Wire, À la Maison-Blanche, Six Feet Under, Les Soprano, New York Police Blues.* Jusqu'alors, Éric avait considéré les séries télé comme une forme d'art inférieure. Si c'était pour la télé, c'était moins cher, plus *cheap* dans tous les sens du terme.

Éric et moi on a commencé à réfléchir, et on a eu l'idée d'une série appelée *Les Oligarques*. On l'a pitchée à Canal+ et commencé le développement, on a créé notre société de production TOP – The Oligarchs Productions. L'idée, derrière, était de mettre en commun le meilleur des deux mondes, la culture artistique française d'Éric, et mes méthodes de production américaines. « Comment prendre notre créativité locale et nos super auteurs, réalisateurs, acteurs, équipes, toute cette infrastructure du cinéma français, et y intégrer un processus américain pour faire une belle série télé de haute qualité ? Comment être au niveau des Américains, des Anglais, des Scandinaves et des Israéliens ? »

J'ai emmené Éric à New York. On a visité les studios Steiner à Brooklyn, et on s'est mis à travailler sur *Les Oligarques* avec Todd et Glenn Kessler et Daniel Zelman, qui à l'époque étaient les showrunners de *Damages* pour F/X.

L'expérience était plutôt géniale, parce que, en résumé, Éric a vu la lumière. C'est là qu'il a compris qu'il y avait deux facteurs très importants qu'à l'époque on n'avait pas en France. Le premier, c'était que chaque aspect du développement, de la pré-production et de la production devait entrer dans un processus très précis. Et la France n'avait rien de défini ou d'officiel pour ce processus, elle n'avait pas la WGA (Writers Guild of America) ou quoi que ce soit pour cadrer la production d'une série avec plus de six épisodes par an. Au mieux, la création originale de Canal+ diffusait huit épisodes sur 18 ou 36 mois, l'héritage du quasi-monopole dont ils ont joui pendant des décennies. Mais une énorme compétition arrivait…

Les cadres que nous avions à l'époque pour une série de fiction récurrente étaient tous hérités et librement adaptés de l'industrie du cinéma français, et donc tout était vieux de 20 ou 30 ans et orienté vers le sacro-saint réalisateur, l'*auteur-réalisateur*. Et c'était comme ça depuis la Nouvelle Vague à la fin des années 60, où l'auteur/réalisateur avait tous les pouvoirs. Éric était l'enfant-vedette de ce genre de films, mais Éric a vu la lumière et compris l'idée de mettre l'écriture au centre du processus. Il a compris que les deux piliers cruciaux pour la construction d'une série étaient l'écriture et le casting… et aussi d'avoir tout au même endroit, l'écriture, la production, et la post-production sur place pour être sûrs de ne pas perdre de temps, parce qu'une série avec une saison par an est vraiment une course contre la montre permanente.

Et donc, on a ramené notre expérience américaine à Paris et continué à développer *Les Oligarques*. Une porte s'est ouverte, Canal+ avait besoin d'un nouvel auteur-réalisateur pour une série qui était prometteuse mais pas géniale, et j'ai convaincu Éric de reprendre la série (*Mafiosa*) comme showrunner. Il a fait deux saisons pour s'habituer à l'exercice de la série de fiction, mais il n'avait pas besoin d'en faire plus, parce que c'était fait à la française, où le showrunner n'a aucune idée de ce que fait le producteur, aucune idée du budget et aucun pouvoir global de production. Aucune communication directe entre le diffuseur et le showrunner. Et donc, faire cette série était à la fois compliqué et pas très plaisant pour lui, mais ça nous a motivés pour produire notre propre série.

Éric m'a pitché son idée originale intitulée *Le Bureau des légendes*, et ça m'a pris peut-être deux minutes pour lui dire : « C'est génial, on y va – mais seulement si on est d'accord pour produire ça avec les deux éléments essentiels : l'artistique et la production doivent être en phase. On va devoir mettre au point tout le processus, parce qu'il n'existe pas. »

Donc on a étudié l'accord minimum de base de la WGA, et on s'est demandé comment ça pourrait marcher en France avec notre droit du travail strict et notre système de droits d'auteur. De 2008 à 2013, on a surtout appris, on a travaillé à comprendre comment faire. Au lieu de commencer par *Les Oligarques*, Éric a dit : « Allons pitcher *Le Bureau* à Canal+ », et ils ont acheté la série sur-le-champ. Ça a pris 20 minutes. Mais on a aussi insisté sur notre business model. On leur a dit : « Vous pouvez acheter le concept si, et seulement si, vous acceptez aussi le processus d'une saison de dix épisodes par an, une writers room, une toute nouvelle structure de production. C'est à prendre ou à laisser. » Et ils, Arielle Saracco (directrice de la création originale) et Fabrice de la Patellière (directeur de la fiction), ont dit « O.K., on commence à développer. »

Dans notre processus, on avait précisé en détail comment on voulait développer *Le Bureau*. Notre processus imposait de monter une writers room pour l'écriture, ce qui n'existait pas en France à l'époque. L'écriture de la série coûtait cher, ça allait leur coûter 50 à 60 pour cent plus cher que ce qu'ils avaient l'habitude de payer. L'écriture de toute la saison coûtait en gros un million d'euros et, de manière compréhensible, Canal+ hésitait un peu. Alors j'ai dit : « O.K., on va financer ça nous-mêmes. » Et donc, en fait, TOP est devenu un studio avec Federation Entertainment (notre distributeur). Federation n'existait pas vraiment à l'époque ; c'était juste Pascal Breton, et il a dit : « Vous savez, les gars, si vous arrivez à créer ce processus, à le mettre en œuvre et à garantir que vous pouvez sortir une série avec une saison par an, c'est un ticket gagnant et je veux bien le financer. » On a fait 50/50 et donc on a financé tout le développement nous-mêmes.

La manière dont Éric et moi avions développé nos projets jusque-là était qu'on créait un projet ensemble, puis qu'il l'écrivait. Mais *Le Bureau* était différent ; c'était vraiment le monde d'Éric. Ma contribution était de construire un cocon en titane autour d'Éric et des auteurs. J'avais aussi besoin qu'Éric soit vraiment un showrunner. Il fallait qu'il comprenne le boulot de producteur exécutif, et il y a trois éléments principaux :

Le premier, c'est qu'il était le créateur/visionnaire de la série. Le deuxième, c'est qu'il savait comment traduire la série pour les techniciens et l'équipe puisque c'était un réalisateur, donc il savait comment communiquer avec les autres réalisateurs qu'on allait recruter, et il a toujours été très bon sur ses films avec les talents, les acteurs.

Et le troisième aspect, qu'on n'avait pas, était le management et la compréhension du budget. Il devait apprendre à manager la writers room. C'était une hiérarchie très stricte, à l'américaine, et ce processus n'existait pas vraiment en France. À l'époque, en général, c'était un réalisateur et un auteur, et puis un producteur ; en tout, trois personnes. Et maintenant, l'idée, c'était de donner la responsabilité à l'auteur et de mettre l'écriture au centre du processus.

Neil : C'est essentiel dans la série télé pour écrire les scénarios à la vitesse requise par les besoins pressants et constants de la production.

Alex : Exactement. Donc, avec ça en tête, la philosophie de notre société était : le pouvoir à l'auteur. Pour *Le Bureau*, on est restés au plus près de cette philosophie, de ce concept, de l'ADN de notre société TOP. Donc, Éric ou moi on avait une idée de série. On écrivait un traitement, et puis on commençait à développer. Et si on ne pouvait pas le faire nous-mêmes, et moi je ne pouvais pas, parce que j'écris mais je ne suis pas un auteur, alors on trouvait le meilleur showrunner possible pour prendre la suite. Pour les séries que j'ai créées, je recrute le meilleur auteur pour diriger l'équipe ; je lui explique notre processus et je lui laisse la main ; à lui de faire en sorte que ça marche, que ça brille. Toute l'idée derrière TOP, à l'origine, c'est deux partenaires de production qui investissent dans ce dont ils parlent, qui créent un exemple de ce qu'ils veulent faire, de comment ils veulent le faire, et d'utiliser *Le Bureau* comme preuve de faisabilité en France… montrer à l'écosystème français que changer est possible. Qu'on peut passer d'un système centré sur le film/le réalisateur à un système centré sur l'auteur/le producteur avec de nouvelles règles et un nouveau processus.

Neil : Quand vous êtes allés chez Canal+ pour vendre la série, quel a été le processus ? Est-ce que vous aviez déjà un traitement ? Est-ce que c'était vous et Éric qui racontiez l'histoire, qui partagiez vos recherches, qui expliquiez le style et le rythme ? Je sais que l'approche d'Éric s'inspirait de John le Carré ; même s'il s'agit d'une série fictive d'espionnage, il voulait qu'elle soit nuancée et se déroule comme dans la vraie vie. Rien de trop sensationnel.

Éric a dit qu'il ne considère même pas *Le Bureau* comme une « série d'espionnage ». Il considère que c'est une série sur des gens qui travaillent dans le service de renseignement français.

Selon ses propres mots[56] :

« Ces gens qui travaillent dans le renseignement, ils sont juste comme nous. Vraiment. Ils connaissent leur boulot. Ils sont entraînés à le faire, mais ce sont des êtres humains comme nous, avec les mêmes affects, les mêmes pensées, les mêmes angoisses, les mêmes espoirs et les mêmes peurs que nous… Ça a l'air simple ; c'est étrange, mais ce n'est pas si facile de faire ça – en particulier pour les acteurs. Ce n'est pas si facile, mais c'est le même principe à chaque instant dans la série. »

Il a aussi évoqué le rôle essentiel du mystère, et son désir de garder tous les personnages aussi mystérieux que possible, aussi longtemps que possible. Selon ses propres mots :

---

56. Les remarques d'Éric Rochant sont extraites d'un événement co-organisé par les services culturels de l'Ambassade de France à New York, Sundance Now, et TOP (The Oligarchs Productions). Modéré via Zoom par Emma Tucker (*The Sunday Times*), le 15 juin 2020.

« Malotru (Mathieu Kassovitz) est assez complexe, mais n'est pas facile à écrire, à construire, parce qu'il est très opaque. On ne le connaît pas… c'est toujours intrigant. C'est un mystère – peut-être parce qu'il est un mystère pour lui-même. Mais très souvent il doit être un mystère. Tous les personnages doivent être un mystère parce que, sinon, si on les connaît trop vite, on ne peut pas faire une série avec eux, parce que la série dure cinq ans… Il ne faut pas qu'on se lasse d'eux. Et pour ça, on doit garder le mystère… C'est très intéressant de découvrir de nouveaux angles et de nouvelles facettes des personnages qu'on ne pouvait pas deviner au début. »

Alex : C'est son style. Si vous regardez ses films, tout est crédible et réaliste. C'est un style très personnel. On a pitché oralement. Après on a envoyé des documents écrits : la bible avec le concept et les principaux arcs narratifs de la série, ainsi que le pitch et en même temps on a envoyé le document de « DEV PRO » (processus de développement) qui précise au diffuseur ce qu'on va faire, comment on va le faire, avec qui on va le faire, combien ça va coûter et quels droits sont inclus. Le Dev Pro est envoyé à leur service juridique. Ça établit les règles de notre projet, la base de négociation entre la partie créative et la production. Pour Canal+, ça précisait comment on allait changer le processus et accélérer le développement. Je veux dire que Canal+ n'avait pas l'habitude de produire des notes (sur un aussi grand volume de textes) dans un temps aussi court. Dix épisodes par saison. Un épisode à annoter une semaine sur deux. Lire, faire des notes, donner un retour, une nouvelle version, de nouvelles notes… un rythme très intense pour tout le monde. Personne n'était habitué à ce rythme en France, et Canal+ , c'étaient les meilleurs sur le marché. Donc on a créé un système et on a tous dû apprendre en même temps. Tout ça était contractuel. Et c'était très dur au départ parce que changer est difficile. Mais on a tenu bon, on a respecté la discipline et le timing.

Ensuite, on a dû recruter des auteurs et les faire entrer dans un système hiérarchique. Il n'y avait pas encore vraiment d'exemple en France. Donc Éric était le showrunner et le producteur exécutif artistique, et moi le producteur exécutif. En dessous d'Éric, les auteurs seniors ; en dessous des auteurs seniors, les juniors (qui faisaient les recherches et écrivaient les scènes pour les auteurs seniors) ; ensuite les auditeurs (des débutants invités dans la writers room pour comprendre le ton et le style avant de participer aux saisons suivantes).

TOP était le studio, et c'était à nous de mettre en œuvre le processus, du développement à la production, jusqu'au marketing. Donc on a dû former la chaîne, former l'équipe. Ils venaient tous de l'industrie du cinéma. Former les auteurs. Former tout le monde dans l'écosystème. Même les installations et les plateaux de tournage étaient habitués à de la location de courte durée pour le cinéma, nous on arrivait en disant : on veut louer le plateau de tournage pour trois ans au moins parce qu'on n'a pas le temps de démonter les décors… donc, pendant qu'on construisait la série, on construisait aussi ce processus qui obligeait à tout changer de haut en bas.

Aujourd'hui, après les cinq premières saisons du *Bureau des légendes*, on a mis en œuvre un processus très précis, et c'est exposé de manière à ce que tout le monde le comprenne. C'est pourquoi j'ai décrit dans mon rapport pour le CNC ce processus : pitcher, envoyer le document, organiser le développement et la production, et manager la série même après la première diffusion.

L'autre aspect très nouveau dans ce qu'on a fait (et qu'on continue à faire), c'est qu'on possède la marque. Ce que ça signifie vraiment, c'est qu'on contrôle tout, des communiqués de presse aux affiches, au logo, ou à la manière de l'interpréter. On contrôle la marque. On contrôle la marque déposée. Et on possède 100 pour cent des actifs. On ne propose que des licences quand on vend à l'étranger ; et on ne vend que des licences limitées dans le temps. C'est aussi quelque chose que j'ai appris en voyant comment les studios américains réussissaient à gérer leurs marques locales. Donc TOP a fait pareil. Il faut qu'on puisse traduire l'écriture, l'ADN de la série, dans chaque version. Et ça va de la writers room… jusqu'à l'affiche. Il faut qu'on puisse traduire l'écriture jusqu'à la publicité. Et aux bandes-annonces, tout. Jusqu'aux produits dérivés. On doit cultiver cette marque dans tous les sens du terme. Une marque qui est cruciale parce que c'est une licence avec un énorme engagement émotionnel de notre public. Et la licence est en cours d'adaptation dans trois pays différents, donc on doit faire très attention.

Vous avez posé la question de la lenteur du rythme du *Bureau*, à la *The Wire*… C'était une vraie question pour nous. On a passé un temps fou à débattre avec Éric des deux premiers épisodes, qui étaient lents, mais qui devaient introduire tellement d'informations à propos de ce monde sur lequel tout le monde fantasmait, mais que personne ne connaissait vraiment.

L'idée, c'était des gens ordinaires qui faisaient un métier extraordinaire. Il fallait rendre ça pertinent. Éric commençait en introduisant Malotru (Mathieu Kassovitz) qui dit à son référent qu'il a rompu avec la femme qu'il fréquentait à Damas, et que c'était terrible, alors qu'en fait, le public sait qu'il ment parce qu'il voit ce qui s'est vraiment passé. Il est dès le départ dans la duplicité. Tout est là ; c'est le vrai talent d'Éric.

Tout était une question de rythme, pour comprendre ce qu'il devait traverser ; le processus de se débarrasser de sa fausse identité en rentrant au quartier général. On savait qu'on devait établir ce rythme, parce que tous les petits détails sont importants. Mais c'était un pari risqué. Nos distributeurs suggéraient de peut-être commencer trois ou quatre épisodes plus tard, quand l'action commence vraiment. On leur disait : « Vous ne comprenez pas. Il ne faut surtout pas vendre ça comme un truc plein de flingues, alors qu'on n'en voit qu'un en dix épisodes. »

Je pense que ça aurait été bien plus facile à vendre avec le rythme, disons, de *Homeland*, mais on a été toujours très clairs sur le fait que ce n'était pas ce qu'on faisait. Maintenant, en y repensant, non seulement Éric a réinventé la série d'espionnage mais je pense aussi que *Le Bureau* a rendu la France célèbre pour son approche beaucoup plus intime de la série de fiction. Je pense que c'est une manière très européenne de faire les choses, et c'est un rythme que nous avons voulu dès le départ.

Neil : Éric l'a exprimé comme ça :

« L'un de nos principes d'écriture, l'une de nos règles, est de ne pas garder de bonnes idées pour la saison suivante. En France, on dit : "brûler ses vaisseaux". On brûle tout. Toutes les idées qu'on a, on les met dans la saison qu'on est en train d'écrire. On ne garde rien pour la prochaine.

Aussi, quand on a terminé la quatrième saison, on n'avait vraiment aucune idée de ce qu'on pouvait faire de la situation pour la saison suivante. On a fini la saison 2 comme ça. À la fin de la saison 2, Malotru était prisonnier de Daesh. Si vous êtes prisonnier de Daesh, vous êtes mort. Donc, pour nous, le héros était mort. On savait qu'on devait trouver une solution pour la saison 3, mais on n'avait pas la moindre idée. »

Neil : Vous pouvez nous parler de votre travail de recherche méticuleux ? Je suis sûr que la DGSE est aussi opaque que Malotru.

Alex : On est allés voir la DGSE pour leur demander si on pouvait utiliser leur logo dans la série et surtout visiter leur quartier général, boulevard Mortier à Paris. On a eu une réunion avec la direction de la DGSE. Tout ce qu'ils font est top secret, mais ils étaient d'accord pour nous parler parce qu'Éric a écrit et réalisé *Les Patriotes*, dont on a appris qu'ils s'en servaient pour entraîner leurs nouvelles recrues. Soudain, ça donnait de la légitimité à ce qu'on faisait. La DGSE a compris qu'on était sérieux et crédibles à cause de l'obsession d'Éric pour le genre.

On a pitché la première saison du *Bureau* aux huit directeurs de la DGSE. Le Directeur Général nous avait prévenus que si la décision n'était pas unanime, on ne se reverrait jamais. Donc Éric a pitché la partie artistique, son histoire et son concept. J'ai pitché la partie production. On a tous les deux pitché l'ambition de la série. On est partis. Le jour suivant, ils nous ont dit : « O.K., vous nous avez convaincus. » Ensuite Éric a mis en place un protocole, évidemment la DGSE par définition ne pouvait rien nous dire, mais on avait quand même des questions. Le mieux qu'ils pouvaient faire, c'était nous dire si un scénario était crédible ou pas. S'il ne l'était pas, on s'y remettait et les auteurs imaginaient autre chose.

On a aussi parlé à beaucoup d'universitaires, de spécialistes dans les domaines de la géopolitique, de la technologie, de la cybersécurité, des opérations spéciales dans différentes parties du monde. Énormément de lecture, de recherche, en ligne ou pas. La quête du moindre détail. C'est pour ça que nos auteurs juniors se consacrent essentiellement à la recherche et écrivent les scènes pour les auteurs seniors en charge du scénario.

Neil : À quel moment avez-vous fini par avoir un scénario du pilote ? Quand les auteurs ont-ils rejoint la writers room, est-ce qu'ils travaillaient à partir d'un scénario du pilote ou d'un traitement ou… ?

Alex : Éric a commencé à élaborer la première saison et à établir l'intrigue des dix épisodes. Il a écrit une première version du pilote lui-même. Canal a fait beaucoup de notes, et je me souviens de ce moment d'une manière très très vive, parce qu'ils ne l'ont pas appelé, ils m'ont appelé moi, et on est restés au téléphone pendant peut-être 90 minutes et j'ai pris six pages de notes. Et c'était dur, très violent. C'était tellement brutal qu'après avoir raccroché, je suis allé me promener aux Tuileries pour faire le point. Quand je suis rentré au bureau, Éric m'attendait sur le seuil. Il m'a dit : « Brutal, hein ? » J'ai répondu : « Oui. Très. » Il m'a dit : « Prenons le temps de passer en revue le sens de chaque mot que Canal+ nous dit. » On a fait ça sur le week-end, puis il est passé à ce qu'il appelle la « métabolisation ». Il devait tout métaboliscr, pour intégrer les notes et les remarques dans le scénario. Ensuite on avait des questions. Après quelques allers-retours avec Canal+, Éric a écrit une deuxième version du pilote, puis une autre, et c'est devenu plus fort, plus serré, plus clair.

Souvent une symbiose est nécessaire. Ce que je veux dire par là, c'est que, en tant que producteur, je dois respecter l'écriture, parce que je sais ce que c'est d'avoir une idée originale, de l'écrire, et de la mettre en œuvre. Il faut respecter ce cœur. Un producteur et, de même, l'auteur doivent s'assurer que tout le monde saisisse l'objectif, l'exigence et spécifiquement la petite musique : le ton, le rythme, le style, et la sémantique du monde du *Bureau*. Tout ça, c'est l'ADN qu'il faut comprendre. Ça devient le mantra de tout le monde, ce qui est parfois très difficile pour les autres, surtout en France.

Vous ne vous battez pas contre le producteur ; vous travaillez avec lui en équipe, chacun avec des tâches spécifiques, et la communication entre l'artistique et la production doit être permanente. Vous ne travaillez pas contre le diffuseur ; vous travaillez avec lui pour rendre la série meilleure et en faire un succès. Ne perdez pas votre énergie à être parano. La compréhension et le respect sont cruciaux. Une série n'est pas juste une question d'argent ; c'est un objet, un produit qui *engage émotionnellement.* Les gens vont vous donner 10 à 24 heures par saison pour regarder quelque chose. C'est une quantité de temps énorme et donc, il faut les respecter si vous voulez gagner leur respect en retour.

Neil : Dans le marché télé actuel, pensez-vous que les acheteurs préfèrent lire des bibles plutôt que des scénarios de pilotes complets écrits sans contrat ? Certains de mes amis producteurs préfèrent aujourd'hui proposer des bibles plutôt que le scénario complet du pilote. Quelle est votre position ?

Alex : Si vous êtes un jeune auteur débutant, il faut que vous prouviez autant que possible qu'on va pouvoir vous faire confiance, et c'est ce que vont permettre de démontrer de bons exemples de votre savoir-faire. Ces scénarios cartes de visite peuvent ouvrir des portes, mais une fois que vous les avez passées, en fait vous vous retrouvez en face de gens qui ont peur. Ils ne veulent pas rater un gros truc, parce que ce sont des responsables dans une société de distribution ou dans une chaîne. En même temps, si vous leur pitchez une idée originale irrésistible, ils vont vouloir lire le scénario.

D'après moi, les meilleurs pitchs sont ceux où à la fin ils disent : « On aimerait lire votre synopsis, votre bible. » Ensuite ils lisent et ils disent : « Maintenant on aimerait parler, commencer la discussion. » Si l'acheteur potentiel est une plateforme, ils sont plutôt du genre à dire : « On aime l'idée, on fait confiance au showrunner... Donnez-nous le package. Qui s'est engagé ? Qui est la star ? Qui réalise ? Et quel est le budget ? » Ils sont très pragmatiques.

Les spectateurs sont devenus bien plus sophistiqués. Il y a au moins 500 séries de fiction à leur disposition chaque année. En termes de développement, tout ne va pas être produit. C'est normal. La compétition est énorme, mais personne ne joue au même jeu, et personne n'a exactement le même objectif.

Personne ne sait vraiment ce qu'il veut avant d'avoir quelque chose comme un rush d'endorphines qui lui dit : « Ah oui, c'est drôle, ou c'est nouveau... C'est bon, ça. » Mais personne ne sait. Et les créateurs les plus passionnés pour leur série sont aussi ceux qui en général vont de l'avant. C'est la vérité.

Neil : Vous et Éric avez décidé de confier les rênes des derniers épisodes de la saison 5 à Jacques Audiard, et de lui donner carte blanche. Selon les mots d'Éric :

« Je voulais finir d'une manière non-sentimentale, sans qu'il soit question de moi ou de ma relation avec la série. Donc, le mieux était de confier la fin à quelqu'un qui en était détaché et qui serait prêt à explorer de nouvelles facettes de l'histoire ou des personnages, quelqu'un avec une poésie puissante, comme Audiard. »

La fin de la saison 5 a été très controversée en France – et ce genre de buzz est toujours positif pour une série à succès. Est-ce que la saison 6 sera une continuation ou une suite avec un nouveau groupe d'agents de renseignement ?

Alex : Je pense que n'importe quelle grande série, ou en tout cas, en ce qui concerne *Le Bureau*, quand une série, qui a autant de succès dans le monde entier, arrive à la fin d'un cycle, elle a des spectateurs extrêmement passionnés. Notre public nous a suivis pendant 5 ans et 50 épisodes… et c'est à eux qu'appartient *Le Bureau.* Et nous avons mis fin à ce cycle dans un ton différent… La réaction a été très directe. Nous aimons le travail qu'a fait Jacques Audiard et une vaste majorité l'a aimé aussi…. Je pense qu'avec un peu de temps, tout le monde en viendra à reconnaître ce qui a été accompli au cours des années, un chef-d'œuvre du genre… à suivre.

REMERCIEMENTS

J'exprime ma plus profonde gratitude aux showrunners illustres du monde entier qui ont accepté d'être interviewés. Ce livre n'aurait pas pu voir le jour sans leur perspicacité, leur expertise durement gagnée, la générosité de leur sagesse, et leur franchise.

Merci à mon équipe dévouée de recherche, d'édition, et de traduction :

Yashna Malhotra (direction d'équipe)
Amber McCain
Gene Wang
Elizabeth Baxa
Eric Mallory Morgan
Laurent Bernabo
Stacey Sang (coréen)
Barbara Soares (espagnol)
Oded Tal (hébreu)

À Walter Wanger, qui m'a mis au défi de bannir les digressions et de remettre en question ma relation pourtant ancienne avec le point-virgule ; j'y travaille.

À Nate Kohn, mon mentor, et à Sara Wikler, qui m'a guidé de manière décisive.

À mes étudiants et collègues en écriture scénaristique à UCLA, et aujourd'hui à l'Université de Géorgie. Il n'y a pas mieux qu'avoir à accompagner des conteurs aussi doués et consciencieux. Je suis fier de vous, vous me donnez foi en l'avenir.

À mes fils, Noah et Zach, qui sont mes meilleurs professeurs de patience et d'humilité.

À ma mère, Evelyn, au ciel, et à ma belle-mère Debra, à Greenport.

Un merci tout particulier à Teri Schwartz, le vent dans mes ailes.

Et surtout à Steven Canals, pour son amitié, son courage, et son talent.

Je tiens enfin à exprimer toute ma gratitude à Laurent Lemarchand[57] pour son soutien enthousiaste, son amitié et sa confiance, et à Ollivier Pourriol pour le soin accordé à cette édition française.

---

57. NdE : Directeur de l'organisme de formation pour l'audiovisuel Mille Sabords !, qui nous a avertis en premier de l'intérêt de ce livre.

Retrouvez les informations relatives aux masterclass de Neil Landau en France sur : www.mille-sabords.net

GLOSSAIRE

Arc narratif/arc d'un personnage : on dit aussi « arche », pour désigner la trajectoire d'une intrigue ou d'un personnage sur une saison ou sur l'intégralité d'une série.

Backstory : passé d'un personnage donnant des éléments pour comprendre son présent.

Comédie multi-cams ou multi-caméras : Comédie tournée à plusieurs caméras, parfois en présence d'un public. En France, on parle simplement de sitcom.

Comédie mono caméra : comédie hors sitcom. Tournage sans public.

Cross boarding : procédé consistant à tourner toutes les scènes situées dans le même lieu en même temps, même si elles appartiennent à différents épisodes, dans le but d'optimiser les plannings de production et d'économiser du temps et de l'argent (on dit aussi en anglais : « block-shooting » ou « shooting directionally »).

Épisode hors norme (« anomalous episode ») : épisode à part, soit (1) un épisode « bouteille » qui se passe essentiellement ou intégralement dans un lieu unique, dans le présent de la narration ; ou (2) un épisode qui se déroule (presque) entièrement en flashback, et qui donne un éclairage sur le passé d'un personnage.

Feuilletonnante : caractère d'une série où l'histoire se déploie d'un épisode à l'autre, par opposition à une série procédurale à fin bouclée, où chaque épisode peut se comprendre seul.

Logline : résume l'histoire en une ligne, on peut dire aussi pitch, concept, accroche ou hameçon.

Élaborer l'histoire (« **break story** ») : il s'agit d'élaborer l'histoire en la découpant en petites unités avant de la construire. Étape initiale de l'écriture.

Ouverture froide ou chaude (Cold open/Teaser) : une ouverture « froide » signifie qu'on commence *in medias res*, au milieu d'une situation déjà existante. Une ouverture « chaude » signifie qu'on commence par l'événement qui déclenche une situation.

« **Poisson-hors-de-l'eau** » : histoire où un personnage se retrouve plongé dans un milieu qui lui est étranger (« Fish-out-of-water »).

Séquencier : traitement, on dit aussi « scène-à-scène », où les séquences sont numérotées. On traduit ainsi le mot *outline*, qui peut désigner également un synopsis.

Synopsis : court document (1-3 pages) qui résume l'histoire.

Traitement : document déroulant toute la narration de l'histoire, dans un style souvent plus littéraire qu'un séquencier qui, lui, est plus technique. Un traitement est plus long qu'un synopsis (généralement 10 pages).

INDEX

TABLE DES MATIÈRES

Composition
PRESS·PROD

Imprimé en France par
CPI Brodard & Taupin
en février 2023

Dépôt légal : mars 2023
N° d'impression : 3051214
ISBN : 978-2-7499-5362-5
LAF : 3362